Wachter
Stiftungen

Stiftungen
Zivil- und Steuerrecht
in der Praxis

von

Thomas Wachter
Notarassessor in München

2001

Verlag
Dr. Otto Schmidt
Köln

Zitierempfehlung (Beispiel): Wachter, Stiftungen, 2001, Teil B Rz. 85

> Die Deutsche Bibliothek – CIP-Einheitsaufnahme
>
> Wachter, Thomas:
> Stiftungen: Zivil- und Steuerrecht in der Praxis / von Thomas Wachter. – Köln: O. Schmidt, 2001
> ISBN 3-504-49941-9

Verlag Dr. Otto Schmidt KG
Unter den Ulmen 96–98, 50968 Köln
Tel.: 02 21/9 37 38-01, Fax: 02 21/9 37 38-9 21
e-mail: info@otto-schmidt.de
www.otto-schmidt.de

© 2001 by Verlag Dr. Otto Schmidt KG

Das Werk einschließlich aller seiner Teile ist urheberrechtlich geschützt. Jede Verwertung, die nicht ausdrücklich vom Urheberrechtsgesetz zugelassen ist, bedarf der vorherigen Zustimmung des Verlages. Das gilt insbesondere für Vervielfältigungen, Bearbeitungen, Übersetzungen, Mikroverfilmungen und die Einspeicherung und Verarbeitung in elektronischen Systemen.

Das verwendete Papier ist aus chlorfrei gebleichten Rohstoffen hergestellt, holz- und säurefrei, alterungsbeständig und umweltfreundlich.

Umschlaggestaltung: Jan P. Lichtenford, Mettmann

Gesamtherstellung: Bercker Graphischer Betrieb GmbH & Co. KG, Kevelaer

Printed in Germany

Vorwort

Zu Beginn des 19. Jahrhunderts hat der Gesetzgeber in der Errichtung von Stiftungen eine politische Gefahr gesehen. Um zu verhindern, daß „Stiftungen zu thörichten, unnützen oder bizarren Zwecken" errichtet werden, wurde ihre Gründung – anders als die Entstehung von privaten Vereinen und Gesellschaften – von einer staatlichen Genehmigung abgängig gemacht.

Heute werden Stiftungen keineswegs als Bedrohung des Staates empfunden. Stiftungen sind vielmehr eine willkommene private Initiative, die die staatliche Gemeinwohlpflege entlastet und bereichert. Staatliche Anreize sollen die Stiftungsbereitschaft fördern und die Leistungen von Stiftungen im Bewußtsein einer breiten Öffentlichkeit verankern.

Für den potentiellen Stifter und seinen Berater ist der erstmalige Zugang zum Stiftungsrecht jedoch oftmals schwierig.

Das Bürgerliche Gesetzbuch ordnet lediglich die privatrechtlichen Fragen der Stiftungsverfassung, wobei es weitgehend auf die vereinsrechtlichen Vorschriften verweist. Die öffentlich-rechtlichen Voraussetzungen und Folgen des Stiftungsgeschäfts sind in den einzelnen Landesstiftungsgesetzen geregelt, die teilweise erheblich voneinander abweichen. Schon diese Gemengelage zwischen Zivilrecht und öffentlichem Recht sowie Bundesrecht und Landesrecht erschwert die Übersicht über die maßgebenden rechtlichen Rahmenbedingungen. Hinzu kommt, daß der Auslegung der stiftungsrechtlichen Rahmenbedingungen durch die Stiftungsaufsichtsbehörden in der Praxis eine herausgehobene Bedeutung zukommt. Dabei ist die Auslegung auch innerhalb mancher Bundesländer keineswegs immer einheitlich. Für eine Vielzahl praktischer Erscheinungsformen der Stiftung, wie etwa die unselbständige Stiftung oder die Stiftungskörperschaften, fehlt es an einer ausdrücklichen gesetzlichen Regelung.

Das Stiftungszivilrecht wird schließlich überlagert von zahlreichen steuerrechtlichen Vorschriften. Da die weitaus überwiegende Zahl der Stiftungen steuerbegünstigte Zwecke verfolgt, sind insbesondere die rechtsformübergreifenden Vorschriften des Gemeinnützigkeitsrechts und die entsprechenden Besonderheiten in den Einzelsteuergesetzen zu berücksichtigen.

Ziel der vorliegenden Darstellung ist es, die Grundstrukturen des Stiftungsrechts praxisnah aufzuzeigen. Die einzelnen Stiftungsformen werden in zivilrechtlicher und steuerrechtlicher Hinsicht dargestellt. Das Gesetz zur weiteren steuerlichen Förderung von Stiftungen sowie das Gesetz zur Senkung der Steuersätze und zur Reform der Unternehmensbesteuerung sind dabei bereits berücksichtigt. Zahlreiche Gestaltungshinweise sollen die Gründung und Verwaltung einer Stiftung erleichtern. Als Anregung für mögliche Gestaltungen dienen verschiedene Formulierungsvorschläge. Im Mittelpunkt aller Gestaltungen müssen aber stets die individuellen Vorstellungen des Stifters sowie die konkrete Stiftung und deren Organisation und Vermögen stehen.

Angesichts der Zersplitterung des Stiftungsrechts können die Ausführungen nicht immer für alle Bundesländer in gleicher Weise zutreffend sein. Soweit möglich, wurde auf Besonderheiten und Abweichungen in den einzelnen Bundesländern hingewiesen. Die einzelnen Landesstiftungsgesetze sind im Anhang abgedruckt. Im übrigen sollte die Errichtung einer Stiftung und sonstige Grundlagengeschäfte ohnehin im Vorfeld mit den zuständigen Stiftungsaufsicht- und Finanzbehörden abgestimmt werden.

Stiftungsrecht ist Praxisrecht. Die Darstellung beschränkt sich daher auf die für die Beratungspraxis wichtigen Fragestellungen. Wissenschaftliche Streitfragen werden nur überblickartig dargestellt. Die Nachweise in den Fußnoten wurden bewußt kurz gehalten. Hinweise auf aktuelles Schrifttum zu Beginn eines jeden Abschnitts ermöglichen dem Leser eine vertiefte Information.

Kirchliche Stiftungen, Stiftungen des öffentlichen Rechts sowie ausländische Stiftungsformen und der Trust werden nicht behandelt.

Die Darstellung ist notwendigerweise eine Momentaufnahme. Das Stiftungsrecht ist aufgrund seiner Beziehungen zu einer Vielzahl von Rechtsgebieten komplex und entwickelt sich ständig fort. Die Diskussion um eine Reform des Stiftungsrechts ist noch nicht abgeschlossen. Bei der Errichtung einer Stiftung ist daher stets zu prüfen, ob die Rechtslage (bzw. die Praxis der Aufsichtsbehörden) noch unverändert Bestand hat.

Rechtsprechung und Schrifttum wurden bis September 2000 berücksichtigt.

Anregungen und Kritik sind stets willkommen.

München, im Oktober 2000   Thomas Wachter

Inhaltsübersicht

	Seite
Vorwort	V
Inhaltsverzeichnis	IX
Verzeichnis der wichtigsten Formulierungsvorschläge	XXI
Abkürzungsverzeichnis	XXIII

A. Einführung 1

B. Rechtsfähige Stiftungen

I. Errichtung der Stiftung 5
II. Stiftungsverfassung 21
III. Formulierungsvorschlag für die Satzung einer rechtsfähigen Stiftung 49
IV. Genehmigung der Stiftung 55
V. Stiftungsaufsicht 64
VI. Pflichtteilsansprüche und Zugewinnausgleich 75
VII. Steuerrecht 76
VIII. Rechnungslegung und Publizität von Stiftungen 112

C. Unternehmensverbundene Stiftungen

I. Unternehmensverbundene Stiftungen im Zivilrecht 122
II. Stiftung & Co. KG 128
III. Formulierungsvorschlag für die Satzung einer unternehmensverbundenen Stiftung 137

D. Familienstiftungen

I. Die Familienstiftung im Zivilrecht 142
II. Besteuerung der inländischen Familienstiftung 150
III. Formulierungsvorschlag für die Satzung einer Familienstiftung . 172

E. Bürgerstiftungen

	Seite
I. Begriff und Erscheinungsformen der Bürgerstiftung	177
II. Formulierungsvorschlag für die Satzung einer Bürgerstiftung	180

F. Unselbständige Stiftungen

I. Begriff und Struktur der unselbständigen Stiftung 185
II. Errichtung einer unselbständigen Stiftung unter Lebenden 189
III. Errichtung einer unselbständigen Stiftung von Todes wegen . . . 193
IV. Formulierungsvorschläge für eine unselbständige Stiftung 195

G. Stiftungsähnliche Körperschaften

I. Formen und Besonderheiten 201
II. Stiftungs-GmbH 203
III. Stiftungs-Aktiengesellschaft 217
IV. Stiftungs-Verein 226

H. Stiftungen im Grundstücksverkehr

I. Grundbuchfähigkeit 237
II. Vertretung 237
III. Erlöschen der Stiftung 240

J. Umwandlungsmöglichkeiten einer Stiftung

I. Überblick 243
II. „Umwandlungsmöglichkeiten" des Stiftungsrechts 244
III. Ausgliederung nach dem Umwandlungsgesetz 247

K. Ausblick: Reform des Stiftungsrechts

I. Stand der Reformdiskussion 264
II. Kernpunkte der bislang vorgelegten Gesetzentwürfe 266
III. Gesetz zur weiteren steuerlichen Förderung von Stiftungen 274
IV. Geplante Reform des Bayerischen Stiftungsgesetzes 275

Anhang 1: Landesstiftungsgesetze 277

Anhang 2: Genehmigungs- und Aufsichtsbehörden 379

Stichwortverzeichnis 389

Inhaltsverzeichnis

	Seite
Vorwort	V
Inhaltsübersicht	VII
Verzeichnis der wichtigsten Formulierungsvorschläge	XXI
Abkürzungsverzeichnis	XXIII

A. Einführung ... 1

B. Rechtsfähige Stiftungen

I. Errichtung der Stiftung ... 5
1. Überblick ... 5
2. Stiftungsgeschäft unter Lebenden ... 6
   a) Stiftungsgeschäft als einseitiges Rechtsgeschäft ... 6
   b) Form des Stiftungsgeschäfts ... 7
      aa) Grundsatz der Schriftform ... 7
      bb) Notarielle Beurkundung ... 8
      cc) Beurkundungsgebühren ... 11
   c) Widerruf des Stiftungsgeschäfts ... 12
      aa) Widerruf vor Stellung des Antrags auf Genehmigung ... 12
      bb) Widerruf nach Stellung des Antrags auf Genehmigung ... 13
         (1) Widerruf durch den Stifter ... 13
         (2) Widerruf nach dem Tod des Stifters ... 13
      cc) Widerruf nach Erteilung der Genehmigung ... 13
3. Stiftungsgeschäft von Todes wegen ... 14
   a) Verfügung von Todes wegen ... 14
      aa) Allgemeine Bestimmungen des Erbrechts ... 14
      bb) Testament ... 16
      cc) Erbvertrag ... 17
   b) Einsetzung der Stiftung ... 17
      aa) Erbin ... 17
         (1) Alleinerbin ... 17
         (2) Miterbin ... 17
         (3) Vorerbin ... 17
         (4) Nacherbin ... 18
         (5) Ersatzerbin ... 18

Inhaltsverzeichnis

	Seite
bb) Vermächtnis	18
cc) Auflage	18
(1) Errichtung einer Stiftung von Todes wegen	18
(2) Auflage zur Errichtung einer Stiftung unter Lebenden	19
c) Künftige Stiftung als Erbin	19
d) Testamentsvollstreckung	20
e) Nachlaßpflegschaft	21

II. Stiftungsverfassung 21
  1. Inhalt der Stiftungssatzung 21
  2. Einzelne Satzungsbestimmungen 23
    a) Name der Stiftung 23
    b) Sitz der Stiftung 24
    c) Stiftungszweck 25
      aa) Bestimmung des Stiftungszwecks 25
      bb) Einteilung der Stiftungen nach dem Stiftungszweck 26
    d) Stiftungsvermögen 28
      aa) Vermögensausstattung 28
        (1) Rechtsnatur der Vermögensausstattung 28
        (2) Art und Höhe des Stiftungsvermögens 29
        (3) Vermögensübertragung auf die Stiftung 32
      bb) Vermögensverwaltung 33
        (1) Grundstockvermögen 33
        (2) Ertrag des Stiftungsvermögens 34
        (3) Grundsätze der Vermögensanlage 35
    e) Stiftungsorgane 37
      aa) Überblick 37
      bb) Stiftungsvorstand 37
        (1) Mitglieder des Stiftungsvorstands 37
        (2) Vertretungsmacht 39
      cc) Weitere Organe der Stiftung 42
      dd) Vergütung der Stiftungsorgane 44
      ee) Haftung der Organmitglieder 44
      ff) Notare als Mitglied eines Stiftungsorgans 46
        (1) Genehmigungserfordernis 46
        (2) Mitwirkungsverbote 46
    f) Begünstigte (Destinatäre) 47

III. Formulierungsvorschlag für die Satzung einer rechtsfähigen Stiftung 49

|01| Errichtung einer rechtsfähigen Stiftung unter Lebenden 50

	Seite
IV. Genehmigung der Stiftung	55
1. Rechtslage vor Erteilung der Genehmigung	55
2. Voraussetzungen für die Erteilung der Genehmigung	56
a) Anspruch auf Erteilung der Genehmigung	56
b) Antrag auf Erteilung der Genehmigung	58
aa) Notwendigkeit eines Antrags	58
bb) Zuständigkeit	58
cc) Inhalt des Antrags	60
c) Rechtsfolge der Genehmigung	61
3. Verwaltungskosten des Genehmigungsverfahrens	63
V. Stiftungsaufsicht	64
1. Aufgaben und Befugnisse	64
2. Änderung der Stiftungssatzung	67
3. Genehmigungs- oder Anzeigepflicht einzelner Geschäfte der Stiftung	69
a) Genehmigungs- oder Anzeigevorbehalt	69
b) Genehmigungs- und anzeigepflichtige Rechtsgeschäfte	71
aa) Veräußerung und Belastung von Grundstücken	71
bb) Darlehen und Kreditsicherungsgeschäfte	72
cc) Unentgeltliche Zuwendungen	72
dd) Annahme von Zuwendungen	72
ee) Umschichtung des Stiftungsvermögens	72
ff) Veräußerung wertvoller Sachen	73
gg) Rechtsgeschäfte mit Organmitgliedern	73
hh) Sonstige wirtschaftlich bedeutende Rechtsgeschäfte	73
c) Verfahren	74
d) Befreiungsmöglichkeiten	74
VI. Pflichtteilsansprüche und Zugewinnausgleich	75
1. Vermeidung von Pflichtteilsansprüchen	75
a) Errichtung einer Stiftung von Todes wegen	75
b) Errichtung einer Stiftung unter Lebenden	75
2. Vermeidung von Zugewinnausgleichsansprüchen	76
VII. Steuerrecht	76
1. Steuerbegünstigte Stiftungszwecke	77
a) Steuerbegünstigte Zwecke	78
aa) Gemeinnützige Zwecke	78
bb) Mildtätige Zwecke	79
cc) Kirchliche Zwecke	79
b) Selbstlosigkeit	79

	Seite
aa) Gebot der Selbstlosigkeit	79
bb) Gebot der zeitnahen Mittelverwendung	80
cc) Grundsatz der Vermögensbindung	81
dd) Verbot zweckfremder Begünstigungen	81
c) Ausschließlichkeit und Unmittelbarkeit	81
d) Steuerlich unschädliche Betätigungen	82
aa) Überblick	82
bb) Bildung von Rücklagen	82
(1) Zweckrücklage	82
(2) Freie Rücklage	83
(3) Beteiligungsrücklage	83
cc) Ansparrücklage	84
dd) Unterhalt für den Stifter und seine nächsten Angehörigen	84
ee) Ausnahmen vom Grundsatz der Unmittelbarkeit	84
e) Grundsatz der formellen und materiellen Vermögensbindung	85
f) Wirtschaftlicher Geschäftsbetrieb	86
aa) Begriff	86
bb) Beteiligungen der Stiftung an Kapitalgesellschaften	88
(1) Grundsatz: Steuerfreie Einkünfte aus Vermögensverwaltung	88
(2) Ausnahmen: Steuerpflichtige Einkünfte aus einem Geschäftsbetrieb	88
(a) Einflußnahme auf die Geschäftsführung	88
(b) Betriebsaufspaltung	89
(3) Änderungen durch das Steuersenkungsgesetz	89
cc) Beteiligungen der Stiftung an Personengesellschaften	90
dd) Ausgliederung von wirtschaftlichen Geschäftsbetrieben	91
ee) Verluste im wirtschaftlichen Geschäftsbetrieb	91
g) Zweckbetrieb	92
2. Errichtung der Stiftung	92
a) Erbschaft- und Schenkungsteuer	92
aa) Auswirkungen beim Stifter	92
bb) Auswirkungen beim Erben	95
b) Ertragsteuern	95
aa) Spendenabzug beim Stifter	95
(1) Überblick	96
(2) Begriff der Zuwendung	96
(3) Zweck der Zuwendung	98
(4) Zuwendungsempfänger	99
(5) Zuwendungsbestätigung	100
(6) Höhe der abzugsfähigen Zuwendung	101
(a) Allgemeiner Spendenabzug	101

	Seite
(b) Großspenden	101
(c) Zusätzliche Abzugsmöglichkeiten bei Stiftungen	102
bb) Sonstige Auswirkungen beim Stifter	106
(1) Überblick	106
(2) Einbringung von Einzelwirtschaftsgütern des Privatvermögens	106
(3) Einbringung von Einzelwirtschaftsgütern des Betriebsvermögens	106
(4) Einbringung von Betrieben, Teilbetrieben und Mitunternehmeranteilen	107
(5) Einbringung von Beteiligungen an Kapitalgesellschaften	107
c) Grunderwerbsteuer	107
d) Umsatzsteuer	108
3. Laufende Besteuerung	108
a) Ebene der Stiftung	108
aa) Körperschaftsteuer	108
(1) Steuerpflichtige Stiftungen	108
(2) Steuerbegünstigte Stiftungen	108
bb) Gewerbesteuer	109
cc) Grundsteuer	110
dd) Umsatzsteuer	110
b) Ebene der Begünstigten (Destinatäre)	110
aa) Ertragsteuer	110
bb) Erbschaft- und Schenkungsteuer	112
VIII. Rechnungslegung und Publizität von Stiftungen	112
1. Anforderungen an die Rechnungslegung von Stiftungen	113
2. Zivilrechtliche Rahmenbedingungen	114
a) Bürgerliches Gesetzbuch	114
b) Landesstiftungsgesetze	114
aa) Wirtschaftsplan	114
bb) Buchführung	115
cc) Rechnungslegung	115
dd) Prüfung	117
c) Publizitätsgesetz	118
d) Stiftungssatzung	118
e) IDW Stellungnahme	118
3. Steuerrechtliche Rahmenbedingungen	119

C. Unternehmensverbundene Stiftungen

Seite

I. Unternehmensverbundene Stiftungen im Zivilrecht 122
   1. Motive für die Errichtung einer unternehmensverbundenen
      Stiftung 122
   2. Begriff der unternehmensverbundenen Stiftung 124
   3. Zulässigkeit von unternehmensverbundenen Stiftungen 124
   4. Ausblick: Geplante Gesetzesänderungen im Bereich der unternehmensverbundenen Stiftung 127
      a) Gesetzesvorschlag von BÜNDNIS 90/Die Grünen 127
      b) Gesetzentwurf der F.D.P. 127
      c) Antrag der CDU/CSU 128
      d) Gesetzesantrag des Landes Hessen 128

II. Stiftung & Co. KG 128
   1. Stiftung & Co. KG als Prototyp der unternehmensverbundenen
      Stiftung 128
      a) Überblick 128
      b) Vorteile der Rechtsform der Stiftung & Co. KG 129
      c) Nachteile der Rechtsform der Stiftung & Co. KG 130
      d) Zulässigkeit 130
      e) Errichtung einer Stiftung & Co. KG 131
   2. Stiftung & Co. KG und das KapCoRiLiG 134
      a) Hintergrund 134
      b) Sachlicher Anwendungsbereich 135
      c) Zeitlicher Anwendungsbereich 136
      d) Fristen für die Rechnungslegung 136
      e) Prüfung 136
      f) Offenlegung 136
      g) Sanktionen 136

III. Formulierungsvorschlag für die Satzung einer unternehmensverbundenen Stiftung 137
   `02` Satzung einer unternehmensverbundenen Stiftung 137

D. Familienstiftungen

I. Die Familienstiftung im Zivilrecht 142
   1. Derzeitige Rechtslage 142
      a) Motive für die Errichtung einer Familienstiftung 142
      b) Begriff der Familienstiftung 142
      c) Zulässigkeit von Familienstiftungen 143

Seite

    d) Genehmigungsfähigkeit und Genehmigungspraxis 143
    e) Stiftungsaufsicht über Familienstiftungen 146
  2. Ausblick: Geplante Gesetzesänderungen im Bereich der Familienstiftungen 147
    a) Gesetzesvorschlag von BÜNDNIS 90/Die Grünen 147
    b) Gesetzesvorschlag der F.D.P. 149
    c) Antrag der CDU/CSU 149

II. Besteuerung der inländischen Familienstiftung 150
  1. Begriff der Familienstiftung im Erbschaftsteuerrecht 150
  2. Besteuerung der Errichtung einer Familienstiftung 150
    a) Erbschaft- und Schenkungsteuer 150
        aa) Errichtung. 150
        bb) Steuerklasse 151
        cc) Vergünstigungen für Betriebsvermögen 152
        dd) Besteuerung späterer Zustiftungen 152
        ee) Zeitpunkt der Besteuerung. 153
    b) Ertragsteuern 157
  3. Laufende Besteuerung. 157
    a) Ebene der Stiftung 157
    b) Ebene der Begünstigten (Destinatäre) 158
        aa) Ertragsteuern 158
        bb) Erbschaft- und Schenkungsteuer 158
  4. Erbersatzsteuer 158
  5. Auflösung der Familienstiftung 164
    a) Erbschaft- und Schenkungsteuer 164
    b) Ertragsteuern 165
  6. Vergleich zwischen steuerbegünstiger Stiftung und Familienstiftung. 166
  7. Steuerbegünstigte Stiftung mit Versorgung des Stifters 167
  8. Doppelstiftung. 171

III. Formulierungsvorschlag für die Satzung einer Familienstiftung . . 172
  `03` Satzung einer Familienstiftung. 172

E. Bürgerstiftungen

  I. Begriff und Erscheinungsformen der Bürgerstiftung 177
  II. Formulierungsvorschlag für die Satzung einer Bürgerstiftung . . . 180
  `04` Satzung einer Bürgerstiftung 180

F. Unselbständige Stiftungen

Seite

I. Begriff und Struktur der unselbständigen Stiftung 185
1. Begriff 185
2. Unterschiede und Gemeinsamkeiten zwischen der selbständigen und der unselbständigen Stiftung des privaten Rechts 186
3. Träger des Stiftungsvermögens 187
4. Besonderheiten bei der Satzungsgestaltung 188
5. Die unselbständige Stiftung im Steuerrecht 188

II. Errichtung einer unselbständigen Stiftung unter Lebenden 189
1. Rechtliche Einordnung des Stiftungsgeschäfts 189
2. Treuhandvertrag 189
3. Schenkung unter Auflage 190
4. Praktische Gestaltungsmöglichkeiten 192

III. Errichtung einer unselbständigen Stiftung von Todes wegen ... 193

IV. Formulierungsvorschläge für eine unselbständige Stiftung 195

|05| Errichtung einer unselbständigen Stiftung unter Lebenden 195
|06| Errichtung einer unselbständigen Stiftung von Todes wegen 196
|07| Satzung einer unselbständigen Stiftung 197

G. Stiftungsähnliche Körperschaften

I. Formen und Besonderheiten 201
1. Gründe für die Schaffung stiftungsähnlicher Körperschaften ... 201
2. Strukturmerkmale der Stiftungskörperschaften 202
   a) Kennzeichen der Stiftungskörperschaften 202
   b) Zweckbindung 202
   c) Vermögensbindung 203
   d) Grenzen der Zweck- und Vermögensbindung 203

II. Stiftungs-GmbH 203
1. Einführung 203
2. Satzungsgestaltung 204
   a) Unternehmenszweck und Unternehmensgegenstand 204
   b) Firma 205
   c) Stammkapital und Stammeinlagen 205
   d) Rechte der Gesellschafter 205
      aa) Verwaltungsrechte 205

	Seite
bb) Vermögensrechte	206
(1) Gewinnverwendung	206
(2) Liquidationsguthaben	206
e) Organe der Gesellschaft	206
aa) Geschäftsführung	206
bb) Weitere Organe	207
f) Gesellschafterwechsel	207
aa) Geschäftsanteilsübertragung unter Lebenden	207
bb) Geschäftsanteilsübertragung von Todes wegen	208
g) Ausschluß von Gesellschaftern	208
aa) Ausschlußgrund	208
bb) Abfindungsanspruch	208
h) Satzungsänderung	209
j) Auflösung und Verschmelzung der Gesellschaft	209
3. Formulierungsvorschlag für die Satzung einer Stiftungs-GmbH	211
08 Satzung einer Stiftungs-GmbH	211
III. Stiftungs-Aktiengesellschaft	217
1. Einführung	217
2. Formulierungsvorschlag für die Satzung einer Stiftungs-Aktiengesellschaft	218
09 Satzung einer Stiftungs-Aktiengesellschaft	218
IV. Stiftungs-Verein	226
1. Einführung	226
2. Satzungsgestaltung	226
a) Name	226
b) Vereinszweck	226
c) Vereinsvermögen	227
d) Mitglieder des Vereins	227
aa) Rechte der Mitglieder	227
bb) Mitgliederversammlung	227
cc) Mitgliedschaft	227
e) Organe des Vereins	228
aa) Vorstand	228
bb) Weitere Organe	229
f) Mitgliederwechsel	229
g) Ausschluß von Mitgliedern	229
h) Satzungsänderung	230
j) Auflösung und Verschmelzung eines Vereins	230
aa) Auflösung des Vereins	230
bb) Verschmelzung des Vereins	231

Inhaltsverzeichnis

        Seite
3. Formulierungsvorschlag für die Satzung eines Stiftungs-Vereins . 232
10 Satzung eines Stiftungsvereins 232

H. Stiftungen im Grundstücksverkehr

I. Grundbuchfähigkeit 237
II. Vertretung 237
   1. Vertretungsbefugnis 237
      a) Vertretungsberechtigte Personen 237
      b) Umfang der Vertretungsmacht 237
      c) Insichgeschäfte 238
      d) Genehmigungs- und Anzeigevorbehalte 238
   2. Nachweis der Vertretungsmacht 239
III. Erlöschen der Stiftung 240

J. Umwandlungsmöglichkeiten einer Stiftung

I. Überblick 243
II. „Umwandlungsmöglichkeiten" des Stiftungsrechts 244
   1. Zusammenlegung 244
   2. Zulegung 246
   3. Rechtsformwechsel 246
   4. Zweckänderung 246
III. Ausgliederung nach dem Umwandlungsgesetz 247
   1. Beteiligte Rechtsträger 247
      a) Ausgangsrechtsträger: Rechtsfähige Stiftung 247
         aa) Begriff der rechtsfähigen Stiftung 247
         bb) Eintragung der Stiftung im Handelsregister 248
      b) Zielrechtsträger 249
   2. Gegenstand der Ausgliederung 249
   3. Verfahren der Ausgliederung 249
      a) Ausgliederung zur Neugründung einer Kapitalgesellschaft . . . 249
         aa) Überblick über den Ablauf der Ausgliederung 249
         bb) Ausgliederungsplan 251
         cc) Ausgliederungsbeschluß 251
         dd) Satzung der neu gegründeten Kapitalgesellschaft . . 253
         ee) Ausgliederungsbericht und Ausgliederungsprüfung . . 254

	Seite
ff) Schlußbilanz und Ausgliederungsbilanz	254
gg) Anmeldung und Eintragung der neuen Kapitalgesellschaft im Handelsregister	255
hh) Anmeldung und Eintragung der Ausgliederung im Handelsregister des Unternehmens der Stiftung	256
jj) Rechtsfolgen der Ausgliederung	257
b) Ausgliederung zur Aufnahme	258
aa) Überblick über den Ablauf der Ausgliederung	258
bb) Ausgliederungsvertrag	259
cc) Ausgliederungsbeschluß	259
dd) Ausgliederungsbericht und Ausgliederungsprüfung	259
ee) Schlußbilanz und Ausgliederungsbilanz	259
ff) Übernehmende Gesellschaft	259
gg) Anmeldung und Eintragung der Ausgliederung im Handelsregister	260
hh) Rechtsfolgen der Ausgliederung	261

K. Ausblick: Reform des Stiftungsrechts

I. Stand der Reformdiskussion	264
II. Kernpunkte der bislang vorgelegten Gesetzentwürfe	266
1. Gesetzentwurf von BÜNDNIS 90/Die Grünen	266
2. Gesetzentwurf der F.D.P.	267
3. Antrag der CDU/CSU	268
4. Gesetzesantrag des Landes Baden-Württemberg	270
5. Gesetzentwurf der SPD und von BÜNDNIS 90/Die Grünen	271
6. Gesetzesantrag des Landes Hessen	271
7. Gesetzesantrag der Länder Baden-Württemberg, Bayern, Saarland und Thüringen	273
III. Gesetz zur weiteren steuerlichen Förderung von Stiftungen	274
IV. Geplante Reform des Bayerischen Stiftungsgesetzes	275

Anhang 1: Landesstiftungsgesetze 277

Anhang 2: Genehmigungs- und Aufsichtsbehörden 379

Stichwortverzeichnis 389

Verzeichnis der wichtigsten Formulierungsvorschläge

Alle wichtigen Formulierungsvorschläge auch auf der CD-ROM
am hinteren Buchdeckel

		Seite
01	Errichtung einer rechtsfähigen Stiftung unter Lebenden	50
02	Satzung einer unternehmensverbundenen Stiftung	137
03	Satzung einer Familienstiftung	172
04	Satzung einer Bürgerstiftung	180
05	Errichtung einer unselbständigen Stiftung unter Lebenden	195
06	Errichtung einer unselbständigen Stiftung von Todes wegen	196
07	Satzung einer unselbständigen Stiftung	197
08	Satzung einer Stiftungs-GmbH	211
09	Satzung einer Stiftungs-Aktiengesellschaft	218
10	Satzung eines Stiftungs-Vereins	232

Abkürzungsverzeichnis

a.A.	anderer Ansicht
a.a.O.	am angegebenen Ort
Abs.	Absatz
AcP	Archiv für die civilistische Praxis
a.E.	am Ende
AEAO	Anwendungserlaß zur Abgabenordnung
a.F.	alte Fassung
AG	Amtsgericht; Die Aktiengesellschaft
AktG	Aktiengesetz
AnfG	Anfechtungsgesetz
Anm.	Anmerkung
AnwBl.	Anwaltsblatt
AO	Abgabenordnung
Aufl.	Auflage
AVBayStG	Verordnung zur Ausführung des Bayerischen Stiftungsgesetzes
BadWürttStiftG	Stiftungsgesetz für Baden-Württemberg
BayObLG	Bayerisches Oberstes Landesgericht
BayObLGZ	Entscheidungen des Bayerischen Obersten Landesgerichts in Zivilsachen
BayStG	Bayerisches Stiftungsgesetz
BayVBl.	Bayerische Verwaltungsblätter
BB	Der Betriebs-Berater
Bd.	Band
BerlStiftG	Berliner Stiftungsgesetz
BewG	Bewertungsgesetz
BFH	Bundesfinanzhof
BFHE	Sammlung der Entscheidungen des Bundesfinanzhofs
BFH/NV	Sammlung amtlich nicht veröffentlichter Entscheidungen des Bundesfinanzhofs
BGB	Bürgerliches Gesetzbuch
BGBl.	Bundesgesetzblatt
BGH	Bundesgerichtshof
BGHZ	Entscheidungen des Bundesgerichtshofs in Zivilsachen
BMF	Bundesministerium für Finanzen
BrbgStiftG	Stiftungsgesetz für das Land Brandenburg
BR-Drks.	Bundesrats-Drucksache
BremStiftG	Bremisches Stiftungsgesetz
BStBl.	Bundessteuerblatt

BT-Drks.	Bundestags-Drucksache
BVerfG	Bundesverfassungsgericht
BVerfGE	Entscheidungen des Bundesverfassungsgerichts
BVerwG	Bundesverwaltungsgericht
BVerwGE	Entscheidungen des Bundesverwaltungsgerichts
BWNotZ	Baden-Württembergische Notarzeitung
BWVP	Verwaltungspraxis in Baden-Württemberg
bzw.	beziehungsweise
DB	Der Betrieb
ders.	derselbe
d.h.	das heißt
DM	Deutsche Mark
DNotI	Deutsches Notarinstitut
DNotZ	Deutsche Notar-Zeitschrift
DÖV	Die Öffentliche Verwaltung
DStJG	Deutsche Steuerjuristische Gesellschaft e.V.
DStR	Deutsches Steuerrecht
DStRE	Deutsches Steuerrecht Entscheidungsdienst
DStZ	Deutsche Steuer-Zeitung
E	Entwurf
EFG	Entscheidungen der Finanzgerichte
EGBGB	Einführungsgesetz zum Bürgerlichen Gesetzbuch
ErbStG	Erbschaft- und Schenkungsteuergesetz
ErbStR	Erbschaftsteuer-Richtlinien
EStDV	Einkommensteuer-Durchführungsverordnung
EStG	Einkommensteuergesetz
EStR	Einkommensteuer-Richtlinien
FamRZ	Zeitschrift für das gesamte Familienrecht
FG	Finanzgericht
FR	Finanz-Rundschau
FS	Festschrift
GBO	Grundbuchordnung
GBV	Verordnung zur Durchführung der Grundbuchordnung (Grundbuchverfügung)
GewStG	Gewerbesteuergesetz
GG	Grundgesetz
ggf.	gegebenenfalls
gl.A.	gleiche Ansicht
GmbH	Gesellschaft mit beschränkter Haftung

GmbHG	Gesetz betreffend die Gesellschaften mit beschränkter Haftung
GmbHR	GmbH-Rundschau
GmbH-StB	GmbH-Steuer-Berater
GrErStG	Grunderwerbsteuergesetz
GrS	Großer Senat
H	Hinweis
HambAGBGB	Hamburgisches Ausführungsgesetz zum Bürgerlichen Gesetzbuch
HessStiftG	Hessisches Stiftungsgesetz
HFR	Höchstrichterliche Finanzrechtsprechung
HGB	Handelsgesetzbuch
h.M.	herrschende Meinung
Hrsg.	Herausgeber
HS	Halbsatz
i.d.R.	in der Regel
INF	Information über Steuer und Wirtschaft
InsO	Insolvenzordnung
i.S.	im Sinne
IStR	Internationales Steuerrecht
i.V.m.	in Verbindung mit
IWB	Internationale Wirtschaftsbriefe
JuS	Juristische Schulung
JW	Juristische Wochenschrift
JZ	Juristenzeitung
KapCoRiLiG	Kapitalgesellschaften- und Co.-Richtlinie-Gesetz
KG	Kommanditgesellschaft
KGaA	Kommanditgesellschaft auf Aktien
KÖSDI	Kölner Steuer-Dialog
KStG	Körperschaftsteuergesetz
KStR	Körperschaftsteuer-Richtlinien
LG	Landgericht
LKV	Landes- und Kommunalverwaltung
LM	Lindenmaier/Möhring, Nachschlagewerk des Bundesgerichtshofs
LT-Drks.	Drucksache des Bayerischen Landtags
MDR	Monatsschrift für Deutsches Recht
MecklVorPStiftG	Stiftungsgesetz für das Land Mecklenburg-Vorpommern

MittBayNot	Mitteilungen des Bayerischen Notarvereins, der Notarkasse und der Landesnotarkammer Bayern
MittRhNotK	Mitteilungen der Rheinischen Notarkammer
m.w.N.	mit weiteren Nachweisen
NdsStiftG	Niedersächsisches Stiftungsgesetz
n.F.	neue Fassung
NJW	Neue Juristische Wochenschrift
NJW-RR	Neue Juristische Wochenschrift Rechtsprechungs-Report
NRWStiftG	Stiftungsgesetz für das Land Nordrhein-Westfalen
NWB	Neue Wirtschaftsbriefe
NWVBl.	Nordrhein-Westfälische Verwaltungsblätter
NZ	Österreichische Notariats-Zeitung
OFD	Oberfinanzdirektion
o.g.	oben genannter
OHG	Offene Handelsgesellschaft
OLG	Oberlandesgericht
OLGZ	Entscheidungen der Oberlandesgerichte in Zivilsachen
PSG	Österreichisches Privatstiftungsgesetz
PublG	Publizitätsgesetz
R	Richtlinie
RG	Reichsgericht
RGZ	Entscheidungen des Reichsgerichts in Zivilsachen
RhPfStiftG	Stiftungsgesetz für das Land Rheinland-Pfalz
Rpfleger	Der Deutsche Rechtspfleger
Rz.	Randziffer
s.	siehe
S.	Seite
SaarlStiftG	Saarländisches Stiftungsgesetz
SachStiftG	Stiftungsgesetz für das Land Sachsen
Sachs-AnhStiftG	Stiftungsgesetz für das Land Sachsen-Anhalt
SchlHolStiftG	Gesetz über rechtsfähige Stiftungen des bürgerlichen Rechts
SolZG	Solidaritätszuschlagsgesetz
StbJb.	Steuerberater-Jahrbuch
StBp	Die steuerliche Betriebsprüfung
StSenkG	Gesetz zur Senkung der Steuersätze und zur Reform der Unternehmensbesteuerung – Steuersenkungsgesetz

str.	streitig
StuW	Steuer und Wirtschaft
ThürStiftG	Stiftungsgesetz für das Land Thüringen
u.a.	unter anderem
UmwG	Umwandlungsgesetz
UmwStG	Umwandlungssteuergesetz
UStG	Umsatzsteuergesetz
u.U.	unter Umständen
VG	Verwaltungsgericht
vgl.	vergleiche
VO	Verordnung
VStR	Vermögensteuer-Richtlinien
VZ	Veranlagungszeitraum
WiB	Wirtschaftliche Beratung
WM	Wertpapier-Mitteilungen
WPg.	Die Wirtschaftsprüfung
WPK-Mitt.	Wirtschaftsprüferkammer-Mitteilungen
z.B.	zum Beispiel
ZEV	Zeitschrift für Erbrecht und Vermögensnachfolge
ZGB	Schweizerische Zivilgesetzbuch
ZGR	Zeitschrift für Unternehmens- und Gesellschaftsrecht
ZHR	Zeitschrift für das gesamte Handels- und Wirtschaftsrecht
ZPO	Zivilprozeßordnung
ZustVOStiftG NW	Verordnung von Zuständigkeiten nach dem Stiftungsgesetz für das Land Nordrhein-Westfalen
zzgl.	zuzüglich

A. Einführung

Das Stiftungswesen hat in Deutschland in den letzten Jahren eine erfreuliche Entwicklung genommen. Die **Zahl von Stiftungserrichtungen** steigt kontinuierlich und hat jüngst die Marke von 10 000 Stiftungen überschritten. Über ein Viertel davon sind in den letzten zehn Jahren gegründet worden. Allein im vergangenen Jahr wurden im Bundesgebiet ca. 300 neue Stiftungen errichtet. Im Vergleich zu den achtziger Jahren bedeutet dies eine Verdoppelung der jährlichen Neugründungen[1].

Das Potential für ein weiteres Wachstum des Stiftungswesen ist dabei noch keineswegs ausgeschöpft. Sowohl von der **Nachfrageseite** als auch von der **Angebotseite** her spricht einiges dafür, daß der gegenwärtige Stiftungsboom auch in Zukunft anhalten wird.

Die staatliche Leistungsfähigkeit stößt zunehmend an ihre Grenzen. Die Finanzkraft der öffentlichen Haushalte reicht nicht mehr aus, um alle gesellschaftlichen Aufgaben zu erfüllen. Der Staat kann in vielen Bereichen nur noch eine Grundversorgung sicherstellen. Staat und Gesellschaft sind daher zunehmend auf privates Engagement angewiesen. Stiftungen kommt für die **Unterstützung und Förderung des Gemeinwohls** eine wichtige Funktion zu. Sie können das öffentliche Leistungsangebot dort ergänzen und verbessern, wo der Staat den gesellschaftlichen Anliegen selbst nicht mehr in vollem Umfang Rechnung tragen kann (**Ergänzungsfunktion**). Daneben können sie selbst neue Entwicklungen anstoßen und fördern. Die unbürokratische Verwaltung ermöglicht es ihnen, flexibel auf neue Bedürfnisse zu reagieren und auch innovative Projekte zu unterstützen (**Innovationsfunktion**). Die Nachfrage nach Stiftern und Stiftungen wird demnach weiter wachsen.

Gleichzeitig hat der private Wohlstand in der Bundesrepublik Deutschland historische Rekordhöhen erreicht. Zum ersten Mal in diesem Jahrhundert wurden die privaten Vermögen weder durch Krieg noch durch Inflation zerstört, sondern können ungeschmälert auf die nachfolgende Generation übertragen werden. Aufgrund der verbesserten finanziellen Möglichkeiten können Mittel des privaten Sektors zunehmend **zur Erfüllung öffentlicher Aufgaben** nutzbar gemacht werden. Die nachlassenden familiären Bindun-

---

[1] Eine vollständige statistische Erfassung aller Stiftungen gibt es aufgrund des Fehlens eines Stiftungsregisters bislang nicht. Nach dem Stiftungsverzeichnis des Bundesverbands Deutscher Stiftungen bestehen derzeit 9663 Stiftungen, *Bundesverband Deutscher Stiftungen (Hrsg.)*, Verzeichnis der Deutschen Stiftungen, Darmstadt 2000. In manchen Bundesländern werden auf der Grundlage der Landesstiftungsgesetze amtliche Stiftungsverzeichnisse geführt (s. dazu Teil H Rz. 6).

gen tragen zusätzlich dazu bei, daß das Angebot an potentiellen Stiftern und Stiftungsvermögen weiter wächst[2].

Weitere Impulse für das Stiftungswesen sind von der **Neuordnung der rechtlichen und wirtschaftlichen Rahmenbedingungen** zu erwarten.

3 Der Deutsche Bundestag hat am 8. 6. 2000 das Gesetz zur weiteren steuerlichen Förderung von Stiftungen[3] verabschiedet, mit dem Zuwendungen an Stiftungen stärker gefördert werden. Zur Förderung der Spendenbereitschaft wird auch die Abschaffung des Durchlaufspendenverfahrens zum 1. 1. 2000 beitragen. Nach einer an der John-Hopkins University (USA) durchgeführten Untersuchung liegt der Durchschnitt aller Spenden in den USA bei umgerechnet über 1200 DM pro Kopf jährlich, in Deutschland dagegen (bislang) nur bei 170 DM. Amerikaner spenden mit durchschnittlich 12 Promille ihres Jahreseinkommens mehr als vier Mal so viel wie die Bundesbürger.

4 Neue Grundsätze für die Rechnungslegung und Publizität der Stiftungen werden die Transparenz im Stiftungswesen zusätzlich verbessern und zur Verbreitung des Stiftungsgedankens in der Öffentlichkeit beitragen. Im Rahmen der geplanten Reform des Stiftungszivilrechts soll das Verfahren zur Errichtung einer Stiftung weiter vereinfacht und entbürokratisiert werden.

Insgesamt ist davon auszugehen, daß das Stiftungswesen für die Beratungspraxis an Bedeutung zunehmen wird.

---

2 Die positive Einstellung breiter Bevölkerungskreise zu gemeinnützigen Stiftungen wird durch eine im Auftrag des Zentralinstituts für kirchliche Stiftungen im Jahr 2000 erstellte Repräsentativumfrage des Instituts für Markt und Politikforschung bestätigt; s. dazu *Schäfers*, Stiftungen im Meinungsbild der Bevölkerung, Stiftung & Sponsoring 4/2000, 30.
3 BGBl. I, 1034 ff. = BStBl. I, 1192 ff.

B. Rechtsfähige Stiftungen

Literaturhinweise: *Aigner*, Der Schutz der Stiftung vor Einflußnahme Dritter, Frankfurt/Main 2000; *Becker*, Der Städel-Paragraph (§ 84), in: Festschrift Hübner, Berlin 1984, S. 21 ff.; *Berkel/Krüger/Mecking/Schindler/Steinsdörfer*, Stiftung und Erbe, 2. Aufl., Essen 1995; *Berkel/Neuhoff/Schindler/Steinsdörfer*, Stiftungshandbuch, 3. Aufl., Baden-Baden 1989; *Bertelsmann Stiftung (Hrsg.)*, Handbuch Stiftungen. Ziele – Projekte – Management – Rechtliche Gestaltung, Wiesbaden 1999; *Binz/Sorg*, Die Stiftung, 3. Aufl., Heidelberg 1997; *Blydt-Hansen*, Die Rechtsstellung der Destinatäre der rechtsfähigen Stiftung Bürgerlichen Rechts, Frankfurt/Main 1998; *Boochs/Ganteführer*, Dotierung und Verwendung der Mittel oder des Stiftungskapitals einer gemeinnützigen Stiftung am Beispiel einer Künstlerstiftung, DB 1997, 1840; *Braun*, Die steuerpflichtige und gemeinnützige Stiftung aus der Betrachtung zweier Rechtsordnungen, Basel 2000; *Bundesverband Deutscher Stiftungen (Hrsg.)*, Die Verwaltung einer Stiftung. Ratgeber für Stiftungsverwalter, 2. Aufl., Bonn 1998; *Bundesverband Deutscher Stiftungen (Hrsg.)*, Ratgeber für Stifter. Zur Errichtung einer Stiftung, 3. Aufl., Bonn 1998; *Frhr. von Campenhausen/Kronke/Werner (Hrsg.)*, Stiftungen in Deutschland und Europa, Düsseldorf 1998; *Frhr. von Campenhausen/Hauer/Frhr. von Pölnitz-Egloffstein/Mecking (Hrsg.)*, Deutsches Stiftungswesen 1988–1998, Tübingen 2000; *DACH Europäische Anwaltsvereinigung e.V. (Hrsg.)*, Die Stiftung, Köln 2000; *Damrau/Wehinger*, Übersicht zum Mindeststiftungsvermögen nach dem Recht der Bundesländer, ZEV 1998, 178; *Daragan*, Letztwillige Zuwendungen an eine Stiftung, Beilage zu Stiftung & Sponsoring 1/2000; *Deutsches Anwaltsinstitut/Fachinstitut für Notare (Hrsg.)*, Die Stiftung und stiftungsähnliche Körperschaften, Bochum 2000; *Dewald*, Die privatrechtliche Stiftung zur Wahrnehmung öffentlicher Zwecke, Frankfurt/Main 1990; *Doppstadt*, Die Stiftung – eine Möglichkeit individueller Nachfolgegestaltung, in: Festschrift aus Anlaß des 30 jährigen Bestehens der BTR, 1998, S. 93 ff.; *Ebersbach*, Handbuch des deutschen Stiftungsrechts, Göttingen 1972; *Engelmann*, Letztwillige Verfügungen zugunsten Verschuldeter oder Sozialhilfebedürftiger, Köln 1999, S. 13 ff.; *Froning*, in: Sudhoff, Unternehmensnachfolge, 4. Aufl., München 2000, § 50; *Goerdeler*, Stiftungen in der Bundesrepublik aus heutiger Sicht, in: Festschrift Heinsius, Berlin 1991, S. 169 ff.; *Götz*, Die gemeinnützige Stiftung im Zivil- und Steuerrecht, NWB Fach 2 S. 7231 (2000); *Götz*, Die gemeinnützige Stiftung, INF 1997, 141; *Härtl*, Ist das Stiftungsrecht reformbedürftig? – Eine vergleichende Untersuchung der Landesstiftungsgesetze unter Berücksichtigung der Stiftungspraxis bei den staatlichen Stiftungsgenehmigungs- und Aufsichtsbehörden, Baden-Baden 1990; *Hartmann/Atzpodien*, Zu den Auswirkungen stiftungsrechtlicher Genehmigungserfordernisse bei Rechtsgeschäften, in: Festschrift Rittner, 1991, S. 147 ff.; *Heinrichs*, in: Palandt, BGB, 59. Aufl., München 2000, Kommentierung zu §§ 80 ff. BGB; *Hennerkes/Schiffer*, Stiftungsrecht, 2. Aufl., Frankfurt/Main 1998; *Hinz*, Die Haftung der Stiftung für Verbindlichkeiten des Stifters, Baden-Baden 1996; *Hof*, in: Heidenhain/Meister (Hrsg.), Münchener Vertragshandbuch, Band 1, Gesellschaftsrecht, 4. Aufl., München 1996, Ziff. VII., S. 971 ff.; *Hof*, Die Vermögensausstattung von Stiftungen privaten Rechts, DStR 1992, 1549 und 1587; *Hüttemann*, Der Grundsatz der Vermögenserhaltung im Stiftungsrecht, in: Festgabe Werner Flume, Berlin 1998, S. 59 ff.; *Institut der Wirtschaftsprüfer/Arbeitskreis „Unternehmensnachfolge" (Hrsg.)*, Gestaltungen zur Unternehmensnachfolge – Die Stiftung, Düsseldorf 1985; *Jess*, Das Verhältnis des lebenden Stifters zur Stiftung, Diss. Hamburg

1991; *Kiefer*, Internationale Kooperation gemeinnütziger Stiftungen, NZG 2000, 352; *Kuchinke*, Probleme bei letztwilligen Zuwendungen für Stiftungszwecke, in: Festschrift Neumayer, 1985, S. 389 ff.; *Lex*, Stiftungsvermögen, Grundstocksvermögen und Bestandserhaltung, Stiftung & Sponsoring 5/1999, 3; *Liermann*, Handbuch des Stiftungsrechts, Geschichte des Stiftungsrechts, Band 1, Tübingen 1963; *Merten*, Die Genehmigung einer sog. parteinahen Stiftung, NWVBl. 1997, 44; *Müller-Faßbender*, Die Stiftung, Vermögen verwalten, Zukunft gestalten, Diss. Bamberg 1994; *Müller/Schubert*, Die Stifterfamilie und die Sicherstellung ihrer Versorgung im Rahmen einer gemeinnützigen Stiftung, DStR 2000, 1289; *Neuhoff*, in: Soergel, BGB, 13. Aufl., Stuttgart 2000, Kommentierung zu §§ 80 ff. BGB; *von Oertzen*, Die Stiftung von Todes wegen – Gestaltungsgefahren und Gestaltungsmöglichkeiten, Beilage zu Stiftung & Sponsoring 1/1999; *Orth*, Stiftungsvermögen im Zeitraum zwischen Todestag des Stifters und Genehmigung der Stiftung, ZEV 1997, 327; *Orth*, Outsourcing durch gemeinnützige Einrichtungen, Beilage zu Stiftung & Sponsoring 5/1999; *Rawert*, Die privatnützige Stiftung, Stiftung & Sponsoring 4/2000, 16; *Rawert*, in: Staudinger, BGB, 13. Bearbeitung, Berlin 1995, Kommentierung zu §§ 80 ff. BGB; *Rawert*, Der Einsatz der Stiftung zu stiftungsfremden Zwecken, ZEV 1999, 294; *Rawert*, Stiftung auf Widerruf?, Stiftung & Sponsoring 2/1998, 16; *Reuter*, in: Münchener Kommentar zum Bürgerlichen Gesetzbuch, 3. Aufl., München 1995, Kommentierung zu §§ 80 ff. BGB; *Sachs*, Kein Recht auf Stiftungsgenehmigung, in: Festschrift Leisner, Berlin 1999, S. 955; *Schauhoff*, Neue Entwicklungen im Stiftungs- und Stiftungssteuerrecht, ZEV 1999, 121; *Schiffer/Bach*, Stiftungswirklichkeit contra Stiftungssatzung?, Stiftung & Sponsoring 4/1999, 16 und 5/1999, 21; *Schmidt, Karsten*, Stiftungswesen, Stiftungsrecht, Stiftungspolitik, 1987; *Schmidt, Karsten*, Wohin steuert die Stiftungspraxis?, DB 1987, 261; *Schmidt, Oliver*, Die Auslegung des Stiftungsgeschäfts von Todes wegen, ZEV 2000, 219; *Scholz/Langer*, Stiftung und Verfassung. Strukturprobleme des Stiftungsrechts am Beispiel der „Stiftung Warentest", 1990; *Schulte*, Die Mehrfachkontrolle von Stiftungen, DÖV 1996, 497; *Schulte*, Staat und Stiftung. Verfassungsrechtliche Grundlagen und Grenzen des Stiftungsrechts und der Stiftungsaufsicht, 1989; *Seifart*, Vermögensverwaltung bei Stiftungen, BB 1987, 1889; *Seifart/Frhr. von Campenhausen (Hrsg.)*, Handbuch des Stiftungsrechts, 2. Aufl., München 1999; *Siegels*, Outsourcing von Steuerabteilungen – Das Stiftungsmodell des § 50a Abs. 2 Satz 2 StBerG, DStR 2000, 1110; *Spiegelberger*, Vermögensnachfolge, München 1994, Rz. 240 ff.; *Spiegel*, Haftungsprobleme der Stiftungsverwaltung, Beilage zu Stiftung & Sponsoring 2/1998; *Steffek*, Die Anforderungen an das Stiftungsgeschäft von Todes wegen, Baden-Baden 1996; *Steffen*, in: RGRK, BGB, 12. Aufl., Berlin 1982, Kommentierung zu §§ 80 ff. BGB; *Thomsen*, Probleme „staatsnaher" Stiftungen unter besonderer Berücksichtigung ihrer Autonomie, Diss. Hamburg 1991; *Toepke*, Staatsaufsicht über Stiftungen im deutschen und anglo-amerikanischen Recht, Diss. Hamburg 1967; *Turner*, Die Stiftung – ein selbständig und individuell gestaltbarer Wunscherbe, ZEV 1995, 206; *Turner/Doppstadt*, Die Stiftung – eine Möglichkeit individueller Nachfolgegestaltung, DStR 1996, 1448; *Twehus*, Rechtsfragen kommunaler Stiftungen, Köln 1996; *Wagner/Walz*, Zweckerfüllung gemeinnütziger Stiftungen durch zeitnahe Mittelverwendung und Vermögenserhaltung, Baden-Baden 1993; *Weger*, Unternehmen als Stifter, Beilage zu Stiftung & Sponsoring 4/2000; *Weger*, Führung und Management gemeinnütziger Stiftungen, Beilage zu Stiftung & Sponsoring 3/1999; *Weimar*, Die rechtsfähige Stiftung des Privatrechts, MDR 1981, 548; *Werner*, Abberufung der Organmitglieder in einer privatrechtlichen Stiftung, Stiftung & Sponsoring 3/2000, 15; *Westermann*, in: Erman, BGB, 10. Aufl., Köln 2000, Kommentierung zu §§ 80 ff. BGB; *Wochner*, Rechtsformwahl von Nonprofit-

Organisationen, Beilage zu Stiftung & Sponsoring 2/1999; *Wochner*, Stiftungen und stiftungsähnliche Körperschaften als Instrumente dauerhafter Vermögensbindung, MittRhNotK 1994, 89; *Wochner*, Rechtsfähige Stiftungen – Grundlagen und aktuelle Reformbestrebungen, BB 1999, 1441.

I. Errichtung der Stiftung

1. Überblick

Der Begriff der Stiftung ist **gesetzlich nicht definiert**. Unter einer rechtsfähigen Stiftung versteht man eine mitgliederlose Organisation, die bestimmte durch das Stiftungsgeschäft festgelegte Zwecke mit Hilfe eines ihr dauerhaft gewidmeten Vermögens verfolgt[1]. 1

Die Stiftung ist von natürlichen und juristischen Personen losgelöst und damit potentiell unsterblich. Im Gegensatz zu Vereinen oder Gesellschaften hat die Stiftung weder Gesellschafter noch Mitglieder. Als **verselbständigte Vermögensmasse** gehört sich die Stiftung gewissermaßen selbst. Die Stiftung existiert völlig unabhängig von dem Stifter und sonstigen Dritten. Insbesondere haben die von der Stiftung begünstigten Dritten (Destinatäre) nicht die Stellung von Mitgliedern, sondern sind lediglich Nutznießer des Stiftungsvermögens.

Die Stiftung ist durch drei konstitutive Elemente gekennzeichnet: 2

– den **Stiftungszweck**,

– das **Stiftungsvermögen** und

– die **Stiftungsorganisation**.

Oberstes Prinzip des Stiftungsrechts ist der **Stifterwille**[2]. Die Stiftung ist 3 Vollstreckerin des Stifterwillens. Während eine Körperschaft vom wandelbaren Willen ihrer Mitglieder getragen wird, ist der Wille des Stifters, der den Zweck der Stiftung bestimmt, **grundsätzlich unabänderlich** (vgl. § 87 Abs. 1 BGB). Der Stifterwille, der im anglo-amerikanischen Rechtskreis auch plastisch als foundation mission bezeichnet wird, beherrscht die

---

1 Grundlegend BayObLG, Beschl. v. 25. 10. 1972, BReg. 2 Z 56/72, NJW 1973, 249 = MittBayNot 1972, 281 = MittRhNotK 1973, 204.
2 Besonders deutlich kommt dies in Art. 2 Abs. 1 BayStG („Die Achtung vor dem Stifterwillen ist oberste Richtschnur bei der Handhabung dieses Gesetzes.") zum Ausdruck. Vergleichbare Bestimmungen finden sich auch in den anderen Landesstiftungsgesetzen (§ 2 BadWürttStiftG, § 2 BrbgStiftG, § 3 BremStiftG, § 2 MecklVorPStiftG, § 2 NdsStiftG, § 3 RhPfStiftG, § 2 SachStiftG, § 2 SachsAnhStiftG, § 2 ThürStiftG). BGH, Urt. v. 22. 1. 1987, III ZR 26/85, BGHZ 99, 344 = NJW 1987, 2364 = ZIP 1987, 1046 mit Anm. *Karsten Schmidt*, EWiR § 85 BGB, 1/87, 747 = MDR 1987, 740 = DB 1987, 1528.

5

Stiftung. Das Bundesverfassungsgericht hat die Bedeutung des Stifterwillens wie folgt umschrieben[3]:

„Das eigentümliche einer Stiftung ist, daß der Stifterwille für die Stiftung dauernd konstitutiv bleibt. Charakter und Zweck der Stiftung liegen mit diesem Anfang in die Zukunft hinein und für die Dauer der Existenz der Stiftung fest."

4 Die Motive für die Errichtung sind unterschiedlich. In der Praxis ist meist ein Bündel ideeller und wirtschaftlicher Motive für die Errichtung einer Stiftung maßgebend. Mögliche Motive sind etwa:

– gesellschaftliches Engagement und Verantwortungsbewußtsein,

– persönliche Betroffenheit oder Dankbarkeit,

– Ehrung oder Erhaltung des Lebenswerks eines Verstorbenen,

– Vermeidung von Erbstreitigkeiten,

– Fehlen (geeigneter) natürlicher Erben.

▶ **Gestaltungshinweis**
Im Einzelfall kann es zweckmäßig sein, die Motive des Stifters in einer Präambel der Stiftungssatzung niederzulegen.

5 Voraussetzung für die Entstehung einer selbständigen Stiftung des privaten Rechts ist ein privatrechtliches Stiftungsgeschäft mit Stiftungssatzung und die staatliche Genehmigung des Bundeslandes, in dem die Stiftung ihren Sitz haben wird (§ 80 Satz 1 BGB). Das Stiftungsgeschäft kann als Rechtsgeschäft unter Lebenden oder als Verfügung von Todes wegen vorgenommen werden.

2. Stiftungsgeschäft unter Lebenden

a) Stiftungsgeschäft als einseitiges Rechtsgeschäft

6 Das Stiftungsgeschäft ist eine einseitige, nicht empfangsbedürftige Willenserklärung. Für das Stiftungsgeschäft unter Lebenden gelten die **allgemeinen Vorschriften** über Rechtsgeschäfte (§§ 116 ff. BGB; zum Anfechtungsgegner siehe § 143 Abs. 4 BGB).

Das Stiftungsgeschäft besteht aus zwei Teilen:

---

[3] BVerfG, Beschl. des Zweiten Senats v. 11. 10. 1977, 2 BvR 209/76, BVerfGE 46, 73 = NJW 1978, 581 (betreffend einen Rechtsstreit der im Jahr 1849 zu notarieller Urkunde errichteten Stiftung Wilhelm-Anton-Hospital mit Sitz in Goch, Nordrhein-Westfalen).

– einem **organisationsrechtlichen Teil**, der auf die Schaffung einer juristischen Person gerichtet ist, und

– einem **vermögensrechtlichen Teil**, der die Widmung des Stiftungsvermögens betrifft.

Eine zu Lebzeiten errichtete Stiftung kann von einer oder mehreren, natürlichen oder juristischen Personen (zum Beispiel Unternehmen, Vereinen, Gemeinden, Kirchen) errichtet werden. Bei dem Stiftungsgeschäft handelt es sich auch dann um eine einseitige Willenserklärung, wenn die Stiftung von **mehreren Stiftern** errichtet wird.

Das Stiftungsgeschäft darf nicht von einer **auflösenden Bedingung** (§ 158 Abs. 2 BGB) abhängig gemacht werden, da im Interesse des Rechtsverkehrs eine Unsicherheit über den Bestand der Stiftung als juristischer Person vermieden werden muß. Dagegen sind **aufschiebende Bedingungen** (§ 158 Abs. 1 BGB) zulässig[4]. Die staatliche Genehmigung kann dann allerdings erst nach Bedingungseintritt erteilt werden.

Das Stiftungsgeschäft unter Lebenden muß nicht höchstpersönlich vorgenommen werden. **Stellvertretung** ist zulässig, wobei die Besonderheiten für einseitige Rechtsgeschäfte zu berücksichtigen sind (§§ 164 ff., 174 BGB). Eine vollmachtlose Vertretung ist ausgeschlossen (§ 180 BGB)[5].

Der Stifter muß **unbeschränkt geschäftsfähig** sein. Andernfalls ist das Stiftungsgeschäft unwirksam und kann auch nicht vom gesetzlichen Vertreter genehmigt werden (§ 111 BGB). Das Stiftungsgeschäft eines Geschäftsunfähigen oder eines beschränkt Geschäftsfähigen kann nicht von seinem gesetzlichem Vertreter vorgenommen werden (§§ 1641, 1804 BGB). Danach können insbesondere Eltern eine Stiftung nicht als gesetzliche Vertreter ihrer minderjährigen Kinder errichten.

Ist der Stifter im gesetzlichen Güterstand der **Zugewinngemeinschaft** verheiratet, sollte der andere Ehegatte der Errichtung der Stiftung vorsorglich zustimmen (§ 1365 BGB).

b) Form des Stiftungsgeschäfts

aa) Grundsatz der Schriftform

Das Stiftungsgeschäft bedarf der Schriftform (§§ 81 Abs. 1, 126 Abs. 1 BGB; zur Errichtung der Stiftung durch mehrere Stifter siehe § 126 Abs. 2 BGB).

---

4 BGH, Urt. v. 9. 2. 1978, III ZR 59/76, BGHZ 70, 313 (323) = NJW 1978, 943 = FamRZ 1978, 400 = DB 1978, 979.
5 BayObLG, Beschl. v. 27. 11. 1990, BReg. 1a Z 4/89, NJW-RR 1991, 523 = FamRZ 1991, 612.

Das Stiftungsgeschäft kann dabei handschriftlich oder maschinenschriftlich errichtet werden[6].

Die **notarielle Beurkundung** ersetzt die Schriftform (§ 126 Abs. 3 BGB).

Die Dokumentation des Stiftungsgeschäfts in einer **öffentlichen Urkunde** und die zeitlich unbefristete Aufbewahrung der Notarurkunden ist im Hinblick auf die Dauerhaftigkeit der Widmung des Stiftungsvermögens von Vorteil. Vor diesem Hintergrund wird in der Praxis oftmals eine notarielle Beurkundung des Stiftungsgeschäfts gewünscht.

bb) Notarielle Beurkundung

10 Die Kommissionsentwürfe zum Bürgerlichen Gesetzbuch haben für das Stiftungsgeschäft aufgrund dessen weitreichender Bedeutung die Pflicht zur notariellen Beurkundung vorgesehen. Durch die Beurkundung sollte zugleich sichergestellt werden, daß „eine wirkliche und vollendete Willensäußerung seitens des Stifters vorliegt".

Die Zweite Kommission hat aufgrund verfassungsrechtlicher Überlegungen eine **staatliche Genehmigungspflicht** für Stiftungsgeschäfte eingeführt. Ein Antrag, die Beurkundungspflicht aufgrund der neu geschaffenen staatlichen Kontrolle des Stiftungsgeschäfts zu streichen, wurde (zunächst) abgelehnt. Die staatliche Genehmigung alleine könne nicht gewährleisten, daß der Wille des Stifters in angemessener Form zum Ausdruck kommt.

Erst in den späteren Beratungen der Kommission wurde die Beurkundungspflicht des Stiftungsgeschäfts fallen gelassen.

Das Beurkundungsverfahren hat sich seitdem grundlegend gewandelt. Der Notar schuldet heute eine **umfassende Beratung und Belehrung** des Stifters (§ 17 BeurkG), die weit über die Pflichten der Stiftungsbehörde im Rahmen des Genehmigungsverfahrens hinausreicht (siehe etwa Art. 19 BayStG und § 1 Abs. 1 Satz 3 AVBayStG).

11 Dementsprechend wird im Rahmen der derzeitigen Diskussion einer **Reform des Stiftungsrechts** von verschiedenen Seiten vorgeschlagen, für das Stiftungsgeschäft die notarielle Beurkundung vorzusehen[7]. In die gleiche

---

6 BayObLG, Beschl. v. 27. 11. 1990, BReg. 1a Z 4/89, NJW-RR 1991, 523 = FamRZ 1991, 612.

7 § 82 Abs. 1 Satz 1 BGB-E Entwurf eines Gesetzes zur Förderung des Stiftungswesens (StiftFördG), Gesetzesvorschlag von BÜNDNIS 90/Die Grünen, BT-Drks. 13/9320 v. 1. 12. 1997 (s. dazu Teil K Rz. 4) und § 80 BGB-E Entwurf eines Gesetzes zur Reform des Stiftungsrechts, Gesetzentwurf der F.D.P., BT-Drks. 14/336 v. 28. 1. 1999 und BT-Drks. 14/3043 v. 22. 3. 2000 (s. dazu Teil K Rz. 5).

Richtung geht die Forderung des Stifterverbandes für die Deutsche Wissenschaft[8].

„*Die Errichtung einer Stiftung muß zukünftig schnell und unbürokratisch möglich sein. Zu ihrer Errichtung soll die notarielle Beurkundung des Stiftungsgeschäfts und der Satzung genügen, deren Mindesterfordernisse in den §§ 80 ff. BGB zu regeln sind. Mit der Eintragung in das Stiftungsregister erlangen die Stiftungen die Rechtsfähigkeit.*"

Ähnlich wie im Bereich der freiwilligen Gerichtsbarkeit (zum Beispiel im Bereich der Handels- oder Vereinsregister) könnte die notarielle Beurkundung zu einer weiteren Entlastung der staatlichen Stiftungsaufsichtsbehörden genutzt werden[9].

Derzeit ist für das Stiftungsgeschäft grundsätzlich die **Schriftform ausreichend** (§§ 81 Abs. 1, 126 Abs. 1 BGB). Die Stiftungsaufsicht in Hamburg verlangt jedoch in allen Fällen die notarielle (öffentliche) Beglaubigung der Unterschriften der Stifter. 12

Sofern zu dem der Stiftung gewidmeten Vermögen jedoch **Grundbesitz oder grundstücksgleiche Rechte** gehören, bedarf das Stiftungsgeschäft nach überwiegender Auffassung der notariellen Beurkundung (§ 313 BGB). Das Stiftungsgeschäft ist zwar kein Vertrag, doch gilt der Schutzzweck des § 313 BGB auch für einseitige Rechtsgeschäfte[10]. Nach Genehmigung der Stiftung bedarf es in jedem Fall der Auflassung von Grundbesitz auf die Stiftung und der Eigentumsumschreibung im Grundbuch (§§ 873, 925 BGB).

Für die Verpflichtung zur **Übertragung von GmbH-Geschäftsanteilen** genügt die Schriftform, da es sich bei dem Stiftungsgeschäft um keine ver-

---

8 Forderungen des Stifterverbandes zur Reform des Stiftungsrechts und des Stiftungssteuerrechts, in: Stifterverband für die Deutsche Wissenschaft, Bericht 1998, Essen 1999, S. 76 (77).
9 Rechtsvergleichend ist darauf hinzuweisen, daß die Errichtung einer Stiftung in Österreich (§ 10 Abs. 1 PSG, öBGBl. 1993, Nr. 694) und der Schweiz (Art. 81 Abs. 1 ZGB) der öffentlichen Beurkundung bedarf.
10 Palandt/*Heinrichs*, 59. Aufl., München 2000, § 81 BGB Rz. 1 und § 313 BGB Rz. 16; *Kanzleiter*, in: Münchener Kommentar, 3. Aufl., München 1994, § 313 BGB Rz. 24; *Wufka*, in: Staudinger, § 313 BGB Rz. 109; *Rawert*, in: Staudinger, 13. Bearb., Berlin 1995, § 81 BGB Rz. 3; *Battes*, in: Erman, § 313 BGB Rz. 2, 10. Aufl., Köln 2000; *Wochner*, Anmerkung, DNotZ 1996, 770; *Weimar/Geitzhaus/Delp*, BB 1986, 1999 (2004) – a.A. *Hof*, in: Seifart/Frhr. von Campenhausen (Hrsg.), Handbuch des Stiftungsrechts, 2. Aufl., München 1999, § 7 Rz. 15 und § 10 Rz. 25; *Pohley*, Kommentar zum Bayerischen Stiftungsgesetz, 3. Aufl., Essen 1999, Art. 4 Rz. 2.2.; *Stengel*, Kommentar zum Hessischen Stiftungsgesetz, 2. Aufl., Essen 2000, § 4 Anm. 4; *Voll/Störle*, Bayerisches Stiftungsgesetz, 3. Aufl., Stuttgart 1998, Art. 4 Rz. 2; *Westermann*, in: Erman, § 81 BGB Rz. 1, 10. Aufl., Köln 2000; OLG Schleswig-Holstein, Beschl. v. 1. 8. 1995, 9 W 50/95, DNotZ 1996, 770 mit abl. Anm. *Wochner*.

tragliche Vereinbarung handelt (siehe § 15 Abs. 4 GmbHG). Dagegen bedarf die anschließende Abtretung der notariellen Beurkundung (§ 15 Abs. 3 GmbHG). Etwas anderes ergibt sich (in der Regel) auch nicht aus den Vorschriften des Stiftungsrechts (§ 82 Satz 2 BGB), da zur Abtretung eines GmbH-Geschäftsanteils neben dem Abtretungsvertrag meist noch weitere Zustimmungserklärungen (§ 15 Abs. 5 GmbHG) erforderlich sind[11].

▶ **Beispiel**[12]
A errichtet eine rechtsfähige Stiftung des bürgerlichen Rechts. Nach dem Stiftungsgeschäft geht mit Erteilung der Stiftungsgenehmigung das Eigentum an einem Grundstück (Mietshaus) in das Eigentum der Stiftung über. Um die Kosten für die notarielle Beurkundung zu sparen, läßt A auf der Grundlage des Stiftungsgeschäfts und der Stiftungsgenehmigung lediglich den Antrag auf Grundbuchberichtigung beglaubigen. Der Rechtspfleger verlangt eine Auflassung des Grundstücks. A ist dagegen der Auffassung, daß im Hinblick auf den Normzweck des § 82 Satz 2 BGB eine dingliche Einigung entbehrlich ist.

13 Das in einem Stiftungsgeschäft der Stiftung zugesicherte Vermögen an einem Grundstück geht nicht ohne gesonderten **Übertragungsakt** auf die Stiftung über. Nach § 82 Satz 2 BGB gehen Rechte, zu deren Übertragung der Abtretungsvertrag genügt, mit der Genehmigung (gemäß § 82 Satz 1 BGB) auf die Stiftung über, sofern sich nicht aus dem Stiftungsgeschäfte ein anderer Wille des Stifters ergibt. Der Rechtsübergang erfolgt danach „kraft Gesetzes". Danach können aber nur solche Rechte auf die Stiftung übergehen, zu deren Übertragung der Abtretungsvertrag genügt. Dazu gehört das Eigentum an einem Grundstück nicht (§§ 873, 925 BGB)[13].

14 Für die **Auflassung** fällt eine 20/10 Gebühr an, da das Stiftungsgeschäft nicht beurkundet worden ist (§ 36 Abs. 2 KostO). Die privatschriftliche Stiftungsurkunde kann auch (kostenrechtlich) nicht einer notariellen Beurkundung gleichgestellt werden. Nur wenn das Stiftungsgeschäft selbst beurkundet worden ist (wofür nach § 36 Abs. 1 KostO eine 10/10 Gebühr anfällt), ermäßigt sich die Gebühr für die Auflassung auf 5/10 (nach § 38 Abs. 2 Nr. 6a KostO). Die von dem Stifter A zu entrichtenden Notargebüh-

---

11 A.A. wohl *Wochner*, MittRhNotK, 1994, 89 (95); *Winter*, in: Schulz, 9. Aufl., Köln 2000, § 15 GmbHG Rz. 52 und 43. S. ferner *Altmeppen*, in: Roth/Altmeppen, 3. Aufl., München 1997, § 15 GmbHG Rz. 50 und 51; *Hueck*, in: Baumbach/Hueck, 17. Aufl., München 2000, § 15 GmbHG Rz. 29 und 30; *Lutter/Hommelhoff*, 15. Aufl., Köln 2000, § 15 GmbHG Rz. 15; *Zutt*, in: Hachenburg, 8. Aufl., Berlin 1992, § 15 GmbHG Rz. 10, 12 und 13.
12 Nach BayObLG, Beschl. v. 25. 6. 1987, BReg. 2 Z 67/87, NJW-RR 1987, 1418 und OLG Schleswig-Holstein, Beschl. v. 1. 8. 1995, 9 W 50/95, DNotZ 1996, 770 mit abl. Anm. *Wochner*.
13 BayObLG, Beschl. v. 25. 6. 1987, BReg. 2 Z 67/87, NJW-RR 1987, 1418.

ren sind im vorliegenden Fall daher höher, als wenn der Notar auch das Stiftungsgeschäft beurkundet (und den Stifter beraten) hätte.

Zivilrechtlich ist für das Stiftungsgeschäft somit (derzeit noch) Schriftform ausreichend. **Kostenrechtlich** ist aber bereits heute eine notarielle Beurkundung geboten, wenn zu dem der Stiftung gewidmeten Vermögen Grundbesitz oder GmbH-Geschäftsanteile gehören.

cc) Beurkundungsgebühren

Die Beurkundung eines Stiftungsgeschäfts **unter Lebenden** löst eine 10/10 Gebühr (§ 36 Abs. 1 KostO) aus. Dies gilt auch dann, wenn die Stiftung durch mehrere Personen errichtet wird.

15

Der **Geschäftswert** für das Stiftungsgeschäft bestimmt sich nach dem Wert des zugesicherten Vermögen ohne Abzug darauf lastender Verbindlichkeiten (§§ 39 Abs. 1 Satz 1, 18 Abs. 3 KostO). Die Höchstwert beträgt 10 Mio. DM (§ 39 Abs. 4 KostO).

Für die nach Erteilung der Genehmigung zu beurkundende **Auflassung von Grundbesitz** fällt zusätzlich eine 5/10 Gebühr an (§ 38 Abs. 2 Nr. 6a KostO). Gleiches gilt für die Beurkundung der Abtretung von GmbH-Geschäftsanteilen (§ 15 Abs. 3 GmbHG und § 38 Abs. 2 Nr. 6d KostO).

16

Ist das Stiftungsgeschäft dagegen **privatschriftlich** errichtet, fällt für die Auflassung eine doppelte Gebühr an (§ 36 Abs. 2 KostO)[14]. Im Ergebnis ist es für den Stifter daher kostengünstiger das gesamte Stiftungsgeschäft beurkunden zu lassen (dann fällt – an Stelle der 20/10 Gebühr – nur eine 10/10 Gebühr nach § 36 Abs. 1 KostO und eine 5/10 Gebühr nach § 38 Abs. 2 Nr. 6a KostO an).

Für Stiftungen, die ausschließlich und unmittelbar **mildtätige oder kirchliche Zwecke** (§§ 53 und 54 AO) verfolgen, besteht eine Gebührenermäßigung (§ 144 Abs. 2 KostO). Die Verfolgung (auch) gemeinnütziger Zwecke ist von der Gebührenermäßigung ausgenommen[15]. Die Gebührenermäßigung gilt nicht für die Errichtung einer Stiftung.

17

Fertigt der Notar auftragsgemäß nur den **Entwurf**, fällt gleichfalls die für die Beurkundung bestimmte Gebühr an (§ 145 Abs. 1 KostO).

18

Die **staatliche Genehmigung** (§ 80 BGB) hat der Notar nur zu erholen, wenn er diese Aufgabe übernommen hat und vom Stifter dazu bevollmächtigt worden ist. In diesem Fall liegt ein gebührenpflichtiges Nebengeschäft

---

14 Anders nur OLG Schleswig-Holstein, Beschl. v. 1. 8. 1995, 9 W 50/95, DNotZ 1996, 770 mit abl. Anm. *Wochner*.
15 BayObLG, Beschl. v. 13. 10. 1994, 3 Z BR 210/94, DNotZ 1995, 775 = MittBayNot 1994, 571 = MittRhNotK 1994, 324.

vor (§ 147 Abs. 2 KostO). Als Geschäftswert dürfte ein Teilwert von 10 bis 30% des Werts des Stiftungsgeschäfts angemessen sein.

Wird der Notar mit der Errichtung einer **steuerbegünstigten Stiftung** beauftragt und stimmt er den Satzungsentwurf mit dem zuständigen Finanzamt für Körperschaften ab (§§ 59, 60 AO), fällt dafür keine zusätzliche Gebühr an. Beantragt der Notar allerdings nach Genehmigung der Stiftung für diese beim Finanzamt einen entsprechenden **Freistellungsbescheid**, fällt eine 5/10 Gebühr (§ 147 Abs. 2 KostO) aus einem Teilwert von 10 bis 30% des Werts des Stiftungsgeschäfts an.

19 Für die Beurkundung des Stiftungsgeschäfts und der Stiftungssatzung einer Stiftung – einschließlich einer umfassenden Beratung des Stifters – fallen demnach (ohne Nebentätigkeiten, Auslagen und Umsatzsteuer) folgende Gebühren an:

Stiftungsvermögen	Beurkundungsgebühr
500 000 DM	860 DM
1 Mio. DM	1 610 DM
5 Mio. DM	7 610 DM
10 Mio. DM	15 110 DM
20 Mio. DM	15 110 DM

c) **Widerruf des Stiftungsgeschäfts**

aa) **Widerruf vor Stellung des Antrags auf Genehmigung**

20 Vor Stellung des Antrags auf Genehmigung der Stiftung kann der Stifter das Stiftungsgeschäft durch eine einseitige, nicht empfangsbedürftige Willenserklärung jederzeit widerrufen (§ 81 Abs. 2 Satz 1 BGB). Der Widerruf ist **formlos** möglich. Der Grundsatz der freien Widerruflichkeit entspricht dem Charakter des Stiftungsgeschäfts als einseitiges Rechtsgeschäft.

Im Falle der **notariellen Beurkundung** des Stiftungsgeschäfts ist ein Widerruf auch dann noch möglich, wenn der Stifter den Notar mit der Genehmigung beauftragt hat, dieser den Antrag aber noch nicht gestellt hat (vgl. § 81 Abs. 2 Satz 3 Fall 2 BGB).

Das Widerrufsrecht ist **unverzichtbar** und kann nicht ausgeschlossen werden.

Wird die Stiftung von **mehreren Stiftern** errichtet, kann das Stiftungsgeschäft von jedem Stifter widerrufen werden. Das Stiftungsgeschäft ist dann im Zweifel insgesamt unwirksam (§ 139 BGB analog).

Eine **Vertretung** des Stifters bei dem Widerruf ist – ebenso wie bei der Errichtung der Stiftung (actus contrarius) – möglich.

Errichtung   Rz. 23 **B**

bb) Widerruf nach Stellung des Antrags auf Genehmigung

(1) Widerruf durch den Stifter

Nach der Stellung des Antrags auf Genehmigung ist ein Widerruf nur 21
durch eine **einseitige, amtsempfangsbedürftige Willenserklärung** möglich
(§§ 81 Abs. 2 Satz 2, 130 Abs. 3 BGB).

Vom Widerruf des Stiftungsgeschäfts ist der **Widerruf des Antrags** auf
Genehmigung zu unterscheiden. Dieser ist zwar in der Regel, aber nicht
zwingend mit dem Widerruf des Stiftungsgeschäfts verbunden. Der Stifter
kann beispielsweise nur den Antrag auf Genehmigung widerrufen, um die
Entstehung der Stiftung und damit auch die Verpflichtung zur Vermögensübertragung (§ 82 Satz 1 BGB) zu verschieben.

(2) Widerruf nach dem Tod des Stifters

Stirbt der Stifter nach Abschluß des Stiftungsgeschäfts, aber vor Erteilung 22
der Genehmigung, geht das Widerrufsrecht auf die **Erben** über (§§ 1922,
2038 ff. BGB).

Den Erben steht jedoch **kein Widerrufsrecht** zu, wenn der Stifter selbst
(oder ein Bevollmächtigter) die Genehmigung noch beantragt hat (§ 81
Abs. 2 Satz 3 Fall 1 BGB).

Hat der Stifter einen **Bevollmächtigten** (zum Beispiel einen Rechtsanwalt
oder einen Steuerberater; nicht aber einen Notar) mit der Genehmigung
beauftragt und stellt der Bevollmächtigte den Antrag erst nach dem Tod
des Stifters (§§ 672, 168 Satz 1 BGB), kann der Erbe das Stiftungsgeschäft
durch Erklärung gegenüber der Behörde noch widerrufen (vgl. § 81 Abs. 2
Satz 3 Fall 2 BGB). Dies gilt nur dann nicht, wenn der Stifter den das
Stiftungsgeschäft beurkundenden Notar mit der Genehmigung beauftragt
hat (§ 81 Abs. 2 Satz 3 Fall 2 BGB). In diesem Fall steht den Erben kein
Widerrufsrecht zu.

Im Falle der Errichtung einer **Stiftung von Todes wegen** steht den Erben –
anders als bei einem Stiftungsgeschäft unter Lebenden (§ 81 Abs. 2 BGB) –
kein Widerrufsrecht zu. Stirbt der Stifter unmittelbar nach Abschluß des
Stiftungsgeschäfts, kann der Erbe den Antrag auf Genehmigung der Stiftung stellen. In diesem Fall bleibt es eine Stiftung unter Lebenden.

cc) Widerruf nach Erteilung der Genehmigung

Nach der Erteilung der Genehmigung kann auch der Stifter das Stiftungsge- 23
schäft nicht mehr widerrufen. Möglich ist dann allenfalls noch eine **Anfechtung** des Stiftungsgeschäfts durch den Stifter. Ferner können **Gläubiger**

des **Stifters** oder ein **Insolvenzverwalter** die Vermögenswidmung noch anfechten (§§ 129 ff. InsO, §§ 1 ff. AnfG).

3. Stiftungsgeschäft von Todes wegen

a) Verfügung von Todes wegen

aa) Allgemeine Bestimmungen des Erbrechts

24 Das Stiftungsgeschäft von Todes wegen kann in einem **Testament** oder in einem **Erbvertrag** (als einseitige Erklärung, § 2278 Abs. 2 BGB) vorgenommen werden. Dabei gelten die allgemeinen Vorschriften des Erbrechts.

Eine **Stellvertretung** ist beim Stiftungsgeschäft von Todes wegen somit – anders als beim Stiftungsgeschäft unter Lebenden – unzulässig (§§ 2064, 2065 BGB). Bei Willensmängeln greifen die erweiterten Anfechtungsvorschriften des Erbrechts ein (§§ 2078 ff. BGB).

Die **Erben** sind zum Widerruf des Stiftungsgeschäfts nicht berechtigt (§ 81 Abs. 2 BGB gilt nur für das Stiftungsgeschäft unter Lebenden). Ein Widerruf kommt nur nach den allgemeinen erbrechtlichen Bestimmungen in Betracht (§§ 2253 ff., 2271 ff., 2290 ff. BGB).

Durch **Schenkungsversprechen von Todes wegen** kann eine Stiftung nicht begründet werden (§ 2301 BGB).

25 Stiftungen von Todes wegen werden erst nach Eröffnung der letztwilligen Verfügung von Todes wegen **genehmigt** (vgl. § 1 Abs. 4 AVBayStG). Die genehmigte Stiftung von Todes wegen kann die Erbschaft oder das Vermächtnis nicht ausschlagen, da dies den Wegfall ihrer Existenzgrundlage zur Folge hätte.

▶ **Gestaltungshinweis**

Die Erbeinsetzung einer Stiftung sollte dahingehend **befristet** sein, daß die Genehmigung bis zu einem bestimmten Zeitpunkt erfolgt. Andernfalls kommt es nach dem Ableben des Stifters zu einem lang andauernden Schwebezustand.

Formulierungsvorschlag

Zu meinem Alleinerben bestimme ich hiermit die (. . .)-Stiftung. Die Stiftung soll folgende Satzung haben. (. . .) Für den Fall, daß die Stiftung nicht innerhalb von einem Jahr nach meinem Tod genehmigt worden sein sollte, setze ich die (steuerbegünstigte Körperschaft) als meinen Alleinerben ein. Der Erbe ist mit der Auflage beschwert, meinen Nachlaß ausschließlich für die in der Stiftungssatzung genannten Zwecke zu verwenden.

Errichtung | Rz. 27 **B**

Die Stiftung ist nach der Genehmigung **von der Person des Stifters völlig losgelöst**. Insbesondere hat der Stifter auf die Stiftung und das Stiftungsvermögen – sofern er sich nicht entsprechende Rechte in der Stiftungssatzung vorbehalten hat – keinerlei Einfluß mehr. Um die dauerhafte Trennung von dem eigenen Vermögen zu Lebzeiten zu vermeiden, wird von den Stiftern eine Stiftungserrichtung von Todes wegen oftmals vorgezogen. Die Errichtung einer Stiftung im Wege der letztwilligen Verfügung hat sich in der Praxis jedoch als wenig zweckmäßig erwiesen. Im Einzelfall kann eine lückenhafte oder unklare Regelung im Testament die Errichtung der Stiftung sogar verhindern. Aus diesem Grund sind die Genehmigungsbehörden teilweise befugt, das Stiftungsgeschäft in den durch den Stifterwillen gezogenen Grenzen zu ändern oder zu ergänzen[16]. 26

▶ **Gestaltungshinweis**

Im Interesse einer umfassenden Verwirklichung des Stifterwillens ist eine **Stufengründung** der Stiftung empfehlenswert. Der Stifter errichtet die Stiftung bereits zu Lebzeiten mit einem relativ niedrigem (aber ausreichenden) Vermögen (zum Beispiel 100 000 DM Barvermögen). Die bereits bestehende Stiftung setzt der Stifter dann in einer letztwilligen Verfügung als Erbin oder Vermächtnisnehmerin ein. Der Vorteil dieser Gestaltung liegt zum einen darin, daß der Stifter noch selbst die stiftungsrechtliche Genehmigung und die steuerrechtliche Anerkennung erwirken, und etwaige Zweifel hinsichtlich des Stifterwillens authentisch ausräumen kann. Zum anderen erfährt der Stifter noch zu Lebzeiten die öffentliche Anerkennung und Befriedigung, die im Einzelfall mit der Errichtung einer Stiftung verbunden sein kann.

Sofern ein Stifter eine Stiftung gleichwohl von Todes wegen errichten möchte, sollte die **Genehmigungsfähigkeit** der künftigen Stiftung vorab mit der Stiftungsaufsichtsbehörde abgestimmt werden. Im Einzelfall kann der Stifter auch eine entsprechende Zusicherung der Genehmigungsbehörde beantragen (vgl. § 38 VwVfG). 27

Ergänzend sollte der Stifter **Testamentsvollstreckung** anordnen. Der Testamentsvollstrecker sollte befugt sein, etwaige Mängel des Stiftungsgeschäfts und der Stiftungssatzung durch entsprechende Änderungen bzw. Ergänzungen zu beheben. Zu den Aufgaben des Testamentsvollstreckers sollte es außerdem gehören, die Genehmigung der Stiftung zu erholen und gegebenenfalls die Anerkennung der Stiftung als steuerbegünstigt zu erwir-

---

16 § 6 Abs. 3 BadWürttStiftG, Art. 8 Abs. 2 Satz 3 BayStG, § 3 Abs. 2 BerlStiftG, § 5 Abs. 3 BremStiftG, § 9 HambAGBG, § 4 Abs. 4 HessStiftG, § 6 Abs. 3 MecklVorPStiftG, § 5 Abs. 4 NdsStiftG, § 5 Abs. 3 RhPfStiftG, § 4 Abs. 4 SaarlStiftG, § 3 Abs. 3 SchlHolStiftG, § 10 Abs. 3 SachStiftG, § 10 Abs. 3 SachsAnhStiftG, § 10 Abs. 3 ThürStiftG.

ken[17]. Zusätzlich kann dem Testamentsvollstrecker noch eine postmortale oder transmortale Vollmacht erteilt werden.

Formulierungsvorschlag

Kann die Genehmigung der Stiftung oder ihre Anerkennung als steuerbegünstigt nicht erreicht werden, ist der Testamentsvollstrecker befugt, den Sitz der Stiftung in ein anderes Bundesland zu verlegen, sofern der Stifterwille dort verwirklicht werden kann. Der Testamentsvollstrecker ist auch im übrigen berechtigt, unter möglichster Beachtung des Stifterwillens die für die Genehmigung der Stiftung oder ihrer Anerkennung als steuerbegünstigt erforderlichen oder zweckmäßigen Änderungen und Ergänzungen der Stiftungssatzung vorzunehmen.

28 Schließlich kann der Stifter für den Fall, daß eine selbständige Stiftung nicht (bzw. nicht innerhalb einer bestimmten Zeit) errichtet werden kann, hilfsweise **weitere Anordnungen** vorsehen (wie beispielsweise die Errichtung einer unselbständigen Stiftung).

▶ **Gestaltungshinweis**

Ordnet der Erblasser ein **Vermächtnis** zu Gunsten einer spendenbegünstigten Stiftung an, kann weder der Erblasser noch der Erbe einen Spendenabzug geltend machen[18]:
— Aus der Sicht der **Erblassers** liegt keine Zuwendung an die spendenbegünstigte Stiftung, sondern eine Zuwendung an den Erben vor.
— Der **Erbe** erfüllt lediglich das vom Erblasser ausgesetzte Vermächtnis und leistet somit nicht freiwillig.

Wird die Stiftung dagegen als Erbin eingesetzt, liegt eine freiwillige Leistung des Erblassers vor. Die Vermögensausstattung der Stiftung mindert in diesem Fall die Einkommensteuerbelastung des Erblassers, für die seine Erben einzustehen haben (§ 45 AO).

bb) Testament

29 Das Stiftungsgeschäft von Todes wegen kann in einem Einzeltestament oder in einem gemeinschaftlichen Testament vorgenommen werden[19].

---

17 S. dazu § 5 Abs. 2 Satz 3 BrbgStiftG, wonach dem Testamentsvollstrecker – vorbehaltlich einer abweichenden Anordnung in einer Verfügung von Todes wegen – das Recht zusteht, die Satzung zu erlassen.
18 S. dazu BFH, Urt. v. 23. 10. 1996, X R 75/94, BStBl. II 1997, 239 = DStR 1997, 193 = ZEV 1997, 83 = DB 1997, 308 = BB 1997, 393 = NJW 1997, 887 und BFH, Urt. v. 22. 9. 1993, X R 107/91, BStBl. II 1993, 874 = DStR 1993, 1906 = DB 1993, 2465 = NJW 1994, 1175.
19 Zur Frage der Wechselbezüglichkeit bei der Schlußerbeneinsetzung einer Stiftung in einem gemeinschaftlichen Testament s. OLG München, Urt. v. 1. 10. 1999, 23 W 1996/99, ZEV 2000, 104 = NJW-RR 2000, 526 = OLG-Report 2000, 97 = FamRZ 2000, 853 (LS). – Zur Abgrenzung der Einsetzung einer „Erbgemein-

cc) Erbvertrag

Eine Stiftung kann auch durch Erbvertrag errichtet werden. Errichten Ehegatten gemeinsam durch Erbvertrag eine Stiftung, die bereits mit dem **Tod des Erstversterbenden** entstehen soll, so nimmt jeder Ehegatte ein Stiftungsgeschäft sowohl unter Lebenden wie auch von Todes wegen vor. Dabei steht das Stiftungsgeschäft unter Lebenden unter der Bedingung, daß der andere Ehegatte und das Stiftungsgeschäft von Todes wegen unter der Bedingung, daß der betroffene Ehegatte selbst als Erster verstirbt[20]. 30

b) Einsetzung der Stiftung

aa) Erbin

(1) Alleinerbin

Die Vermögenszuwendung an eine Stiftung kann durch **Erbeinsetzung, Vermächtnis oder Auflage** erfolgen. 31

Wird eine Stiftung als Erbin eingesetzt, erwirbt sie das Vermögen im Wege der **Gesamtrechtsnachfolge** (§§ 1922, 84 BGB). Bei der Erbeinsetzung darf die Bestimmung des Stiftungszwecks, des Stiftungsvermögens und der Begünstigten nicht Dritten überlassen werden (§ 2065 Abs. 2 BGB). Das Nachlaßgericht ist berechtigt zur Sicherung des Nachlasses einen Nachlaßpfleger zu bestellen (§ 1960 BGB).

(2) Miterbin

Bei der Einsetzung einer Stiftung zur Miterbin ist die **Auseinandersetzung** unter den Erben ausgeschlossen, bis die Entscheidung über die Genehmigung der Stiftung wirksam geworden ist (§ 2043 Abs. 2 Fall 3 BGB). Dies ist insofern problematisch, als der genaue Wert des Erbanteils und damit die Genehmigungsfähigkeit der Stiftung ihrerseits unter Umständen erst nach der Erbauseinandersetzung bestimmt werden können. 32

(3) Vorerbin

Eine Stiftung kann grundsätzlich nicht zur Vorerbin eingesetzt werden, da die Vermögensausstattung in diesem Fall **zeitlich begrenzt** ist. Ein dauerhafter Bestand der Stiftung ist somit nicht gewährleistet. 33

---

schaft" als Schlußerbin von der Errichtung einer Familienstiftung s. OLG Köln, Beschl. v. 29. 11. 1989, 2 Wx 31/89, FamRZ 1990, 438.

20 BGH, Urt. v. 9. 2. 1978, III ZR 59/76, BGHZ 70, 313 (321 ff.) = NJW 1978, 943 = FamRZ 1978, 400 = DB 1978, 979 (betreffend einen Rechtsstreit zwischen einer Familienstiftung und dem Senator für Justiz in Berlin wegen der Gebühren für die Beaufsichtigung der Stiftung).

(4) Nacherbin

34 Dagegen kann eine Stiftung Nacherbin sein. Die Anordnung von Vor- und Nacherbschaft kommt vor allem dann in Betracht, wenn vor der endbedachten Stiftung eine natürliche Person (beispielsweise ein Familienmitglied) **auf Zeit begünstigt** werden soll. Gerade bei Eltern mit behinderten Kindern ist der Wunsch häufig, das Vermögen zunächst dem behinderten Kind zukommen zu lassen, nach dessen Ableben jedoch eine gemeinnützige oder mildtätige Stiftung zu errichten.

Die Genehmigung der Stiftung setzt voraus, daß der Vorerbe von den gesetzlichen Verfügungsbeschränkungen nicht befreit ist. In der Praxis wird die Genehmigung meist erst nach Eintritt des Nacherbfalls erteilt.

(5) Ersatzerbin

35 Eine Stiftung kann grundsätzlich auch als Ersatzerbin eingesetzt werden (§ 2096 BGB). Auch hier wird die stiftungsrechtliche **Genehmigung** in der Praxis aber erst nach Eintritt des Ersatzerbfalls erteilt werden.

bb) Vermächtnis

36 Die Vermögensausstattung der Stiftung kann auch im Wege eines Vermächtnisses erfolgen (§§ 2147, 2174 BGB)[21]. Der **Anspruch der Stiftung auf Leistung** des vermachten Vermögens entsteht bereits mit dem Tod des Stifters, obwohl die Stiftung erst zu einem späteren Zeitpunkt genehmigt wird (§§ 84, 2176, 2178 BGB). Verfügungen der Erben über das der Stiftung zugesicherte Vermögen sind absolut unwirksam (§§ 2179, 161 Abs. 1 BGB).

Anders als bei der Erbeinsetzung kann die Vermögensausstattung der Stiftung bei einem Wahlvermächtnis (§ 2154 BGB) oder einem Gattungsvermächtnis (§ 2155 BGB) dem Belieben des Beschwerten oder eines Dritten überlassen werden. Hat der Erblasser den Zweck der Zuwendung hinreichend bestimmt, kann er die Bestimmung der Leistung auch dem Beschwerten oder einem Dritten überlassen (§ 2156 BGB).

cc) Auflage

(1) Errichtung einer Stiftung von Todes wegen

37 Die Vermögensausstattung der vom Erblasser gegründeten Stiftung kann auch durch die Anordnung einer Auflage erfolgen (§§ 1940, 2192 ff. BGB). Mit der Erfüllung der Auflage ist der Erbe oder der Vermächtnisnehmer

---

[21] Zu den Nachteilen beim Spendenabzug in diesem Fall s. bereits den Gestaltungshinweis unter Teil B Rz. 28.

beschwert (§§ 2147, 2192 BGB). Der Stiftung steht in diesem Fall **kein eigenes Forderungsrecht** zu. Die Vollziehung der Auflage kann vom Erben, einem Miterben oder demjenigen verlangt werden, dem der Wegfall des Beschwerten unmittelbar zustatten kommt (§ 2194 Satz 1 BGB). Daneben kann auch ein Testamentsvollstrecker die Vollziehung der Auflage verlangen (§ 2208 Abs. 2 BGB). Ferner kann der Erblasser einem Dritten (nicht aber dem Begünstigten) einen klagbaren Anspruch auf Erfüllung der Auflage einräumen. Liegt die Vollziehung der Auflage im **öffentlichen Interesse**, kann auch die zuständige Behörde die Vollziehung verlangen (§ 2194 Satz 2 BGB). Öffentliches Interesse meint dabei nicht nur ein solches des Staates, sondern jede Förderung des Gemeinwohls. Die Erfüllung des Zwecks einer steuerbegünstigten Stiftung (§§ 51 ff. AO) dürfte demnach regelmäßig im öffentlichen Interesse liegen. Die zuständige Behörde wird durch das Landesrecht bestimmt[22].

Der Erblasser muß zumindest den **Zweck** der Auflage bestimmen (§ 2193 BGB). Die Festlegung des Leistungsinhalts und die Bestimmung des Begünstigten kann er dann dem billigen Ermessen des Beschwerten oder einem Dritten überlassen (§§ 2192, 2156 BGB).

(2) Auflage zur Errichtung einer Stiftung unter Lebenden

Bei der vorstehend dargestellten Errichtung einer Stiftung von Todes wegen geht es um die Vollziehung des vom Erblasser selbst angeordneten Stiftungsgeschäfts. Stifter ist der Erblasser.

38

Davon zu unterscheiden ist die Anordnung eine Auflage, wonach ein **Erbe oder Vermächtnisnehmer** mit den Mitteln des Nachlasses eine Stiftung unter Lebenden zu errichten haben. Stifter ist dann nicht der Erblasser, sondern der Erbe oder Vermächtnisnehmer. Diese Möglichkeit ist insbesondere dann in Betracht zu ziehen, wenn der Erblasser den Inhalt der Stiftungsverfassung nicht (mehr) selbst festlegen will (oder kann).

c) Künftige Stiftung als Erbin

Die Stiftung entsteht erst mit der staatlichen Genehmigung. Danach wäre eine Erbeinsetzung der im Zeitpunkt des Erbfalls noch gar nicht bestehenden Stiftung an sich nicht möglich (§ 1923 Abs. 1 BGB). Aufgrund einer gesetzlichen Fiktion gilt die Stiftung für Zuwendungen des Stifters bereits als **vor dessen Tode entstanden** (§ 84 BGB; die Vorschrift wird nach dem Frankfurter Bankier und Stifter *Johann Friedrich Städel* [1728–1816] oft

39

---

[22] In Bayern beispielsweise durch Art. 69 AGBGB. Danach ist grundsätzlich die Behörde zuständig, zu deren Wirkungskreis die Wahrung des Interesses gehört (Art. 69 Satz 1 AGBGB).

auch als Städel-Paragraph bezeichnet). Die Vorschrift entspricht der Bestimmung über die Erbfähigkeit des **nasciturus** (§ 1923 Abs. 2 BGB). Die zur Erbin eingesetzte Stiftung erwirbt das Stiftungsvermögen damit im Wege der Gesamtrechtsnachfolge unmittelbar vom Erblasser, auch wenn der Anfall erst mit der Genehmigung erfolgt (siehe dazu auch § 2101 Abs. 2 HS 2 BGB). Ebenso steht der Stiftung eine zugewandte Vermächtnisforderung vom Zeitpunkt des Erbfalls an zu. Die Erträge des vermachten Gegenstandes gebühren ihr mithin vom Erbfall und nicht erst ab der Erteilung der Genehmigung an (§§ 84, 2174, 2184 BGB).

Die gesetzliche Fiktion betrifft nur Zuwendungen des Stifters, nicht auch **Zuwendungen Dritter** an eine noch nicht genehmigte Stiftung. Die Erbeinsetzung einer noch nicht genehmigten Stiftung durch einen Dritten ist im Zweifel als Nacherbeneinsetzung der künftigen Stiftung anzusehen (§ 2101 Abs. 2 HS 1 BGB). Ein Vermächtnis zugunsten der künftigen Stiftung ist durch den Zeitpunkt der Genehmigung aufschiebend bedingt (§§ 2178, 2179 BGB).

Die gesetzliche Fiktion (des § 84 BGB) ist nicht auf letztwillige Verfügungen zu Gunsten der Stiftung beschränkt, sondern gilt auch bei der **Errichtung einer Stiftung unter Lebenden**[23]. Die Verpflichtung zur Übertragung der zugewandten Vermögensgegenstände (§ 82 Satz 1 BGB), wird dann im Todeszeitpunkt des Stifters als eine **unbedingte Verbindlichkeit** behandelt.

d) Testamentsvollstreckung

40 Um das wirksame Entstehen der Stiftung sicherzustellen, sollte der Erblasser Testamentsvollstreckung anordnen.

Zu den **Aufgaben** des Testamentsvollstreckers gehört es insbesondere, die Genehmigung der Stiftung herbeizuführen und die Übertragung des Vermögen auf die Stiftung zu veranlassen. Der Testamentsvollstrecker sollte auch befugt sein, das Stiftungsgeschäft und die Stiftungssatzung entsprechend den Anforderungen der Genehmigungsbehörde bzw. des Finanzamts zu ergänzen oder zu ändern[24].

Im Interesse der Kontinuität der Stiftungsverwaltung kann es sinnvoll sein, daß der Testamentsvollstrecker zugleich dem **Stiftungsvorstand** angehört. Die Befristung der Testamentsvollstreckung findet in diesem Fall keine Anwendung (§ 2210 BGB), da die Wahrnehmung der Aufgaben des Stiftungsvorstands nicht zur Tätigkeit des Testamentsvollstreckers gehören.

---

23 S. dazu BayObLG, Beschl. v. 27. 11. 1990, BReg. 1a Z 4/89, NJW-RR 1991, 523 = FamRZ 1991, 612.
24 S. dazu bereits oben Teil B Rz. 27.

e) Nachlaßpflegschaft

Unterbleibt im Einzelfall die Anordnung der Testamentsvollstreckung kann das Nachlaßgericht einen Nachlaßpfleger benennen, der die Rechte der zu gründenden Stiftung wahrnimmt (§ 1960 BGB). Ist die Stiftung nur Miterbin oder Vermächtnisnehmerin, genügt an Stelle der Nachlaßpflegschaft die Bestellung eines Stiftungspflegers (§ 1913 BGB). 41

II. Stiftungsverfassung

1. Inhalt der Stiftungssatzung

Neben dem Stiftungsgeschäft hat der Stifter der Stiftung eine Verfassung (= Stiftungssatzung) zu geben (§ 85 BGB). Die Stiftungssatzung ist in der Regel in einer Anlage zum Stiftungsgeschäft enthalten. Inhaltlich kann es zwischen Stiftungsgeschäft und Stiftungssatzung zu gewissen Überschneidungen kommen. 42

Zum **Mindestinhalt** des Stiftungsgeschäfts gehört die Erklärung des Stifters, eine Stiftung errichten zu wollen und diese zur Verfolgung bestimmter Zwecke mit einem näher bezeichneten Vermögen auszustatten. Die Stiftungssatzung muß außerdem in jedem Fall den Namen, den Sitz, den Stiftungszweck, das Stiftungsvermögen und das gesetzliche Vertretungsorgan bestimmen.

Die Landesstiftungsgesetze sehen die zwingende[25] bzw. fakultative[26] Aufnahme **weiterer Regelungen** in die Satzung vor. Die Aufsichtsbehörden sind in der Regel befugt, lückenhafte Satzungsbestimmungen unter weitestgehender Berücksichtigung des Willens des Stifters zu ergänzen[27]. Dies 43

---

25 § 6 Abs. 1 BadWürttStiftG, Art. 8 Abs. 2 Satz 1 BayStG, § 3 Abs. 1 Satz 2 BerlStiftG, § 5 Abs. 1 und Abs. 3 Satz 1 BrbgStiftG, § 5 Abs. 2 Satz 2 BremStiftG, § 6 HambAGBG, § 4 Abs. 2 HessStiftG, § 6 Abs. 2 Satz 2 MecklVorPStiftG, § 5 Abs. 2 NdsStiftG, § 5 Abs. 1 und 3 NRWStiftG, § 4 Abs. 2 SaarlStiftG, § 3 Abs. 1 und 2 SchlHolStiftG, § 10 Abs. 1 SachStiftG, § 10 Abs. 1 Sachs-AnhStiftG, § 10 Abs. 1 ThürStiftG.
26 § 6 Abs. 2 Satz 3 BadWürttStiftG, § 5 Abs. 3 Satz 2 BrbgStiftG, § 5 Abs. 2 Satz 3 BremStiftG, § 4 Abs. 3 HessStiftG, § 6 Abs. 2 Satz 3 MecklVorPStiftG, § 5 Abs. 3 NdsStiftG, § 5 Abs. 2 und 3 NRWStifG, § 5 Abs. 2 RhPfStiftG, § 4 Abs. 3 SaarlStiftG, § 10 Abs. 2 SachStiftG, § 10 Abs. 2 Sachs-AnhStiftG, § 10 Abs. 2 ThürStiftG.
27 § 6 Abs. 3 BadWürttStiftG, Art. 8 Abs. 2 Satz 3 BayStG, § 3 Abs. 2 BerlStiftG, § 5 Abs. 3 BremStiftG, § 9 HambAGBG, § 4 Abs. 4 HessStiftG, § 6 Abs. 3 MecklVorPStiftG, § 5 Abs. 4 NdsStiftG, § 5 Abs. 3 RhPfStiftG, § 4 Abs. 4 SaarlStiftG, § 3 Abs. 3 SchlHolStiftG, § 10 Abs. 3 SachStiftG, § 10 Abs. 3 Sachs-AnhStiftG, § 10 Abs. 3 ThürStiftG.

gilt allerdings nicht für die Festlegung von Stiftungszweck und Stiftungsvermögens[28].

44 **In der Praxis** ist es zweckmäßig (und auch in allen Bundesländern zulässig), in die Stiftungssatzung Regelungen zu folgenden Fragen aufzunehmen:

– Name der Stiftung,

– Sitz der Stiftung,

– Art[29] und Rechtsstellung[30] der Stiftung,

– Zweck der Stiftung,

– Vermögen der Stiftung,

– Verwendung des Stiftungsvermögens und der Erträge des Stiftungsvermögens,

– Organe der Stiftung,

– Anzahl, Berufung, Amtsdauer und Abberufung der Organmitglieder,

– Vertretungsberechtigung der Organmitglieder,

– Einberufung, Beschlußfähigkeit und Beschlußfassung der Organe,

– Aufgaben und Befugnisse der einzelnen Organe und Abgrenzung der Aufgaben zwischen mehreren Organen,

– Vergütung der Organmitglieder,

– Geschäftsjahr der Stiftung

– Rechte der Destinatäre,

– Satzungsänderungen, Umwandlung und Auflösung der Stiftung,

– Anpassung der Stiftung an veränderte Verhältnisse,

– Anfall des Vermögens nach Auflösung der Stiftung.

45 Bei der inhaltlichen Ausgestaltung der Stiftungssatzung ist der Stifter, abgesehen vom zwingenden Mindestinhalt, **grundsätzlich frei**. Lediglich

---

28 So ausdrücklich § 6 Abs. 3 Satz 2 BadWürttStiftG, § 5 Abs. 3 Satz 2 BremStiftG, § 4 Abs. 4 Satz 2 SaarlStiftG.

29 Unter Art der Stiftung ist die Eigenschaft als öffentliche Stiftung, als private (nicht öffentliche) Stiftung, als staatlich verwaltete Stiftung, kommunale Stiftung oder als kirchliche Stiftung zu verstehen.

30 Mit Rechtsstellung ist dabei die Eigenschaft der Stiftung als rechtsfähige Stiftung des bürgerlichen Rechts oder als rechtsfähige Stiftung des öffentlichen Rechts gemeint.

Stiftungsverfassung　　　　　　　　　　　　　　　　　　　　　　　　　Rz. 48 **B**

für Stiftungen mit Sitz in Bayern sind gewisse Einschränkungen der Gestaltungsautonomie zu berücksichtigen[31].

Soll die Stiftung **steuerbegünstigt** sein, muß der Stiftungszweck und die Art und Weise seiner Verwirklichung in der Satzung so genau bestimmt sein, daß das Finanzamt allein an deren Prüfung feststellen kann, daß die Stiftung ausschließlich und unmittelbar steuerbegünstigte Zwecke verfolgt (§§ 59, 60 AO)[32].　　46

▶ **Gestaltungshinweis**

Die in der Satzung festgelegten Regelungen bestimmen in hohem Maße Ziel, Art und Umfang der künftigen Stiftungshandelns. Mit der Gestaltung der Stiftungssatzung werden bereits die Grundlagen für ein effizientes Stiftungsmanagement gelegt.

Vor der Erstellung eines Satzungsentwurfs sollten daher insbesondere folgende Fragen umfassend geklärt werden:
— Welchen **Zweck** soll die Stiftung verfolgen?,
— Welche **Mittel** stehen dafür zur Verfügung?
— Auf welche Weise soll der Zweck der Stiftung **inhaltlich verwirklicht** werden?
— Wie soll die Stiftung **organisiert** sein?

In diesem Zusammenhang ist es hilfreich, wenn sich der Stifter (und seine Berater) bereits bei Errichtung der Stiftung vorstellen, wie gewährleistet werden kann, daß der Zweck der Stiftung auch noch **in zehn oder zwanzig Jahren** optimal verwirklicht werden kann.

Erst nachdem Einigkeit über die **inhaltliche Konzeption** der Stiftung besteht, kann der Wille des Stifters in der Stiftungssatzung sachgerecht niedergelegt werden (siehe § 17 Abs. 1 BeurkG).　　47

2. Einzelne Satzungsbestimmungen

a) Name der Stiftung

Die Stiftung muß einen Namen haben, unter dem sie im Rechtsverkehr auftritt. Der Stifter ist in der **Namenswahl grundsätzlich frei**. Häufig wird der Name des Stifters in die Bezeichnung der Stiftung aufgenommen. Im Namen der Stiftung kann auch der Stiftungszweck zum Ausdruck gebracht　　48

---

31 Von den Bestimmungen des Bayerischen Stiftungsgesetzes kann die Satzung nur dann abweichen, wenn dies im Gesetz ausdrücklich zugelassen ist (Art. 42 BayStG) (vergleichbar der Satzungsstrenge im Aktienrecht nach § 23 Abs. 5 AktG).
32 S. dazu im einzelnen Teil B Rz. 130 ff.

werden. Ein Rechtsformzusatz ist gesetzlich nicht vorgesehen, in der Praxis aber empfehlenswert. Eine Verwechslung mit den Namen bereits bestehender Stiftung sollte möglichst vermieden werden (auch wenn § 57 Abs. 2 BGB weder unmittelbar noch analog anwendbar ist; siehe § 86 BGB).

Der Name der Stiftung ist **gesetzlich geschützt** (§ 12 HGB, §§ 30, 37 HGB, § 5 MarkG, siehe auch Art. 2 Abs. 2 BayStG)[33].

b) Sitz der Stiftung

49 Mit der Bestimmung des Stiftungssitzes wird festgelegt, nach welchem Landesstiftungsgesetz sich das Recht der selbständigen Stiftung richtet und welche Behörde für die Erteilung der staatlichen Genehmigung zuständig ist. Im Hinblick auf die unterschiedliche Genehmigungspraxis der Stiftungsbehörden kommt der Wahl des Sitzes somit eine **nicht unerhebliche Bedeutung** zu. Teilweise wird als Sitz der Stiftung auch bewußt ein „stiftungsfreundliches" Bundesland gewählt („**Stiftungsshopping**").

Der Sitz der Stiftung ist in der Satzung ausdrücklich bestimmt. In der Regel ist der Sitz der Stiftung am **Ort der Verwaltung**. Rechtssitz und Verwaltungssitz können aber auch auseinanderfallen (vgl. § 80 Satz 3 BGB). Der in der Satzung bestimmte Sitz muß dann aber irgendeinen Bezug zur Stiftungstätigkeit aufweisen (beispielsweise durch die Belegenheit von Stiftungsvermögen oder die Ansässigkeit von Stiftungsorganen). Ein reiner fiktiver Satzungssitz ist im Hinblick auf den Schutz des Rechtsverkehrs und einer effektiven Stiftungsaufsicht nicht anzuerkennen.

Eine spätere **Sitzverlegung** stellt eine Satzungsänderung dar, die von dem zuständigen Stiftungsorgan beschlossen und von der Stiftungsaufsichtsbehörde genehmigt werden muß. Bei der Verlegung des Sitzes der Stiftung in ein anderes Bundesland der Bundesrepublik Deutschland ist zum Teil zusätzlich die Genehmigung des aufnehmenden Bundeslandes erforderlich[34].

---

33 Zum Namenschutz einer unselbständigen Stiftung – „Christopherus-Stiftung im HUK-Verband" – s. OLG Hamburg, Urt. v. 19. 12. 1985, 3 U 26/85, NJW-RR 1986, 1305.
34 Vgl. § 14 Abs. 1 Satz 4 und Abs. 2 Satz 6 BrbgStiftg, § 8 Abs. 2 Satz 2 BremStiftG, § 7 Abs. 4 NdsStiftG und Ziff. 2.1.1. der Richtlinien zur Ausführung des Niedersächsischen Stiftungsgesetzes, § 1 Abs. 2 RhPfStiftG, § 3 Abs. 1 Satz 2 SaarlStiftG, § 5 Abs. 3 SchlHolStiftG, § 21 Abs. 4 SachStiftG, § 21 Abs. 4 Sachs-AnhStiftG, § 21 Abs. 4 ThürStiftG.

c) Stiftungszweck

aa) Bestimmung des Stiftungszwecks

Der Stiftungszweck ist das „Herzstück" der Stiftung. Der vom Stifter bestimmte Stiftungszweck legt den **Charakter der Stiftung** dauerhaft fest. *Karsten Schmidt* hat die Bedeutung des Stiftungszwecks anschaulich wie folgt beschrieben[35]: 50

„Seine Funktion ist nicht dieselbe wie die des gemeinsamen Zwecks von Verbänden, denn ein Verband ist Herr seines Zwecks, die Stiftung dagegen dessen Sklavin."

Gesetzliches Leitbild des Stiftungsrechts ist die **gemeinwohlkonforme Allzweckstiftung**. Danach kann der Stifter die von ihm verfolgten Stiftungszwecke inhaltlich frei festsetzen, solange sie nicht das Gemeinwohl gefährden (Umkehrschluß zu § 87 Abs. 1 BGB). Der Stifter ist insbesondere nicht auf die Förderung des Gemeinwohls festgelegt. Dagegen kann ein Stifter im anglo-amerikanischen Rechtskreis eine Perpetuiierung seines Willens nur bei der Förderung von charitable purposes erreichen.

Eine **Gemeinwohlgefährdung** liegt beispielsweise dann vor, wenn die Verfolgung des Stiftungszwecks zu einer Beeinträchtigung von Rechten oder Rechtsgütern führen würde, die unter dem Schutz der Verfassung stehen[36].

Der Stiftungszweck muß **auf Dauer** angelegt sein. Der Stifter kann auch eine Mehrzahl von Stiftungszwecken bestimmen. Werden mehrere Stiftungszwecke nebeneinander verfolgt **(gemischte Stiftung)** kann die Satzung zwischen Haupt- und Nebenzwecken unterscheiden. Praktische Bedeutung gewinnt die Mehrzweckstiftung beispielsweise bei der Stiftung & Co. KG, da die reine Verwaltungsstiftung nach überwiegender Auffassung unzulässig ist[37]. Die mehreren Stiftungszwecke können aber auch zeitlich nacheinander verfolgt werden **(Sukzessivstiftung)**. 51

Der Stiftungszweck sollte stets in einem angemessenen **Verhältnis zu der finanziellen Ausstattung** der Stiftung stehen.

Der Stiftungszweck ist nach der Genehmigung der Stiftung sowohl der Disposition des Stifters als auch der Stiftungsorgane entzogen. **Zweckände-**

---

35 DB 1987, 261 (261).
36 Zur Gefährdung des Gemeinwohl durch die beabsichtigte Gründung der „Franz-Schönhuber-Stiftung" durch die politische Partei „Die Republikaner" s. BVerwG, Urt. v. 12. 2. 1998, 3 C 55/96, BVerwGE 106, 177 = NJW 1998, 2545 = DVBl. 1998, 966 und die Vorinstanzen OVG Münster, Urt. v. 8. 12. 1995, 25 A 2431/94, NVwZ 1996, 913 und VG Düsseldorf, Urt. v. 25. 3. 1994, 1 K 4629/93, NVwZ 1994, 811; s. dazu auch *Merten*, NWVBl. 1997, 44.
37 S. dazu Teil C Rz. 15.

rungen sind nur unter engen Voraussetzungen und nur mit staatlicher Genehmigung möglich (vgl. § 87 BGB).

▶ **Gestaltungshinweis**

Der Stiftungszweck ist mit besonderer Sorgfalt zu formulieren. Durch eine **klare Festlegung des Stiftungszwecks** kann der Stifter die Stiftung entsprechend seinem Willen dauerhaft prägen und vor Willkür der Stiftungsorgane oder sonstiger Dritter schützen. Um eine Anpassung der Stiftung an veränderte Verhältnisse zu ermöglichen, sollte der Stiftungszweck aber auch ausreichend weit und allgemein gefaßt sein. Detailregelungen sollten daher nicht in der Satzung selbst, sondern gegebenenfalls in Geschäftsordnungen der Stiftungsorgane außerhalb der Satzung niedergelegt werden. Diese können ohne Einschaltung der Stiftungsaufsichtsbehörde innerhalb des gesetzlichen und satzungsgemäßen Rahmens den Bedürfnissen der Stiftung entsprechend geändert oder angepaßt werden. Der Bundesgerichtshof hat die Aufgabe der sachgerechten Bestimmung der Stiftungszwecks zutreffend wie folgt umschrieben[38]:

„Die Bestimmung des Stiftungszwecks soll den Stiftungsorganen einen eindeutigen und klar abgegrenzten Auftrag geben, um Rechtsunsicherheit, Willkür der Stiftungsverwaltung und ein Verzetteln der Stiftungsleistungen zu verhüten."

Die überwiegende Mehrzahl der Stiftungen (ca. 95%) verfolgt gemeinnützige und mildtätige Zwecke. Gefördert werden dabei vor allem soziale Zwecke (ca. 31%), Wissenschaft und Forschung (ca. 16%), Bildung und Erziehung (ca. 14%), Kunst und Kultur (ca. 14%), Umwelt- und Naturschutz (ca. 5%), kirchliche Zwecke (ca. 2%) und der Sport (ca. 2%)[39].

bb) Einteilung der Stiftungen nach dem Stiftungszweck

52 Das Bayerische Stiftungsgesetz (Art. 1 Abs. 3 BayStG) und das Stiftungsgesetz für Rheinland-Pfalz (§ 2 Abs. 2 und 3 RhPfStiftG) unterscheiden nach dem Stiftungszweck zwischen öffentlichen und privaten Stiftungen[40].

Öffentliche Stiftungen sind

– die rechtsfähigen Stiftungen des bürgerlichen Rechts, die nicht ausschließlich private Zwecke (Art. 1 Abs. 3 BayStG) bzw. überwiegend öffentliche Zwecke (§ 2 Abs. 3 RhPfStiftG) verfolgen, und

---

38 BGH, Urt. v. 3. 3. 1977, III ZR 10/74, BGHZ 68, 142 = NJW 1977, 1148.
39 S. dazu *Bundesverband Deutscher Stiftungen (Hrsg.)*, Verzeichnis der Deutschen Stiftungen, Darmstadt 2000, A 25 ff.
40 Die Stiftungsgesetze der anderen Bundesländer sehen keine solche Unterscheidung vor.

– die (rechtsfähigen) Stiftungen des öffentlichen Rechts (Art. 1 Abs. 2 BayStG, § 2 Abs. 4 RhPfStiftG).

Stiftungen des bürgerlichen Rechts sind danach öffentliche Stiftungen, wenn sie zumindest auch (so in Bayern) bzw. überwiegend (so in Rheinland-Pfalz) öffentliche Zwecke verfolgen. Unter öffentlichen Zwecken sind alle der Allgemeinheit dienenden Zwecke zu verstehen (siehe die beispielhafte Aufzählung in Art. 1 Abs. 3 Satz 2 BayStG und § 2 Abs. 5 RhPfStiftG).

Dagegen handelt es sich um eine **private Stiftung**, wenn der Zweck nur (so in Bayern) bzw. hauptsächlich (so in Rheinland-Pfalz) einem durch Familien-, Vereins- oder Betriebszugehörigkeit bzw. in vergleichbarer Weise begrenzten Personenkreis zugute kommen. Prototyp der privaten Stiftung ist die Familienstiftung.

Der **Begriff der öffentlichen Stiftung** deckt sich nicht mit dem Begriff der **Stiftungen des öffentlichen Rechts**[41]. Für eine öffentliche Stiftung ist der Zweck der Stiftung entscheidend. Dagegen sind Stiftungen des öffentlichen Rechts Stiftungen, die ausschließlich öffentliche Zwecke verfolgen und mit einer Körperschaft des öffentlichen Rechts in einem organischen Zusammenhang stehen (Art. 1 Abs. 2 BayStG und § 2 Abs. 4 RhPfStiftG).

Öffentliche Stiftungen sind ferner von den Stiftungen mit **steuerbegünstigten Zwecken** (§§ 51 ff. AO) zu unterscheiden. Steuerbegünstigte Stiftungen (§§ 51 ff. AO) sind stets öffentliche Stiftungen. Doch ist nicht jede öffentliche Stiftung steuerbegünstigt.

Die Unterscheidung zwischen öffentlichen und privaten Stiftungen hat vor allem für die **Stiftungsaufsicht** Bedeutung, da nur die öffentlichen Stiftungen der uneingeschränkten Stiftungsaufsicht unterstehen (Art. 18 Abs. 1 Satz 1 BayStG, § 26 RhPfStiftG).

53

---

41 Regelungen zu Stiftungen des öffentlichen Rechts finden sich in §§ 17–21 BadWürttStiftG, Art. 1 Abs. 2, 4, 8 Abs. 2 Satz 2, 9 Abs. 2, 15 Abs. 1 Satz 2 BayStG, § 32 BrbgStiftG, §§ 2 Abs. 2 und 3, 3 Abs. 1 HS 2 HessStiftG, §§ 22–24 MecklVorPStiftG, § 2 Abs. 3 und 4 RhPfStiftG, §§ 10–12, 23 Abs. 2 RhPfStiftG, § 24 SachStiftG, § 24 Sachs-AnhStiftG, § 24 ThürStiftG. Zum Teil wird weitgehend auf die Vorschriften für bürgerliche Stiftung verwiesen (§ 19 Satz 1 BadWürttStiftG, Art. 4 Satz 1 BayStG, § 2 Abs. 3 HessStiftG, § 24 MecklVorPStiftG).

d) Stiftungsvermögen

aa) Vermögensausstattung

(1) Rechtsnatur der Vermögensausstattung

54 Das Stiftungsvermögen[42] bildet die Grundlage jeder Stiftungstätigkeit. Der **Zweck** der Stiftung kann nur mit Hilfe des Stiftungsvermögens verwirklicht werden. Die **rechtliche Einordnung** des vermögensrechtlichen Ausstattungsversprechens als Schenkung oder als Rechtsgeschäft sui generis ist noch nicht abschließend geklärt.

Einigkeit besteht weitgehend darüber, daß die Vermögensübertragung insoweit den **Regeln der Schenkung** untersteht, als Interessen Dritter berührt sind (zum Beispiel §§ 2287 ff., §§ 2325 ff. BGB, §§ 1 ff. AnfG, §§ 129 ff. InsO).

Umstritten ist dagegen, ob die Vorschriften des Schenkungsrechts auch dann zur Anwendung kommen, wenn es um das **Verhältnis zwischen Stifter und Stiftung** geht. In der Praxis stellt sich die Frage nach der **analogen Anwendung des Schenkungsrechts** vor allem in folgendem Zusammenhang:

– Einrede des Stifters wegen **Notbedarf** (§ 519 BGB),

– beschränkte Haftung des Stifters für **Rechts- und Sachmängel** (§§ 521 ff. BGB),

– Rückforderungsrecht des Stifters wegen **Verarmung** (§ 528 BGB),

– Widerruf der Stiftung wegen **grobem Undank** (§ 530 BGB).

Die Möglichkeit, eine Stiftung wegen **grobem Undank zu widerrufen** (§ 530 BGB) kommt nicht in Betracht, da der Rückforderungsgrund personengebunden ist und der Stiftung als juristischer Person nicht angelastet werden kann.

Im Hinblick auf das Schutzbedürfnis der Stiftung, die mit der staatlichen Genehmigung mit dem ihr gewidmeten Vermögen entsteht, dürfte auch ein **Rückforderungsrecht wegen Verarmung** des Stifters (§ 528 BGB analog) auszuschließen sein. In der Praxis sollte vor der Errichtung einer Stiftung sicher gestellt werden, daß die Versorgung des Stifters und seiner Familie gewährleistet ist.

---

42 Im Rahmen der Reform des Bayerischen Stiftungsgesetzes (s. dazu Teil K Rz. 12) soll eine Legaldefinition des Begriffs des Stiftungsvermögens erfolgen. Art. 10 Abs. 1 Satz 1 BayStG-E soll wie folgt gefaßt werden: „Das Vermögen, das der Stiftung zugewendet wurde, um aus seinen Erträgen den Stiftungszweck nachhaltig zu erfüllen (Stiftungsvermögen), ist in seinem Bestand ungeschmälert zu erhalten."

Stiftungsverfassung Rz. 55 **B**

(2) Art und Höhe des Stiftungsvermögens

Über Art und Höhe des Stiftungsvermögens finden sich weder im Bürgerlichen Gesetzbuch noch in den Landesstiftungsgesetzen nähere Bestimmungen. 55

Stiftungen werden aber in der Regel nur dann genehmigt, wenn die **nachhaltige Verwirklichung des Stiftungszwecks** aus den Erträgen des Stiftungsvermögens gesichert erscheint[43]. Dadurch soll die Errichtung von Stiftungen mit unzulänglichem oder nicht wertbeständigem Vermögen verhindert werden. Entsprechend der Vielfalt der Stiftungszwecke und der Art ihrer möglichen Verwirklichung ist die Höhe des im Einzelfall erforderlichen Mindestvermögens sehr unterschiedlich.

Bei der Entscheidung, ob zwischen dem Stiftungszweck und den zu erwartenden Erträgen des Stiftungsvermögens ein **wirtschaftlich angemessenes Verhältnis** besteht, sind im jeweiligen Einzelfall die folgenden Umstände zu berücksichtigen:

– Art und Höhe des Vermögens der Stiftung,

– Anzahl und Umfang der Stiftungszwecke,

– Art und Weise der Verwirklichung der Stiftungszwecke,

– Anzahl der Stiftungsorgane und der Stiftungsmitarbeiter,

– Höhe des Verwaltungsaufwands der Stiftung.

Dabei darf das der Stiftung gewidmete Grundstockvermögen nicht selbst für die Erfüllung des Stiftungszwecks verbraucht werden.

Auf dieser Grundlage verlangen die Stiftungsbehörden der Länder in der Regel ein **Mindestvermögen** von 50 000 DM bis 100 000 DM[44].

In der Praxis sollte die Errichtung einer selbständigen Stiftung wegen des damit verbundenen Personal- und Verwaltungsaufwands in der Regel gleichwohl nur dann empfohlen werden, wenn **ertragbringendes Vermögen**

---

43 § 5 BadWürttStiftG, Art. 5 BayStG, § 6 Abs. 1 Satz 1 und Abs. 2 Buchst. b BrbgStiftG, § 4 Abs. 2 BremStiftG, § 3 Abs. 2 HessStiftG, § 7 Abs. 2 Buchst. b MecklVorPStiftG, § 4 Abs. 2 NdsStiftG, § 4 Abs. 1 Buchst. a NRWStiftG, § 7 Abs. 1 RhPfStiG, § 3 Abs. 2 SaarlStiftG, § 2 Abs. 1 Satz 2 SchlHolStiftG, § 16 SachStiftG, § 16 Sachs-AnhStiftG, § 16 ThürStiftG.
44 Eine aktuelle Übersicht zum Mindeststiftungsvermögen in den einzelnen Bundesländern findet sich bei *Damrau/Wehinger*, ZEV 1998, 178. – Ziff. 1.2.2. der Richtlinien zur Ausführung des Niedersächsischen Stiftungsgesetzes, RdErl. d. MI v. 16. 7. 1986 (Az. 52.1 – 120856-2), Nds. MBl. 1996, 800, geändert durch RdErl. d. MI v. 4. 10. 1989 (Az. 52.1 – 120856-2), Nds. MBl. 1989, 1201 hält ein Stiftungsvermögen in Höhe des Mindeststammkapitals einer GmbH – derzeit 25 000 Euro – für ausreichend.

von mindestens 500 000 DM vorhanden ist. Bei kleineren Vermögen kann der Stiftungszweck mit einer unselbständigen Stiftung in der Regel einfacher und effektiver verwirklicht werden.

In der Praxis haben ca. 60% aller Stiftungen ein Vermögen von bis zu 1 Mio. DM. Bei einem weiteren Drittel der Stiftungen beträgt das Vermögen bis zu 10 Mio. DM[45]. Angesichts der großen Vermögen einiger weniger Stiftungen ist gleichwohl davon auszugehen, daß das durchschnittliche Stiftungsvermögen über 1 Mio. DM beträgt.

56 Zum Stiftungsvermögen können **Sachen und Rechte aller Art** gehören (zum Beispiel Bargeld, Wertpapiere, Grundbesitz, Baudenkmäler, Unternehmensbeteiligungen, Kunstsammlungen und einzelne Kunstgegenstände, Urheberrechte und gewerbliche Schutzrechte)[46]. Stiftungen sind aber nur dann genehmigungsfähig, wenn das eingebrachte Vermögen ausreichend ertragbringend ist oder sonstiges ertragbringendes Vermögen vorhanden ist. Dies ist insbesondere bei der Einbringung von Sachvermögen zu berücksichtigen.

Bei der Einbringung von **Grundbesitz** kommt es beispielsweise darauf an, ob die Erträge des Stiftungsvermögens (nach Abzug aller Kosten für die Unterhaltung und Instandsetzung des Gebäudes, etc.) ausreichen, um den Stiftungszweck nachhaltig verwirklichen zu können. Sofern das eingebrachte Sachvermögen selbst nicht ausreichend ertragbringend ist (zum Beispiel Mieteinnahmen aus dem Grundbesitz) muß der Stifter der Stiftung daneben sonstiges ertragbringendes Vermögen (zum Beispiel Bargeld) zuwenden.

Ebenso kann eine wertvolle **Kunstsammlung** einer Stiftung nur dann gewidmet werden, wenn der Stifter durch weiteres ertragbringendes Vermögen finanzielle Vorsorge für die laufenden Kosten trifft.

57 Nach der Art der Vermögensausstattung wird (ähnlich wie im anglo-amerikanischen Rechtskreis) zwischen **Kapitalstiftungen** (grant making foundation) und **Anstaltstiftungen** (operating foundation) unterschieden werden. Kapitalstiftungen erfüllen ihren Zweck durch die aus dem Grundstockvermögen erwirtschafteten Erträge. Bei Anstaltstiftungen wird der Stiftungszweck unmittelbar durch das Stiftungsvermögen selbst verwirklicht (zum Beispiel den Betrieb eines Museums, einer Kunstsammlung, eines Krankenhauses, einer Forschungseinrichtung).

---

45 S. dazu *Bundesverband Deutscher Stiftungen (Hrsg.)*, Verzeichnis der Deutschen Stiftungen, Darmstadt 2000, A 7.
46 Eine beispielhafte Aufzählung von Vermögenswerten und Gegenständen, die in eine Stiftung eingebracht werden können, findet sich in § 13 Abs. 1 Satz 2 SachStiftG, § 13 Abs. 1 Satz 2 Sachs-AnhStiftG, § 13 Abs. 1 Satz 2 ThürStiftG.

Stiftungsverfassung   Rz. 59 **B**

Auf die Einwerbung von **Spenden oder Zustiftungen** darf eine Stiftung nicht angewiesen sein[47]. Diese stellen nur zusätzliche Mittel dar. Zustiftungen sind Zuwendungen des Stifters oder Dritter, die in der Regel dem Stiftungsvermögen zufließen sollen.

▶ Gestaltungshinweis   58

Bei Zuwendungen an steuerbegünstigte Stiftungen ist auf die Abgrenzung zwischen Zustiftungen und Spenden zu achten (siehe dazu § 58 Nr. 11 Buchstabe b) AO n.F., womit die im AEAO Nr. 10 Satz 2 Buchstabe c) zu § 55 Abs. 1 Nr. 1 AO enthaltene Regelung gesetzlich kodifiziert worden ist).

– Spenden unterliegen dem Gebot der **zeitnahen Mittelverwendung**. Sofern keine ausdrückliche Zustiftung erfolgt, ist die Zuwendung steuerrechtlich als Spende einzuordnen.
– Zustiftungen sind vom Zuwendenden ausdrücklich als solche zu **bezeichnen**. Sie sind dem Stiftungskapital zuzuführen und unterliegen daher nicht dem Gebot der zeitnahen Mittelverwendung[48].

Die Frage, ob eine Stiftung eine Zustiftung annehmen und ihrem Vermögen zuführen kann, richtet sich nach dem Inhalt der **Stiftungssatzung**. In der Satzung sollte daher die Möglichkeit der Annahme von Zustiftungen ausdrücklich vorgesehen werden.

Die Annahme einer Zustiftung bedarf grundsätzlich **keiner Genehmigung** durch die bzw. Anzeige an die Stiftungsaufsichtsbehörde. Dies gilt auch dann, wenn die Zustiftung mit einer Last verbunden ist (wie beispielsweise bei der Zustiftung eines Mietshauses unter dem Vorbehalt des Nießbrauchs an einer Wohnung). Etwas anderes gilt nur dann, wenn die Zustiftung, mit einer Last verknüpft ist, die den Wert der Zustiftung übersteigt oder die Zustiftung einem erweiterten oder anderen Zweck als die Hauptstiftung dient[49].

Der Stifter muß die Stiftung mit einem **ausreichenden Anfangsvermögen**   59
ausstatten. Dabei muß sich der Stifter darüber bewußt sein, daß er mit der Errichtung der Stiftung das Eigentum an dem Stiftungsvermögen verliert. Das Vermögen der Stiftung ist nicht mehr das Vermögen des Stifters, sondern das einer fremden Person. Die staatlich genehmigte Stiftung ge-

---

47 Anders wohl Ziff. 1.2.1 Satz 2 der Richtlinien zur Ausführung des Niedersächsischen Stiftungsgesetzes, RdErl. d. MI v. 16. 7. 1986 (Az. 52.1 – 120856-2), Nds. MBl. 1996, 800, geändert durch RdErl. d. MI v. 4. 10. 1989 (Az. 52.1 – 120856-2), Nds. MBl. 1989, 1201.
48 Zur Zuführung von Zustiftungen zum Stiftungsvermögen s. auch § 7 Abs. 3 Satz 3 BremStiftG, § 6 Abs. 2 Satz 3 SaarlStiftG und § 4 Abs. 3 Satz 2 und 3 SchlHolStiftG.
49 §§ 13 Abs. 1 Satz 1 Nr. 3, 8 Abs. 2 Satz 2 BadWürttStiftG, Art. 27 Abs. 1 Nr. 1 BayStG, § 20 Satz 1 Nr. 3 MecklVorPStiftG, § 21 Abs. 1 Nr. 2 NRWStiftG.

nießt auch gegenüber dem Stifter Bestandschutz. Im Hinblick auf eine angemessene Absicherung des Lebensunterhalts des Stifters und seiner Familie kann daher eine schrittweise Vermögensausstattung in Betracht zu ziehen sein. Spätere Zustiftungen, auch von Todes wegen, zur Ergänzung des Stiftungsvermögens sind jederzeit möglich.

„**Stiftungsreife**" ist daher erst dann anzunehmen, wenn der Stifter bereit ist, sich zugunsten der Stiftung endgültig von seinem Vermögen (oder Teilen seines Vermögens) zu trennen[50].

(3) Vermögensübertragung auf die Stiftung

60 Das der Stiftung zugesicherte Vermögen geht nicht (wie bei der Erbfolge nach § 1922 BGB) kraft Gesetzes auf die Stiftung über. Die Stiftung erlangt erst mit der staatlichen Genehmigung einen **Anspruch auf rechtsgeschäftliche Übertragung** des zugesicherten Vermögens (§ 82 Satz 1 BGB). Im Zeitraum zwischen der Antragstellung und der Genehmigung besteht auch noch **kein Anwartschaftsrecht** der Stiftung auf Übertragung des im Stiftungsgeschäft zugesicherten Vermögens.

Das Eigentum an den verschiedenen Gegenständen des Stiftungsvermögen muß nach Erteilung der Genehmigung einzeln auf die Stiftung übertragen werden **(Einzelrechtsnachfolge)**. Dabei gelten die für die Übertragung des jeweiligen Gegenstandes allgemein geltenden (Form-)Vorschriften (insbesondere §§ 929 ff. BGB). Bei Grundstücken ist eine notariell beurkundete Auflassung erforderlich (§§ 873, 925 BGB)[51].

Sind der Stiftung Vermögenswerte zugesichert, zu deren Übertragung ein **Abtretungsvertrag** genügt (§§ 413, 398 BGB), gehen diese ausnahmsweise mit der Genehmigung kraft Gesetzes auf die Stiftung über (§ 82 Satz 2 HS 1 BGB). Dies betrifft beispielsweise verschiedene gewerbliche Schutzrechte (§ 15 PatG, § 13 GebrMG, § 27 MarkG, § 3 GeschmMG, § 28 VerlG), die Nutzungsrechte an Urheberrechten (vgl. § 29 Satz 2 UrhG) und sonstige Forderungs- und Mitgliedschaftsrechte. Dagegen bedarf die Abtretung von GmbH-Geschäftsanteilen aufgrund der regelmäßig bestehenden Zustimmungserfordernisse (§ 15 Abs. 5 GmbHG) der notariellen Beurkundung (§ 15 Abs. 3 GmbHG)[52]. Ein Rechtsübergang kraft Gesetzes erfolgt jedoch dann nicht, sofern sich aus dem Stiftungsgeschäft ein anderer Wille des Stifters ergibt (§ 82 Satz 2 HS 2 BGB). In diesen Fällen bedarf es eines gesonderten Übertragungsaktes.

---

50 *Schiffer/von Schubert*, DB 2000, 437 ff.
51 S. dazu BayObLG, Beschl. v. 25. 6. 1987, BReg. 2 Z 67/87, NJW-RR 1987, 1418 und oben Teil B Rz. 12 ff.
52 S. dazu bereits oben unter Teil B Rz. 12.

Stiftungsverfassung   Rz. 61 **B**

Die Übertragung des zugesicherten Vermögens auf die Stiftung wird von der **Stiftungsaufsichtsbehörde** überwacht[53].

bb) Vermögensverwaltung

(1) Grundstockvermögen

Bei der Verwaltung des Stiftungsvermögens ist zwischen dem Grundstock- 61
vermögen und den daraus erwirtschafteten Erträgen zu unterscheiden.
Das Stiftungsvermögen ist in seinem Bestand **ungeschmälert** (nicht notwendig unverändert) **zu erhalten**[54]. Das Stiftungsvermögen ist von anderen Vermögen getrennt zu halten[55]. Die Stiftung darf das Stiftungsvermögen **gebrauchen, aber nicht verbrauchen.**

Der Grundsatz der ungeschmälerten Erhaltung des Stiftungsvermögens gilt ausnahmslos nur für Stiftungen in Bayern und Rheinland-Pfalz. In allen anderen Bundesländern ist im Einzelfall ein (vorübergehender) **Rückgriff auf das Stiftungsvermögen** möglich, um den dauerhaften Fortbestand der Stiftung zu gewährleisten bzw. den Stifterwillen umfassend zu verwirklichen[56]. In manchen Bundesländern[57] ist es darüber hinaus zulässig, in der Stiftungssatzung eine abweichende Regelung vorzusehen[58].

---

53 So ausdrücklich Art. 20 Abs. 1 Satz 1 BayStG, § 20 Abs. 1 Nr. 1 BrbgStiftG, § 19 Abs. 1 Nr. 1 NRWStiftG.
54 § 7 Abs. 2 Satz 1 BadWürttStiftG, Art. 10 Abs. 1 Satz 1 BayStG, § 3 Abs. 3 BerlStiftG, § 9 Abs. 1 BrbgStiftG, § 7 Abs. 1 BremStiftG, § 7 Satz 1 HambAGBG, § 6 Abs. 1 HessStiftG, § 9 Abs. 1 MecklVorPStiftG, § 6 Abs. 1 NdsStiftG, § 7 Abs. 1 NRWStiftG, § 14 Abs. 1 RhPfStiftG, § 6 Abs. 1 Satz 1 und 2 SaarlStiftG, § 4 Abs. 2 Satz 1 SchlHolStiftG, § 14 Abs. 2 Satz 1 SachStiftG, § 14 Abs. 2 Satz 1 Sachs-AnhStiftG, § 14 Abs. 2 Satz 1 ThürStiftG.
55 § 7 Abs. 2 Satz 2 BadWürttStiftG, Art. 10 Abs. 1 Satz 2 und 11 BayStG (zu Art. 10 Abs. 1 Satz 2 BayStG-E s. Teil K Rz. 12), § 9 Abs. 2 BrbgStiftG, § 7 Abs. 2 BremStiftG, § 7 Satz 2 HambAGBG, § 6 Abs. 2 HessStiftG, § 9 Abs. 2 MecklVorPStiftG, § 6 Abs. 1 Satz 3 NdsStiftG, § 7 Abs. 2 NRWStiftG, § 14 Abs. 2 RhPfStiftG, § 6 Abs. 1 Satz 3 SaarlStiftG, § 4 Abs. 2 Satz 2 SchlHolStiftG, § 14 Abs. 2 Satz 2 SachStiftG, § 14 Abs. 2 Satz 2 Sachs-AnhStiftG, § 14 Abs. 2 Satz 2 ThürStiftG.
56 § 7 Abs. 2 Satz 1 BadWürttStiftG, § 9 Abs. 1 BrbgStiftG, § 7 Abs. 1 BremStiftG, § 6 Abs. 1 HessStiftG, § 9 Abs. 1 MecklVorPStiftG, § 6 Abs. 1 Satz 1 und 2 NdsStiftG, § 7 Abs. 1 NRWStiftG, § 6 Abs. 1 Satz 1 und 2 SaarlStiftG, § 4 Abs. 2 Satz 1 SchlHolStiftG, § 14 Abs. 2 Satz 1 SachStiftG, § 14 Abs. 2 Satz 1 Sachs-AnhStiftG, § 14 Abs. 2 Satz 1 ThürStiftG.
57 Nicht aber in Bayern, Bremen, Hessen, Mecklenburg-Vorpommern, Niedersachsen, Rheinland-Pfalz und Saarland.
58 § 7 Abs. 2 Satz 1 BadWürttStiftG, § 3 Abs. 3 BerlStiftG, § 9 Abs. 1 BrbgStiftG, § 7 Satz 4 HambAGBG, § 7 Abs. 1 NRWStiftG, § 4 Abs. 2 Satz 1 SchlHolStiftG, § 14 Abs. 2 Satz 1 SachStiftG, § 14 Abs. 2 Satz 1 Sachs-AnhStiftG, § 14 Abs. 2 Satz 1 ThürStiftG.

Noch nicht abschließend geklärt ist, ob das Stiftungsvermögen nur gegenständlich oder auch wertmäßig in seinem Bestand zu erhalten ist. Nach überwiegender Auffassung kommt es auf den **Werterhalt** des Stiftungsvermögens an, da andernfalls Vermögensumschichtungen nicht möglich wären. Dabei ist für den Wertvergleich wohl nicht auf das Nominalvermögen, sondern auf die Ertragskraft des Stiftungsvermögens abzustellen.

Vermögensumschichtungen sind demnach zulässig, sofern die Ertragskraft des Stiftungsvermögens erhalten bleibt[59]. Die veräußerten Bestandteile des Stiftungsvermögens sind durch gleichwertige Vermögensgegenstände zu ersetzen. Für die Frage, ob ein Ersatzgegenstand gleichwertig ist, kommt es neben dem Kapitalwert vor allem auf die Ertragsfähigkeit des Vermögensgegenstandes an. Grundbesitz ist in der Regel durch Grundbesitz zu ersetzen (vgl. Art. 10 Abs. 2 HS 2 BayStG[60]). Will die Stiftung von diesen Grundsätzen zur Sicherung des Grundstockvermögens abweichen, bedarf sie der Zustimmung der Stiftungsaufsichtsbehörde[61].

(2) Ertrag des Stiftungsvermögens

62 Die Reinerträge[62] des Stiftungsvermögens (§§ 99, 100 BGB) und etwaige zum Verbrauch bestimmte Zuwendungen dürfen nur für **Verwirklichung des Stiftungszwecks** verwendet werden[63].

Eine **Aufstockung des Grundstockvermögens** durch die Erträge des Stiftungsvermögens ist grundsätzlich unzulässig (Admassierungsverbot[64]). Dies gilt auch bei Wertpapiervermögen. Sofern die Stiftung keine Rücklagen bildet, wird das Grundstockvermögen durch die Geldentwertung somit laufend geschmälert.

---

59 Art. 10 Abs. 2 BayStG, § 14 Abs. 3 RhPfStiftG.
60 Im Rahmen der Reform des Bayerischen Stiftungsgesetzes soll Art. 10 BayStG-E wie folgt neu gefaßt werden (s. dazu Teil K Rz. 12): „Art. 10 (1) Das Vermögen, das der Stiftung zugewendet wurde, um aus seinen Erträgen den Stiftungszweck nachhaltig zu erfüllen (Stiftungsvermögen), ist in seinem Bestand ungeschmälert zu erhalten. Es ist von anderem Vermögen getrennt zu halten. (2) Das Stiftungsvermögen ist sicher und wirtschaftlich zu verwalten. Soweit es den Grundsätzen des Satzes 1 nicht widerspricht, sollen für veräußerte Grundstücke wieder Grundstücke beschafft werden."
61 Vgl. Art. 27 Abs. 1 Nr. 2 BayStG, § 20 Satz 1 Nr. 1 MecklVorPStiftG, § 21 Abs. 1 Nr. 1 NRWStiftG, § 9 Abs. 1 Satz 1 Nr. 1 SchlHolStiftG.
62 Nach Deckung der Verwaltungskosten und Bildung notwendiger Rücklagen.
63 Art. 12 BayStG, § 10 Abs. 1 BrbgStiftG, § 7 Abs. 3 Satz 1 BremStiftG, § 6 Abs. 3 HessStiftG, § 10 Abs. 1 MecklVorPStiftG, § 6 Abs. 2 Satz 1 NdsStiftG, § 8 Abs. 1 NRWStiftG, § 15 Abs. 1 RhPfStiftG, § 6 Abs. 2 Satz 1 SaarlStiftG, § 4 Abs. 3 Satz 1 SchlHolStiftG.
64 Eine ausdrückliche Verankerung des allgemein geltenden Admassierungsverbots findet sich in Art. 12 BayStG, § 7 Abs. 3 BremStiftG, § 6 Abs. 3 HessStiftG, § 10 Abs. 1 MecklVorPStiftG, § 6 Abs. 2 Satz 1 NdsStiftG, § 6 Abs. 2 SaarlStiftG.

Stiftungsverfassung   Rz. 63 **B**

Um den dauerhaften Erhalt des Stiftungsvermögens zu gewährleisten, ist in den meisten Bundesländern eine ausnahmsweise **Ansammlung der Erträge** des Stiftungsvermögens (Admassierung) zulässig[65]. In Bayern kann dies lediglich aufgrund einer Anordnung der Stiftungsaufsichtsbehörde erfolgen (Art. 26 BayStG). Voraussetzung dafür ist, daß das Vermögen der Stiftung so erheblich geschwächt ist, daß eine nachhaltige Erfüllung des Stiftungszwecks beeinträchtigt (nicht nur gefährdet) wird.

Die Ansammlung der Erträge in solchen Fällen dürfte die **Steuerbegünstigung** der Stiftung nicht ausschließen (§ 58 Nr. 6 AO).

In vielen Bundesländern besteht darüber hinaus die Möglichkeit, die Stiftung in der Satzung zu ermächtigen, die Erträge zur **Stärkung des Grundstockvermögens** zu verwenden[66].

(3) Grundsätze der Vermögensanlage

Stiftungen müssen ihr Vermögen **sicher und ertragbringend** anlegen[67]. Dabei hat der Erhalt des Stiftungsvermögens im Zweifel Vorrang vor einer Optimierung der Rendite („Anlagepolitik der ruhigen Hand").   63

Stiftungen mit Sitz in **Bayern** durften ihr Stiftungsvermögen bis Ende 1995 grundsätzlich nur in mündelsicheren Wertpapieren (§§ 1806 und 1807 BGB) anlegen (Art. 14 BayStG a.F.). Eine andere Anlage war nur mit Genehmigung der Stiftungsaufsichtsbehörde zulässig (Art. 30 BayStG a.F.). Im Interesse einer Stärkung der Selbstverwaltung der Stiftungen und einer Entlastung der Stiftungsaufsichtsbehörden wurde der Freiraum bei der Anlage des Stiftungsvermögens erweitert. Stiftungen sind heute in der Anlage ihres Vermögens frei, sofern sie die Grundsätze einer sicheren und wirtschaftlichen Vermögensverwaltung beachten.

In dem Spannungsfeld zwischen Ertragsmaximierung und Werterhaltung kommt einer **dauerhaften Vermehrung der Vermögenssubstanz** der Vorrang zu. Spekulationsgeschäfte sind der Stiftung grundsätzlich verwehrt.

---

65 § 10 Abs. 2 und Abs. 3 BrbgStiftG, § 7 Abs. 3 Satz 2 und Abs. 4 BremStiftG, § 10 Abs. 2 und Abs. 3 MecklVorPStiftG, § 6 Abs. 2 Satz 2 NdsStiftG, § 8 Abs. 2 und 3 NRWStiftG, § 15 Abs. 2 und 3 RhPfStiftG, § 6 Abs. 2 Satz 2 SaarlStiftG, § 4 Abs. 4 und 5 SchlHolStiftG.
66 § 10 Abs. 2 Satz 1 Buchst. c BrbgStiftG, § 7 Abs. 3 Satz 2 BremStiftG, § 10 Abs. 2 Satz 1 Buchst. a) MecklVorPStiftG, § 6 Abs. 2 Satz 2 NdsStiftG, § 8 Abs. 2 Satz 1 Buchst. c NRWStiftG, § 6 Abs. 2 Satz 2 SaarlStiftG.
67 Art. 13 BayStG und § 7 Satz 3 HambAGBG, wobei diese Grundsätze der Vermögensverwaltung auch für Stiftungen mit Sitz in anderen Bundesländern gelten. Im Rahmen der Reform des Bayerischen Stiftungsgesetzes (s. dazu Teil K Rz. 12) soll Art. 13 BayStG aufgehoben und eine entsprechende Bestimmung („Das Stiftungsvermögen ist sicher und wirtschaftlich zu verwalten.") in Art. 10 Abs. 2 Satz 1 BayStG-E aufgenommen werden.

Im Vordergrund der Vermögensverwaltung muß die Nutzung des in seiner Substanz zu erhaltenden Stiftungsvermögens stehen. Das Ausnutzen von Substanzwertsteigerungen durch laufende Vermögensumschichtung muß demgegenüber in den Hintergrund treten. Im Interesse der Risikominimierung empfiehlt sich eine sorgfältige Auswahl und breite Streuung der Anlagen. Vermögensanlagen in riskobehafteten Anlageinstrumenten, wie beispielsweise Finanzderivaten werden danach nur in seltenen Einzelfällen auf der Grundlage einer sorgfältigen Risikoanalyse[68] in Betracht kommen.

▶ **Gestaltungshinweis**

Der Stifter kann im einer Geschäftsordnung Leitlinien für die Vermögensverwaltung oder besondere Sorgfaltsmaßstäbe festsetzen. Er kann auch festlegen, daß bestimmte Vermögensgegenstände (zum Beispiel Unternehmensbeteiligungen, Grundbesitz) nicht oder nur unter eingeschränkten Voraussetzungen veräußert werden dürfen.

64   Ähnliche Grundsätze für die Vermögensverwaltung von Stiftungen gelten auch im **US-amerikanischen Recht**. Dort sind jeopardizing investments verboten. Der Stiftungszweck soll nicht dadurch gefährdet werden, daß das Stiftungsvermögen zu risikoreich angelegt wird. Unzulässig ist danach beispielsweise auch eine Vermögensanlage, die das Gebot der Risikostreuung verletzt.

65   Für die Bewirtschaftung von **Stiftungswaldungen** sind ergänzend die Bestimmungen des Bundeswaldgesetzes und der Landeswaldgesetze zu berücksichtigen.

66   Bei **steuerbegünstigten Stiftungen** werden die zivilrechtlichen Grundsätze der Vermögensverwaltung von den Anforderungen des Steuerrechts überlagert.

Nach dem steuerlichen Gebot der **zeitnahen Mittelverwendung** müssen Stiftungen, wozu sie zivilrechtlich nicht verpflichtet sind, die Erträge des Stiftungsvermögens spätestens in dem auf den Zufluß folgenden Wirtschaftsjahr für die satzungsmäßigen Zwecke verwenden (§ 55 Abs. 1 Nr. 5 AO).

Zum Schutz des Stiftungsvermögens vor den Gefahren der Geldentwertung ist es zivilrechtlich möglich und zweckmäßig, **Rücklagen** zu bilden. Steuerbegünstige Stiftungen durften bislang nur 1/4 des Überschusses der Einnahmen über die Kosten aus der Vermögensverwaltung in eine freie Rücklage einstellen (§ 58 Nr. 7 Buchst. a AO a.F.). Durch das Gesetz zur weiteren steuerlichen Förderung von Stiftungen wurde die Quote mit Wirkung ab 1. 1. 2000 von 1/4 auf 1/3 erhöht (§ 58 Nr. 7 Buchst. a HS 1 AO). Ferner wurde eine

---

68 In solchen Fällen empfiehlt sich die Einholung einer Stellungnahme des Bundesaufsichtsamts für das Kreditwesen.

weitere Rücklagemöglichkeit in Höhe von 10% der sonstigen zeitnah zu verwendenden Mittel geschaffen (§ 58 Nr. 7 Buchst. a HS 2 AO)[69].

Die ordnungsgemäße Verwaltung des Stiftungsvermögens und die Verwendung der Erträge sowie etwaiger Zuschüsse werden von der **Stiftungsaufsicht** überprüft[70]. 67

e) Stiftungsorgane

aa) Überblick

Als bloßes Zweckvermögen bedarf die Stiftung einer Organisationsstruktur, die ihr die notwendige **Handlungsfähigkeit** verschafft. Die Stiftungsorganisation wird maßgeblich vom Stiftungsvermögen und vom Stiftungszweck bestimmt. Anzahl, Größe und Funktion der Stiftungsgremien müssen Art und Umfang der Tätigkeit der Stiftung entsprechen. 68

bb) Stiftungsvorstand

(1) Mitglieder des Stiftungsvorstands

Gesetzlich vorgeschriebenes Organ der Stiftung ist lediglich der Vorstand. Der Vorstand kann aus **einer oder mehreren (natürlichen oder juristischen) Personen** bestehen. 69

Ist der Vorstand das **einzige Organ** der Stiftung, so hat er sämtliche Aufgaben selbst zu erfüllen. Aus Gründen der Kontinuität der Stiftungstätigkeit und der dauerhaften Verwirklichung des Stiftungszwecks sollte der Vorstand in diesen Fällen aus mehreren Personen bestehen[71].

Bei einem **mehrgliedrigen Stiftungsvorstand** ist in der Praxis eine ungerade Mitgliederzahl empfehlenswert.

Der **Stifter** ist kein Stiftungsorgan. Seine Rechtsstellung unterscheidet sich grundsätzlich nicht von der Position stiftungsfremder Dritter. Der Stifter kann sich jedoch selbst auf Lebenszeit zum Vorstand der Stiftung (oder zum Mitglied eines anderen Organs der Stiftung) bestellen oder sich die Benennung entsprechender Organmitglieder vorbehalten. Aber auch als

---

69 S. dazu Teil B Rz. 123 ff.
70 Zur Frage der Zulässigkeit einer Vermögensanlage in der Form einer Beteiligung an einer Kommanditgesellschaft durch eine von einer Gemeinde verwalteten, unselbständigen Stiftung s. OVG Münster, Beschl. v. 12. 12. 1995, 25 B 3342/95, NVwZ-RR 1996, 425.
71 S. Ziff. 1.2.3 und 2.1. der Richtlinien zur Ausführung des Niedersächsischen Stiftungsgesetzes, RdErl. d. MI v. 16. 7. 1986 (Az. 52.1 – 120856-2), Nds. MBl. 1996, 800, geändert durch RdErl. d. MI v. 4. 10. 1989 (Az. 52.1 – 120856-2), Nds. MBl. 1989, 1201.

Mitglied des Stiftungsvorstands ist der Stifter in gleicher Weise wie die anderen Organmitglieder an das Stiftungsgeschäft gebunden. Mit der Genehmigung der Stiftung wird der **Stifterwille** verselbständigt und objektiviert. Oberste Richtschnur für das Stiftungswesen ist der Stifterwille[72], wie er in dem Stiftungsgeschäft niedergelegt ist. Auf den späteren subjektiven Willen des Stifters kommt es dagegen nicht an[73].

70 Die **Berufung der ersten Organmitglieder** wird in der Regel vom Stifter vorgenommen. In der Satzung können dazu auch andere Personen oder Einrichtungen berufen werden.

Die **spätere Bestellung der Organmitglieder** kann sich der Stifter zu seinen Lebzeiten gleichfalls vorbehalten. Daneben erfolgt die Bestellung insbesondere durch ein anderes Stiftungsorgan oder im Wege der Selbstergänzung (Kooptation). Der Stifter kann Personen seines Vertrauens in der Satzung ein Recht auf die Übernahme eines Vorstandsamts oder ein Benennungsrecht einräumen.

Die Satzung sollte darüber hinaus die **Amtsdauer** und die Möglichkeit der (einmaligen oder mehrfachen) **Wiederbestellung** der Organmitglieder festlegen. Im Interesse der Kontinuität der Stiftungstätigkeit sollte dabei ein zu häufiger Wechsel vermieden werden.

Das Erreichen eines bestimmten Lebensalters kann als **automatisches Ende der Amtszeit** vorgesehen werden. In diesem Fall sollte das Vorstandsmitglied jedoch bis zur Bestellung eines Nachfolgers im Amt bleiben können.

▶ **Gestaltungshinweis**

Die Abberufung eines Vorstandsmitglieds einer Stiftung ist – anders als im Aktienrecht (§ 84 Abs. 3 Satz 4 AktG) – nicht bis zur rechtskräftigen Feststellung der Unwirksamkeit wirksam[74]. Im Interesse klarer Vertretungsverhältnisse kann eine entsprechende Regelung in der Satzung jedoch zweckmäßig sein.

Die Stiftung ist verpflichtet, der Stiftungsaufsichtsbehörde jede **Änderung der Zusammensetzung der vertretungsberechtigten Organe** unverzüglich anzuzeigen[75].

---

72 § 2 BadWürttStiftG, Art. 2 Abs. 1 BayStG, § 2 BrbgStiftG, § 3 BremStiftG, § 2 MecklVorPStiftG, § 2 NdsStiftG, § 3 RhPfStiftG, § 2 SachStiftG, § 2 Sachs-AnhStiftG, § 2 ThürStiftG.
73 BGH, Urt. v. 22. 1. 1987, III ZR 26/85, BGHZ 99, 344 = NJW 1987, 2364 = ZIP 1987, 1046 mit Anm. *Karsten Schmidt*, EWiR § 85 BGB, 1/87, 747 = MDR 1987, 740 = DB 1987, 1528.
74 BGH, Urt. v. 26. 10. 1976, III ZR 136/74, DB 1977, 84.
75 § 9 Abs. 2 Nr. 1 BadWürttStiftG, Art. 20 Abs. 2 BayStG (zu Art. 20 Abs. 2 und 7a Abs. 2 Satz 2 BayStG-E s. Teil K Rz. 12), § 8 Abs. 1 Nr. 1 BerlStiftG, § 26 Abs. 4 BrbgStiftG, § 12 Abs. 2 Satz 1 Nr. 1 und Satz 2 BremStiftG, § 13 Abs. 1 Buchst. a

Die **interne Willensbildung der Vorstands** (insbesondere die Fragen der Beschlußfähigkeit und der Beschlußfassung) bedarf mangels gesetzlicher Regelung gleichfalls einer umfassenden satzungsmäßigen Regelung. Dem Stifter oder bestimmten anderen Personen kann dabei ein **Vetorecht** eingeräumt werden. Beschlüsse über Satzungsänderungen sollten aufgrund ihrer Bedeutung nicht im schriftlichen Umlaufverfahren erfolgen können. 71

Sofern der Stiftungsvorstand an der Wahrnehmung seines Amtes verhindert ist oder ein völlig fehlt[76], kann das örtlich zuständige Amtsgericht in dringenden Fällen einen **Notvorstand** bestellen (§§ 86 Satz 1, 29 BGB)[77].

(2) Vertretungsmacht

Der **Vorstand** ist gesetzlicher Vertreter der Stiftung. Er vertritt die Stiftung gerichtlich und außergerichtlich (§§ 86 Satz 1, 26 Abs. 2 Satz 1 BGB). 72

Anders als bei Personen- und Kapitalgesellschaften kann der Umfang der Vertretungsmacht des Vorstands in der Satzung mit Wirkung gegen Dritte beschränkt (nicht aber völlig entzogen) werden (§§ 86 Satz 1, 26 Abs. 2 Satz 2 BGB). Für den Rechtsverkehr ist die **Beschränkung der Vertretungsmacht** – mangels Existenz eines Stiftungsregisters – in der Regel jedoch nicht erkennbar. Dritte müssen die Beschränkung der Vertretungsmacht daher nur dann gegen sich gelten lassen, wenn sie ihnen bekannt ist[78].

Trotz Ablehnung der ultra-vires-Lehre im deutschen Recht soll sich die Vertretungsmacht des Stiftungsvorstands darüber hinaus nicht auf Geschäfte beziehen, die erkennbar **außerhalb des vom Stiftungszweck gezogenen Rahmens** liegen[79].

Die **Aktivvertretung** der Stiftung erfolgt durch den Gesamtvorstand, sofern die Stiftung nicht für bestimmte Organmitglieder Einzelvertretungsbefugnis vorsieht. Auch bei Gesamtvertretung kann der Vorstand durch Mehrheitsbeschluß eines seiner Mitglieder zur alleinigen Vertretung ermächtigen.

HambAGBG, § 7 Nr. 1 HessStiftG, § 15 Abs. 2 Nr. 1 MecklVorPStiftG, § 11 Abs. 2 Nr. 1 NdsStiftG, § 11 Abs. 1 Satz 1 Nr. 1 SaarlStiftG, § 8 Abs. 3 SchlHolStiftG, § 20 SachStiftG, § 20 Sachs-AnhStiftG, § 20 ThürStiftG.
76 Vgl. Art. 21 Abs. 1 Satz 2 BayStG, § 24 BrbgStiftG, § 14 BremStiftG, § 15 NdsStiftG, § 15 SaarlStiftG.
77 S. dazu BayObLG, Beschl. v. 27. 3. 2000, 3 Z BR 354/99, NJW-RR 2000, 1198 = ZEV 2000, 413 (LS) (Das Mitglied eines die Stiftungsorgane nur beratenden Stiftungsbeirats ist nicht Beteiligter, der die Bestellung eines Notvorstands beantragen kann).
78 A.A. aber zum Beispiel Palandt/*Heinrichs*, 59. Aufl., München 2000, § 86 BGB Rz. 1.
79 S. dazu BGH, Urt. v. 16. 1. 1957, IV ZR 221/56, BGH LM Nr. 1 zu § 85 BGB, S. 482 = NJW 1957, 708.

Zur **passiven Vertretung** ist jedes Vorstandsmitglied befugt (§§ 86 Satz 1, 28 Abs. 2 BGB). Dies gilt jedoch nicht für Stiftungen, deren Verwaltung von einer öffentlichen Behörde geführt wird (§ 86 Satz 2 BGB).

73 In einzelnen Bundesländern ist die Vertretungsmacht des Vorstands durch **Genehmigungs-**[80] **oder Anzeigevorbehalte**[81] für bestimmte Rechtsgeschäfte eingeschränkt[82]. Verschiedene (Rechts- und Tat-)Handlungen bedürfen zu ihrer Wirksamkeit einer Genehmigung oder Anzeige. Die Rechtshandlungen werden erst mit Genehmigung der Stiftungsaufsicht wirksam und sind bis dahin schwebend unwirksam[83].

In den meisten Bundesländern kann der Stiftungsvorstand in der Stiftungssatzung wirksam vom **Verbot der Insichgeschäfte und der Mehrvertretung** (§ 181 BGB) befreit werden.

▶ **Gestaltungshinweis**
Im Hinblick auf die Transparenz der Stiftungsverwaltung sollte eine umfassende Befreiung in der Praxis gleichwohl nur nach sorgfältiger Abwägung der damit für die Stiftung verbundenen Vor- und Nachteile erfolgen. Dabei wird sich in der Regel ergeben, daß die Befreiung auf einzelne Geschäfte (zum Beispiel Geschäfte der laufenden Stiftungsverwaltung oder Geschäfte mit einer wirtschaftlichen Verpflichtung in Höhe von bis zu 5% des Stiftungsvermögens) zu beschränken ist. Der Abschluß sonstiger Rechtsgeschäfte sollte in der Satzung von der vorherigen Genehmigung durch ein anderes Stiftungsorgans (etwa eines Beirats oder Kuratoriums) abhängig gemacht werden.

Besonderheiten bestehen für Stiftungen mit Sitz in Bayern und in Rheinland-Pfalz. Die zur Vertretung der Stiftung berechtigten Organmitglieder können im Namen der Stiftung keine Rechtsgeschäfte mit sich im eigenen Namen oder als Vertreter eines Dritten[84] abschließen, die nicht ausschließlich in der Erfüllung einer Verbindlichkeit bestehen (Art. 22 BayStG[85], § 18

---

80 Art. 27 BayStG, § 21 NRWStiftG.
81 § 13 BadWürttStiftG, § 20 MecklVorPStiftG, § 9 SchlHolStiftG.
82 Keinerlei Genehmigungs- bzw. Anzeigepflichten bestehen in Berlin, Brandenburg, Bremen, Hamburg, Hessen, Niedersachsen, Rheinland-Pfalz, Saarland.
83 S. dazu Teil B Rz. 97 ff.
84 Nach dem Wortlaut des Stiftungsgesetzes für Rheinland-Pfalz („... mit einem Mitglied des Stiftungsorgans ...") ist zweifelhaft, ob auch das Verbot der Mehrvertretung von dem Verbot umfaßt ist.
85 Der Vorschlag für eine Änderung des Bayerischen Stiftungsgesetzes (s. dazu Teil K Rz. 12) sieht vor, Art. 22 BayStG um folgenden Absatz 2 zu ergänzen: „Das zur Vertretung allgemein zuständige Organ kann von den Beschränkungen des Absatzes 1 Satz 1 durch die Stiftungssatzung allgemein oder für den Einzelfall befreit werden.". Soweit in der Stiftungssatzung eine solche Befreiungsmöglichkeit vorgesehen ist, bedarf ein Rechtsgeschäft zwischen einem Mitglied eines

Stiftungsverfassung   Rz. 74 **B**

Abs. 1 RhPfStiftG). Eine Befreiung von diesem Verbot ist nicht möglich (Art. 42 BayStG). Auch eine nachträgliche Genehmigung solcher Rechtsgeschäfte ist (anders als bei § 181 BGB) nicht möglich. Die Rechtsgeschäfte sind nichtig (§ 134 BGB).

Neben dem Stiftungsvorstand kann die Stiftungssatzung für bestimmte Rechtsgeschäfte besondere Vertreter bestellen (§§ 86 Satz 1, 30 BGB). Mangels abweichender Regelung erstreckt sich deren Vertretungsmacht auf alle Rechtsgeschäfte, die der ihnen zugewiesene Geschäftsbereich gewöhnlich mit sich bringt.

▶ **Gestaltungshinweis**
Das Bayerische Stiftungsgesetz sieht für Insichgeschäfte zwingend die Bestellung eines **besonderen Vertreters** durch die Stiftungsaufsichtsbehörde vor. Der besondere Vertreter ist dabei nicht nur Vertreter der Stiftung, sondern zugleich willensbildendes Organ der Stiftung. Eine willensbestimmende Beteiligung des vertretungsberechtigten Stiftungsorgans an der Entscheidungsfindung des besonderen Vertreters ist unzulässig. Das vertretungsberechtigte Stiftungsorgan darf den besonderen Vertreter bei seiner Entscheidung in keiner Weise beeinflussen, insbesondere auch keine (wenn auch rechtlich nicht bindenden) Vorschläge oder Empfehlungen aussprechen. Dem besonderen Vertreter obliegt es, unter Beachtung des Stifterwillens, die Interessen der Stiftung zu wahren. Auf der Grundlage einer umfassenden Ermittlung und Würdigung des Sachverhalts hat er seine Entscheidung unabhängig zu treffen.

Der besondere Vertreter (Art. 22 BayStG) wird auf Antrag der Stiftung von der Stiftungsaufsichtsbehörde kostenfrei bestellt. Die Stiftung kann dabei eine Person benennen, die das Vertrauen des vertretungsberechtigten Organs genießt (zum Beispiel einen Rechtsanwalt, Steuerberater oder Wirtschaftsprüfer). Der besondere Vertreter des Bayerischen Stiftungsrechts (Art. 22 BayStG) hat mit dem besonderen Vertreter nach dem Bürgerlichen Gesetzbuch (§§ 86 Satz 1, 30 BGB) nur den Namen gemeinsam.

Im Interesse der Transparenz des Stiftungswesens kommt dem Verbot von Insichgeschäften auch im **US-amerikanischen Stiftungsrecht** ein hoher Stellenwert zu. Das Verbot des self-dealing untersagt Transaktionen und Vermögensbewegungen zwischen Stiftungen und Personen, die auf die Stiftung Einfluß ausüben können (disqualified person). Dazu gehören nicht 74

Stiftungsorgans und der Stiftung auch keiner Genehmigung oder Anzeige (Art. 27 Abs. 2 Satz 1 Nr. 3 HS 2 BayStG-E, s. dazu Teil B Rz. 97 ff. und Teil K Rz. 12). Bei bereits bestehenden Satzungen könnte eine Befreiung der Stiftungsorgane von den Beschränkungen des § 181 BGB nur im Wege der Satzungsänderung erfolgen, die von der zuständigen Regierung zu genehmigen wäre.

nur alle Mitglieder von Gremien der Stiftung, sondern beispielsweise auch wesentliche Geldgeber. Anders als im Aktienrecht greift das Verbot selbst dort, wo der Stiftung kein Schaden entsteht, weil das Geschäft zu marktüblichen Bedingungen abgewickelt wird.

cc) Weitere Organe der Stiftung

75 Neben dem Stiftungsvorstand kann der Stifter weitere **Stiftungsorgane mit beratender und/oder kontrollierender Funktion** vorsehen. Die Bezeichnung der weiteren Organe ist in der Praxis unterschiedlich (etwa als Beirat, Verwaltungsrat, Aufsichtsrat, Stiftungsrat, Kuratorium), ohne daß damit eine rechtliche Entscheidung verbunden wäre.

Durch die Aufteilung der Geschäftstätigkeit auf mehrere Stiftungsorgane schafft der Stifter eine gewisse **interne Kontrolle** der Stiftungstätigkeit. Die mangelnde Kontrolle der Stiftung durch eine Mitglieder- oder Gesellschafterversammlung kann auf diese Weise ausgeglichen werden. Interne Kontrollvorkehrungen können im Einzelfall Maßnahmen der externen Stiftungsaufsicht erleichtern oder überflüssig machen[86]. Im Gegensatz zur staatlichen Stiftungsaufsicht sind die Stiftungsorgane bei der Überwachung der Geschäftsführung nicht auf eine bloße **Rechtmäßigkeitskontrolle** beschränkt, sondern können auch die Wirtschaftlichkeit und Zweckmäßigkeit der Stiftungstätigkeit überprüfen.

Daneben kann der Stifter durch die Einrichtung weiterer Organe im Einzelfall den Sachverstand und die Erfahrungen **externer Berater** auf dem Gebiet des Stiftungszwecks für die Arbeit der Stiftung fruchtbar machen.

Zu den **Aufgaben**, die einem weiteren Organ in der Stiftungsatzung übertragen werden können, gehören etwa:

– die Ernennung, Abberufung und Entlastung der Mitglieder des Stiftungsvorstands,

– die Genehmigung wichtiger Rechtsgeschäfte der Stiftung,

– die Überwachung der Geschäftsführung des Stiftungsvorstands,

– die Beschlußfassung und Prüfung des Haushaltsplanes und der Jahresrechnung,

– die Aufstellung von Richtlinien über die Verwendung der Mittel der Stiftung,

– die Repräsentation der Stiftung nach außen.

---

86 Zur Subsidiarität der staatlichen Stiftungsaufsicht s. § 8 Abs. 2 Satz 2 BadWürttStiftG, § 20 Abs. 2 BrbgStiftG, § 19 Abs. 2–4 NRWStiftG.

Die ersten Mitglieder der weiteren Stiftungsorgane werden vom Stifter in 76
der Regel selbst benannt. Für die **Bestellung** der späteren Mitglieder sollte
die Satzung eine entsprechende Regelung enthalten. Mögliche Gestaltungen sind

— die Selbstergänzung des Organs,

— die Einräumung eines Benennungsrechts für bestimmte Behörden, Unternehmen oder sonstige Institutionen,

— die Bestellung des jeweiligen Inhabers bestimmter stiftungsexterner Ämter (zum Beispiel Mitglieder des Vorstands oder der Geschäftsführung bestimmter Unternehmen oder Vereine, Landräte und Bürgermeister),

— die Bestellung eines Mitglieds einer bestimmten Familie (wobei die Satzung in diesem Fall das Verfahren zur Bestimmung des jeweiligen Familienmitglieds im einzelnen regeln muß).

Dagegen kann die Benennung nicht der **Stiftungsaufsicht** übertragen werden, um deren Unabhängigkeit nicht zu beeinträchtigen.

Im Interesse einer **wirksamen Kontrolle der Stiftung**, sollte dabei eine (rechtlich zulässige) Personalunion zwischen Mitgliedern des Stiftungsvorstands und der weiteren Organe möglichst vermieden werden (siehe die gesetzlichen Wertungen in § 105 Abs. 1 AktG und § 319 Abs. 2 HGB).

Um bei **Verhinderung oder Abwesenheit** einzelner Organmitglieder eine Beschlußunfähigkeit des Organs zu vermeiden, kann die Satzung vorsehen, daß anstelle des Organmitglieds auch ein von diesem entsandter Vertreter zur Teilnahme und Abstimmung an Sitzungen berechtigt ist[87].

▶ **Gestaltungshinweis**

Die Anzahl und die Größe der Stiftungsorgane sollten sich an de Vermögensausstattung der Stiftung sowie dem Art und Umfang der Stiftungstätigkeit orientieren. Insbesondere bei kleineren Stiftungen ist der mit vielfältigen Gremien verbundene (organisatorische und finanzielle) Aufwand mit deren Nutzen für die Stiftung sorgfältig abzuwägen. Im Zweifel sollten die Stiftungsorgane eher klein und überschaubar gehalten werden. Die Verteilung der Aufgaben und Kompetenzen zwischen den verschiedenen Organen bedarf einer klaren Regelung in der Satzung.

---

87 Zu den Anforderungen an die Beschlußfähigkeit eines Stiftungskuratoriums s. BGH, Urt. v. 14. 10. 1993, III ZR 157/91, NJW 1994, 184 mit Anm. *Neuhoff*, EWiR § 85 BGB, 1/94, 223.

dd) **Vergütung der Stiftungsorgane**

77 Die grundsätzliche Frage, ob den Mitgliedern der Stiftungsorgane eine Vergütung gewährt wird, sollte in der **Stiftungssatzung** geregelt werden[88]. Einzelheiten können in einer Geschäftsordnung oder einem Anstellungsvertrag geregelt werden.

Die **Höhe der Vergütung** wird sich an der Bedeutung der Stiftung, am Umfang der Tätigkeit und der Qualifikation des Mitglieds des Stiftungsorgans orientieren (siehe die Wertung in §§ 87, 113 AktG). Die Angemessenheit der Vergütung ist unter Berücksichtigung des stiftungsrechtlichen Grundsatzes einer sparsamen Wirtschaftsführung zu bestimmen[89]. Bei steuerbegünstigten Stiftungen gilt es, die Gemeinnützigkeit nicht zu gefährden (vgl. § 55 Abs. 1 HS 2 Nr. 3 AO)[90].

Art und Umfang der Dienstpflichten der Organmitglieder und der Vergütung sind vor Aufnahme einer Tätigkeit **schriftlich zu vereinbaren**. Unabhängig von der Höhe der vereinbarten Vergütung bedürfen Vereinbarungen mit Organmitgliedern der Stiftung in einigen Bundesländern stets der **Genehmigung bzw. Anzeige der Stiftungsaufsichtsbehörde**[91].

Den Mitglieder der Stiftungsorgane steht daneben ein Anspruch auf Erstattung der ihnen im Zusammenhang mit dem Stiftungsgeschäft entstandenen **Auslagen** (einschließlich etwaiger Reisekosten und Sitzungsgelder) zu (§§ 86, 27 Abs. 3, 670 BGB). Dazu kann eine angemessene Vergütung für die **aufgewendete Zeit** kommen. **Berufspezifische Dienstleistungen**, die ein Organmitglied innerhalb seines Aufgabenbereichs für erforderlich halten durfte, sind zusätzlich zu erstatten (§ 1835 Abs. 3 BGB analog).

ee) **Haftung der Organmitglieder**

78 Die Mitglieder der Stiftungsorgane haben für die dauernde und nachhaltige **Verwirklichung des Stiftungszwecks** zu sorgen. Sie sind insbesondere zur ordnungsgemäßen Verwaltung des Stiftungsvermögens verpflichtet[92]. In

---

[88] S. § 11 Abs. 2 und 3 BrbgStiftG, § 6 Abs. 2 Satz 2 und 3 BremStiftG, § 8 Abs. 3 Satz 2 und 3 MecklVorPStiftG, § 6 Abs. 4 Sätze 2–4 NdsStiftG, § 16 Abs. 2–4 RhPfStiftG, § 5 Abs. 2 Satz 1 und 2 SaarlStiftG, § 4 Abs. 6 SchlHolStiftG.

[89] § 7 Abs. 1 Satz 1 BadWürttStiftG, Art. 14 Satz 1 BayStG, § 11 Abs. 1 BrbgStiftG, § 6 Abs. 2 Satz 1 BremStiftG, § 8 Abs. 3 Satz 1 MecklVorPStiftG, § 6 Abs. 4 Satz 1 NdsStiftG, § 9 NRWStiftG, § 16 Abs. 1 RhPfStiftG, § 14 Abs. 1 SachsStiftG, § 14 Abs. 1 Sachs-AnhStiftG, § 14 Abs. 1 ThürStiftG.

[90] S. dazu Teil B Rz. 120.

[91] § 13 Abs. 1 Satz 1 Nr. 4 BadWürttStiftG, Art. 27 Abs. 1 Nr. 7 BayStG, § 20 Satz 1 Nr. 4 MecklVorPStiftG, § 21 Abs. 1 Nr. 5 NRWStiftG.

[92] Art. 14 Satz 1 BayStG, § 8 Abs. 1 Satz 1 und 2 BrbgStiftG, § 6 Abs. 1 Satz 1 und 2 BremStiftG, § 7 Satz 1 HambAGBG, § 8 Satz 1 HessStiftG, § 8 Abs. 1 MecklVorpStiftG, § 6 Abs. 3 Satz 1 NdsStiftG, § 6 NRWStiftG, § 13 RhPfStiftG, § 5 Abs. 1 SaarlStiftG, § 4 Abs. 1 SchlHolStiftG.

der Satzung, einer Geschäftsordnung oder den Anstellungsverträgen können die Pflichten näher konkretisiert werden.

Organmitglieder[93], die ihre Obliegenheiten schuldhaft verletzen, sind der Stiftung zum **Ersatz des daraus entstehenden Schadens** verpflichtet[94]. Der Anspruch der Stiftung folgt aus einer positiven Vertragsverletzung des Dienstvertrages oder des Auftragsverhältnisses (§§ 86 Satz 1, 27 Abs. 3, 664 ff. BGB). Daneben enthalten die Stiftungsgesetze einzelner Bundesländer gesonderte Anspruchsgrundlagen[95].

Eine Vielzahl der Mitglieder von Stiftungsorganen sind **ehrenamtlich** tätig. Um ihre Bereitschaft zur Übernahme von Ämtern zu fördern, kann die Haftung in den meisten Bundesländern für leichte Fahrlässigkeit in der Stiftungssatzung ausgeschlossen werden[96]. In Bayern und Hessen ist die Haftungsbeschränkung bereits gesetzlich vorgesehen[97]. Die Modifizierung des Haftungsmaßstabs gilt nicht für vertragliche, sondern auch für gesetzliche Ansprüche (zum Beispiel §§ 823 ff. BGB). Ein vollständiger Ausschluß der Haftung oder eine weitergehende Beschränkung der Haftung dürften nicht möglich sein[98].

Die **ordnungsgemäße Vorlage** der gesetzlich oder satzungsgemäß vorgesehenen Berichte über die Verwirklichung des Stiftungszwecks hat keine Entlastung der Organmitglieder zur Folge. Ein Verzicht auf Schadensersatzansprüche kann auch in einer Genehmigung der Berichte nicht gesehen werden.

Schadensersatzansprüche bestehen über die **Amtszeit** des betroffenen Organmitglieds fort.

Die Stiftungsaufsichtsbehörden stellen sicher, daß bestehende Schadensersatzansprüche von der Stiftung auch tatsächlich **durchgesetzt** werden. In manchen Bundesländern ist die Stiftungsaufsichtsbehörde befugt, den Anspruch im Namen der Stiftung gerichtlich geltend zu machen, sofern dies nicht durch das zuständige Organ der Stiftung geschieht[99]. Die Aufsichtsbe-

---

93 Ähnlich wie die Organmitglieder von Kapitalgesellschaften (§§ 93, 116 AktG und 43 GmbHG).
94 Die Haftung betrifft nur das Innenverhältnis zwischen der Stiftung und den Mitgliedern der Stiftungsorganen, nicht auch eine Haftung der Stiftung im Außenverhältnis für Mitglieder der Organe (§§ 86 Satz 1, 31 BGB).
95 Art. 14 Satz 2 und 3 BayStG, § 8 Satz 2 HessStiftG, § 8 Abs. 2 Satz 1 MecklVorPStiftG, § 6 Abs. 3 Satz 2 NdsStiftG, § 19 Abs. 1 RhPfStiftG.
96 § 8 Abs. 1 Satz 3 BrbgStiftG, § 6 Abs. 1 Satz 3 BremStiftG, § 6 Abs. 3 Satz 2 und 3 NdsStiftG, § 5 Abs. 2 Satz 3 SaarlStiftG. Zum Teil ist eine Haftungsbeschränkung auch nur für Organmitglieder möglich, die ohne Entgelt tätig werden (§ 8 Abs. 2 Satz 2 MecklVorPStiftG, § 19 Abs. 2 RhPfStiftG).
97 Art. 14 Satz 2 und 3 BayStG, § 8 Satz 2 HessStiftG.
98 Zumindest nicht für Stiftungen mit Sitz in Bayern (Art. 42 BayStG).
99 Art. 23 BayStG, § 16 NdsStiftG.

hörde entscheidet nach pflichtgemäßem Ermessen, ob sie einen (zweifelhaften) Schadensersatzanspruch geltend macht. In anderen Bundesländern kann die Aufsichtsbehörde zur Klärung und Durchsetzung etwaiger Ansprüche einen besonderen Vertreter bestellen[100]. In beiden Ausgestaltungen der Stiftungsaufsicht zeigt sich deutlich, daß die Stiftungsaufsicht auch dem Schutz der Stiftung vor ihren eigenen Organen dient[101].

ff) Notare als Mitglied eines Stiftungsorgans

(1) Genehmigungserfordernis

79 Die Tätigkeit des Notars in einem Stiftungsorgan (zum Beispiel als Stiftungsvorstand) bedarf stets der Genehmigung, wenn eine (verdeckte) **Vergütung** gewährt wird. Dies gilt auch dann, wenn die Stiftung ausschließlich steuerbegünstigte (zum Beispiel gemeinnützige) Zwecke verfolgt (§ 8 Abs. 2 Satz 1 Nr. 1 BNotO). Dagegen ist nach überwiegender Meinung keine Genehmigung erforderlich, sofern die Tätigkeit mit dem Notaramt vereinbar ist und eine Vergütung nicht gewährt wird (vgl. § 8 Abs. 1 Satz 1 BNotO). Eine **genehmigungsfreie Nebentätigkeit** liegt in keinem Fall vor, da sie nicht „auf behördlicher Anordnung" beruht (§ 8 Abs. 4 Fall 1 BNotO)[102].

(2) Mitwirkungsverbote

80 Ein Mitwirkungsverbot besteht für den Notar dann, wenn er (oder sein Sozius) dem **Stiftungsvorstand oder einem sonst vertretungsberechtigten Stiftungsorgan** angehört (§ 3 Abs. 1 Satz 1 Nr. 6 BeurkG). Gehört der Notar (oder sein Sozius) dagegen lediglich einem nicht vertretungsberechtigten Stiftungsorgan, wie etwa einem Kuratorium oder Beirat an, ist er von der Mitwirkung an der Beurkundung nicht ausgeschlossen; in diesen Fällen trifft den Notar eine bloße **Hinweispflicht** (§ 3 Abs. 3 Satz 1 Nr. 1 BeurkG). Etwas anderes gilt jedoch dann, wenn ein Rechtsgeschäft nach der Stiftungssatzung der Zustimmung dieses Stiftungsorgans bedarf[103].

---

100 § 25 BrbgStiftG, § 25 NRWStiftG, § 38 RhPfStiftG.
101 S. dazu Teil B Rz. 92 ff.
102 S. dazu *Schippel*, in: Schippel, Bundesnotarordnung, 7. Aufl., München 2000, § 8 BNotO Rz. 22 und 39, und *Lerch*, in: Arndt/Lerch/Sandkühler, Bundesnotarordnung, 4. Aufl., Köln 2000, § 8 BNotO Rz. 26; einschränkend *Baumann*, in: Eylmann/Vaasen, Bundesnotarordnung Beurkundungsgesetz, München 2000, § 8 BNotO Rz. 22, wonach die Tätigkeit in einem „wirtschaftlichen Unternehmen", zum Beispiel einer Stiftung auch dann genehmigungsbedürftig ist, wenn der Notar keine Vergütung erhält.
103 S. zum Ganzen *Eylmann*, in: Eylmann/Vaasen, Bundesnotarordnung Beurkundungsgesetz, München 2000, § 3 BeurkG Rz. 38 f.

Stiftungsverfassung   Rz. 82 B

f) Begünstigte (Destinatäre)

Im Bürgerlichen Gesetzbuch finden sich keine Bestimmungen über die 81
Rechtsstellung der Begünstigten. Die Begünstigten einer Stiftung haben
nicht die Stellung von Mitgliedern, sie sind vielmehr lediglich **Nutznießer
des Stiftungsvermögens**. Den Begünstigten stehen demnach grundsätzlich
keine mitgliedschaftsähnlichen oder sonstigen Rechte zu.

In einigen Landesstiftungsgesetzen findet sich die Regelung, daß in die
Rechte der Destinatäre nicht durch **Satzungsänderungen** oder sonstige
Strukturmaßnahmen eingegriffen werden kann[104].

Im übrigen richten sich die Rechte der Begünstigten nach den Bestimmungen des Stifters in der **Stiftungssatzung**[105]. Die Satzung kann den Begünstigten einen Anspruch auf Stiftungsleistungen oder sonstige Mitwirkungs-, Verwaltungs- und Informationsrechte einräumen. Davon wird in der Praxis nur selten Gebrauch gemacht. Vielmehr wird meist ausdrücklich klargestellt, daß (klagbare) Ansprüche nicht bestehen.

▶ **Gestaltungshinweis**
   Die Satzung sollte dabei nicht nur festlegen, daß ein Rechtsanspruch auf
   die Leistungen der Stiftung nicht besteht, sondern zusätzlich klarstellen,
   daß auch durch die Zuerkennung von Leistungen kein Anspruch auf die
   Leistungen begründet wird[106].

Sofern die Satzung **keine ausdrückliche Regelung** der Rechtsstellung der 82
Begünstigten enthält, muß der in der Stiftungssatzung niedergelegte Wille
des Stifters ermittelt werden. Bei der **Auslegung** ist von folgenden Grundsätzen auszugehen.

Ein **klagbarer Anspruch eines Begünstigten** kann in der Regel nur dann
angenommen werden, wenn der Kreis der Begünstigten in der Stiftungssatzung nach festen, objektiven Kriterien (beispielsweise der Zugehörigkeit zu
einer Familie) bestimmt ist und den Stiftungsorganen kein eigener Entscheidungsspielraum zusteht[107].

---

104 § 11 Abs. 2 Satz 4 MecklVorPStiftG, § 7 Abs. 2 Satz 3 NdsStiftG, § 7 Abs. 2 SaarlStiftG, § 21 Abs. 2 Satz 2 SachStiftG, § 21 Abs. 2 Satz 2 Sachs-AnhStiftG, § 21 Abs. 2 Satz 2 ThürStiftG.
105 § 6 Abs. 2 Nr. 5 BadWürttStiftG, § 5 Abs. 3 Satz 2 Nr. 1 BrbgStiftG, § 5 Abs. 2 Nr. 4 BremStiftG, § 4 Abs. 3 Nr. 3 HessStiftG, § 6 Abs. 2 Satz 3 MecklVorPStifG, § 5 Abs. 3 Nr. 5 NdsStiftG, § 5 Abs. 2 Nr. 1 NRWStiftG, § 5 Abs. 2 Buchst. f RhPfStiftG, § 4 Abs. 3 Nr. 4 SaarlStiftG, § 10 Abs. 2 SachStiftG, § 10 Abs. 2 Sachs-AnhStiftG, § 10 Abs. 2 ThürStiftG.
106 S. dazu BGH, Urt. v. 16. 1. 1957, IV ZR 221/56, NJW 1957, 708 = BGH LM Nr. 1 zu § 85 BGB, S. 482.
107 Ein Rechtsanspruch auf Leistungen wurde beispielsweise bejaht in dem Fall des OLG Hamm, Urt. v. 17. 1. 1991, 22 U 12/91, MDR 1992, 949 (Besteht der

Ist dagegen einem Stiftungsorgan oder einem Dritten die Befugnis eingeräumt, die Begünstigten aus einem in der Satzung nur näher umschriebenen Personenkreis auszuwählen, kann **keine unmittelbare Berechtigung** der Begünstigten angenommen werden.

Sofern sich aus der Stiftungssatzung kein dahingehender Wille des Stifters ergibt, steht den Begünstigten auch keine Befugnis zu, auf die **Stiftungsverwaltung**[108] **oder die Stiftungssatzung**[109] **Einfluß zu nehmen**.

Ein vermeintlich Berechtigter kann sich seinen Anspruch auf Leistung nicht eigenmächtig verschaffen, sondern muß diesen notfalls **gerichtlich geltend machen**[110].

Fortlaufende Einkünfte aus Zuwendungen einer Stiftung sind nur **beschränkt pfändbar** (§ 850b Abs. 1 Nr. 3 ZPO).

Zweck einer von Eheleuten errichteten Stiftung darin, Söhnen aus der näher bestimmten Verwandschaft einen Zuschuß zum Studium zu geben, und ist dem Vorstand die Sorge für die nach dem Stiftungsstatut der Familie zukommenden Rechte übertragen, so können die Begünstigten einen klagbaren Anspruch auf Zuwendungen haben.)

108 BAG, Urt. v. 7. 8. 1990, 1 AZR 372/89, BAGE 65, 311 = NJW 1991, 514; BGH, Urt. v. 22. 1. 1987, III ZR 26/85, BGHZ 99, 344 = NJW 1987, 2364 = ZIP 1987, 1046 mit Anm. *Karsten Schmidt*, EWiR § 85 BGB, 1/87, 747 = MDR 1987, 740 = DB 1987, 1528.

109 OLG Hamburg, Urt. v. 31. 8. 1994, 13 U 33/93, ZIP 1994, 1950 mit Anm. *Rawert* = FamRZ 1995, 895 (LS) mit Anm. *Mankowski*, S. 851; BVerwG, Beschl. v. 10. 5. 1985, 7 B 211/84, NJW 1985, 2964, Bestätigung von OVG Lüneburg, Urt. v. 18. 9. 1984, 10 A 102/82, NJW 1985, 1572.

110 LG Köln, Urt. v. 15. 1. 1985, 9 S 404/85, NJW-RR 1986, 1396.

III. Formulierungsvorschlag für die Satzung einer rechtsfähigen Stiftung

Hinweise auf andere Formulierungsvorschläge: *Benthin*, in: Wurm/Wagner/Zartmann (Hrsg.), Das Rechtsformularbuch, 14. Aufl., Köln 1998, Kapitel 7, Muster 7a, 7b und 7c, S. 62 ff.; *Binz/Sorg*, Die Stiftung, 3. Aufl., Heidelberg 1997, S. 17 ff.; *Brandmüller*, Gewerbliche Stiftungen, Unternehmensstiftung, Stiftung & Co., Familienstiftung, 2. Aufl., Bielefeld 1998, S. 174 ff.; *Hennerkes/Schiffer*, Stiftungsrecht, 2. Aufl., Köln 1998, S. 208 ff.; *Hof*, in: Heidenhain/Meister (Hrsg.), Münchener Vertragshandbuch, Band 1, Gesellschaftsrecht, 4. Aufl., München 1996, Ziff. VII. 1, S. 971 ff. und Ziff. VII. 2, S. 1006 f.; *Hof*, in: Seifart/Frhr. von Campenhausen (Hrsg.), Handbuch des Stiftungsrechts, 2. Aufl., München 1999, § 10 Rz. 144 ff., S. 265 ff.; *Mielert*, in: Hoffmann-Becking/Schippel (Hrsg.), Beck'sches Formularbuch zum Bürgerlichen, Handels- und Wirtschaftsrecht, 7. Aufl., München 1998, I. 21 und 22, S. 28 ff.; *Partikel*, Formularbuch für Sportverträge, München 2000, A. II. 1., S. 37 ff.; *Peiker*, in: Stengel, Kommentar zum Hessischen Stiftungsgesetz, 2. Aufl., Essen 2000, Anhang 3.1, S. 91 ff.; *Peter*, in: Kersten/Bühling, Formularbuch und Praxis der Freiwilligen Gerichtsbarkeit, 20. Aufl., Köln 1994, § 27 Rz. 264 ff.; *Pohley*, Kommentar zum Bayerischen Stiftungsgesetz (BayStG), 3. Aufl., Essen 1999, Anhang 3, S. 128 ff.; *Reimann*, in: Dittmann/Reimann/Bengel (Hrsg.), Testament und Erbvertrag, 3. Aufl., Neuwied 1999, Formularteil Rz. 30, S. 375 f.; *Spiegelberger*, Vermögensnachfolge, München 1994, Rz. 249 f.; *Steinweg*, in: Heidel/Pauly/Amend (Hrsg.), AnwaltFormulare, 2. Aufl., Bonn 2000, § 43 Rz. 76 ff., S. 2056 ff.; *Stengel*, Kommentar zum Hessischen Stiftungsgesetz, 2. Aufl., Essen 2000, Anhang 3.2, S. 100 ff.; *Voll/Störle*, Bayerisches Stiftungsgesetz, 3. Aufl., Stuttgart 1998, Anhang 9; *Volhard/Stengel*, in: Hopt (Hrsg.), Vertrags- und Formularbuch zum Handels-, Gesellschafts-, Bank- und Transportrecht, 2. Aufl., München 2000, II. D. 12, S. 254 ff.; *Wochner*, in: Deutsches Anwaltsinstitut/Fachinstitut für Notare (Hrsg.), Die Stiftung und stiftungsähnliche Körperschaften, Bochum 2000, S. 46 ff.

Die Stiftungsaufsichtsbehörden halten in der Regel **eigene Mustersatzungen** bereit. In dem Anwendungserlaß zur Abgabenordnung (Anlage 2 und 3) findet sich eine Mustersatzung für steuerbegünstigte Körperschaften. Der Stifter und seine Berater sind an diese Formulierungsvorschläge **nicht gebunden** (AEAO zu § 60 Abs. 2 Satz 4). In der Praxis erleichtert und verkürzt die Orientierung an den Mustersatzungen jedoch in der Regel das Stiftungsgenehmigungsverfahren und das Verfahren der vorläufigen Anerkennung der Gemeinnützigkeit.

Bei den Gestaltungsvorschlägen ist zu beachten, daß die Formulierungen im Regelfall nicht mit den **Bestimmungen des jeweiligen Landesstiftungsgesetzes** sowie etwaiger Ausführungsverordnungen abgestimmt sind. Den spezifischen Anforderungen der Landesstiftungsbehörden muß im jeweiligen Einzelfall Rechnung getragen werden.

Hinzu kommt, daß die Errichtung einer Stiftung in besonderer Weise von den individuellen Vorstellungen des Stifters und der von ihm gewährten Vermögensausstattung abhängt.

84 |01| **Errichtung einer rechtsfähigen Stiftung unter Lebenden**

Stiftungsgeschäft

Hiermit errichte ich, (. . .) folgende Stiftung:

I. Errichtung einer Stiftung

Die Stiftung soll den Namen „(. . .)-Stiftung" führen und ihren Sitz in (. . .) haben. Es ist eine rechtsfähige Stiftung des bürgerlichen Rechts (§§ 80 ff. BGB).

II. Stiftungszweck

Die Stiftung soll (. . .) fördern. Die Einzelheiten über die Verwirklichung des Stiftungszwecks werden in der Stiftungssatzung geregelt.

III. Stiftungsvermögen

Die Stiftung wird mit folgendem Grundstockvermögen ausgestattet (. . .).

IV. Organe der Stiftung

Die Stiftung soll von einem Stiftungsvorstand gesetzlich vertreten und zusammen mit einem Kuratorium verwaltet werden. Die Einzelheiten werden durch die Stiftungssatzung geregelt.

V. Satzung

Für die Stiftung gilt die anliegende Satzung, die Bestandteil dieses Stiftungsgeschäfts ist.

VI. Schlußbestimmungen

(. . .)

Anlage

Satzung der (. . .)-Stiftung mit dem Sitz in (. . .)

§ 1 Name, Sitz und Rechtsform

(1) Die Stiftung führt den Namen „(. . .)-Stiftung".
(2) Sie ist eine rechtsfähige Stiftung des bürgerlichen Rechts und hat ihren Sitz in (. . .).
(3) Geschäftsjahr der Stiftung ist das Kalenderjahr.

§ 2 Stiftungszweck

(1) Die Stiftung verfolgt folgende Zwecke (. . .).
(2) Die Stiftung verwirklicht ihre Stiftungszwecke insbesondere durch folgende Maßnahmen (. . .).

(3) Die Stiftung verfolgt ausschließlich und unmittelbar steuerbegünstigte Zwecke im Sinne der jeweils gültigen Fassung der Abgabenordnung.
(4) Die Stiftung kann ihre Mittel teilweise auch anderen, ebenfalls steuerbegünstigten Körperschaften oder Körperschaften des öffentlichen Rechts zur Verwendung zu den vorbezeichneten, steuerbegünstigten Zwecken zuwenden.

§ 3 Steuervergünstigung

(1) Die Stiftung ist selbstlos tätig. Sie verfolgt nicht in erster Linie eigenwirtschaftliche Zwecke. Sie darf keine juristische oder natürliche Person durch Ausgaben, die dem Zweck der Stiftung fremd sind, oder durch unverhältnismäßig hohe Unterstützungen, Zuwendungen oder Vergütungen begünstigen.
(2) Auf Leistungen der Stiftung besteht keinerlei Anspruch.

§ 4 Grundstockvermögen

(1) Das Grundstockvermögen der Stiftung ist in seinem Bestand dauernd und ungeschmälert zu erhalten. Es besteht aus
 (a) Barvermögen (...),
 (b) Wertpapieren (...),
 (c) Unternehmensbeteiligungen (...),
 (d) Rechtsansprüchen bzw. Forderungen (...),
 (e) Grundstücken (...),
 (f) beweglichem Vermögen (...).
(2) Zustiftungen sind zulässig. Zuwendungen aufgrund einer Verfügung von Todes wegen ohne Zweckbestimmung können dem Grundstockvermögen zugeführt werden.

§ 5 Stiftungsmittel

(1) Die Stiftung erfüllte ihre Aufgaben
 (a) aus den Erträgen des Stiftungsvermögens, und
 (b) aus Zuwendungen, soweit sie vom Zuwendenden nicht zur Aufstockung des Grundstockvermögens bestimmt sind.
(2) Die Mittel der Stiftung dürfen nur für die satzungsgemäßen Zwecke verwendet werden.
(3) Die Stiftung kann ihre Erträge ganz oder teilweise einer Rücklage zuführen, wenn oder solange das erforderlich ist, um die steuerbegünstigten satzungsgemäßen Zwecke nachhaltig erfüllen zu können.

§ 6 Stiftungsorgane

(1) Organe der Stiftung sind
 (a) der Stiftungsvorstand und
 (b) das Kuratorium.
(2) Die Tätigkeit in den Stiftungsorganen ist ehrenamtlich. Nachgewiesene Auslagen werden in angemessenem Umfang ersetzt.
(3) Die Mitglieder der Stiftungsorgane haften nur für Vorsatz und grobe Fahrlässigkeit.

§ 7 Stiftungsvorstand

(1) Die Stiftung wird von einem Vorstand verwaltet, der aus mindestens drei und höchstens fünf Personen besteht. Die Bestellung des ersten Vorstandes erfolgt durch den Stifter, der auch die Ämterverteilung regelt. Die Amtszeit der Vorstandsmitglieder beträgt fünf Jahre.

(2) Der Vorstand wird von einem Kuratorium gewählt und bei Vorliegen eines wichtigen Grundes gegebenenfalls abgewählt. Eine Wiederwahl ist zulässig. Der Vorstand kann sich eine Geschäftsordnung geben.

§ 8 Aufgaben des Vorstands

(1) Der Vorstand führt die Geschäfte der Stiftung. Zu seinen Aufgaben gehören insbesondere:
  (a) die Anlage und Verwaltung des Stiftungsvermögens, wobei er mit der Sorgfalt eines ordentlichen Kaufmanns zu handeln hat,
  (b) die Vorlage der Jahresabrechnungen und des Geschäftsberichts an das Kuratorium jeweils zum 31. 3. des auf das Geschäftsjahr folgenden Kalenderjahres,
  (c) Aufstellung eines Plans über die Verwendung der Vermögenserträge jeweils für das kommende Geschäftsjahr.

(2) Der Vorstand bedarf zur Vornahme folgender Geschäfte der Zustimmung des Kuratoriums:
  (a) Erwerb, Veräußerung und Belastung von Grundstücken oder grundstücksgleichen Rechten,
  (b) Abschluß oder Änderung von Miet- und Pachtverträgen mit einer Dauer von mehr als einem Jahr oder einem monatlichen Mietzins von mehr als (. . .) Euro,
  (c) Aufnahme von Krediten und Übernahme von Bürgschaften,
  (d) Anstellung oder Entlassung von Angestellten mit monatlichen Bezügen von mehr als (. . .) Euro oder mit einer Kündigungsfrist von mehr als zwölf Monaten oder mit Pensionszusagen.

(3) Sofern die Aufgaben oder die Größe der Stiftung eine besondere Geschäftsführung verlangen, können hierfür eine oder mehrere Personen angestellt und nach den in der Wirtschaft üblichen Bezügen honoriert werden.

§ 9 Vertretung der Stiftung

(1) Die Stiftung wird durch den Vorstand gerichtlich und außergerichtlich vertreten.

(2) Sind drei (oder weniger) Vorstandsmitglieder bestellt, ist jedes Mitglied des Vorstands zur alleinigen Vertretung der Stiftung berechtigt. Im übrigen wird die Stiftung von zwei Vorstandsmitgliedern gemeinsam vertreten.

§ 10 Beschlußfassung des Vorstands

(1) Der Vorstand beschließt mit einfacher Stimmenmehrheit. Er ist beschlußfähig, wenn mindestens zwei Mitglieder anwesend sind. Schriftliche Beschlußfassung ist zulässig, sofern alle Vorstandsmitglieder zustimmen. Bei Stimmengleichheit entscheidet die Stimme des Vorsitzenden, wenn ein solcher bestimmt ist.

(2) Sitzungen werden vom Vorstand nach Bedarf, jedoch mindestens einmal im Jahr abgehalten. Auf Anforderung eines Vorstandsmitglieds oder der Mehrheit des Kuratoriums ist zu einer Sitzung einzuladen.

(3) Zwischen der Einberufung und dem Sitzungstag soll ein Zeitraum von mindestens einer Woche liegen, sofern nicht außerordentliche Umstände eine kürzere Frist erfordern. Die Vorstandssitzungen werden schriftlich unter Angabe der einzelnen Beschlußgegenstände einberufen. Auf die Form kann einstimmig verzichtet werden. Der Stiftungsvorstand hält seine Beschlüsse in Niederschriften fest, die von zwei Vorstandsmitgliedern zu unterzeichnen sind.

§ 11 Kuratorium

(1) Neben dem Stiftungsvorstand besteht ein Kuratorium. Es besteht aus mindestens fünf und höchstens elf Personen, die jeweils auf die Dauer von drei Jahren bestellt werden. Wiederbestellung ist möglich.

(2) Die ersten Mitglieder des Kuratoriums bestellt der Stifter, der zugleich Mitglied auf Lebenszeit und Vorsitzender des Kuratoriums ist. Er kann weitere Kuratoriumsmitglieder auf Lebenszeit bestellen. Bei der Bestellung kann der Vorsitzende das Stimmrecht ausschließen. Nach dem Ausscheiden des Stifters wählt sich das Kuratorium einen Vorsitzenden für dessen jeweilige Amtsdauer als Kuratoriumsmitglied.

(3) Nach der Erstbestellung ergänzt sich das Kuratorium selbst durch Zuwahl. Das Kuratorium kann bis zu zwei Ersatzmitglieder für jeweils drei Jahre wählen. Diese sind zur Teilnahme an Kuratoriumssitzungen ohne eigenes Stimmrecht befugt und rücken für die verbleibende Amtszeit nach, wenn ein Kuratoriumsmitglied vor deren Ablauf ausscheidet. Sind zwei Ersatzmitglieder vorhanden, so rücken sie in der Reihenfolge ihrer Wahl nach.

(4) Die Mitgliedschaft im Kuratorium endet mit dem Ende des Jahres, in dem das Kuratoriumsmitglied das 70. Lebensjahr vollendet hat. Diese Bestimmung findet keine Anwendung auf solche Mitglieder, die dem Kuratorium bei Gründung der Stiftung angehört haben.

(5) Das Kuratorium kann Mitglieder bei Vorliegen eines wichtigen Grundes abberufen. Die Abberufung und Neubestellung bedarf der einfachen Mehrheit aller verbliebenen Kuratoriumsmitglieder.

(6) Höchstens zwei Mitglieder des Kuratoriums dürfen Mitglieder des Stiftungsvorstands sein.

§ 12 Aufgaben des Kuratoriums

(1) Das Kuratorium überwacht die Tätigkeit des Vorstands. Es tritt mindestens einmal im Jahr zusammen.

(2) Jedes Mitglied des Kuratoriums hat ein umfassendes Recht auf Auskunft und Prüfung.

(3) Der Plan über die Verwendung der Erträge der Stiftung bedarf der Zustimmung des Kuratoriums.

(4) Das Kuratorium beschließt mit einfacher Mehrheit, soweit die Satzung keine abweichende Regelung enthält. Es ist beschlußfähig, wenn mehr als die Hälfte der Mitglieder selbst oder durch Bevollmächtigte an einer Beschlußfassung teilnimmt. Bei Stimmengleichheit entscheidet die Stimme des Vorsitzen-

den. Abwesende Kuratoriumsmitglieder können anwesende (Ersatz-)mitglieder durch schriftlich nachzuweisende Vollmacht zur Ausübung des Stimmrechts bevollmächtigen. Jedes Kuratoriumsmitglied und jedes Ersatzmitglied dürfen jedoch nur eine Stimme als Bevollmächtigter abgeben. Das Kuratorium gibt sich im Einvernehmen mit dem Vorstand eine Geschäftsordnung.

(5) Mitglieder des Vorstands hat das Kuratorium mit einfacher Mehrheit zu wählen oder bei Vorliegen eines wichtigen Grundes abzuberufen.

§ 13 Änderung der Satzung

(1) Satzungsänderungen sind zulässig, soweit sie zur Anpassung an veränderte Verhältnisse geboten erscheinen. Soweit sie sich auf die Steuerbegünstigung der Stiftung auswirken können, sind sie der zuständigen Finanzbehörde zur Stellungnahme vorzulegen.

(2) Änderungen des Stiftungszwecks sind nur zulässig, wenn seine Erfüllung unmöglich wird oder sich die Verhältnisse derart ändern, daß sie in der satzungsgemäßen Form nicht mehr sinnvoll erscheint.

(3) Satzungsänderungen beschließt zu seinen Lebzeiten der Stifter unter Anhörung des Kuratoriums. Nach seinem Ausscheiden werden solche Beschlüsse vom Kuratorium mit 3/4-Mehrheit bei Anwesenheit von mindestens der Hälfte seiner Mitglieder gefaßt. Der Vorstand ist anzuhören.

§ 14 Vermögensanfall

Bei Aufhebung oder Auflösung dieser Stiftung fällt das Restvermögen an (. . .). Dieser hat es unter Beachtung des Stiftungszwecks unmittelbar und ausschließlich für steuerbegünstigte Zwecke zu verwenden.

§ 15 Stiftungsaufsicht

(1) Die Stiftung untersteht der Aufsicht von (. . .).

(2) Der Stiftungsaufsichtsbehörde sind Änderungen der Anschrift, der Vertretungsberechtigung und der Zusammensetzung der Organe unverzüglich mitzuteilen.

(3) Die Stiftung wird durch einen Wirtschaftsprüfer oder eine andere zur Erteilung eines gleichwertigen Bestätigungsvermerks befugte Stelle geprüft. Die Prüfung muß sich auf die Erhaltung des Stiftungsvermögens und die satzungsgemäße Verwendung seines Ertrags und etwaiger Zuschüsse (Stiftungsmittel) erstrecken.

§ 16 Inkrafttreten

Diese Satzung tritt am Tage ihrer Genehmigung in Kraft.

IV. Genehmigung der Stiftung

1. Rechtslage vor Erteilung der Genehmigung

Die Stiftung wird erst mit Erteilung der Genehmigung **rechtsfähig**. Die 85 Genehmigung hat **keine Rückwirkung** auf den Zeitpunkt des Stiftungsgeschäfts.

In der Zeit zwischen der Vornahme des Stiftungsgeschäfts und der Erteilung der Genehmigung besteht nach ganz überwiegender Auffassung **keine Vorstiftung**. Die Rechtsfigur der Vorgesellschaft aus dem Bereich der Kapitalgesellschaften und des Vorvereins kann nicht auf das Stiftungsrecht übertragen werden. Die Stiftung entsteht erst (dann aber in vollem Umfang) durch Stiftungsgeschäft und Stiftungsgenehmigung, während sich eine Kapitalgesellschaft stufenweise zu einem Verband verselbständigt. Bis zur Genehmigung ist der Stifter an die Vermögensausstattung noch nicht gebunden (§ 81 Abs. 2 Satz 1 BGB).

In dem Schwebezustand bis zur Erteilung der Genehmigung kann für das Vermögen der künftigen Stiftung jedoch ein **Pfleger** bestellt werden (ein Nachlaßpfleger nach § 1960 BGB oder in Analogie zur Pflegerbestellung beim nasciturus nach § 1912 BGB).

▶ **Gestaltungshinweis**

Zwischen dem Stiftungsgeschäft und der Genehmigung kann ein längerer Zeitraum liegen. Für den Stifter kann es bei einer **steuerbegünstigten Stiftung** jedoch von Interesse sein, daß das Vermögen der noch nicht genehmigten Stiftung bereits zu einem früheren Zeitpunkt als eigenständiges Steuersubjekt anerkannt wird. Dies ist insbesondere dann von Bedeutung, wenn der Stifter sich gegen Jahresende zur Errichtung einer Stiftung entschließt und die steuerlichen Vorteile noch für diesen Veranlagungszeitraum geltend machen möchte. Die künftige Stiftung wird unter folgenden Voraussetzungen bereits als Steuersubjekt anerkannt:
– Das Stiftungsgeschäft muß wirksam abgeschlossen und die Satzung festgestellt sein,
– der Stiftungsvorstand muß über das Stiftungsvermögen verfügen können (zum Beispiel Einzahlung von Barvermögen auf ein Sperrkonto),
– der Stifter muß gegenüber der Stiftungsbehörde auf sein Widerrufsrecht verzichtet haben (§ 81 Abs. 2 BGB), und
– die Stiftung muß später genehmigt werden.

2. Voraussetzungen für die Erteilung der Genehmigung

a) Anspruch auf Erteilung der Genehmigung

86 Die Entstehung der rechtsfähigen privatrechtlichen Stiftung setzt – neben dem Stiftungsgeschäft – eine staatliche Genehmigung voraus. Der Gesetzgeber hat sich im Stiftungsrecht für ein **Konzessionssystem** entschieden, wonach die Erlangung der Rechtsfähigkeit einer juristischen Person einer behördlichen Erlaubnis bedarf (anders als in einem System freier Körperschaftsbildung, wo juristische Personen ohne behördliche Mitwirkung entstehen). Regelungen, unter welchen Voraussetzungen eine Genehmigung zu erteilen ist, fehlen (anders als in einem Normativsystem, wo sich der Staat auf die Prüfung der Frage beschränkt, ob die gesetzlich vorgeschriebenen Voraussetzungen des Entstehungstatbestandes vorliegen). Die Genehmigung wird gelegentlich auch plastisch als *„präventive Stiftungsaufsicht"* bezeichnet.

Bei Einführung des Bürgerlichen Gesetzbuchs im Jahr 1900 bestand Einigkeit darüber, daß die Entscheidung über die Genehmigung einer Stiftung im **Ermessen der Stiftungsaufsichtsbehörde** steht. Die Grundrechte des Grundgesetzes umfassen auch den Schutz der Stifterfreiheit (Art. 14 Abs. 1 und 2 Abs. 1 GG[111]). Aufgrund der veränderten verfassungsrechtlichen Rahmenbedingungen entscheidet die Stiftungsaufsichtsbehörde heute über die Erteilung der Genehmigung einer Stiftung zumindest nach pflichtgemäßem Ermessen.

Noch nicht abschließend geklärt ist, inwieweit aufgrund einer Ermessensreduzierung auf Null oder einem subjektiven öffentlichen Recht des Stifters ein **Anspruch auf Erteilung einer Genehmigung** besteht. Geht man (richtigerweise) davon aus, daß bei Erfüllung aller gesetzlichen Voraussetzungen für die Errichtung einer Stiftung ein Genehmigungsanspruch des Stifters besteht, hätte sich das bestehende Konzessionssystem inhaltlich weitgehend einem System der Normativbestimmungen angenähert.

Die Praxis der Stiftungsbehörden verneint (derzeit) vielfach noch einen Anspruch des Stifters auf Genehmigung. In den Kommentierungen zum Bayerischen Stiftungsgesetz[112] heißt es beispielsweise:

„Ein Anspruch auf die Genehmigung besteht nicht (...); die Erteilung der Genehmigung steht im pflichtgemäßen Ermessen der Genehmigungsbe-

---

111 Art. 9 Abs. 1 GG ist nicht einschlägig, weil es bei einer Stiftung an einem Personenzusammenschluß fehlt.
112 Der im Juli 2000 vorgelegte Entwurf für eine Änderung des Bayerischen Stiftungsgesetzes (s. dazu Teil K Rz. 12) sieht eine ausdrückliche gesetzliche Verankerung des Anspruchs auf Genehmigung einer Stiftung vor. In der Begründung wird allerdings mehrfach hervorgehoben, daß das Recht auf Stiftung „in der Praxis der bayerischen Genehmigungsbehörden schon längst Realität ist".

hörde. (...) Das Ermessen der Genehmigungsbehörde wird durch Art. 3 Satz 2 BayStG eingeschränkt, wonach Stiftungen, die überwiegend öffentliche Zwecke verfolgen, genehmigt werden sollen. Dies bedeutet, daß die Genehmigungsbehörde bei Vorliegen der gesetzlichen Voraussetzungen nicht engherzig verfahren soll; ein Rechtsanspruch auf Genehmigung kann daraus nicht abgeleitet werden."[113]

„Die Erteilung steht im pflichtgemäßen Ermessen der Genehmigungsbehörde; es besteht also kein Anspruch des Stifters darauf, daß die Stiftung genehmigt wird, wenn die gesetzlichen Voraussetzungen an sich erfüllt sind."[114]

Ähnlich sind die Ausführungen in den Richtlinien zur Ausführung des Niedersächsischen Stiftungsgesetzes[115]:

„Auf die Genehmigung einer Stiftung besteht kein Rechtsanspruch. Die Stiftungsbehörde kann also nach ihrem Ermessen die Genehmigung erteilen oder versagen. (...) Der Zweck rechtfertigt ohne weiteres die Genehmigung einer Stiftung, wenn diese dem Leitbild einer auf das allgemeine Wohl gerichteten Stiftung in vollem Umfange entspricht. Das ist immer dann der Fall, wenn gemeinnützige, mildtätige oder kirchliche Zwecke i.S. des Abschnitts „Steuerbegünstigte Zwecke" der Abgabenordnung (...) verfolgt werden. (Liegen diese Voraussetzungen nicht vor), so soll die Genehmigung gleichwohl erteilt werden, wenn zu erwarten ist, daß die Stiftung neben anderen Zwecken überwiegend dem allgemeinen Wohl dienen wird. Das ist nicht allein danach zu beurteilen, ob der Zweck im öffentlichen Interesse liegt oder vom Staat als sinnvoll angesehen wird. Entscheidend kann auch sein, ob der Stifter nach seinen Vorstellungen mit seiner Stiftung dem allgemeinen Wohl dienen will (...)".

Nachdem viele Rechtsfragen im Zusammenhang mit der Errichtung einer Stiftung ungeklärt sind, empfiehlt sich eine **frühzeitige Kontaktaufnahme mit der zuständigen Aufsichtsbehörde**. Die Entwürfe des Stiftungsgeschäfts und der Stiftungssatzung sollten in enger Abstimmung mit der Aufsichtsbehörde erstellt werden. Von der erstmaligen Kontaktaufnahme bis zur Erteilung des Stiftungsgenehmigung sollte in der Praxis ein Zeitrahmen von einem bis zu drei Monaten eingeplant werden.

---

113 *Voll/Störle*, Bayerisches Stiftungsgesetz, 3. Aufl., Stuttgart 1998, Art. 3 BayStG Rz. 4.
114 *Pohley*, Kommentar zum Bayerischen Stiftungsgesetz (BayStG), 3. Aufl., Essen 1999, Art. 3 und 4 BayStG Rz. 4.1.
115 Ziff. 1.1. der Richtlinien zur Ausführung des Niedersächsischen Stiftungsgesetzes, RdErl. d. MI v. 16. 7. 1986 (Az. 52.1 - 120856-2), Nds. MBl. 1996, 800, geändert durch RdErl. d. MI v. 4. 10. 1989 (Az. 52.1 - 120856-2), Nds. MBl. 1989, 1201.

Parallel dazu sollte vor Errichtung des Stiftungsgeschäfts und Feststellung der Satzung bei dem für das am Sitz der Stiftung zuständige **Finanzamt für Körperschaften** angefragt werden, ob die Anerkennung der Stiftung als steuerbegünstigt in Aussicht gestellt werden kann.

Stiftungsrecht ist heute weitgehend Praxisrecht. *Reuter* weist (kritisch) darauf hin, daß heute alle im Stiftungsrecht wichtigen Entscheidungen zwischen Behörden und Betroffenen im Verhandlungswege gelöst werden[116]:

„Stiftungsgründungen sind heute regelmäßig Verhandlungssache zwischen Stifter, Genehmigungsbehörde und, soweit die steuerrechtliche Gemeinnützigkeit angestrebt wird, auch Finanzamt."

b) Antrag auf Erteilung der Genehmigung

aa) Notwendigkeit eines Antrags

87 Die Genehmigung ist ein **rechtsgestaltender, mitwirkungsbedürftiger Verwaltungsakt**, der für das Entstehen der Stiftung konstitutiv ist.

Im Falle des Stiftungsgeschäfts unter Lebenden ist zwingend ein Antrag des Stifters oder seines Beauftragten erforderlich (vgl. § 81 Abs. 2 BGB). **Mehrere Stifter** haben den Antrag gemeinsam zu stellen.

Während eine **Stiftung unter Lebenden** stets nur auf Antrag des Stifters genehmigt werden darf, ist bei der **Stiftung von Todes wegen** ein Antrag nicht erforderlich, da ein Widerruf der Stiftung nach dem Tod des Stifters nicht mehr möglich ist (siehe § 81 Abs. 2 BGB). Sofern nicht der Erbe oder Testamentsvollstrecker um die Genehmigung der Stiftung nachsucht, wird sie vom Nachlaßgericht eingeholt (§ 83 BGB). Dabei handelt es sich um keinen formellen Antrag, sondern lediglich um eine Mitteilung an die zuständige Stiftungsaufsichtsbehörde, von Amts wegen tätig zu werden.

bb) Zuständigkeit

88 Der Antrag auf Erteilung der Genehmigung ist bei der nach dem jeweiligen Landesrecht **zuständigen Behörde**[117] zu stellen[118]:

- **Baden-Württemberg**: Regierungspräsidium bzw. Ministerium, in dessen Geschäftsbereich der Zweck der Stiftung überwiegend fällt (§§ 3 Abs. 1 und 3, 8 Abs. 3 BadWürttStiftG).

---

116 Münchener Kommentar, Vor §§ 80 ff. BGB Rz. 8.
117 Die Anschriften der Genehmigungsbehörden sind im Anhang 2 (S. 379 ff.) aufgeführt.
118 Besonderheiten bestehen, wenn das jeweilige Bundesland als Stifter oder Mitstifter auftritt (s. § 3 Abs. 3 BadWürttStiftG, Art. 4 Satz 2 BayStG, § 18 NdsStiftG, § 1 Abs. 1 Nr. 1 ZustVOStiftG NW, § 31 RhPfStiftG, § 2 Abs. 2 SchlHolStiftG).

Genehmigung   Rz. 88 **B**

- **Bayern**: Regierung (Oberbayern, Niederbayern, Schwaben, Oberpfalz, Oberfranken, Mittelfranken, Unterfranken); oberste Stiftungsaufsichtsbehörden sind das Bayerische Staatsministerium für Wissenschaft, Forschung und Kunst, das Bayerische Staatsministerium für Unterricht und Kultus und das Bayerische Staatsministerium des Inneren (Art. 6 und 18 Abs. 1 BayStG, § 1 Abs. 1 Satz 1 AVBayStG)[119].

- **Berlin**: Senator für Justiz (§§ 2 Abs. 1 und 7 Abs. 1 BerlStiftG).

- **Brandenburg**: Innenminister (§ 3 BrbgStiftG).

- **Bremen**: Senator für Inneres (§§ 2 und 11 BremStiftG).

- **Hamburg**: Der Senat (Senatskanzlei) (§ 8 Abs. 1 HambAGBGB und Abschnitt III der Anordnung zur Durchführung des Bürgerlichen Gesetzbuches und des Hamburgischen Ausführungsgesetzes zum Bürgerlichen Gesetzbuch vom 23. 6. 1970).

- **Hessen**: Regierungspräsident[120]; obere Aufsichtsbehörde für Stiftungen bürgerlichen Rechts ist der Minister des Inneren (§§ 11, 28 HessStiftG).

- **Mecklenburg-Vorpommern**: Innenminister (§§ 3 und 14 Abs. 3 MecklVorPStiftG).

- **Niedersachsen**: Bezirksregierung (§§ 3 und 10 Abs. 3 NdsStiftG).

---

119 Die Zuständigkeit der Ministerien richtet sich nach dem jeweiligen Stiftungszweck. Unklar ist lediglich, welches Ministerium die oberste Stiftungsaufsichtsbehörde für Stiftungen ist, die der Heimatpflege gewidmet sind. Bei der Teilung des Bayerischen Staatsministerium für Unterricht, Kultus, Wissenschaft und Kunst ist insoweit eine Regelung nicht erfolgt (Art. 18 Abs. 2 Satz 1 BayStG, Art. 1 Abs. 1 Satz 1 Nr. 8 des Dritten Gesetzes zur Überleitung von Zuständigkeiten v. 29. 12. 1998, GVBl. S. 1013 im Hinblick auf die Teilung des Staatsministerium für Unterricht, Kultus, Wissenschaft und Kunst sowie §§ 2 Abs. 1 Nr. 1, 3 und 4, 3 Nr. 8, 5 Nr. 7 und 6 Nr. 7 der Verordnung über die Geschäftsverteilung der Bayerischen Staatsregierung [StRGVV] in der Fassung der Bekanntmachung v. 19. 11. 1998, GVBl. S. 928). Im Rahmen der Reform des Bayerischen Stiftungsgesetzes (s. dazu Teil K Rz. 12) soll Art. 18 Abs. 2 Satz 1 BayStG-E folgende Fassung erhalten: „Als oberste Stiftungsaufsichtsbehörden sind zuständig 1. das Staatsministerium für Wissenschaft, Forschung und Kunst für Stiftungen, die der Wissenschaft, der Forschung, der Kunst, der Denkmalpflege oder der Heimatpflege gewidmet sind, 2. das Staatsministerium für Unterricht und Kultus für Stiftungen, die der Religion, der Bildung, dem Unterricht, der Erziehung oder dem Sport gewidmet sind, 3. das Staatsministerium des Inneren für alle übrigen Stiftungen."
120 Nach § 28 HessStiftG ist der Regierungspräsident von Darmstadt ermächtigt, die Befugnisse nach § 12 HessStiftG (Unterrichtung und Prüfung) für Stiftungen, die ihren Sitz in Frankfurt/Main haben, auf den Magistrat der Stadt Frankfurt/Main zu übertragen. Diese Übertragung ist mit Verfügung v. 16. 9. 1966 (StAnz. S. 1332) erfolgt. Die sonstigen Befugnisse der Aufsichtsbehörde (nach §§ 13–16 HessStiftG) stehen auch in diesen Fällen dem Regierungspräsidenten zu.

– **Nordrhein-Westfalen**: Regierungspräsident; oberste Aufsichtsbehörde ist der Innenminister (§ 18 NRWStiftG und § 1 ZustVOStiftG NW).

– **Rheinland-Pfalz**: Landratsamt oder Stadtverwaltung bei kreisfreien Städten; obere Aufsichtsbehörde ist die Bezirksregierung, oberste das Ministerium der Inneren bzw. das Kultusministerium (§ 29 RhPfStiftG).

– **Saarland**: Minister des Inneren (§§ 2 und 10 Abs. 1 Satz 1 SaarlStiftG).

– **Sachsen**: Regierungspräsident (§ 3 SachStiftG und §§ 1 und 2 Verordnung der Sächsischen Staatsregierung über die Zuständigkeit in Stiftungsangelegenheiten vom 12. 12. 1997).

– **Sachsen-Anhalt**: Bezirksregierung; obere Aufsichtsbehörde für Stiftungen bürgerlichen Rechts ist der Minister des Inneren (§ 3 Sachs-AnhStiftG und Beschluß der Landesregierung von Sachsen-Anhalt über die Zuständigkeiten nach dem Stiftungsgesetz vom 13. 8. 1991).

– **Schleswig-Holstein**: Landräte und Bürgermeister der kreisfreien Städte (§§ 8 Abs. 1 und 16 Abs. 2 SchlHolStiftG).

– **Thüringen**: Innenministerium; Aufsichtsbehörde ist das Landesverwaltungsamt (§ 3 Sachs-AnhStiftG).

cc) Inhalt des Antrags

89 Dem Antrag sind in jedem Fall folgende Unterlagen beizufügen (vgl. § 1 Abs. 1 Satz 2 AVBayStG):

– die **Urkunde** über die Errichtung der Stiftung (Stiftungsgeschäft) (meist 3-fach),

– die **Stiftungssatzung** (meist 3-fach) und

– ausreichende Nachweise oder Sicherheiten über die **Bereitstellung des Stiftungsvermögens**.

Im Interesse einer **Beschleunigung** des Genehmigungsverfahrens sollten zudem folgende, weitere Unterlagen vorgelegt werden:

– die **Äußerung des zuständigen Finanzamts** im Hinblick auf die Anerkennung der Stiftung als steuerbegünstigt im Sinne der Abgabenordnung (vgl. § 1 Abs. 2 AVBayStG),

– der **Antrag des Stifters** oder des Beauftragten (unter Vorlage der Vollmacht)[121],

---

121 §§ 129 Satz 1 FGG und 15 GBO finden insoweit keine Anwendung, so daß auch der Notar eine entsprechende Vollmacht vorlegen bzw. in die Urkunde über das Stiftungsgeschäft aufnehmen sollte.

- bei der Errichtung einer Stiftung durch eine **juristische Person** eine Niederschrift des entsprechenden Beschlusses,
- **Wertnachweise** des zugesagten Grundstockvermögens etwa in Form von Sachverständigengutachten (insbesondere bei Grundstücken, Unternehmensbeteiligungen),
- bei der **Einbringung von Grundbesitz**
  - aktuelle Grundbuchauszüge und Angabe der Verkehrs- und Einheitswerte,
  - Ertragsnachweise (etwa durch Vorlage entsprechender Miet- und Pachtverträge),
  - soweit der Grundbesitz mit Grundpfandrechten belastet ist, Nachweise über die aktuellen Darlehensvalutierungen,
  - Übersicht über die erfolgten bzw. noch durchzuführenden Unterhaltungs- und Instandsetzungsmaßnahmen und die entsprechenden Kosten,
- bei der Einbringung von **Unternehmensbeteiligungen** aktuelle Handelsregisterauszüge, Gesellschaftsverträge und Jahresabschlüsse,
- bei der Einbringung von **Barvermögen, Wertpapieren, etc.** aktuelle Konto- und Depotauszüge,
- eine schriftliche **Einverständniserklärung aller als Organmitglieder vorgesehenen Personen**, daß sie im Falle ihrer Bestellung das Amt annehmen werden,
- eine **Einverständniserklärung der Körperschaft**, der im Falle der Auflösung der Stiftung deren Vermögen zufallen soll, daß sie zur Übernahme des Vermögens bereit ist.

c) Rechtsfolge der Genehmigung

Mit Erteilung der Genehmigung entsteht die Stiftung. **Mängel des Stiftungsgeschäfts** werden durch die Genehmigung nicht geheilt, da sich die Genehmigung auf die Stiftung und nicht auf das Stiftungsgeschäft bezieht[122]. Die Stiftungsgenehmigung ist **bedingungsfeindlich** (vgl. § 36 Abs. 1 VwVfG)[123].

90

---

122 BGH, Urt. v. 9. 2. 1978, III ZR 59/76, BGHZ 70, 313 (321) = NJW 1978, 943 = FamRZ 1978, 400 = DB 1978, 979; BVerwG, Urt. v. 26. 4. 1968, VII C 103/66, BVerwGE 29, 314 (316) = NJW 1969, 339 (340) = BayVBl. 1968, 401; a.A. insbesondere *Reuter*, in: Münchener Kommentar, § 80 BGB Rz. 2.
123 So ausdrücklich § 7 Abs. 1 Satz 2 MecklVorPStiftG, § 6 Abs. 1 Satz 1 RhPfStiftG, § 15 Abs. 2 SachStiftG, § 15 Abs. 2 Sachs-AnhStiftG, § 15 Abs. 2 ThürStiftG.

Die Stiftungsgenehmigung wird mit ihrer **Bekanntgabe** an die Stiftung und/oder den Antragsteller wirksam (vgl. §§ 41 ff. VwVfG). Im Stiftungsgeschäft kann die Zustellung der Stiftungsgenehmigung an Dritte, etwa den beurkundenden Notar beantragt werden.

Hat eine Stiftung die Rechtsfähigkeit erlangt, wird dies in den meisten Bundesländern in einem Amtsblatt oder Staatsanzeiger veröffentlicht[124]. Die **Veröffentlichung** hat keine konstitutive Wirkung. Sie dient vielmehr der Publizität und im Einzelfall auch als Beweismittel für die Entstehung einer rechtsfähigen Stiftung.

Mit der Genehmigung erhält die Stiftung kraft Gesetzes einen **Rechtsanspruch** auf Übertragung der im Stiftungsgeschäft zugesicherten Vermögenswerte gegen den Stifter (§ 82 Satz 1 BGB). Der Stifter selbst hat keinen Zugriff mehr auf das gestiftete Vermögen und keinen Anspruch auf dessen Erträge.

Nach Genehmigung der Stiftung sollte der Stiftungsvorstand bei der Stiftungsaufsichtsbehörde unmittelbar die Ausstellung einer entsprechenden **Vertretungsbescheinigung**[125] beantragen. Diese benötigt der Stiftungsvorstand für die weiteren Maßnahmen, wie etwa

– die Übernahme bzw. Annahme des im Stiftungsgeschäft der Stiftung zugewandten Vermögens (zum Beispiel die Annahme der Übertragung von GmbH-Geschäftsanteilen, die Auflassung bei Grundstücken),

– die Beantragung eines Erbscheins im Falle einer von Todes wegen errichteten Stiftungen,

– die Eröffnung eines Bankkontos bzw. Wertpapierdepots, auf das das zugewandte Vermögen zu übertragen ist,

– die Beantragung eines vorläufigen Körperschaftsteuer- und Gewerbesteuer-Freistellungsbescheids beim zuständigen Finanzamt.

Hinweise auf Formulierungsvorschläge für den Antrag auf Genehmigung einer Stiftung: *Benthin*, in: Wurm/Wagner/Zartmann (Hrsg.), Das Rechtsformularbuch, 14. Aufl., Köln 1998, Kapitel 7 Muster 7d, 7e und 7f (S. 69 ff.); *Binz/Sorg*, Die Stiftung, 3. Aufl., Heidelberg 1997, S. 23 f.; *Hof*, in: Heidenhain/Meister (Hrsg.), Münchener Vertragshandbuch, Band 1, Gesellschaftsrecht, 4. Aufl., München 1996, Ziff. VII 4, S. 1034; *Hof*, in: Seifart/Frhr. von Campenhausen (Hrsg.), Handbuch des Stiftungsrechts, 2. Aufl., München 1999, § 10 Rz. 144 ff., S. 268.

---

124 § 16 BadWürttStiftG, Art. 7 BayStG (zu Art. 7 und 7a BayStG-E s. Teil K Rz. 12), § 2 Abs. 2 BerlStiftG, § 6 Abs. 5 BrbgStiftG, § 17 HessStiftG, § 21 MecklVorPStiftG, § 17 NdsStiftG, §§ 8 Abs. 2, 9 Abs. 1, 12, 20 Abs. 4, 21 Abs. 2, 24 Abs. 1 und 2 RhPfStiftG, § 17 SaarlStiftG, § 15 Abs. 1 SchlHolStiftG, § 20 Abs. 4 SachStiftG, § 20 Abs. 4 Sachs-AnhStiftG, § 20 Abs. 4 ThürStiftG.
125 S. dazu Teil H Rz. 6.

Genehmigung   Rz. 91 B

3. Verwaltungskosten des Genehmigungsverfahrens

Für die Genehmigung einer Stiftung werden in allen Bundesländern Verwaltungskosten nach den jeweiligen **Landeskostengesetzen** erhoben[126]. Meist ist ein **Gebührenrahmen** vorgesehen. Die Höhe der tatsächlichen Kosten orientiert sich an der Höhe der Stiftungsvermögens und dem Verwaltungsaufwand im Einzelfall. 91

Für **steuerbegünstigte Stiftungen** bestehen in einigen Ländern Gebührenbefreiungen.

Die unterschiedliche Höhe der Gebühren kann auch bei der Frage, in welchem Bundesland die Sitzung ihren Sitz haben soll, zu berücksichtigen sein (Gründungskosten).

Neben den Gebühren der Genehmigung fallen oftmals noch **zusätzliche Kosten für die Veröffentlichung** der Stiftungserrichtung in einem Amtsblatt bzw. Staatsanzeiger an. Auch Auslagen werden in der Regel getrennt erhoben.

Verwaltungskosten für die Genehmigung einer Stiftung		
Sitz der Stiftung	Steuerbegünstigte Stiftungen	Sonstige Stiftungen (z.B. Familienstiftungen)
Bayern	gebührenbefrei	1–50 000 DM[127]
Baden-Württemberg	gebührenbefrei	100– 5 000 DM
Berlin	gebührenbefrei	198– 6 655 DM
Brandenburg	gebührenbefrei[128]	50–10 000 DM
Bremen	gebührenbefrei	200– 2 000 DM
Hamburg	500–2 000 DM	1 000– 3 000 DM
Hessen	300–6 000 DM	300– 6 000 DM
Mecklenburg-Vorpommern	gebührenbefrei	110– 5 500 DM

---

126 In den Landesstiftungsgesetzen finden sich nur vereinzelt kostenrechtliche Bestimmungen (§ 38 BadWürttStiftG, Art. 43 BayStG, § 20 BremStiftG, § 26 HessStiftG).

127 In Bayern werden für die Genehmigung einer öffentlichen Stiftung (Art. 1 Abs. 3 Satz 1 BayStG) keine Kosten erhoben. Bei privaten Stiftungen sind dagegen alle Amtshandlungen kostenpflichtig. Das Kostenverzeichnis enthält hierfür allerdings keine Gebührensätze (s. Ziff. 3. II.1/ des Bayerischen Kostenverzeichnisses v. 18. 7. 1995 (zur Zeit unbesetzt), GVBl. S. 454, ber. S. 816). In der Praxis findet die allgemeine Rahmengebühr (Art. 6 Abs. 1 Satz 3 KG) Anwendung. Bei der Neuerrichtung einer Stiftung wird grundsätzlich von ca. 2–5 v.T. des Werts des (ggf. zu schätzenden) Grundstockvermögens ausgegangen.

128 Die Gebührenbefreiung erfolgt allerdings nur auf der Grundlage eines Antrags nach dem Runderlaß des Ministers des Inneren über Gebührenermäßigung und -befreiungen zugunsten der als gemeinnützig anerkannten juristischen Personen des Privatrechts (I.7/02-01-1/94) v. 30. 4. 1994 (Amtsblatt für Brandenburg, Nr. 33 v. 20. 5. 1994, S. 514).

Sitz der Stiftung	Steuerbegünstigte Stiftungen	Sonstige Stiftungen (z.B. Familienstiftungen)
Niedersachsen	400–2 000 DM	400– 2 000 DM
Nordrhein-Westfalen	gebührenbefreit	50–10 000 DM
Rheinland-Pfalz	200–1 000 DM	200– 1 000 DM
Saarland	100–2 000 DM	100– 2 000 DM
Sachsen	200–1 000 DM	200– 1 000 DM
Sachsen-Anhalt	150–5 000 DM	150– 5 000 DM
Schleswig-Holstein	gebührenbefreit	110– 5 500 DM
Thüringen	50–2 000 DM	50– 2 000 DM

V. Stiftungsaufsicht

1. Aufgaben und Befugnisse

92 Der Staat übernimmt mit der Stiftungsaufsicht eine **Mitverantwortung** dafür, daß der Wille des Stifters dauerhaft verwirklicht wird. Die Beteiligung des Staates beruht auf dem Umstand, daß die Stiftung nicht durch Gesellschafter oder Mitglieder kontrolliert wird. Die Wahrnehmung der Stiftungsaufsicht dient dem **Interesse der Allgemeinheit** daran, daß die Stiftungsorgane ihre Handlungsfreiheit nicht entgegen dem in der Stiftungssatzung niedergelegten Willen des Stifters ausnützen. Indem die Stiftungsaufsicht die Stiftung bei der Erfüllung ihrer Ziele schützt, dient sie zugleich dem **Interesse der Stiftung** selbst[129]. Die staatliche Stiftungsaufsicht dient dagegen nicht dem Interesse einzelner (ähnlich wie die Kommunalaufsicht nicht den Interessen einzelner Bürger dient). Weder die Stiftungsorgane noch die Begünstigten haben daher einen Anspruch auf Einschreiten der Stiftungsaufsicht[130].

---

[129] Ein Beispiel dafür findet sich bei Teil B Rz. 78 (Durchsetzung von Schadensersatzansprüchen der Stiftung gegen Organmitglieder).
[130] S. dazu BGH, Urt. v. 22. 1. 1987, III ZR 26/85, BGHZ 99, 344 = NJW 1987, 2364 = ZIP 1987, 1046 mit Anm. *Karsten Schmidt*, EWiR § 85 BGB, 1/87, 747 = MDR 1987, 740 = DB 1987, 1528 (kein Anspruch der Stiftungsdestinatäre auf aufsichtsbehördliches Einschreiten, wenn sie durch Maßnahmen der Stiftungsorgane in ihren Rechten verletzt werden); BVerwG, Beschl. v. 10. 5. 1985, 7 B 211/84, NJW 1985, 2964, Bestätigung von OVG Lüneburg, Urt. v. 18. 9. 1984, 10 A 102/82, NJW 1985, 1572 (regelmäßig kein Anspruch von Begünstigten auf ein Einschreiten der Stiftungsaufsicht); VGH Mannheim, Beschl. v. 17. 9. 1984, 10 S 1697/84, NJW 1985, 1573 (die behördliche Genehmigung einer vom Stifter beschlossenen Änderung der Satzung richtet sich allein an die Stiftung und ihre Organe).

Aufgabe der Stiftungsaufsicht ist es vor allem, darauf zu achten, daß
- der **Stiftungszweck verwirklicht** wird,
- das **Stiftungsvermögen** ungeschmälert erhalten bleibt,
- die **Erträge** dem satzungsgemäßen Stiftungszweck zugeführt werden, und
- die **Bestimmungen der Stiftungssatzung** eingehalten werden.

Die Stiftungsaufsicht ist Ausfluß der **staatlichen Obhutspflicht**. Die Stiftungsaufsichtsbehörden sollen die Stiftungen daher vor allem bei der Erfüllung ihrer Aufgaben beraten, fördern und schützen sowie die Entschlußkraft und Selbstverantwortung der Stiftungsorgane stärken[131].

Die Stiftungsaufsicht richtet sich nach Landesrecht[132]. Sie ist **reine Rechtsaufsicht**[133], nicht auch Fachaufsicht[134]. Gleichwohl ist die Intensität der Stiftungsaufsicht in den einzelnen Bundesländern stark unterschiedlich ausgeprägt.

Die **Befugnisse** der Stiftungsaufsicht umfassen insbesondere:

- Informations- und Prüfungsrechte[135],
- Beanstandungs- und Anordnungsrechte sowie das Recht zur Ersatzvornahme[136],

---

131 Dies wird vor allem in den Stiftungsgesetzen von Bayern, Bremen, Hessen, Niedersachsen und des Saarlandes (Art. 19 BayStG, § 11 BremStiftG, § 10 Abs. 1 HessStiftG, § 10 Abs. 1 NdsStiftG, § 10 Abs. 2 SaarlStiftG) betont.
132 S. im einzelnen §§ 8–13 BadWürttStiftG, Art. 18–28 BayStG, §§ 7–9 BerlStiftG, §§ 18–27 BrbgStiftG, §§ 11–15 BremStiftG, §§ 8–19 HambAGBG, §§ 10–17 HessStiftG, §§ 14–21 MecklVorPStiftG, §§ 10–17 NdsStiftG, §§ 17–27 NRWStiftG, §§ 26–38 RhPfStiftG, §§ 10–18 SaarlStiftG, §§ 8–16 SchlHolStiftG, §§ 18–20 SachStiftG, §§ 18–20 Sachs-AnhStiftG, §§ 18–20 ThürStiftG.
133 Dies gilt auch dann, wenn das Landesstiftungsrecht die Aufsicht nicht ausdrücklich auf eine Rechtsaufsicht beschränkt (so z.B. § 8 Abs. 1 HambAGBG).
134 Grundlegend BVerwG, Urt. v. 22. 9. 1972, VII C 27.71, BVerwGE 40, 347 = BayVBl. 1973, 132 = DVBl. 1973, 795 mit Anm. *Seifart* = JZ 1973, 695 mit Anm. *Scheyhing* = DÖV 1973, 272 mit Anm. *Leisner.*
135 § 9 BadWürttStiftG, Art. 20 Abs. 3 BayStG, § 9 Abs. 1 und 2 BerlStiftG, § 21 BrbgStiftG, § 12 BremStiftG, §§ 12, 13 und 14 Abs. 1 HambAGBG, § 12 HessStiftG, § 15 MecklVorPStiftG, § 11 NdsStiftG, § 20 NRWStiftG, § 32 RhPfStiftG, § 11 SaarlStiftG, §§ 8 und 10 SchlHolStiftG, § 19 Abs. 1 SachStiftG, § 19 Abs. 1 Sachs-AnhStiftG, § 19 Abs. 1 ThürStiftG.
136 §§ 10 und 11 BadWürttStiftG, Art. 20 Abs. 4 und 5 und 21 Abs. 2 BayStG, § 9 Abs. 3 und 4 BerlStiftG, § 22 Abs. 1 und 2 BrbgStiftG, § 13 Abs. 1, 2 und 4 BremStiftG, § 15 HambAGBG, §§ 13 und 14 HessStiftG, §§ 16 und 17 MecklVorPStiftG, §§ 12 und 13 NdsStiftG, § 22 Abs. 1 und 2 NRWStiftG, §§ 33, 35 und 36 RhPfStiftG, §§ 12 und 13 SaarlStiftG, §§ 11 und 12 SchlHolStiftG, § 19 Abs. 2 SachStiftG, § 19 Abs. 2 Sachs-AnhStiftG, § 19 Abs. 2 ThürStiftG.

- Genehmigungs-[137] und Anzeigevorbehalte[138] für bestimmte Rechtsgeschäfte,
- Abberufung und Bestellung von Organmitgliedern[139],
- Bestellung von Sachwaltern[140] oder Beauftragten[141],
- Geltendmachung von Ansprüchen der Stiftung gegenüber ihren Organen[142],
- Prüfung der Jahresrechnung[143].

Vertreter der Stiftungsaufsicht sind nicht berechtigt, an den **Sitzungen der Stiftungsorgane** teilzunehmen.

In einigen Bundesländern sind private Stiftungen mangels öffentlichem Interesse an der Erfüllung ihrer Zwecke ganz oder teilweise **von der Stiftungsaufsicht befreit**[144].

Die **Zuständigkeit** der Aufsichtsbehörden richtet sich nach den jeweiligen Landesstiftungsgesetzen[145].

---

137 Art. 27 BayStG, § 21 NRWStiftG, § 18 RhPfStiftG.
138 § 13 BadWürttStiftG, § 20 MecklVorPStiftG, § 9 SchlHolStiftG.
139 § 12 BadWürttStiftG, Art. 21 Abs. 1 und 2 BayStG, §§ 4 und 9 Abs. 5 BerlStiftG, § 22 Abs. 3 BrbgStiftG, §§ 13 Abs. 3 und 14 BremStiftG, §§ 16 und 18 HambAGBG, § 15 HessStiftG, § 18 MecklVorPStiftG, §§ 14 und 15 NdsStiftG, §§ 22 Abs. 3 und 24 NRWStiftG, §§ 14 und 15 SaarlStiftG, § 13 SchlHolStiftG, § 19 Abs. 3 und 4 SachStiftG, § 19 Abs. 3 und 4 Sachs-AnhStiftG, § 19 Abs. 3 und 4 ThürStiftG. – Zur Untersagung, die Rechte als Mitglied eines Stiftungsorgans wahrzunehmen s. OVG Münster, Urt. v. 14. 11. 1994, 25 A 1134/92, NVwZ-RR 1995, 628.
140 Zu den Befugnissen eines von der Stiftungsaufsicht eingesetzten Sachwalters s. OLG Hamm, Urt. v. 4. 10. 1993, 8 U 124/93, NJW-RR 1995, 120. Zur Anfechtung der stiftungsaufsichtlichen Aufhebung einer Stiftung durch den Vorstand der Stiftung, dessen Aufgaben von einem bestandskräftig bestellten Sachwalter wahrgenommen werden s. OVG Münster, Beschl. v. 27. 11. 1995, 25 B 4196/92, NVwZ-RR 1996, 426.
141 Art. 22 BayStG, § 23 BrbgStiftG, § 16 HessStiftG, § 19 MecklVorPStiftG, § 23 NRWStiftG, § 37 RhPfStiftG, § 16 SaarlStiftG, § 14 SchlHolStiftG.
142 § 11 Abs. 3 BadWürttStiftG, Art. 23 BayStG, § 25 BrbgStiftG, § 16 NdsStiftG, § 25 NRWStiftG, § 38 RhPfStiftG.
143 S. dazu Teil B Rz. 178 ff.
144 § 13 Abs. 2 BadWürttStiftG, Art. 18 Abs. 1 Satz 1 HS 1 BayStG, §§ 10 Abs. 4, 12 Satz 4 Nr. 2 und 3 BerlStiftG, §§ 13 und 18 Abs. 2 BrbgStiftG, § 17 Satz 2 BremStiftG, § 14 Abs. 2 HambAGBG (eine abweichende Bestimmung des Stifters ist aber möglich), § 21 Abs. 2 HessStiftG, §§ 14 Abs. 2 und 27 Abs. 2 MecklVorPStiftG, § 10 Abs. 2 NdsStiftG und Ziff. 3.5.1. und 3.5.2. der Richtlinien zur Ausführung des Niedersächsischen Stiftungsgesetzes, § 27 RhPfStiftG, § 19 SchlHolStiftG.
145 S. dazu Teil B Rz. 88.

Die Stiftungsaufsicht erfolgt im öffentlichen Interesse, so daß eine **abweichende Regelung in der Stiftungssatzung** unzulässig ist[146].

Gegen Maßnahmen der Stiftungsaufsicht ist der **Verwaltungsrechtsweg** eröffnet (§§ 40 ff. VwGO). Es handelt sich nicht um Justizverwaltungsakte (§ 23 EGGVG)[147].

Ein schuldhaftes Fehlverhalten der in der Stiftungsaufsicht tätigen Beamten kann **Haftungsansprüche der Stiftung** begründen (§ 839 BGB, Art. 34 GG). Dabei muß sich die Stiftung allerdings ein Verschulden der Stiftungsorgane auf ihren Schadensersatzanspruch anrechnen lassen (§§ 254 Abs. 2, 86 Satz 2, 31 BGB)[148].

Steuerbegünstigte Stiftungen unterliegen neben der staatlichen Stiftungsaufsicht der regelmäßigen Kontrolle der **Finanzverwaltung** (§§ 59 und 60 AO).

2. Änderung der Stiftungssatzung

Die Änderung einer Stiftungssatzung ist grundsätzlich möglich[149]. Anders als beispielsweise im Vereinsrecht steht die Änderung der Satzung aber nicht im Belieben der Stiftungsorgane. Diese sind vielmehr an den **tatsächlichen bzw. mutmaßlichen Stifterwillen** gebunden. 94

Änderungen der Stiftungssatzung sind (auch zu Lebzeiten des Stifters) in der Regel nur möglich, wenn dies **in der Satzung ausdrücklich vorgesehen** ist und sich die vom Stifter zugrunde gelegten Verhältnisse wesentlich geändert haben[150].

---

146 S. dazu Ziff. 1.4. der Richtlinien zur Ausführung des Niedersächsischen Stiftungsgesetzes, RdErl. d. MI v. 16. 7. 1986 (Az. 52.1 - 120856-2), Nds. MBl. 1996, 800, geändert durch RdErl. d. MI v. 4. 10. 1989 (Az. 52.1 - 120856-2), Nds. MBl. 1989, 1201.
147 Dazu KG, Beschl. v. 9. 1. 1981, 1 VA 2/80, NJW 1981, 1220 (LS).
148 Grundlegend BGH, Urt. v. 3. 3. 1977, III ZR 10/74, BGHZ 68, 142 = NJW 1977, 1148; BayObLG, Urt. v. 9. 10. 1990, BReg. 2 Z 438/89, BayObLGZ 1990, 264 (zur Verletzung der Amtspflichten bei der Überprüfung der von der Stiftung jährlich aufzustellenden Haushaltsvoranschläge); a.A. insbesondere *Reuter*, in: Münchener Kommentar, § 80 BGB Rz. 36, und *Rawert*, in: Staudinger, 13. Bearb., Berlin 1995, Vor §§ 80 ff. BGB Rz. 67.
149 Zu den Voraussetzungen im einzelnen s. § 14 Abs. 2 BadWürttStiftG, Art. 8 Abs. 3 BayStG, § 2 Abs. 1 AVBayStG, § 5 BerlStiftG, § 14 Abs. 1 BrbgStiftG, § 8 BremStiftG, § 10 HambAGBG, § 11 MecklVorPStiftG, § 7 NdsStiftG, § 12 Abs. 1 NRWStiftG, §§ 21, 22 RhPfStiftG, § 7 SaarlStiftG, § 5 SchlHolStiftG, § 21 SachStiftG, § 21 Sachs-AnhStiftG, § 21 ThürStiftG.
150 BGH, Urt. v. 26. 4. 1976, III ZR 21/74, WM 1976, 869 = MDR 1976, 1001 = JZ 1976, 714 = DB 1976, 1664 = BGH LM Nr. 2 zu § 86 BGB (Satzungsänderungen sind nur zulässig, wenn dafür ein rechtfertigender Grund besteht [vor allem,

Der Stifter sollte durch entsprechende Satzungsbestimmungen die Möglichkeit schaffen, daß sich die Stiftung an **veränderte Bedingungen** anpassen kann und die Voraussetzungen sowie das Verfahren einer Satzungsänderung festlegen. Um die fortdauernde Wirkung des Stifterwillens in besonderem Maße zum Ausdruck zu bringen, kann sich der Stifter im Hinblick auf Änderungen der Stiftungssatzung ein Vetorecht vorbehalten. Für besonders wichtige Änderungen der Stiftungssatzung, wie etwa die Änderung des Stiftungszwecks sollte die Satzung Einstimmigkeit oder zumindest qualifizierte Mehrheitserfordernisse vorsehen. Sofern die Stiftung neben dem Stiftungsvorstand noch über weitere Organe verfügt, kann die Satzungsänderung zusätzlich auch von deren Zustimmung abhängig gemacht werden[151].

95 Satzungsänderungen bedürfen in jedem Fall der **Zustimmung der Stiftungsaufsichtsbehörde**[152]. Bei der Genehmigung einer Satzungsänderung berücksichtigt die Stiftungsaufsichtsbehörde insbesondere, ob die Änderung mit dem erklärten oder mutmaßlichen Willen des Stifters in Einklang steht[153].

Die Stiftung hat bei der Aufsichtsbehörde die Änderung bzw. Neufassung der Satzung unter ausführlicher Darlegung der für die Satzungsänderung maßgebenden Gründe zu beantragen. Dem **Antrag** sollten der Beschluß des für die Satzungsänderung zuständigen Stiftungsorgans und – bei steuerbe-

---

wenn sie wegen wesentlicher Veränderung der Verhältnisse angezeigt sind] und wenn sie mit dem erklärten oder mutmaßlichen Willen des Stifters in Einklang stehen); s. ferner KG, Beschl. v. 13. 5. 1968, 1 VA 2/67, WM 1968, 856 (zur Rechtswidrigkeit der staatlichen Genehmigung einer Satzungsänderung, weil die Änderung des Stiftungszwecks nicht durch eine wesentlichen Veränderung der Verhältnisse gerechtfertigt gewesen ist).

151 Zu der ausnahmsweise notwendigen Mitwirkung von Destinatären an einer Satzungsänderung s. OLG Hamburg, Urt. v. 31. 8. 1994, 13 U 33/93, ZIP 1994, 1950 mit Anm. *Rawert* = FamRZ 1995, 895 (LS) mit Anm. *Mankowski*, S. 851.

152 S. dazu BGH, Urt. v. 26. 4. 1976, III ZR 21/74, WM 1976, 869 = MDR 1976, 1001 = JZ 1976, 714 = DB 1976, 1664 = BGH LM Nr. 2 zu § 86 BGB und BGH, Urt. v. 22. 1. 1987, III ZR 26/85, BGHZ 99, 344 = NJW 1987, 2364 = ZIP 1987, 1046 mit Anm. *Karsten Schmidt*, EWiR § 85 BGB, 1/87, 747 = MDR 1987, 740 = DB 1987, 1528 (das Erfordernis der Genehmigung ist Ausfluß der staatlichen Obhutspflicht gegenüber der Stiftung).

153 S. dazu BVerwG, Beschl. v. 29. 11. 1990, 7 B 155/90, NJW 1991, 713 = BB 1990, 1867 = NVwZ 1991, 372 (LS) (keine Genehmigung einer Satzungsänderung, die auf die Aufgabe des bisherigen Stiftungszwecks und dessen Ersetzung durch einen neuen Zweck gerichtet ist); s. ferner OLG Hamburg, Urt. v. 31. 8. 1994, 13 U 33/93, ZIP 1994, 1950 mit Anm. *Rawert* = FamRZ 1995, 895 (LS) mit Anm. *Mankowski*, S. 851 (durch eine Satzungsänderung darf der Wille des Stifters nur zeitgemäß modifiziert, aber keinesfalls in seiner Tendenz verändert werden).

günstigten Stiftungen – die Äußerung des zuständigen Finanzamts beigefügt werden (vgl. § 2 Abs. 1 Satz 2 AVBayStG).

Die Satzungsänderung ist ferner innerhalb eines Monats dem zuständigen Finanzamt **anzuzeigen** (§ 137 AO). 96

Unabhängig von der Änderung der Stiftungssatzung durch einen Beschluß der zuständigen Stiftungsorgane kann die Stiftungsaufsichtsbehörde den Zweck der Stiftung ändern, wenn die Erfüllung des Stiftungszwecks **unmöglich geworden** ist oder das **Gemeinwohl gefährdet** (§ 87 BGB)[154].

3. Genehmigungs- oder Anzeigepflicht einzelner Geschäfte der Stiftung

a) Genehmigungs- oder Anzeigevorbehalt

In einigen Bundesländern bedürfen Rechtsgeschäfte und sonstige Handlungen, die für die Stiftung von besonderer Bedeutung sind, zu ihrer Wirksamkeit einer Genehmigung[155] der bzw. Anzeige[156] an die Stiftungsaufsichtsbe- 97

---

154 S. dazu § 14 Abs. 1 BadWürttStiftG, Art. 15 BayStG, § 9 BremStiftG, § 9 Abs. 1 HessStiftG, § 12 MecklVorPStiftG, § 8 NdsStiftG, § 13 NRWStiftG, § 23 Abs. 1 RhPfStiftG, § 8 SaarlStiftG, § 6 SchlHolStiftG.
155 Art. 27 BayStG, § 21 NRWStiftG. Im Rahmen der Reform des Bayerischen Stiftungsgesetzes (s. dazu Teil K Rz. 12) ist ein Abbau der bestehenden Genehmigungsvorbehalte bzw. eine Umwandlung in bloße Anzeigepflichten vorgesehen (Art. 27 BayStG-E). Nach dem vorgelegten Entwurf daher lediglich anzeigepflichtig (Art. 27 Abs. 2 Satz 1 BayStG-E): „1. die Aufnahme eines Darlehens, sofern es nicht zur Schuldentilgung dient oder das Darlehen zur Bestreitung fälliger Ausgaben erforderlich ist und innerhalb des gleichen Geschäftsjahres aus laufenden Einnahmen wieder getilgt werden kann, 2. Rechtsgeschäfte, die mit einem Gesamtkostenaufwand von mehr als 20%, mindestens aber 100 000 Euro, oder bei jährlich wiederkehrenden Leistungen von mehr als zehn v.H., mindestens aber 70 000 Euro, der ordentlichen Eigeneinnahmen der Stiftung verbunden sind, die in der nach Art. 25 zuletzt verabschiedeten oder überprüften Jahresrechnung ausgewiesen sind; das gilt nicht für Vermögensumschichtungen im Rahmen einer ordnungsgemäßen Vermögensverwaltung, 3. Rechtsgeschäfte, an denen ein Mitglied eines Stiftungsorgans oder eine im Dienst der Stiftung stehende Person beteiligt ist; das gilt nicht, soweit eine Befreiung nach Art. 22 Abs. 2 vorgesehen ist." Weiterhin einer Genehmigung bedürfen nach dem Entwurf (Art. 27 Abs. 1 Satz 1 BayStG-E): „1. die Annahme von Zustiftungen, die mit einer Last verknüpft sind, welche nachhaltig den Wert der Zustiftung übersteigt, oder die einem erweiterten oder anderen Zweck als die Hauptstiftung dienen, 2. die Veräußerung oder wesentliche Veränderung von Sachen, die einen besonderen wissenschaftlichen, geschichtlichen oder künstlerischen Wert haben, 3. der Abschluß von Bürgschaftsverträgen und verwandten Rechtsgeschäften, die ein Einstehen für fremde Schuld zum Gegenstand haben."
156 § 13 BadWürttStiftG, § 20 MecklVorPStiftG, § 9 SchlHolStiftG.

hörde. Damit soll eine **Gefährdung des Stiftungsvermögens** durch Rechtsgeschäfte, die aufgrund ihrer Art oder ihres Umfangs potentiell gefährlich sind, verhindert werden. Keine derartigen Genehmigungs- bzw. Anzeigepflichten bestehen in Berlin, Brandenburg, Bremen, Hamburg, Hessen, Niedersachsen, Rheinland-Pfalz und im Saarland.

Die **Grundrechtsfähigkeit** der Stiftung[157] steht dem Genehmigungs- bzw. Anzeigevorbehalt nicht entgegen. Grundlage für die Entscheidung der Stiftungsaufsichtsbehörde darf aber ausschließlich die Erfüllung des Stiftungszwecks sein. Öffentliche Interessen sind nur insoweit zu berücksichtigen, als sie in der Stiftungssatzung selbst begründet sind oder sich doch zumindest unmittelbar oder mittelbar aus dem Stiftungszweck ergeben[158].

Nach dem Bayerischen Stiftungsgesetz ist nicht nur das entsprechende **Verfügungsgeschäft**, sondern auch das zugrundeliegende **Verpflichtungsgeschäft** genehmigungsbedürftig (Art. 27 Abs. 2 BayStG). Die Genehmigung zu einem Verpflichtungsvertrag enthält nicht auch die Genehmigung zu den genehmigungspflichtigen Verfügungsgeschäften. Sofern die Genehmigung zu dem Verpflichtungsgeschäft erteilt worden ist, wird (ähnlich wie bei § 1821 Abs. 1 Nr. 4 BGB) auch die Verfügung genehmigt werden können, sofern nicht ausnahmsweise Umstände vorliegen, die einen Widerruf der Genehmigung rechtfertigen würden (siehe Art. 49 Abs. 2 BayVwVfG).

Die Genehmigung (oder Versagung) ist ein (regelmäßig kostenfreier) **Verwaltungsakt** gegenüber der Stiftung. Die Genehmigung wirkt auf den Zeitpunkt der Vornahme des Rechtsgeschäfts zurück (§§ 182 ff. BGB gelten insoweit entsprechend). Die Genehmigung heilt nicht Rechtsmängel, mit denen das Rechtsgeschäft behaftet ist.

In manchen Bundesländern ist an den **Ablauf einer bestimmten Frist** seit Antragstellung die Fiktion einer Zustimmung geknüpft[159].

---

[157] Zur Frage, ob und unter welchen Voraussetzungen sich eine rechtsfähige Stiftung bürgerlichen Rechts auf das Grundrecht der Wissenschaftsfreiheit berufen kann s. OLG München, Urt. v. 15. 5. 1996, 21 U 2607/96, NJW-RR 1997, 724.
[158] Grundlegend BVerwG, Urt. v. 22. 9. 1972, VII C 27.71, BVerwGE 40, 370 = BayVBl. 1973, 132 = DVBl. 1973, 795 mit Anm. *Seifart* = JZ 1973, 695 mit Anm. *Scheyhing* = DÖV 1973, 272 mit Anm. *Leisner*.
[159] § 13 Abs. 1 Satz 2 BadWürttStiftG (zwei Wochen), § 20 Satz 2 MecklVorPStiftG (vier Wochen), § 21 Abs. 3 Satz 3 NRWStiftG (einem Monat, sofern die Frist nicht um einen weiteren Monat verlängert worden ist. S. dazu die geplante Neufassung von Art. 27 Abs. 2 Satz 2 BayStG-E (Teil K Rz. 12).

b) Genehmigungs- und anzeigepflichtige Rechtsgeschäfte
aa) Veräußerung und Belastung von Grundstücken

Die Veräußerung oder Belastung von Grundstücken oder grundstücksgleichen Rechten durch Stiftungen in Baden-Württemberg, Bayern[160] oder Nordrhein-Westfalen bedarf der **Genehmigung bzw. Anzeige**[161].

Rechte, die im Zusammenhang mit dem Erwerb eines Grundstücks bestellt werden (zum Beispiel Finanzierungsgrundpfandrechte, Nießbrauchsrechte) stellen keine genehmigungs- bzw. anzeigepflichtige Belastung dar. Nach dem Normzweck wird nur das bereits vorhandene Stiftungsvermögen geschützt, so daß für solche Belastungen eine Genehmigung bzw. Anzeige nicht erforderlich ist[162].

Die Zustimmung einer Stiftung zur Belastung eines von ihr bestellten **Erbbaurechts** durch den Erbbauberechtigten und die damit verbundene **Rangrücktrittserklärung** sind nicht genehmigungs- bzw. anzeigebedürftig, da darin keine Belastung des Erbbaurechts durch die Stiftung liegt[163].

Im Interesse der Verwaltungsökonomie sieht das **Bayerische Stiftungsgesetz** für die Genehmigungsbedürftigkeit von grundstücksbezogenen Rechtsgeschäften von Stiftungen eine **Wertuntergrenze** vor. Die Veräußerung oder Belastung von Grundstücken oder grundstücksgleichen Rechten bedarf nur dann der Genehmigung, sofern ihr Wert mehr als 10% des Reinvermögens der Stiftung (mindestens 30 000 DM) beträgt (Art. 27 Abs. 1 Nr. 3 und Abs. 2 BayStG). Bei der Bestimmung des Werts des Stiftungsvermögens kommt es auf das in der letzten geprüften Jahresrechnung festgestellte Vermögen an (Art. 25 BayStG). Vermögen meint im Hinblick auf den Schutzzweck der Norm das nach Abzug der Verbindlichkeiten verbleibende Reinvermögen. Die Wertgrenze bezieht sich auf das einzelne Rechtsgeschäft und nicht auf die innerhalb eines bestimmten

---

160 Nach der geplanten Änderung des Bayerischen Stiftungsgesetzes (s. dazu Teil K Rz. 12) sind Rechtsgeschäfte über Grundstücke grundsätzlich weder genehmigungs- noch anzeigepflichtig. Eine Mitwirkung der Stiftungsaufsichtsbehörde bei Grundstücksgeschäften erscheint entbehrlich, da die Stiftung durch den Notar umfassend beraten wird (§ 313 BGB und § 17 BeurkG). Gleichwohl wird aufgrund der wirtschaftlichen Bedeutung von Grundstücksgeschäften auch künftig regelmäßig eine Anzeige (Art. 27 Abs. 2 Satz 1 Nr. 2 BayStG-E) erforderlich sein.
161 §§ 13 Abs. 1 Satz 1 Nr. 1, 8 Abs. 2 Satz 2 BadWürttStiftG, Art. 27 Abs. 1 Nr. 3 BayStG, § 21 Abs. 1 Nr. 3 NRWStiftG.
162 In diesem Sinne auch das Gutachten des DNotI-Gutachten Nr. 1338 v. 1. 2. 1999 unter Hinweis auf die teleologische Reduktion von § 1821 Abs. 1 Nr. 1 BGB.
163 Vgl. LG Frankfurt/Main, Beschl. v. 7. 11. 1973, 2/9 T 1010/73, Rpfleger 1974, 109 (zu § 1821 Abs. 1 Nr. 1 BGB).

Zeitraums vorgenommenen Rechtsgeschäfte. Mehrere Rechtsgeschäfte, die für sich betrachtet die Wertgrenze nicht übersteigen, sind daher genehmigungsfrei.

bb) Darlehen und Kreditsicherungsgeschäfte

99 Genehmigungs- bzw. anzeigepflichtig sind ferner die Aufnahme von Darlehen[164], der Abschluß von Bürgschaftverträgen und sonstigen Sicherungsverträgen (zum Beispiel Kreditaufträge nach § 778 BGB, Wechselbürgschaften oder Bestellung von Grundpfandrechten für fremde Verbindlichkeiten)[165].

cc) Unentgeltliche Zuwendungen

100 Die Gewährung unentgeltlicher Zuwendungen durch eine Stiftung außerhalb des Stiftungszwecks kann die wirtschaftliche Dispositionsfreiheit der Stiftung einschränken und unterliegt daher in Baden-Württemberg, Mecklenburg-Vorpommern und Schleswig-Holstein einem Genehmigungs- bzw. Anzeigevorbehalt[166].

dd) Annahme von Zuwendungen

101 Zuwendungen an eine Stiftung bedürfen keiner Genehmigung oder Anzeige. Für Stiftungen in Baden-Württemberg, Bayern, Mecklenburg-Vorpommern und Nordrhein-Westfalen gilt aber dann etwas anderes, wenn die Zuwendung mit Bedingungen oder Auflagen verbunden ist, die für das Stiftungsvermögen oder die Stiftung eine (wirtschaftliche) Belastung bedeuten können[167].

ee) Umschichtung des Stiftungsvermögens

102 Umschichtungen des Stiftungsvermögen, die für den Bestand oder den Zweck der Stiftung von Bedeutung sein können, bedürfen in Bayern, Meck-

---

164 §§ 13 Abs. 1 Satz 1 Nr. 1, 8 Abs. 2 Satz 2 BadWürttStiftG, Art. 27 Abs. 1 Nr. 5 BayStG (zu Art. 27 Abs. 2 Satz 1 Nr. 1 BayStG-E s. Teil K Rz. 12), § 9 Abs. 1 Satz 1 Nr. 3 SchlHolStiftG.
165 §§ 13 Abs. 1 Satz 1 Nr. 1, 8 Abs. 2 Satz 2 BadWürttStiftG, Art. 27 Abs. 1 Nr. 5 BayStG (zu Art. 27 Abs. 1 Satz 1 Nr. 3 BayStG-E s. Teil K Rz. 12).
166 §§ 13 Abs. 1 Satz 1 Nr. 2, 8 Abs. 2 Satz 2 BadWürttStiftG, § 20 Satz 1 Nr. 2 MecklVorPStiftG, § 9 Abs. 1 Satz 1 Nr. 2 SchlHolStiftG.
167 §§ 13 Abs. 1 Satz 1 Nr. 3, 8 Abs. 2 Satz 2 BadWürttStiftG, Art. 27 Abs. 1 Nr. 1 BayStG (zu Art. 27 Abs. 1 Satz 1 Nr. 1 BayStG-E s. Teil K Rz. 12), § 20 Satz 1 Nr. 3 MecklVorPStiftG, § 21 Abs. 1 Nr. 2 NRWStiftG.

lenburg-Vorpommern, Nordrhein-Westfalen und Schleswig-Holstein einer Genehmigung bzw. Anzeige[168].

ff) Veräußerung wertvoller Sachen

Die Veräußerung (oder wesentliche Veränderung) von (beweglichen oder unbeweglichen) Sachen, die einen besonderen wissenschaftlichen, geschichtlichen oder künstlerischen Wert haben bedarf in Bayern, Nordrhein-Westfalen und Schleswig-Holstein der Genehmigung bzw. Anzeige[169]. Eine Veränderung ist nur dann wesentlich, wenn sie den charakteristischen Wert einer Sache verändert[170]. 103

gg) Rechtsgeschäfte mit Organmitgliedern

Rechtsgeschäfte, an denen Organmitglieder der Stiftung oder andere im Dienst der Stiftung stehende Personen beteiligt sind, bedürfen (in Baden-Württemberg, Bayern, Mecklenburg-Vorpommern und Nordrhein-Westfalen) wegen der Gefahr einer Interessenkollission – unabhängig von ihrem Wert – stets einer Genehmigung bzw. Anzeige[171]. 104

hh) Sonstige wirtschaftlich bedeutende Rechtsgeschäfte

In Baden-Württemberg und Bayern ist schließlich auch für sonstige wirtschaftlich bedeutsame Rechtsgeschäfte eine Genehmigung oder Anzeige erforderlich[172]. Das Bayerische Stiftungsgesetz sieht alle Rechtsgeschäfte, die mit einem Gesamtkostenaufwand von mehr als 20% der Einnahmen der Stiftung (mindestens 150 000 DM) verbunden sind, als wirtschaftlich bedeutsam an. 105

---

168 Art. 27 Abs. 1 Nr. 2 BayStG (zu Art. 27 Abs. 2 Satz 1 Nr. 2, insbesondere HS 2 s. Teil K Rz. 12), § 20 Satz 1 Nr. 1 MecklVorPStiftG, § 21 Abs. 1 Nr. 1 NRWStiftG, § 9 Abs. 1 Satz 1 Nr. 1 SchlHolStiftG.
169 Art. 27 Abs. 1 Nr. 4 und 4 BayStG (zu Art. 27 Abs. 1 Satz 1 Nr. 2 BayStG-E s. Teil K Rz. 12), § 21 Abs. 1 Nr. 4 NRWStiftG, § 9 Abs. 1 Satz Nr. 4 SchlHolStiftG.
170 Zur Konzentrationswirkung von öffentlich-rechtlichen Genehmigungen nach Baurecht oder Denkmalschutzrecht in Bayern s. Art. 27 Abs. 2 BayStG (zu Art. 27 Abs. 1 Satz 3 BayStG-E s. Teil K Rz. 12).
171 § 13 Abs. 1 Satz 1 Nr. 4 BadWürttStiftG, Art. 27 Abs. 1 Nr. 7 BayStG (zu Art. 27 Abs. 2 Satz 1 Nr. 3 BayStG-E s. Teil K Rz. 12), § 20 Satz 1 Nr. 4 MecklVorPStiftG, § 21 Abs. 1 Nr. 5 NRWStiftG.
172 §§ 13 Abs. 1 Satz 1 Nr. 1, 8 Abs. 2 Satz 2 BadWürttStiftG, Art. 27 Abs. 1 Nr. 6 BayStG (zu Art. 27 Abs. 2 Satz 1 Nr. 2 BayStG-E s. Teil K Rz. 12).

c) Verfahren

106 Entschließt sich eine Stiftung zum Abschluß eines Rechtsgeschäfts, das der Genehmigung bzw. Anzeige der Stiftungsaufsichtsbehörde bedarf, empfiehlt sich in der Praxis folgendes Vorgehen.

Der Genehmigungsantrag bzw. die Anzeige sollten **rechtzeitig** vor Abschluß des entsprechenden Rechtsgeschäfts bei der zuständigen Stiftungsaufsichtsbehörde erfolgen (vgl. § 3 Abs. 1 Satz 1 AVBayStG). In Fällen, in denen die Genehmigungs- bzw. Anzeigebedürftigkeit zweifelhaft ist, empfiehlt es sich, vor Vertragsabschluß ein **Negativattest** der Stiftungsaufsichtsbehörde zu erholen.

Dem Antrag ist der **Beschluß des zuständigen Stiftungsorgans** über den beabsichtigten Vertragsschluß sowie **weitere Unterlagen** (zum Beispiel ein Vertragsentwurf) beizufügen. Auswirkungen und Umfang des Rechtsgeschäfts sind in dem Antrag darzulegen.

d) Befreiungsmöglichkeiten

107 In manchen Bundesländern können Stiftungen allgemein oder für bestimmte Rechtsgeschäfte von der Genehmigungs- bzw. Anzeigepflicht befreit werden[173].

In Bayern kann bei Stiftungen mit **erheblichem Stiftungsvermögen** für bestimmte Rechtsgeschäfte eine **allgemeine Genehmigung** erteilt werden, wenn es die Verwaltung der Stiftung erfordert (Art. 27 Abs. 3 BayStG, § 3 Abs. 2 AVBayStG[174]). Eine allgemeine Genehmigung kommt beispielsweise bei personalintensiven Stiftungen für wiederkehrende Leistungen an die Mitarbeiter der Stiftung in Betracht.

▶ **Gestaltungshinweis**

In Baden-Württemberg entfällt die Anzeigepflicht (nach § 13 Abs. 1 Nr. 1–3 BadWürttStiftG), soweit die ordnungsgemäße Überwachung durch ein in der Stiftungssatzung vorgesehenes Kontrollorgan gewährleistet ist (§ 8 Abs. 2 Satz 2 BadWürttStiftG). Durch die Einsetzung eines internen Kontrollorgans kann die externe Stiftungsaufsicht auf ein Mindestmaß reduziert werden und damit zugleich die Autonomie der Stiftung gestärkt werden. Schon um die mit der Einbindung einer externen Kontrollinstanz zwangsweise verbundenen zeitlichen Verzögerungen zu vermeiden, sollte diese Möglichkeit in der Praxis genutzt werden.

---

173 § 13 Abs. 1 Satz 3 BadWürttStiftG, § 20 Satz 3 MecklVorPStiftG, § 9 Abs. 2 SchlHolStiftG.

174 Zu Art. 27 Abs. 2 Satz 3 BayStG-E, wonach die Stiftungsaufsichtsbehörde allgemein auf eine Anzeige verzichten kann, wenn es die ordnungsgemäße Verwaltung einer Stiftung erfordert, s. Teil K Rz. 12.

VI. Pflichtteilsansprüche und Zugewinnausgleich

Literaturhinweise: *Matschke*, Gemeinnützige Stiftung und Pflichtteilsergänzungsanspruch, in: Festschrift Bezzenberger, Berlin 2000, S. 521 ff.; *Medicus*, Pflichtteilsergänzung wegen Zuwendungen an Stiftungen?, in: Festschrift Heinrichs, München 1998, S. 381 ff.; *Rawert/Katschinski*, Stiftungserrichtung und Pflichtteilsergänzung, ZEV 1996, 161; *Rawert*, Anmerkung zu LG Baden-Baden, Urteil vom 31. 7. 1998 – 2 O 70/98, ZEV 1999, 152; *Schauer*, Privatstiftung und Pflichtteilsrecht, NZ 1993, 251 (zur Rechtslage in Österreich).

Die Faszination der Errichtung einer Stiftung beruht aus zivilrechtlicher Sicht nicht selten auf der Vorstellung, daß sich damit Pflichtteilsansprüche (und/oder Zugewinnausgleichsansprüche) vermeiden bzw. reduzieren lassen. 108

1. Vermeidung von Pflichtteilsansprüchen

a) Errichtung einer Stiftung von Todes wegen

Wird eine Stiftung von Todes wegen errichtet und zum Erben eingesetzt, können Abkömmlinge, Ehegatten und Eltern Pflichtteilsansprüche (§§ 2303 ff. BGB) geltend machen. 109

b) Errichtung einer Stiftung unter Lebenden

Höchstrichterlich noch nicht geklärt ist bislang die Frage, ob **Pflichtteilsergänzungsansprüche** (§§ 2325 ff. BGB) bestehen, wenn der Erblasser zu Lebzeiten eine Stiftung errichtet hat. Eine Schenkung (§ 516 BGB) liegt insoweit nicht vor, da das Stiftungsgeschäft eine einseitige, nicht empfangsbedürftige Willenserklärung darstellt und eine vertragliche Einigung zwischen Stifter und Stiftung über die Vermögensübertragung und seine Unentgeltlichkeit somit gerade nicht vorliegt. Eine unmittelbare Anwendung des Rechts der Pflichtteilsergänzung scheidet somit aus. 110

Die ganz überwiegende Meinung befürwortet jedoch aufgrund der vergleichbaren Interessenlage eine **Analogie zum Schenkungsrecht**. Schenkung und Vermögensausstattung der Stiftung stellen sich aus Sicht der Pflichtteilsberechtigten als freigiebige Vermögensübertragungen des Erblassers dar[175].

Die **Übertragung von Vermögensgegenständen** auf eine Stiftung kann somit allenfalls dann eine Verkürzung von Pflichtteilsansprüchen zur Folge haben, wenn sie länger als zehn Jahre vor dem Ableben des Stifters erfolgt ist. Andernfalls werden die unentgeltlichen Vermögenszuwendungen in gleicher Weise wie Schenkungen dem Nachlaß im Zeitpunkt des Erbfalls zugerechnet (§§ 2325 ff. BGB).

---

175 S. dazu bereits Teil B Rz. 54.

Die Frage, ob und inwieweit sich Pflichtteilsberechtigte Zuwendungen der Stiftung auf ihre Ansprüche **anrechnen** lassen müssen, ist noch nicht abschließend geklärt (vgl. § 2327 BGB). Eine Anrechnung wird wohl nur dann in Betracht kommen, wenn die Bezugsberechtigung als einklagbarer Anspruch ausgestaltet ist.

Bei **Schenkungen an Ehegatten** beginnt die Zehn-Jahres Frist nicht vor Ablauf der Auflösung der Ehe zu laufen (§ 2325 Abs. 3 HS 2 BGB). Soweit der Stifter seinem Ehegatten Bezugsrechte einräumt, besteht gleichfalls das Risiko, das sich der Fristbeginn verzögert.

Aus Sicht der Vertragsgestaltung ist davon auszugehen, daß die Vermögensausstattung einer Stiftung zu Lebzeiten der Pflichtteilsergänzung unterliegt. Die Errichtung von Stiftungen sollte daher nach Möglichkeit mit dem Abschluß entsprechender (gegenständlich beschränkter) **Pflichtteilsverzichtsverträge** einhergehen.

Verschiedene Vorschläge, das Pflichtteilsrecht im Hinblick auf Vermögenszuwendungen an eine **steuerbegünstigte Stiftung** einzuschränken, sind vom Gesetzgeber bislang nicht aufgegriffen worden.

2. Vermeidung von Zugewinnausgleichsansprüchen

111   Die Errichtung einer Stiftung ist – ähnlich wie im Pflichtteilsrecht – nicht zur Verkürzung von Zugewinnausgleichsansprüchen geeignet.

Vermögenszuwendungen innerhalb der letzten zehn Jahre vor Beendigung des Güterstandes dürften unabhängig von der konkreten Ausgestaltung der Stiftung dem Endvermögen zuzurechnen sein (§ 1375 Abs. 2 Nr. 1 BGB).

Aus diesem Grund sollte der Ehegatte des Stifters der Vermögensübertragung zumindest zustimmen (§ 1375 Abs. 3 Fall 2 HGB). Sinnvoller erscheint jedoch der Abschluß eines Ehevertrages, wonach zumindest die auf die Stiftung übertragenen Vermögenswerte vom Zugewinnausgleich ausgenommen werden.

VII. Steuerrecht

Literaturhinweise: *Berndt,* Neufassung der allgemein als besonders förderungswürdig anerkannten gemeinnützigen Zwecke, Stiftung & Sponsoring 4/2000, 19; *Berndt,* Nichtanerkennung der Gemeinnützigkeit wegen durch Stiftungsgeschäft übergegangener Verpflichtungen?, Stiftung & Sponsoring 5/1999, 16; *Bopp,* Das Merkmal der Selbstlosigkeit bei der Verfolgung steuerbegünstigter Zwecke i.S. der §§ 51 ff. AO 1977, DStZ 1999, 123; *Eversberg,* Mittelzuwendung nach § 58 Nr. 2 Abgabenordnung, Stiftung & Sponsoring 5/1999, 19; *Gersch,* in: Klein (Hrsg.), Abgabenordnung,

Steuerrecht   Rz. 112 B

7. Aufl., München 2000, Kommentierung zu §§ 51 ff. AO; *Geserich,* Privater, gemeinwohlwirksamer Aufwand im System der deutsche Einkommensteuer und des europäischen Rechts, Heidelberg 1999; *Herbert,* Die Mittel- und Vermögensbindung gemeinnütziger Körperschaften, BB 1991, 178; *Herfurth/Dehesselles,* Reform des steuerlichen Gemeinnützigkeitsrechts, INF 2000, 553; *Hofmeister,* Tendenzen der aktuellen BFH-Rechtsprechung zum Gemeinnützigkeitsrecht, DStZ 1999, 545; *Hüttemann,* Wirtschaftliche Betätigung und steuerliche Gemeinnützigkeit, 1991; *Hüttemann,* Der steuerbegünstigte Zweckbetrieb, Beilage zu Stiftung & Sponsoring 6/1998; *Hüttemann,* Steuerbegünstigte Vermögensverwaltung, Beilage zu Stiftung & Sponsoring 6/1999; *Kiefer,* Die Abgrenzung von Vermögensverwaltung und wirtschaftlichem Geschäftsbetrieb unter besonderer Berücksichtigung der Stiftungsproblematik, Frankfurt/Main 2000; *Kießling/Buchna,* Gemeinnützigkeit im Steuerrecht, 7. Aufl., Osnabrück 2000; *Kümpel,* Die Besteuerung steuerpflichtiger wirtschaftlicher Geschäftsbetriebe, DStR 1999, 1505; *Kümpel,* Die steuerliche Behandlung von Zweckbetrieben, DStR 1999, 93; *Lex,* Die Mehrheitsbeteiligung einer steuerbegünstigten Körperschaft an einer Kapitalgesellschaft: Vermögensverwaltung oder wirtschaftlicher Geschäftsbetrieb?, DB 1997, 349; *Lex,* Stiftungsvermögen, Grundstockvermögen und Bestandserhaltung, Stiftung & Sponsoring 5/1999, 3; *Orth,* Outsourcing durch gemeinnützige Einrichtungen, Beilage zu Stiftung & Sponsoring 5/1999; *Pöllath,* in: Seifart/Frhr. von Campenhausen (Hrsg.), Handbuch des Stiftungsrechts, 2. Aufl., München 1999, §§ 39–43, S. 661 ff.; *Raupach/Breuninger/Orth/ Prinz,* Vereine, Stiftungen, Trusts und verwandte Rechtsformen als Instrumente des Wirtschaftsverkehrs, Jahrbuch Fachanwälte für Steuerrecht 1993/94, S. 341 ff.; *Schad/Eversberg,* Bildung freier Rücklagen nach § 58 Nr. 7 AO, DB 1986, 2149; *Schauhoff,* Gemeinnützige Stiftung und Versorgung des Stifters und seiner Nachkommen, DB 1997, 1693; *Schauhoff* (Hrsg.), Handbuch der Gemeinnützigkeit. Verein, Stiftung, GmbH, München 2000; *Schick,* Die Beteiligung einer steuerbegünstigten Körperschaft an Personen- und Kapitalgesellschaften, DB 1999, 1187; *Scholtz,* Wirtschaftlicher Geschäftsbetrieb, in: Festschrift Ludwig Schmidt, München 1993, S. 707 ff.; *Schulz,* Aktuelle BFH-Rechtsprechung und Verwaltungsauffassung zum Gemeinnützigkeits- und Vereinsrecht, DStR 1999, 354; *Strahl,* Ausgliederung von wirtschaftlichen Geschäftsbetrieben gemeinnütziger Körperschaften, KÖSDI 2000, 12527; *Thiel,* Die zeitnahe Mittelverwendung – Aufgabe und Bürde gemeinnütziger Körperschaften, DB 1992, 1900; *Tönnes/Wewel,* Ausgliederung wirtschaftlicher Geschäftsbetriebe durch steuerbefreite Einrichtungen, DStR 1998, 274; *Troll/Wallenhorst/Halaczinsky,* Die Besteuerung gemeinnütziger Vereine und Stiftungen, 4. Aufl., München 2000; *Woitschell,* Steuerbegünstigte Stiftungen und wirtschaftliche Aktivitäten, Stiftung & Sponsoring 3/1999, 17 und 4/1999, 21.

1. Steuerbegünstigte Stiftungszwecke

Die weitaus meisten Stiftungen (ca. 95%) sind steuerbegünstigt, d.h. sie verfolgen ausschließlich und unmittelbar gemeinnützige, mildtätige oder kirchliche Zwecke (§§ 51 ff. AO).

112

Das Gemeinnützigkeitsrecht ist (mit Ausnahme von § 58 Nr. 5 AO) **rechtsformunabhängig.** Die Abgabenordnung enthält dementsprechend keine speziellen Vorschriften für die Steuerbegünstigung von Stiftungen, sondern regelt die Voraussetzungen der Steuerbegünstigung einheitlich für alle Körperschaften, Personenvereinigungen und Vermögensmassen (§§ 51 ff. AO)[176].

a) Steuerbegünstigte Zwecke
aa) Gemeinnützige Zwecke

113 Gemeinnützig sind Zwecke, durch die die Allgemeinheit auf materiellem, geistigem oder sittlichem Gebiet selbstlos gefördert wird (§ 52 Abs. 1 Satz 1 AO)[177].

Die Allgemeinheit fördert nicht, wer eine Familie, die Mitarbeiter eines Unternehmens oder einen anderen (zum Beispiel nach räumlichen oder beruflichen Merkmalen) abgegrenzten Personenkreis begünstigt (§ 52 Abs. 1 Satz 2 AO). Die Gemeinnützigkeit ist demnach beispielsweise zu verneinen, wenn die Ergebnisse der wissenschaftlichen Stiftungstätigkeit vorrangig dem Unternehmen des Stifters zukommen oder die Förderung des Naturschutzes überwiegend dem Forstbesitz des Stifters dient.

Beispiele für **gemeinnütziges Handeln** sind (§ 52 Abs. 2 AO):

— die Förderung von Wissenschaft und Forschung, Bildung und Erziehung, Kunst und Kultur, der Religion, der Völkerverständigung, der Entwicklungshilfe, des Umwelt-, Landschafts- und Denkmalschutzes, des Heimatgedankens,

— die Förderung der Jugendhilfe, der Altenhilfe, des öffentlichen Gesundheitswesens, des Wohlfahrtswesens und des Sports[178],

— die allgemeine Förderung des demokratischen Staatswesens,

— die Förderung der Tierzucht, der Pflanzenzucht, der Kleingärtnerei, des traditionellen Brauchtums einschließlich des Karnevals, des Faschings, der Soldaten- und Reservistenbetreuung, des Amateurfunks, des Modellflugs und des Hundesports („Freizeitaktivitäten").

---

176 S. dazu auch den Anwendungserlaß zur Abgabenordnung 1977 (AEAO) v. 15. 7. 1998, BMF IV A 4 – S 0062 – 13/98, BGBl. I 1998, 630 in der Fassung v. 14. 2. 2000, BMF IV A 4 – S 0062 – 1/00, BStBl. I 2000, 190.

177 Das Gesetz bezeichnet mit dem Sammelbegriff der „steuerbegünstigten" Zwecke (§ 51 AO) gemeinnützige Zwecke im engeren Sinne (§ 52 AO), mildtätige (§ 53 AO) und kirchliche Zwecke (§ 54 AO). Gleichwohl wird in der Praxis oftmals von „Gemeinnützigkeit" (im weiteren Sinne) gesprochen, wenn alle drei Fallgruppen gemeint sind.

178 Zur Gemeinnützigkeit von Schützenvereinen s. FinMin Niedersachsen, Erlaß v. 28. 3. 2000, S 0171 – 141 – 31, DB 2000, 900 = DStR 2000, 1093; zur Gemeinnützigkeit eines Kartenspielclubs, BFH, Urt. v. 17. 2. 2000, I R 108/98 und 109/98, BFH/NV 2000, 1071; s. ferner *Spindler*, Der Bundesfinanzhof und der Golfsport, in: Festschrift Offerhaus, Köln 1999, S. 315 ff.

bb) Mildtätige Zwecke

Mildtätige Zwecke verfolgt die Stiftung (§ 53 AO), wenn ihre Tätigkeit darauf gerichtet, **bestimmte bedürftige Personen** selbstlos zu unterstützen. Mildtätiges Handeln setzt eine Förderung der Allgemeinheit somit nicht voraus[179].

Bedürftig ist, wer infolge seines körperlichen, geistigen oder seelischen Zustandes auf die Hilfe anderer angewiesen ist (§ 53 Nr. 1 AO) oder sich in einer wirtschaftlichen Notlage befindet (§ 53 Nr. 2 AO).

Eine Stiftung, zu deren Satzungszwecken die Unterstützung von hilfsbedürftigen (nahen oder entfernten) **Verwandten des Stifters** gehört, ist nicht als gemeinnützig anzuerkennen. Dagegen ist es unschädlich, wenn die Stiftung im Rahmen der tatsächlichen Geschäftsführung auch hilfsbedürftige Angehörige des Stifters unterstützt, sofern die Unterstützung nicht von der Verwandschaft abhängt[180].

114

cc) Kirchliche Zwecke

Kirchliche Zwecke verfolgt die Stiftung, wenn ihre Tätigkeit darauf gerichtet ist, eine Religionsgemeinschaft des öffentlichen Rechts selbstlos zu fördern (§ 54 Abs. 1 AO). Dazu gehört beispielsweise die Errichtung, Ausschmückung und Unterhaltung von Kirchen (§ 54 Abs. 2 AO).

Begünstigt werden mithin die öffentlich-rechtlichen Religionskörperschaften mit ihren gemeinnützigen Tätigkeiten. Bei der Förderung der Religion als gemeinnützig (§ 52 Abs. 2 Nr. 1 AO[181]) geht es demgegenüber um die religiöse Anschauung als solche.

115

b) Selbstlosigkeit

aa) Gebot der Selbstlosigkeit

Die Stiftung muß die steuerbegünstigten Zwecke selbstlos („uneigennützig", „altruistisch") verfolgen (§ 55 Abs. 1 HS 1 AO).

Dagegen verfolgt eine Körperschaft eigenwirtschaftliche Zwecke, wenn ihre Tätigkeit darauf gerichtet ist, ihr Vermögen und ihre Einkünfte zu vermehren. Allerdings ist nicht jede auf **Verbesserung der Einkünfte oder**

116

---

179 Der Begriff der „milden Stiftung" findet sich im Stiftungsprivatrecht nur in § 8 Abs. 2 HambAGBG.
180 S. dazu OFD Hannover, Verfügung v. 15. 3. 2000, S 0177 – 12 – StO 214/S 2729 – 326 – StH 233, BB 2000, 913 = DB 2000, 1051 und FinMin Niedersachsen, Erlaß v. 3. 2. 2000, S 0177 – 15 – 31, ZEV 2000, 194 = DStR 2000, 877.
181 S. dazu Teil B Rz. 113.

des Vermögens gerichtete Tätigkeit als Verstoß gegen das Gebot der Selbstlosigkeit anzusehen. Eine Körperschaft kann auf Gewinnerzielung gerichtete wirtschaftliche Geschäftsbetriebe unterhalten, ohne dadurch das Gebot der Selbstlosigkeit zu verletzen. Sie darf die im Rahmen eines wirtschaftlichen Geschäftsbetriebs verfolgten eigenwirtschaftlichen Zwecke nur nicht „in erster Linie" verfolgen.

bb) Gebot der zeitnahen Mittelverwendung

117 Die Mittel der Stiftung dürfen nur für **satzungsgemäße Zwecke** verwendet werden (§ 55 Abs. 1 HS 2 Nr. 1 AO). Der Stifter und seine Erben dürfen grundsätzlich keine Zuwendungen aus Mitteln der Stiftung erhalten. Die Erträge der Stiftung unterliegen dem Gebot der zeitnahen Mittelverwendung (§ 55 Abs. 1 Nr. 5 Satz 1 AO). Unter zeitnaher Mittelverwendung versteht man die satzungsgemäße Verwendung der Erträge des Stiftungsvermögens im **Geschäftsjahr des Zuflusses oder im darauf folgenden Geschäftsjahr** (§ 55 Abs. 1 Nr. 5 AO n.F., womit die im AEAO zu § 55 Nr. 8 ff. AO enthaltenen Grundsätze kodifiziert worden sind).

Zustiftungen von Todes wegen unterliegen nicht dem Gebot der zeitnahen Mittelverwendung. Sie sind als Zuwendungen zum Vermögen der steuerbegünstigten Körperschaft anzusehen, wenn der Erblasser eine Verwendung für den laufenden Aufwand nicht besonders vorschreibt (§ 58 Nr. 11 Buchst. a AO, womit die im AEAO Nr. 10 Satz 2 Buchst. a zu § 55 Abs. 1 Nr. 1 AO enthaltene Regelung nahezu wörtlich in die Abgabenordnung selbst übernommen worden ist).

▶ **Gestaltungshinweis**

Im Zusammenhang mit einer Zustiftung von Todes wegen sollte der Erblasser klarstellen, ob die Zuwendung dem Stiftungsvermögen zuzuführen oder unmittelbar zur Verwirklichung des Stiftungszwecks zu erfüllen ist.

Ferner unterliegen Gewinne aus der Umschichtung des Stiftungskapitals nicht dem Grundsatz der zeitnahen Mittelverwendung.

118 Gewinne aus einem **wirtschaftlichen Geschäftsbetrieb** der Stiftung dürfen nur zu steuerbegünstigten Zwecken verwendet werden. Dies gilt allerdings nur für solche Mittel des wirtschaftlichen Geschäftsbetriebs, die bei vernünftiger kaufmännischer Beurteilung nicht zur Sicherung des wirtschaftlichen Erfolges des wirtschaftlichen Geschäftsbetriebs benötigt werden. Die Stiftung muß im Einzelfall nachweisen, daß die Thesaurierung von Erträgen im Rahmen eines wirtschaftlichen Geschäftsbetriebs zur Sicherung der Existenz des Betriebs geboten ist. Dem Gebot zeitnaher

Steuerrecht   Rz. 121 B

Mittelverwendung stehen dabei notwendige Planungsphasen nicht entgegen[182].

cc) Grundsatz der Vermögensbindung

Der Stifter und seine Erben dürfen bei **Auflösung oder Aufhebung der Stiftung** nicht mehr als das eingezahlte Stiftungskapital und den gemeinen Wert ihrer Sacheinlagen (zum Zeitpunkt der Einbringung) zurückerhalten (§ 55 Abs. 1 HS 2 Nr. 2, Abs. 2 und Abs. 3 AO). Das übersteigende Vermögen der Stiftung darf nur für steuerbegünstigte Zwecke verwendet werden (Grundsatz der Vermögensbindung) (§§ 55 Abs. 1 HS 2 Nr. 4 sowie 61 und 62 AO). 119

Es ist demnach steuerunschädlich, das Stiftungskapital und die Zustiftungen von der Vermögensbindung auszunehmen und im Falle des Erlöschens der Stiftung an den Stifter oder seine Erben zurückfallen zu lassen (§ 55 Abs. 3 HS 1 AO). Solche Stiftungen sind zwar während ihres Bestehens steuerbegünstigt, doch kann der Stifter für die Vermögensausstattung und für Zustiftungen keine Spendenvergünstigung in Anspruch nehmen[183].

dd) Verbot zweckfremder Begünstigungen

Die Stiftung darf keine Personen durch Ausgaben, die ihrem Zweck fremd sind, oder durch unverhältnismäßig hohe Vergütungen begünstigen (§ 55 Abs. 1 HS 2 Nr. 3 AO). Die **Angemessenheit der Vergütung** von Mitgliedern der Stiftungsorgane gefährdet in der Praxis oftmals die Steuerbegünstigung der Körperschaft. Die grundsätzliche Frage nach der Entgeltlichkeit der Tätigkeit der Stiftungsorgane sollte bereits in der Satzung geregelt werden. Die Einzelheiten der Vergütung sollten nach Möglichkeit vor Aufnahme der Tätigkeit schriftlich vereinbart und mit der Stiftungsaufsichtsbehörde und/oder dem Finanzamt abgestimmt werden[184]. 120

c) Ausschließlichkeit und Unmittelbarkeit

Die Stiftung muß die steuerbegünstigten Zwecke ausschließlich (§ 56 AO) und unmittelbar (§ 57 AO) verfolgen. 121

Das Gebot der Ausschließlichkeit bedeutet, daß die Stiftung nur die eigenen steuerbegünstigten Zwecke und nicht auch andere (steuerbegünstigte)

---

182 Grundlegend zur Verwendung der Mittel aus dem wirtschaftlichen Geschäftsbetrieb einer steuerbegünstigten Körperschaft BFH, Urt. v. 15. 7. 1998, I R 156/94, BB 1998, 2295 = DStR 1998, 1710 = ZEV 1999, 155 mit Anm. *von Oertzen* = DB 1998, 2304 = BFH/NV 1999, 245.
183 BFH, Urt. v. 5. 2. 1992, I R 63/91, BStBl. II 1992, 748 = DB 1992, 1967 = DStR 1992, 1801.
184 S. dazu auch Teil B Rz. 77.

Zwecke verfolgen darf (§ 56 AO). Eine Stiftung kann auch mehrere steuerbegünstigte Zwecke nebeneinander verfolgen, ohne daß dadurch die Ausschließlichkeit verletzt wird. Es muß sich jedoch um **satzungsgemäße Zwecke** handeln.

Das Gebot der Ausschließlichkeit ist demnach verletzt, wenn die Stiftung neben der Förderung der Satzungszwecke noch **andere Zwecke** verfolgt. Dies gilt selbst dann, wenn die anderen Zwecke steuerbegünstigt sind.

Die Unmittelbarkeit der Zweckerfüllung ist gegeben, wenn die Stiftung **ihre Zwecke selbst verwirklicht** (§ 57 Abs. 1 Satz 1 AO). Dies kann auch durch Hilfspersonen geschehen, soweit diese der Stiftung zuzurechnen sind (§ 57 Abs. 1 Satz 2 AO). Die Stiftung muß eine unmittelbare Einflußmöglichkeit auf die Hilfsperson haben. Juristische Personen können als Hilfsperson tätig werden, ohne daß sie selbst steuerbegünstigt sind.

d) Steuerlich unschädliche Betätigungen

aa) Überblick

122　Betätigungen, die nicht ausschließlich und unmittelbar der **Verwirklichung der satzungsmäßigen Zwecke** dienen, führen in der Regel dazu, daß die Steuerbegünstigung der Körperschaft entfällt.

Von diesem Grundsatz enthält das form- und inhaltstrenge Gemeinnützigkeitsrecht nur **wenige Ausnahmen**, die im Gesetz (§ 58 Nr. 1 bis 12 AO) abschließend bezeichnet sind.

Die **Thesaurierungsbeschränkungen** des Steuerrechts stehen dabei in einem Spannungsverhältnis zu dem stiftungsrechtlichen Gebot der (wertmäßigen) Vermögenserhaltung[185].

bb) Bildung von Rücklagen

123　Von dem Gebot der zeitnahen Mittelverwendung besteht insoweit eine **Ausnahme**, als die Mittel in eng begrenzten Fällen den Rücklagen der Stiftung zugeführt werden können.

(1) Zweckrücklage

124　Die Stiftung kann ihre Mittel ganz oder teilweise einer Rücklage zuführen, soweit dies erforderlich ist, um ihre steuerbegünstigten Zwecke nachhaltig erfüllen zu können (§ 58 Nr. 6 AO). Dabei ist aber erforderlich, daß sich das über die Rücklage zu finanzierende **Vorhaben bereits konkretisiert** hat. Es

---

[185] S. dazu Teil B Rz. 61 ff.

handelt sich also um eine projektgebundene Rücklage, die nicht zum Erhalt der allgemeinen Leistungsfähigkeit der Stiftung genutzt werden kann.

(2) Freie Rücklage

Daneben kann die Stiftung eine freie Rücklage aus bis zu einem Drittel (bis 1999 nur bis zu einem Viertel) des Überschusses der Einnahmen über die Unkosten aus Vermögensverwaltung bilden (§ 58 Nr. 7 Buchst. a HS 1 AO). Die Leistungserhaltungsrücklage ist nicht aus den Gesamtüberschüssen der Stiftung, sondern nur aus den Überschüssen, die aus der **Vermögensverwaltung** entstehen, zu bilden (zum Beispiel Zinsen, Dividenden, Mieteinnahmen). Einkünfte aus einem wirtschaftlichen Geschäftsbetrieb oder Spenden werden nicht in die Bemessungsgrundlage für die freie Rücklage einbezogen. 125

Seit 1. 1. 2000 können zusätzlich bis zu 10% der sonstigen zeitnah zu verwendenden Mittel in eine freie Rücklage eingestellt werden (§ 58 Nr. 7 Buchst. a HS 2 AO)[186]. Bemessungsgrundlage der neuen Rücklagemöglichkeit ist der **gesamte Jahresüberschuß** der Körperschaft ohne Berücksichtigung eines Überschusses aus der Vermögensverwaltung. Die Neuregelung ist insbesondere für solche Stiftungen (und sonstige steuerbegünstigte Körperschaften) von Interesse, die über keine nennenswerten Einkünfte aus Vermögensverwaltung verfügen[187].

Die Gesamthöhe der Rücklage ist **nicht beschränkt**. Die Bildung der freien Rücklage ist auch dann zulässig, wenn diese Möglichkeit in der Satzung nicht vorgesehen ist. Die Bildung einer freien Rücklage ist in der Praxis weit verbreitet, damit der inflationsbedingte Verlust der Vermögenssubstanz ausgeglichen werden kann.

(3) Beteiligungsrücklage

Für Stiftungen, die **an Kapitalgesellschaften beteiligt** sind, besteht eine weitere Rücklagemöglichkeit. 126

Die Stiftung kann die verwendungspflichtigen und sonstigen Mittel zur Teilnahme an einer Kapitalerhöhung bei Beteiligungsunternehmen verwenden, um ihre **Beteiligungsquote zu erhalten** (§ 58 Nr. 7 Buchst. b AO). Solche Rücklagen oder Mittelverwendungen sind der Höhe nach unbegrenzt möglich, werden jedoch auf die freie Rücklage angerechnet (§ 58 Nr. 7 Buchst. b HS 2 AO; ein Berechnungsbeispiel findet sich im AEAO zu § 58 Nr. 7 Abs. 14 AO).

---
186 S. dazu auch Teil K Rz. 11.
187 Die Möglichkeit der Bildung von Rücklagen in einem wirtschaftlichen Geschäftsbetrieb besteht weiterhin (AEAO zu § 55 Abs. 1 Nr. 2 Satz 3 AO).

Zur **Erhöhung der Beteiligungsquote** kann die Stiftung dagegen nur nicht verwendungspflichtige Mittel und die angesammelten, freien Rücklagen (§ 58 Nr. 7 Buchst. a AO) verwenden.

cc) Ansparrücklage

127 Zur **Stärkung der Finanzkraft neu gegründeter Stiftungen** wurde mit Wirkung zum 1. 1. 2000 die Möglichkeit der Bildung einer Ansparrücklage geschaffen. Danach können Stiftungen im Jahr ihrer Errichtung und in den folgenden zwei Kalenderjahren Überschüsse aus der Vermögensverwaltung und die Gewinne aus wirtschaftlichen Geschäftsbetrieben (§ 14 AO) ganz oder teilweise ihrem Vermögen zuführen (§ 58 Nr. 12 AO). Eine Ansparrücklage kann auch dann gebildet werden, wenn dies in der Satzung nicht vorgesehen ist[188].

dd) Unterhalt für den Stifter und seine nächsten Angehörigen

128 Grundsätzlich muß die Stiftung ausschließlich ihre **satzungsmäßigen Zwecke** verfolgen. Eine Ausnahme besteht jedoch insoweit, als die Stiftung (auch ohne daß dies in der Satzung vorgesehen ist) bis zu einem Drittel ihres Einkommens zum Unterhalt des Stifters und seiner nächsten Angehörigen verwenden darf (§ 58 Nr. 5 AO)[189].

ee) Ausnahmen vom Grundsatz der Unmittelbarkeit

129 Die Stiftung muß ihre satzungsmäßigen Zwecke grundsätzlich selbst verwirklichen (§ 57 AO).

Eine Ausnahme besteht für sog. **Förderstiftungen**. In diesem Fall kann die Stiftung ihre gesamten Mittel für die Verwirklichung der steuerbegünstigten Zwecke einer anderen Körperschaft oder einer Körperschaft des öffentlichen Rechts zur Verfügung stellen (§ 58 Nr. 1 AO). Diese Form der Zweckverwirklichung durch Mittelbeschaffung muß jedoch in der Satzung der Stiftung ausdrücklich festgelegt sein[190]. Die Körperschaft, für die die Mittel beschafft werden, muß nicht steuerbegünstigt sein.

---

188 Anders noch § 58 Nr. 7c AO-E (Entwurf eines Gesetzes zur Förderung des Stiftungswesens (StiftFördG), BT-Drks. 13/9320 v. 1. 12. 1997, s. Teil K Rz. 4 und Entwurf eines Gesetzes zur Reform des Stiftungsrechts, BT-Drks. 14/336 v. 28. 1. 1999, s. Teil K Rz. 5, wonach die Bildung einer Ansparrücklage nur dann zulässig sein sollte, wenn der Stiftung dies nach ihrer Satzung gestattet war.
189 Zu den umstrittenen Grenzen dieser Ausnahme s. im einzelnen AEAO zu § 58 Nr. 5 Abs. 5 bis 7 AO und Teil D Rz. 32.
190 S. dazu OFD Kiel, Verfügung v. 19. 6. 1998, S 0179 A – St 141, DB 1998, 1492 (formelle Satzungsmäßigkeit bei Förderstiftungen).

Die Stiftung kann ihre Mittel auch teilweise (d.h. zu weniger als 50%) einer anderen, ebenfalls steuerbegünstigten Körperschaft oder einer Körperschaft des öffentlichen Rechts zur Verwendung zu steuerbegünstigten Zwecken zuwenden (§ 58 Nr. 2 AO). Es ist **steuerlich unschädlich**, wenn eine Stiftung in einzelnen Veranlagungszeiträumen ausschließlich anderen, ebenfalls steuerbegünstigten Körperschaften Mittel zuwendet, sie aber in anderen Veranlagungszeiträumen auch selbst ihre satzungsgemäßen Zwecke verfolgt[191].

e) Grundsatz der formellen und materiellen Vermögensbindung

Der steuerbegünstigte Zweck, die Selbstlosigkeit sowie die ausschließliche und unmittelbare Zweckverfolgung durch die Stiftung müssen sich **unmittelbar aus der Satzung** ergeben (§ 59 HS 1 AO). Von der Verpflichtung, die Vermögensbindung in der Satzung festzulegen (§ 61 AO) – nicht aber auch von der Vermögensbindung als solches – sind die **staatlich beaufsichtigten Stiftungen** befreit (§ 62 AO). Die Satzung muß so präzise gefaßt sein, daß aus ihr unmittelbar entnommen werden kann, ob die Voraussetzungen der Steuerbegünstigung vorliegen (formelle Satzungsmäßigkeit) (§ 60 AO). Entsprechende Satzungsmuster finden sich in dem Anwendungserlaß zur Abgabenordnung (§ 60 Abs. 2 AO – Anlage 1 [Mustersatzung für einen Verein] und Anlage 2 [Mustersatzung für andere Körperschaften]). Die Verwendung der Mustersatzungen ist von der Finanzverwaltung nicht zwingend vorgeschrieben (§ 60 Abs. 2 Satz 4 AO), in der Praxis aber gleichwohl empfehlenswert.

130

Die **tatsächliche Geschäftsführung** muß mit der Satzung übereinstimmen (§§ 59 HS 2, 63 AO). Den entsprechenden Nachweis hat die Stiftung durch Vorlage entsprechender Aufzeichnungen über die Einnahmen und Ausgaben zu erbringen (§ 63 Abs. 3 AO)[192].

Ein besonderes **Anerkennungsverfahren** ist im Gemeinnützigkeitsrecht nicht vorgesehen. Die Entscheidung über die Steuerbegünstigung einer Körperschaft erfolgt im jeweiligen Veranlagungsverfahren durch Steuerbescheid bzw. Freistellungsbescheid.

Auf Antrag einer Körperschaft, bei der die Voraussetzungen der Steuerbegünstigung noch nicht im Veranlagungsverfahren festgestellt worden sind, bescheinigt das zuständige Finanzamt vorläufig (zum Beispiel für den Empfang steuerbegünstigter Spenden oder eine Gebührenbefreiung nach § 144 Abs. 2 KostO), daß die eingereichte Satzung alle gesetzlichen Voraussetzungen für eine Steuerbegünstigung erfüllt. Eine **vorläufige Bescheinigung**

131

---

191 BFH, Urt. v. 15. 7. 1998, I R 156/94, BB 1998, 2295 = DStR 1998, 1710 = ZEV 1999, 155 mit Anm. von *Oertzen* = DB 1998, 2304 = BFH/NV 1999, 245.
192 S. dazu Teil B Rz. 185.

über die Gemeinnützigkeit wird erst ausgestellt, wenn eine Satzung vorliegt, die den gemeinnützigkeitsrechtlichen Vorschriften entspricht[193]. Sie wird befristet erteilt und ist jederzeit frei widerruflich.

Diese bei der Errichtung der Stiftung erteilte vorläufige Bescheinigung wird später durch einen **Freistellungsbescheid** ersetzt, wenn das Finanzamt die Übereinstimmung der tatsächlichen Geschäftsführung mit der satzungsgemäßen Zielsetzung festgestellt hat. In der Praxis erfolgt eine solche Überprüfung spätestens alle drei Jahre (AEAO zu § 60 Abs. 6 Satz 2 AO).

Zusammen mit dem Antrag auf vorläufige Bescheinigung sollte zweckmäßigerweise eine **Nichtveranlagungsbescheinigung** wegen der Kapitalertragsteuer beantragt werden (§§ 44a Abs. 4 und 7 EStG).

132 Bei der **Auflösung** einer steuerbegünstigten Körperschaft darf das Vermögen nur für steuerbegünstigte Zwecke verwendet werden (Grundsatz der Vermögensbindung) (§ 55 Abs. 1 Nr. 4 AO). In der Satzung muß daher bestimmt sein, welcher steuerbegünstigten Person das Liquidationsvermögen zufällt (§§ 61 Abs. 1, 55 Abs. 1 Nr. 4 AO). **Ausländische Körperschaften** können dabei nicht als Anfallberechtigte benannt werden[194]. Sofern eine Bestimmung des Empfängers im Zeitpunkt der Feststellung der Satzung ausnahmsweise noch nicht möglich ist, genügt es, wenn über die Verwendung zu einem steuerbegünstigten Zweck später ein Gesellschafterbeschluß gefaßt wird und der Beschluß erst nach Einwilligung des Finanzamts ausgeführt werden darf (§ 61 Abs. 2 AO).

f) Wirtschaftlicher Geschäftsbetrieb

aa) Begriff

133 Die **Einzelsteuergesetze** schließen die Steuerbegünstigung insoweit aus, als ein wirtschaftlicher Geschäftsbetrieb (§ 14 Satz 1 und 2 AO) unterhalten wird (zum Beispiel §§ 5 Abs. 1 Nr. 9 Satz 2 KStG, 3 Nr. 6 Satz 2 GewStG, 12 Abs. 2 Buchst. 8a Satz 2 UStG und Abschnitt 12 Abs. 6 Nr. 2 GrStR). Die Stiftung verliert daher die Steuerbegünstigungen für die Besteuerungsgrundlagen, die dem wirtschaftlichen Geschäftsbetrieb zuzuordnen sind.

Ein wirtschaftlicher Geschäftsbetrieb ist eine **selbständige, nachhaltige Tätigkeit,** durch die Einnahmen oder andere wirtschaftliche Vorteile erzielt werden und die über den Rahmen einer Vermögensverwaltung hinausgeht (§ 14 Satz 1 und 2 AO). Umstritten ist, ob die Absicht der Gewinnerzielung bzw. eine Teilnahme am allgemeinen wirtschaftlichen Verkehr erforderlich ist.

---

[193] S. dazu OFD Hannover, Verfügung v. 14. 2. 2000, S 2729 – 21 – StO 214.
[194] OFD Hannover, Verfügung v. 17. 2. 2000, S 0180 – 1 – StO 214/S 2729 – 326 – StH 233, DB 2000, 597.

Mehrere wirtschaftliche Geschäftsbetriebe gelten als ein wirtschaftlicher Geschäftsbetrieb **(Saldierungsprinzip)** (§ 64 Abs. 2 AO).

Liegen die **Einnahmen** aus dem wirtschaftlichen Geschäftsbetrieb **unter 60 000 DM**, so unterliegen sie nicht der Körperschaftsteuer und der Gewerbesteuer (§ 64 Abs. 3 und 4 AO)[195]. Verbleibt nach Abzug des Freibetrages von 7500 DM (§ 24 KStG) ein Überschuß, unterliegt dieser bislang der Körperschaftsteuer mit 40% (§ 23 Abs. 2 Satz 4 und Abs. 1 KStG).

Nach dem **Steuersenkungsgesetz**[196] unterliegt der Gewinn aus einem wirtschaftlichen Geschäftsbetrieb künftig nur noch einer Körperschaftsteuerbelastung von 25% (§ 23 Abs. 1 KStG).

134

Steuerbegünstigte Körperschaften müssen den Gewinn aus einem wirtschaftlichen Geschäftsbetrieb ausschließlich und unmittelbar für die satzungsmäßigen Zwecke verwenden (§ 55 Abs. 1 Nr. 1 Satz 1 AO). Die Übertragung des Gewinns an die steuerbegünstigte Körperschaft ist keine Ausschüttung im Sinne des Halbeinkünfteverfahrens, da der wirtschaftliche Geschäftsbetrieb nur einen unselbständigen Teil der Körperschaft bildet. Der Gewinn des wirtschaftlichen Geschäftsbetriebs würde demnach insgesamt nur einer Gesamtbelastung in Höhe von 25% unterliegen. Im Interesse einer steuerlichen Gleichbehandlung erwerbswirtschaftlicher Betätigungen wurde im Rahmen des Steuersenkungsgesetzes ein neuer Steuertatbestand geschaffen.

Danach sind Gewinne aus dem wirtschaftlichen Geschäftsbetrieb einer steuerbegünstigten Körperschaft als Einkünfte aus Kapitalvermögen zu versteuern, wenn das Ergebnis durch Bestandsvergleich ermittelt wird und der erzielte Überschuß nicht in eine (nach § 58 Nr. 6 oder 7 AO zulässige) Rücklage eingestellt wird (§§ 20 Abs. 1 Nr. 10 Buchst. b Satz 3, 52 Abs. 37a Satz 2 EStG). Die Einkünfte unterliegen nicht dem Halbeinkünfteverfahren und sind daher in voller Höhe zu versteuern.

Die Einordnung der Gewinne eines wirtschaftlichen Geschäftsbetriebs als Einkünfte aus Kapitalvermögen hat zur Folge, daß die Erträge der Kapitalertragsteuer unterliegen (§§ 43 Abs. 1 Nr. 7c, 52 Abs. 53 EStG). Die Kapitalertragsteuer beträgt 10% des Kapitalertrags (§ 43a Abs. 1 Nr. 6 EStG). Als Gläubiger der Kapitalertragsteuer gilt dabei die steuerbegünstigte Körperschaft und als Schuldner der wirtschaftliche Geschäftsbetrieb (§§ 44 Abs. 6 Satz 1, 43 Abs. 2 EStG). Die Kapitalertragsteuer entsteht – sofern die Körperschaft nicht bilanziert – acht Monate nach Ablauf des Wirtschaftsjahres (§ 44 Abs. 6 Satz 2 HS 1 EStG).

135

---

[195] Zur Bestimmung der Besteuerungsgrenze von 60 000 DM bei der Beteiligung an kapitalistisch geprägten Personengesellschaften s. FG Rheinland-Pfalz, Urt. v. 28. 7. 1999, 2 K 2248/98 (Az. BFH I R 78/99), EFG 1999, 1002.

[196] Gesetz zur Senkung der Steuersätze und zur Reform der Unternehmensbesteuerung (Steuersenkungsgesetz – StSenkG) v. 23. 10. 2000, BGBl. I 2000, 1433 = BStBl. I 2000, 1428.

Bei steuerbegünstigten **Stiftungen** ist jedoch kein Steuerabzug vorzunehmen (§ 44a Abs. 7 EStG). Der Gewinn aus dem wirtschaftlichen Geschäftsbetrieb einer steuerbegünstigten Stiftung unterliegt daher künftig nur der Körperschaftsteuer in Höhe von 25% (§ 23 Abs. 1 KStG). Erwerbswirtschaftliche Betätigungen werden insoweit gerade nicht rechtsformneutral besteuert. Vielmehr sind steuerbegünstigte Stiftungen begünstigt.

bb) Beteiligungen der Stiftung an Kapitalgesellschaften
(1) Grundsatz: Steuerfreie Einkünfte aus Vermögensverwaltung

136 Die Verwaltung von Beteiligungen an Kapitalgesellschaften fällt grundsätzlich in den Bereich der **Vermögensverwaltung** und begründet noch keinen wirtschaftlichen Geschäftsbetrieb (AEAO zu § 64 Abs. 3 Satz 3 AO). Die Ausschüttungen sind bei der Stiftung daher selbst dann nicht steuerpflichtig, wenn die Stiftung sämtliche Anteile an der Gesellschaft hält.

(2) Ausnahmen: Steuerpflichtige Einkünfte aus einem Geschäftsbetrieb
(a) Einflußnahme auf die Geschäftsführung

137 Sofern die Stiftung **mehrheitlich an einer Kapitalgesellschaft beteiligt** ist, besteht die Gefahr, daß die Einkünfte aus der Kapitalgesellschaft zu Einkünften aus einem wirtschaftlichen Geschäftsbetrieb werden. Beschränkt sich der Betätigungswille der die Anteile haltenden Stiftung nicht darauf, die Gesellschafterrechte durch die Ausübung des Stimmrechts wahrzunehmen, sondern nimmt sie tatsächlich und entscheidend Einfluß auf die laufende Geschäftsführung der Gesellschaft, betätigt sie sich nicht mehr vermögensverwaltend, sondern unternehmerisch (AEAO zu § 64 Abs. 3 Satz 4 AO; vgl. auch Abschnitt 8 Abs. 5 KStR). Die Gewinnanteile oder Dividenden werden damit steuerpflichtig. Etwas anderes gilt nur dann, wenn die Kapitalgesellschaft ihrerseits rein vermögensverwaltend tätig ist (AEAO zu § 64 Abs. 3 Satz 5 AO).

▶ **Gestaltungshinweise**
- Die Befugnisse der Geschäftsführung der Kapitalgesellschaft sollten nicht durch einen **detaillierten Katalog zustimmungsbedürftiger Geschäfte** eingeengt sein.
- Die Geschäftsführung in der Kapitalgesellschaft und die Vorstandstätigkeit in der Stiftung sollte nicht von denselben Personen wahrgenommen werden. Um zu vermeiden, daß die Stiftung durch eine unüberlegte Bestellung von Organmitgliedern ihre Steuerbegünstigung verliert, könnte vorsorglich eine entsprechende **Inkompatibilitätsbestimmung** in die Satzung aufgenommen werden.

Steuerrecht | Rz. 139 B

Formulierungsvorschlag für die Satzung der Stiftung
Personen, die in Gesellschaften, an denen die Stiftung (mit mehr als [. . .]%) beteiligt ist, dem vertretungsberechtigten (oder einem sonstigen) Organ angehören, können nicht Mitglied des Stiftungsvorstands (oder eines sonstigen Organs der Stiftung) sein.

Formulierungsvorschlag für die Satzung der Beteiligungsgesellschaft
Gesellschafter und deren Organmitglieder können nicht Mitglied der Geschäftsführung (bzw. des Vorstands) (oder eines sonstigen Organs) der Gesellschaft sein.

(b) Betriebsaufspaltung

Ein wirtschaftlicher Geschäftsbetrieb wird ferner dann angenommen, wenn zwischen der steuerbegünstigten Stiftung und einer nicht steuerbegünstigten Körperschaft eine Betriebsaufspaltung besteht (AEAO zu § 64 Abs. 3 Satz 3 und 7 AO)[197]. 138

Eine Betriebsaufspaltung ist insbesondere dann anzunehmen, wenn die Stiftung eine **wesentliche Grundlage für den Betrieb der Kapitalgesellschaft** besitzt und diese der Kapitalgesellschaft zur Verfügung stellt. Die allgemeinen Grundsätze der Betriebsaufspaltung über die personelle Verflechtung können bei der Stiftung keine Anwendung finden, da die Stiftung keine Gesellschafter hat. Von einem einheitlichen Betätigungswillen dürfte aber vor allem dann auszugehen sein, wenn zwischen den Mitgliedern der Stiftungsorgane und den Organen bzw. Gesellschaftern der Kapitalgesellschaft eine personelle Identität besteht.

(3) Änderungen durch das Steuersenkungsgesetz

Gewinnausschüttungen einer (inländischen oder ausländischen) Kapitalgesellschaft unterliegen bei der Stiftung künftig keiner Besteuerung mehr (§§ 8b Abs. 1, 1 Abs. 1 Nr. 5 KStG). Die Dividendenfreistellung gilt unabhängig von einer Mindestbeteiligungshöhe oder einer Mindestbesitzzeit. Gewinnausschüttungen sind auch dann steuerfrei, wenn die Beteiligung zu einem steuerpflichtigen wirtschaftlichen Geschäftsbetrieb der Stiftung gehört. Die Kapitalertragsteuer wird der Stiftung aber (wie bislang) nur erstattet, wenn die Beteiligung zur Vermögensverwaltung gehört. Ist die Beteiligung dagegen einem wirtschaftlichen Geschäftsbetrieb zuzuordnen, erfolgt keine Erstattung der Kapitalertragsteuer (§§ 44c Abs. 1 Satz 3, 44a Abs. 4 Satz 5 EStG). Zeitgleich gilt die Dividendenfreistellung für alle Einkünfte, 139

---

197 Allgemein zur Anwendung der Grundsätze der Betriebsaufspaltung bei gemeinnützigen Einrichtungen s. OFD Frankfurt/Main, Rundverfügung v. 22. 2. 1999, S 2729 A – 3 – St II 12, DStR 1999, 1111.

auf die bei der ausschüttenden Körperschaft das bisherige Anrechnungsverfahren nicht mehr anzuwenden ist (§ 34 Abs. 6d Nr. 1 KStG). Hat die ausschüttende Körperschaft ein dem Kalenderjahr entsprechendes Wirtschaftsjahr, sind ordentliche Gewinnausschüttungen erstmals für das Jahr 2001 steuerfrei. Ist die Stiftung dagegen an einer Körperschaft mit einem abweichenden Wirtschaftsjahr beteiligt, gilt die Steuerfreistellung erst für ordentliche Gewinnausschüttungen für das Wirtschaftsjahr 2001/2002.

140 **Gewinne aus der Veräußerung von Anteilen** an (inländischen und ausländischen) Tochterkapitalgesellschaften sind bei der Stiftung künftig steuerfrei (§§ 8b Abs. 2 Satz 1, 1 Abs. 1 Nr. 5 KStG). Die Steuerfreiheit der Veräußerungsgewinne ist unabhängig von einer Mindestbeteiligungshöhe. Voraussetzung der Steuerfreiheit ist lediglich, daß die Anteile von der Veräußerung mindestens ein Jahr (Behaltefrist) ununterbrochen zum Stiftungsvermögen gehört haben. Für die Veräußerung von einbringungsgeborenen Anteilen und bestimmten Anteilen, die von der Stiftung unter dem Teilwert erworben worden sind, gilt grundsätzlich eine siebenjährige Sperrfrist (s. im einzelnen § 8b Abs. 4 KStG). Steuerfrei sind auch Gewinne aus der Einbringung von Anteilen, verdeckten Einlagen, der Auflösung der Tochterkapitalgesellschaft und der Herabsetzung ihres Nennkapitals. Verluste dürfen nicht mehr gewinnmindernd berücksichtigt werden, sofern sie nicht innerhalb der einjährigen Behaltensfrist realisiert werden (§ 8b Abs. 3 KStG; s. auch § 15 Abs. 4 Satz 5 EStG).

141 Die **erstmalige Anwendung der Neuregelung** bestimmt sich nach dem Wirtschaftsjahr der Körperschaft, deren Anteile veräußert werden sollen (§ 34 Abs. 6d Nr. 2 KStG). Hat die Körperschaft, deren Anteile veräußert werden, ein dem Kalenderjahr entsprechendes Wirtschaftsjahr, sind alle Veräußerungen nach dem 31. 12. 2001 steuerfrei. Hat die Körperschaft dagegen ein vom Kalenderjahr abweichendes Wirtschaftsjahr, findet die Neuregelung erstmals Anwendung, sobald das Wirtschaftsjahr 2001/2002 endet.

cc) Beteiligungen der Stiftung an Personengesellschaften

142 Die Beteiligung einer Stiftung an einer (nicht vermögensverwaltenden) Personenhandelsgesellschaft stellt stets einen wirtschaftlichen Geschäftsbetrieb dar.

▶ **Gestaltungshinweis**

Um zu erreichen, daß die Stiftung anstelle der steuerpflichtigen Einkünfte aus einem wirtschaftlichen Geschäftsbetrieb steuerfreie Einnahmen aus Vermögensverwaltung erzielt, könnte zwischen die Stiftung und die Personenhandelsgesellschaft eine Kapitalgesellschaft als **Zwischen-Holding** eingeschaltet werden.

▶ **Gestaltungshinweis**

— Die Beteiligungsunternehmen einer **steuerbegünstigten Stiftung** sollten grundsätzlich in der **Rechtsform der Kapitalgesellschaft** (und nicht der Personengesellschaft) geführt werden.
— Dagegen sollten die Beteiligungsunternehmen einer **Familienstiftung** (wegen der günstigeren Bewertung bei der Erbschaftsteuer) grundsätzlich in der **Rechtsform der Personengesellschaft** geführt werden.

dd) Ausgliederung von wirtschaftlichen Geschäftsbetrieben

Das unternehmerische Vermögen einer steuerbegünstigten Stiftung sollte nach Möglichkeit immer so strukturiert werden, daß es keinen wirtschaftlichen Geschäftsbetrieb begründet, sondern der **Vermögensverwaltung** zuzuordnen ist.

▶ **Gestaltungshinweis**

Ein Betrieb, Teilbetrieb oder Mitunternehmeranteil könnte daher gegen Gewährung von Gesellschaftsanteilen in eine Kapitalgesellschaft eingebracht werden (§ 20 UmwStG). Die steuerbegünstigte Stiftung erwirbt dabei einbringungsgeborene Anteile. Eine klare Trennung zwischen steuerbegünstigter und steuerpflichtiger Tätigkeit ist auch im Interesse einer überschaubaren Stiftungsverwaltung und der Vermeidung von Haftungsrisiken empfehlenswert.

ee) Verluste im wirtschaftlichen Geschäftsbetrieb

Erträge aus der **Verwaltung des Stiftungsvermögens** dürfen grundsätzlich nicht zum Ausgleich von Verlusten eines steuerpflichtigen wirtschaftlichen Geschäftsbetriebs verwendet werden.

Der Umstand, daß eine steuerbegünstigte Stiftung einen wirtschaftlichen Geschäftsbetrieb unterhält, der in einem Jahr einen Verlust erwirtschaftet, stellt für sich allein genommen, noch keine **Mittelfehlverwendung** dar. Diese gilt insbesondere dann, wenn der Verlust im Folgejahr durch einen Gewinn des wirtschaftlichen Geschäftsbetriebs wieder ausgeglichen wird. Ein Verlust in einem wirtschaftlichen Geschäftsbetrieb ist aber beispielsweise dann **steuerschädlich**, wenn in den sechs Jahren vor der Entstehung des Verlusts, der ideellen Tätigkeit durch den wirtschaftlichen Geschäftsbetrieb keine Gewinne zugeführt worden sind[198].

---

198 Zu den von der Finanzverwaltung anerkannten Möglichkeiten eines Verlustausgleichs s. jüngst BMF, Schreiben v. 19. 10. 1998, IV C 6 – S 0171 – 10/98, BStBl. I 1998, 1423 = ZEV 1999, 146 = DStR 1998, 1914 mit Anm. *Wallenhorst* = DB 1998, 2444; zum Ausgleich von Verlusten aus Vermögensverwaltung s. OFD Hannover, Verfügung v. 29. 7. 1999, S 0177 – 8 – StO 214/S 2729 – 326 – StH 233, DStR 1999, 1565; zum Ausgleich von Verlusten des wirtschaftlichen

g) Zweckbetrieb

145 Ein Zweckbetrieb ist ein wirtschaftlicher Geschäftsbetrieb (§ 14 Satz 1 und 2 AO), der jedoch ausnahmsweise dem steuerbegünstigten Bereich der Körperschaft zugerechnet wird und damit **steuerbefreit** ist (§ 65 AO). Die Annahme eines Zweckbetriebs ist von drei **Voraussetzungen** abhängig:

- Ein Zweckbetrieb muß tatsächlich und unmittelbar **satzungsmäßige Zwecke** der Körperschaft verwirklichen, die ihn betreibt (§ 65 Nr. 1 AO).
- Die Zwecke der Körperschaft müssen sich **nur durch den Zweckbetrieb** erreichen lassen (§ 65 Nr. 2 AO).
- Der **Wettbewerb** des Zweckbetriebs zu nicht begünstigten Betrieben derselben oder ähnlicher Art muß auf das Erfüllung der steuerbegünstigten Zwecke unvermeidbare Maß begrenzt sein (§ 65 Nr. 3 AO)[199].

Zweckbetriebe können beispielsweise Altenheime, Kindergärten, Museen, Theater oder Kunstausstellungen sein (siehe den Katalog in § 68 AO, der gegenüber der allgemeinen Begriffsbestimmung in § 65 AO vorrangig ist)[200].

Die Voraussetzungen, unter denen Einrichtungen der Wohlfahrtspflege (§§ 66 und 68 AO), Krankenhäuser (§ 67 AO) und sportliche Veranstaltungen (§ 67a AO) als Zweckbetrieb anerkannt werden, sind **spezialgesetzlich** geregelt[201].

2. Errichtung der Stiftung

a) Erbschaft- und Schenkungsteuer

aa) Auswirkungen beim Stifter

146 Der Übergang von Vermögen auf eine Stiftung anläßlich deren Errichtung (§ 82 BGB) unterliegt der Erbschaftsteuer (§§ 1 Abs. 1 Nr. 1, 3 Abs. 2 Nr. 1 ErbStG in Verbindung mit § 83 BGB) oder der Schenkungsteuer (§§ 1

Geschäftsbetriebs mittels Aufnahme von Darlehen s. OFD Hannover, Verfügung v. 12. 7. 2000, S 0174 – 8 – StO/S 2729 – 326 – StH 233, DStR 2000, 1564, OFD Nürnberg, Verfügung v. 11. 9. 2000, S 0171 – 700/St 31, DB 2000, 2196.

199 S. dazu BFH, Urt. v. 30. 3. 2000, V R 30/99, DStR 2000, 1256 = DB 2000, 1547.

200 Zur gemeinnützigkeitsrechtlichen Behandlung der Grundversorgung der Schülerinnen und Schüler mit Speisen und Getränken an Ganztagsschulen (sog. Mensabetrieben) (§ 65 AO) s. OFD Kiel, Verfügung v. 20. 4. 2000, S 0184 A – St 262, DB 2000, 1305 und OFD München, Verfügung v. 6. 6. 2000, S 0184, 8 St 423, DStR 2000, 1393.

201 Zur gemeinnützigkeitsrechtlichen Behandlung von Forschungseinrichtungen des privaten Rechts nach § 68 Nr. 9 AO s. jüngst BMF, Schreiben v. 22. 9. 1999, IV C 6 – S 0171 – 97/99, BStBl. I 1999, 944 = DStR 1999, 1694 und FinMin Bayern, Erlaß v. 13. 4. 2000, 33 – S 0171 – 81/33 – 17 787, DB 2000, 954.

Steuerrecht   Rz. 147 **B**

Abs. 1 Nr. 2, 7 Abs. 1 Nr. 8 ErbStG in Verbindung mit § 81 BGB). Das gilt nicht nur für die Zuwendung des Grundstockvermögens, sondern auch für **Zustiftungen und Spenden** in den übrigen Fällen des Erwerbs von Todes wegen (§ 3 ErbStG) und der Schenkung unter Lebenden (§ 7 ErbStG). Die Grundsätze der mittelbaren Grundstücksschenkung kommen auch bei der Erstausstattung einer rechtsfähigen Stiftung zur Anwendung. **Steuerschuldner** ist beim Erwerb von Todes wegen der Erwerber, d.h. die Stiftung. Bei Schenkungen unter Lebenden wird die Steuer daneben auch vom Schenker, d.h. dem Stifter oder Spender geschuldet (§ 20 Abs. 1 ErbStG).

▶ **Beispiel**[202]

Die Eheleute M errichten eine Familienstiftung, die sie mit einem Kapital von 1,5 Mio. DM ausstatten. Das Stiftungskapital wird mit der Auflage übertragen, es zum Erwerb bestimmter Wohn- und Geschäftsgrundstücke (Steuerwert 900 000 DM) zu verwenden.

Die Vermögensübertragung auf die Familienstiftung unterliegt der Schenkungsteuer. Nach den Grundsätzen zur mittelbaren Grundstücksschenkung (R 16 ErbStR 1998) ist für die Ermittlung der steuerlichen Bereicherung der Stiftung nicht der Nennwert der mit einer Verwendungsauflage hingegebenen Vermögensmittel, sondern der steuerliche Grundbesitzwert maßgebend (§ 12 Abs. 3 ErbStG). Die Schenkungsteuer beläuft sich in diesem Fall auf 261 000 DM (29% aus 900 000 DM = 261 000 DM). Dies ist weniger als die Hälfte der bei einer Barzuwendung bestehenden Steuerbelastung (35% aus 1,5 Mio. DM = 525 000 DM).

Zuwendungen an eine Stiftung, die nach ihrer Satzung und ihrer tatsächlichen Geschäftsführung ausschließlich und unmittelbar **kirchlichen, gemeinnützigen oder mildtätigen Zwecken** dient, sind von der Erbschaft- und Schenkungsteuer befreit (§ 13 Abs. 1 Nr. 16 Buchst. b Satz 1 ErbStG und R 49 Abs. 1 ErbStR).

Bei der Auslegung dieser Steuerbefreiungsvorschrift (§ 13 Abs. 1 Nr. 16 Buchst. b ErbStG) treten immer wieder Zweifelsfragen auf, weil die Erbschaftsteuer (anders als die Ertragsteuern, §§ 5 Abs. 1 Nr. 9 Satz 2 KStG, 3 Nr. 6 Satz 2 GewStG) keine **sog. partielle Steuerpflicht** mit einem wirtschaftlichen Geschäftsbetrieb kennt.

Nach Auffassung der Finanzverwaltung entfällt die Steuerbefreiung nicht, wenn die Stiftung einen **Zweckbetrieb** unterhält und deswegen nicht ausschließlich gemeinnützige oder mildtätige Zwecke verfolgt (R 47 Abs. 2 Satz 1 ErbStR). Das gilt auch für Zuwendungen, die zur Verwendung in einem Zweckbetrieb bestimmt sind (R 47 Abs. 2 Satz 2 ErbStR).

147

---
202 Nach FG Rheinland-Pfalz, Urt. v. 19. 3. 1998, 4 K 2887/97, ZEV 1998, 199 = EFG 1998, 1021 (zu einer liechtensteinischen Familienstiftung).

Die Steuerbefreiung ist nach Auffassung der Finanzverwaltung auch dann nicht ausgeschlossen, wenn die Stiftung einen **wirtschaftlichen Geschäftsbetrieb von untergeordneter Bedeutung** unterhält (R 47 Abs. 2 Satz 3 ErbStR). Für Zuwendungen, die dem wirtschaftlichen Geschäftsbetrieb zugute kommen, scheidet die Steuerbefreiung dagegen aus (R 47 Abs. 2 Satz 4 ErbStR).

Wird der Stiftung ein **wirtschaftlicher Geschäftsbetrieb** zugewendet (zum Beispiel die Beteiligung an einer Personengesellschaft oder ein Einzelunternehmen), wird die Steuerbefreiung grundsätzlich gewährt (R 47 Abs. 2 Satz 5 ErbStR). Sofern die Stiftung den wirtschaftlichen Geschäftsbetrieb fortführt, setzt die Steuerbefreiung voraus, daß der Betrieb verpflichtet ist, seine Überschüsse an den ideellen Bereich abzugeben und diese Verpflichtung auch tatsächlich erfüllt (R 47 Abs. 2 Satz 6 ErbStR).

▶ **Gestaltungshinweis**
Um die Steuerfreiheit der Vermögenszuwendung sicherzustellen, sollte das Einzelunternehmen oder der Mitunternehmeranteil vor der Übertragung auf eine Stiftung (s. R 34 ErbStR, wonach die ertragsteuerliche Rückwirkung der Umwandlung erbschaftsteuerlich nicht anerkannt wird) gegen Gewährung von Gesellschaftsanteilen in eine Kapitalgesellschaft (§§ 20, 21 UmwStG) eingebracht werden.

Die Steuerbefreiung **entfällt rückwirkend**, wenn die Voraussetzungen für die Anerkennung als kirchliche, gemeinnützige oder mildtätige Institution innerhalb von zehn Jahren nach der Zuwendung entfallen und das Vermögen nicht steuerbegünstigten Zwecken zugeführt wird (§§ 13 Abs. 1 Nr. 16 Buchst. b Satz 2 ErbStG, 175 Abs. 1 Nr. 2 AO). Entsprechend dem Grundsatz der Vermögensbindung (§ 55 Abs. 1 Nr. 4 AO) wird das Vermögen in der Regel jedoch auf eine andere begünstigte Körperschaft übergehen oder für begünstigte Zwecke verwendet werden, so daß eine Nachversteuerung unterbleibt. Andernfalls ist die Steuer für das an die Stiftung zugewendete Vermögen nach dem Wert im Zeitpunkt des Übergangs nachzuentrichten.

Die Vermögenszuwendung an eine Stiftung ist ferner dann von der Erbschaft- und Schenkungsteuer befreit, wenn die Verwendung der ausschließlich kirchlichen, gemeinnützigen oder mildtätigen Zwecken gewidmeten Zuwendung **zu dem entsprechenden Zweck gesichert ist** (§ 13 Abs. 1 Nr. 17 ErbStG, dazu R 49 ErbStR)[203].

---

203 Zu der Frage, ob die Zuwendung eines deutschen Erblassers an eine in Schweden zu Lebzeiten errichtete Stiftung auch dann nach § 13 Abs. 1 Nr. 17 ErbStG steuerbefreit ist, wenn 20% der Erträge der übertragenen Vermögenswerte in eine freie Rücklage eingestellt werden s. FG Hamburg, Urt. v. 28. 9. 1999, I 20/99 (Az. BFH II R 82/99), DStRE 2000, 310 = EFG 2000, 227.

bb) Auswirkungen beim Erben

Die (bereits entstandene) Erbschaft- und Schenkungsteuerpflicht **erlischt rückwirkend**, soweit Vermögensgegenstände, die von Todes wegen oder durch Schenkung unter Lebenden erworben worden sind, innerhalb von 24 Monaten nach dem Zeitpunkt der Steuerentstehung einer inländischen Stiftung zugewendet werden, die ausschließlich und unmittelbar als gemeinnützig anzuerkennenden wissenschaftlichen oder kulturellen Zwecken dient (§ 29 Abs. 1 Nr. 4 ErbStG und § 175 Abs. 1 Nr. 2 AO). Die Stiftung darf jedoch keine Leistungen an den Stifter oder seine nächsten Angehörigen erbringen (§ 58 Nr. 5 AO[204]) und für die Zuwendung darf kein Spendenabzug geltend gemacht werden (§§ 10b EStG, 9 Abs. 1 Nr. 2 KStG, 9 Nr. 5 GewStG) (§ 29 Abs. 1 Nr. 4 Satz 2 ErbStG).

148

Mit der Vorschrift soll für Erwerber, denen steuerpflichtige Zuwendungen gemacht worden sind, ein **Anreiz zur Weitergabe** an bestimmte steuerbegünstigte Stiftungen geschaffen werden. Im Falle der Weiterübertragung des Vermögens ist nicht nur die Zuwendung an die steuerbegünstigte Stiftung steuerfrei, sondern auch der vorangegangene Erwerb des Zuwendenden.

Für Erwerbsvorgänge nach dem 31. 12. 1999 wurde der Anwendungsbereich der Vorschrift auf alle steuerbegünstigten Stiftungen (mit Ausnahme der Zwecke, die nach § 52 Abs. 2 Nr. 4 AO gemeinnützig sind) erweitert. Die weitergehenden Reformvorschläge[205] wurden (bislang) nicht verwirklicht.

b) Ertragsteuern

aa) Spendenabzug beim Stifter

Literaturhinweise: *Augsten*, Die Neuregelung des Spendenrechts zum 1.1.2000, DStR 2000, 621; *Crezelius/Rawert*, Das Gesetz zur weiteren steuerlichen Förderung von Stiftungen, ZEV 2000, 421; *Eckmann*, Die Neuordnung des Spendenrechts ab 2000, INF 2000, 97; *Eversberg*, Gesetz zur weiteren steuerlichen Förderung von Stiftungen, Stiftung & Sponsoring 4/2000, 3; *Heinicke*, in: Ludwig Schmidt (Hrsg.), Einkommensteuergesetz, 19. Aufl., München 2000, Kommentierung zu § 10b EStG; *Hild*, in: Korn (Hrsg.), Einkommensteuergesetz, Köln 2000, Kommentierung zu § 10b EStG; *Hildesheim*, Die Nachweiserbringung bei Sachspenden nach § 10b EStG unter Berücksichtigung der Interessen des Spenders und des Spendenempfängers, StBp 1999, 215; *Hüttemann*, Das Gesetz zur weiteren steuerlichen Förderung von Stiftungen, Deutsche Stiftungen – Mitteilungen des Bundesverbandes Deutscher Stiftungen 2/2000, 70; *Hüttemann*, Die Neuregelung des Spendenrechts, NJW 2000, 638; *Hüttemann*, Das Gesetz zur weiteren steuerlichen Förderung von Stif-

---

204 Nach dem Wortlaut („. . . zu erbringen hat . . .") greift die Befreiungsvorschrift des § 29 Abs. 1 Nr. 4 ErbStG aber wohl dann ein, wenn die Leistungen an den Stifter und seine Angehörigen im Ermessen der Stiftung stehen.
205 S. dazu Teil K Rz. 4 ff.

tungen, DB 2000, 1584; *Joost,* Spendenrecht 2000, DB 2000, 1248; *Kümpel,* Die Änderung des Spendenrechts ab dem 1. 1. 2000, FR 2000, 91; *Myßen,* Abzug von Spenden bei der Einkommensteuer, NWB Fach 3 S. 10979 (2000); *Myßen,* Das Durchlaufspendenverfahren nach der Neuordnung des Spendenrechts unter haftungsrechtlichen Gesichtspunkten, INF 2000, 385; *Oppermann,* Die steuerliche Haftung für rechtswidrig ausgestellte Spendenbescheinigungen, DStZ 1998, 424; *Schindler,* Auswirkungen des Gesetzes zur weiteren steuerlichen Förderung von Stiftungen, BB 2000, 2077; *Schindler,* Mehr Gestaltungsspielraum für Stifter, Wirtschaft & Wissenschaft 3/2000, 44; *Schindler/Steinsdörfer,* in: Stifterverband für die Deutsche Wissenschaft (Hrsg.), Neue Möglichkeiten für Stifter, Gesetz zur weiteren steuerlichen Förderung von Stiftungen, Essen 2000; *Schneider,* Der Spendenabzug ab dem Jahr 2000, DStZ 2000, 291; *Starke,* in: Herrmann/Heuer/Raupach, Steuerbereinigungsgesetz 1999, Köln 2000, Kommentierung zu § 10b EStG; *Thiel,* Die Neuordnung des Spendenrechts, DB 2000, 392; *Wolsztynski/Hüsgen,* Kritische Anmerkungen zur Reform des Spenden- und des Stiftungssteuerrechts, BB 2000, 1809.

(1) Überblick

149 Das Spendenrecht wurde zum 1. 1. 2000 **in wesentlichen Teilen neu geregelt**[206]. Die Neuregelung ist erstmals für den Veranlagungszeitraum 2000 anzuwenden (§ 84 Abs. 3a EStDV)[207].

Ausgaben für die Vermögensausstattung einer Stiftung sind bei der Einkommensermittlung des Stifters grundsätzlich als nicht abziehbare **Kosten der privaten Lebensführung** (§ 12 Nr. 1 Satz 2 EStG) (bzw. bei juristischen Personen als nicht abziehbare verdeckte Gewinnausschüttungen, § 8 Abs. 3 KStG) zu behandeln. Etwas anders gilt nur dann, wenn die Zuwendung zur Förderung eines steuerbegünstigten Zwecks erfolgt (§§ 10b EStG, 9 Abs. 1 Nr. 2 KStG, 9 Abs. 5 GewStG).

(2) Begriff der Zuwendung

150 Zuwendungen sind **freiwillige Ausgaben** zur Förderung steuerbegünstigter Zwecke ohne Gegenleistung[208]. Der Begriff der Zuwendung umfaßt dabei

---

206 Verordnung zur Änderung der Einkommensteuer-Durchführungsverordnung v. 10. 12. 1999, BGBl. I 1999, 2413 = BStBl. I 1999, 1132; s. dazu den Beschluß des Bundesrates-Verordnung zur Änderung der Einkommensteuer-Durchführungsverordnung, BR-Drks. 418/99 v. 15. 10. 1999 und den Verordnungsantrag des Landes Hessen zur Abschaffung des Durchlaufspendenverfahrens v. 1. 12. 1998, BR-Drks. 950/98. Die Neuordnung des Spendenrechts wird in einer Verfügung der OFD Düsseldorf, Verfügung v. 1. 12. 1999, S 2223 – 191 – St 133, NJW 2000, 643 = DB 1999, 2606 = FR 2000, 110, erläutert.
207 Bekanntmachung der Neufassung der Einkommensteuer-Durchführungsverordnung v. 10. 5. 2000, BGBl. I 2000, 717.
208 S. dazu FG Rheinland-Pfalz, Urt. v. 10. 1. 2000, 5 K 1397/98 (Az. BFH XI B 48/00), DStRE 2000, 399 (Ist Motiv für die Zahlung einer größeren Summe an einen Golfclub nicht die Förderung des Sports als solche, sondern der Erwerb

Steuerrecht   Rz. 150 B

Spenden und Mitgliedsbeiträge (§ 48 Abs. 3 EStDV). Bei der Vermögensausstattung einer Stiftung handelt es sich stets um Spenden, da eine Stiftung keine Mitglieder hat.

Spenden können in Form von **Geld- oder Sachzuwendungen** erfolgen (§ 10 Abs. 3 Satz 1 HS 1 EStG). Die unentgeltliche Erbringung von Dienstleistungen oder Überlassung von Nutzungsmöglichkeiten kann dagegen nicht Gegenstand einer steuerbegünstigten Zuwendung sein (§ 10b Abs. 3 Satz 1 HS 2 EStG). Sofern hingegen die Zahlung eines Entgelts oder einer Aufwandsentschädigung vereinbart worden ist, kann der Verzicht auf den Erstattungsanspruch als eine Aufwandsspende anzuerkennen sein (§§ 10b Abs. 3 Satz 4 und 5 EStG, 9 Abs. 2 Satz 4 und 5 KStG, 9 Nr. 5 Satz 4 GewStG)[209].

Sachzuwendungen sind grundsätzlich mit dem **gemeinen Wert** anzusetzen (§ 10b Abs. 3 Satz 3 EStG; die Grundlagen der Wertermittlung müssen sich dabei aus den Aufzeichnungen des Zuwendungsempfängers ergeben, § 50 Abs. 4 Satz 2 Fall 1 EStDV). Ist ein Wirtschaftsgut jedoch unmittelbar vor der Zuwendung einem Betriebsvermögen entnommen worden, kann die Spende höchstens mit dem Wert der Entnahme (zzgl. Umsatzsteuer, § 3 Abs. 1b UStG) angesetzt werden (§§ 10b Abs. 3 Satz 2 EStG, 9 Abs. 2 Satz 3 KStG, 9 Nr. 5 Satz 4 GewStG). Dies ist der Buchwert, wenn das Wirtschaftsgut unmittelbar nach der Entnahme einer steuerbegünstigten Körperschaft für spendenbegünstigte Zwecke (im Sinne des § 10b Abs. 1 Satz 1 oder 3 EStG) unentgeltlich überlassen wird (§ 6 Abs. 1 Nr. 4 Satz 4 und 5 EStG, **Buchwertprivileg**).

Die Zuwendung muß freiwillig erbracht werden. An der Freiwilligkeit einer Zuwendung fehlt es, wenn eine **rechtliche Verpflichtung zur Leistung** besteht. Ausgaben aufgrund einer Verpflichtung, die freiwillig eingegangen worden sind, gelten jedoch als freiwillig erbracht. Die Übertragung von Vermögen auf eine Stiftung stellt demnach eine freiwillige Zuwendung dar (obwohl sie nach § 82 BGB „geschuldet" wird)[210].

---

der Mitgliedschaft bzw. die Nutzung der Anlagen des Golfclubs, scheidet ein Spendenabzug trotz Spendenbescheinigung aus); FG Düsseldorf, Urt. v. 9. 6. 1999, 2 K 7411/96 E, DStRE 2000, 630 (Eine Spende kann nicht als Sonderausgabe abgezogen werden, wenn die Zuwendung nach den Vorstellungen des Zuwendenden in unmittelbarem wirtschaftlichen Zusammenhang mit einer Gegenleistung des Empfängers – hier Erteilung einer Baugenehmigung – steht).

209 S. dazu BMF, Schreiben v. 7. 6. 1999, IV C 4 – S 2223 – 111/99, BStBl. I 1999, 591 = DStR 1999, 1219; zur Aufzeichnungspflicht des Empfängers in diesem Fall s. § 50 Abs. 4 Satz 2 Fall 2 EStDV.

210 BFH, Urt. v. 5. 2. 1992, I R 63/91, BStBl. II 1992, 748 = DB 1992, 1967 = DStR 1992, 1801.

(3) Zweck der Zuwendung

151 Ausgaben für die Vermögensausstattung einer Stiftung können nur dann als Sonderausgaben oder Betriebsausgaben abgezogen werden, wenn sie zur Förderung **mildtätiger, kirchlicher, religiöser oder als besonders förderungswürdig anerkannter gemeinnütziger Zwecke** geleistet werden (§§ 10b EStG, 9 Abs. 1 Nr. 2 KStG, 9 Abs. 5 GewStG)[211].

Die steuerbegünstigten Zwecke lassen sich in zwei Gruppen einteilen:

— Ausgaben zur **Förderung mildtätiger, kirchlicher, religiöser und wissenschaftlicher Zwecke** sind stets begünstigt. Für die Auslegung der steuerbegünstigten Zwecke gelten die allgemeinen Vorschriften der Abgabenordnung (§§ 51 ff. AO, § 48 Abs. 1 EStDV)[212],

— Ausgaben zur **Förderung gemeinnütziger Zwecke** sind demgegenüber nur dann begünstigt, wenn sie als besonders förderungswürdig anerkannt sind. Die **als förderungswürdig anerkannten** Zwecke sind in einer Anlage zur Einkommensteuer Durchführungs-Verordnung aufgeführt (Anlage 1 zu § 48 Abs. 2 EStDV). Dazu gehört beispielsweise die Förderung der Jugend- und Altenhilfe (Abschnitt A Nr. 2), des Verbraucherschutzes (Abschnitt A Nr. 13), des Sports (Abschnitt B Nr. 1) oder des Faschings (Abschnitt B Nr. 4). Auch nach der Neuregelung des Spendenrechts besteht somit keine Übereinstimmung zwischen steuerbegünstigten (§§ 51 ff. AO) und spendenbegünstigten (Anlage 1 zu § 48 Abs. 2 EStDV) Zwecken (Die weitere Unterscheidung der spendenbegünstigten Zwecke in Abschnitt A – Mitgliedsbeiträge begünstigt – und Abschnitt B – Mitgliedsbeiträge nicht begünstigt – ist für das Stiftungsrecht nicht von Bedeutung, da Stiftungen keine Mitglieder haben).

Zuwendungen zur **Förderung der Völkerverständigung** waren nach der Neuregelung zum Spendenrecht[213] nur noch dann begünstigt, wenn die Aktivitäten der Körperschaft nach Satzung und tatsächlicher Geschäftsführung ausschließlich in Deutschland (und nicht auch im Ausland) stattfinden (Abschnitt A Nr. 10 der Anlage 1 zu § 48 Abs. 2 EStDV). Sofern die internationale Gesinnung und Toleranz auf allen Gebieten der Kultur (so die bisherige Regelung in Nr. 12 der Anlage 7 zu R 111 Abs. 1 EStR a.F.) auch durch Studien- oder Bildungsreisen ins Ausland gefördert werden sollte, ließ sich

---

[211] Zur Abzugsfähigkeit von Zahlungen an die Stiftung „Erinnerung, Verantwortung und Zukunft" mit Sitz in Berlin (BGBl. I 2000, 1263; s. dazu auch BR-Drks. 193/2000 v. 7. 4. 2000, BT-Drks. 14/3206 v. 13. 4. 2000 und BT-Drks. 14/3459 v. 26. 5. 2000) als Betriebsausgaben im Sinne von § 4 Abs. 4 EStG s. BMF-Schreiben v. 3. 3. 2000, IV C 2 – S 2145 – 16/00 und OFD Frankfurt/Main, Verfügung v. 21. 8. 2000 – S 2110 A – 1 – St II 20, DB 2000, 1990.
[212] S. dazu Teil B Rz. 113 ff.
[213] Verordnung zur Änderung der Einkommensteuer-Durchführungsverordnung v. 10. 12. 1999, BGBl. I 1999, 2413 = BStBl. I 1999, 1132.

dies dadurch erreichen, daß der Satzungszweck auch auf die Förderung der Bildung ausgedehnt wurde. Im Rahmen des Gesetzes zur weiteren steuerlichen Förderung von Stiftungen hat der Gesetzgeber der berechtigten Kritik an der Einschränkung der Förderung der Völkerverständigung Rechnung getragen. Die Förderung internationaler Gesinnung, der Toleranz auf allen Gebieten der Kultur und des Völkerverständigungsgedankens ist mit (Rück-) Wirkung zum 1. 1. 2000 wiederum begünstigt, sofern nicht nach Satzungszweck oder tatsächlicher Geschäftsführung mit der Verfassung unvereinbare oder überwiegend touristische Aktivitäten verfolgt werden (Abschnitt A Nr. 10 der Anlage 1 zu § 48 Abs. 2 EStDV n.F.).

Zuwendungen zur **Förderung von weltanschaulichen Zwecken** sind (obwohl sie weder in §§ 10b EStG, 9 Abs. 1 Nr. 2 KStG, 9 Abs. 5 GewStG noch in der Anlage 1 zu § 48 Abs. 2 EStDV genannt sind) ebenfalls begünstigt[214]. Die staatliche Verpflichtung zu weltanschaulicher Neutralität verbietet eine Unterscheidung zwischen der Förderung religiöser und weltanschaulicher Zwecke (Art. 4 Abs. 1 GG).

(4) Zuwendungsempfänger

Das früher geltende **Durchlaufspendenverfahren** (R 111 Abs. 3 EStR und H 111 „Durchlaufspendenverfahren" und „Listenverfahren") wurde zum 1. 1. 2000 abgeschafft. Spenden an bestimmte steuerbegünstigte Körperschaften waren danach nur dann abzugsfähig, wenn sie an eine juristische Person des öffentlichen Rechts und nicht an die steuerbegünstigte Körperschaft geleistet worden sind. Damit sollte ein Mißbrauch der Steuerbegünstigung für Spenden verhindert werden.

152

Bei der **Übertragung von Grundstücken und GmbH-Geschäftsanteilen** hat das Durchlaufspendenverfahren aufgrund der Beurkundungspflicht der entsprechenden Rechtsgeschäften früher zu Mehrkosten geführt. Um die Spendenbereitschaft zu fördern hat die Finanzverwaltung in diesen Fällen bereits in der Vergangenheit unter bestimmten Voraussetzungen eine unmittelbare Übertragung der Vermögenswerte auf eine Stiftung aus Billigkeitsgründen zugelassen[215].

Nunmehr sind **alle steuerbegünstigten Körperschaften** zum Empfang von Spenden berechtigt (§ 49 Nr. 2 EStDV).

---

214 BFH, Urt. v. 23. 9. 1999, XI R 66/98, BStBl. II 2000, 533 = DStRE 2000, 461 = DB 2000, 1159 = NVwZ 2000, 967.
215 S. zuletzt etwa OFD Hannover, Verfügung v. 29. 6. 1999, S – 2729 – 27 – St 0214/S 2729 – 66 – StH 233, DB 1999, 1580, OFD Frankfurt/Main, Rundverfügung v. 28. 11. 1997, S 2223 A – 134 – St II 22, ZEV 1998, 95 und FinMin Brandenburg, Erlaß v. 18. 7. 1997, 35 – S 2223 – 2/97, FR 1997, 742.

(5) Zuwendungsbestätigung

153 Zuwendungen zur Förderung spendenbegünstigter Zwecke sind nur dann steuerlich abzugsfähig, wenn sie durch eine förmliche Zuwendungsbestätigung nachgewiesen werden (§ 50 Abs. 1 EStDV). Anders als bei der Geltendmachung von Werbungskosten oder Betriebsausgaben ist die Zuwendungsbestätigung eine **materiell-rechtliche Voraussetzung** für den Spendenabzug.

Die Zuwendungsbestätigung muß seit dem 1. 1. 2000 nach einem **amtlich vorgeschriebenen Vordruck** ausgestellt werden. Die Finanzverwaltung hat insgesamt acht verschiedene Muster veröffentlicht, die nach dem Zuwendungsempfänger und der Zuwendungsart unterscheiden[216].

Bei der Ausstellung der Zuwendungsbestätigungen ist darauf zu achten, daß das in der Bestätigung angegebene Datum des Freistellungsbescheids (bzw. des Steuerbescheids) nicht länger als **fünf Jahre** (bzw. bei einer vorläufigen Bescheinigung nicht länger als drei Jahre) seit dem Tag der Erteilung der Zuwendungsbestätigung zurückliegt. Andernfalls wird die Bestätigung von der Finanzverwaltung nicht als ausreichender Nachweis für den steuerlichen Spendenabzug anerkannt[217].

Die Zuwendungsbestätigung muß grundsätzlich von mindestens einer durch die Satzung (oder durch Auftrag) zur Entgegennahme von Zahlungen berechtigten Person **unterschrieben** werden (R 111 Abs. 4 EStR, zur maschinell erstellten Zuwendungsbestätigung siehe R 111 Abs. 5 EStR).

154 Für bestimmte Zuwendungen, etwa Spenden bis zu 100 DM, besteht wie bisher eine **Vereinfachungsregelung** (§ 50 Abs. 2 EStDV).

Der Zuwendungsempfänger hat die Vereinnahmung der Zuwendung und die zweckentsprechende Verwendung **aufzuzeichnen** und ein Doppel der Zuwendungsbestätigung **aufzubewahren** (§ 50 Abs. 4 Satz 1 EStDV).

Der Zuwendende darf auf die **Richtigkeit der Zuwendungsbestätigung vertrauen** (§§ 10b Abs. 4 Satz 1 EStG, 9 Abs. 3 Satz 1 KStG, 9 Nr. 5 Satz 4 GewStG). Für Steuerausfälle aufgrund unrichtiger Zuwendungsbestätigungen oder einer Verwendung von Zuwendungen zu anderen als den steuerbe-

---

216 S. dazu im einzelnen BMF, Schreiben v. 18. 11. 1999, IV C 4 – S 2223 – 211/99, BStBl. I 1999, 979 = DStR 1999, 2032 = DB 1999, 2543 – Neuordnung der untergesetzlichen Regelung des Spendenrechts/Ausgestaltung der Muster für Zuwendungsbestätigungen. Für eine Übergangszeit bis zum 30. 6. 2000 wurden noch Zuwendungsbestätigungen nach dem früheren Muster anerkannt: BMF, Schreiben v. 14. 1. 2000, IV C 4 – S 2223 – 277/99, BStBl. I 2000, 132 = DStR 2000, 283 = DB 2000, 353; zur Weitergeltung von § 48 Abs. 2 EStDV a.F. für eine Übergangszeit s. BFH, Urt. v. 23. 9. 1999, XI R 63/98, BStBl. II 2000, 200 = DStRE 2000, 401 = DB 2000, 906.
217 S. dazu BMF, Schreiben v. 15.12. 1994, BStBl. I 1994, 884 = DStR 1995, 136.

günstigten Zwecken haftet dem Fiskus der Zuwendungsempfänger (Ausstellerhaftung nach §§ 10b Abs. 4 Satz 2 Fall 1 EStG, 9 Abs. 3 Satz 2 Fall 1 KStG, 9 Nr. 5 Satz 5 Fall 1 GewStG und Veranlasserhaftung nach §§ 10b Abs. 4 Satz 2 Fall 2 EStG, 9 Abs. 3 Satz 2 Fall 2 KStG, 9 Nr. 5 Satz 5 Fall 2 GewStG). Aus Vereinfachungsgründen wird ein Steuerausfall in Höhe von 40% der Zuwendung (bei der Gewerbesteuer von 10%, § 9 Nr. 5 Satz 6 GewStG) angenommen (§§ 10b Abs. 4 Satz 3 EStG, 9 Abs. 3 Satz 3 KStG). Mit der Abschaffung des Durchlaufspendenverfahrens können die steuerbegünstigten Körperschaften selbst Zuwendungsbescheinigungen ausstellen, so daß künftig auch das Risiko der Ausstellerhaftung zunehmen wird[218].

(6) Höhe der abzugsfähigen Zuwendung

(a) Allgemeiner Spendenabzug

Zuwendungen für spendenbegünstigte Zwecke können nur innerhalb bestimmter Grenzen als **Sonderausgaben bzw. Betriebsausgaben** geltend gemacht werden.

155

Der Abzug ist grundsätzlich auf **5% des Gesamtbetrags der Einkünfte** (§ 2 Abs. 3 Satz 1 EStG) beschränkt (§§ 10b Abs. 1 Satz 1 EStG, 9 Abs. 1 Nr. 2 KStG, 9 Abs. 5 GewStG). Für Zuwendungen zur Förderung wissenschaftlicher, mildtätiger und der als besonders förderungswürdig anerkannten gemeinnützigen Zwecke verdoppelt sich diese Höchstgrenze auf 10% (§§ 10b Abs. 1 Satz 2 EStG, 9 Abs. 1 Nr. 2 Satz 2 KStG, 9 Abs. 5 Satz 2 GewStG)[219].

Unternehmen können statt dessen einen (einheitlichen) **Höchstbetrag** von 0,002% der Summe der gesamten Umsätze und der im Kalenderjahr aufgewendeten Löhne und Gehälter wählen.

(b) Großspenden

Zuwendungen dürfen grundsätzlich nur in dem Veranlagungszeitraum als Sonderausgabe oder Betriebsausgabe abgezogen werden, in dem sie **geleistet** worden sind (§ 11 Abs. 2 Satz 1 EStG). Eine Ausnahme besteht jedoch

156

---

218 Zur Haftung eines steuerbegünstigten Vereins, der eine Waldorfschule betreibt, für unrichtige Spendenbescheinigungen s. BFH, Urt. v. 12. 8. 1999, XI R 65/98, BStBl. II 2000, 65 = NJW 2000, 1063 = DStR 2000, 149 = BFH/NV 2000, 503 (Eine Spendenbestätigung ist unrichtig, wenn sie Zuwendungen ausweist, die Entgelt für Leistungen sind. Setzt der Schulträger das Schuldgeld so niedrig an, daß der normale Betrieb der Schule nur durch die Zuwendungen der Eltern an einen Förderverein aufrechterhalten werden kann, die dieser satzungsgemäß an den Schulträger abzuführen hat, so handelt es sich bei diesen Zuwendungen um ein Leistungsentgelt, nicht um Spenden).
219 Zum erhöhten Spendenabzug für kulturelle Zwecke s. BFH, Urt. v. 15. 12. 1999, XI R 93/97, DB 2000, 905 = NJW 2000, 1887 = DStRE 2000, 343 = ZEV 2000, 245 = BB 2000, 606 = DStZ 2000, 452 = BFH/NV 2000, 650.

für Großspenden (§§ 10b Abs. 1 Satz 4 EStG, 9 Abs. 1 Nr. 2 Satz 4 KStG, 9 Nr. 5 Satz 4 GewStG). Danach kann für (Einzel-)Spenden von mindestens 50 000 DM zur Förderung wissenschaftlicher, mildtätiger oder als besonders förderungswürdig anerkannter kultureller Zweck ein auf mehrere Jahre verteilter Spendenabzug in Anspruch genommen werden. Der **Spendenvortrag und -rücktrag** ist bei den einzelnen Steuerarten unterschiedlich geregelt (Einkommensteuer: einjähriger Spendenrücktrag und fünfjähriger Spendenvortrag; Körperschaft- und Gewerbesteuer: nur sechsjähriger Spendenvortrag und kein Spendenrücktrag)[220].

(c) Zusätzliche Abzugsmöglichkeiten bei Stiftungen

157 Nach dem Gesetz zur weiteren steuerlichen Förderung von Stiftungen[221] sind die bislang bestehenden Höchstbeträge ab dem Veranlagungszeitraum 2000 (§§ 52 Abs. 24a EStG n.F. und 36 Abs. 4 GewStG n.F.) um **zwei zusätzliche Abzugsmöglichkeiten** ergänzt worden.

Danach besteht für Zuwendungen an **steuerbegünstigte Stiftungen** (mit Ausnahme der Körperschaften, die in § 52 Abs. 2 Nr. 4 AO ["Freizeitaktivitäten"] genannt sind[222]) zunächst ein zusätzlicher Abzugsbetrag von bis zu 40 000 DM (ab 1. 1. 2001: 20 450 Euro) (§§ 10b Abs. 1 Satz 3 EStG, 9 Abs. 1 Nr. 2 Satz 3 KStG, 9 Nr. 5 Satz 3 GewStG). Der Abzugsbetrag gilt nicht nur für zeitnah zu verwendende Zuwendungen, sondern auch für Zustiftungen zum Vermögen einer Stiftung. Die Neuregelung begünstigt Zuwendungen an Stiftungen unabhängig davon, ob die Mittel von der Stiftung selbst für steuerbegünstigte Zwecke verwendet oder an andere begünstigte Körperschaften weitergeleitet werden (Förderstiftungen, § 58 Nr. 1 und 2 AO). Der neue Abzugsbetrag in Höhe von 40 000 DM (§§ 10b Abs. 1 Satz 3 EStG, 9 Abs. 1 Nr. 2 Satz 3 KStG, 9 Nr. 5 Satz 3 GewStG) kann bei Einzelzuwendungen in Höhe von mindestens 50 000 DM nicht nur im Jahr der Zuwendung, sondern im Rahmen der Großspendenregelung auch im Rücktragsjahr und den Vortragsjahren in Anspruch genommen werden (vgl. §§ 10b Abs. 1 Satz 4 EStG, 9 Abs. 1 Nr. 2 Satz 4 KStG, 9 Nr. 5 Satz 4 GewStG „diese Höchstsätze").

Neben dem neuen Abzugsbetrag von 40 000 DM ist der **Sonderausgabenabzug** bei Zuwendungen an Stiftungen in einem weiteren Punkt erheblich

---

220 S. dazu OFD Frankfurt/Main, Verfügung v. 15. 9. 1999, S 2751 A – 14 – St II 10, DB 1999, 2086.
221 BGBl. I 2000, 1034 = BStBl. I 2000, 1192. S. dazu Teil K Rz. 11. S. auch OFD Koblenz, Verfügung v. 11. 8. 2000, S 0170 A – St 34 2, DStR 2000, 1603 = ZEV 2000, 446.
222 Von *Heinicke* als „pseudogemeinnützige" Zwecke bezeichnet (in: Ludwig Schmidt, Einkommensteuergesetz, 19. Aufl., München 2000, § 10b EStG Rz. 25).

ausgeweitet worden. Zuwendungen, die anläßlich der Neugründung einer Stiftung in den Vermögensstock geleistet werden, sind bis zu einem Betrag von 600 000 DM innerhalb eines Zeitraums von zehn Jahren steuerlich begünstigt (§§ 10b Abs. 1a EStG, 9 Nr. 5 Sätze 4 ff. GewStG; für Zwecke der **Körperschaftsteuer** gilt diese zusätzliche Begünstigung jedoch **nicht**). Der zusätzliche Abzugsbetrag kommt für die Spendenbeträge in Betracht, die in einem Veranlagungszeitraum (und gegebenenfalls in den folgenden neun Veranlagungszeiträumen) über die sonstigen Höchstsätze für abzugsfähige Ausgaben (nach §§ 10b EStG bzw. 9 Nr. 5 Satz 3 GewStG) hinausgehen und damit an sich nicht berücksichtigt werden könnten. Hierbei ist insbesondere an die Inanspruchnahme durch Stifter gedacht, die in der Gründungsphase eine Stiftung mit ausreichendem Kapital ausstatten. Als anläßlich der **Neugründung einer Stiftung** geleistet gelten Zuwendungen bis zum Ablauf eines Jahres nach Gründung der Stiftung (§§ 10b Abs. 1a Satz 2 EStG, 9 Nr. 5 Satz 6 GewStG). Dabei beginnt die Jahresfrist sowohl für Stiftungen unter Lebenden als auch für Stiftungen von Todes wegen[223] mit dem Tag der Genehmigung. Die in dem **Zehnjahreszeitraum** anfallenden überschießenden Beträge werden bis zu einem Betrag von 600 000 DM (ab 1. 1. 2002: 307 000 Euro) berücksichtigt. Der Zehnjahreszeitraum beginnt in dem Jahr zu laufen, in dem erstmals ein nach den sonstigen Abzugsvorschriften nicht berücksichtigungsfähiger Spendenbetrag verbleibt. Dies ist nicht notwendigerweise das Jahr der Gründung der Stiftung. Der Spendenabzug erfolgt dann nach allgemeinen Regeln im Jahr des Abflusses. Nach Ablauf von zehn Jahren kann der Abzugsbetrag bei Neugründung weiterer Stiftungen (nicht aber für Zustiftungen an die bereits bestehende Stiftung) erneut in Anspruch genommen werden. Voraussetzung hierfür ist, daß wiederum erstmals die Höchstsätze überschritten werden.

▶ **Gestaltungshinweis**

Der Abzugsbetrag wird nur „nach **Antrag** des Steuerpflichtigen" gewährt. Damit steht es dem Zuwendenden frei, wie er den Betrag von bis zu 600 000 DM auf das Jahr der Zuwendung und die folgenden neun Veranlagungszeiträume verteilt. Der Antrag ist nicht fristgebunden. Bei der Ausübung des Gestaltungsrechts sind im Interesse einer Optimierung der Steuerersparnis eine Vielzahl von Umständen (zum Beispiel die Einkommensentwicklung des Steuerpflichtigen, die Steuerprogression, sonstige Freibeträge) zu berücksichtigen. In diesem Zusammenhang kann auch die Absenkung des individuellen Steuersatzes durch das Gesetz zur Senkung der Steuersätze und zur Reform der Unternehmensbesteuerung (§ 32a EStG i.d.F. des StSenkG) von Bedeutung sein.

---

223 Die zivilrechtliche Fiktion, daß die Stiftung für Zuwendungen des Stifters schon vor dem Tod des Stifters als entstanden gilt (§ 84 BGB), findet in diesem Zusammenhang keine Anwendung.

▶ **Beispiel**

Ein Stifter verfügt über einen konstanten Gesamtbetrag der Einkünfte von 700 000 DM. Im Jahr 2001 errichtet er eine Stiftung zur Förderung kultureller Zwecke und stattet die Stiftung mit einem Vermögen von 1 000 000 DM aus. Der Stifter könnte beispielsweise folgende Abzugsbeträge in Anspruch nehmen.

Jahr	Allgemeiner Spendenabzugsbetrag (§ 10b Abs. 1 Satz 1 und 2 EStG)	Besonderer Spendenabzugsbetrag (§ 10b Abs. 1 Satz 3 EStG)	Sonderausgabenabzug bei der Neugründung von Stiftungen (§ 10b Abs. 1a EStG)	Summe
2000	70 000 DM	40 000 DM	–	110 000 DM
2001	70 000 DM	40 000 DM	590 000 DM	700 000 DM
2002	70 000 DM	40 000 DM	10 000 DM	120 000 DM
2003	70 000 DM	–	–	70 000 DM
Summe	280 000 DM	120 000 DM	600 000 DM	1 000 000 DM

158 Auch wenn die steuerliche Förderung von Stiftungen zu begrüßen ist, widerspricht der Regelungsansatz doch der bisherigen **Systematik des Spendenrechts**.

– Das Spendenrecht hat bislang die Förderung bestimmter Zwecke unabhängig von der **Rechtsform des Zuwendungsempfängers** begünstigt. Seit dem 1. 1. 2000 kommt es für die Abzugsfähigkeit einer Zuwendung darauf an, ob der begünstigte Zweck durch eine Stiftung oder eine sonstige Körperschaft wahrgenommen wird. Für Zuwendungen an Stiftungs-Vereine oder Stiftungs-Gesellschaften werden die neuen Abzugsbeträge dementsprechend nicht gewährt. Zuwendungen an diese Körperschaften sind nur bei Zwischenschaltung einer spendenbegünstigten „Spendensammelstiftung" begünstigt. Zu den zuwendungsbegünstigten Stiftungen gehören neben den Stiftungen des privaten Rechts auch Stiftungen des öffentlichen Rechts, unselbständige Stiftungen[224] und kirchliche Stiftungen[225].

---

224 § 10b Abs. 1 Satz 3 EStG begünstigt u.a. Zuwendungen an Stiftungen des privaten Rechts, die nach § 5 Abs. 1 Nr. 9 KStG steuerbegünstigt sind. Nicht rechtsfähige Stiftungen des privaten Rechts sind eigenständige Körperschaftsteuersubjekte (§ 1 Abs. 1 Nr. 5 KStG) und gehören daher zu den zuwendungsbegünstigten Stiftungen im Sinne von § 5 Abs. 1 Nr. 9 KStG. So auch (das bereits während des Gesetzgebungsverfahrens ergangene) BMF, Schreiben v. 21. 3. 2000, IV C 6 S 0171 – 54/00. – A.A. OFD Düsseldorf, Verfügung v. 6. 9. 2000, S 2223 – 195 – St 133 U, Ziffer 2.1.

225 Zu kirchlichen Stiftungen und Stiftungen sonstiger religiöser, kultureller oder weltanschaulicher Gemeinschaften s. §§ 22–30 BadWürttStiftG, Art. 30–34 BayStG, §§ 4 Abs. 1, 6 Abs. 4 und Abs. 5 Satz 2, 13, 15 Abs. 3, 18 Abs. 2

Steuerrecht Rz. 158 **B**

- Für Zuwendungen an Körperschaften, die **gemeinnützige Zwecke im „Freizeitbereich"** verfolgen (§ 52 Abs. 2 Nr. 4 AO) wird der Abzugsbetrag in Höhe von bis zu 40 000 DM (ab 1. 1. 2001: 20 450 Euro) nicht gewährt (§§ 10b Abs. 1 Satz 3 EStG, 9 Abs. 1 Nr. 2 Satz 3 KStG, 9 Nr. 5 Satz 3 GewStG). Dagegen werden Zuwendungen, die anläßlich der Neugründung einer solchen Stiftung in den Vermögensstock geleistet werden bis zu einem Betrag von 600 000 DM innerhalb eines Zeitraums von zehn Jahren steuerlich begünstigt (§§ 10b Abs. 1a EStG, 9 Nr. 5 Sätze 4 ff. GewStG).

- Die Unterscheidung zwischen **steuerbegünstigten und spendenbegünstigten Zwecken** wird beibehalten und durch eine neue Fallgruppe (gemeinnützige Stiftungen mit Ausnahme der Stiftungen gemäß § 52 Abs. 2 Nr. 4 AO) ergänzt. Die mangelnde Systematik soll anhand von zwei Beispielen verdeutlicht werden: Eine Stiftung zur Förderung des traditionellen Brauchtumspflege gilt als steuerbegünstigt (§ 52 Abs. 2 Nr. 4 AO). Zuwendungen an eine solche Stiftung sind spendenbegünstigt (§§ 10b Abs. 1 Satz 2 EStG, 9 Abs. 1 Nr. 2 Satz 2 KStG, 9 Abs. 5 Satz 2 GewStG in Verbindung mit § 48 Abs. 2 EStDV und Anlage 1, Abschnitt B Nr. 4). Der zusätzliche Abzugsbetrag in Höhe von 40 000 DM jährlich wird jedoch nicht gewährt (§§ 10b Abs. 1 Satz 3 EStG, 9 Abs. 1 Nr. 2 Satz 3 KStG, 9 Nr. 5 Satz 3 GewStG). Umgekehrt sind Zuwendungen an eine gemeinützige Stiftung zur Förderung des demokratischen Staatswesens (§ 52 Abs. 2 Nr. 3 AO) nicht spendenbegünstigt. Die Abzugsbetrag in Höhe von bis zu 40 000 DM jährlich und bis zu 600 000 DM innerhalb eines Zehnjahreszeitraums werden jedoch gewährt (§§ 10b Abs. 1 Satz 3 EStG, 9 Abs. 1 Nr. 2 Satz 3 KStG, 9 Nr. 5 Satz 3 GewStG).

- Ist ein Wirtschaftsgut unmittelbar vor der Zuwendung einem Betriebsvermögen entnommen worden und unentgeltlich einer steuerbegünstigten Körperschaft für spendenbegünstigte Zwecke überlassen, kann der **Buchwert** fortgeführt werden (§ 6 Abs. 1 Nr. 4 Satz 4 und 5 EStG). Der Ansatz des Buchwerts war bisher auch dann zulässig, wenn der Zuwendungsempfänger gemeinnützige „Freizeitzwecke" (nach § 52 Abs. 2 Nr. 4 AO) fördert (§ 6 Abs. 1 Nr. 4 Satz 4 EStG verweist auf § 10b Abs. 1 Satz 1, wonach auch die Zwecke nach § 52 Abs. 2 Nr. 4 AO begünstigt sind). Nach der Neuregelung (§ 6 Abs. 1 Nr. 4 Satz 5 EStG n.F.; s. dazu § 52 Abs. 16 Satz 11 EStG) ist bei der Zuwendung von Wirtschaftsgütern an steuerbefreite Stiftungen des privaten Rechts der Ansatz des Buch-

---

BrbgStiftG, § 16 BremStiftG, § 20 HessStiftG, § 26 MecklVorPStiftG, § 20 NdsStiftG, §§ 2 Abs. 4, 4 Abs. 3, 11, 13 Abs. 4, 17, 29 NRWStiftG, §§ 28, 41–46 RhPfStiftG, § 19 SaarlStiftG, § 18 SchlHolStiftG, §§ 26 und 27 SachStiftG, §§ 26 und 27 Sachs-AnhStiftG, §§ 26 und 27 ThürStiftG.

werts dagegen ausgeschlossen, wenn das Wirtschaftsgut für „Freizeitzwecke" (im Sinne des § 52 Abs. 2 Nr. 4 AO) verwendet wird (§ 6 Abs. 1 Nr. 4 Satz 5 EStG n.F. verweist auf § 10b Abs. 1 Satz 3 EStG n.F.). Gleichwohl dürfte die Buchwertfortführung in diesen Fällen auch in Zukunft zulässig sein.

bb) Sonstige Auswirkungen beim Stifter

(1) Überblick

159 Neben dem Spendenabzug kann die Übertragung von Vermögensgegenständen auf eine Stiftung beim Zuwendenden noch weitere Auswirkungen haben. Insoweit ist nach der Art des Vermögensgegenstandes und seiner bisherigen Zuordnung zum Privatvermögen oder zum Betriebsvermögen zu unterscheiden.

(2) Einbringung von Einzelwirtschaftsgütern des Privatvermögens

160 Die Einbringung von Einzelwirtschaftsgütern aus dem Privatvermögen in eine (steuerbegünstigte oder steuerpflichtige) Stiftung hat beim Zuwendenden mangels Entgelt **keine ertragsteuerlichen Folgen**.

(3) Einbringung von Einzelwirtschaftsgütern des Betriebsvermögens

161 Die Einbringung von Einzelwirtschaftsgütern des Betriebsvermögens in eine steuerbegünstigte Stiftung ist zum **Buchwert** möglich (§ 6 Abs. 1 Nr. 4 Satz 4 und 5 EStG; bei Auflösung der Stiftung siehe § 55 Abs. 3 HS 2 AO). Die Wirtschaftsgüter müssen bei der Stiftung im ideellen Bereich, im Bereich der Vermögensverwaltung oder in einem Zweckbetrieb verwendet werden. Bei Verwendung in einem wirtschaftlichen Geschäftsbetrieb findet das Buchwertprivileg keine Anwendung.

Die Übertragung von Wirtschaftsgütern, die zum Betriebsvermögen einer Kapitalgesellschaft gehören, ist **nicht begünstigt**. Die Entnahme stellt in der Regel eine verdeckte Gewinnausschüttung dar, wenn sie nicht aus betrieblichen Gründen, sondern im Interesse eines Gesellschafters bzw. des Stifters erfolgt[226].

Bei Einbringung von Einzelwirtschaftsgütern in eine steuerpflichtige Stiftung kommt es zu einer **Aufdeckung der stillen Reserven** (§ 6 Abs. 1 Nr. 4 Satz 1 EStG).

---

226 Zur Annahme einer verdeckten Gewinnausschüttung bei der Spende einer GmbH an den Verein ihres Mehrheitsgesellschafters s. FG Schleswig-Holstein, Urt. v. 16. 6. 1999, I 338/96, EFG 2000, 193 = GmbHR 2000, 347 (LS).

(4) Einbringung von Betrieben, Teilbetrieben und Mitunternehmeranteilen

Betriebe, Teilbetriebe und Mitunternehmeranteile können in eine (steuerbegünstigte oder steuerpflichtige) Stiftung zum **Buchwert** eingebracht werden (§ 6 Abs. 3 EStG). 162

Die steuerbefreite Stiftung führt den Betrieb, Teilbetrieb oder die Mitunternehmerschaft als (steuerpflichtigen) **wirtschaftlichen Geschäftsbetrieb** fort, sofern nicht ausnahmsweise ein (steuerbefreiter) Zweckbetrieb vorliegt (§§ 65 AO, 13 Abs. 4 KStG).

(5) Einbringung von Beteiligungen an Kapitalgesellschaften

Die Einbringung von Anteilen an Kapitalgesellschaften aus dem **Privatvermögen** (einschließlich wesentlicher Beteiligungen im Sinne des § 17 EStG) in eine (steuerbegünstigte oder steuerpflichtige) Stiftung hat beim Zuwendenden keine ertragsteuerlichen Auswirkungen. 163

Gehören die Anteile beim Zuwendenden zum **Betriebsvermögen** können die Buchwerte bei Einbringung in eine steuerbegünstigte Stiftung fortgeführt werden (§ 6 Abs. 1 Nr. 4 Satz 4 EStG). Werden die Anteile in eine steuerpflichtige Stiftung eingebracht, kommt es dagegen zu einer Aufdeckung der stillen Reserven.

c) Grunderwerbsteuer

Der Erwerb von Grundbesitz durch steuerbegünstigte Stiftungen ist (bislang) nicht von der Grunderwerbsteuer befreit (vgl. § 4 Nr. 1 GrErStG). In der Diskussion um eine Reform des Stiftungsrechts wurde vorgeschlagen, die Übertragung von Grundbesitz auf steuerbegünstigte Stiftungen von der Grunderwerbsteuer zu befreien[227]. 164

Die **Schenkungsteuerpflicht** führt jedoch dazu, daß für die Übertragung von Grundbesitz bei der Errichtung einer Stiftung keine Grunderwerbsteuer anfällt (§ 3 Nr. 2 GrErStG). Dies gilt auch dann, wenn die Stiftung steuerbegünstigt ist und die Vermögenszuwendung daher von der Schenkungsteuer befreit ist (§ 13 Abs. 1 Nr. 16 Buchst. b ErbStG).

Dabei ist der **Anwendungsbereich der Befreiungsvorschrift** (§ 3 Nr. 2 GrErStG) nicht auf den unmittelbaren Grundstückserwerb beschränkt,

---

227 § 3 Nr. 9 GrErStG-E, wonach der Erwerb von Grundstücken durch steuerbegünstigte Körperschaften grunderwerbsteuerfrei ist, wenn das Grundstück nicht innerhalb von zehn Jahren wieder veräußert wird, Gesetzesentwurf der F.D.P.-Entwurf eines Gesetzes zur Reform des Stiftungsrechts, BT-Drks. 14/3043 v. 22. 3. 2000, s. dazu Teil K Rz. 5 und Antrag der CDU/CSU – Ein modernes Stiftungsrecht für das 21. Jahrhundert, BT-Drks. 14/2029 v. 9. 11. 1999, s. dazu Teil K Rz. 6.

sondern umfaßt auch die Übertragung von mindestens 95% der Anteile an einer grundbesitzhaltenden Kapital- oder Personengesellschaft (§ 1 Abs. 3 Nr. 3 und 4 GrErStG).

d) Umsatzsteuer

165 Die **Entnahme von einzelnen Vermögensgegenständen** aus einem Einzelunternehmen des Stifters bzw. einer Personengesellschaft ist umsatzsteuerpflichtig (§ 3 Abs. 1b UStG). Die unentgeltliche Übertragung eines Betriebs oder eines Teilbetriebs auf eine gemeinnützige Stiftung stellt demgegenüber eine nicht steuerbare Geschäftsveräußerung dar (§ 1 Abs. 1a Satz 2 UStG).

3. Laufende Besteuerung

a) Ebene der Stiftung

aa) Körperschaftsteuer

(1) Steuerpflichtige Stiftungen

166 Die Stiftung unterliegt als **juristische Person** mit ihrem Einkommen der Körperschaftsteuer in Höhe von (derzeit) 40% (§§ 1 Abs. 1 Nr. 5, 23 Abs. 1 und Abs. 2 Satz 4 KStG). Durch das Steuersenkungsgesetz ist der Steuersatz auf 25% reduziert worden (§§ 23 Abs. 1 und 34 Abs. 1 und 1a KStG). Daneben ist das Einkommen in Höhe von 5,5% der festzusetzenden Körperschaftssteuer mit dem **Solidaritätszuschlag** belastet (§§ 2 Nr. 3, 3 Nr. 1 und 2, 4 SolZG).

Satzungsgemäße Aufwendungen der Stiftung, insbesondere Zuwendungen an Destinatäre, führen nicht zu einer Minderung des steuerpflichtigen Einkommens (§ 10 Nr. 1 KStG; allgemein zur Einkommensermittlung §§ 7 ff. KStG). Der Steuersatz ist endgültig, da es mangels Ausschüttungen nicht zu einer Körperschaftsteuerminderung kommt (vgl. §§ 27 ff. KStG). Zuwendungen an Destinatäre sind keine Ausschüttungen, da der Destinatär weder Gesellschafter ist noch einem solchen gleichgestellt werden kann. Dementsprechend kann es bei einer Stiftung auch nicht zu einer verdeckten Gewinnausschüttung kommen.

Bezieht die Stiftung **Dividenden**, erhält sie die Körperschaftsteuer- und die Kapitalertragsteuergutschrift (§§ 36 Abs. 2 Nr. 3 und 44c Abs. 1 Nr. 1 EStG).

(2) Steuerbegünstigte Stiftungen

167 Steuerbegünstigte Stiftungen (§§ 51 ff. AO) sind von der Körperschaftsteuer (§ 5 Abs. 1 Nr. 9 KStG) und der Gewerbesteuer (§ 3 Nr. 6 GewStG)

befreit. Die Umsatzsteuer ermäßigt sich auf 7% (§ 12 Abs. 2 Nr. 8 Buchst. a UStG).

Ausschüttungen einer Kapitalgesellschaft unterliegen bei der ausschüttenden Gesellschaft einer Steuerbelastung in Höhe von (derzeit) 30% (§§ 27 ff. KStG). Während ein steuerpflichtiger Anteilseigner über diese Ausschüttungsbelastung von der Gesellschaft eine Steuerbescheinigung erhält, die er mit seiner Einkommensteuer verrechnen kann, ist diese **Möglichkeit der Steuerreduzierung oder Steuererstattung** bei der steuerbegünstigten Stiftung ausgeschlossen (§ 51 KStG). Die auf der Ebene der Kapitalgesellschaft anfallende Körperschaftsteuer ist damit endgültig. Die Kapitalertragsteuer wird steuerbegünstigten Stiftungen vom Bundesamt für Finanzen erstattet (§ 44c Abs. 1 Nr. 1 EStG).

Veräußert eine steuerbegünstigte Stiftung **einbringungsgeborene Anteile** an einer Kapitalgesellschaft, ist der Veräußerungsgewinn steuerpflichtig (§ 21 Abs. 3 Nr. 2 UmwStG). Im übrigen ist der Gewinn aus der Veräußerung einer (auch wesentlichen) Beteiligung an einer Kapitalgesellschaft steuerfrei.

Unterhält eine steuerbegünstigte Stiftung einen **wirtschaftlichen Geschäftsbetrieb**, verliert sie insoweit die Steuerfreiheit (§ 5 Abs. 1 Nr. 9 Satz 2 KStG und § 3 Nr. 6 Satz 2 GewStG). Allerdings tritt die Steuerpflicht nur ein, wenn die Einnahmen aus dem wirtschaftlichen Geschäftsbetrieb 60 000 DM übersteigen (§ 64 Abs. 3 AO). Verbleibt nach Abzug des Freibetrages von 7500 DM (§ 24 KStG) ein Überschuß, unterliegt dieser der Körperschaftsteuer mit (derzeit) 40% (§ 23 Abs. 2 Satz 4 und Abs. 1 KStG)[228]. Dabei spielt es keine Rolle, daß der Gewinn später zu steuerbegünstigten Zwecken verwendet wird.

bb) Gewerbesteuer

Die Stiftung unterhält keinen **Gewerbebetrieb kraft Rechtsform**. Die Tätigkeit der Stiftung ist nur dann gewerbesteuerpflichtig, wenn die allgemeinen Voraussetzungen eines inländischen Gewerbebetriebs (§ 2 Abs. 1 GewStG) vorliegen oder ein wirtschaftlicher Geschäftsbetrieb unterhalten wird (§ 2 Abs. 3 GewStG).

168

Die **steuerbegünstigte Stiftung** ist von der Gewerbesteuer befreit (§ 3 Nr. 6 GewStG). Soweit die steuerbegünstigte Stiftung einen wirtschaftlichen Geschäftsbetrieb unterhält (§ 2 Abs. 3 GewStG), unterliegt sie insoweit der Gewerbesteuer. Bei der Ermittlung des Gewerbeertrags wird ein Freibetrag von 7500 DM gewährt (§ 11 Abs. 1 Satz 3 Nr. 2 GewStG).

---

[228] Zu den Änderungen durch das Steuersenkungsgesetz s. bereits oben Teil B Rz. 134.

cc) Grundsteuer

169 Steuerbegünstigte Stiftungen sind von der Grundsteuer befreit, soweit der Grundbesitz **unmittelbar steuerbegünstigten Zwecken** dient (§ 3 Abs. 1 Nr. 3 Buchst. b GrStG).

dd) Umsatzsteuer

170 Eine Stiftung ist mit allen ihren Umsätzen, die sie als **Unternehmerin** ausführt, umsatzsteuerpflichtig. Die bloße Vermögensverwaltung führt nicht dazu, daß die Stiftung Unternehmerin wird.

Übersteigt bei einer **nicht buchführungspflichtigen Stiftung** der Vorjahresumsatz die Grenze von 60 000 DM nicht, kann die abziehbare Vorsteuer pauschal in Höhe von 7% des steuerpflichtigen Umsatzes geltend gemacht werden (§ 23a UStG). Die Pauschalregelung findet bei einem wirtschaftlichen Geschäftsbetrieb keine Anwendung.

Soweit steuerpflichtige Leistungen von einer steuerbegünstigten Stiftung ausgeführt werden, ist der **Steuersatz auf 7%** ermäßigt (§ 12 Abs. 2 Nr. 8 Buchst. a UStG). Die Ermäßigung findet keine Anwendung bei einem wirtschaftlichen Geschäftsbetrieb.

b) Ebene der Begünstigten (Destinatäre)

aa) Ertragsteuer

171 Bei den **satzungsmäßigen Zuwendungen an die Destinatäre** der Stiftung, handelt es sich grundsätzlich um wiederkehrende Bezüge aus einer freiwillig eingegangenen Rechtspflicht (§ 22 Nr. 1 Satz 2 HS 1 EStG). Sofern die Stiftung unbeschränkt steuerpflichtig ist, sind die Bezüge beim Empfänger (derzeit) nicht steuerbar.

Die Zuwendungen sind vom Empfänger jedoch dann zu versteuern, wenn sie von einer steuerbegünstigten Stiftung **außerhalb der Erfüllung steuerbegünstigter Zwecke** gewährt werden (§ 22 Nr. 1 Satz 2 HS 2 EStG).

Im Ergebnis unterliegen die Zuwendungen einer Stiftung somit bislang zumindest einmal der Besteuerung.

172 Die Einführung des **Halbeinkünfteverfahrens** durch das Steuersenkungsgesetz hat auch Auswirkungen auf die Besteuerung der Destinatäre einer nicht steuerbegünstigten Stiftung.

Bislang wurde der Gewinn einer nicht steuerbegünstigten Stiftung mit 40% Körperschaftsteuer belastet. Nachdem die satzungsmäßigen Zuwendungen an die Destinatäre im Rahmen des Anrechnungsverfahrens keiner Besteuerung unterliegen, hätte die Reduzierung der Körperschaftsteuerbe-

Steuerrecht   Rz. 174 B

lastung bei ausschüttenden Stiftungen dazu geführt, daß der Gewinn insgesamt nur mit 25% besteuert worden wäre. Um zu verhindern, daß Einnahmen aus den Leistungen einer Stiftung günstiger besteuert werden als Gewinnausschüttungen einer Kapitalgesellschaft, wurde ein **neuer Steuertatbestand** geschaffen.

Einnahmen aus Leistungen einer nicht von der Körperschaftsteuer befreiten Stiftung sind daher künftig als **Einkünfte aus Kapitalvermögen** zur Hälfte steuerpflichtig (§§ 20 Abs. 1 Nr. 9, 3 Nr. 40 Satz 1 Buchst. d EStG). Betriebsausgaben und Werbungskosten können dementsprechend zur Hälfte abgezogen werden (§§ 3c Abs. 2 Satz 1, 52 Abs. 8a EStG).

Die Besteuerung nach dem Halbeinkünfteverfahren erfolgt erstmals für Einnahmen, die nach **Ablauf des ersten Wirtschaftsjahres** der Stiftung erzielt werden, für die das neue Körperschaftsteuerrecht zur Anwendung kommt (§ 52 Abs. 37 EStG). Entspricht das Wirtschaftsjahr der Stiftung dem Kalenderjahr, sind Einnahmen nach dem 31. 12. 2001 steuerpflichtig. Hat die Stiftung ein vom Kalenderjahr abweichendes Wirtschaftsjahr, findet die Neuregelung erstmals auf Einnahmen nach dem Ende des Wirtschaftsjahres 2001/2002 Anwendung.

173

Die Einordnung der Ausschüttungen der Stiftung als Einkünfte aus Kapitalvermögen hat zur Folge, daß die Erträge der **Kapitalertragsteuer** unterliegen (§§ 43 Abs. 1 Nr. 7a, 52 Abs. 53 EStG). Die Kapitalertragsteuer beträgt 20% des Kapitalertrags, wenn der Gläubiger die Kapitalertragsteuer übernimmt, und 25% des tatsächlich ausgezahlten Betrags, wenn der Schuldner die Kapitalertragsteuer übernimmt (§ 43a Abs. 1 Nr. 4 EStG). Die Kapitalertragsteuer entsteht in dem Zeitpunkt, in dem die Kapitalerträge dem Gläubiger zufließen (§ 44 Abs. 1 Satz 2 EStG). Die nicht steuerbegünstigte Stiftung hat bei einer Ausschüttung künftig den Steuerabzug für Rechnung der Destinatäre vorzunehmen (§ 44 Abs. 1 Satz 3 und Satz 4 Nr. 1b EStG) und die einbehaltene Kapitalertragsteuer dem Finanzamt anzumelden (§ 45a EStG).

Die Kapitalertragsteuer kann der Destinatär in vollem Umfang auf seine Steuerschuld **anrechnen** (§ 36 Abs. 2 Satz 2 Nr. 2 Satz 1 EStG). Das gilt auch insoweit als die Kapitalertragsteuer auf die steuerfreie Hälfte der Ausschüttung entfällt. Ist der Destinatär seinerseits steuerbegünstigt, kann vom Kapitalertragsteuerabzug Abstand genommen (§ 44a Abs. 7 EStG) oder die Erstattung der Kapitalertragsteuer beantragt werden (§ 44c Abs. 1 EStG).

Die Besteuerung der Ausschüttungen einer nicht steuerbegünstigten Stiftung als Einkünfte aus Kapitalvermögen (§ 20 Abs. 1 Nr. 9 EStG; s. dazu § 52 Abs. 38 EStG) ist jedoch noch nicht abschließend geklärt. Die Ausschüttungen könnten auch als sonstige Einkünfte steuerpflichtig sein (§ 22

174

Nr. 1 Satz 2 HS 2 Buchst. a EStG)[229]. Die Destinatäre hätten auch dann nur die Hälfte der Bezüge zu versteuern (§ 3 Nr. 40 Satz 1 Buchst. i EStG), doch wären die Einkünfte dann nicht kapitalertragsteuerpflichtig.

Nach der Gesetzesbegründung soll der neue Steuertatbestand des § 20 Abs. 1 Nr. 9 EStG Einnahmen erfassen, die von Stiftungen (und sonstigen juristischen Personen des privaten Rechts) an die dahinter stehenden Personen weitergeleitet werden. Destinatäre sind jedoch **weder Eigentümer noch Mitglieder einer Stiftung**. Es erscheint daher zweifelhaft, Ausschüttungen an die Destinatäre einer Stiftung wirtschaftlich mit der Gewinnausschüttung an die Anteilseigner einer Kapitalgesellschaft gleichsetzen zu wollen. Daher wäre es an sich sachgerecht, die Ausschüttungen an die Destinatäre als **sonstige Bezüge** und nicht als Einkünfte aus Kapitalvermögen zu erfassen. Angesichts des Subsidiaritätsgrundsatzes (§ 22 Nr. 1 Satz 1 EStG) ist jedoch gleichwohl davon auszugehen, daß es sich bei den Ausschüttungen einer Stiftung um Einkünfte aus Kapitalvermögen (§§ 2 Abs. 1 Satz 1 Nr. 5, 20 Abs. 1 Nr. 9 EStG) handelt.

bb) Erbschaft- und Schenkungsteuer

175 Satzungsgemäße Zuwendungen unterliegen nicht der Schenkungsteuer, weil die Zuwendung aufgrund einer in der Satzung (wenn auch freiwillig) begründeten **Rechtspflicht** und daher nicht freiwillig erfolgt (vgl. § 7 Abs. 1 Nr. 1 ErbStG).

VIII. Rechnungslegung und Publizität von Stiftungen

Literaturhinweise: *Achleitner/Charifzadeh*, Stiftungen in Deutschland. Reformbestrebungen in der Rechnungslegung, Der Schweizer Treuhänder 2000, 111; *Carstensen*, Vermögensverwaltung, Vermögenserhaltung und Rechnungslegung gemeinnütziger Stiftungen, 2. Aufl., Frankfurt/Main 1996; *Carstensen*, Die ungeschmälerte Erhaltung von Stiftungsvermögen, WPg. 1996, 781; Entwurf einer Verlautbarung des HFA: Zur Rechnungslegung und Prüfung von Stiftungen, WPg. 1997, 712; *Goerdeler*, Rechnungslegung und Prüfung im Gemeinnützigkeitsbereich, in: Festschrift Moxter, 1994, S. 725 ff.; *Gronemann*, Rechnungslegung und Prüfung von Stiftungen, Beilage zu Stiftung & Sponsoring 5/2000; *Hüttemann*, Der Grundsatz der Vermögenserhaltung im Stiftungsrecht, in: Festgabe Werner Flume, Berlin 1998, S. 59 ff.; *Institut der Wirtschaftsprüfer (Hrsg.)*, Stiftungen, Rechnungslegung, Kapi-

---

[229] So beispielsweise *Schauhoff*, in: Schaumburg/Rödder (Hrsg.), Unternehmenssteuerreform 2001, München 2000, S. 299 und 315, der § 22 Nr. 1 Satz 2 EStG als lex specialis zu § 20 Abs. 1 Nr. 9 EStG ansieht. – Zum Teil wird auch danach unterschieden, ob es sich bei dem Destinatär um den Stifter (dann Besteuerung nach § 20 Abs. 1 Nr. 9 EStG) oder um einen sonstigen Begünstigten (dann Besteuerung nach § 22 Nr. 1 Satz 2 HS 2 Buchst. a EStG) handelt.

talerhaltung, Prüfung und Besteuerung, Düsseldorf 1997; *Mühlhäuser*, Publizität bei Stiftungen, Diss. München 1970; *Orth*, Zur Rechnungslegung von Stiftungen, DB 1997, 1341; *Orth*, Rechnungslegung der Nonprofit-Organisationen, in: Festschrift Rädler, München 1999, S. 457 ff.; *Orth*, in: Seifart/Frhr. von Campenhausen (Hrsg.), Handbuch des Stiftungsrechts, 2. Aufl., München 1999, §§ 37 und 38, S. 551 ff.; *Sandberg*, Rechnungslegung von Stiftungen – Überlegungen zur Anwendung handelsrechtlicher Vorschriften, ZHR 164 (2000), 155; *Sandberg*, Anforderungen an den Jahresabschluß der Stiftung. Zugleich eine Stellungnahme zum Verlautbarungsentwurf des HFA, DÖV 1999, 404; *Sandberg*, Die IAS-Vorbild für die Rechnungslegung der Stiftung?, Zeitschrift für öffentliche und gemeinwirtschaftliche Unternehmen, 1999, 199; *Sandberg*, Grundsätze ordnungsgemäßer Jahresrechnung für öffentliche Stiftungen, Habil. Göttingen 2000; *Schindler*, Rechnungslegung von Stiftungen, in: Festschrift Fischer, Berlin 1999, S. 419 ff.; *Schneider*, Rechnungslegung, Prüfung und Besteuerung von Stiftungen, bilanz & buchhaltung 1999, 258; *Schulte*, Die Mehrfachkontrolle von Stiftungen, DÖV 1996, 497; *Spiegel*, Die Bestandserhaltung des Stiftungsvermögens im Rahmen der Rechnungslegung, Beilage zu Stiftung & Sponsoring 3/2000; *Walter/Golpayegani*, Die kaufmännische Rechnungslegung bei rechtsfähigen Stiftungen des bürgerlichen Rechts, DStR 2000, 701.

1. Anforderungen an die Rechnungslegung von Stiftungen

Die Rechnungslegung hat bei Stiftungen vor allem drei Aufgaben zu erfüllen: 176

— Den **Stiftungsorganen** dient die Rechnungslegung als Informationsquelle und Entscheidungsgrundlage.

— Der **Stiftungsaufsicht** dient die Rechnungslegung als Nachweis zur Erhaltung des Stiftungsvermögens und zur satzungsmäßigen Verwendung der Erträge des Stiftungsvermögens (sowie etwaiger Zuschüsse).

— Dem **Finanzamt** dient die Rechnungslegung als Nachweis für die ausschließliche und zeitnahe Verwendung der Stiftungsmittel zu steuerbegünstigten Zwecken.

Dagegen dient die Rechnungslegung – anders als bei Kapital- und Personengesellschaften – nur in wenigen Fällen (etwa dann, wenn die Stiftung ein erwerbswirtschaftliches Unternehmen betreibt[230]) (auch) zur **Feststellung des Gewinns**.

Im Interesse einer effektiven Stiftungsverwaltung sollten die stiftungsrechtlichen und die steuerrechtlichen Nachweispflichten möglichst mit einer **einheitlichen Rechnungslegung** erfüllt werden können.

Rechnungslegungsvorschriften finden sich in den **Landesstiftungsgesetzen**[231], subsidiär auch im **bürgerlichen Recht** (§§ 86, 27 Abs. 3, 259, 260

---

230 S. § 19 Abs. 3 BrbgStiftG, § 10 Abs. 1 NRWStiftG.
231 §§ 7 Abs. 3 und 9 BadWürttStiftG, Art. 24 und 25 BayStG und § 4 AVBayStG, § 8 BerlStiftG, §§ 12, 19 und 20 Abs. 3 BrbgStiftG, § 12 BremStiftG, § 13 Abs. 1 Buchst. c HambAGBG, § 7 Nr. 2 HessStiftG, §§ 9 Abs. 3 und 15 Abs. 2 Nr. 2

und 660 BGB), im **Handelsrecht** (§§ 238 ff. HGB) und – vor allem im Hinblick auf die Steuerbegünstigung von Stiftungen – im **Steuerrecht** (§§ 140, 141, 63 Abs. 3 AO).

2. Zivilrechtliche Rahmenbedingungen

a) Bürgerliches Gesetzbuch

177 Nach den Bestimmungen des Bürgerlichen Gesetzbuchs hat eine Stiftung eine geordnete **Zusammenstellung der Einnahmen und der Ausgaben** sowie gegebenenfalls ein **Bestandsverzeichnis** vorzulegen (§§ 86, 27 Abs. 3, 259, 260 und 660 BGB). Dabei handelt es sich um eine **interne Rechenschaftspflicht** und nicht um eine externe Rechnungslegung. Die Vorschriften sind dispositiv, so daß die Satzung der Stiftung und die Stiftungsgesetze der Bundesländer abweichende Regelungen vorsehen können.

In den meisten Bundesländern richtet sich die Rechnungslegung vorrangig nach den Bestimmungen des jeweiligen **Landesstiftungsgesetzes**. Lediglich in Sachsen, Sachsen-Anhalt und Thüringen kommt den Rechnungslegungsvorschriften des Bürgerlichen Gesetzbuchs eine eigenständige Bedeutung zu, da diese Landesstiftungsgesetze insoweit keine Regelungen enthalten. In diesen Fällen sollte die Stiftungssatzung die Fragen der Rechnungslegung und Prüfung näher regeln.

b) Landesstiftungsgesetze

aa) Wirtschaftsplan

178 Eine Planungsrechnung ist nur in Bayern und Rheinland-Pfalz gesetzlich vorgesehen (Art. 24 BayStG[232], § 17 RhPfStiftG). Danach müssen Stiftungen rechtzeitig vor Beginn eines jeden Geschäftsjahres einen Wirtschaftsplan (Haushaltsplan) aufstellen. Der Wirtschaftsplan enthält die für die Wirtschaftsführung der Stiftung maßgebende **Zusammenstellung der voraussehbaren Einnahmen und Ausgaben**. Dem Plan kommt keine Außenwirkung zu. Er ist nur für die ordnungsgemäße Stiftungsverwaltung von

---

MecklVorPStiftG, § 11 Abs. 2 Nr. 2 NdsStiftG, § 10 NRWStiftG, §§ 14 Abs. 4 und 17 RhPfStiftG §§ 5 Abs. 1 Satz 3, 11 Abs. 2 Nr. 2 SaarlStiftG, §§ 4 Abs. 7 und 10 SchlHolStiftG.

232 Die Pflicht zur jährlichen Aufstellung eines Voranschlags (Art. 24 BayStG) soll im Rahmen der geplanten Reform des Bayerischen Stiftungsgesetzes (s. dazu Teil K Rz. 12) entfallen: „Vor Beginn eines jeden Geschäftsjahres soll die Stiftung einen in Einnahmen und Ausgaben abgeglichenen Voranschlag aufstellen, der die Grundlage für die Verwaltung aller Einnahmen und Ausgaben bildet. Durch die Stiftungssatzung kann auf die Aufstellung eines Voranschlags verzichtet werden."

Bedeutung. Der Wirtschaftsplan ist der Stiftungsaufsichtsbehörde zur **Kenntnisnahme** vorzulegen. Er muß jedoch nicht genehmigt werden. Unabhängig davon, unterliegt eine im Wirtschaftsplan vorgesehene **Darlehensaufnahme** in Bayern der Genehmigungspflicht der Stiftungsaufsichtsbehörde (Art. 27 Abs. 1 Nr. 5 BayStG).

Die übrigen Landesstiftungsgesetze kennen diese **präventive Form der Stiftungsaufsicht** nicht. In der Mehrzahl der Bundesländer erfolgt derzeit nur eine nachträgliche Überprüfung der Wirtschaftsführung. Eine vorausschauende Wirtschafts- und Finanzplanung liegt jedoch im wohlverstandenen Eigeninteresse aller Stiftungen (Selbstkontrolle der Stiftungsorgane, Dispositionsgrundlage der Stiftung) und sollte daher zumindest auf freiwilliger Basis erfolgen.

bb) Buchführung

Stiftungen sind zu einer ordnungsgemäßen Buchführung verpflichtet. Die Verpflichtung zur Buchführung ergibt sich zum Teil unmittelbar aus den Regelungen der Landesstiftungsgesetze[233], zum Teil aber auch nur mittelbar aus der Verpflichtung zur Erstellung einer Jahresrechnung. Die Art der Buchführung können die Stiftungen frei wählen (vgl. § 4 Abs. 1 AVBayStG). In der Praxis gibt es sowohl kameralistische als auch kaufmännische (einfache und doppelte) Formen der Buchführung. Auf der Grundlage der Buchführung haben die Stiftung eine **Jahresrechnung über die Verwaltung und die Vermögenslage** zu erstellen. Die Jahresrechnung ist das Gegenstück zum Wirtschaftsplan. Als Jahresrechnung dient meist eine Einnahmen-Ausgaben-Rechnung (mit Vermögensrechnung) oder – bei größeren Stiftungen – ein Jahresabschluß nach Maßgabe handelsrechtlicher Vorschriften. 179

cc) Rechnungslegung

Die Rechnungslegung richtet sich nach den **Landesstiftungsgesetzen und der Stiftungssatzung**. In den meisten Bundesländern haben die Stiftungen der Stiftungsaufsichtsbehörde folgende Unterlagen zur Prüfung vorzulegen[234]: 180

---

233 § 7 Abs. 3 BadWürttStiftG, § 12 Abs. 1 BrbgStiftG, § 9 Abs. 3 MecklVorPStiftG, § 10 Abs. 1 NRWStiftG, § 14 Abs. 4 RhPfStiftG, § 5 Abs. 1 Satz 3 SaarlStiftG, § 4 Abs. 7 SchlHolStiftG. Die geplante Reform des Bayerischen Stiftungsgesetzes (s. dazu Teil K Rz. 12) sieht vor, Art. 25 BayStG um folgenden Absatz 1 zu ergänzen: „Die Stiftungen sind zu einer ordnungsgemäßen Buchführung verpflichtet. Die Buchführungsart können sie im Rahmen der gesetzlichen Bestimmungen frei wählen."
234 So § 9 Abs. 2 Nr. 2 BadWürttStiftG, Art. 25 Abs. 1 BayStG und § 4 Abs. 1 und 2 AVBayStG, § 8 Abs. 1 Nr. 2 BerlStiftG, § 19 Abs. 1 BrbgStiftG, § 12 Abs. 2 Satz 1 Nr. 2 BremStiftG, § 13 Abs. 1 Buchst. c, Abs. 2 HambAGBG, § 7 Nr. 2

– eine auf das Geschäftsjahr bezogene **Jahresrechnung**,

– eine Übersicht über den **Bestand des Stiftungsvermögens** am Schluß des Geschäftsjahres,

– einen Bericht über die **Erfüllung des Stiftungszwecks**.

Für die Aufstellung der Jahresabrechnung, der Vermögensübersicht und des Berichts über die Erfüllung des Stiftungszwecks ist in der Regel der **Stiftungsvorstand** zuständig[235].

Eine **Feststellung** der Jahresabrechnung, der Vermögensübersicht und des Berichts über die Erfüllung des Stiftungszwecks ist bei einer Stiftung nur möglich, wenn ein weiteres Stiftungsorgan vorhanden ist und die Stiftungssatzung diesem das Recht zur Feststellung zuweist. Die Feststellung durch ein anderes Stiftungsorgan ist regelmäßig mit einer internen Prüfung verbunden.

Die **Frist**, innerhalb der die Unterlagen der Stiftungsaufsichtsbehörde vorzulegen sind, ist in den Landesstiftungsgesetzen unterschiedlich geregelt. In der Regel sind die Jahresabrechnung, die Vermögensübersicht und der Bericht innerhalb eines Zeitraums von **drei bis acht Monaten nach Ablauf des Geschäftsjahres** vorzulegen[236]. In Rheinland-Pfalz hat die Vorlage dagegen unverzüglich nach der Aufstellung[237] und in Bremen auf Verlangen der Stiftungsbehörde zu erfolgen[238].

Form und Inhalt der Rechnungslegung richten sich nach der Stiftungstätigkeit sowie der Art und Höhe des Stiftungsvermögens. In der Ausgestaltung besteht weitgehende Gestaltungsfreiheit. In der Praxis wird sich die Rechnungslegung künftig an der Stellungnahme des Instituts der Wirtschaftsprüfer orientieren[239].

HessStiftG, § 15 Abs. 2 Nr. 2 MecklVorPStiftG, § 11 Abs. 2 Nr. 2 NdsStiftG, 11 Abs. 2 Nr. 2 SaarlStiftG, § 10 Abs. 1 SchlHolStiftG. In Nordrhein-Westfalen sind die Stiftungen zur Aufstellung eines Jahresabschlusses verpflichtet (§ 10 Abs. 1 Satz 1 NRWStiftG). In Rheinland-Pfalz ist eine Einnahmen-Ausgaben-Übersicht und ein Vermögensverzeichnis zu erstellen (§ 14 Abs. 4 Satz 1 RhPfStiftG).

235 So ausdrücklich § 8 Abs. 1 BerlStiftG, § 12 Abs. 2 BremStiftG, § 7 HessStiftG, § 11 Abs. 2 NdsStiftG, § 10 Abs. 2 SchlHolStiftG.

236 § 9 Abs. 2 Nr. 2 BadWürttStiftG (sechs Monaten), Art. 25 Abs. 1 BayStG (sechs Monaten), § 8 Abs. 1 Nr. 2 BerlStiftG (vier bzw. acht Monaten), § 19 Abs. 1 BrbgStiftG (vier Monaten), § 13 Abs. 1 Buchst. c HambAGBG (drei Monaten), § 7 Nr. 2 HessStiftG (fünf Monaten), § 15 Abs. 2 Nr. 2 MecklVorPStiftG (sechs Monaten), § 11 Abs. 2 Nr. 2 NdsStiftG (fünf Monaten), § 11 Abs. 2 Nr. 2 SaarlStiftG (sechs Monaten), § 10 Abs. 2 Nr. 2 SchlHolStiftG (acht Monaten).

237 § 17 Abs. 4 RhPfStiftG.

238 § 12 Abs. 2 Nr. 2 BremStiftG.

239 S. dazu Teil B Rz. 184.

Der **Inhalt des Berichts über die Erfüllung des Stiftungszwecks** ist gesetzlich nicht geregelt. Mit dem Lagebericht für Kapitalgesellschaft (§ 289 HGB) ist er nur beschränkt vergleichbar. Im Interesse einer möglichst effektiven Rechnungslegung sollte der für die Stiftungsaufsicht zu erstellende Bericht zugleich den steuerlichen Nachweispflichten für steuerbegünstigte Stiftungen Rechnung tragen.

Eine **Unterzeichnung** der Jahresrechnung, der Vermögensübersicht und des Berichts ist gesetzlich nicht vorgehen (vgl. § 245 HGB), in der Praxis aber gleichwohl empfehlenswert.

dd) Prüfung

Nach den Landesstiftungsgesetzen steht den Stiftungsaufsichtsbehörden ein umfassendes Prüfungsrecht zu[240]. Dabei handelt es sich um eine **Rechtmäßigkeitskontrolle**. Der Prüfungsumfang steht grundsätzlich im pflichtgemäßen Ermessen der Stiftungsaufsichtsbehörde[241].

Die Stiftungsaufsichtsbehörde hat die Rechnungslegung (kostenpflichtig) **zu prüfen und zu verbescheiden**. Die Rechnungsprüfung hat in der Regel nicht nur die formelle Richtigkeit der Jahresrechnung zum Gegenstand, sondern erstreckt sich auch auf die Erhaltung des Stiftungsvermögens und die satzungsgemäße Verwendung der Erträge des Stiftungsvermögens.

In einigen Bundesländern kann die Stiftungsaufsichtsbehörde aber auch einen **externen Wirtschaftsprüfer** oder eine andere zur Erteilung eines gleichwertigen Bestätigungsvermerks geeignete Einrichtung mit der Prüfung beauftragen. Die Prüfungspflicht der Stiftungsaufsichtsbehörde entfällt dann regelmäßig; sie muß lediglich noch das Prüfungsergebnis verbescheiden[242].

▶ **Gestaltungshinweis**
Die Stiftung kann sich aber auch freiwillig oder aufgrund einer Satzungsklausel durch einen Wirtschaftsprüfer oder eine sonstige anerkannte Prüfungseinrichtung prüfen lassen und den Prüfungsbericht der Stiftungsaufsichtsbehörde vorlegen. Dies läßt eine weitere Prüfung durch

---

240 § 9 Abs. 1 Satz 1 und Abs. 3 BadWürttStiftG, Art. 20 Abs. 3 und 25 BaySt G, §§ 8 Abs. 2 und 3 und 9 BerlStiftG, §§ 20 Abs. 3 und 21 BrbgStiftG, § 12 BremStiftG, § 12 HambAGBG, § 12 HessStiftG, § 15 MecklVorPStiftG, § 11 Abs. 1 NdsStiftG, §§ 10 und 20 NRWStiftG, § 32 RhPfStiftG, § 11 Abs. 2 SaarlStiftG, §§ 8 Abs. 2 und 10 SchlHolStiftG, § 19 Abs. 1 SachsStiftG, § 19 Abs. 1 Sachs-AnhStiftG, § 19 Abs. 1 ThürStiftG.
241 In Brandenburg (§ 12 Abs. 1 Satz 3 BrbgStiftG) und Nordrhein-Westfalen (§ 10 Abs. 1 Satz 3 und 4 NRWStiftG) ist der Prüfungsumfang dagegen vorgeben.
242 Art. 25 Abs. 3 BaySt G, § 8 Abs. 2 BerlStiftG, § 12 Abs. 2 HessStiftG, § 11 Abs. 1 Satz 3 NdsStiftG, § 10 Abs. 1 Satz 2 SchlHolStiftG.

die Stiftungsaufsicht in Bayern, Berlin und Brandenburg ganz entfallen[243]; in den anderen Bundesländern reduziert es zumindest den Prüfungsumfang der Stiftungsaufsichtsbehörde.

Die Unterlagen über die Rechnungslegung sollten von der Stiftung für mindestens zehn Jahre **aufbewahrt** werden (vgl. § 257 HGB und § 147 AO).

c) Publizitätsgesetz

182 Sofern ein von der Stiftung geführtes Unternehmen **mindestens zwei der drei Schwellenwerte** des Publizitätsgesetzes überschreitet (§ 1 Abs. 1 und 2 PublG: Bilanzsumme über 125 Mio. DM, Jahresumsatz über 250 Mio. DM, mehr als 5000 Arbeitnehmer), finden die für Kapitalgesellschaften geltenden Rechnungslegungsvorschriften (§§ 264 ff. HGB) Anwendung (§ 5 ff. PublG).

d) Stiftungssatzung

183 Die Rechnungslegung der Stiftungen ist im Stiftungsrecht nur in den Grundzügen geregelt. In der Stiftungssatzung können daher **weitergehende Anforderungen** an die Rechnungslegung, Prüfung und Vermögensverwaltung festgelegt werden. Beispielsweise kann ein handelsrechtlicher Jahresabschluß und die Prüfung durch einen Wirtschaftsprüfer verlangt werden.

Eine Verpflichtung zur Rechnungslegung gegenüber den Destinatären besteht nur dann, wenn dies in der Satzung entsprechend geregelt ist. Eine **Pflicht zur allgemeinen Offenlegung** der Rechnungslegung besteht nicht (vgl. §§ 325 ff. HGB).

e) IDW Stellungnahme

184 Der Hauptfachausschuß (HFA) des Instituts der Wirtschaftsprüfer in Deutschland e.V. (IDW) hat am 25. 2. 2000 eine Stellungnahme zur Rechnungslegung und Prüfung von Stiftungen vorgelegt[244]. Damit liegen erstmals **allgemein gültige Bilanzierungsgrundsätze** für eine zwecksentsprechende Rechnungslegung für rechtsfähige Stiftungen vor.

Den Verlautbarungen des IDW kommt **keine gesetzliche Wirkung** zu. Sie legen jedoch die Berufsauffassung der Wirtschaftsprüfer zu fachlichen Fra-

---

243 Art. 25 Abs. 2 BayStG und § 4 Abs. 3 AVBayStG, § 8 Abs. 2 BerlStiftG, § 19 Abs. 2 BrbgStiftG.
244 „IDW Stellungnahme zur Rechnungslegung von Stiftungen" (IDW RS HFA 5, IDW-Nachrichten 2000, 129 = WPg. 2000, 391) und „IDW Prüfungsstandard: Prüfung von Stiftungen" (IDW PS 740, IDW-Nachrichten 2000, 142 = WPg. 2000, 385).

gen der Rechnungslegung und Prüfung dar. Eine Abweichung von diesen Grundsätzen kann von einem Wirtschaftsprüfer in seinem Prüfbericht vermerkt werden und in Einzelfällen zu einer Einschränkung oder Versagung des Bestätigungsvermerks führen.

Nach der Stellungnahme des IDW hat die Rechnungslegung von Stiftungen **nach kaufmännischen Grundsätzen** zu erfolgen (§§ 238 ff. HGB). Die bislang weit verbreitete Einnahmen-Ausgaben-Rechnung ist nur noch bei kleineren Stiftungen und überschaubaren Vermögensverhältnissen ausreichend. Abweichend von den allgemeinen Vorschriften für Kaufleute richtet sich die Bewertung nach den für Kapitalgesellschaften geltenden Bestimmungen (§§ 279 ff. BGB). Für mittelgroße und große Stiftungen gelten weitere Regelungen aus dem Sonderrecht der Kapitalgesellschaften (§§ 264 bis 289 HGB).

Die Stellungnahme des IDW hat für Stiftungen eine grundlegende inhaltliche **Neuerung und Verschärfung der Rechnungslegungspflichten** zur Folge.

Die Verpflichtung, einen Jahresabschluß nach Maßgabe der für alle Kaufleute geltenden Vorschriften (§§ 238 ff. HGB) aufzustellen, ist auch Gegenstand der **Reformüberlegungen** des Stiftungsrechts[245]. Die Diskussion über die Zweckmäßigkeit einer einheitlichen Rechnungslegung ist derzeit noch nicht abgeschlossen. Die Stellungnahme des IDW geht infolge der Orientierung am Sonderrecht der Kapitalgesellschaften über die derzeitigen Reformbestrebungen des Gesetzgebers hinaus.

3. Steuerrechtliche Rahmenbedingungen

Die **Buchführungs- und Aufzeichnungspflichten** nach den Landesstiftungsgesetzen (und dem Bürgerlichen Recht) gelten auch für das Steuerrecht (§ 140 AO). Eine Verletzung dieser Vorschriften stelle somit zugleich einen Verstoß gegen die steuerrechtlichen Buchführungs- und Aufzeichnungspflichten dar.

185

Eine **originäre steuerrechtliche Verpflichtung** zur Führung von Büchern und zur Erstellung von Abschlüssen besteht nur dann, wenn die Stiftung einen wirtschaftlichen Geschäftsbetrieb unterhält und dieser einen Umsatz von 500 000 DM oder einen Gewinn von 48 000 DM überschreitet. Für land- und forstwirtschaftliche Betriebe gilt zusätzlich ein Bestandswert von 40 000 DM (§ 141 AO; siehe auch § 22 UStG und §§ 63 ff. UStDV).

Steuerbegünstigte Stiftungen müssen ferner **Aufzeichnungen über ihre Einnahmen und Ausgaben** führen, um die ausschließliche und unmittelbare Erfüllung steuerbegünstigter Zwecke nachzuweisen (§ 63 Abs. 3 AO). Pro-

---
245 S. dazu Teil K Rz. 4 ff.

blembereiche sind in der Praxis meist das Gebot der zeitnahen Mittelverwendung, die Grenzen der zulässigen Rücklagenbildung, die Angemessenheit von Vergütungen sowie die Höhe der Verwaltungsaufwendungen[246].

Die steuerrechtlichen Buchführungs- und Aufzeichnungspflichten sind nicht Gegenstand der Stellungnahme des IDW.

---

246 S. dazu BFH, Beschl. v. 23. 9. 1998, I B 82/98, BStBl. II 2000, 320 = DStR 1998, 1674 = DB 1998, 2249 = NJW 1999, 310 = ZEV 1999, 158 = BFH/NV 1999, 105 = FR 1998, 1033 mit Anm. *Kempermann* (Es kann ein Verstoß gegen die Gemeinnützigkeitsvorschriften vorliegen, wenn eine Körperschaft ihre Mittel nicht überwiegend zur Erfüllung der gemeinnützigen Zwecke, sondern zur Deckung der Verwaltungskosten und zur Spendenwerbung einsetzt), dazu BMF-Schreiben v. 15. 5. 2000, IV C 6 – S 0170 – 35/00, BStBl. I 2000, 814 = DStR 2000, 968 = NJW 2000, 3264.

C. Unternehmensverbundene Stiftungen

Literaturhinweise: *App*, Wirtschaftliche Betätigung in Form einer rechtsfähigen Stiftung – ein Überblick, NotBZ 1998, 49; *App*, Die Stiftung & Co. KG – eine mögliche Alternative zur GmbH & Co. KG, BuW 1992, 557; *Berndt*, Stiftung und Unternehmen, 6. Aufl., Herne/Berlin 1998; *Berndt*, Die Stiftung als Rechtsform zur Sicherung der Unternehmensnachfolge, NWB Fach 18, S. 3505 (1997); *Brandmüller*, Gewerbliche Stiftungen, Unternehmensstiftung, Stiftung & Co., Familienstiftung, 2. Aufl., Bielefeld 1998; *Delp*, Die Stiftung & Co. KG, Heidelberg 1991; *Fasselt*, Die Beteiligungsstiftung, Diss. Berlin 1988; *Goerdeler*, Zur Problematik der Unternehmensträgerstiftung, NJW 1992, 1487; *Götz*, Die unternehmensverbundene Stiftung, INF 1997, 619 und 652; *Grossfeld/Mark*, Die Stiftung als Träger von Unternehmen im deutschen Recht, WuR 37 (1985) 65; *Henkel-Hoffmann*, Die Stiftung im Umfeld wirtschaftlicher Tätigkeit, insbesondere als geschäftsführender Gesellschafter, Diss. Bayreuth 1988; *Hennerkes*, Die Stiftung & Co. – eine interessante Alternative zur GmbH & Co., Steuerberater-Jahrbuch 1984/85, S. 107 ff.; *Hennerkes/Binz/Sorg*, Die Stiftung als Rechtsform für Familienunternehmen, DB 1986, 2217 und 2269; *Hennerkes/May*, Überlegungen zur Rechtsformwahl im Familienunternehmen, DB 1988, 483 und 537; *Hennerkes/Schiffer*, Regelung der Unternehmensnachfolge durch Stiftungskonstruktionen?, BB 1992, 1940; *Hennerkes/Schiffer/Fuchs*, Die unterschiedliche Behandlung der unternehmensverbundenen Familienstiftung in der Praxis der Stiftungsbehörden, BB 1995, 209; *Höfner-Byok*, Die Stiftung & Co. KG, Frankfurt/Main 1996; *Kerssenbrock*, Unternehmenserhaltung. Eine zivil- und steuerrechtliche Untersuchung zu Möglichkeiten und Grenzen der Unternehmenserhaltung bei Fehlen von Unternehmer-Nachfolgern mit Schwerpunkt Familienstiftung und GmbH-Recht, Diss. Hamburg 1981; *Kohl*, Brauchen wir ein Stiftungskonzernrecht?, NJW 1992, 1922; *Korte*, Die gemeinnützige Stiftung als Kommanditistin – Gestaltungsalternativen für eine abgestimmte Unternehmensnachfolge, WiB 1996, 672; *Kronke*, Stiftungstypus und Unternehmensträgerstiftung, Tübingen 1988; *Kronke*, Organkompetenzen in Stiftung, Kapital- und Personengesellschaft – Gestaltungsprobleme bei mittelbaren Unternehmensträgerstiftungen, ZGR 1996, 18; *Künnemann*, Die Stiftung im System des Unterordnungs-Konzerns, 1996; *Orth*, Die Stiftung im Wirtschaftsverkehr – Die Stiftung als Unternehmensträger und mit (mit)unternehmerischer Beteiligung, Jahrbuch Fachanwälte für Steuerrecht 1993/94, S. 417 ff.; *Pöllath*, in: Seifart/Frhr. von Campenhausen (Hrsg.), Handbuch des Stiftungsrechts, 2. Aufl., München 1999, § 13, S. 366 ff.; *Prinz*, Die Stiftung im Wirtschaftsverkehr – Die Stiftung als Familienstiftung, Jahrbuch Fachanwälte für Steuerrecht 1993/94, S. 426 ff.; *Rawert*, Der Einsatz der Stiftung zu stiftungsfremden Zwecken, ZEV 1999, 294; *Rawert*, Kirchmann, Wittgenstein und die unternehmensverbundene Stiftung – Erwiderung auf *Schiffer*, ZEV 1999, 424 –, ZEV 1999, 426; *Rawert*, Die Genehmigungsfähigkeit der unternehmensverbundenen Stiftung, Frankfurt/Main 1990; *Reuter*, Probleme der Unternehmensnachfolge, ZGR 1990, 467; *Reuter*, Rechtsprobleme unternehmensbezogener Stiftungen, DWiR 1991, 192; *Reuter*, Konzessions- oder Normativsystem für Stiftungen, in: Festschrift Kraft, 1998, S. 473 ff.; *Roll/Grochut*, Die Stiftung als Kommanditistin – Ein Modell für die Regelung der Unternehmensnachfolge und Unternehmensfinanzierung im Mittelstand, WiB 1995, 743; *Scheyhing*, Stiftungsunternehmen als Grundlage einer neuen Konzeption der Beziehungen in Unternehmen und Betrieb, DB 1983, 1412; *Schick/Rüd*, Stiftung und Verein als Unternehmensträger, Stuttgart 1988; *Schiffer*,

Die unternehmensverbundene Stiftung ist im Gerede – Einige Anmerkungen und Klarstellungen zu *Rawert*, ZEV 1999, 294 –, ZEV 1999, 424; *Schiffer/von Schubert*, Unternehmensnachfolger als Gründer: Einsatz unternehmensverbundener Stiftungen?, DB 2000, 437; *Schlinkert*, Unternehmensstiftung und Konzernleitung, Berlin 1995; *Schmidt, Karsten*, Wohin steuert die Stiftungspraxis?, DB 1987, 261; *Schmidt, Oliver*, Die Anfechtung des Stiftungsgeschäfts von Todes wegen bei Errichtung einer Unternehmensträgerstiftung – Mittel zur Sicherung des Unternehmens?, ZEV 2000, 308; *Schmidt, Oliver*, Das Ausschlagungsrecht von Unternehmensträgerstiftungen bei letztwilligen Zuwendungen – Beseitigung der Geschäftsgrundlage der stiftungsrechtlichen Genehmigung?, ZEV 1999, 141; *Schmidt, Oliver*, Die Errichtung von Unternehmensträgerstiftungen von Todes wegen, 1997; *Schulze zur Wiesche*, Die Stiftung & Co. KG – eine attraktive Unternehmsform, WPg. 1988, 128; *Schurr*, Die Stiftung mit unternehmerischer Verantwortung. Eine Untersuchung der unternehmensbezogenen Enttypisierung der Stiftung in Deutschland, Österreich und Italien, Baden-Baden 1998; *Schwintowski*, Die Stiftung als Konzernspitze, NJW 1991, 2736; *Stengel*, Stiftung und Personengesellschaften, Die Beteiligung einer Stiftung an einer Personengesellschaft des Handelsrechts, Baden-Baden 1993; *Toth*, Die Besteuerung der Unternehmensträger-(Holding-)Stiftung, BB 1997, 1238; *Verstl*, Das Rechtsinstitut „Stiftung" – Allheilmittel für die Unternehmensnachfolgeregelung?, DStR 1997, 674; *Voll/Sturm*, Die Unternehmensträgerstiftung. Ein neuer Abschnitt in der Entwicklung des Stiftungswesens und ihre Rechtsproblematik – Ein Diskussionsbeitrag zur Unternehmensträgerstiftung, Weilheim/München 1984; *Weimar/Delp*, Die Stiftung & Co. KG in rechtlicher und steuerlicher Sicht, INF 1987, 74; *Weimar/Geitzhaus/Delp*, Die Stiftung & Co. als Rechtsform der Unternehmung, BB 1986, 1999.

I. Unternehmensverbundene Stiftungen im Zivilrecht

1. Motive für die Errichtung einer unternehmensverbundenen Stiftung

1   Das Bild des Stiftungswesens in der deutschen Öffentlichkeit ist im wesentlichen geprägt von den großen Unternehmensstiftungen. Berühmte Beispiele sind etwa[1]:

– Alfried Krupp von Bohlen und Halbach-Stiftung, Essen, (als größte Einzelaktionärin der Firma Thyssen Krupp AG)[2],

– Bertelsmann Stiftung, Gütersloh: Die 1977 von Richard Mohn errichtete Stiftung ist die größte private Stiftung in der Bundesrepublik Deutschland. Sie ist über ihre Beteiligung an der Holdinggesellschaft Johannes Mohn GmbH stimmrechtslose Mehrheitsaktionärin der Bertelsmann AG,

---

1 Eine ausführliche Zusammenstellung zahlreicher unternehmensverbundener Stiftungen findet sich bei *Berndt*, Stiftung und Unternehmen, 6. Aufl., Herne/Berlin 1998, Rz. 1456 ff.

2 S. dazu OLG Hamm, Beschl. v. 30. 6. 1993, 8 W 48/92, ZIP 1993, 1384 (vermögensrechtliche Streitigkeit bei Klage auf Änderung der Satzung einer Stiftung mit erheblichem Vermögen).

Zivilrecht   Rz. 1 **C**

- Ernst-Abbe-Stiftung, Jena: Die Ernst-Abbe-Stiftung ist im Jahr 1992 aus der 1889 von Ernst Abbe nach dem Tode von Carl Zeiss gegründeten Carl-Zeiss-Stiftung mit Doppelsitz in Jena und Heidenheim a.d.brenz[3], hervorgegangen und ist Alleineigentümerin der Schott Glaswerke[4],

- Herbert Quandt Stiftung (die Stiftung der BMW AG[5]) München,

- Körber-Stiftung, Hamburg (Alleinaktionärin der Körber AG),

- Volkswagen-Stiftung, Hannover[6] (mittelbare Beteiligung an der Volkswagen AG über das Land Niedersachsen[7]).

Wesentliche **Motive** für die Einbringung eines Unternehmens oder einer Unternehmensbeteiligung in eine Stiftung sind

---

3 Zur Möglichkeit der Sitzverlegung für Stiftungen, die in der ehemaligen DDR aufgelöst wurden, aber Vermögenswerte in der Bundesrepublik Deutschland besaßen s. das Gesetz zur Ergänzung des Gesetzes zur Änderung von Vorschriften des Fideikommiß- und Stiftungsrechts v. 3. 8. 1967, BGBl. I 1967, 839.
4 Zur Ernst-Abbe-Stiftung und Carl-Zeiss-Stiftung s. auch BGH, Urt. v. 8. 7. 1982, III ZR 103/80, BGHZ 84, 352 = NJW 1982, 2369; BAG, Urt. v. 7. 8. 1990, 1 AZR 372/89, BAGE 65, 311 = NJW 1991, 514; RG, Urt. v. 11. 5. 1929, 34/29 I, JW 1929, 3056 Nr. 2 = HRR 1929, 1523; BFH, Urt. v. 22. 9. 1999, XI R 98/97, BStBl. II 2000, 115 = BB 2000, 1338 und *Auerbach*, Das Zeiss-Werk und die Carl-Zeiss-Stiftung in Jena, Jena 1925; *Berndt*, Stiftung und Unternehmen, 6. Aufl., Herne/Berlin 1998, Rz. 1411 ff.; *David*, Die Carl-Zeiss-Stiftung, ihre Vergangenheit und ihre gegenwärtige rechtliche Lage, Heidenheim a.d.B. 1954; *David*, Das rechtliche Schicksal von Unternehmen im geteilten Deutschland am Beispiel der Carl-Zeiss-Stiftung, in: Festschrift zur Wiedererrichtung des Oberlandesgerichts Jena 1994, S. 111 ff.; *Heintzeler*, Der Fall Zeiss – Die in- und ausländische Rechtsprechung und das Problem der stiftungsrechtlichen Identität, Baden-Baden 1972; *Nipperdey*, Hans, Die Rechtslage der Carl-Zeiss-Stiftung seit 1945, in: Festgabe Schmidt-Rimpler 1957, S. 41 ff.; *Schomerus*, Geschichte des Jenaer Zeisswerkes 1944–1946, Stuttgart 1952; *Schomerus*, Werden und Wesen der Carl-Zeiss-Stiftung anhand von Briefen und Dokumenten aus der Gründerzeit (1886 bis 1896) dargestellt, 2. Aufl., Stuttgart 1955; *Steindorff*, Zur Rechtslage der Carl-Zeiss-Stiftung, in: Festschrift für Stimpel 1985, S. 907 ff.
5 Daneben besteht eine weitere Herbert Quandt Stiftung mit Sitz in Bad Homburg v.d. Höhe, die im Jahr 1980 aus Anlaß des 70. Geburtstages von Herbert Quandt durch die Firma Atlanta AG errichtet wurde.
6 S. dazu BVerwG, Urt. v. 28. 2. 1986, 7 C 42.82, DÖV 1986, 518 (zur Rechnungsprüfung) und *Heuer*, Zur Prüfungsbefugnis der Rechnungshöfe gegenüber der Stiftung Volkswagenwerk, DÖV 1986, 516; *Kreienschulte*, Der Rechtscharakter der Stiftung Volkswagenwerk, Diss. Münster 1969; *von Loesch*, Die „Stiftung Volkswagenwerk" als Instrument moderner Wirtschaftspolitik, Archiv für öffentliche und freigemeinwirtschaftliche Unternehmen, 1958, 126; *Oppermann/Fleischmann*, Zur Finanzkontrolle der Stiftung Volkswagenwerk, 1972.
7 S. dazu den Vertrag über die Regelung der Rechtsverhältnisse bei der Volkswagenwerk Gesellschaft mit beschränkter Haftung und über die Errichtung einer „Stiftung Volkswagenwerk" v. 11./12. 11. 1959, BGBl. I 1960, 301.

- die Sicherung der **Unternehmenskontinuität** durch die dauerhafte Bindung des Stiftungsvermögens (insbesondere bei Fehlen eines [geeigneten] Unternehmensnachfolgers und für den Erbfall),
- den Schutz des Unternehmens vor **Zersplitterung und feindlichen Übernahmen** (vor allem durch die Eigentümerlosigkeit der Stiftung),
- die Optimierung der (Erbschaft-)**Steuerbelastung**,
- eine **positive Darstellung** des Unternehmens nach außen und nach innen.

2. Begriff der unternehmensverbundenen Stiftung

2   Unter unternehmensverbundenen Stiftungen versteht man

- Stiftungen, die selbst ein Unternehmen betreiben (**Unternehmensträgerstiftung**), und
- Stiftungen, zu deren Vermögen eine Beteiligung an einer Personen- oder Kapitalgesellschaft gehört (**Beteiligungsträgerstiftungen**).

Die **Terminologie ist uneinheitlich** (Unternehmensstiftungen, gewerbliche Stiftungen, etc.). Eine rechtliche Bedeutung ist mit den unterschiedlichen Bezeichnungen jedoch nicht verbunden.

Die **Verbindung** zwischen Unternehmen und Stiftung ist unterschiedlich ausgestaltet.

Die Unternehmensbeteiligung dient der Stiftung in der Praxis meist ausschließlich zur **Erzielung von Einkünften**, die sie zur Verwirklichung des Stiftungszwecks verwendet. Zwischen Stiftungszweck und Unternehmen besteht keine unmittelbare Verbindung.

Im Einzelfall kann das Unternehmen aber auch unmittelbar der Erfüllung des Stiftungszwecks dienen (**Zweckverwirklichungsbetrieb**). Dies ist beispielsweise beim Betrieb eines Museums, eines Krankenhauses oder einer sonstigen Einrichtung durch ein Stiftungsunternehmen der Fall.

3. Zulässigkeit von unternehmensverbundenen Stiftungen

3   Die Zulässigkeit der unternehmensverbundenen Stiftung wird seit Jahrzehnten unter ordnungspolitischen und rechtlichen Gesichtspunkten **kontrovers diskutiert**. Dabei geht es vor allem um einen ein Vergleich der unternehmensverbundenen Stiftungen mit den anderen Rechtsformen des Personen- und Kapitalgesellschaftsrechts.

Zum **Schutz des Rechtsverkehrs** und besonders schutzbedürftiger Dritter (zum Beispiel Arbeitnehmer, Gläubiger) besteht für Unternehmen ein sorgsam ausgewogenes Regelungssystem (etwa im Hinblick auf die Haftung der Gesellschafter und Möglichkeiten einer Haftungsbeschränkung, die Aufbringung und Erhaltung des Gesellschaftskapitals, die organschaftlichen Vertretungsbefugnisse, die Pflichten der Organe etwa bei Insolvenz der Gesellschaft, die Publizitätsanforderungen, die Einhaltung der Mitbestimmung, u.a.m.). Für unternehmensverbundene Stiftungen fehlt dagegen ein vergleichbarer Regelungsrahmen.

In der Errichtung unternehmensverbundener Stiftung wird daher zum Teil eine **Umgehung der gesellschaftsrechtlichen Normativbestimmungen** und Verhaltensanforderungen gesehen. *Karsten Schmidt* hat die Frage aufgeworfen, ob „jedem zweckgebundenen Sondervermögen das Rechtskleid der Stiftung beigegeben werden (kann) mit der Folge, daß durch staatliche Verleihung eine juristische Person entsteht"[8].

Vor diesem Hintergrund wurde in der rechtspolitischen Diskussion immer wieder die **Schaffung geeigneter unternehmensrechtlicher Bestimmungen** für unternehmensverbundene Stiftungen gefordert. Eine neuere Auffassung versucht statt dessen die unternehmensverbundenen Stiftungen in die bestehenden Rechtsformen der Handelsgesellschaften zu zwingen[9].

Der Gedanke, der den Rechtsverkehr, die Gläubiger und die Arbeitnehmer vor den Gefahren einer Flucht der wirtschaftlichen Vereine aus dem Recht der Kapitalgesellschaften und Genossenschaften schützen will, soll auch im Stiftungsrecht Geltung beanspruchen (§ 22 BGB). Unternehmensträgerstiftungen und Beteiligungsträgerstiftungen sollen danach **grundsätzlich nicht genehmigungsfähig** sein. Etwas anderes soll nur dann gelten, wenn der wirtschaftliche Geschäftsbetrieb der ideellen Tätigkeit funktional untergeordnet ist (Nebenzweckprivileg) oder ein förderungswürdiger Zweck auf andere Weise nicht verwirklicht werden kann (wie etwa bei der Ernst-Abbe Stiftung als Wegbereiterin wichtiger Entwicklungen auf dem Gebiet des Arbeits- und Sozialrechts). Geltendem Recht entspricht dieser Standpunkt nicht.

Das Stiftungsrecht verweist zwar in weitem Umfang auf die Vorschriften des **Vereinsrechts** (§ 86 BGB), aber gerade nicht auf die Bestimmung über die wirtschaftlichen Vereine (§ 22 BGB). Das Bürgerliche Gesetzbuch geht davon aus, daß eine Stiftung zu jedem gemeinwohlkonformen Zweck errichtet werden kann (Umkehrschluß aus § 87 BGB). Der **Grundrechtsschutz** (Art. 14 Abs. 1 und 2 Abs. 1 GG) des Stifters und der Stiftung läßt eine Einschränkung der Stiftungszwecke nicht zu.

4

---
8 DB 1987, 261.
9 So insbesondere *Reuter*, in: Münchener Kommentar, 3. Aufl. 1995, Vor § 80 ff. BGB Rz. 6 ff. und 24 ff. und *Rawert*, in: Staudinger, 13. Bearb. 1995, Vor §§ 80 ff. BGB Rz. 93 ff.

Die Landesstiftungsgesetze sehen zum Teil gleichwohl vor, daß bei unternehmensverbundenen Stiftungen die **Genehmigung zu versagen** ist[10]. Im Hinblick auf das im BGB verankerte Leitbild der gemeinwohlkonformen Allzweckstiftung (vgl. § 87 Abs. 1 BGB) bestehen gegen diese Einschränkungen verfassungsrechtliche Bedenken (Art. 31 GG).

5   Das **Bayerische Stiftungsgesetz** enthält keine Vorschriften, die unmittelbar unternehmensverbundene Stiftungen betreffen. Unternehmensverbundene Stiftungen (und sonstige nichtöffentliche [private] Stiftungen) werden in Bayern gleichwohl in der Regel nur genehmigt, wenn „**wichtige Gründe**" vorliegen (vgl. Art. 3 Satz 2 BayStG[11]). Die Frage, wann wichtige Gründe vorliegen, ist gesetzlich nicht näher geregelt. Rechtsprechung dazu liegt nicht vor. Nach der bisherigen Praxis der bayerischen Stiftungsaufsichtsbehörden sind wichtige Gründe nur bei einem zumindest mittelbaren Bezug zu öffentlichen Interessen gegeben. Allein private Interessen sind danach nicht ausreichend. In der Vergangenheit wurde die Genehmigung nur erteilt, wenn Gründe des öffentlichen Wohls (insbesondere wirtschaftspolitische Interessen) für die Genehmigung einer privaten Stiftung vorlagen. Die derzeitige Genehmigungspraxis geht zurück auf die frühere Ausführungsverordnung zum Bayerischen Stiftungsgesetz[12]. Dort hieß es:

„*Die Genehmigung zur Errichtung einer Privatstiftung wird nur erteilt, wenn wichtige Gründe vorliegen (z.B. Erhaltung wertvoller Kulturdenkmäler).*"

Die Vorschrift ist zum 31. 7. 1999 aufgehoben worden. Die zum 1. 8. 1999 in Kraft getretene Verordnung zur Ausführung des Bayerischen Stiftungsgesetzes enthält keine vergleichbare Vorschrift. Derzeit läßt sich noch absehen, ob und inwieweit es zu einer Änderung des Genehmigungspraxis kommen wird[13].

6   Bevor die Frage nach der Zulässigkeit der Errichtung einer unternehmensverbundenen Stiftung in der Praxis mit der Stiftungsaufsichtsbehörde abgestimmt wird, ist zu überlegen, inwieweit eine Stiftung die **geeignete Orga-**

---

10 § 6 Abs. 3 Buchst. b und Abs. 2 Buchst. c BrbgStiftG, § 7 Abs. 3 Buchst. a und Abs. 2 Buchst. c MecklVorPStiftG, § 4 Abs. 2 Buchst. b und Abs. 1 Buchst. c NRWStiftG.
11 Der Entwurf für eine Reform des Bayerischen Stiftungsgesetzes (s. dazu Teil K Rz. 12) sieht eine ersatzlose Aufhebung von Art. 3 Satz 2 BayStG vor. Der Anspruch auf Genehmigung einer Stiftung soll zudem ausdrücklich gesetzlich verankert werden (Art. 5 BayStG-E).
12 § 9 der Ausführungsverordnung (zu Art. 3 StG) zum Bayerischen Stiftungsgesetz (AVStG) v. 22. 8. 1958 (BayRS 282-1-1-1-UK/WFK).
13 Im Hinblick auf die geplanten Änderungen des Bayerischen Stiftungsgesetzes (s. dazu Teil K Rz. 12) dürfte es jedoch zu einer gewissen Lockerung der Genehmigungspraxis kommen.

nisationsform für ein Unternehmen darstellt. Die starre Bindung an den Stifterwillen ermöglicht zwar einerseits eine langfristige Sicherung der Unternehmenskontinuität, erschwert aber oftmals eine flexible Anpassung des Stiftungsunternehmens an neue Marktgegebenheiten. Die staatliche Stiftungsaufsicht kann die unternehmerischen Gestaltungsspielräume zusätzlich einschränken. Expandierende Unternehmen sind auf die Zuführung neuen Kapitals angewiesen, was bei unternehmensverbundenen Stiftungen mit Schwierigkeiten verbunden sein kann. Der **Zugang zum Kapitalmarkt** ist der Stiftung verschlossen. Eine Selbstfinanzierung durch Zustiftungen oder Rücklagen ist meist nicht ausreichend. Unternehmensverbundenen Stiftungen bliebt somit in der Praxis vor allem die Fremdfinanzierung, die bei der eigentümerlosen Stiftung kompliziert und teuer ist.

4. Ausblick: Geplante Gesetzesänderungen im Bereich der unternehmensverbundenen Stiftung

a) Gesetzesvorschlag von BÜNDNIS 90/Die Grünen[14]

Art. 1 StiftFördG-E (Änderung von § 81 BGB)   7

„(1) Eine Stiftung darf jeden erlaubten Zweck verfolgen, der nicht auf einen wirtschaftlichen Geschäftsbetrieb (§ 22) gerichtet ist. (...)"

Danach wären unternehmensverbundene Stiftungen sowohl als Unternehmensträgerstiftung als auch als Beteiligungsträgerstiftung unzulässig, sofern sich ihre unternehmerische Tätigkeit nicht ausnahmsweise in einer Nebentätigkeit beschränkt, die ausschließlich im Interesse der Haupttätigkeit der Stiftung steht (Nebenzweckprivileg).

b) Gesetzentwurf der F.D.P.[15]

Art. 1 StiftRReformG (Änderung von § 81 BGB)   8

„Eine Stiftung darf jeden erlaubten Zweck verfolgen. Sie hat das Recht, Unternehmen zu betreiben oder an solchen beteiligt zu sein, sofern sich ihre Tätigkeit nicht im Betrieb eines Handelsgewerbes erschöpft und soweit sie nicht persönlich haftende Gesellschafterin einer Personenhandelsgesellschaft ist."

---

14 Entwurf eines Gesetzes zur Förderung des Stiftungswesens (StiftFördG), BT-Drks. 13/9320 v. 1. 12. 1997.
15 Entwurf eines Gesetzes zur Reform des Stiftungsrechts, BT-Drks. 14/336 v. 28. 1. 1999 und BT-Drks. 14/3043 v. 22. 3. 2000.

c) Antrag der CDU/CSU[16]

9   Nach dem Antrag der CDU/CSU sollen künftig nur noch Stiftungen mit gemeinwohlorientierten Zwecken errichtet werden dürfen. Die Neuerrichtung von unternehmensverbundenen Stiftungen wäre danach nicht mehr möglich. Für bereits bestehende Stiftungen soll Bestandsschutz gewährt werden.

d) Gesetzesantrag des Landes Hessen[17]

10 Art. 1 StiftRReformG (Änderung von § 81 BGB)

„Eine Stiftung darf jeden erlaubten Zweck verfolgen. Sie darf Unternehmen betreiben oder an solchen beteiligt sein, sofern sich ihre Tätigkeit nicht im Betrieb eines Handelsgewerbes erschöpft. Sie darf nicht persönlich haftende Gesellschafterin einer Personenhandelsgesellschaft sein."

II. Stiftung & Co. KG

1. Stiftung & Co. KG als Prototyp der unternehmensverbundenen Stiftung

a) Überblick

11 Bei der Stiftung & Co. KG handelt es sich um eine Kommanditgesellschaft, bei der eine Stiftung die Rolle des **persönlich haftenden Gesellschafters** übernimmt.

Schätzungen zufolge existieren heute etwa 100 Stiftung & Co. Kommanditgesellschaften. Bekannte Beispiele sind:
- die Diehl Stiftung & Co. KG, Nürnberg,
- die Gustav und Grete Schickedanz Holding KG, Fürth,
- die K + L Ruppert Zentralverwaltung Stiftung & Co. KG, Weilheim,
- die Lidl & Schwarz Stiftung & Co. KG, Neckarsulm,
- die VOKO Franz Vogt & Co. KG, Pohlheim.

Die Stiftung & Co. KG ist – trotz der konstruktiven Ähnlichkeit – **keine Rechtsformalternative zur GmbH & Co. KG**, sondern auf stiftungstypische Interessenlagen beschränkt.

---

16 Ein modernes Stiftungsrecht für das 21. Jahrhundert, BT-Drks. 14/2029 v. 9. 11. 1999.

17 Entwurf eines Gesetzes zur Reform des Stiftungsrechts (StiftRReformG), BR-Drks. 752/99 v. 20. 12. 1999.

Nach der neueren Rechtsprechung des Bundesgerichtshofs ist eine Kommanditgesellschaft auf Aktien ohne natürliche Person als persönlich haftenden Gesellschafter zulässig[18]. Der Gesetzgeber hat mit dem zum 1. 7. 1998 in Kraft getretenen Handelsrechtsreformgesetz[19] die **Zulässigkeit der Rechtsform der kapitalistischen KGaA** bestätigt (§ 279 Abs. 2 AktG). Damit ist an sich auch eine Stiftung & Co. KGaA zulässig. Es ist aber eher unwahrscheinlich, daß diese Rechtsform praktische Bedeutung erlangen wird.

b) Vorteile der Rechtsform der Stiftung & Co. KG

Die Rechtsform der Stiftung & Co. KG bietet (auch im Vergleich zur GmbH & Co. KG) verschiedene Vorteile: 12

— **Haftungsbeschränkung**: Die Haftung der Stiftung als persönlich haftender Gesellschafterin ist auf das Stiftungsvermögen beschränkt. Die Beschränkung der Haftung ist dabei noch weitreichender als bei der GmbH & Co. KG. Eine Durchgriffshaftung (etwa wegen Unterkapitalisierung) kommt bei einer Stiftung & Co. KG mangels mitgliedschaftlicher Struktur der Stiftung nicht in Betracht.

— **Mitbestimmung**: Die Stiftung & Co. KG unterliegt nicht der Mitbestimmung (§§ 1 Abs. 1, 4 Abs. 1 MitbestG 1976). Dagegen unterliegt auch die Stiftung & Co. KG der rechtsformunabhängigen betrieblichen Mitbestimmung (§ 1 BetrVG 1972)

— **Unternehmensnachfolge**: Die Stiftung & Co. KG bietet die Möglichkeit, den Bestand des Unternehmens über mehrere Generationen hinweg zu sichern.

— **Gesellschafterkreis**: Die Stiftungskonstruktion bietet Schutz vor feindlichen Übernahmen.

— **Unternehmensführung**: Die Geschäftsführung obliegt dem Stiftungsvorstand. Im Vergleich zur Position als Geschäftsführer einer (Komplementär-)GmbH mag die Stellung als Stiftungsvorstand mit einem höheren Sozialprestige verbunden sein. Zu Mitgliedern des Stiftungsvorstands können auch qualifizierte Nicht-Gesellschafter ernannt werden (Fremdorganschaft). Die Vertretungsbefugnis der Mitglieder des Stiftungsvorstands kann dabei auch im Außenverhältnis beschränkt werden (§§ 86, 26 Abs. 2 Satz 2 BGB).

---

18 BGH, Beschl. v. 24. 2. 1997, II ZB 11/96, BGHZ 134, 392 = AG 1997, 370 = BB 1997, 1220 mit Anm. *Strieder/Habel* S. 1375 = DB 1997, 1219 = DStR 1997, 1012 mit Anm. *Goette* = DZWiR 1998, 235 mit Anm. *Kallmeyer* S. 238 = GmbHR 1997, 595 = LM AktG 1965 § 278 Nr. 1 (*Roth*) = MittBayNot 1997, 242 = NJW 1997, 1923 = WiB 1997, 695 = WM 1997, 1098 = ZIP 1997, 1027 mit Anm. *Sethe,* EWiR § 278 AktG 2/97, 1061.
19 BGBl. I 1998, 1474.

- **Flexibilität**: Eine Stiftung & Co. KG kann sich flexibler als eine unternehmensverbundene Stiftung an veränderte Marktgegebenheiten anpassen. Die Aufnahme neuer Kommanditisten oder weiterer persönlich haftender Gesellschafter ist jederzeit möglich.
- **Finanzierung**: Eine Stiftung & Co. KG hat – anders als eine (unternehmensverbundene) Stiftung – über die Kommanditgesellschaft bessere Möglichkeiten der Fremdfinanzierung.
- **Gestaltung**: Die Gestaltung einer Stiftung & Co. KG erfordert – im Unterschied zur GmbH & Co. KG – keine Regelungen zur Verzahnung der Kommanditanteile mit den Anteilen an der Komplementärin, da die Komplementärstiftung keine Gesellschafter hat.
- **Publizität**: Aufgrund des Kapitalgesellschaften- und Co.-Richtlinie-Gesetzes[20] unterliegt nunmehr auch die Stiftung & Co. KG den für Kapitalgesellschaften geltenden Publizitätsvorschriften.

c) Nachteile der Rechtsform der Stiftung & Co. KG

13 Den dargestellten Vorteilen der Stiftung & Co. KG stehen verschiedene Nachteile gegenüber:
- **Vermögensentziehung**: Der Stifter verliert dauerhaft die Möglichkeit, über das Unternehmensvermögen zu verfügen. Die Vermögensbindung in der Stiftung ist weitergehend als die für Kapitalgesellschaften geltenden Kapitalerhaltungsvorschriften.
- **Stiftungsaufsicht**: Die Stiftung unterliegt der laufenden Stiftungsaufsicht.
- **Anerkennung**: Die Zulässigkeit der Stiftung & Co. KG ist umstritten, was sich im Einzelfall auf die Anerkennung im Rechts- und Geschäftsverkehr (beispielsweise bei der Darlehensaufnahme) nachteilig auswirken kann.
- **Steuerrecht**: Die Stiftung & Co. KG führt nicht zu einer gewerblichen Prägung der Einkünfte (§ 15 Abs. 3 Nr. 2 EStG meint nur Kapitalgesellschaften im Sinne von § 1 Abs. 1 Nr. 1 KStG, nicht auch im Sinne von § 1 Abs. 1 Nr. 4 oder 5 KStG).

d) Zulässigkeit

14 Die Rechtsform der Stiftung & Co. KG ist älter als die der GmbH & Co. KG (Ernst Abbe gründete 1891 die Carl-Zeiss-Stiftung mit Sitz in Jena, die bis 1919 zusammen mit Otto Schott Gesellschafterin der Handelsgesellschaft „Otto Schott & Genossen" war). Gleichwohl ist die Zulässigkeit der Stiftung & Co. KG bis heute lebhaft umstritten. Zum Teil wird die Stif-

---

20 S. dazu Teil C Rz. 17 ff.

tung & Co. KG als attraktive Unternehmensform empfohlen, zum Teil wird sie als **mißbräuchliche Erscheinungsform des Stiftungsrechts** für unzulässig erachtet. *Karsten Schmidt* hat in der Stiftung & Co. KG sogar als eine „Perversion des Stiftungsrechts" gesehen und eine Rückbesinnung auf den Sinn des Stiftungsrechts gefordert[21].

Neben den allgemeinen (gesellschaftsrechtlichen und stiftungsrechtlichen) Einwänden gegen unternehmensverbundene Stiftungen[22] bestehen gegen die Stiftung & Co. KG vor allem Bedenken im Hinblick auf den Grundsatz der **Erhaltung des Stiftungsvermögens**. Die Stiftung haftet mit ihrem Vermögen unbeschränkt für die Verbindlichkeiten der Kommanditgesellschaft, wodurch der dauerhafte Erhalt des Stiftungsvermögens gefährdet ist.

Der **Gesetzgeber** hat sich zu der Zulässigkeit der Rechtsform der Stiftung & Co. KG (bislang) nicht abschließend geäußert.

Das **Umwandlungsgesetz** sieht die Möglichkeit der Ausgliederung eines von einer Stiftung betriebenen Unternehmens vor (§§ 161 ff. UmwG)[23]. Bei der Ausgliederung zur Aufnahme durch eine Kommanditgesellschaft muß im Ausgliederungsvertrag vereinbart werden, ob der Stiftung in der übernehmenden Gesellschaft die Stellung eines persönlich haftenden Gesellschafters oder eines Kommanditisten eingeräumt wird (§§ 135 Abs. 1 Satz 1, 125 Satz 1, 40 Abs. 1 UmwG).

Der **Anwendungsbereich des Kapitalgesellschaften- und Co.-Richtlinie-Gesetzes** ist nicht auf GmbH & Co. KG's beschränkt, sondern erstreckt sich nach der amtlichen Gesetzesbegründung ausdrücklich auch auf die Stiftung & Co. KG[24].

Diese Regelungen deuten (scheinbar) auf eine **Anerkennung** der Stiftung & Co. KG hin.

Die im Zusammenhang mit der Reform des Stiftungsrechts vorgelegten **Gesetzesentwürfe** gehen allerdings ganz überwiegend davon aus, daß jedenfalls Neugründungen von Stiftung & Co. KG's unzulässig sind[25].

e) Errichtung einer Stiftung & Co. KG

Die Zulässigkeit der Stiftung & Co. KG ist (bislang) höchstrichterlich nicht geklärt. Die Gestaltung des Kommanditgesellschaftsvertrages und der Stif-

---

21 Stiftungswesen, Stiftungsrecht, Stiftungspolitik, 1987, S. 30 f.
22 S. dazu Teil C Rz. 3 f.
23 S. im einzelnen Teil J Rz. 6 ff.
24 S. dazu Teil C Rz. 17 ff.
25 S. im einzelnen Teil K Rz. 4 ff. Die Begründung zum Entwurf für eine Reform des Bayerischen Stiftungsgesetzes geht (unter Hinweis auf Art. 5 Satz 2 Nr. 2 Fall 2 BayStG-E, s. dazu Teil K Rz. 12) gleichfalls davon aus, daß eine Stiftung & Co. KG nicht genehmigungsfähig ist.

tungssatzung sollten daher in jedem Fall frühzeitig mit der **Stiftungsaufsicht und dem Handelsregister** abgestimmt werden.

Für die Entstehung der (Stiftung & Co.) Kommanditgesellschaft gelten die **allgemeinen Vorschriften** (§§ 161 ff. HGB).

▶ **Gestaltungshinweis**

Da die Existenz einer Vorstiftung nicht anerkannt wird, kann die Stiftung & Co. KG jedoch (anders als die GmbH & Co. KG) erst nach Entstehen der Stiftung mit deren staatlicher Genehmigung errichtet werden.

Die – entstandene – Stiftung schließt (in der Regel) als persönlich haftende Gesellschafterin mit einer oder mehreren Personen (Kommanditisten) einen **Vertrag** über die Errichtung einer Kommanditgesellschaft ab[26]. Beim Abschluß des Gesellschaftsvertrages wird die Stiftung durch den Vorstand vertreten.

▶ **Gestaltungshinweis**

Sofern die Mitglieder des Stiftungsvorstands zugleich Kommanditisten sind (vgl. § 181 BGB), ist (in Bayern und Rheinland-Pfalz) die Bestellung eines besonderen Vertreters (Art. 22 BayStG[27], § 18 RhPfStiftG) erforderlich.

Bei der Komplementär-Stiftung handelt es sich in der Praxis meist um eine **Familienstiftung**. Die Destinatäre der Familienstiftung sind regelmäßig zugleich Kommanditisten. Die Kommanditgesellschaft selbst kann nicht Destinatär der Stiftung sein („Einheits-Stiftung & Co. KG").

Eine **Verwaltungsstiftung**, deren einziger Zweck die Übernahme der Rolle als Komplementärin im Interesse der Haftungsbeschränkung der übrigen Gesellschafter ist, soll nach verbreiteter Auffassung unzulässig sein.

▶ **Gestaltungshinweise**

Die Stiftung sollte daher neben dem der Übernahme der persönlichen Haftung noch **weitere (steuerbegünstigte) Zwecke** verfolgen, etwa die Förderung von Forschungs- und Entwicklungstätigkeiten (im Tätigkeitsbereich der Kommanditgesellschaft).

Die Satzung sollte ausdrücklich vorsehen, daß die Stiftung **persönlich haftende Gesellschafterin** ist. Ohne eine entsprechende Satzungsbestimmung kann nicht davon ausgegangen werden, daß die durch die Haftung bedingte Gefährdung des Stiftungszwecks dem Willen des Stifters ent-

---

26 Zur Anwendung der Grundsätze über die fehlerhafte Gesellschaft auf eine Kommanditgesellschaft, an der eine (kirchliche) Stiftung als Kommanditistin beteiligt ist, s. BayObLG, Beschl. v. 5. 10. 1989, BReg. 3 Z 114/89, NJW-RR 1990, 476.
27 Zu der geplanten Änderung von Art. 22 BayStG s. Teil B Rz. 73 und Teil K Rz. 12.

spricht. Der dauerhafte Erhalt des Stiftungsvermögens kann im Einzelfall dadurch sichergestellt werden, daß eine natürliche Person als weiterer Komplementär beitritt oder die Kommanditisten die Stiftung im Innenverhältnis von der Haftung für die Verbindlichkeiten der Kommanditgesellschaft freistellen.

Die **Kapitalausstattung** der Komplementärstiftung sollte sich am Umfang der unternehmerischen Tätigkeit der Kommanditgesellschaft orientieren. Die heutige restriktive Genehmigungspraxis in manchen Bundesländern bei unternehmensverbundenen Stiftungen geht u.a. darauf zurück, daß Komplementärstiftungen mit einem Stiftungsvermögen von weniger als 10 000 DM (und damit weniger als das damals erforderliche Mindestkapital einer Komplementär-GmbH) ausgestattet worden sind. Eine sachgerechte Kapitalausstattung vermeidet den Einwand, daß die Verwendung der Stiftung & Co. KG rechtsmißbräuchlich sei.

Die Stiftung ist in der Regel der einzige persönlich haftende Gesellschafter und alleine zur **Geschäftsführung und Vertretung** befugt. Die Widerspruchs- und Kontrollrechte der anderen Gesellschafter (§§ 114 ff. HGB) werden meist weitest möglich ausgeschlossen.

Die **Firma** der Stiftung & Co. KG muß neben dem Rechtsformzusatz einen Hinweis auf die Haftungsbeschränkung enthalten (§ 19 Abs. 2 HGB).

Betreibt eine Stiftung ein Unternehmen (Unternehmensträgerstiftung), ist sie als Einzelkaufmann ins **Handelsregister** einzutragen (§ 33 HGB – der Wortlaut des § 33 HGB ist im Rahmen des Handelsrechtsreformgesetzes nicht an die Neufassung der §§ 1 ff. HGB angepaßt worden, was wohl auf einem Redaktionsversehen beruhen dürfte). Umstritten ist, ob auch eine Komplementär-Stiftung als Beteiligungsträgerstiftung zur Eintragung in das Handelsregister anzumelden ist (§ 33 HGB in unmittelbarer bzw. analoger Anwendung). Zum Teil werden die Vorschriften über die Kommanditgesellschaft als vorrangig angesehen, so daß die Stiftung nur dann in das Handelsregister einzutragen ist, wenn sie selbst ein einzelkaufmännisches Unternehmen betreibt (§ 106 HGB als Sondervorschrift zu §§ 29 und 33 HGB). Nach wohl überwiegender Auffassung ist die Komplementär-Stiftung zum **Schutz des Rechtsverkehrs** wie eine Unternehmensträgerstiftung in das Handelsregister einzutragen (vgl. §§ 106, 162 HGB). Dafür spricht insbesondere auch, daß die Firma der Komplementär-Stiftung auf den Geschäftsbriefen der Kommanditgesellschaft anzugeben ist (§§ 177a Satz 2, 125a Abs. 1 Satz 2 HGB).

Übernimmt die Stiftung in **mehreren Kommanditgesellschaften** die Stellung als persönlich haftende Gesellschafterin, kann es zur Entstehung konzernähnlicher Strukturen kommen. Aufgrund der sich daraus ergebenden Schwierigkeiten für die Geschäftsführung der Stiftung und der ohnehin bestehenden Bedenken gegenüber der Stiftung & Co. KG sollte in der Praxis von solchen Gestaltungen Abstand genommen werden.

2. Stiftung & Co. KG und das KapCoRiLiG

Literaturhinweise: *Baumbach/Hopt*, Handelsgesetzbuch, 30. Aufl., München 2000, Kommentierung zu §§ 264a ff. HGB; *Bitter/Grashoff*, Anwendungsprobleme des Kapitalgesellschaften- und Co-Richtlinie-Gesetzes, DB 2000, 833; *Carlé*, Strategien im Hinblick auf die erweiterte Prüfungs- und Publizitätspflicht im KapCoRiLiG, KÖSDI 2000, 12563; *Diekmann*, Publizitätspflicht und Sanktionen nach dem Kapitalgesellschaften- und Co-Richtlinie-Gesetz – Die Verfahrenssimulation als wirksames Instrument der prospektiven Gesetzesfolgenabschätzung, GmbHR 2000, 353; *Dorozala/Söffing*, Zur Vermeidung handelsrechtlicher Offenlegungspflichten durch alternative Rechtsformen, DStR 2000, 1567; *Eisolt/Verdenhalven*, Erläuterungen des Kapitalgesellschaften- und Co-Richtlinie-Gesetzes (KapCoRiLiG), NZG 2000, 130; *Farr*, Aufstellung, Prüfung und Offenlegung des Anhangs im Jahresabschluß der GmbH & Co. KG, GmbHR 2000, 543 und 605; *Glade*, Die Umsetzung der GmbH & Co.-Richtlinie-Verschärfung der Offenlegungspflichten, NWB Fach 18, S. 3723 (2000); *Hempe*, Eigenkapitalausweis der GmbH & Co. KG nach dem „KapCoRiLiG", GmbHR 2000, 613; *Hempe*, Zum Eigenkapitalausweis der GmbH & Co. KG nach dem Kapitalgesellschaften- und Co-Richtlinie-Gesetz, DB 2000, 1293; *Hoffmann*, Eigenkapitalausweis und Ergebnisverteilung bei Personenhandelsgesellschaften nach Maßgabe des KapCoRiLiG, DStR 2000, 837; *Hoffmann*, Erste Beratungshinweise für GmbH & Co. KG nach der Verabschiedung des KapCoRiLiG, INF 2000, 271; *Institut der Wirtschaftsprüfer (Hrsg.)*, KapCoRilLiG, Düsseldorf 2000; *Jansen*, Die Sanktionen der Publizitätsverweigerung nach dem Kapitalgesellschaften- und Co-Richtlinien-Gesetz, DStR 2000, 596; *Krämer*, Publizitätspflichten für mittelständische Unternehmen in der Rechtsform einer GmbH & Co. nach dem Kapitalgesellschaften- und Co.-Richtlinie-Gesetz – KapCoRiLiG – v. 24. 2. 2000 (BGBl. 2000 I, 154), NotBZ 2000, 280 und 313; *Kusterer/Kirnberger/Fleischmann*, Der Jahresabschluß der GmbH & Co. KG nach dem KapCoRiLiG, DStR 2000, 606; *Luttermann*, Das Kapitalgesellschaften- und Co-Richtlinie-Gesetz, ZIP 2000, 517; *Salgert*, Praxishinweise zum Kapitalgesellschaften- und Co-Richtlinie-Gesetz (KapCoRiLiG), WPK-Mitt. 2000, 86; *Scheffler*, Neue Vorschriften zur Rechnungslegung, Prüfung und Offenlegung nach dem Kapitalgesellschaften & Co. Richtlinien-Gesetz, DStR 2000, 529; *Theile*, Ausweisfragen beim Jahresabschluß der GmbH & Co. KG nach neuem Recht, BB 2000, 555; *Theile*, Publizität des Einzel- oder Konzernabschlusses bei der GmbH & Co. KG nach neuem Recht?, GmbHR 2000, 215; *Winkeljohann/Schindhelm*, Das KapCoRiLiG, Herne 2000; *Zimmer/Eckhold*, Das Kapitalgesellschaften- & Co.-Richtlinie-Gesetz, NJW 2000, 1361.

a) Hintergrund

17 Das am 9. 3. 2000 in Kraft getretene Kapitalgesellschaften- und Co.-Richtlinie-Gesetz[28] hat u.a. die **Angleichung der deutschen Rechtsvorschriften** an die europäische GmbH & Co. Richtlinie zum Ziel. Diese

---

[28] Gesetz zur Durchführung der Richtlinie des Rates der Europäischen Union zur Änderung der Bilanz- und Konzernrichtlinien hinsichtlich ihres Anwendungsbereichs (90/605/EWG), zur Verbesserung der Offenlegung von Jahresabschlüssen und zur Änderung anderer handelsrechtlicher Bestimmungen v. 24. 2. 2000, BGBl. I 2000, 154 – im folgenden kurz KapCoRiLiG).

Richtlinie[29] schreibt den Mitgliedsstaaten bereits seit Anfang 1993 vor, bestimmte Kapitalgesellschaften & Co. in den Anwendungsbereich der Bilanzrichtlinie[30] und der Konzernbilanzrichtlinie[31] einzubeziehen. Der Europäische Gerichtshof hat in der unterlassenen Umsetzung einen Verstoß der Bundesrepublik Deutschland gegen ihre mitgliedschaftlichen Pflichten gesehen[32].

Die Kapitalgesellschaften & Co. hatten nach bisherigem Recht als Personenhandelsgesellschaft wie Einzelkaufleute, OHG's, oder KG's (nach den §§ 238 bis 263 HGB) Rechnung zu legen. Die strengeren **Rechnungslegungsvorschriften** für Kapitalgesellschaften waren bisher auf sie nicht anzuwenden.

b) Sachlicher Anwendungsbereich

Nach der Neuregelung haben OHG's und KG's, die nicht **wenigstens eine natürliche Person** (oder eine Personenhandelsgesellschaft mit einer natürlichen Person als persönlich haftender Gesellschafter) als persönlich haftenden Gesellschafter haben, wie Kapitalgesellschaften einen Jahresabschluß nebst Anhang und einen Lagebericht aufzustellen, prüfen zu lassen und offenzulegen (§ 264a Abs. 1 HGB i.V.m. §§ 264 bis 335 HGB).

Stiftung & Co. KG's müssen nach den **europarechtlichen Vorgaben** nicht zwingend den Kapitalgesellschaften gleichgestellt werden (Art. 1 Richtlinie 90/605/EWG). Nach der Richtlinie sind nur die Personenhandelsgesellschaften betroffen, bei denen **ausschließlich Kapitalgesellschaften persönlich haftende Gesellschafter** sind (AG, GmbH, KGaA). Das **KapCoRiLiG** ist demgegenüber weiter gefaßt. Es erfaßt auch Personenhandelsgesellschaften, bei denen andere nicht natürliche Personen (wie Stiftungen, Genossenschaften, wirtschaftliche Vereine) Komplementäre sind. Nach der Gesetzesbegründung ist das kein Übereifer des deutschen Gesetzgebers, sondern die konsequente und sachgerechte Umsetzung des Grundsatzes, daß **ohne Publizität keine Haftungsbeschränkung** gewährt wird[33].

---

29 Richtlinie des Rates v. 8. 11. 1990 zur Änderung der Richtlinien 78/660/EWG und 83/349/EWG über dem Jahresabschluß bzw. den konsolidierten Abschluß hinsichtlich ihres Anwendungsbereichs (90/605/EWG), ABl. EG Nr. L 317/60 v. 16. 11. 1990.
30 (Vierte) EG-Richtlinie des Rates 78/660/EWG v. 25. 7. 1978, ABl. EG Nr. L 222/11 v. 14. 8. 1978.
31 (Siebte) EG-Richtlinie des Rates 83/349/EWG v. 13. 6. 1983, ABl. EG Nr. L 193/1 v. 18. 7. 1983.
32 EuGH, Urt. v. 22. 4. 1999, Rs.-C 272/97 – Kommission/Deutschland, Slg. 1999, I-2175 = GmbHR 1999, 605 = EuZW 1999, 446 = WM 1999, 1420 = BB 1999, 1485 = ZIP 1999, 923 = DB 1999, 950.
33 Amtliche Begründung, BT-Drks. 14/1806, S. 14 und 18, Bericht des Rechtsausschusses, BT-Drks. 14/2353, S. 26 sowie *Däubler-Gmelin*, GmbHR 1999, R 149.

c) Zeitlicher Anwendungsbereich

19 Die Neuregelungen gelten in zeitlicher Hinsicht für alle Geschäftsjahre, die **nach dem 31. 12. 1999** beginnen (Art. 48 Abs. 1 Satz 1 EGHGB).

d) Fristen für die Rechnungslegung

20 Die Kapitalgesellschaften & Co. mußten bisher ihren Jahresabschluß innerhalb einer Zeit aufstellen, die einem **ordnungsgemäßen Geschäftsgang** entspricht (§ 243 HGB). Nunmehr sind bestimmte Fristen für die Rechnungslegung zu beachten. Die Kapitalgesellschaften & Co. haben den Jahresabschluß und den Lagebericht in den ersten drei Monaten des Geschäftsjahres für das vergangene Geschäftsjahr aufzustellen (§ 264 Abs. 1 HGB). Kleinen Kapitalgesellschaften (§ 267 HGB) wird eine Fristverlängerung bis auf sechs Monate gewährt.

e) Prüfung

21 Der Jahresabschluß und der Lagebericht unterliegen der Prüfung durch einen externen Abschlußprüfer (§§ 316 ff. HGB).

f) Offenlegung

22 Der Jahresabschluß ist offenzulegen. Die Einreichung der Unterlagen zum Handelsregister (und bei großen Kapitalgesellschaften & Co. ihre Bekanntmachung im Bundesanzeiger) müssen spätestens **12 Monate nach Ablauf des Geschäftsjahres** erfolgen (§ 325 HGB).

g) Sanktionen

23 Die Sanktionen bei Verletzung der Offenlegungspflichten sind verschärft worden. Im Falle der Nichtoffenlegung des Jahres- oder Konzernabschlusses oder des Lageberichts bzw. des Konzernlageberichts muß das Registergericht auf Antrag einer beliebigen Person ein **Ordnungsgeldverfahren** durchführen (§§ 335a und 335b HGB, § 140a Abs. 2 FGG). Bisher durfte nur ein Gesellschafter, ein Gläubiger oder der Betriebsrat der Gesellschaft einen solchen Antrag stellen (was vom EuGH als unzureichend angesehen worden war[34]). Der Ordnungsgeldrahmen reicht bis zu 25 000 Euro.

---

34 EuGH, Urt. v. 4. 12. 1997, Rs. C-97/96 – Daihatsu, Slg. 1997, I-6843 = GmbHR 1997, 1150 = NJW 1998, 129 = WM 1998, 72 = DB 1997, 2589 = ZIP 1997, 2155 mit Anm. *Schulze-Osterloh* und EuGH, Urt. v. 29. 9. 1998, Rs. C-191/95 – Kommission/Deutschland, Slg. 1998, I-5449 = GmbHR 1998, 1078 = WM 1998, 2525 = DB 1998, 2106 = ZIP 1998, 1716 = BB 1998, 2200 = NJW 1999, 2356 (LS).

III. Formulierungsvorschlag für die Satzung einer unternehmensverbundenen Stiftung

Hinweise auf andere Formulierungsvorschläge: *Binz/Sorg*, Die Stiftung, 3. Aufl., Heidelberg 1997, S. 11 ff.; *Brandmüller*, Gewerbliche Stiftungen, Unternehmensstiftung, Stiftung & Co., Familienstiftung, 2. Aufl., Bielefeld 1998, S. 153 ff.; *Schulze zur Wiesche*, in: Fichtelmann/Schulze zur Wiesche/Petzoldt/Högl/Schmitt/Ferstl (Hrsg.), Steuer Formular Handbuch, 6. Aufl., Heidelberg 1999, Teil 3 W. (Rz. 3299 ff.); *Hennerkes/Schiffer*, Stiftungsrechts, 2. Aufl., Frankfurt/Main 1998, S. 222; *Volhard/Stengel*, in: Hopt (Hrsg.), Vertrags- und Formularbuch zum Handels-, Gesellschaft-, Bank- und Transportrecht, 2. Aufl., München 2000, II. E. 5., S. 297 ff.; *Volhard/Tischbirek*, in: Hopt (Hrsg.), Vertrags- und Formularbuch zum Handels-, Gesellschaft-, Bank- und Transportrecht, 2. Aufl., München 2000, II. D. 10., S. 245 ff.

02 **Satzung einer unternehmensverbundenen Stiftung** 24

§ 1 Name, Sitz und Rechtsform

(1) Die Stiftung führt den Namen (. . .)-Stiftung.
(2) Sie hat ihren Sitz in (. . .).
(3) Die Stiftung ist eine rechtsfähige Stiftung des bürgerlichen Rechts.
(4) Geschäftsjahr ist das Kalenderjahr.

§ 2 Stiftungszweck

(1) Zweck der Stiftung ist
   (a) die Förderung und Unterstützung der Familie des Stifters und seiner Abkömmlinge,
   (b) die Förderung von Forschungs- und Entwicklungsprojekten auf Gebieten, in denen sich die (. . .)-Unternehmensgruppe betätigt, und
   (c) (. . .).
(2) Die Stiftung verfolgt den Zweck insbesondere durch
   (a) Zuwendungen an die Familie des Stifters und seine Abkömmlinge, und
   (b) die Übernahme der Stellung eines persönlich haftenden Gesellschafters bei der (. . .)-Kommanditgesellschaft mit dem Sitz in (. . .).
(3) Zur Erfüllung des Stiftungszwecks kann die Stiftung sich an Unternehmen im In- und Ausland beteiligen.

§ 3 Stiftungsvermögen

(1) Die Stiftung wird mit einem Kapital von (. . .) Euro ausgestattet.
(2) Der Stifter wird der Stiftung nach Entstehung seinen Gesellschaftsanteil an der (. . .)-Kommanditgesellschaft übertragen.
(3) Das Stiftungsvermögen ist in seinem Wert zu erhalten. Es darf im Rahmen der gesetzlichen Bestimmungen nur angegriffen werden, wenn der Stiftungszweck anders nicht zu verwirklichen ist und der Fortbestand der Stiftung auf diese Weise für angemessene Zeit gewährleistet werden kann.

(4) Zustiftungen wachsen dem Stiftungsvermögen zu, soweit der Zuwendende nichts anderes bestimmt hat.

§ 4 Erträge des Stiftungsvermögens

(1) Erträge aus dem Stiftungsvermögen sind zur Verfolgung des Stiftungszwecks zu verwenden.
(2) Die Stiftung darf Erträge in freie Rücklagen einstellen, soweit dies zur nachhaltigen Verwirklichung des Stiftungszwecks erforderlich ist.

§ 5 Begünstigte

(1) Begünstigte der Stiftung sind die Angehörigen der Familie des Stifters und seine Abkömmlinge.
(2) Ansprüche auf Stiftungsleistungen werden weder durch diese Stiftungssatzung noch durch die wiederholte Gewährung solcher Leistungen begründet.

§ 6 Organe

(1) Organe der Stiftung sind
    (a) der Vorstand, und
    (b) der Stiftungsrat.
(2) Die Organe können sich eine Geschäftsordnung geben.
(3) Die Mitglieder der Stiftungsorgane haften nur für Vorsatz und grobe Fahrlässigkeit.

§ 7 Zusammensetzung des Vorstands

(1) Der Vorstand besteht aus bis zu drei Mitgliedern, die vom Stiftungsrat bestellt werden. Die ersten Mitglieder des Vorstandes werden vom Stifter berufen.
(2) Die Amtszeit der Vorstandsmitglieder beträgt drei Jahre, sofern bei ihrer Bestellung nichts anderes bestimmt ist. Wiederbestellung ist zulässig. Mit Vollendung des 70. Lebensjahres scheidet ein Vorstandsmitglied aus dem Amt aus.
(3) Die Mitglieder des Vorstands üben ihre Tätigkeit auf der Grundlage von Dienstverträgen aus. Sie erhalten eine angemessene Vergütung, deren Höhe sich nach den jeweiligen Erträgen des Stiftungsvermögens richtet.
(4) Der Stiftungsrat kann die von ihm bestellten Vorstandsmitglieder jederzeit widerrufen. Der Widerruf ist wirksam, solange die Unwirksamkeit nicht durch ein rechtskräftiges Urteil festgestellt worden ist.

§ 8 Aufgaben des Vorstands

(1) Der Vorstand hat die Geschäfte der Stiftung unter Berücksichtigung des Willens des Stifters mit der Sorgfalt eines ordentlichen Kaufmanns zu führen.
(2) Zu den Aufgaben des Vorstands gehört die Verwaltung des Stiftungsvermögens und die Entscheidung über Art und Höhe der Zuwendungen an die Begünstigten.
(3) Der Vorstand hat rechtzeitig vor Beginn eines jeden Geschäftsjahres, spätestens bis zum 30. 11. des laufenden Geschäftsjahres einen ausführlichen

Wirtschaftsplan aufzustellen, der die Grundlage für die Tätigkeit der Stiftung bildet.

(4) Der Vorstand hat nach Ablauf eines jeden Geschäftsjahres einen Jahresabschluß, eine Vermögensübersicht und einen Bericht über die Verwirklichung der Stiftungszwecke vorzulegen. Der Jahresabschluß ist von einem Wirtschaftsprüfer oder einer anderen zur Erstellung eines gleichwertigen Bestätigungsvermerks befugten Person zu prüfen. Der Prüfungsbericht muß sich auch auf die Erhaltung des Stiftungsvermögens und die satzungsgemäße Verwendung der Stiftungsmittel erstrecken.

(5) Der Vorstand hat den Jahresabschluß mit dem Prüfungsbericht, die Vermögensübersicht und den Bericht über die Verwirklichung der Stiftungszwecke unverzüglich dem Stiftungsrat zur Feststellung vorzulegen.

(6) Der vom Stiftungsrat festgestellte Jahresabschluß, die Vermögensübersicht und der Bericht über die Verwirklichung des Stiftungszwecks sind vom Vorstand innerhalb der gesetzlichen Fristen, spätestens aber sechs Monate nach Ablauf eines Geschäftsjahres den zuständigen Stiftungsaufsichtsbehörden vorzulegen.

§ 9 Vertretung

(1) Die Stiftung wird durch den Vorstand gerichtlich und außergerichtlich vertreten.

(2) Ist nur ein Vorstandsmitglied bestellt, vertritt dieses die Stiftung allein. Im übrigen wird die Stiftung von zwei Vorstandsmitgliedern gemeinsam vertreten.

(3) Die Wahrnehmung der Mitgliedschaftsrechte in Unternehmen, an denen die Stiftung beteiligt ist, bedarf in folgenden Fällen der Zustimmung des Stiftungsrats:
  (a) Beschlüsse über die Gewinnverwendung,
  (b) Bestellung und Abberufung von Mitgliedern geschäftsführender Organe,
  (c) Änderungen des Gesellschaftsvertrages,
  (d) Kapitalmaßnahmen.

§ 10 Organisation des Stiftungsrats

(1) Der Stiftungsrat besteht aus mindestens drei und höchstens fünfzehn Personen, die nicht zugleich Mitglieder des Vorstands sein dürfen.

(2) Die Mitglieder werden vom Stifter berufen. Nach dem Ausscheiden des Stifters werden die Mitglieder durch Nachwahl mit einer Mehrheit von 3/4 der Mitglieder des Stiftungsrats bestimmt. Die Wahl hat nach Möglichkeit jeweils so rechtzeitig zu erfolgen, daß das ausscheidende Mitglied an der Wahl seines Nachfolgers noch mitwirken kann. Die Amtszeit der Mitglieder beträgt fünf Jahre. Die wiederholte Berufung ist zulässig.

(3) Die Mitglieder des Stiftungsrats sollen der Familie des Stifters (§ 15 AO) angehören. Die Familienstämme nach dem Stifter sollen möglichst gleichmäßig berücksichtigt werden.

(4) Vorsitzender des Stiftungsrats ist der Stifter. Nach dem Ausscheiden des Stifters wählt der Stiftungsrat aus seiner Mitte einen Vorsitzenden und einen stellvertretenden Vorsitzenden.

(5) Die Sitzungen des Stiftungsrats werden vom Vorsitzenden einberufen, wenn es das Interesse der Stiftung erfordert oder der Vorstand dies verlangt.

(6) Der Stiftungsrat ist beschlußfähig, wenn die Hälfte seiner Mitglieder anwesend ist. Er faßt seine Beschlüsse mit einfacher Mehrheit der Anwesenden. Bei Stimmengleichheit gibt die Stimme des Vorsitzenden, bei dessen Abwesenheit die des stellvertretenden Vorsitzenden, den Ausschlag. Beschlüsse können auch im Umlaufverfahren (schriftlich oder per e-mail) gefaßt werden, sofern alle Stiftungsratsmitglieder damit einverstanden sind.

(7) Die Mitglieder des Stiftungsrats üben ihre Tätigkeit ehrenamtlich aus. Sie haben Anspruch auf Ersatz ihrer Auslagen.

(8) Die Mitglieder des Stiftungsrats können aus wichtigem Grund jederzeit abberufen werden. Über die Abberufung entscheiden die übrigen Mitglieder des Stiftungsrats mit einer Mehrheit von 3/4 der Mitglieder. Dem betroffenen Mitglied ist zuvor Gelegenheit zur Stellungnahme zu geben.

§ 11 Aufgaben des Stiftungsrats

(1) Der Stiftungsrat berät und überwacht den Vorstand bei der Verwirklichung des Stiftungszwecks und der Führung der Geschäfte der Stiftung.

(2) Der Stiftungsrat ist berechtigt und verpflichtet, dem Vorstand Vorschläge über die satzungsgemäße Verwendung der Stiftungsmittel zu unterbreiten.

(3) Der Stiftungsrat beschließt über
   (a) die Berufung und Abberufung von Vorstandsmitgliedern,
   (b) die Dienstverträge der Vorstandsmitglieder,
   (c) die Feststellung des Jahresabschlusses, und
   (d) die Entlastung des Vorstands.

§ 12 Satzungsänderungen

(1) Satzungsänderungen sollen nur erfolgen, soweit sie zur dauerhaften Erfüllung des Stiftungszwecks notwendig sind.

(2) Satzungsänderungen bedürfen eines Beschlusses der Stiftungsrats, der bei gleichzeitiger Anwesenheit aller Mitglieder des Stiftungsrats mit einer Mehrheit von 3/4 der Mitglieder gefaßt werden muß. Vor der Beschlußfassung hat die Stiftungsrat die Stellungnahme des Stiftungsvorstands einzuholen.

§ 13 Auflösung der Stiftung

(1) Über die Auflösung der Stiftung entscheidet der Stiftungsvorstand mit 3/4 Mehrheit. Die Auflösung der Stiftung darf nur beschlossen werden, wenn die weitere Erfüllung des Stiftungszwecks rechtlich, tatsächlich oder wirtschaftlich unmöglich geworden ist.

(2) Der Beschluß des Stiftungsvorstands bedarf der einstimmigen Zustimmung des Stiftungsrats.

(3) Das nach der Abwicklung der Stiftung verbleibende Vermögen fällt gleichmäßig an die minderjährigen Abkömmlinge des Stifters. Sind solche nicht vorhanden, ist das Vermögen zur steuerbegünstigten Förderung von Wissenschaft und Forschung zu verwenden.

D. Familienstiftungen

Literaturhinweise: *Berndt,* Stiftung und Unternehmen, 6. Aufl., Herne/Berlin 1998; *Bertelsmann Stiftung (Hrsg.),* Handbuch Stiftungen. Ziele – Projekte – Management – Rechtliche Gestaltung, Wiesbaden 1998; *Binz,* Die Familienstiftung – Renaissance einer Rechtsform für Familienunternehmen?, Steuerberater-Jahrbuch 1987/88, S. 145 ff.; *Binz/Sorg,* Aktuelle Erbschaftsteuerprobleme der Familienstiftung, DStR 1994, 229; *Binz/Sorg,* Erbschaftsteuerprobleme der Familienstiftung, DB 1988, 1822; *Binz/Sorg,* Die Stiftung als Rechtsform für Familienunternehmen, DB 1986, 2217 und 2269; *Brandmüller,* Gewerbliche Stiftungen – Unternehmensstiftung, Stiftung & Co., Familienstiftung, 2. Aufl., Berlin 1998; *Ebeling,* Keine Anzeigepflicht bei der Erbersatzbesteuerung von Familienstiftungen, DStR 1999, 665; *Flämig,* Die Familienstiftung unter dem Damoklesschwert der Erbersatzsteuer, DStZ 1986, 11; *Götz,* Die Familienstiftung als Instrument der Unternehmensnachfolge, NWB Fach 2, S. 7379 (2000); *Hennerkes/Schiffer/Fuchs,* Die unterschiedliche Behandlung der unternehmensverbundenen Familienstiftung in der Praxis der Stiftungsbehörden, BB 1995, 209; *Jülicher,* Brennpunkte der Besteuerung der inländischen Familienstiftungen, StuW 1999, 363; *Jülicher,* Die Familienstiftung i.S.d. § 1 Abs. 1 Nr. 4 ErbStG. Zugleich Anmerkung zum Urteil des Hessischen Finanzgerichts vom 14. 12. 1983, StuW 1995, 71; *Korezkij,* Familienstiftungen im neuen Erbschaftsteuerrecht – Eine Alternative zu den „klassischen" Vermögensübertragungen, ZEV 1999, 132; *Laule/Heuer,* Familienstiftungen als Objekt der Erbschaftsteuer – ein Beitrag zur Auslegung des § 1 Abs. 1 Nr. 4 ErbStG, DStZ 1987, 495; *Meyer-Arndt,* Schenkungsteuer bei Umwandlung einer Familienstiftung, BB 1984, 1542; *Neuhoff,* Die Familienstiftung – Ein anachronistisches Relikt innerhalb der deutschen Stiftungslandschaft, Deutsche Stiftungen – Mitteilungen des Bundesverbandes Deutscher Stiftungen 3/1999, 53; *von Oertzen,* Renaissance der Familienstiftung durch die Erbschaftsteuer-Reform?, ZEV 1997, 103; *von Oertzen,* Versorgung der Stifterfamilie und gemeinnützige Stiftung, Stiftung & Sponsoring 3/1998, 16; *Laule/Heuer,* Familienstiftungen als Objekt der Erbschaftsteuer, DStZ 1987, 495; *Lehleiter,* Die Familienstiftung als Instrument zur Sicherung der Unternehmenskontinuität bei Familienunternehmen, Frankfurt/Main 1996; *von Löwe,* Familienstiftung und Nachfolgegestaltung, Düsseldorf 1999; *Müller/Schubert,* Die Stifterfamilie und die Sicherstellung ihrer Versorgung im Rahmen einer gemeinnützigen Stiftung, DStR 2000, 1289; *Pöllath,* in: Seifart/Frhr. von Campenhausen (Hrsg.), Handbuch des Stiftungsrechts, 2. Aufl., München 1999, § 14, S. 402 ff.; *Prinz,* Die Stiftung im Wirtschaftsverkehr – Die Stiftung als Familienstiftung, Jahrbuch der Fachanwälte für Steuerrecht 1993/1994, S. 426 ff.; *Rawert,* in: Staudinger, BGB, 13. Bearbeitung 1995, Vorbem. zu §§ 80 ff. BGB Rz. 122 ff.; *Reuter,* in: Münchener Kommentar zum Bürgerlichen Gesetzbuch, 3. Aufl., München 1993, Vor § 80 Rz. 17 ff.; *Runge,* Die Familienstiftung im Außensteuergesetz, DB 1977, 514; *Schauhoff,* Gemeinnützige Stiftung und Versorgung des Stifters und seiner Nachkommen, DB 1996, 1693; *Schuhmann,* Zur Familienstiftung im Erbschaftsteuerrecht, UVR 1994, 359; *Sorg,* Die Familienstiftung, Baden-Baden 1984; *Syrbe,* Die Doppelstiftung – Eine Möglichkeit der Unternehmensnachfolge bei mittelständischen Unternehmen, Frankfurt/Main 1995; *von Trott zu Stolz,* Erbrechtslose Sondervermögen. Über die Möglichkeiten fideikommißähnlicher Vermögensbindungen, Frankfurt/Main 1999; *Watrin,* Erbschaftsteuerplanung internationaler Familienunternehmen, Düsseldorf 1997; *Werkmüller,* Steuerliche Aspekte der ausländischen Familienstiftung, ZEV 1999, 138.

I. Die Familienstiftung im Zivilrecht

1. Derzeitige Rechtslage

a) Motive für die Errichtung einer Familienstiftung

1 Die Familienstiftung ist **keine besondere Rechtsform**, sondern ein tatsächliches Anwendungsphänomen der privaten Stiftung. Es handelt sich um eine private Stiftung, die im Interesse einer Familie bzw. für eine Familie besteht. Schätzungen zufolge bestehen derzeit ca. 400 Familienstiftungen in Deutschland, was weniger als 5% aller Stiftungen des privaten Rechts entspricht.

Motive für Errichtung von Familienstiftungen sind:

— Flexiblere Vermögensverwaltung (asset management),

— Erbfolge- und Nachlaßplanung (estate planning),

— Förderung privater, unternehmerischer und/oder gemeinnütziger Zwecke,

— Erhaltung und Vermehrung des Familienvermögens (durch den im Interesse der Familie erfolgenden Ausschluß der Familie vom Familienvermögen),

— Schutz des Vermögens vor Zersplitterung (auch länger als 30 Jahre),

— Unterstützung und Versorgung von Familienmitglieder,

— Schutz des Vermögens vor Gläubigern (asset protection),

— Reduzierung der (Erbschaft-)Steuerbelastung.

b) Begriff der Familienstiftung

2 Das BGB kennt den Begriff der Familienstiftung nicht. Die Landesstiftungsgesetze enthalten zum Teil Begriffsbestimmungen, die jedoch nicht übereinstimmen[1]. Das Steuerrecht kennt seinerseits **verschiedene Definitionen** der Familienstiftung.

Unterschiede bestehen insbesondere im Hinblick auf folgende Umstände:

— Begriff der Familie,

---

1 S. dazu im einzelnen §§ 13 Abs. 2, 32 BadWürttStiftG, §§ 10, 12 Satz 4 Nr. 2 und 3 BerlStiftG, §§ 4 Abs. 3 und 4, 6 Abs. 2 Buchst. d, Abs. 3 Buchst. c und Abs. 5 Satz 4, 13, 18 Abs. 2 BrbgStiftG, § 17 BremStiftG, § 14 Abs. 2 HambAGBG, § 21 HessStiftG, § 27 MecklVorPStiftG, §§ 2 Abs. 5, 28 NRWStiftG, §§ 2 Abs. 2, 18 Abs. 3, 27, 52 RhPfStiftG, § 19 SchlHolStiftG.

Zivilrecht

– Art des Familienbezugs[2],

– Umfang des Familienbezugs,

– Zeitpunkt bzw. Zeitraum, zu dem der Familienbezug gegeben sein muß.

Die Frage, ob eine Familienstiftung vorliegt oder nicht, ist insbesondere in **folgenden Bereichen** von Bedeutung:

– Zulässigkeit und Genehmigungsfähigkeit,

– Umfang der Stiftungsaufsicht,

– Steuerklassenprivilegierung bei Errichtung der Stiftung,

– Eingreifen der Erbersatzsteuer,

– Zurechnungsbesteuerung bei ausländischen Familienstiftungen.

Für die Einordnung als Familienstiftung ist somit auf die **im konkreten Einzelfall zur Anwendung kommende Rechtsnorm** abzustellen. Bei Abgrenzungsschwierigkeiten sollte nach Möglichkeit im Vorfeld eine Verständigung mit der zuständigen Stiftungsaufsicht und/oder dem zuständigen Finanzamt versucht werden.

c) Zulässigkeit von Familienstiftungen

Familienstiftungen sind nach herrschender Meinung **unbeschränkt zulässig**. Die dem Fideikommißverbot der Weimarer Reichsverfassung zugrundeliegende Wertentscheidung gegen das Wiederaufleben feudaler Machtstrukturen ist kein Argument gegen die Zulässigkeit von Familienstiftungen (Art. 155 Abs. 2 Satz 2 Weimarer Reichsverfassung: „Die Familienfideikommisse sind aufzulösen." – Der Familienfideikommiß war kein eigenes Rechtssubjekt. Die Nutznießer wurden sukzessive Eigentümer des gebundenen Familienvermögens.). Familienstiftungen dürfen **Vermögen jeder Art** halten, insbesondere bestehen keine Beschränkungen im Hinblick auf land- und forstwirtschaftliches Vermögen.

3

d) Genehmigungsfähigkeit und Genehmigungspraxis

Das allgemeine Genehmigungserfordernis gilt auch für Familienstiftungen. Nach überwiegender Auffassung sind Familienstiftungen genehmigungsfähig.

4

---

2 Je nach Landesrecht muß der Familienbezug ausschließlich (§ 13 Abs. 2 Bad-WürttStiftG, § 2 Abs. 5 NRWStiftG) oder zumindest überwiegend (§ 10 Abs. 1 BerlStiftG, § 4 Abs. 3 BrbgStiftG, § 17 Satz 1 BremStiftG, § 14 Abs. 2 HambAGBG, § 21 Abs. 1 HessStiftG, § 27 Abs. 1 MecklVorPStiftG, § 19 SchlHolStiftG) sein.

Dies gilt jedoch nicht in **Brandenburg**. In Brandenburg ist die Genehmigung zu versagen, wenn die Stiftung ausschließlich dem Wohl einer oder mehrerer bestimmter Familien dient (§ 6 Abs. 2 Buchst. d BrbgStiftG). Besteht der Hauptzweck der Stiftung dagegen überwiegend in der Förderung eigennütziger Interessen einer oder mehrerer bestimmter Familien, soll die Genehmigung regelmäßig versagt werden (§ 6 Abs. 3 Buchst. c BrbgStiftG). Im Hinblick auf das im BGB verankerte Leitbild der gemeinwohlkonformen Allzweckstiftung (vgl. § 87 Abs. 1 BGB) bestehen gegen diese Einschränkung verfassungsrechtliche Bedenken (Art. 31 GG).

Auch in einigen anderen Bundesländern wird die Errichtung von Familienstiftungen kritisch gewürdigt.

In den Richtlinien zur Ausführung des **Niedersächsischen Stiftungsgesetzes** heißt es beispielsweise[3]:

„*Im übrigen ist im Genehmigungsverfahren auch zu berücksichtigen, ob die künftige Stiftung durch ihre Wirksamkeit das allgemeine Stiftungswesen in Mißkredit bringen könnte. Das ist dann zu befürchten, wenn der Stifter zwar auch uneigennützige Zwecke verfolgt, jedoch vor allem beabsichtigt, das gesetzgeberische Ziel steuer-, wirtschafts- oder erbrechtlicher Vorschriften zu vereiteln. Zu diesen Vorschriften gehören etwa die Publizitätsvorschriften des Handelsrechts und der Grundsatz, daß ein Erblasser nur zeitlich begrenzte Beschränkungen für die Verwaltung des Nachlasses anordnen kann. Unter letzterem Gesichtspunkt ist die Genehmigung besonders sorgfältig abzuwägen, wenn eine Stiftung nur zum Nutzen eines eng (z.B. familienmäßig) umgrenzten Personenkreises (§ 10 Abs. 2) gegründet werden soll.*"

Das **Bayerische Stiftungsgesetz** enthält keine Vorschriften, die unmittelbar Familienstiftungen betreffen. Familienstiftungen werden – ähnlich wie unternehmensverbundene Stiftungen – in Bayern gleichwohl nur dann genehmigt, wenn „**wichtige Gründe**" vorliegen (vgl. Art. 3 Satz 2 BayStG[4]). Die Frage, wann solche Gründe vorliegen, ist nicht geregelt. Nach der bisherigen Praxis der bayerischen Stiftungsaufsichtsbehörden sind wichtige Gründe nur bei einem zumindest mittelbaren Bezug zu öffentlichen Interessen gegeben. Allein private Interessen (zum Beispiel einer Familie) sind danach

---

3 Ziff. 1.1.5 der Richtlinien zur Ausführung des Niedersächsischen Stiftungsgesetzes, RdErl. d. MI v. 16. 7. 1986 (Az. 52.1 – 120856-2), Nds. MBl. 1996, 800, geändert durch RdErl. d. MI v. 4. 10. 1989 (Az. 52.1 – 120856-2), Nds. MBl. 1989, 1201. S. auch Ziff. 1.2.4.

4 Der Entwurf für eine Reform des Bayerischen Stiftungsgesetzes (s. dazu Teil K Rz. 12) sieht eine ersatzlose Aufhebung von Art. 3 Satz 2 BayStG vor. Der Anspruch auf Genehmigung einer Stiftung soll zudem ausdrücklich gesetzlich verankert werden (Art. 5 BayStG-E).

nicht ausreichend[5]. In der Vergangenheit wurde die Genehmigung nur erteilt, wenn Gründe des öffentlichen Wohls (insbesondere wirtschaftspolitische Interessen) für die Genehmigung einer privaten Stiftung vorlagen[6]. Seit 1950 sind in Bayern weniger als zwanzig Familienstiftungen genehmigt worden. Dazu gehören etwa

- die Anita Thyssen Stiftung, München (1964),
- die Max Grundig Stiftung, Fürth (1970),
- die Gustav und Grete Schickedanz Stiftung, Fürth (1979),
- die Diehl Stiftung, Nürnberg (1979),
- die Adolf und Käthe Dassler Stiftung, Herzogenaurach (1983),
- die Bayerische Braustiftung Josef Schörghuber, München (1989),
- die Schöller Familienstiftung, Nürnberg (1993/1997), und
- die Märker-Stiftung, Harburg (2000).

Reuter meint, daß durch die Genehmigungspraxis in Bayern ein „inakzeptables Milliardärsprivileg" entstanden sei[7].

Auch **im übrigen Bundesgebiet** begegnet die Genehmigungspraxis Familienstiftungen insbesondere dann mit Zurückhaltung, wenn es sich um unternehmensverbundene Familienstiftungen handelt. Eine einheitliche Linie läßt sich dabei allerdings nicht erkennen.

Die **Genehmigungsfähigkeit** neuer Familienstiftungen ist nicht unbestritten. Bedenken werden unter dem Gesichtspunkt der Umgehung der zeitlichen Grenzen der Nacherbfolge (§ 2109 BGB), des Teilungsausschlusses (§ 2044 BGB), der Vermächtnisanordnung (§§ 2162, 2163 BGB) und der Testamentsvollstreckung (§ 2210 BGB) geltend gemacht. Regelungsgegenstand dieser Vorschriften ist eine zeitliche Begrenzung der Vermögensbindung auf 30 Jahre über den Tod hinaus, und zwar unabhängig davon, ob die Erbfolge innerhalb oder außerhalb der Familie erfolgt. Bei einer Stiftung geht es um die **Schaffung einer dauerhaften Vermögensbindung** unter Lebenden oder von Todes wegen. Aus den erbrechtlichen Vorschriften läßt sich nicht ableiten, daß eine Vermögensbindung im Interesse der Allgemeinheit zulässig, im Interesse einer Familie dagegen unzulässig sein soll.

5

---

5 S. dazu bereits Teil C Rz. 5.
6 Im Hinblick auf die geplanten Änderungen des Bayerischen Stiftungsgesetzes (s. dazu Teil K Rz. 12) dürfte es jedoch zu einer gewissen Lockerung der Genehmigungspraxis kommen.
7 Münchener Kommentar, Vor §§ 80 ff. BGB Rz. 22 und Rz. 64.

Hinzu kommt, daß vom **Steuergesetzgeber** die Errichtung und der Bestand inländischer Familienstiftungen **vorausgesetzt** wird (§§ 1 Abs. 1 Nr. 4, 15 Abs. 2 Satz 1 ErbStG; R 2 und 73 ErbStR 1998).

Die Genehmigungspraxis der Stiftungsaufsichtsbehörden ist kaum vorhersehbar. Zwischen den einzelnen Bundesländern besteht ein erhebliches „**Genehmigungsgefälle**". Für potentielle Stifter ist dies ein unbefriedigender Zustand, der jedoch bei der **Wahl des Sitzes** einer Familienstiftung berücksichtigt werden sollte. Im Rahmen einer Stiftungsreform sollte die grundsätzliche Genehmigungsfähigkeit von Familienstiftungen möglichst bundeseinheitlich festgelegt werden.

e) Stiftungsaufsicht über Familienstiftungen

6   Die Existenz der staatlichen Stiftungsaufsicht rechtfertigt sich dadurch, daß Stiftungen – anders als sonstige juristische Personen des privaten Rechts – keine Eigentümer oder Mitglieder haben, die eine Kontrolle ausüben könnten.

Demgegenüber sind Familienstiftungen regelmäßig ganz oder teilweise von der **laufenden Stiftungsaufsicht** befreit[8]. Die **Verwirklichung des Stifterwillens** wird der Eigenverantwortung der Stifterfamilie überlassen (vgl. Art. 6 GG). Die (widerstreitenden) Familieninteressen gewährleisten eine ausreichende Kontrolle und lassen eine staatliche Aufsicht entbehrlich erscheinen.

Die (vollständige oder teilweise) Freistellung von der Stiftungsaufsicht bezieht sich aber immer nur auf die laufende Stiftungsaufsicht. Die Errichtung der Familienstiftung, Satzungsänderungen und die Aufhebung der Familienstiftung bedürfen immer der **staatlichen Genehmigung**.

Die Befreiung von der Stiftungsaufsicht ist nicht immer nur vorteilhaft. Der Freiraum kann im Einzelfall eine unzureichende Vermögensverwaltung oder eine Mißachtung des Stifterwillens erleichtern. Durch **stiftungsinterne Kontrollorgane** sollte eine den konkreten Umständen angepaßte Überwachung sichergestellt werden[9].

---

8 § 13 Abs. 2 BadWürttStiftG, Art. 18 Abs. 1 Satz 1 HS 1 BayStG, §§ 10 Abs. 4, 12 Satz 4 Nr. 2 und 3 BerlStiftG, §§ 13 und 18 Abs. 2 BrbgStiftG, § 17 Satz 2 BremStiftG, § 14 Abs. 2 HambAGBG, § 21 Abs. 2 HessStiftG, §§ 14 Abs. 2 und 27 Abs. 2 MecklVorPStiftG, § 10 Abs. 2 NdsStiftG, § 27 RhPfStiftG, § 19 SchlHolStiftG.

9 Auf die Möglichkeit einer abweichenden Regelung durch den Stifter weist insbesondere die Bestimmung des § 14 Abs. 2 Satz 2 HambAGBG hin.

Zivilrecht   Rz. 7 **D**

2. Ausblick: Geplante Gesetzesänderungen im Bereich der Familienstiftungen

a) Gesetzesvorschlag von BÜNDNIS 90/Die Grünen[10]

Art. 1 StiftFördG-E (Änderung von § 81 BGB)   7

„(1) Eine Stiftung darf jeden erlaubten Zweck verfolgen, der nicht auf einen wirtschaftlichen Geschäftsbetrieb (§ 22) gerichtet ist.

(2) Die Errichtung einer Stiftung, deren überwiegender Zweck die Versorgung eines lediglich durch persönliche Merkmale bestimmten Kreises von Begünstigten ist, ist längstens für dreißig Jahre ab ihrer Eintragung in das Stiftungsregister zulässig. Die Stiftung ist erloschen, wenn nicht ihr Zweck vor Ablauf der Frist geändert wird oder alle Begünstigten und Anfallberechtigten ihrer Fortsetzung für einen weiteren Zeitraum von längstens dreißig Jahren zustimmen. Die Zustimmung ist dem Stiftungsregister vor Ablauf der Frist nachzuweisen. Mehrfache Fortsetzung ist zulässig."

Der Gesetzesentwurf von BÜNDNIS 90/Die Grünen verfolgt u.a. das Ziel, die **Zulässigkeit privatnütziger Stiftungen** zu regeln.

Mit der Gesetzesneufassung soll der **Grundsatz der gemeinwohlkonformen Allzweckstiftung** kodifiziert werden, welcher derzeit aus einem Umkehrschluß zu § 87 BGB entnommen wird (§ 81 Abs. 1 BGB-E). Der Stifter darf einer Stiftung daher jeden rechtlich erlaubten und tatsächlich möglichen Zweck geben (Stiftungsfreiheit). Das Rechtsinstitut der Stiftung soll insbesondere nicht lediglich steuerbegünstigten Zwecken (§§ 51 ff. AO) vorbehalten werden.

Für **Familienstiftungen (und unternehmensverbundene Stiftungen)** sollen jedoch **Beschränkungen** eingeführt werden (§ 81 Abs. 2 BGB-E). Solche Stiftungen sollen nur noch für längstens dreißig Jahre ab ihrer Eintragung in das Stiftungsregister zugelassen werden. Nach Ablauf der Frist gelten sie als erloschen, wenn nicht ihr Zweck vor Ablauf der Frist geändert oder alle Begünstigten und Anfallberechtigten ihrer Fortsetzung für einen weiteren Zeitraum von längstens dreißig Jahren zustimmen.

Der vorgeschlagenen Regelung liegt der Gedanke zugrunde, daß dem BGB die Errichtung eines **dauerhaft familiär gebundenen Sondervermögens** fremd ist. Zu einer derartigen Vermögensbindung an sich geeignete Rechtsinstitute wie Teilungsverbote, Vor- und Nacherbschaft, aufgeschobene Vermächtnisse und die Dauertestamentsvollstreckung sind im Interesse der Verhinderung fideikomißartiger Strukturen einer zeitlichen Beschrän-

---

10 Entwurf eines Gesetzes zur Förderung des Stiftungswesens (StiftFördG), BT-Drks. 13/9320 v. 1. 12. 1997.

kung von regelmäßig dreißig Jahren unterworfen (vgl. §§ 2044 Abs. 2, 2109, 2162, 2163 und 2210 BGB). Nach der Gesetzesbegründung soll die Regelung die Gefahren einer übermäßigen wirtschaftlichen Konzentration verhindern, jeder Generation die Möglichkeit lassen, ihr vermögensmäßiges Schicksal selbst zu bestimmen, die Umlauffähigkeit von Wirtschaftsgütern erhalten und dadurch ihre ökonomisch zweckmäßige Verwendung sichern. Mit der zeitlichen Begrenzung soll ferner an die Erbersatzsteuer angeknüpft werden, wonach Familienstiftungen in Zeitabständen von dreißig Jahren der Besteuerung eines fiktiven Erbfalls unterliegen (§§ 1 Abs. 1 Nr. 4, 9 Abs. 1 Nr. 4 ErbStG).

Die Gesetzesbegründung verweist schließlich auf andere **europäische Rechtsordnungen**, in denen Bedenken gegenüber rein privatnützigen Stiftungen in ähnlicher Weise Rechnung getragen wird. Nach dem neuen **österreichischen Privatstiftungsgesetz** hat der Stiftungsvorstand nach 100 Jahren die Auflösung einer nicht gemeinnützigen Privatstiftung zu beschließen, deren Zweck überwiegend in der Versorgung natürlicher Personen besteht. Dies gilt jedoch nicht, wenn alle Letztbegünstigten einstimmig die Fortsetzung für weitere 100 Jahre beschließen (§ 35 Abs. 2 Nr. 3 PSG). Das Privatstiftungsgesetz ist indes erst 1993 in Kraft getreten, so daß die zeitliche Begrenzung noch nicht zum Tragen gekommen ist. In der **Schweiz** sind Familienstiftungen ohne zeitliche Begrenzung zulässig (Art. 335 ZGB). Lediglich reine Unterhaltsstiftungen, die Familienmitglieder unabhängig von bestimmten Lebensumständen wirtschaftlich unterstützen, sind unzulässig. Das **Common Law** kennt für den Trust eine rule against perpetuties, wonach ein private trust im Grundsatz für keinen längeren Zeitraum errichtet werden darf, als für die Lebensdauer des letzten im Zeitpunkt der Errichtung des Trust lebenden Begünstigten und weiteren 21 Jahren. Im **Fürstentum Liechtenstein**, das als einziges kontinentaleuropäisches Land das Rechtsinstitut des Trusts kennt und im Gesetz regelt, gibt es allerdings keine solche zeitliche Begrenzung.

Der Gesetzesentwurf ist mit Ablauf der 13. Legislaturperiode der Diskontinuität anheim gefallen.

Die vorgeschlagene Regelung hätte im Ergebnis wohl das **Ende vieler der bestehenden Familienstiftungen** zur Folge, da sich einstimmige Fortsetzungsbeschlüsse in der Praxis selten erreichen lassen. Das Rechtsinstitut der Stiftung ist dadurch gekennzeichnet, daß es eine dauerhafte Vermögensbindung – auch über die erbrechtlichen Fristen hinaus – bewirkt. Mit dem Grundsatz der Stiftungsfreiheit erscheint die vorgeschlagene Einschränkung der Stiftungszwecke kaum vereinbar. Der Erhalt von Familienvermögen und die Versorgung von Familienmitgliedern kann angesichts des verfassungsrechtlichen Schutzes von Ehe und Familie kaum als ein nicht gemeinwohlkonformer Stiftungszweck angesehen werden. Einer übermäßigen Vermögenskonzentration wird bereits durch die 1974 eingeführte Erbersatzsteuer vorgebeugt, die in anderen europäischen Rechtsordnungen unbekannt ist. Sonstigen (rechtspolitischen) Bedenken gegen Familienstiftungen (und andere privatnützige Stiftungen) sollte nicht durch ihr faktisches Verbot Rechnung getragen werden. Vielmehr sollte das Stiftungsengagement unter gleichzeitiger Schaffung größtmöglicher Transparenz genutzt und gefördert werden.

Mögliche **Maßnahmen** in diesem Sinne könnten etwa sein:

— die Gewährleistung ausreichender **Publizität** durch (konstitutiv wirkende) Eintragungen in ein Stiftungsregister,

— die obligatorische Einführung von **Buchführungs- und Rechnungslegungspflichten** ähnlich denen für Kapitalgesellschaften (einschließlich Prüfung und Publizität),

— die Schaffung von (einklagbaren) **Auskunfts- und Einsichtsrechten** der Begünstigten gegenüber der Stiftung.

b) Gesetzesvorschlag der F.D.P.[11]

Art. 1 StiftRReformG (Änderung von § 81 BGB)   8

„*Eine Stiftung darf jeden erlaubten Zweck verfolgen. Sie hat das Recht, Unternehmen zu betreiben oder an solchen beteiligt zu sein, sofern sich ihre Tätigkeit nicht im Betrieb eines Handelsgewerbes erschöpft und soweit sie nicht persönlich haftende Gesellschafterin einer Personenhandelsgesellschaft ist.*"

Der Gesetzesentwurf der F.D.P. enthält **keinerlei Sonderregelungen** für private Stiftungen. Nach der Gesetzesbegründung sollen Familienstiftungen ohne Einschränkungen zulässig sein.

c) Antrag der CDU/CSU[12]

Nach dem Antrag der CDU/CSU sollen künftig nur noch Stiftungen mit   9
gemeinwohlorientierten Zwecken errichtet werden dürfen. Die Neuerrichtung von Familienstiftungen wäre danach nicht mehr möglich. Für bereits bestehende Stiftungen soll Bestandsschutz gewährt werden.

Die **sonstigen Gesetzesentwürfe** nehmen zu der Frage der Zulässigkeit   10
bzw. der Genehmigungsfähigkeit von Familienstiftungen nicht Stellung.

---

11 Entwurf eines Gesetzes zur Reform des Stiftungsrechts (StiftRReformG), BT-Drks. 14/336 v. 28. 1. 1999 und BT-Drks. 14/3043 v. 22. 3. 2000.
12 Ein modernes Stiftungsrecht für das 21. Jahrhundert, BT-Drks. 14/2029 v. 9. 11. 1999.

II. Besteuerung der inländischen Familienstiftung

1. Begriff der Familienstiftung im Erbschaftsteuerrecht

11 Das Erbschaft- und Schenkungsteuerrecht kennt den Begriff der „Familienstiftung" nicht. Es umschreibt die Familienstiftung vielmehr als eine Stiftung, die „wesentlich **im Interesse einer Familie oder bestimmter Familien** errichtet ist." Diese Begriffsbestimmung findet sich bei der Erbersatzsteuer (§ 1 Abs. 1 Nr. 4 ErbStG) sowie bei der Steuerklassenprivilegierung (§ 15 Abs. 2 Satz 1 ErbStG). Angesichts der vom Gesetzgeber verwandten unbestimmten Rechtsbegriffe („Familie", „wesentlich" und „Interesse") wird der Begriff der Familienstiftung unterschiedlich ausgelegt. Obwohl der Wortlaut beider Bestimmungen identisch ist, wird die Auffassung vertreten, daß der Begriff der Familienstiftung im Zusammenhang mit der Erbersatzsteuer enger auszulegen sei als bei der Bestimmung der Steuerklasse.

Die **Finanzverwaltung** hat die einzelnen Begriffe in den neuen Erbschaftsteuerrichtlinien für die Praxis näher konkretisiert (R 2 Abs. 2 und 3 ErbStR 1998).

Der **Bundesfinanzhof** hat bei einer Stiftung, die (mit Genehmigung des preußischen Ministers der Justiz) aus der Auflösung des Hausvermögens hervorgegangen war, den Charakter als Familienstiftung bejaht[13]. Der amtliche Leitsatz der Entscheidung lautet:

Eine Stiftung dient dann wesentlich dem Interesse einer Familie oder bestimmten Familien i.S. des § 1 Abs. 1 Nr. 4 ErbStG 1974, wenn nach der Satzung und ggf. dem Stiftungsgeschäft ihr Wesen darin besteht, es den Familien zu ermöglichen, das Stiftungsvermögen, soweit es einer Nutzung zu privaten Zwecken zugänglich ist, zu nutzen und die Stiftungserträge an sich zu ziehen. Inwieweit davon tatsächlich Gebrauch gemacht wird, ist nicht entscheidend.

Das **Außensteuergesetz** enthält für seinen Anwendungsbereich eine Legaldefinition der Familienstiftung (§ 15 Abs. 2 AStG).

2. Besteuerung der Errichtung einer Familienstiftung

a) Erbschaft- und Schenkungsteuer

aa) Errichtung

12 Die Errichtung einer Familienstiftung ist nach allgemeinen Grundsätzen steuerbar (§§ 3 Abs. 2 Nr. 1, 7 Abs. 1 Nr. 8 ErbStG).

---

13 BFH, Urt. v. 10. 12. 1997, II R 25/94, BStBl. II 1998, 114 = DStR 1998, 455 = BB 1998, 466 = DB 1998, 455 = ZEV 1998, 112.

bb) Steuerklasse

Im Hinblick auf die Bestimmung der Steuerklasse enthält das Erbschaft- und Schenkungsteuergesetz eine **Sonderregelung** für inländische Familienstiftungen.

13

Da die Familienstiftung mit dem Stifter nicht verwandt sein kann, käme für Vermögenszuwendungen an sich stets die ungünstige Steuerklasse III zur Anwendung. Im Wege des Durchgriffs durch die selbständige Stiftung sieht der Gesetzgeber jedoch eine Privilegierung vor. Bei der Errichtung einer Familienstiftung richtet sich die Steuerklasse nach dem **Verwandschaftsverhältnis der nach der Stiftungsurkunde entferntest Berechtigten** zu dem Erblasser oder Schenker (§ 15 Abs. 2 Satz 1 ErbStG).

Gerade bei Familienstiftungen, deren Zweck regelmäßig in der Unterstützung des Stifters und seiner Abkömmlinge besteht, war lange unklar, was unter „entferntest Berechtigten" zu verstehen ist. Insbesondere war nicht geklärt, ob nur auf die lebenden Familienmitglieder abzustellen ist oder auch alle künftigen, noch nicht geborenen Abkömmlinge miteinzubeziehen sind. Die Finanzverwaltung hat nunmehr klargestellt, daß bei der Bestimmung der Steuerklasse nicht die derzeit Berechtigten, sondern die **potentielle Berechtigung künftiger Generationen** maßgebend ist (R 73 Abs. 1 ErbStR 1998).

Sofern bei Familienstiftungen neben den Kindern auch deren **Ehepartner** begünstigt werden, wird die Vermögensausstattung der Stiftung nicht nach Steuerklasse I, sondern nach Steuerklasse II oder III beurteilt.

▶ **Gestaltungshinweis**

In der Kautelarpraxis sollte durch entsprechende Gestaltung der Stiftungssatzung sichergestellt werden, daß die Steuerklasse I zur Anwendung kommt. Dies ist der Fall, wenn der Stifter in der Stiftungssatzung vorsieht, daß nur der **überlebende Ehegatte, die Kinder und die Abkömmlinge der Kinder** bezugsberechtigt sind.

Sind außer den vorgenannten Personen auch andere Personen bezugsberechtigt, so ist der Übergang des Vermögens in vollem Umfang nach der entsprechenden Steuerklasse zum Stifter zu versteuern. Sofern auch die **Schwiegerkinder** bezugsberechtigt sind, wäre dies Steuerklasse II, bei der Begünstigung von **Ehegatten weiterer Abkömmlinge** die Steuerklasse III.

Das Verwandschaftsverhältnis des nach der Stiftungsurkunde entferntest Berechtigten zum Stifter ist dabei nicht nur für die Steuerklasse, sondern auch für den Ansatz des **persönlichen Freibetrags** (§ 16 Abs. 1 ErbStG) maßgeblich (R 73 Abs. 2 ErbStR 1998).

cc) **Vergünstigungen für Betriebsvermögen**

14 Sofern es sich bei dem auf die Stiftung übertragenen Vermögen um **Betriebsvermögen oder um sonst begünstigtes Vermögen** (§ 13a Abs. 4 ErbStG) handelt, kommt der zusätzliche Freibetrag in Höhe von 500 000 DM und der Bewertungsabschlag von 40% zur Anwendung (§ 13a Abs. 1 und 2 ErbStG) (vgl. § 13a Abs. 7 ErbStG, wonach § 13a ErbStG selbst in den Fällen der Erbschaftsteuer gelten soll, R 69 ErbStR).

Die **Tarifbegrenzung** (Besteuerung nach Steuerklasse I) kann dagegen nicht genützt werden, da diese nur beim Erwerb durch „natürliche Personen" gewährt wird (§ 19a ErbStG) (R 76 Abs. 2 ErbStR).

▶ Gestaltungshinweis

Die vorstehende Empfehlung, die Satzung der Familienstiftung so zu gestalten, daß die abstrakte Bezugsberechtigung zur Anwendung der Steuerklasse I führt, gilt demnach auch dann, wenn **begünstigtes Betriebsvermögen** auf die Stiftung übertragen wird. Die Tarifbegrenzung (Besteuerung nach Steuerklasse I) bietet insoweit keine Abhilfe (§ 19a ErbStG).

Ferner kann die Erbschaft- bzw. Schenkungssteuer **gestundet** werden, soweit dies zur Erhaltung des übertragenen Betriebs notwendig ist (§ 28 Abs. 1 ErbStG). Im Zusammenhang mit der Vermögensübertragung auf eine Stiftung dürfte die Vorschrift in der Praxis nur selten eingreifen.

dd) **Besteuerung späterer Zustiftungen**

15 Spätere Zustiftungen des Stifters oder Dritter werden als **freigiebige Zuwendungen** nach der ungünstigen Steuerklasse III versteuert. Die Steuerklassenprivilegierung (§ 15 Abs. 2 Satz 1 ErbStG) gilt nur für die Errichtung der Familienstiftung.

Zuwendungen, welche der Stifter einer Familienstiftung nachträglich über das Stiftungskapital hinaus macht (Zustiftungen), gelten nicht als auf Grund eines Stiftungsgeschäfts gemacht, sondern sind **gewöhnliche Schenkungen** nach § 7 Abs. 1 Nr. 1 ErbStG. Sie unterliegen der Besteuerung nach Steuerklasse III. Zustiftungen sind daher steuerlich nicht begünstigt.

▶ Gestaltungshinweis

Die Anwendbarkeit der für die Errichtungsbesteuerung geltenden günstigeren Steuerklasse läßt sich auch im Falle von Zustiftungen sicherstellen, wenn diese vom Stifter bereits **im Stiftungsgeschäft verbindlich festgelegt** werden. Der Stifter kann der Stiftung beispielsweise einen Teil seines Vermögens unmittelbar nach der Genehmigung der Stiftung

Steuerrecht   Rz. 16 D

übertragen und im übrigen die Verpflichtung übernehmen, sein sonstiges Vermögen der Stiftung nach seinem Ableben zuzuwenden.

Sofern bei der ursprünglichen Stiftungserrichtung ein derartiger **Vorbehalt einer späteren Zustiftung unterblieben** ist, bietet sich folgender Ausweg an: Der Stifter errichtet eine neue Stiftung unter erneuter Nutzung des Steuerklassenprivilegs. Die später errichtete Stiftung kann dann mit der älteren Stiftung nach Maßgabe des Landesstiftungsrechts verschmolzen werden (sofern die Stiftungsaufsicht die erforderliche Genehmigung erteilt).

Der **Freibetrag und der Bewertungsabschlag** für Betriebsvermögen kommen auch bei Zustiftungen zur Anwendung (§ 13a ErbStG).

Sofern zwischen der Errichtung der Stiftung und der späteren Zustiftung ein Zeitraum von **weniger als zehn Jahren** liegt, ist zu beachten, daß beide Zuwendungen zusammengerechnet werden (§ 14 ErbStG).

ee) **Zeitpunkt der Besteuerung**

Die Steuer entsteht bei der Errichtung der Stiftung durch Stiftungsgeschäft unter Lebenden **mit der Übertragung des Vermögens** auf die Stiftung (§ 9 Abs. 1 Nr. 2 ErbStG) und bei der Errichtung der Stiftung von Todes wegen mit dem Zeitpunkt der **Genehmigung** der Stiftung (§ 9 Abs. 1 Nr. 1 Buchst. c ErbStG). Vermögenszuwächse zwischen dem Tod des Stifters und der Erteilung der Genehmigung unterliegen dabei gleichfalls der Erbschaftsteuer   16

▶ Beispiel[14]

A setzt in seinem Testament eine von seinem Testamentsvollstrecker zu errichtende rechtsfähige Stiftung zu seinem Alleinerben ein. Der Nachlaß besteht im wesentlichen aus einer KG-Beteiligung im Wert von 100 Mio. DM. Die (nicht steuerbegünstigte) Stiftung wird erst 4 $^{1}/_{2}$ nach dem Tod des Stifters durch die zuständige Stiftungsaufsichtsbehörde als rechtsfähige Stiftung genehmigt (§ 80 BGB). Der Wert der KG-Beteiligung stieg in dem Zeitraum zwischen Tod des Stifters und Genehmigung der Stiftung um 10%. Die in dieser Zeit erzielten Erträge unterlagen in vollem Umfang der Körperschaftsteuer und der Gewerbesteuer. Der Stiftungsvorstand meint, daß nur der Erwerb der ursprünglichen KG-Beteiligung in Höhe von 100 Mio. DM, und nicht auch der nach dem

---

14 Nach BFH, Urt. v. 25. 10. 1995, II R 20/92, BStBl. II 1996, 99 = ZEV 1996, 38 = BB 1996, 731 = DStR 1996, 59 = NJW 1996, 743 = DB 1996, 191; kritisch dazu *Ebeling*, ZEV 1998, 93; *Ebeling*, ZEV 2000, 80; *Ebeling*, Ungereimtheiten im Erbschaftsteuerrecht, in: Birk (Hrsg.), Steuern auf Erbschaft und Vermögen, DStJG Band 22, Köln 1999, S. 227 (229 f.).

153

Tod des Stifters eingetretene Vermögenszuwachs von weiteren 10 Mio. DM der Erbschaftsteuer in Höhe von 50% unterliegen.

Eine **von Todes wegen errichtete Stiftung** gilt zivilrechtlich für die Zuwendungen des Stifters als schon vor dessen Tod entstanden (§§ 84, 1923 Abs. 2 BGB). Das Erbschaftsteuerrecht folgt dieser Rückwirkung nicht. Die Erbschaftsteuer entsteht nicht schon mit dem Übergang des Vermögens, sondern erst mit dem Zeitpunkt der Genehmigung (§ 9 Abs. 1 Nr. 1 Buchst. c ErbStG). Für den steuerpflichtigen Erwerb und dessen Bewertung ist damit das gesamte zum Zeitpunkt der Stiftungsgenehmigung vorhandene Vermögen maßgebend. **Wertveränderungen** vor oder nach diesem Stichtag bleiben grundsätzlich ohne Einfluß auf die erbschaftsteuerliche Wertermittlung (§ 11 ErbStG). **Verzögert sich die Genehmigung** der Stiftung und vermehrt sich in der Zwischenzeit das der Stiftung ursprünglich zugeführte Vermögen, kann dies – wie hier – eine erhebliche Steuermehrbelastung zur Folge haben. Rechtsprechung und Finanzverwaltung sind auch in extremen Härtefällen nicht bereit, von dem formalen Stichtagsprinzip abzuweichen. Billigkeitsmaßnahmen (§§ 163, 227 AO) wurden vom Bundesfinanzhof nicht einmal erörtert.

17 Eine Änderung des Gesetzeswortlauts im Zusammenhang mit der angekündigten Reform des Stiftungsrechts ist bislang nicht beabsichtigt. In der Praxis empfiehlt es sich, die Stiftung im Wege der **Stufengründung** zu errichten. Die Stiftung sollte bereits zu Lebzeiten errichtet und mit einem Grundvermögen ausgestattet werden. Das weitere Vermögen kann der bereits bestehenden Stiftung dann von Todes wegen zugewandt werden.

Die **subjektive Steuerpflicht** der Stiftung für die laufende Besteuerung (zum Beispiel für die Körperschaftsteuer) beginnt bei einer unter Lebenden errichteten Stiftung mit der staatlichen Genehmigung[15] und bei einer testamentarisch errichteten Stiftung mit dem Tod des Stifters[16].

▶ **Gestaltungshinweis**

Ein potentieller Stifter kann in folgendes Dilemma geraten: Zur Vermeidung eines frühzeitigen Anfalls der Erbschaft- und Schenkungsteuer möchte er sein Vermögen zu einem möglichst späten Zeitpunkt auf die Stiftung übertragen. Um den Bestand seines Vermögens durch Pflichtteilsansprüche nicht zu gefährden, wäre dagegen eine möglichst frühzeitige Vermögensübertragung zweckmäßig. Eine mögliche Gestaltung

---

15 Dazu FG Köln, Urt. v. 12. 5. 1999, 1 K 1996/97, EFG 1999, 834 (Das Kapitalvermögen sowie die hieraus errichteten Einkünfte sind bei einer Stiftung im Zeitraum bis zur Genehmigung den Stiftern zuzurechnen).
16 Dazu FG Düsseldorf, Beschl. v. 8. 10. 1999, 6 V 5427/99 A (K, AO), ZEV 2000, 79 mit Anm. *Ebeling.*

Steuerrecht   Rz. 17 **D**

wäre in diesem Fall, der Stiftung **frühzeitig Vermögenswerte mit geringem Steuerwert zu übertragen**. Damit könnte einerseits das Risiko eines unerwünschten Liquiditätsabflusses aufgrund von Pflichtteilsansprüchen reduziert werden. Gleichzeitig wäre die Steuerbelastung aufgrund der vorteilhaften Bemessungsgrundlage (zum Beispiel Betriebsvermögen, Grundbesitz) vergleichsweise erträglich.

▶ **Beispiel**

Erblasser E hinterläßt Privatvermögen (Grundbesitz) mit einem Erbschaftsteuerwert von 10 Mio. DM (alternativ: 5 Mio. DM bzw. 15 Mio. DM). Um den Erhalt des Familienvermögens zu sichern, errichtet E eine Familienstiftung von Todes wegen. Bezugsberechtigt sollen seine beiden Töchter sein, nach deren Ableben jeweils deren Abkömmlinge.

	Ausgangssituation		
	5 Mio. DM	10 Mio. DM	15 Mio. DM
Steuerpflichtiger Erwerb (§ 3 Abs. 2 Nr. 1 Satz 1 ErbStG)	5 Mio. DM	10 Mio. DM	15 Mio. DM
abzüglich Freibetrag (§ 16 Abs. 1 Nr. 3 ErbStG)	100 000 DM	100 000 DM	100 000 DM
Zwischenergebnis	4,9 Mio. DM	9,9 Mio. DM	14,9 Mio. DM
Steuersatz gemäß § 19 Abs. 1 ErbStG	19%	19%	23%
Steuerbelastung	**931 000 DM**	**1 881 000 DM**	**3 427 000 DM**

Die dargestellte Steuerbelastung läßt sich durch verschiedene Gestaltungen optimieren. Eine nicht unerhebliche Steuerersparnis kann sich im Einzelfall daraus ergeben, daß der Stifter **mehrere Stiftungen** errichtet (Gestaltungsmöglichkeit I). Daneben sollte bei der Errichtung einer Familienstiftung (ebenso wie bei anderen Formen der Vermögensnachfolge) stets auch eine Umwandlung von Privatvermögen in Betriebsvermögen in Betracht gezogen werden (Gestaltungsmöglichkeit II).

Gestaltungsmöglichkeit I Errichtung von zwei Familienstiftungen			
	5 Mio. DM	10 Mio. DM	15 Mio. DM
Steuerpflichtiger Erwerb für eine Stiftung (§ 3 Abs. 2 Nr. 1 Satz 1 ErbStG)	2,5 Mio. DM	5 Mio. DM	7,5 Mio. DM
abzüglich Freibetrag (§ 16 Abs. 1 Nr. 3 ErbStG)	100 000 DM	100 000 DM	100 000 DM
Zwischenergebnis	2,4 Mio. DM	4,9 Mio. DM	7,4 Mio. DM
Steuersatz gemäß § 19 Abs. 1 ErbStG	19%	19%	19%
Steuerbelastung	456 000 DM	931 000 DM	1 406 000 DM
Gesamtsteuerbelastung für zwei Stiftungen	912 000 DM	1 862 000 DM	2 812 000 DM
Ersparnis	**19 000 DM**	**19 000 DM**	**615 000 DM**

Gestaltungsmöglichkeit II Umwandlung des Privatvermögens in Betriebsvermögen und Übertragung auf zwei Familienstiftungen			
	5 Mio. DM	10 Mio. DM	15 Mio. DM
Steuerpflichtiger Erwerb für eine Stiftung (§ 3 Abs. 2 Nr. 1 Satz 1 ErbStG)	2,5 Mio. DM	5 Mio. DM	7,5 Mio. DM
abzüglich Freibetrag nach (§ 13a Abs. 1 Nr. 1 Abs. 4 Nr. 1 und Abs. 7 ErbStG)	250 000 DM	250 000 DM	250 000 DM
Zwischenergebnis	2,25 Mio. DM	4,75 Mio. DM	7,25 Mio. DM
Bewertungsabschlag von 40% (§ 13a Abs. 2 und Abs. 7 ErbStG)	1,35 Mio. DM	2,85 Mio. DM	4,35 Mio. DM
abzüglich Freibetrag (§ 16 Abs. 1 Nr. 3 ErbStG)	100 000 DM	100 000 DM	100 000 DM
Zwischenergebnis	1,25 Mio. DM	2,75 Mio. DM	4,25 Mio. DM
Steuersatz gemäß § 19 Abs. 1 ErbStG	19%	19%	19%
Steuerbelastung	237 500 DM	522 500 DM	807 500 DM
Gesamtsteuerbelastung für zwei Stiftungen	475 000 DM	1 045 000 DM	1 615 000 DM
Ersparnis	**570 000 DM**	**836 000 DM**	**1 197 000 DM**

b) Ertragsteuern

Die **Übertragung einzelner Vermögensgegenstände** aus dem Privatvermögen auf die Familienstiftung ist beim Stifter grundsätzlich nicht einkommensteuerpflichtig (§ 11d Abs. 1 EStDV). Dies gilt auch bei der **Übertragung einer wesentlichen Beteiligung an einer Kapitalgesellschaft** (§ 17 EStG) und Zuwendungen innerhalb der Spekulationsfrist (§ 23 EStG), da es insoweit an der Entgeltlichkeit fehlt. 19

Bei der **Zuwendung eines Betriebs, Teilbetriebs oder eines Mitunternehmeranteils** (einschließlich des Sonderbetriebsvermögens) können die Buchwerte fortgeführt werden (§ 6 Abs. 3 EStG). Dagegen müssen die **stillen Reserven** bei der Übertragung einer Beteiligung an einer Kapitalgesellschaft aufgedeckt werden (§ 16 Abs. 1 Nr. 1 Satz 2 HS 1 EStG findet auf die Buchwertfortführung nach § 6 Abs. 3 EStG nach überwiegender Meinung keine Anwendung).

Die **Zuwendung einzelner Wirtschaftsgüter** aus einem Betriebsvermögen führt dagegen zu einem steuerpflichtigen Entnahmegewinn (§ 6 Abs. 1 Nr. 4 Satz 1 EStG). Dies gilt auch dann, wenn die Wirtschaftsgüter bei der Familienstiftung in ein Betriebsvermögen eingebracht werden.

▶ **Gestaltungsempfehlung**

Zur Vermeidung einer Gewinnrealisierung kann im Einzelfall eine Übertragung auf eine **gemeinnützige Stiftung** (ggf. in Verbindung mit einer Doppelstiftung[17]) in Betracht kommen (§ 6 Abs. 1 Nr. 4 Satz 4 und 5 EStG).

3. Laufende Besteuerung

a) Ebene der Stiftung

Die Familienstiftung ist als sonstige **juristische Person des privaten Rechts** unbeschränkt körperschaftsteuerpflichtig, sofern sie ihre Geschäftsleitung oder ihren Sitz im Inland hat (§ 1 Abs. 1 Nr. 4 KStG) (für Familienstiftungen, die an die Stelle von Familienfideikommisse getreten sind, siehe Abschnitt 3 KStR). 20

Das zu versteuernde Einkommen (§§ 7 Abs. 1, 8 Abs. 1 KStG, §§ 2 ff. EStG) unterliegt bei der Stiftung einem **Körperschaftsteuersatz** in Höhe von (derzeit) 40% (§ 23 Abs. 1 KStG). Nach dem Steuersenkungsgesetz beträgt der Steuersatz künftig nur noch 25% (§§ 23 Abs. 1 und 34 Abs. 1 und 1a KStG). Daneben ist das Einkommen in Höhe von 5,5% der festzu-

---

17 S. dazu Teil D Rz. 35.

setzenden Körperschaftssteuer mit dem **Solidaritätszuschlag** belastet (§§ 2 Nr. 3, 3 Nr. 1 und 2, 4 SolZG).

Als unbeschränkt steuerpflichtige Körperschaft steht der Stiftung ein **Freibetrag** von 7500 DM zu (§ 24 KStG). Dies gilt auch für die Gewerbesteuer (§ 11 Abs. 1 Satz 3 Nr. 2 GewStG).

Die satzungsgemäße Verwendung des Einkommens der Familienstiftung für **Geld- oder Sachzuwendungen** an die Begünstigten kann beim steuerpflichtigen Einkommen nicht abgezogen werden (§ 10 Nr. 1 KStG).

Anders als bei der (derzeitigen) Besteuerung von Kapitalgesellschaften findet bei der Stiftung eine **Endbesteuerung** statt. Für die Begünstigten sind die von der Stiftung bezogenen Ausschüttungen steuerfrei. Die Vorschriften des körperschaftsteuerlichen Anrechnungsverfahrens (§§ 27 ff. KStG) sind bei der Familienstiftung nicht anzuwenden.

b) Ebene der Begünstigten (Destinatäre)

aa) Ertragsteuern

21 Die **satzungsgemäßen Zuwendungen** der Familienstiftungen an die Begünstigten sind (derzeit) in der Regel nicht steuerpflichtig. Insbesondere handelt es sich dabei um keine steuerpflichtigen wiederkehrenden Bezüge, da die Zuwendungen aufgrund einer freiwillig begründeten Pflicht geleistet werden (§ 22 Nr. 1 Satz 2 HS 1 EStG) (siehe auch § 10 Nr. 1 KStG, wonach die Zuwendungen bei der Stiftung nicht abgezogen werden können)[18].

Einmalige Zuwendungen aufgrund von Austauschverträgen sind dagegen steuerpflichtig (§ 22 Nr. 3 EStG). Bei der Stiftung können sie dagegen als Betriebsausgaben bzw. Werbungskosten abgezogen werden.

bb) Erbschaft- und Schenkungsteuer

22 Die **satzungsmäßigen Zuwendungen** der Familienstiftung sind nicht freigiebig und unterliegen damit nicht der Schenkungsteuer (vgl. § 7 Abs. 1 Nr. 1 ErbStG). Die Familienstiftung erfüllt mit der Zuwendung lediglich den Stifterwillen, wie er in der Satzung verankert ist.

4. Erbersatzsteuer

23 Um rechtspolitischen Bedenken gegen eine **steuerliche Privilegierung** von Familienstiftungen Rechnung zu tragen, hat der Gesetzgeber im Zuge der

---

18 Zu den Änderungen durch das Steuersenkungsgesetz s. bereits oben Teil B Rz. 172.

Steuerrecht | Rz. 24 **D**

Erbschaftssteuerreform 1974 eine Erbersatzsteuer eingeführt[19]. Danach unterliegen Stiftungen, sofern sie wesentlich im Interesse einer Familie errichtet sind, in **Zeitabständen von je 30 Jahren seit dem Zeitpunkt des ersten Übergangs von Vermögen** auf sie der Erbschaftsteuer (§§ 1 Abs. 1 Nr. 4 ErbStG). Der Steuertatbestand soll verhindern, daß das in Familienstiftungen gebundene Vermögen auf Generationen der Erbschaftsteuer entzogen wird. Die Regelung ist **verfassungsgemäß**[20].

Die Steuerpflicht tritt ein, wenn die Stiftung an dem für sie **maßgebenden Besteuerungszeitpunkt** (§ 9 Abs. 1 Nr. 4 ErbStG) die Voraussetzungen für eine Familienstiftung erfüllt. Die Steuerpflicht entfällt hiernach, wenn eine Familienstiftung vor diesem Zeitpunkt aufgelöst oder umgewandelt wird (R 2 Abs. 1 Satz 2 und 3 ErbStR 1998).

Bei der Ermittlung der **Bemessungsgrundlage** tritt das Vermögen der Familienstiftung an die Stelle des Vermögensanfalls (§ 10 Abs. 1 Satz 6 ErbStG). Die Steuerpflicht erstreckt sich auf das gesamte zum Stichtag vorhandene Vermögen, nicht nur soweit es dem Interesse der Familie dient. Auch Zustiftungen und sonstige Vermögensmehrungen unterliegen der Erbersatzsteuer. Leistungen an die Begünstigten sind nicht abzugsfähig (§ 10 Abs. 7 ErbStG).

▶ **Gestaltungshinweis**

Die Höhe der Erbersatzsteuer richtet sich nach dem Wert des Stiftungsvermögens an einem bestimmten Stichtag. Durch **vorsorgende Vermögensplanung** kann die Bemessungsgrundlage im Einzelfall optimiert werden. Denkbar sind insbesondere folgende Maßnahmen:
– Umschichtung von Vermögenswerten, beispielsweise von Geldvermögen in Grundvermögen oder von Privatvermögen in Betriebsvermögen,
– Vornahme von außerordentlichen oder vorzeitigen Ausschüttungen an die Begünstigten,
– Zufluß von Erträgen an die Stiftung, etwa aus Kapitalbeteiligungen, möglichst erst nach dem Bewertungsstichtag,
– fremdfinanzierter Erwerb von vermieteten Grundstücken.

Die **Privilegierung von Betriebsvermögen** findet auch bei der Erbersatzsteuer Anwendung (§ 13a Abs. 7 ErbStG). 24

Bei der Berechnung der Erbersatzsteuer wird unterstellt, daß das Vermögen der Familienstiftung auf zwei Kinder übergeht. Dementsprechend kommt

---

19 Gesetz zur Reform des Erbschaftsteuer- und Schenkungsteuerrechts v. 17. 4. 1974, BGBl. I 1974, 933.
20 BVerfG, Beschl. v. 8. 3. 1983, 2 BvL 27/81, BVerfGE 63, 312 = BStBl. II 1983, 779 = NJW 1983, 1841 = DB 1983, 1024.

ein **doppelter Kinderfreibetrag** zum Abzug und die Steuer wird nach dem Steuersatz der Steuerklasse I berechnet, der für die Hälfte des steuerpflichtigen Vermögens gelten würde (§ 15 Abs. 2 Satz 3 ErbStG). Die Steuerklasse I gilt dabei unabhängig von dem Kreis der tatsächlich Begünstigten.

Auf Antrag der Familienstiftung kann die Erbersatzsteuer anstelle einer **Einmalzahlung** in 30 gleichen Jahresraten entrichtet werden (§ 24 ErbStG). Die Summe der Jahresbeträge umfaßt die Tilgung und die Verzinsung mit einem Zinssatz von 5,5%. Die Verrentung der Steuerschuld eröffnet einer Familienstiftung im Einzelfall die Möglichkeit, die Steuerschuld aus den jährlichen Erträgen des Stiftungsvermögens zu bezahlen.

Die (sofort entrichtete) Erbersatzsteuer kann bei der Ermittlung des körperschaftsteuerpflichtigen Einkommens **nicht abgezogen werden** (§ 10 Nr. 2 KStG). In gleicher Weise ist ein Abzug der verrenteten Erbersatzsteuer und der in den einzelnen Jahresbeträgen enthaltenen Zinsen als **Sonderausgabe** unzulässig[21] (siehe auch Abschnitt 27 Abs. 1 KStR, wonach § 10 Abs. 1 Nr. 1 EStG für Körperschaften keine Anwendung findet).

Daneben kommt eine **Stundung** in Betracht, wenn der Stiftung Betriebsvermögen oder land- und forstwirtschaftliches Vermögen gehört und die Stundung zur Betriebserhaltung notwendig ist (§ 28 Abs. 2 ErbStG). In der Regel dürfte die Verrentung der Steuerschuld zu einem Zinssatz von 5,5% jedoch günstiger sein als die Stundung zu 6%.

Die Organe der Familienstiftung treffen im Hinblick auf die Erbersatzsteuer keinerlei **Anzeigepflichten** (vgl. §§ 30 ff. ErbStG, §§ 1 ff. ErbStDV).

25 Eine Stiftung unterliegt nur dann der Erbersatzsteuer, wenn sie im Zeitpunkt des Entstehens der Steuer wesentlich dem **Interesse einer Familie** dient.

Bei **Errichtung der Stiftung** ist eine Qualifikation als Familienstiftung wegen des Steuerklassenvorteils (§ 15 Abs. 2 Satz 1 ErbStG) erwünscht. Im Zeitpunkt des **Anfalls der Erbersatzsteuer** (30 Jahren nach dem ersten Übergang von Vermögen auf die Stiftung) sollte die Stiftung nach Möglichkeit keine Familienstiftung mehr im Sinne des Steuerrechts sein.

Vor diesem Hintergrund gibt es **Gestaltungsempfehlungen**, die Wesentlichkeitsgrenze für die Familienbegünstigung rechtzeitig vor dem Anfall der Erbersatzsteuer herabzusenken. Derartige Gestaltungen erscheinen in mehrfacher Hinsicht problematisch:

— Die Finanzverwaltung nimmt ein wesentliches Familieninteresse im Einzelfall schon dann an, wenn Familienmitglieder zu mehr als 25% bezugs- oder anfallsberechtigt sind. Damit kann insbesondere die sog.

---

21 BFH, Urt. v. 14. 9. 1994, I R 78/94, BStBl. II 1995, 207 = DStR 1995, 370 = BB 1995, 389 = ZEV 1995, 154 = NJW-RR 1995, 898 = DB 1995, 509.

Löwenanteilstheorie, nach der die Wesentlichkeitsgrenze erst bei 75% oder 90% liegt, in der Kautelarpraxis nicht mehr zugrundegelegt werden.
— Es ist umstritten, ob sich die Frage nach der Qualifizierung als Familienstiftung ausschließlich nach dem Zeitpunkt des Entstehens der Erbersatzsteuer oder nicht (auch) nach dem 30-Jahres-Zeitraum richtet. In letzterem Fall wäre ein kurzfristiges **Absenken der Wesentlichkeitsgrenze** zur Steueroptimierung untauglich.
— Im übrigen sieht die Finanzverwaltung in der Änderung des Stiftungscharakters einer Familienstiftung durch Satzungsänderung eine **Aufhebung der Familienstiftung und die Errichtung einer neuen Stiftung**, deren Erwerb grundsätzlich der Besteuerung nach Steuerklasse III unterliegt (R 2 Abs. 1 Satz 2 und 3, Abs. 4 ErbStR 1998).

Die Errichtung einer inländischen Familienstiftung kann trotz Erbersatzsteuer gegenüber der Steuerbelastung in der normalen Generationenfolge vorteilhaft sein. **Vorteile** können sich aus folgenden Umständen ergeben: 26

— der **natürliche Generationenwechsel** vollzieht sich im statistischen Mittel in etwas kürzeren Zeitabschnitten als in 30 Jahren,
— die **durchschnittliche Kinderzahl** eines Ehepaars liegt in Deutschland im Durchschnitt unter zwei Kindern,
— die **Besteuerung der normalen Erbfolge** erfolgt nicht immer nach Steuerklasse I,
— die Möglichkeit der **Verrentung der Erbersatzsteuer**,
— die Möglichkeit der **Errichtung mehrerer Stiftungen**,
— der **Zeitpunkt des Steueranfalls** ist kalkulierbar und eröffnet somit Gestaltungsspielräume.

Die Frage nach der **steueroptimalen Gestaltung** läßt sich im übrigen immer nur im konkreten Einzelfall aufgrund einer mehrperiodischen Vergleichsrechnung beantworten. Aber auch diese kann nur eine Orientierungshilfe bieten. Die Lebenserwartung der Beteiligten und andere persönliche Umstände und Entwicklungen sind ebenso wenig vorhersehbar wie die Marktentwicklung oder die steuerrechtlichen Rahmenbedingungen.

▶ **Beispiel** 27
In dem vorbezeichneten Beispielsfall[22] ergibt sich (unter Außerachtlassung der Erträge des Stiftungsvermögens) folgende Erbersatzsteuerbelastung:

---
22 S. Teil D Rz. 17.

	Ausgangssituation Erbersatzsteuer		
	5 Mio. DM	10 Mio. DM	15 Mio. DM
Steuerpflichtiger Erwerb (§§ 1 Abs. 1 Nr. 4, 10 Abs. 1 Satz 6 ErbStG)	5 Mio. DM	10 Mio. DM	15 Mio. DM
abzüglich Freibetrag nach §§ 15 Abs. 2 Satz 3 HS 1, 16 Abs. 1 Nr. 2 ErbStG	800 000 DM	800 000 DM	800 000 DM
Zwischenergebnis	4,2 Mio. DM	9,2 Mio. DM	14,2 Mio. DM
Steuersatz nach §§ 15 Abs. 2 Satz 3 HS 2, 19 Abs. 1 ErbStG	19%	19%	19% (nicht 23%)
Steuerbelastung	**798 000 DM**	**1 748 000 DM**	**2 698 000 DM**
Jährliche Steuerlast bei Verrentung (auf 30 Jahre)	54 439 DM (1 603 161 DM)	117 056 DM (3 511 686 DM)	180 674 DM (5 420 210 DM)

	Gestaltungsmöglichkeit I Errichtung von zwei Familienstiftungen		
	5 Mio. DM	10 Mio. DM	15 Mio. DM
Steuerpflichtiger Erwerb für eine Stiftung (§§ 1 Abs. 1 Nr. 4, 10 Abs. 1 Satz 6 ErbStG)	2,5 Mio. DM	5 Mio. DM	7,5 Mio. DM
abzüglich Freibetrag nach §§ 15 Abs. 2 Satz 3 HS 1, 16 Abs. 1 Nr. 2 ErbStG	800 000 DM	800 000 DM	800 000 DM
Zwischenergebnis	1,7 Mio. DM	4,2 Mio. DM	6,7 Mio. DM
Steuersatz nach §§ 15 Abs. 2 Satz 3 HS 2, 19 Abs. 1 ErbStG	15%	19%	19%
Steuerbelastung	255 000 DM	798 000 DM	1 273 000 DM
Gesamtsteuerbelastung für zwei Stiftungen	510 000 DM	1 596 000 DM	2 546 000 DM
Ersparnis	**288 000 DM**	**152 000 DM**	**152 000 DM**
Jährliche Steuerlast bei Verrentung (auf 30 Jahre)	34 153 DM (1 024 576 DM)	106 877 DM (3 206 321 DM)	170 495 DM (5 114 846 DM)
Jährliche Ersparnis bei Verrentung (auf 30 Jahre)	20 286 DM (578 585 DM)	10 179 DM (305 565 DM)	10 179 DM (305 565 DM)

Steuerrecht

Gestaltungsmöglichkeit II Umwandlung des Privatvermögens in Betriebsvermögen und Übertragung auf zwei Familienstiftungen			
	5 Mio. DM	10 Mio. DM	15 Mio. DM
Steuerpflichtiger Erwerb für eine Stiftung (§§ 1 Abs. 1 Nr. 4, 10 Abs. 1 Satz 6 ErbStG)	2,5 Mio. DM	5 Mio. DM	7,5 Mio. DM
abzüglich Freibetrag nach (§ 13a Abs. 1 Nr. 1, Abs. 4 Nr. 1 und Abs. 7 ErbStG)[23]	250 000 DM	250 000 DM	250 000 DM
Zwischenergebnis	2,25 Mio. DM	4,75 Mio. DM	7,25 Mio. DM
Bewertungsabschlag von 40% (§ 13a Abs. 2 und Abs. 7 ErbStG)	1,35 Mio. DM	2,85 Mio. DM	4,35 Mio. DM
abzüglich Freibetrag nach §§ 15 Abs. 2 Satz 3 HS 1, 16 Abs. 1 Nr. 2 ErbStG	800 000 DM	800 000 DM	800 000 DM
Zwischenergebnis	550 000 DM	2,05 Mio. DM	3,55 Mio. DM
Steuersatz nach §§ 15 Abs. 2 Satz 3 HS 2, 19 Abs. 1 ErbStG	11% (nicht 15%)	19%	19%
Steuerbelastung	60 500 DM	389 500 DM	674 500 DM
Gesamtsteuerbelastung für zwei Stiftungen	121 000 DM	779 000 DM	1 349 000 DM
Ersparnis	**677 000 DM**	**817 000 DM**	**1 197 000 DM**
Jährliche Steuerlast bei Verrentung (auf 30 Jahre)	8 103 DM (243 086 DM)	52 166 DM (1 564 990 DM)	90 337 DM (2 710 105 DM)
Jährliche Ersparnis bei Verrentung (auf 30 Jahre)	46 336 DM (1 390 080 DM)	64 890 DM (1 946 700 DM)	90 337 DM (2 710 110 DM)

---

23 Die Verdoppelung des Freibetrags nach § 15 Abs. 2 Satz 3 HS 1 ErbStG gilt nur für den persönlichen Freibetrag nach § 16 Abs. 1 Nr. 2 ErbStG, nicht aber für den Freibetrag nach § 13a Abs. 1 ErbStG.

5. Auflösung der Familienstiftung

a) Erbschaft- und Schenkungsteuer

28 Die vollständige Auflösung der Familienstiftung (die der Genehmigung der Stiftungsaufsicht bedarf) gilt als **Schenkung unter Lebenden** und ist dementsprechend steuerpflichtig (§ 7 Abs. 1 Nr. 9 ErbStG).

Bei **mehreren Anfallsberechtigten** wird jeder Erwerb gesondert besteuert. Für die Bestimmung der Steuerklasse sowie des persönlichen Freibetrags ist nicht die Stiftung, sondern der (Zu)Stifter als Schenker anzusehen (§ 15 Abs. 2 Satz 2 ErbStG). Soweit der Stifter selbst anfallsberechtigt ist, ist der Erwerb aber nicht steuerfrei, sondern wird vielmehr nach Steuerklasse III besteuert. Entgegen dem Wortlaut des § 15 Abs. 2 Satz 2 ErbStG gilt die Vorschrift nur für die Bestimmung der Steuerklasse, nicht aber für die Person des Zuwendenden[24].

▶ **Beispiel**[25]

Die 1952 von M mit Sitz in Stuttgart errichtete Familienstiftung wurde mit Wirkung zum 31. 12. 2000 aufgehoben. Nach den Bestimmungen der Stiftungssatzung fällt das verbleibende Stiftungsvermögen in Höhe von 10 Mio. DM an die Ehefrau des Stifters F (vgl. § 88 Satz 1 BGB). Weder F noch M haben jemals einen Wohnsitz oder gewöhnlichen Aufenthalt in Deutschland gehabt (vgl. § 2 Abs. 1 ErbStG). Das Stiftungsvermögen befindet sich in der Schweiz. Unter Hinweis auf den Wortlaut des § 15 Abs. 2 Satz 2 HS 1 ErbStG vertritt F die Auffassung, daß ihr Erwerb in Deutschland nicht steuerpflichtig ist.

Der Erwerb der F unterliegt als Schenkung unter Lebenden der deutschen Schenkungsteuer (§ 7 Abs. 1 Nr. 9 ErbStG), wenn F das Vermögen von der Stiftung (§ 2 Abs. 1 Nr. 1 Buchst. d ErbStG) und nicht vom Stifter M (vgl. § 2 Abs. 1 Nr. 1 Buchst. a ErbStG) erworben hat. Nach Auffassung des Bundesfinanzhofs ist Zuwendender hier die Stiftung (und nicht der Stifter). Aus § 15 Abs. 2 Satz 2 HS 1 ErbStG, wonach im Falle der Aufhebung der Stiftung der Stifter als Schenker gilt, ergibt sich keine abweichende Bestimmung der Person des Zuwendenden. Die in dieser Vorschrift angeordnete Fiktion beschränkt sich vielmehr auf die Bestimmung der anzuwendenden Steuerklasse. Da die Stiftung ihren Sitz in Deutschland hat, ist der Erwerb der F in Deutschland unbeschränkt steuerpflichtig (§ 2 Abs. 1 Nr. 1 Buchst. d ErbStG). Für die Besteuerung des Erwerbs der zur Steuerklasse I gehörenden Ehefrau ist demnach der

---

24 BFH, Urt. v. 25. 11. 1992, II R 77/90, BStBl. II 1993, 238.
25 Nach BFH, Urt. v. 25. 11. 1992, II R 77/90, BStBl. II 1993, 238 = DStR 1993, 474 = BB 1993, 1863 = DB 1993, 919 und BFH, Urt. v. 25. 11. 1992, II R 78/90, BFH/NV 1993, 438.

Steuerrecht   Rz. 30 **D**

Freibetrag in Höhe von 600 000 DM anzusetzen (§ 16 Abs. 1 Nr. 1 ErbStG). Der besondere Versorgungsfreibetrag kommt nicht zur Anwendung, da er auf den Erwerb aus Anlaß des Todes des Ehegatten beschränkt ist (vgl. § 17 Abs. 1 Satz 2 ErbStG). Der steuerpflichtige Erwerb in Höhe von 9,4 Mio. DM unterliegt in Deutschland somit einer Schenkungsteuer in Höhe von 19% (ca. 1,8 Mio. DM).

Der **Betriebsvermögensfreibetrag** sowie der **Bewertungsabschlag** (§ 13a ErbStG) finden bei Auflösung der Familienstiftung keine Anwendung. Bei der Aufhebung einer Familienstiftung handelt es sich weder um einen Erwerb von Todes wegen noch um eine vorweggenommene Erbfolge. Dagegen kommt die Tarifbegrenzung (§ 19a ErbStG) zur Anwendung, wenn bei Auflösung der Familienstiftung das begünstigte Betriebsvermögen auf eine Person der Steuerklasse II oder III übertragen wird. Dem steht auch nicht entgegen, daß die Vorschrift des § 19a ErbStG auf den Freibetrag nach § 13a ErbStG Bezug nimmt (so in § 19a Abs. 3 „nach Anwendung des § 13a") und die Tarifbegrenzung im umgekehrten Fall der Stiftungserrichtung nicht anwendbar ist (§ 19a ErbStG „Erwerb einer natürlichen Person"). 29

Wird die Stiftung zeitnah nach dem Stichtag der Erbersatzsteuer aufgelöst wird, kommt eine **Steuerermäßigung** in Betracht (§ 26 ErbStG). Sofern zwischen der Stiftungsauflösung und dem Stichtag für die Erbersatzsteuer nicht mehr als **zwei Jahre** lagen, wird die Erbersatzsteuer auf die Erbschaft- und Schenkungsteuer zu 50% angerechnet. Sofern die Erbersatzsteuer vor nicht mehr als **vier Jahren** entstanden ist, können noch 25% angerechnet werden. Nach Ablauf von vier Jahren ist jede Steuerermäßigung ausgeschlossen.

b) Ertragsteuern

Die Aufhebung der Familienstiftung führt nicht zur Versteuerung eines **Abwicklungsgewinns** (§ 11 Abs. 1 KStG). Aus ertragsteuerlicher Sicht ist (wie bei der Stiftungserrichtung) allein maßgebend, ob und inwieweit es zu einer Aufdeckung stiller Reserven kommt. 30

Bei den Anfallsberechtigten ist die **einmalige Vermögensauskehrung** nicht einkommen- bzw. körperschaftsteuerpflichtig.

6. Vergleich zwischen steuerbegünstiger Stiftung und Familienstiftung

31

	Steuerbegünstigte Stiftung	Familienstiftung
Errichtung	steuerfrei (§ 13 Abs. 1 Nr. 16b ErbStG); Erlöschen der Erbschaft- und Schenkungsteuer bei Weitergabe von Vermögensgegenstände binnen zwei Jahren an bestimmte gemeinnützige Stiftungen (§ 29 Abs. 1 Nr. 4 ErbStG)	steuerpflichtig (§§ 3 Abs. 2 Nr. 1, 7 Abs. 1 Nr. 8 ErbStG)
Zustiftungen	steuerfrei (§ 13 Abs. 1 Nr. 16b ErbStG)	steuerpflichtig nach Steuerklasse III (§§ 3 Abs. 2 Nr. 1, 7 Abs. 1 Nr. 8 ErbStG; § 15 Abs. 2 Satz 1 ErbStG gilt nicht für Zustiftungen)
Spendenabzug	ja, nach Maßgabe des § 10b EStG	nein (§ 12 Nr. 2 EStG)
Laufende Besteuerung (Ebene der Stiftung)	– Körperschaftsteuer steuerfrei (§ 5 Abs. 1 Nr. 9 Satz 1 KStG) – Ausnahme: wirtschaftlicher Geschäftsbetrieb 40% bzw. künftig 25% (§ 5 Abs. 1 Nr. 9 Satz 2 KStG)	– Körperschaftsteuer 40% bzw. künftig 25% (§§ 1 Abs. 1 Nr. 5, 23 Abs. 1 KStG) – Schenkungsteuer satzungsmäßige Zuwendungen sind nicht abzugsfähig (§ 10 Abs. 7 ErbStG)
Laufende Besteuerung (Ebene der Destinatäre)	– Einkommensteuer in voller Höhe steuerpflichtig (§ 22 Nr. 1 Satz 2 HS 2 EStG) – Schenkungsteuer steuerfrei	– Einkommensteuer steuerfrei (§ 22 Nr. 1 Satz 2 EStG) bzw. künftig zur Hälfte steuerpflichtig (§§ 20 Abs. 1 Nr. 9, 3 Nr. 40 Satz 1 Buchst. d EStG) – Schenkungsteuer satzungsgemäße Zuwendungen sind steuerfrei

Steuerrecht | Rz. 32 **D**

	Steuerbegünstigte Stiftung	**Familienstiftung**
Erbschaftsteuer (Erbersatzsteuer)		alle 30 Jahre (§ 1 Abs. 1 Nr. 4 ErbStG)
Beteiligung an Kapitalgesellschaft	– Ausschüttung steuerfrei – Ausschüttungsbelastung bei Kapitalgesellschaft definitiv	– Ausschüttung steuerpflichtig bzw. künftig steuerfrei (§ 8b Abs. 1 KStG) – Anrechnung des KSt-Guthabens
Auflösung der Stiftung	– soweit das Stiftungsvermögen während des Bestehens der Stiftung gebildet worden ist, bleibt es für gemeinnützige Zwecke gebunden – soweit das Vermögen vom Stifter eingebracht worden ist, kann es – steuerpflichtig – an ihn oder Angehörige zurückübertragen werden	steuerpflichtig (§ 7 Abs. 1 Nr. 9 ErbStG) – soweit Rückübertragung des Vermögens an den Stifter, Besteuerung nach Steuerklasse III – soweit Rückübertragung an andere Personen, Besteuerung nach der Steuerklasse, die sich nach dem Verwandschaftsverhältnis zwischen dem Stifter und dem unmittelbaren Erwerber ergäbe (§ 15 Abs. 2 Satz 2 ErbStG)

7. Steuerbegünstigte Stiftung mit Versorgung des Stifters

Aus der Sicht eines potentiellen Stifters, der neben der Absicherung seiner Familienangehörigen im Einzelfall durchaus auch gewillt sein mag, **gemeinnützige oder mildtätige Zwecke** zu fördern, stellt sich die Frage, ob er eine steuerbegünstigte Stiftung oder eine Familienstiftung errichten soll. 32

Die steuerbegünstigte Stiftung ist aufgrund der **verschiedenen Steuervorteile** attraktiver als die Familienstiftung. Allerdings wird die steuerbegünstigte Stiftung oft mit der Vorstellung verbunden, daß das Familienvermögen für die Familie vollständig verloren ist.

Der Steuergesetzgeber bietet die Möglichkeit, die Vorteile einer steuerbegünstigten Stiftung mit der Versorgung des Stifters und seiner nächsten Angehörigen zu verbinden (§ 58 Nr. 5 AO). Die Stiftung kann bis zu einem **Drittel ihres Einkommens** dem Stifter und seinen nächsten Angehörigen zukommen lassen, ohne daß die mit der steuerlichen Gemeinnützigkeit verbundenen Vorteile verloren gehen. Diese Möglichkeit besteht auch dann, wenn sie nicht ausdrücklich in der Satzung festgelegt ist. Gleichwohl kann es im Einzelfall zweckmäßig sein, wenn der Stifter seinen entsprechenden Willen zum Ausdruck bringt. Um die Steuerbegünstigung der Stiftung nicht zu gefährden, sollte dies jedoch nicht in der Stiftungssatzung, sondern allenfalls in dem sonstigen Stiftungsgeschäft erfolgen.

Formulierungsvorschlag
Die Stiftung darf bis zu einem Drittel ihres Einkommens dazu verwenden, um in angemessener Weise den Stifter und seine nächsten Angehörigen zu unterhalten, ihre Gräber zu pflegen und ihr Andenken zu ehren.

Der Stifter kann gegebenenfalls auch das **Verfahren der Zuwendung** von Unterhaltsleistungen an Angehörige und weitere Voraussetzungen regeln.

▶ **Gestaltungshinweis**
Auf keinen Fall sollte die Satzung einen festen Betrag für den Unterhalt des Stifters und seiner Angehörigen vorsehen (zum Beispiel: Die Stiftung hat monatlich 5000 DM für den Unterhalt der ehelichen Abkömmlinge des Stifters zu verwenden). Falls die Erträge der Stiftung einmal nicht mindestens das Dreifache des Versorgungsbetrags erreichen, verliert die Stiftung die Vorteile als steuerbegünstigte Körperschaft.

Berücksichtigt man, daß eine steuerbegünstigte Stiftung u.a. ein Drittel ihrer Erträge aus der Vermögensverwaltung in eine Rücklage einstellen kann (§ 58 Nr. 7a AO) und daneben bis zu einem Drittel des Einkommens zum Unterhalt des Stifters und seiner nächsten Angehörigen verwenden darf, ergibt sich, daß in der Regel mehr als die Hälfte des Einkommens für Zwecke verwendet werden darf, die an sich nicht steuerbegünstigt sind.

Der Begriff der **nächsten Angehörigen** (Nr. 6 zu § 58 Nr. 5 AEAO) ist enger als der Begriff der Angehörigen (§ 15 AO) und umfaßt lediglich

— Ehegatten,

— Eltern, Großeltern, Kinder, Enkel (auch falls durch Adoption verbunden),

— Geschwister und

— Pflegeeltern und Pflegekinder.

Nicht umfaßt sind insbesondere

— Verlobte,

— nichteheliche Lebenspartner,

— Verwandte und Verschwägerte in gerader Linie,

Steuerrecht   Rz. 33 **D**

- Kinder und Ehegatten der Geschwister,
- Geschwister der Ehegatten und Geschwister der Eltern.

▶ **Gestaltungshinweis**
Sofern Begünstigte nicht unter den Begriff der nächsten Angehörigen fallen, sollten sie als **Mitstifter** auftreten.

▶ **Beispiel**[26]
Unternehmer S errichtet ein Testament, in dem er seine Ehefrau E unter der Auflage zur Alleinerbin einsetzt, die im Nachlaß vorhandenen GmbH-Geschäftsanteile auf eine noch zu errichtende steuerbegünstigte Stiftung zu übertragen. Die Stiftung soll verpflichtet sein, an E eine monatliche Rente in Höhe von 20 000 DM zu zahlen. Nach dem Ableben des S überträgt E sämtliche GmbH-Geschäftsanteile auf die neu errichtete rechtsfähige Stiftung. Die Stiftung leistet die vom Erblasser angeordneten Rentenzahlungen an E. Die GmbH hat in der Folgezeit in einigen Geschäftsjahren keine Gewinnausschüttungen mehr an die Stiftung vorgenommen. Dementsprechend hat die Stiftung keine Mittel für die Verwirklichung ihrer steuerbegünstigten Zwecke verwendet. In den weiterhin erfolgten Rentenzahlungen an E sieht das Finanzamt einen Verstoß gegen das Gebot der ausschließlichen Verfolgung steuerbegünstigter Zwecke gesehen (§§ 56, 58 Nr. 5 AO).

Grundsätzlich verstößt jede Verwendung des Stiftungsvermögens bzw. der 33
daraus erzielten Erträge für andere als steuerbegünstige Zwecke gegen die **Grundsätze der Selbstlosigkeit** (§ 55 AO) **und der Ausschließlichkeit** (§ 56 AO). Bei Stiftungen (nicht auch bei anderen steuerbegünstigten Körperschaften) ist es jedoch ausnahmsweise unschädlich, wenn bis zu einem Drittel des Einkommens der Stiftung für Unterhaltszahlungen an den Stifter bzw. seine nächsten Angehörigen verwendet wird (§ 58 Nr. 5 AO). Nach dem gesetzlichen Regel-Ausnahmeverhältnis kann die Sonderregelung für Stiftungen aber überhaupt nur dann zur Anwendung kommen, wenn die Stiftung Leistungen erbringt, die dem Gebot der Ausschließlichkeit bzw. dem Erfordernis der Selbstlosigkeit widersprechen.

Werden der Stiftung in Ausführung des Stiftungsgeschäfts neben positiven Vermögenswerten auch **negative Vermögenswerte** (zum Beispiel Verbindlichkeit gegenüber Dritten) übertragen, ist das der Stiftung zugewendete Vermögen von vornherein gemindert. Der zur Erfüllung derartiger Ansprüche notwendige Teil des Stiftungsvermögens steht für die satzungsgemä-

---
26 Nach BFH, Urt. v. 21. 1. 1998, II R 16/95, BStBl. II 1998, 758 = DB 1998, 659 = DStR 1998, 1876 = ZEV 1998, 151 = BB 1998, 883; s. dazu BMF v. 6. 11. 1998, IV C 6 – S 0177 – 6/98, BStBl. I 1998, 1446 = DStR 1998, 1876 = ZEV 1999, 146, und §§ 58 Nr. 5 Satz 5, 55 Nr. 5 bis 7 AEAO.

ßen Zwecke von vornherein nicht zur Verfügung. Es handelt sich insoweit nicht um eigene Verfügungen der Stiftung, sondern lediglich um die Erfüllung der vom Stifter begründeten Verbindlichkeiten. Aus dem an den Stiftungszweck gebundene Nettovermögen wird demnach niemand begünstigt. Ein Verstoß gegen die Gebote der Selbstlosigkeit und der Ausschließlichkeit scheidet aus. Für die Anwendung der Sonderregelung für Stiftungen (§ 58 Nr. 5 AO) ist daher kein Raum.

Ein solcher Fall kann nicht anders beurteilt werden, als wenn der Stifter sich im Rahmen seiner Gestaltungsfreiheit bei der Errichtung der Stiftung **Teile seines Vermögens zurückbehält**, oder sich oder ihm nahestehenden Personen an einem Teil des gestifteten Vermögens einen Nießbrauch vorbehält.

Leistungen einer steuerbegünstigten Körperschaft können mithin nur dann steuerschädlich sein, wenn die Körperschaft ihre eigenen Mittel **für nicht satzungsgemäße Zwecke** verwendet.

Danach ist die Stiftung in obigem Beispiel trotz der Rentenzahlungen als steuerbegünstigt anzuerkennen[27].

Die Finanzverwaltung hat auf dieses Urteil jedoch mit einem **Nichtanwendungserlaß** reagiert[28]. Danach darf die Stiftung insgesamt höchstens ein Drittel des Einkommens für den Unterhalt des Stifters und seiner nächsten Angehörigen (§ 58 Nr. 5 AO) **und** für die Erfüllung von anderen Ansprüchen, die durch die Übertragung von belastetem Vermögen begründet sind, verwenden.

34 Überträgt der Stifter – neben anderen ertragsbringenden Vermögenswerten – einen Vermögensgegenstand unter **Vorbehaltsnießbrauch** (zum Beispiel ein Mietshaus) auf die Stiftung, werden die Erträge nicht von der Stiftung, sondern von dem Nießbrauchsberechtigten erzielt. Es ist damit zu rechnen, daß die Finanzverwaltung – entgegen dem Gesetzeswortlaut (§ 58 Nr. 5 AO: „ein Drittel ihres Einkommens") – auch solche Einkünfte auf die 1/3 Grenze anrechnet.

Es bleibt abzuwarten, ob im Rahmen einer künftigen **Reform** des Stiftungs- bzw. des Gemeinnützigkeitsrechts in der Abgabenordnung eine Klarstellung im Sinne des Urteils des Bundesfinanzhofs erfolgt.

Aus steuerlicher Sicht ist zu berücksichtigen, daß die Ausschüttungen einer steuerbegünstigten Stiftung (anders als die Zuwendungen durch eine Familienstiftung) von den Destinatären in vollem Umfang zu versteuern sind (§ 22 Nr. 1 Satz 2 HS 2 Buchst. a EStG; s. dazu § 52 Abs. 38 EStG). Insoweit ergibt sich durch das Steuersenkungsgesetz auch keine Änderung (vgl. § 3 Satz 1 Nr. 40 Buchst. i EStG).

---

27 So BFH, Urt. v. 21. 1. 1998, II R 16/95 BStBl. II 1998, 758.
28 BMF v. 6. 11. 1998, IV C 6 – S 0177 – 6/98, BStBl. I 1998, 1446 und §§ 58 Nr. 5 Satz 5, 55 Nr. 5 bis 7 AEAO.

8. Doppelstiftung

Eine interessante Möglichkeit, die Vorteile einer gemeinnützigen Stiftung 35
mit den Interessen der Unternehmerfamilie zu verbinden, kann die Doppelstiftung darstellen.

Dabei werden **soviel Anteile des Unternehmens** auf eine Familienstiftung übertragen, wie für den Unterhalt der Familie und nachfolgender Generationen erforderlich sind. Die restlichen Anteile werden der gemeinnützigen Stiftung zugeteilt. Gleichzeitig wird das Stimmrecht für die von der gemeinnützigen Stiftung gehaltenen Anteile ausgeschlossen oder zugunsten der Familienstiftung eingeschränkt.

Mit der Doppelstiftung lassen sich prinzipiell folgende **Vorteile** erreichen:

— optimale Nutzung der **gemeinnützigkeitsbezogenen Steuervorteile**,

— Minimierung der Erbschaft- und Schenkungsteuerbelastung bei der **Stiftungserrichtung**,

— **Beschränkung der regelmäßigen Erbersatzsteuer** auf die notwendigen Vermögensteile,

— Sicherung der **unternehmerischen Verantwortung** bei der Familie,

— Vermeidung einer Einflußnahme der **Stiftungsaufsicht** auf die Unternehmensführung.

Bekanntestes Beispiel für eine Doppelstiftung war bislang die Gemeinnützige Hertie-Stiftung und die Hertie-Familienstiftung (jetzt umbenannt in Karg'sche Familienstiftung), die zugleich zu den größten Stiftungen in Deutschland zählt[29].

Zwischen der gemeinnützigen Stiftung und der Familienstiftung besteht im Hinblick auf das Hauptziel, den **Ertrag des Familienunternehmens zu optimieren**, Übereinstimmung. Im übrigen kann es zwischen den beiden Zielvorstellungen – Gemeinnützigkeit einerseits, Familienbegünstigung andererseits – durchaus auch zu Konflikten kommen, die eine sorgfältige vertragliche Regelung erfordern.

Im Interesse der Anerkennung einer Doppelstiftung ist eine frühzeitige und umfassende Abstimmung mit den **Stiftungsaufsichts- und Finanzbehörden** unerläßlich.

---

29 Im Hinblick auf eine mögliche Gefährdung der Gemeinnützigkeit der Hertie-Stiftung ist eine Entflechtung der beiden Stiftungen geplant. S. dazu *Kurz/Schuhmann*, Der Spiegel, Heft 22/1999, S. 76 und Heft 10/2000, S. 20; *Rehmann*, Die Hertie-Stiftung – Bewahrung eines großen Vermögens, Deutsche Stiftungen – Mitteilungen des Bundesverbandes Deutscher Stiftungen 2/1999, 47; *Endres*, Süddeutsche Zeitung Nr. 204 v. 5. 9. 2000, S. 23 und *Riebsamen*, Frankfurter Allgemeine Sonntagszeitung, Nr. 34 v. 27. 8. 2000, S. 4 und 9.

III. Formulierungsvorschlag für die Satzung einer Familienstiftung

Hinweis auf andere Formulierungsvorschläge: *Binz/Sorg*, Die Stiftung, 3. Aufl., Heidelberg 1997, S. 8 ff.; *Hof*, in: Heidenhain/Meister (Hrsg.), Münchener Vertragshandbuch, Band 1, Gesellschaftsrecht, 4. Aufl., München 1996, Ziff. VII. 3, S. 1019 ff.; *Peter*, in: Kersten/Bühling, Formularbuch und Praxis der Freiwilligen Gerichtsbarkeit, 20. Aufl., Köln 1994, § 27 Rz. 267; *Schulze zur Wiesche*, in: Fichtelmann/Schulze zur Wiesche/Petzoldt/Högl/Schmitt/Ferstl (Hrsg.), Steuer-Formular-Handbuch, 6. Aufl., Heidelberg 1999, Teil 3 W. (Rz. 3299 ff.); *Volhard/Tischbirek*, in: Hopt (Hrsg.), Vertrags- und Formularbuch zum Handels-, Gesellschaft-, Bank- und Transportrecht, 2. Aufl., München 2000, II. D. 10., S. 245 ff.

36 |03| **Satzung einer Familienstiftung**

§ 1 Name, Sitz und Rechtsform

(1) Die Stiftung führt den Namen (...)-Stiftung.
(2) Sie hat ihren Sitz in (...).
(3) Die Stiftung ist eine rechtsfähige Stiftung des bürgerlichen Rechts.
(4) Geschäftsjahr ist das Kalenderjahr.

§ 2 Stiftungszweck

(1) Zweck der Stiftung ist
  (a) die Förderung der universitären und beruflichen Ausbildung der ehelichen Abkömmlinge des Stifters im In- und Ausland,
  (b) die finanzielle Unterstützung der ehelichen Abkömmlinge des Stifters und der sonstigen Familienangehörigen in Fällen wirtschaftlicher Not und sonstiger Bedürftigkeit,
  (c) die Unterhaltung und Pflege der Familiengrabstätte in angemessenem Umfang,
  (d) die Förderung künstlerischer und kultureller Aktivitäten einschließlich des Denkmalschutzes in der Heimatstadt des Stifters (...), und
  (e) (...).
(2) Nicht eheliche und adoptierte Abkömmlinge gelten als ehelich, wenn dies der Stifter, oder nach dessen Ableben der Familienrat, bestimmt.

§ 3 Stiftungsvermögen

(1) Das Vermögen der Stiftung besteht im Zeitpunkt ihrer Errichtung aus
  (a) Barvermögen in Höhe von (...) Euro,
  (b) Lizenzeinnahmen aus (...),
  (c) dem gesamten Wertpapierbesitz des Stifters bei der (...) Bank gemäß der in der Anlage beigefügten Depotaufstellung, und
  (d) (...).
(2) Das Stiftungsvermögen ist in seinem Bestand zu erhalten.

Formulierungsvorschlag

(3) Zustiftungen des Stifters oder Dritter wachsen dem Stiftungsvermögen zu, soweit der Zuwendende keine abweichende Anordnung trifft.

§ 4 Erträge des Stiftungsvermögens

(1) Die Erträge aus dem Stiftungsvermögen sind zur Verwirklichung des Stiftungszwecks einzusetzen.
(2) Für die Förderung von Aktivitäten in der Heimatstadt des Stifters (gemäß § 2 Abs. (1) Buchstabe d) der Satzung) ist langfristig mindestens ein Viertel und höchstens die Hälfte der Reinerträge zu verwenden.
(3) Die Stiftung darf Erträge in Rücklagen einstellen oder dem Stiftungsvermögen zuführen, soweit dies erforderlich ist, um den satzungsmäßigen Zweck nachhaltig erfüllen zu können.

§ 5 Begünstigte

(1) Begünstigte der Stiftung sind die ehelichen Abkömmlinge des Stifters und die sonstigen Familienangehörigen.
(2) Ansprüche auf Stiftungsleistungen bestehen nicht und werden auch durch die wiederholte Gewährung von Leistungen nicht begründet.

§ 6 Organe

(1) Organe der Stiftung sind der Vorstand und der Familienrat.
(2) Die Mitglieder der Stiftungsorgane haben Anspruch auf eine angemessene Vergütung. Als angemessen gilt eine Vergütung in Höhe von (. . .) Promille der jährlichen Reinerträge des Stiftungsvermögens. Daneben besteht ein Anspruch auf Ersatz der tatsächlich entstandenen Auslagen.
(3) Die Mitglieder der Stiftungsorgane haben im Verhältnis zur Stiftung nur Vorsatz und grobe Fahrlässigkeit zu vertreten.
(4) Die Organe können sich im gegenseitigen Einvernehmen jeweils eine Geschäftsordnung geben.

§ 7 Organisation des Vorstands

(1) Der Vorstand besteht aus mindestens drei und höchstens sieben Mitgliedern. Vorsitzender des Vorstands ist zu seinen Lebzeiten der Stifter.
(2) Die übrigen Mitglieder des Stiftungsvorstands werden vom Familienrat mit einer Mehrheit von 2/3 seiner Mitglieder gewählt. Eine einmalige Wiederwahl ist zulässig.
(3) Die Mitgliedschaft im Stiftungsvorstand endet
    (a) durch Tod,
    (b) durch die Abberufung durch den Familienrat,
    (c) durch Niederlegung, die jederzeit möglich ist, oder
    (d) mit Vollendung des 70. Lebensjahres.
(3) Mitglieder des Familienrats dürfen nicht zugleich dem Stiftungsvorstand angehören.
(4) Der Familienrat kann ein von ihm bestelltes Mitglied des Vorstands einstimmig aus wichtigem Grund vorzeitig abberufen. Dem betroffenen Mitglied des Vorstands ist zuvor Gelegenheit zur Stellungnahme zu geben.

§ 8 Aufgaben des Vorstands

(1) Der Vorstand verwaltet die Stiftung nach Maßgabe der gesetzlichen und satzungsmäßigen Bestimmungen unter besonderer Berücksichtigung des Willens des Stifters.
(2) Der Vorstand führt die Geschäfte der Stiftung, sofern sie nicht ausdrücklich dem Familienrat zugewiesen sind.
(3) Zu den Aufgaben des Stiftungsvorstands gehört insbesondere
  (a) die gewissenhafte Verwaltung des Stiftungsvermögens und der sonstigen Mittel,
  (b) die jährliche Aufstellung eines Wirtschaftsplans,
  (c) die Beschlußfassung über die Verwendung der Erträge des Stiftungsvermögens und der sonstigen Zuwendungen,
  (d) die Aufstellung einer Jahresrechnung und einer jährlichen Vermögensübersicht,
  (e) die jährliche Erstellung eines ausführlichen Berichts über die Erfüllung des Stiftungszwecks.
(4) Die Stiftung wird durch zwei Vorstandsmitglieder gemeinschaftlich vertreten, sofern der Stifter oder der Familienrat einem Vorstandsmitglieder bei seiner Bestellung nicht Einzelvertretungsbefugnis eingeräumt haben.
(5) Der Vorstand ist beschlußfähig, wenn mindestens die Hälfte seiner Mitglieder anwesend ist. Er faßt seine Beschlüsse mit einfacher Mehrheit der Mitglieder. Beschlüsse können auch schriftlich im Umlaufverfahren gefaßt werden, wenn kein Mitglied widerspricht. Beschlüsse des Vorstands sind im Wortlaut festzuhalten.

§ 9 Organisation des Familienrats

(1) Der Familienrat besteht aus mindestens drei und höchstens neun Personen.
(2) Höchstens 2/3 der Mitglieder des Familienrats sollen der Familie des Stifters angehören. Unter den übrigen Mitgliedern des Familienrats soll mindestens ein Angehöriger der rechts- und steuerberatenden Berufe sein.
(3) Die ersten Mitglieder des Familienrats werden vom Stifter, die späteren Mitglieder durch Wahl des Familienrats berufen.
(4) Die Amtszeit der Mitglieder beträgt fünf Jahre. Die wiederholte Berufung ist zulässig.
(5) Der Familienrat wählt aus der Mitte seiner Mitglieder einen Vorsitzenden und einen stellvertretenden Vorsitzenden.
(6) Der Familienrat ist beschlußfähig, wenn mindestens 2/3 seiner Mitglieder persönlich anwesend ist. Er faßt seine Beschlüsse mit einfacher Mehrheit der Anwesenden. Bei Stimmengleichheit gibt die Stimme des Vorsitzenden, bei dessen Verhinderung die des stellvertretenden Vorsitzenden den Ausschlag.
(7) Die Mitglieder des Familienrates können vom Vorstand jederzeit Auskunft über alle Vorgänge der Stiftung verlangen und Einsicht in die Unterlagen der Stiftung nehmen.

§ 10 Aufgaben des Familienrats

(1) Der Familienrat berät, unterstützt und überwacht den Vorstand bei seiner Tätigkeit.

(2) Zu den Aufgaben des Familienrats gehört insbesondere
    (a) die Berufung und Abberufung der Vorstandsmitglieder,
    (b) die Genehmigung des jährlich vom Vorstand zu erstellenden Wirtschaftsplans,
    (c) die Genehmigung der Jahresrechnung, der Vermögensübersicht und des Berichts des Vorstands über die Erfüllung des Stiftungszwecks,
    (d) die Beschlußfassung über Fragen, die der Vorstand vorlegt.

§ 11 Satzungsänderung

(1) Der Stiftungsvorstand kann im Einvernehmen mit dem Familienrat eine Änderung der Satzung beschließen, wenn er dies aufgrund veränderter Verhältnisse für notwendig erachtet. Dabei soll der Stiftungszweck in seinem Wesen nicht geändert werden.

(2) Der Beschluß über die Satzungsänderung bedarf einer Mehrheit von 2/3 der Mitglieder des Vorstands und des Familienrates.

(3) Der Vorstand hat den Beschluß dem zuständigen Finanzamt anzuzeigen.

§ 12 Auflösung

(1) Wird die Erfüllung des Stiftungszwecks unmöglich oder ändern sich die Verhältnisse derart, daß die Erfüllung des Stiftungszwecks nicht mehr sinnvoll erscheint, können Vorstand und Familienrat gemeinsam die Auflösung der Stiftung beschließen.

(2) Der Beschluß bedarf der Mehrheit aller Mitglieder des Vorstands und von 2/3 des Familienrates.

(3) Bei Auflösung der Stiftung fällt das Stiftungsvermögen zu einem Viertel an die Heimatstadt des Stifters zur Verwendung für steuerbegünstigte Zwecke und im übrigen an die Abkömmlinge des Stifters nach Maßgabe der Beschlußfassung von Vorstand und Familienrat.

E. Bürgerstiftungen

Literaturhinweise: *Bertelsmann Stiftung (Hrsg.)*, Handbuch Bürgerstiftungen, Gütersloh 2000; *Bertelsmann Stiftung (Hrsg.)*, Bürgerstiftungen in der Zivilgesellschaft, Gütersloh 1999; *Brömmling/Turner*, Bürgerstiftungen – Ein zukunftsfähiges Modell für die Herausforderungen des nächsten Jahrtausends?, Deutsche Stiftungen – Mitteilungen des Bundesverbandes Deutscher Stiftungen 2/1999, 27; *Feurt*, Gemeinschaftsstiftungen: Stiftungsarbeit von Bürgern für Bürger, in: Bertelsmann Stiftung (Hrsg.), Handbuch Stiftungen: Ziele – Projekte – Management – Rechtliche Gestaltung, Gütersloh 1998, S. 240 ff.; *Kaehlbrandt*, Eine Brücke zwischen Individuum und Gesellschaft – Die Stadt Stiftung Gütersloh, Deutsche Stiftungen – Mitteilungen des Bundesverbandes Deutscher Stiftungen 2/1999, 33; *Kreuzer*, Die Zivilgesellschaft kümmert sich um die nachhaltige Stadt – Bürgerstiftung zukunftsfähiges München, Deutsche Stiftungen – Mitteilungen des Bundesverbandes Deutscher Stiftungen 2/1999, 42; *Ripp*, Bürgerstiftung Dresden – Die erste community foundation in Ostdeutschland, Deutsche Stiftungen – Mitteilungen des Bundesverbandes Deutscher Stiftungen 2/1999, 38; *Rollin*, Die Bürgerstiftung Hamburg, Deutsche Stiftungen – Mitteilungen des Bundesverbandes Deutscher Stiftungen 2/1999, 40; *Schick*, Bürgerstiftungen und Gemeinschaftsstiftungen, Stiftung & Sponsoring 2/1999, 23; *St. John*, Community Foundations, in: Bertelsmann Stiftung (Hrsg.), Operative Stiftungsarbeit, Strategien – Instrumente – Perspektiven, Gütersloh 1997, S. 131; *Graf Strachwitz*, Was ist neu am Konzept der Bürgerstiftung?, Deutsche Stiftungen – Mitteilungen des Bundesverbandes Deutscher Stiftungen 2/1999, 29; *Graf Strachwitz*, Die Bürgerstiftung Steingaden, Deutsche Stiftungen – Mitteilungen des Bundesverbandes Deutscher Stiftungen 2/1999, 38; *Turner*, Bürgerstiftung für den Landkreis Fürstenfeldbruck, Deutsche Stiftungen – Mitteilungen des Bundesverbandes Deutscher Stiftungen 2/1999, 41; *Walkenhorst*, Bürgerstiftungen als neue Form gemeinnützigen Engagements – Erfahrungen und Perspektiven, in: Bundesverband Deutscher Stiftungen (Hrsg.), Bessere Rahmenbedingungen für Stiftungen!, Bonn 1999, S. 73 ff.; *Walkenhorst*, Bürgerstiftungen in internationaler Perspektive, Deutsche Stiftungen – Mitteilungen des Bundesverbandes Deutscher Stiftungen 2/1999, 44; *Weger*, „Gemeinschaftstiftung" und „Bürgerstiftung" – Einige begriffliche Aspekte, Deutsche Stiftungen – Mitteilungen des Bundesverbandes Deutscher Stiftungen 2/1999, 31.

I. Begriff und Erscheinungsformen der Bürgerstiftung

Von zunehmendem Interesse für die Praxis ist der Stiftungstyp der Bürgerstiftung (auch als Stadtstiftung oder Gemeinschaftsstiftung bezeichnet). Community foundations sind in Deutschland bislang kaum bekannt, in den USA (und weltweit) sind sie heute der am stärksten wachsende Bereich des Stiftungswesens. Bürgerstiftungen sind regional oder lokal arbeitende Stiftungen, die die **Ortsverbundenheit der Bürger** zur Mobilisierung von gemeinnützigem Kapital nutzen und auf diese Weise Brücken zwischen Individuum und Gemeinschaft schlagen. Auf eine prägnante Formel gebracht läßt sich eine Community Foundation als eine selbständige, unabhängige Stiftung „von Bürgern für Bürger" beschreiben. Bei der Bürgerstiftung handelt es sich mithin nicht um eine besondere Rechtsform der Stiftung, sondern um eine **praktische Anwendungsform** der rechtsfähigen Stiftung des bürgerlichen Rechts.

Die „Stadt Stiftung Gütersloh" (1996) war die erste Bürgerstiftung, die in Deutschland nach dem Vorbild der amerikanischen Community foundations errichtet wurde. Mittlerweile gibt es **über ein Dutzend** solcher Bürgerstiftungen (zum Beispiel in Fürstenfeldbruck, Ulm, Steingaden, Hannover, Dresden, Wismar, Hamburg, Berlin).

2 Ziel einer Bürgerstiftung ist es, Bürger und Unternehmen einer bestimmten Region (corporate citizens) zu mehr **Mitverantwortung für die Gestaltung ihres Gemeinwesens** zu mobilisieren. Eine Bürgerstiftung will zum Stiften anstiften. Zu diesem Zweck dient eine Bürgerstiftung als ein Sammelbecken für Spenden und Zustiftungen. Damit sollen insbesondere solche Projekte und Aktivitäten gefördert und initiiert werden, die nicht in den regulären Aufgabenbereich der Kommunalverwaltung fallen. Die Bürger sollen aber auch motiviert werden, sich ehrenamtlich in der Bürgerstiftung und den von ihr unterstützten Projekten zu engagieren.

Es gibt **kein allgemein gültiges Modell** für eine Bürgerstiftung. Jede Bürgerstiftung ist eine individuelle Institution, die aus den spezifischen Gegebenheiten ihres lokalen bzw. regionalen Umfelds hervorgeht. Das Konzept der Bürgerstiftung erfordert gerade eine Anpassung an die jeweiligen Umstände in einer bestimmten Stadt oder Region. Im Grundsatz aber, gibt es zwei unterschiedliche Strategien zur Gründung einer Bürgerstiftung, die als Top-down und Bottom-up Modell bezeichnet werden.

— Beim **Top-down-Modell** geht die Initiative zur Gründung einer Bürgerstiftung von einem Großstifter, sei es einer Einzelperson, einem Unternehmen oder einer sonstigen Einrichtung aus. In der Regel stellt der Stifter ein Gründungskapital zur Verfügung, daß der Bürgerstiftung die Aufnahme ihrer Tätigkeit ermöglicht (zum Beispiel Stadt Stiftung Gütersloh).

— Beim **Bottom-up-Modell** geht die Initiative dagegen von einer größeren Zahl der unmittelbar betroffenen Bürger aus (zum Beispiel die Bürgerstiftung im Landkreis Fürstenfeldbruck mit 145 Gründungsstiftern). Der Stiftung steht dadurch ein größeres Potential an Ideen und Engagement zur Verfügung.

Diese beiden Gründungsmodelle stehen jedoch keineswegs isoliert nebeneinander. In der Praxis wird es zu **individuellen Kombinationsmodellen** kommen, so daß einerseits die notwendige Anschubfinanzierung und andererseits die aktive Mitwirkung möglichst vieler Personen und Gruppen gesichert ist.

Auf die Bürgerstiftung kommen die **allgemeinen Vorschriften** für rechtsfähige Stiftungen des Privatrechts zur Anwendung (§§ 80 ff. BGB). Sofern der Zweck der Stiftung im Rahmen der jeweiligen kommunalen Aufgabe liegt und nicht wesentlich über den räumlichen Umkreis der Gebietskörperschaft hinausreicht, kann es sich (nach Maßgabe des jeweiligen Landesstiftungsgesetzes) um eine kommunale Stiftung handeln[1]. Im Interesse der Selbständigkeit der Bürgerstiftung sollte die Bürgerstiftung aber **unabhängig** von der jeweiligen Gebietskörperschaft verwaltet werden.

3

---

1 Vgl. dazu § 31 BadWürttStiftG, Art. 29 BayStG, §§ 4 Abs. 2, 8 Abs. 2 BrbgStiftG, § 18 HessStiftG, § 25 MecklVorPStiftG, § 19 NdsStiftG, §§ 2 Abs. 3, 19 Abs. 3, 35 NRWStiftG, §§ 39 und 40 RhPfStiftG, § 20 SaarlStiftG, § 17 SchlHolStiftG, § 25 SachStiftG, § 25 Sachs-AnhStiftG, § 25 ThürStiftG.

II. Formulierungsvorschlag für die Satzung einer Bürgerstiftung

Hinweise auf andere Formulierungsvorschläge: *Schmied*, in: Bertelsmann Stiftung (Hrsg.), Handbuch Bürgerstiftungen, Gütersloh 2000, Anhang, S. 405 ff.

4 |04| **Satzung einer Bürgerstiftung**

§ 1 Name, Rechtsform, Sitz der Stiftung

(1) Die Stiftung führt den Namen „Bürgerstiftung für (...)".
(2) Sie ist eine rechtsfähige Stiftung des bürgerlichen Rechts mit dem Sitz in (...).

§ 2 Stiftungszweck

(1) Die Stiftung will den Gemeinsinn und das Engagement der Bürger der Stadt (...) bzw. des Landkreises (...) fördern und stärken.
(2) Zweck der Stiftung ist die Förderung
 (a) der Bildung und Erziehung,
 (b) der Kunst und Kultur,
 (c) des öffentlichen Gesundheitswesens,
 (d) der Jugendhilfe,
 (e) der Wissenschaft und Forschung, und
 (f) von mildtätigen Zwecken.
(3) Die Stiftungszwecke werden insbesondere verwirklicht durch
 (a) die Förderung und Durchführung von Projekten im Rahmen der Satzungszwecke,
 (b) die Förderung der Kooperation auf den Gebieten der Satzungszwecke zwischen Organisationen und Einrichtungen, die gleiche oder ähnliche Zwecke verfolgen,
 (c) die Förderung des öffentlichen Meinungsaustauschs im Bereich von (...),
 (d) die Förderung wissenschaftlicher Veranstaltungen zur Förderung der Forschung und Lehre auf dem Gebiet, und
 (e) die Vergabe von Stipendien, Preisen, Beihilfen oder ähnlichen Zuwendungen zur Förderung der (...), und
 (f) die Unterstützung von anderen steuerbegünstigten Körperschaften zur Verwirklichung steuerbegünstigter Zwecke.
(4) Bei allen geförderten Projekten soll nach Möglichkeit ein Bezug zur Region bzw. den dort lebenden Menschen gewährleistet sein.
(5) Die Stiftung soll keine Aufgaben übernehmen, die zu den öffentlich-rechtlichen Aufgaben der Stadt bzw. des Landkreises gehören.

§ 3 Steuerbegünstigung

(1) Die Stiftung verfolgt ausschließlich und unmittelbar gemeinnützige und mildtätige, steuerbegünstigte Zwecke im Sinne der Abgabenordnung.

(2) Die Stiftung ist selbstlos tätig. Sie verfolgt nicht in erster Linie eigenwirtschaftliche Zwecke. Sie darf keine juristische oder natürliche Personen durch Ausgaben, Zuwendungen oder sonstige Leistungen, die dem Zweck der Stiftung fremd sind, oder durch unverhältnismäßig hohe Vergütungen begünstigen.

§ 4 Grundstockvermögen

(1) Das Grundstockvermögen besteht im Zeitpunkt der Genehmigung der Stiftung aus (. . .) Euro.
(2) Die Erträge des Grundstockvermögen sollen innerhalb eines Zeitraums von fünf Jahren möglichst gleichmäßig für die verschiedenen Stiftungszwecke verwendet werden.
(3) Das Grundstockvermögen ist in seinem Bestand dauernd und ungeschmälert zu erhalten.
(4) Vermögenswerte, die unmittelbar der Verwirklichung des Stiftungszweckes dienen, können steuerbegünstigten Körperschaften und Körperschaften des öffentlichen Rechts unentgeltlich zur Nutzung überlassen werden.
(5) Zuwendungen der Stifter oder Dritter, die hierzu bestimmt sind, wachsen dem Grundstockvermögen zu. Die Stiftung ist berechtigt, Zustiftungen anzunehmen.
(6) Zur Erhaltung der Leistungskraft der Stiftung sollen aus den Erträgen des Stiftungsvermögens Rücklagen in der gesetzlich zulässigen Höhe gebildet werden. Freie Rücklagen können frühestens im Jahr nach ihrer Bildung in das Grundstockvermögen aufgelöst werden.
(7) Die Stiftung kann die Trägerschaft von nicht rechtsfähigen Stiftungen oder die Verwaltung von rechtsfähigen Stiftungen mit gleichem oder ähnlichem Zweck übernehmen.

§ 5 Stiftungsmittel

(1) Die Stiftung erfüllt ihre Aufgaben aus
  (a) den Erträgen des Grundstockvermögens,
  (b) Zuwendungen, soweit diese keine Zustiftungen zum Grundstockvermögen sind, und
  (c) sonstigen Einnahmen.
(2) Stiftungsmittel dürfen nach Abzug der zur Verwaltung der Stiftung notwendigen Kosten ausschließlich für die satzungsgemäßen Aufgaben der Stiftung verwendet werden.
(3) Ein Rechtsanspruch auf Leistungen der Stiftung besteht nicht und wird auch durch wiederholte Zuwendungen nicht begründet.
(4) Die Organe sind bei der Zuteilung von Stiftungsmitteln nur an die gesetzlichen Bestimmungen und die Bestimmungen dieser Satzung gebunden.

§ 6 Stiftungsorganisation

(1) Organe der Stiftung sind
  (a) die Stiftungsversammlung,
  (b) der Stiftungsrat,
  (c) der Vorstand.
(2) Die Stiftung kann zur Erledigung ihrer Aufgaben Hilfspersonen beschäftigen oder die Erledigung der Aufgaben ganz oder teilweise auf Dritte übertragen.

(3) Die Stiftung ist zu einer ordnungsgemäßen Rechnungslegung nach Maßgabe der für Kaufleute geltenden Vorschriften verpflichtet. Die Stiftung hat vor Beginn eines jeden Kalenderjahres einen Wirtschaftsplan und nach Ende eines jeden Kalenderjahres einen Jahresabschluß zu erstellen.

(4) Die Mitglieder der Stiftungsorgane haften nur für Vorsatz und grobe Fahrlässigkeit.

§ 7 Stiftungsversammlung

(1) Der Stiftungsversammlung gehören alle Stifter und Zustifter an.

(2) Die Stiftungsversammlung berät den Stiftungsrat in Angelegenheiten von grundsätzlicher Bedeutung.

(3) Die Mitglieder der Stiftungsversammlung können sich nur von anderen Mitgliedern aufgrund einer schriftlichen Vollmacht vertreten lassen.

(4) Die Mitgliedschaft in der Stiftungsversammlung endet durch
  (a) durch Tod eines Mitglieds,
  (b) durch Rücktritt, der jederzeit möglich ist, oder
  (c) durch Abberufung.

(5) Der Stiftungsrat kann mit der Mehrheit von 3/4 der Stimmen Mitglieder der Stiftungsversammlung aus wichtigem Grund jederzeit abberufen. Als wichtiger Grund gilt insbesondere ein Verstoß gegen die Ziele der Stiftung.

(6) Die Stiftungsversammlung ist über die Arbeit der Stiftung in regelmäßigen Abständen zu unterrichten.

§ 8 Stiftungsrat

(1) Der Stiftungsrat besteht aus mindestens sieben und maximal einundzwanzig natürlichen Personen.

(2) Die ersten Mitglieder des Stiftungsrates werden durch die Stifter gemeinschaftlich berufen. Anschließend ergänzt sich der Stiftungsrat durch Zuwahl selbst. Die Zuwahl hat mit einer Mehrheit von 3/4 der Stimmen zu erfolgen.

(3) Die Amtszeit des Stiftungsrates beträgt fünf Jahre. Wiederwahl ist zulässig.

(4) Scheidet ein Mitglied des Stiftungsrates während der Amtszeit aus, wird ein neues Mitglied nur für den Rest der Amtszeit der übrigen Mitglieder hinzu gewählt. Wählbar sind nur Personen, die zum Zeitpunkt ihrer Wahl das 70. Lebensjahr noch nicht vollendet haben.

(5) Vor dem Ende der Amtszeit des Stiftungsrates hat der Stiftungsrat rechtzeitig die Mitglieder des nächsten Stiftungsrates zu wählen.

(6) Der Stiftungsrat wählt aus seiner Mitte einen Vorsitzenden und einen stellvertretenden Vorsitzenden.

§ 9 Aufgaben des Stiftungsrates

(1) Der Stiftungsrat berät und überwacht den Vorstand.

(2) Der Beschlußfassung durch den Stiftungsrat unterliegen insbesondere
  (a) die Berufung, Abberufung und Entlastung des Vorstandes,
  (b) die Annahme von Zustiftungen,
  (c) die Genehmigung des Wirtschaftsplans,
  (d) die Feststellung des Jahresabschlusses,
  (e) die Entscheidung über die Verwendung der Stiftungsmittel,

(f) Änderungen der Satzung, und
(g) Anträge auf Umwandlung oder Aufhebung der Stiftung.
(3) Der Vorsitzende des Stiftungsrates vertritt die Stiftung gegenüber dem Vorstand und seinen Mitgliedern.

§ 10 Geschäftsgang des Stiftungsrates

(1) Der Stiftungsrat faßt seine Beschlüsse in Sitzungen. Wenn kein Mitglied widerspricht, können Beschlüsse (ausgenommen Satzungsänderungen) auch im schriftlichen Umlaufverfahren oder per e-mail gefaßt werden.
(2) Der Stiftungsrat wird vom Vorsitzenden nach Bedarf, mindestens jedoch zweimal jährlich, unter Angabe der Tagesordnung und Einhaltung einer Frist von einer Woche zu einer Sitzung einberufen. Sitzungen sind ferner einzuberufen, wenn zwei Mitglieder des Stiftungsrates oder der Vorstand dies verlangen. Die Sitzungen werden vom Vorsitzenden geleitet.
(3) Der Stiftungsrat ist beschlußfähig, wenn zu der Sitzung form- und fristgerecht geladen wurde und mindestens fünf Mitglieder persönlich anwesend sind. Mit Zustimmung aller Mitglieder kann auf Form und Frist der Einladung verzichtet werden.
(4) Die Mitglieder des Stiftungsrates sind berechtigt, sich bei Sitzungen durch ein anderes Mitglied des Stiftungsrates aufgrund schriftlicher Vollmacht vertreten zu lassen. Ein Vertreter darf nicht mehr als zwei Mitglieder des Stiftungsrats vertreten.
(5) Der Stiftungsrat beschließt (mit Ausnahme von Satzungsänderungen) mit der einfachen Mehrheit seiner Mitglieder.
(6) Über alle Sitzungen sind Niederschriften anzufertigen, die sämtliche Beschlußvorlagen und die Ergebnisse der Beschlußfassung zu enthalten haben. Die Niederschriften sind vom Vorsitzenden und einem weiteren Mitglied zu unterzeichnen und allen Mitgliedern des Stiftungsrates zuzuleiten.
(7) Die Sitzungen des Stiftungsrats werden vom Vorstand vorbereitet. Die Mitglieder des Vorstandes sind berechtigt, an den Sitzungen des Stiftungsrates teilzunehmen.
(8) Die Mitglieder des Stiftungsrats sind ehrenamtlich tätig. Auslagen können in angemessenem Umfang erstattet werden.

§ 11 Vorstand

(1) Der Vorstand besteht aus höchstens fünf natürlichen Personen.
(2) Die Mitglieder des Vorstandes werden vom Stiftungsrat berufen und abberufen. Mitglieder des Stiftungsrates können nicht zugleich zu Mitgliedern des Vorstandes berufen werden.
(3) Die Amtsdauer des Vorstandes beträgt fünf Jahre. Wiederberufung ist zulässig. Scheidet ein Mitglied während der Amtszeit aus, wird ein neues Mitglied nur für die verbleibende Amtszeit des ausgeschiedenen Mitgliedes berufen. Mit Vollendung des 70. Lebensjahres endet die Amtszeit der Mitglieder des Vorstandes, ohne daß es einer gesonderten Abberufung bedarf. Nach Ablauf der Amtszeit bleiben die Mitglieder des Vorstandes bis zur Berufung ihrer Nachfolger im Amt.

(4) Der Vorstand vertritt die Stiftung gerichtlich und außergerichtlich. Die Mitglieder des Stiftungsvorstands vertreten die Stiftung jeweils einzeln.
(5) Der Vorstand führt die Geschäfte der Stiftung. Er sorgt für die Ausführung der Beschlüsse des Stiftungsrates.
(6) Den Mitgliedern des Vorstandes kann im Einzelfall eine angemessene Vergütung gewährt werden, sofern dadurch die Steuerbegünstigung der Stiftung nicht beeinträchtigt wird. Die Entscheidung über die Vergütung trifft der Stiftungsrat.
(7) Der Stiftungsrat kann für den Vorstand eine Geschäftsordnung erlassen.

§ 12 Änderungen der Satzung, Umwandlung und Aufhebung der Stiftung

(1) Beschlüsse über die Änderung der Satzung bedürfen der Zustimmung von mindestens 4/5 der Mitglieder des Stiftungsrates.
(2) Die Beschlußfassung über die Satzungsänderung darf erst erfolgen, nachdem die zuständige Finanzbehörde schriftlich bestätigt hat, daß die Steuerbegünstigung der Stiftung nicht beeinträchtigt wird.
(3) Ist die weitere Verwirklichung des Stiftungszwecks infolge veränderter Verhältnisse nicht möglich oder nicht sinnvoll, kann der Stiftungsvorstand die Aufhebung der Stiftung oder ihre Umwandlung beantragen. Der Antrag bedarf der einstimmigen Zustimmung des Stiftungsrates.
(4) Im Falle der Aufhebung der Stiftung oder bei Wegfall ihrer gemeinnützigen Zwecke fällt das Stiftungsvermögen an die Stadt bzw. den Landkreis (. . .), die/der es ausschließlich und unmittelbar für steuerbegünstigte Zwecke im Sinne dieser Satzung zu verwenden hat.

§ 13 Stiftungsaufsicht, Inkrafttreten

(1) Die Stiftung unterliegt der Rechtsaufsicht von (. . .).
(2) Die Stiftung hat den Behörden der Stiftungsaufsicht und den Finanzbehörden die gesetzlich vorgeschriebenen Berichte vorzulegen, Auskünfte zu erteilen sowie die gesetzlich vorgeschriebenen Genehmigungen einzuholen.
(3) Diese Satzung tritt mit der Genehmigung durch (. . .) in Kraft.

F. Unselbständige Stiftungen

Literaturhinweise: *Bächstädt*, Die unselbständige Stiftung des Privatrechts, Diss. Göttingen 1966; *Coing*, Die Treuhand kraft privaten Rechtsgeschäfts, 1973; *Reuter*, Die unselbständige Stiftung, in: Frhr. von Campenhausen/Kronke/Werner (Hrsg.), Stiftungen in Deutschland und Europa, Düsseldorf 1998, S. 203 ff.; *Schindler/Steinsdörfer*, Treuhänderische Stiftungen, 6. Aufl., Essen 1998; *Werner*, Die unselbständige Stiftung, Beilage zu Stiftung & Sponsoring 4/1999; *Westebbe*, Die Stiftungstreuhand, Eine Untersuchung des Privatrechts der unselbständigen gemeinnützigen Stiftung mit rechtsvergleichenden Hinweisen auf den charitable trust, Baden-Baden 1993; *Wochner*, Stiftungen und stiftungsähnliche Körperschaften als Instrumente dauerhafter Vermögensbindung, MittRhNotK 1994, 89; *Wochner*, Die unselbständige Stiftung, ZEV 1999, 125.

I. Begriff und Struktur der unselbständigen Stiftung

1. Begriff

Unter einer unselbständigen Stiftung versteht man die Zuwendung von Vermögenswerten an eine (juristische oder natürliche[1]) Person mit der Maßgabe, die ihr zugewendeten Vermögenswerte **dauerhaft zur Verwirklichung des vom Stifter bestimmten Zwecks** zu verwenden. Die unselbständige Stiftung wird auch als fiduziarische oder treuhänderische Stiftung bezeichnet.

Zu der Errichtung einer unselbständigen Stiftung bedarf es mithin stets eines **Rechtsträgers**, der die mit der Vermögenswidmung des Stifters verbundenen Rechte und Pflichten wahrnimmt. Das Vermögen der Stiftung geht in das Eigentum des Stiftungsträgers über. Der Stiftungsträger ist nicht Organ der unselbständigen Stiftung, er handelt im Rechtsverkehr vielmehr im eigenen Namen. Der Stifter selbst kann grundsätzlich nicht Stiftungsträger sein.

Die Gründung einer rechtsfähigen Stiftung entspricht wegen des damit verbundenen Aufwands und der staatlichen Aufsicht nicht in allen Fällen den Vorstellungen des jeweiligen Stifters. Der unselbständigen Stiftung kommt in der Praxis daher vor allem bei **kleineren Stiftungsvermögen** große Bedeutung zu.

1

---

[1] Nach der Begriffsbestimmung in manchen Landesstiftungsgesetzen (§ 28 SachStiftG, § 28 Sachs-AnhStiftG, § 28 ThürStiftG) wird nur die Übertragung von Vermögenswerten auf juristische Personen des Privatrechts oder des öffentlichen Rechts als nicht rechtsfähige Stiftung bezeichnet.

2. Unterschiede und Gemeinsamkeiten zwischen der selbständigen und der unselbständigen Stiftung des privaten Rechts

2 Die unselbständige Stiftung ist von der rechtsfähigen selbständigen Stiftung des privaten Rechts zu unterscheiden[2].

- Die unselbständige Stiftung hat **keine eigene Rechtspersönlichkeit**.
- Die Errichtung der unselbständigen Stiftung bedarf **keiner staatlichen Genehmigung**.
- Die laufende Tätigkeit einer unselbständigen Stiftung unterliegt **keiner staatlichen Aufsicht**.
- Die Regelungen über selbständige Stiftungen des privaten Rechts (§§ 80 ff. BGB[3]) finden auf unselbständige Stiftungen weder unmittelbar noch analog Anwendung[4]. Die Behandlung richtet sich vielmehr nach den **allgemeinen Grundsätzen des Schuld-, Sachen- und Erbrechts**.
- Der für die Stiftung des bürgerlichen Rechts kennzeichnende **Vorrang des Stifterwillens** läßt sich bei der unselbständigen Stiftung nur eingeschränkt verwirklichen.
- Der **Vertrag** über die Errichtung einer unselbständigen Stiftung kann durch eine Vereinbarung zwischen dem Stifter und dem Träger des Stiftungsvermögens jederzeit **einvernehmlich geändert** werden. Insoweit ist die unselbständige Stiftung flexibler als rechtsfähige Stiftung, bei der eine Änderung der Stiftungssatzung nur in engen Grenzen möglich ist.

Ebenso wie die selbständige Stiftung des privaten Rechts ist auch die unselbständige Stiftung durch die **Dauerhaftigkeit der Zweckverfolgung**

---

2 In manchen Bundesländern kann über die Frage, ob eine unselbständige oder eine selbständige Stiftung vorliegt, die konstitutive Entscheidung der Stiftungsbehörde eingeholt werden (Art. 40 Abs. 2 BayStG, § 13 BerlStiftG, § 27 BrbgStiftG, § 22 HessStiftG, § 28 MecklVorPStiftG, § 27 NRWStiftG, § 48 Abs. 1 RhPfStiftG, § 31 SachStiftG, § 31 Sachs-AnhStiftG, § 31 ThürStiftG). Dies ist in der Praxis insbesondere bei Stiftungen aus der Zeit vor dem Inkrafttreten des Bürgerlichen Gesetzbuchs von Bedeutung, da hier die Rechtsform meist nur anhand von Indizien ermittelt werden kann.

3 Die Landesstiftungsgesetze erfassen die unselbständige Stiftung grundsätzlich nicht. Lediglich in Brandenburg, Nordrhein-Westfalen, Sachsen, Sachsen-Anhalt und Thüringen (§ 26 Abs. 5 BrbgStiftG, §§ 2 Abs. 2, 32, 33 NRWStiftG, § 28 SachStiftG, § 28 Sachs-AnhStiftG, § 28 ThürStiftG) bestehen einige – systemfremde – Sonderregelungen.

4 Grundlegend RG, Urt. v. 8. 11. 1922, IV 74/22, RGZ 105, 305; s. demgegenüber § 87 BGB-E, wonach die Vorschriften über rechtsfähige Stiftungen auf nicht rechtsfähige Stiftungen entsprechende Anwendung finden sollen, Gesetzentwurf der F.D.P.-Entwurf eines Gesetzes zur Reform des Stiftungsrechts, BT-Drks. 14/3043 v. 22. 3. 2000, vgl. Teil K Rz. 5.

mit dem Stiftungsvermögen gekennzeichnet. Das unterscheidet die (unselbständige) Stiftung insbesondere vom bloßen Sammelvermögen (vgl. § 1914 BGB), das zum Verbrauch bestimmt ist[5].

3. Träger des Stiftungsvermögens

Als Stiftungsträger können sowohl **natürliche als auch juristische Personen** vorgesehen werden.

3

Das Ziel einer dauerhaften Verfolgung des Stiftungszwecks ist bei einer juristischen Person als Träger der Stiftung aufgrund deren **potentiellen Unsterblichkeit** besser gewährleistet. Bei juristischen Personen des öffentlichen Rechts wirkt sich daneben die **Insolvenzfestigkeit** (§ 12 InsO) vorteilhaft aus. In der Praxis kommen als Träger eines Stiftungsvermögens vor allem andere Stiftungen, Vereine, Gesellschaften, Banken, Gemeinden[6], Universitäten[7], Kirchen, etc. in Betracht. Der Stifterverband für die deutsche Wissenschaft verwaltet beispielsweise ca. 300 Stiftungen mit einem Stiftungsvermögen von beinahe 2 Mrd. DM. Im öffentlich-rechtlichen Bereich kommt der Stiftungsverwaltung durch die Gebietskörperschaften eine besondere Bedeutung zu. Die Stadt München verwaltet derzeit zum Beispiel ca. 130 Stiftungen. Die kommunale Verwaltung unselbständiger Stiftungen unterliegt dabei den Vorschriften der jeweiligen Landeskommunalgesetze.

Sofern ausnahmsweise eine natürliche Person zum Träger des Stiftungsvermögens bestimmt wird, ist die **Frage der Nachfolge** sorgfältig zu regeln. Im Interesse einer langfristigen Stiftungsverwaltung kann beispielsweise der jeweilige Inhaber eines bestimmten (öffentlichen) Amtes (der Landrat, der Dekan einer bestimmten Fakultät einer Universität, der Pfarrer der Kirchengemeinde, etc.) zum Treuhänder bestellt werden. Sofern der jeweilige Inhaber eines kommunalen Amtes (zum Beispiel der Bürgermeister der Gemeinde, das dienstälteste Mitglied des Gemeinderats) zum Stiftungsträger bestimmt wird, handelt es sich nicht um eine kommunal verwaltete unselbständige Stiftung.

Im Hinblick auf eine möglichst **effiziente Verwirklichung der vom Stifter gewählten Zwecke** kommt der Auswahl des Stiftungsträgers besondere

---

5 Zum Stiftungsvermögen als unerläßlichem Merkmal einer unselbständigen Stiftung s. OLG Hamburg, Urt. v. 19. 12. 1985, 3 U 26/85, NJW-RR 1986, 1305.
6 Zur Verwaltung einer unselbständigen Stiftung durch eine Gemeinde s. beispielsweise OVG NW, Urt. v. 23. 3. 1984, 15 A 1620/81, DÖV 1985, 983 mit Anm. *Neuhoff.*
7 Zur Anwendbarkeit der Vorschriften des Kreditwesengesetzes auf eine von einem Studentenwerk verwaltete Stiftung, die bedürftigen Studenten zinslose Darlehen gewährt s. VG Berlin, Urt. v. 19. 8. 1996, 25 A 41/94, NJW-RR 1997, 808.

Bedeutung zu. Dabei sollte der vorgesehene Stiftungszweck mit den sonstigen Aufgaben bzw. Vorstellungen des Treuhänders möglichst weitgehend übereinstimmen.

4. Besonderheiten bei der Satzungsgestaltung

4 Die Satzung enthält in der Regel ähnliche Bestimmungen wie die Satzung einer selbständigen Stiftung. Die Bezeichnung als „Satzung" ist allerdings irreführend, da es sich hierbei nicht um eine einseitige Korporationsverfassung, sondern um eine **vertragliche Vereinbarung** handelt. Der Vertrag über die Errichtung einer unselbständigen Stiftung kann dementsprechend zwischen dem Stifter und dem Träger des Stiftungsvermögens jederzeit einvernehmlich geändert werden.

Die unselbständige Stiftung wird **mangels eigener Rechtsfähigkeit** im Geschäftsverkehr durch ihren Träger vertreten. Im Innenverhältnis können durch die Satzung jedoch weitere Organe geschaffen werden (zum Beispiel Beirat, Kuratorium), die über die Verwendung der Stiftungsmittel (mit)entscheiden, den Träger der Stiftung beraten oder die Verwaltung der Stiftung überwachen. Da die unselbständige Stiftung keiner staatlichen Aufsicht unterliegt, kann insbesondere die Einrichtung eines **internen Kontrollorgans** zweckmäßig sein.

Für den Fall der **Auflösung** der Stiftung wird in der Regel der Anfall des Vermögens an den Stiftungsträger vorgesehen.

5. Die unselbständige Stiftung im Steuerrecht

5 Auch wenn die unselbständige Stiftung zivilrechtlich keine juristische Person und kein eigenständiges Rechtssubjekt darstellt, wird sie steuerrechtlich als **selbständiges Steuersubjekt** anerkannt (§ 1 Abs. 1 Nr. 5 KStG, siehe auch § 34 AO)[8].

Die unselbständige Stiftung kann (ebenso wie die selbständige Stiftung des privaten Rechts) **steuerbegünstigt** (§§ 51 ff. AO) sein. Auf die Steuerbegünstigung des Trägers des Stiftungsvermögens kommt es dabei nicht an.

Im Erbschaft- und Schenkungsteuerrecht wird die unselbständige Stiftung als **Zweckzuwendung** (§§ 1 Abs. 1 Nr. 3 und 8 ErbStG) behandelt.

---

8 Zur Begünstigung von unselbständigen Stiftungen im Rahmen der Neuregelungen des Gesetzes zur weiteren steuerlichen Förderung von Stiftungen s. Teil B Rz. 158.

II. Errichtung einer unselbständigen Stiftung unter Lebenden

1. Rechtliche Einordnung des Stiftungsgeschäfts

Bei der zu Lebzeiten errichteten unselbständigen Stiftung ist das Stiftungsgeschäft kein einseitiger Errichtungsakt, sondern ein **Vertrag zwischen dem Stifter und dem Stiftungsträger**. Die rechtliche Einordnung des Stiftungsgeschäfts als Treuhandvertrag oder als Schenkung unter Auflage ist bis heute umstritten[9].

6

2. Treuhandvertrag

Bei der Annahme eines Treuhandverhältnisses liegt der unselbständigen Stiftung entweder ein (unentgeltliches) **Auftragsverhältnis** (§§ 662 ff. BGB) oder ein (entgeltlicher) **Geschäftsbesorgungsvertrag** (§ 675 BGB) zugrunde.

7

Der Stifter (Treugeber) überträgt das treuhänderisch gebundene Stiftungsvermögen zum Alleineigentum auf den Träger des Stiftungsvermögens (Treuhänder) zur uneigennützigen Verwaltung. Der Treuhänder ist dem Stifter (und seinen Rechtsnachfolgern gegenüber) **schuldrechtlich verpflichtet**, das Vermögen zur Verwirklichung des Stiftungszwecks zu verwenden. Die Rechte und Pflichten der Beteiligten ergeben sich allein aus dem Treuhandvertrag.

Mit einem Treuhandvertrag läßt sich das Ziel einer **dauerhaften Verfolgung des Stiftungszwecks** jedoch nur eingeschränkt erreichen.

– Der Stifter kann das Treuhandverhältnis jederzeit **widerrufen** (§ 671 Abs. 1 BGB). Das Recht zum Widerruf des Treuhandvertrages kann zwar vertraglich auf das Vorliegen eines wichtigen Grundes beschränkt, nicht aber ganz ausgeschlossen werden (§ 671 Abs. 3 BGB).

– Die **Haftung** des Stiftungsvermögens für die Verbindlichkeiten des Treuhänders und des Treugebers macht eine dauerhafte Vermögensbindung gleichfalls unmöglich.

Das treuhänderisch übertragene Stiftungsvermögen haftet grundsätzlich für sämtliche **Verbindlichkeiten des Treuhänders**. Bei der **Übertragungstreuhand** kann der Stifter gegen Zwangsvollstreckungsmaßnahmen von Gläubigern des Treuhänders jedoch Drittwiderspruchsklage (§ 771 ZPO) erheben und im Fall der Insolvenz des Treuhänders das Aussonderungsrecht (§ 47 InsO) geltend machen.

---

9 Teilweise wird die unselbständige Stiftung auch als *Rechtsgeschäft sui generis* qualifiziert.

Für die **Verbindlichkeiten des Stifters (Treugebers)** haftet das Stiftungsvermögen dagegen nicht unmittelbar, da es im Eigentum des Treuhänders steht. Bei Insolvenz des Treugebers erlischt jedoch das Treuhandverhältnis (§§ 115, 116 InsO) mit der Folge, daß das Stiftungsvermögen an den Treugeber zurückzugeben ist (§ 667 BGB). Einzelgläubiger des Treugebers können die Rückgewähransprüche des Treugebers aus dem Treuhandvertrag pfänden und den Treuhandvertrag aus wichtigem Grund kündigen.

Unter Hinweis auf die steuerrechtlichen Vorschriften über die Endgültigkeit der Vermögenswidmung (§§ 55 Abs. 1 Nr. 4, 61 AO) wird teilweise die Auffassung vertreten, daß das Vermögen einer steuerbegünstigten unselbständigen Stiftung weder dem Treugeber noch dem Treuhänder zuzurechnen ist. Mit der Errichtung einer unselbständigen Stiftung läßt sich jedoch **kein vollstreckungs- oder insolvenzfestes Sondervermögen** schaffen, das sowohl den Gläubigern des Treuhänders als auch des Treugebers entzogen ist.

Bei der Einordnung der unselbständigen Stiftung als Treuhandverhältnis ist die dauerhafte Bindung des Stiftungsvermögens also nur unzureichend gesichert. Aus diesem Grund wird angenommen, daß es sich bei der Errichtung einer unselbständigen Stiftung um eine Schenkung unter Auflage handelt.

3. Schenkung unter Auflage

8   Bei der Annahme einer Schenkung unter Auflage (§§ 516 ff., 525 ff. BGB) kommt es grundsätzlich zu einer **dauerhaften Übertragung des Vermögens** auf den Träger der Stiftung.

Der Stiftungsträger ist zur **Erfüllung des Stiftungszwecks** verpflichtet, sobald der Stifter das Stiftungsvermögen auf ihn übertragen hat (§ 525 Abs. 1 BGB). Die Vollziehung der Auflage kann vom Stifter und seinen Erben verlangt werden. Der Stifter kann den Vollziehungsanspruch auch auf Dritte (zum Beispiel einen Stiftungsbeirat) übertragen. Liegt die Vollziehung der Auflage im öffentlichen Interesse, kann nach dem Tod auch die zuständige Behörde die Vollziehung verlangen (§ 525 Abs. 2 BGB). Öffentliches Interesse meint dabei nicht nur ein solches des Staates, sondern jede Förderung des Gemeinwohls. Die Erfüllung des Zwecks einer steuerbegünstigten Stiftung (§§ 51 ff. AO) dürfte demnach regelmäßig im öffentlichen Interesse liegen. Die **zuständige Behörde** wird durch das Landesrecht bestimmt[10].

---

10 In Bayern beispielsweise durch Art. 69 AGBGB. Danach ist grundsätzlich die Behörde zuständig, zu deren Wirkungskreis die Wahrung des Interesses gehört (Art. 69 Satz 1 AGBGB).

Errichtung unter Lebenden   Rz. 10 **F**

Gläubigern des Stifters ist das Stiftungsvermögen bei Annahme einer Schenkung unter Auflage grundsätzlich entzogen (Ausnahmen §§ 129 ff. InsO, 1 ff. AnfG). Die **Insolvenz** des Stifters führt nicht zum Erlöschen der Stiftung.

Für **Verbindlichkeiten des Trägers der Stiftung** haftet das Stiftungsvermögen in vollem Umfang. In der Regel ist der Träger des Stiftungsvermögens jedoch eine juristische Person des öffentlichen Rechts, so daß das Risiko einer Gefährdung des Stiftungsvermögens überschaubar ist.

Voraussetzung für das Vorliegen einer Schenkung (unter Auflage) ist eine **Bereicherung des Beschenkten**. Eine Zuwendung mit der Maßgabe, sie in vollem Umfang an einen Dritten weiterzugeben, stellt grundsätzlich keine Schenkung dar. Auch bei einer Schenkung unter Auflage muß dem Beschenkten nach den Vorstellungen der Beteiligten eine eigene Bereicherung verbleiben. 9

Ist der Träger des Stiftungsvermögens eine **juristische Person**, deren Zwecke ganz oder teilweise mit dem Zweck der Stiftung übereinstimmen, wird (unstrittig) eine Bereicherung des Beschenkten angenommen. Da die juristische Person von ihrem Zweck nicht getrennt werden kann, ist in der Verwendung der Zuwendung ein eigener wirtschaftlicher Vorteil zu sehen.

In den anderen Fällen, insbesondere wenn das Stiftungsvermögen auf eine **natürliche Person** übertragen wird, ist umstritten, ob überhaupt eine Schenkung vorliegt. Die (derzeit noch) überwiegende Meinung verneint eine Bereicherung des Beschenkten[11], so daß die Annahme einer Schenkung ausscheidet. Zum Teil wird unter Hinweis auf den Rechtsgedanken des § 526 BGB (Verweigerung der Vollziehung der Auflage) angenommen, daß die Gleichwertigkeit von Schenkung und Auflage eine Schenkung nicht ausschließt. Richtigerweise ist davon auszugehen, daß auch bei Errichtung einer **unselbständigen Stiftung** eine Bereicherung des Beschenkten und damit eine Schenkung vorliegt. Der Beschenkte darf das zugewendete Vermögen behalten und muß lediglich die Erträge (nicht aber die Vermögenssubstanz) zur Erfüllung des Stiftungszwecks verwenden. Der Träger der Stiftung ist somit um das Stiftungsvermögen bereichert, auch wenn er in dessen Verwendung nicht frei ist.

Noch nicht abschließend geklärt ist, ob bei Annahme einer Schenkung unter Auflage die **dauerhafte Bindung des Stiftungsvermögens** umfassend gesichert ist. 10

Im Falle der **schuldhaften Nichterfüllung des Stiftungszwecks** kann der Stifter (und sein Rechtsnachfolger) die dadurch beim Stiftungsträger entste-

---

11 Unter Hinweis auf RG, Urt. v. 8. 11. 1922, IV 74/22, RGZ 105, 305 (308), das sich seinerseits auf RG, Urt. v. 6. 2. 1905, III 273/05, RGZ 62, 386 stützt.

hende Bereicherung herausverlangen (§ 527 Abs. 1 BGB). Der Anspruch ist jedoch ausgeschlossen, wenn ein Dritter die Vollziehung der Auflage verlangen kann (§ 527 Abs. 2 BGB).

Der Schenker kann das Stiftungsvermögen insoweit **zurückfordern**, als er außerstande ist, seinen eigenen Unterhalt oder den der Unterhaltsberechtigten zu erfüllen (§ 528 BGB). Auf das Rückforderungsrecht wegen Verarmung kann im voraus nicht wirksam verzichtet werden.

Die Schenkung kann ferner **widerrufen** werden, wenn der Beschenkte sich durch eine schwere Verfehlung gegen den Schenker oder dessen Angehörige des groben Undanks schuldig gemacht hat (§ 530 Abs. 1 BGB). Da der Träger des Stiftungsvermögens meist eine juristische Person ist, kommt dieses Rückforderungsrecht in der Praxis nicht zum Tragen.

4. Praktische Gestaltungsmöglichkeiten

11 In der Praxis kann eine unselbständige Stiftung sowohl als Treuhandvertrag als auch als Schenkung unter Auflage ausgestaltet werden.

Bei einem Treuhandverhältnis müssen die Parteien ihr **Widerrufs- und Kündigungsrecht** im Interesse der Dauerhaftigkeit des Stiftungszwecks und der Vermögensbindung auf **Vorliegen wichtiger Gründe** beschränken (§ 671 BGB). In dem Treuhandvertrag sollte ferner klargestellt werden, daß das Treuhandverhältnis nicht durch den **Tod des Stifters** erlischt, sondern die Rechte und Pflichten des Stifters aus dem Treuhandvertrag auf seine Erben übergehen (§ 672 BGB). Auf dieser Grundlage haben die Beteiligten im Einzelfall zu entscheiden, ob sie das verbleibende Risiko einer Auflösung der Stiftung wegen seiner Überschuldung bzw. Insolvenz oder einem Widerruf des Treuhandverhältnisses tragen möchten.

Bei einer Schenkung unter Auflage kommt der **Auswahl des Trägers des Stiftungsvermögens** eine besondere Bedeutung zu. Bei einer juristischen Person als Stiftungsträger, deren satzungsgemäße Aufgaben den Stiftungszweck umfaßt, ist die dauerhafte Verwirklichung der Stiftungszwecke weitest möglich gesichert. Aufgrund der Vermögensausstattung des Beschenkten sollte sichergestellt sein, daß eine Haftung des Stiftungsvermögens für Verbindlichkeiten des Stiftungsträgers nicht zu erwarten ist. Vor der Errichtung einer unselbständigen Stiftung ist eine ausreichende Versorgung des Stifters und seiner Angehörigen sicherzustellen, um einen späteren Rückgriff auf das Stiftungsvermögen zu vermeiden.

Das Risiko einer Bestandsgefährdung unselbständiger Stiftungen durch **Vollstreckungsmaßnahmen** von Gläubigern des Stifters oder des Trägers des Stiftungsvermögens hat in der Praxis bislang keine Bedeutung erlangt.

III. Errichtung einer unselbständigen Stiftung von Todes wegen

Eine unselbständige Stiftung kann auch durch eine Verfügung von Todes wegen (Testament oder Erbvertrag) errichtet werden. Der Erblasser setzt dabei den Stiftungsträger zum Erben ein oder setzt ein Vermächtnis zu seinen Gunsten aus. Durch die Anordnung einer **Auflage** verpflichtet der Erblasser den Stiftungsträger, mit den Erträgen des Stiftungsvermögens die Stiftungszwecke zu fördern.

Die Anordnung eines **(Unter-)Vermächtnisses** ist zur Errichtung einer unselbständigen Stiftung in der Regel nicht geeignet (§§ 1939, 2147 ff. BGB). Ein Vermächtnis setzt voraus, daß der Kreis der Begünstigten beschränkt ist. Bei einem Zweckvermächtnis kann der Erblasser zwar die Bestimmung des Leistungsinhalts, nicht aber die Bestimmung des Berechtigten einem Dritten überlassen (§ 2156 BGB). Zuwendungen durch Vermächtnis unterliegen zudem einer zeitlichen Beschränkung, wodurch eine dauerhafte Vermögensbindung verhindert wird. Ein Vermächtnis, das nicht innerhalb von 30 Jahren nach dem Erbfall anfällt, wird unwirksam (§ 2162 BGB mit Ausnahmen in § 2163 BGB).

Die Errichtung einer unselbständigen Stiftung von Todes wegen erfolgt daher in der Regel durch die **Anordnung einer Auflage** (§§ 1940, 2192 ff. BGB). Die Auflage unterliegt keinen zeitlichen Grenzen (§ 2192 BGB verweist nicht auf §§ 2162 und 2163 BGB). Die zeitliche Grenze für die Verwaltungstestamentsvollstreckung (§ 2210 BGB) gilt nach überwiegender Auffassung nicht analog für die Erbeinsetzung bzw. Vermächtnisaussetzung unter Auflage.

Die für die Errichtung der Stiftung notwendige Flexibilität bietet dem Erblasser eine **Zweckauflage** (§ 2193 BGB), bei der er lediglich den Zweck der Auflage mit hinreichender Deutlichkeit bestimmen muß. Dagegen kann er die Bestimmung der Begünstigten dem Beschwerten oder einem Dritten überlassen (§ 2193 BGB). Der **Inhalt der Leistungen** bestimmt sich nach billigem Ermessen (§§ 2193, 2156 BGB).

Der Auflagenbegünstigte hat keinen Anspruch auf die dem Beschwerten auferlegte Leistung (§ 1940 BGB). Die **Vollziehung** der Auflage können die Erben oder derjenigen verlangen, denen der Wegfall des Beschwerten zugute kommt (§ 2194 Satz 1 BGB). Liegt die Vollziehung im öffentlichen Interesse, kann die zuständige Behörde[12] die Erfüllung der Auflage durchsetzen (§ 2194 Satz 2 BGB). Zur Sicherstellung der dauerhaften Erfüllung der Auflage kann der Erblasser darüber hinaus einen vollzugsberechtigten Dritten bestimmen. Zur Durchsetzung der Auflage kann der Erblasser ferner Testamentsvollstreckung anordnen (§§ 2208 Abs. 2, 2223 BGB). Die Aufgabe des

---

12 Für Bayern s. beispielsweise Art. 69 AGBGB.

Testamentsvollstreckers kann dabei auf die Erfüllung der Auflage beschränkt werden. Das Schenkungsverbot (§§ 2205 Satz 3, 2207 Satz 2 BGB) steht der Vollziehung der Auflage durch den Testamentsvollstrecker nicht entgegen. Die Zuwendung erfolgt zur Erfüllung der letztwilligen Anordnungen des Erblassers und nicht aufgrund einer eigenen Entscheidung des Testamentsvollstreckers.

Sofern der Träger des Stiftungsvermögens eine natürliche Person ist, ist die dauerhafte Verfolgung des Stiftungszwecks nicht sichergestellt. Die vom Erblasser angeordnete Auflage verpflichtet nur den Erben bzw. Vermächtnisnehmer, nicht aber auch die Erbeserben bzw. Erben des Vermächtnisnehmers (§§ 2181, 2191 BGB). Um eine der selbständigen Stiftung des privaten Rechts vergleichbare Dauerwirkung zu erreichen, sollte daher eine juristische Person mit der Auflage beschwert werden.

Die Errichtung der unselbständigen Stiftung von Todes wegen kann scheitern, wenn der Erblasser einen Pflichtteilsberechtigten zum Erben einsetzt. Sofern der dem Erben hinterlassene Erbteil nach Erfüllung der Auflage nicht die Hälfte des gesetzlichen Erbteils übersteigt, gilt die Auflage als nicht angeordnet (§ 2306 Abs. 1 Satz 1 BGB).

IV. Formulierungsvorschläge für eine unselbständige Stiftung

Hinweise auf andere Gestaltungsvorschläge: *Benthin*, in: Wurm/Wagner/Zartmann (Hrsg.), Das Rechtsformularbuch, 14. Aufl., Köln 1998, Kapitel 7 Muster 7g und 7h, S. 71; *Hof*, in: Heidenhain/Meister (Hrsg.), Münchener Vertragshandbuch, Band 1, Gesellschaftsrecht, 4. Aufl., München 1996, Ziff. VII. 5, S. 1036; *Hof*, in: Seifart/Frhr. von Campenhausen (Hrsg.), Handbuch des Stiftungsrechts, 2. Aufl., München 1999, § 10 Rz. 144 ff., S. 269; *Mielert*, in: Hoffmann-Becking/Schippel (Hrsg.), Beck'sches Formularbuch zum Bürgerlichen, Handels- und Wirtschaftsrecht, 7. Aufl., München 1998, I. 23, S. 33 ff.; *Peter*, in: Kersten/Bühling, Formularbuch und Praxis der Freiwilligen Gerichtsbarkeit, 20. Aufl., Köln 1994, § 27 Rz. 268; *Reimann*, in: Dittmann/Reimann/Bengel (Hrsg.), Testament und Erbvertrag, 3. Aufl., Neuwied 1999, Formularteil Rz. 29, S. 375; *Schindler/Steinsdörfer*, Treuhänderische Stiftungen, 6. Aufl., Essen 1998, S. 37 ff.; *Westebbe*, Die Stiftungstreuhand, Eine Untersuchung des Privatrechts der unselbständigen gemeinnützigen Stiftung mit rechtsvergleichenden Hinweisen auf den charitable trust, Baden-Baden 1993, S. 191 ff. und S. 219 ff.; *Wochner*, in: Deutsches Anwaltsinstitut/Fachinstitut für Notare (Hrsg.), Die Stiftung und stiftungsähnliche Körperschaften, Bochum 2000, S. 163 ff.

---

05 **Errichtung einer unselbständigen Stiftung unter Lebenden** 13

I. Vermögensausstattung

(1) Der Stifter verpflichtet sich, die folgenden Vermögensgegenstände zum Zwecke der Errichtung einer unselbständigen Stiftung unentgeltlich an (. . .) als den Träger der Stiftung zu übertragen (. . .).
(2) Der Stifter und der Träger der Stiftung, vertreten durch (. . .) sind sich über den Eigentumsübergang an den vorstehend näher bezeichneten Gegenständen einig. Die Übergabe erfolgt durch (. . .).
(3) Der Träger der Stiftung ist berechtigt, Zustiftungen Dritter anzunehmen und dem Stiftungsvermögen zuzuführen.

II. Träger der Stiftung

(1) Der Stiftungsträger ist verpflichtet, dieses Vermögen unter dem Namen (. . .)-Stiftung zu verwalten.
(2) Das Stiftungsvermögen und dessen Erträge dürfen nur zur Verfolgung der Zwecke der unselbständigen Stiftung verwendet werden. Das Stiftungsvermögen ist getrennt von dem übrigen Vermögen des Trägers der Stiftung zu verwalten.
(3) Der Träger hat das Stiftungsvermögen selbst zu verwalten. Eine Übertragung der Vermögensverwaltung auf Dritte ist nur mit vorheriger Zustimmung des Stiftungsbeirats zulässig.
(4) Schäden, die der Träger der Stiftung dem Stiftungsvermögen aufgrund einer schuldhaften Verletzung seiner Pflichten zugefügt hat, sind unverzüglich zu ersetzen.

(5) Der Träger der Stiftung erhält für die Verwaltung der Stiftung eine pauschale Vergütung. Er ist berechtigt, dem Stiftungsvermögen zum Ende eines Geschäftsjahres einen Betrag von (...%) des aus dem Stiftungsvermögen erzielten Bruttojahresbetrages zu entnehmen.

III. Stiftungsbeirat

Zu Mitgliedern des Stiftungsbeirats werden ernannt (...).

IV. Beendigung

(1) Der Stifter behält sich zu seinen Lebzeiten das Recht vor, das Stiftungsgeschäft zu widerrufen und das noch vorhandene Stiftungsvermögen zurückzufordern, wenn
  (a) über das Vermögen des Trägers der Stiftung das Insolvenzverfahren eröffnet oder die Eröffnung mangels Masse abgelehnt wird,
  (b) in das Stiftungsvermögen Vollstreckungsmaßnahmen wegen nicht die Stiftung betreffender Verbindlichkeiten des Trägers der Stiftung betrieben werden und diese nicht innerhalb von drei Monaten wieder aufgehoben werden,
  (c) der Träger der Stiftung die ihm aus diesem Vertrag obliegenden Verpflichtungen schuldhaft nicht oder unzureichend erfüllt.
(2) Im übrigen ist ein Widerruf oder eine Kündigung dieser Vereinbarung nur aus wichtigem Grund zulässig.
(3) Die Rechte und Pflichten des Stifters aus dieser Vereinbarung sind vererblich.

V. Satzung

Für die Verwaltung der Stiftung gilt die als Anlage beigefügte Stiftungssatzung.

14 |06| **Errichtung einer unselbständigen Stiftung von Todes wegen**

I. Erbeinsetzung

Zu meinem alleinigen und ausschließlichen Erben setze ich, (...) ein.

II. Auflage

(1) Der Erbe wird mit der Auflage beschwert, mit dem im Nachlaß vorhandenen Vermögen eine unselbständige, nicht rechtsfähige Stiftung zu errichten, die den Namen (...)-Stiftung tragen soll.
(2) Diese Stiftung soll mit folgenden Vermögensgegenständen ausgestattet werden (...) und von (...) verwaltet werden.
(3) Die Stiftung ist gemäß der dieser Urkunde als Anlage beigefügten Stiftungssatzung zu errichten.

III. Testamentsvollstreckung

(1) Ich ordne Testamentsvollstreckung an.
(2) Zum Testamentsvollstrecker ernenne ich (...), ersatzweise (...).

| Formulierungsvorschläge | Rz. 15 **F** |

(3) Der Testamentsvollstrecker hat die Aufgabe, die Erfüllung der vorstehend in Ziffer II. angeordneten Auflage zu überwachen.
(4) Der Testamentsvollstrecker hat die Mitglieder des ersten Stiftungsbeirats aus dem Kreis folgender Personen (...) zu bestimmen.
(5) Der Testamentsvollstrecker ist von den Beschränkungen des § 181 BGB befreit.
(6) Der Testamentsvollstrecker erhält nur Ersatz seiner Auslagen, aber keine Vergütung.
(7) Im Wege der Auflage wird angeordnet, daß dem Testamentsvollstrecker alle Vollmachten und Ermächtigungen in der erforderlichen Form zu erteilen sind, soweit dies zur Erfüllung seiner Aufgaben erforderlich oder zweckmäßig ist.
(8) Im übrigen gelten für die Testamentsvollstreckung die gesetzlichen Bestimmungen.

|07| Satzung einer unselbständigen Stiftung 15

§ 1 Name, Rechtsform und Sitz

(1) Die Stiftung führt den Namen (...)-Stiftung.
(2) Sie ist eine nicht rechtsfähige Stiftung des bürgerlichen Rechts in der Verwaltung des (...) mit dem Sitz in (...) und wird von diesem im Rechts- und Geschäftsverkehr vertreten.
(3) Die Stiftung hat ihren Sitz in (...).

§ 2 Stiftung

(1) Zweck der Stiftung ist (...).
(2) Der Satzungszweck wird insbesondere durch folgende Maßnahmen verwirklicht (...). Die Stiftung kann auch andere Maßnahmen durchführen, die zur Verwirklichung des Stiftungszwecks geeignet sind.
(3) Die Stiftung verfolgt ausschließlich und unmittelbar gemeinnützige Zwecke im Sinne der Abgabenordnung. Die Stiftung ist selbstlos tätig und verfolgt keine eigenwirtschaftlichen Zwecke. Mittel der Stiftung dürfen nur für die satzungsmäßigen Zwecke verwendet werden. Keine Person darf durch Ausgaben, die dem Stiftungszweck fremd sind oder durch unverhältnismäßig hohe Vergütungen begünstigt werden.
(4) Die Stiftung erfüllt ihre Zwecke aus den Erträgen des Stiftungsvermögens sowie aus zur Erfüllung der Stiftungszwecke bestimmten Zuwendungen Dritter Personen.
(5) Die Destinatäre der Stiftung haben keinen Rechtsanspruch auf Leistungen aus dem Stiftungsvermögen.

§ 3 Verwaltung des Stiftungsvermögens

(1) Der Träger der Stiftung ist verpflichtet, das Stiftungsvermögen getrennt von seinem übrigen Vermögen zu verwalten.
(2) Zum Stiftungsvermögen gehören auch die vom Stiftungsträger mit Mitteln des Stiftungsvermögens erworbenen Gegenstände und Surrogate sowie die aus nicht ausgeschütteten Erträgen gebildeten Rücklagen.

(3) Die Erträge des Stiftungsvermögens sind ausschließlich zur Förderung der Stiftungszwecke zu verwenden. Der Träger der Stiftung darf Rücklagen bilden oder Teile der jährlichen Erträge dem Stiftungsvermögen zuführen, sofern dies erforderlich und nach steuerrechtlichen Vorschriften zulässig ist. Der Träger der Stiftung entscheidet über das Verwendung der Stiftungsmittel und über die Verwaltung des Stiftungsvermögens. Er übernimmt auch den sonstigen laufenden Geschäftsverkehr mit den zuständigen Behörden und den Destinatären.

(4) Der Träger der Stiftung ist berechtigt, Zustiftungen Dritter anzunehmen und dem Stiftungsvermögen zuzuführen, wenn diese den Zwecken der Stiftung dienen.

(5) Das Geschäftsjahr der Stiftung entspricht dem Geschäftsjahr des Träger der Stiftung. Es kann vom Träger der Stiftung abweichend festgelegt werden.

(6) Der Träger der Stiftung hat drei Monate vor Ablauf des Geschäftsjahres einen detaillierten Wirtschaftsplan vorzulegen. Der Wirtschaftsplan soll auf der Grundlage der voraussichtlichen Erträge des Stiftungsvermögens die beabsichtigte Verwendung der Erträge darlegen. Der Wirtschaftsplan ist den Mitgliedern des Stiftungsbeirats zuzuleiten.

(7) Der Träger der Stiftung hat innerhalb von fünf Monaten nach Abschluß des Geschäftsjahres einen ausführlichen Rechenschaftsbericht zu erstatten. Der Bericht muß insbesondere Angaben über den Stand und die Anlage des Stiftungsvermögens und die Verwendung der Stiftungsmittel enthalten. Der Rechenschaftsbericht ist den Mitgliedern des Stiftungsbeirats zuzuleiten. Der Stiftungsrat ist berechtigt, die Ordnungsgemäßheit der Stiftungsverwaltung im Einzelfall durch einen Wirtschaftsprüfer feststellen zu lassen.

(8) Sämtliche die Stiftung betreffenden Unterlagen und Schriftstücke sind über einen Zeitraum von zehn Jahren aufzubewahren.

§ 4 Stiftungsbeirat

(1) Der Stiftungsbeirat besteht aus mindestens fünf und höchstens neun Mitgliedern.

(2) Geborene Mitglieder des Stiftungsbeirats sind (. . .).

(3) Die übrigen Mitglieder des Stiftungsbeirats werden vom Stifter auf die Dauer von fünf Jahren ernannt und später von den jeweils verbleibenden Beiratsmitgliedern zugewählt. Wiederwahl ist zulässig.

(4) Mit Vollendung des 70. Lebensjahres scheidet ein Mitglied aus dem Stiftungsbeirat aus. Das ausscheidende Mitglied bleibt bis zur Bestimmung eines Nachfolgers im Amt. Im übrigen ist eine Abberufung nur aus wichtigem Grund zulässig.

(5) Der Stiftungsbeirat wählt aus seiner Mitte einen Vorsitzenden und einen Stellvertreter. Der Vorsitzende beruft den Stiftungsbeirat ein und leitet die Sitzungen. Der Stiftungsbeirat hat mindestens zweimal jährlich zusammenzutreten.

(6) Die Beschlüsse des Beirats werden grundsätzlich mit einfacher Mehrheit der Stimmen gefaßt. Bei Stimmengleichheit gibt die Stimme des Vorsitzenden, in seiner Abwesenheit die Stimme des stellvertretenden Vorsitzenden, den Ausschlag.

(7) Der Stiftungsbeirat ist beschlußfähig, wenn die Hälfte seiner Mitglieder einschließlich des Vorsitzenden oder stellvertretenden Vorsitzenden anwesend

ist, oder an der schriftlichen Abstimmung teilnimmt. Der Stiftungsbeirat kann Beschlüsse auch im schriftlichen Verfahren oder per e-mail fassen.
(8) Die Beschlüsse des Stiftungsbeirats sind in einem Protokoll niederzulegen, das vom Vorsitzenden und einem weiteren Mitglied zu unterzeichnen ist. Die Protokolle sind vom Träger der Stiftung für die Dauer von zehn Jahren aufzubewahren.
(9) Die Mitglieder des Stiftungsbeirats sind ehrenamtlich tätig. Notwendige Auslagen sind ihnen aus dem Stiftungsvermögen in angemessenem Umfang zu erstatten.

§ 5 Aufgaben und Befugnisse des Stiftungsbeirats

(1) Der Stiftungsbeirat hat die Aufgabe, die Verwaltung der Stiftung durch den Träger der Stiftung zu überwachen. Er ist dafür verantwortlich, daß sämtliche Maßnahmen des Trägers der Stiftung der Erfüllung des Stiftungszwecks dienen.
(2) Der Stiftungsbeirat hat folgende Befugnisse:
 (a) die Genehmigung des Wirtschaftsplans,
 (b) die Überprüfung des Rechenschaftsberichts,
 (c) die laufende Überwachung der Verwaltung der Stiftung,
 (d) die Entlastung des Trägers der Stiftung,
 (e) die Zustimmung zur Veräußerung von Stiftungsvermögen.
(3) Der Stiftungsbeirat kann jederzeit vom Träger der Stiftung Auskunft über alle das Stiftungsvermögen betreffenden Vorgänge und Einsicht in alle Unterlagen der Stiftungsverwaltung verlangen.
(4) Der Stiftungsbeirat darf dem Träger der Stiftung keine Weisungen in Geschäften der laufenden Verwaltung erteilen.
(5) Jedes Mitglied des Stiftungsbeirats ist berechtigt und verpflichtet, die Unterlassung pflichtwidriger Handlungen des Trägers des Stiftungsvermögens und den Ersatz eines etwaigen Schaden zu verlangen.

§ 6 Satzungsänderung

(1) Satzungsänderungen sind nur mit Zustimmung des Stiftungsbeirats wirksam. Die Zustimmung bedarf eines einstimmigen Beschlusses des Stiftungsbeirats bei gleichzeitiger persönlicher Anwesenheit aller Mitglieder.
(2) Beschlüsse über Satzungsänderungen dürfen erst nach Vorlage einer Unbedenklichkeitserklärung des zuständigen Finanzamts gefaßt werden.
(3) Eine Änderung des Stiftungszwecks ist nur zulässig, wenn die Erreichung des bisherigen Stiftungszwecks rechtlich oder tatsächlich unmöglich oder aufgrund geänderter Verhältnisse sinnlos geworden ist.

§ 7 Vermögensanfall, Zweckbindung

(1) Die Aufhebung der Stiftung bedarf eines einstimmigen Beschlusses des Stiftungsbeirats bei gleichzeitiger persönlicher Anwesenheit aller Mitglieder und der schriftlichen Zustimmung des Trägers der Stiftung.
(2) Im Falle der Auflösung oder des Wegfalls des Trägers der Stiftung kann der Stiftungsbeirat die Fortsetzung der Stiftung bei einem anderen Träger oder als selbständige Stiftung beschließen.

(3) Eine Aufhebung der Stiftung durch den Träger der Stiftung kann nur beantragt werden, wenn der Stiftungszweck erfüllt ist bzw. seine weitere Verfolgung durch die Stiftung unsinnig erscheint.
(4) Bei endgültiger Auflösung der Stiftung fällt das Vermögen an (. . .), der das Vermögen zu folgenden Zwecken zu verwenden hat (. . .).
(5) Das Vermögen ist auch nach Beendigung der Stiftung ausschließlich zu steuerbegünstigten Zwecken zu verwenden. Beschlüsse über die künftige Verwendung des Vermögens dürfen nur nach Vorliegen einer Unbedenklichkeitsbescheinigung des für die Stiftung bzw. den Stiftungsträger zuständigen Finanzamts ausgeführt werden.

G. Stiftungsähnliche Körperschaften

Literaturhinweise: *Breuninger,* Die „Keinmann-GmbH" als Ersatz für eine Stiftung, Jahrbuch der Fachanwälte für Steuerrecht 1993/94, S. 446 ff.; *Eberth,* Die Aktiengesellschaft mit atypischer Zwecksetzung, Frankfurt/Main 2000; *Grabau,* Die gemeinnützige GmbH im Steuerrecht, DStR 1994, 1032; *Holzschuh,* Stiftungsähnliche Einrichtungen im deutschen Recht, DB 1974, 1004; *Neumayer,* Die gemeinnützige GmbH, GmbH-StB 1998, 146; *Loidl,* Die GmbH ohne erwerbswirtschaftliche Zielsetzung, 1970; *Priester,* Nonprofit-GmbH – Satzungsgestaltung und Satzungsvollzug, GmbHR 1999, 149; *Riehmer,* Körperschaften als Stiftungsorganisation, Eine Untersuchung stiftungsartiger Körperschaften in Deutschland, England und den USA, Baden-Baden 1993; *Römer,* Die Eignung der GmbH als Rechtsform für Stiftungszwecke – Eine Untersuchung anhand der unternehmensverbundenen gemeinnützigen Stiftungs-GmbH, Diss. Gießen 1990; *Strickrodt,* Der rechtsfähige Verein stiftungsartiger Struktur, NJW 1964, 2085; *Wochner,* Stiftungen und stiftungsähnliche Körperschaften als Instrumente dauerhafter Vermögensbindung, MittRhNotK 1994, 89; *Wochner,* Der Stiftungs-Verein, Rpfleger 1999, 310; *Wochner,* Die Stiftungs-GmbH, DStR 1998, 1835; *Wochner,* Rechtsformwahl von Nonprofit-Organisationen, Beilage zu Stiftung & Sponsoring 2/1999.

I. Formen und Besonderheiten

1. Gründe für die Schaffung stiftungsähnlicher Körperschaften

Die Widmung eines Vermögens zur **dauerhaften Verwirklichung eines be-** 1
stimmten Zwecks ist nicht nur durch die Errichtung einer Stiftung, sondern auch in anderen Rechtsformen möglich. Als **Ersatzformen** für die rechtsfähige Stiftung des Privatrechts hat die Kautelarpraxis körperschaftlich strukturierte Ersatzformen wie die Stiftungs-GmbH, den Stiftungs-Verein und neuerdings die Stiftungs-Aktiengesellschaft entwickelt.

Die Stiftungskörperschaften sind im Vergleich zur rechtsfähigen Stiftung des Privatrechts in verschiedener Hinsicht von **Vorteil**.

– Die Errichtung einer Stiftungskörperschaft bedarf **keiner staatlichen Genehmigung**.

– Bei Einhaltung der gesetzlichen Voraussetzungen besteht ein Anspruch auf Eintragung der Körperschaft in das **Handels- bzw. Vereinsregister** (System der Normativbestimmungen an Stelle des geltenden Konzessionssystems).

– Die laufende Tätigkeit der Stiftungskörperschaft unterliegt **keiner staatlichen Aufsicht**.

– Die Stiftungskörperschaft kann von den Gesellschaftern bzw. Mitgliedern auch nach ihrer Errichtung noch in beliebiger Weise **geändert oder aufgehoben** werden.

– Stiftungskörperschaften, die wesentlich dem Interesse einer Familie dienen, unterliegen nicht der **Erbersatzsteuer** (§ 1 Abs. 1 Nr. 4 ErbStG).

Die größere Flexibilität bei der Stiftungskörperschaft kann sich im Einzelfall aber auch als **Nachteil** erweisen.

– Die Stiftungskörperschaft unterliegt nicht allein dem in der Satzung niedergelegten Willen ihrer Gründer, sondern ist vom **Willen ihrer jeweiligen Gesellschafter** bzw. Mitglieder abhängig.

– Die **dauerhafte** Vermögensbindung und Zweckverwirklichung ist nicht garantiert.

Aufgrund der **Aufgabe der Rechtsformneutralität im Spendenrecht** durch das Gesetz zur weiteren steuerlichen Förderung von Stiftungen[1] ist bei der Wahl der Rechtsform einer steuerbegünstigten Stiftungsorganisation auch die unterschiedliche Begünstigung für den Spendenabzug zu berücksichtigen. Für Zuwendungen an Stiftungs-Vereine oder Stiftungs-Gesellschaften werden die neuen Abzugsbeträge nicht gewährt (siehe §§ 10b Abs. 1 Satz 3 EStG, 9 Abs. 1 Nr. 2 Satz 3 KStG, 9 Nr. 5 Satz 3 GewStG sowie §§ 10b Abs. 1a EStG, 9 Nr. 5 Sätze 4 ff. GewStG).

2. Strukturmerkmale der Stiftungskörperschaften

a) Kennzeichen der Stiftungskörperschaften

Kennzeichen einer Stiftungskörperschaft ist die Bindung der Gesellschafter bzw. Mitglieder und des Körperschaftsvermögens an den **Verbandszweck**.

Idealtypisches Ziel der Satzungsgestaltung ist die Schaffung einer Körperschaft, die **keine Gesellschafter bzw. Mitglieder** hat („Kein-Mann-GmbH") oder alle ihre **Gesellschafter- bzw. Mitgliedschaftsrechte selbst hält** („Einheits-GmbH").

Die Satzung der Stiftungskörperschaft muß daher die Zweckbindung und die Vermögensbindung in weitest möglichem Umfang sicherstellen.

b) Zweckbindung

Um die Gesellschaft von den Interessen ihrer jeweiligen Gesellschafter bzw. Mitglieder zu lösen, wird deren **Befugnis zur Änderung der Satzung oder zur Auflösung der Satzung** soweit als möglich eingeschränkt. Dies

---

1 S. oben Teil B Rz. 157 f.

kann beispielsweise dadurch erreicht werden, daß Satzungsänderungen nur mit Zustimmung der Gründungsgesellschafter oder generell nur einstimmig möglich sind.

Daneben muß gewährleistet werden, daß sich die Gesellschafter bzw. Mitglieder mit dem Verbandszweck **identifizieren**. Die Loyalität der Gesellschafter bzw. Mitglieder zu dem ursprünglich bestimmten Verbandszweck stellt dessen dauerhafte Verwirklichung sicher. Ein homogener Gesellschafterkreis kann bei einer Stiftungskapitalgesellschaft beispielsweise durch eine strikte Anteilsvinkulierung sowie Satzungsbestimmungen über den Ausschluß von Gesellschaftern und die Einziehung von Gesellschaftsanteilen erreicht werden.

c) Vermögensbindung

Das Vermögen der Körperschaft muß von den Interessen der Gesellschafter bzw. Mitglieder gelöst und **ausschließlich auf den Stiftungszweck bezogen** werden.

4

Durch den **Ausschluß** von Gewinnbezugsrechten, von Abfindungsansprüchen im Falle eines Ausscheidens und von Ansprüchen auf einen Liquidationserlös kann die Mitgliedschaft vom Vermögen der Körperschaft weitgehend abgekoppelt werden. Das Körperschaftsvermögen wird damit gegenüber den Interessen individueller Mitglieder „immunisiert"[2].

d) Grenzen der Zweck- und Vermögensbindung

Die Vermögens- und Zweckbindung der Stiftungskörperschaft findet ihre Grenze jedoch im Prinzip der **Verbandsautonomie**. Gegenüber dem einstimmigen Willen der Gesellschafter bzw. Mitglieder einer Körperschaft ist ein Schutz nicht möglich.

5

II. Stiftungs-GmbH

1. Einführung

Eine Gesellschaft mit beschränkter Haftung kann von einer oder mehreren Personen zur **Verfolgung jedes beliebigen Zwecks** errichtet werden (§ 1 GmbHG).

6

Die GmbH wird dementsprechend vielfach für **nicht erwerbswirtschaftliche Zwecke** verwendet. Beispiele dafür sind etwa die verschiedenen Gesell-

---

2 So *Rawert*, in: Staudinger, BGB, 13. Bearb. 1995, Vor § 80 BGB Rz. 178.

schaften im Bereich der kommunalen Wirtschaftsförderung, die Trägergesellschaften von industriellen Forschungseinrichtungen, die Wohnungsbaugesellschaften oder die Beschäftigungsförderungsgesellschaften.

Aufgrund ihrer **Zweckoffenheit und der Gestaltungsfreiheit** eignet sich die GmbH auch als Ersatzform für eine rechtsfähige Stiftung. Zu den ca. 100 Stiftungs-GmbH's in Deutschland gehören etwa die Robert Bosch Stiftung GmbH, die Dietmar Hopp Stiftung GmbH, die FAZIT-STIFTUNG Gemeinnützige Verlagsgesellschaft mbH und die Theo Wormland Stiftung GmbH[3].

Die Stiftungs-GmbH ist **keine neue Rechtsform.** Es handelt sich vielmehr um eine Gesellschaft, bei der durch eine entsprechende Ausgestaltung der Satzung das Gesellschaftsvermögen und der Gesellschafterwille dauerhaft an den Gesellschaftszweck gebunden werden sollen. Bei einer steuerbegünstigten Stiftungs-GmbH ergeben sich aufgrund der steuerlichen Vorschriften zusätzliche Satzungsmodifikationen.

2. Satzungsgestaltung

a) Unternehmenszweck und Unternehmensgegenstand

7   Bei einer Stiftungs-GmbH sollte in der Satzung (ebenso wie bei anderen nicht erwerbswirtschaftlich tätigen Gesellschaften) zwischen dem Unternehmenszweck (§ 1 GmbHG) und dem Unternehmensgegenstand (§ 3 Abs. 1 Nr. 2 GmbHG) unterschieden werden. Unternehmenszweck meint dabei das **Ziel des unternehmerischen Engagements** (zum Beispiel die Förderung von Wissenschaft und Forschung im Bereich der Biotechnologie). Die den Unternehmensgegenstand bildende Tätigkeit stellt demgegenüber das Mittel dar, mit dessen Hilfe der **Unternehmenszweck erreicht** werden soll (zum Beispiel die Vergabe von Stipendien bzw. Forschungspreisen, Veranstaltung von wissenschaftlichen Symposien etc.).

Aus zivilrechtlichen Gründen müßte die Tätigkeit der Gesellschaft nicht im einzelnen in der Satzung aufgeführt werden. Die **Steuerbegünstigung** ist jedoch davon abhängig, daß sich aus der Satzung ergibt, welchen steuerbegünstigten Zweck die Körperschaft ausschließlich und unmittelbar selbstlos verfolgt (§ 59 HS 1 AO). Die Satzungszwecke und die Art ihrer Verwirklichung müssen dabei so genau bestimmt sein, daß allein aufgrund der Satzung geprüft werden kann, ob die Voraussetzungen für die Steuerbegünstigung gegeben sind (§ 60 Abs. 1 AO). Die allgemeine Angabe, daß gemeinnützige oder sonst steuerbegünstige Zwecke verfolgt werden, genügt nicht. Es bedarf einer näheren Konkretisierung, auf welche Art und Weise das geschehen soll.

---

3 Zahlreiche weitere Beispiele finden sich bei *Römer*, S. 217 ff.

Der Unternehmensgegenstand kann von den Gesellschaftern mit einer Mehrheit von 3/4 der abgegebenen Stimmen **geändert** werden, sofern die Satzung keine abweichenden Bestimmung enthält (§ 53 Abs. 2 GmbHG). Demgegenüber kann der Unternehmenszweck nur einstimmig geändert werden (§ 33 Abs. 1 Satz 2 BGB analog). Eine Änderung des Unternehmenszwecks kann den (rückwirkenden) Verlust den Steuerbegünstigung zur Folge haben und sollte daher nur nach Abstimmung mit dem zuständigen Finanzamt für Körperschaften erfolgen (§§ 61 Abs. 3, 55 Abs. 1 Nr. 4 AO).

b) Firma

Der Gesellschaftsvertrag muß die Firma der Gesellschaft bestimmen (§ 3 Abs. 1 Nr. 1 GmbHG). Für die Firmenbildung einer Stiftungs-GmbH gelten die allgemeinen Vorschriften (§ 18 Abs. 1 HGB). Um eine Irreführung des Rechtsverkehrs zu vermeiden, muß die Firma einen **eindeutigen Hinweis auf die Rechtsform** enthalten (§ 4 GmbHG). Die Verwendung des Wortes „Stiftung" in der Firmenbezeichnung einer GmbH ist jedenfalls dann zulässig, wenn die Gesellschaft ein der Erfüllung eines bestimmten Zwecks gewidmetes Vermögen verwaltet[4]. Ferner kann die Firma die Bezeichnung als „gemeinnützig" enthalten, wenn die Gesellschaft steuerbegünstigte Zwecke verfolgt.

8

c) Stammkapital und Stammeinlagen

Hinsichtlich der Höhe und Aufbringung des Stammkapitals gelten die **allgemeinen Vorschriften** (§ 5 GmbHG).

9

Um eine nachhaltige und effektive Verwirklichung des Stiftungszwecks zu gewährleisten, sind die **Stammeinlagen** in der Regel sofort in voller Höhe zu erbringen.

d) Rechte der Gesellschafter

aa) Verwaltungsrechte

Das **Stimmrecht** der Gesellschafter bestimmt sich grundsätzlich nach der Höhe der Geschäftsanteile (§ 47 Abs. 2 GmbHG). Im Interesse der dauerhaften Verwirklichung des Stifterwillens können bestimmten Gesellschaftern in der Satzung Mehrstimmrechte (vgl. § 12 Abs. 2 AktG) oder Sonderrechte (zum Beispiel Vetorechte, Zustimmungsvorbehalt) eingeräumt werden.

10

---

[4] OLG Stuttgart, Beschl. v. 12. 2. 1964, 8 W 229/63, NJW 1964, 1231 = GmbHR 1964, 116.

bb) Vermögensrechte

(1) Gewinnverwendung

11 Die Gesellschafter haben grundsätzlich Anspruch auf den von der Gesellschaft erzielten **Jahresüberschuß** (§§ 29 Abs. 1 und 3, 46 Nr. 1 GmbHG).

Bei steuerbegünstigten Körperschaften dürfen die Gesellschafter indes **keine Gewinnanteile** und in ihrer Eigenschaft als Mitglieder auch **keine sonstigen** (offenen oder verdeckten) **Zuwendungen** aus Mitteln der Gesellschaft erhalten (§ 55 Abs. 1 Nr. 2 AO). Der Jahresüberschuß der Gesellschaft ist vielmehr ausschließlich zur Verwirklichung der satzungsgemäßen Zwecke zu verwenden (§ 55 Abs. 1 Nr. 1 AO), sofern er nicht in eine Rücklage eingestellt wird (§ 58 Nr. 6 und 7 AO). In der Satzung der Gesellschaft sollte der Anspruch der Gesellschafter auf einen Gewinn ausdrücklich ausgeschlossen werden.

Bei einer Stiftungs-GmbH ist es (anders als bei einer rechtsfähigen Stiftung) nicht möglich, ohne Verlust der Steuerbegünstigung einen Teil des Gewinns für den **Unterhalt des Gründungsgesellschafters oder seiner nächsten Angehörigen** zu verwenden (§ 58 Nr. 5 AO gilt nur für Stiftungen).

(2) Liquidationsguthaben

12 Im Falle der Liquidation der Gesellschaft steht den Gesellschaftern das nach der Erfüllung der Verbindlichkeiten verbleibende Vermögen grundsätzlich **anteilig** zu (§ 72 GmbHG).

Bei der Auflösung einer steuerbegünstigten Körperschaft dürfen die Mitglieder jedoch nur ihren **eingezahlten Kapitalanteil oder den gemeinen Wert ihrer Sacheinlage** zurückerhalten (§ 55 Abs. 1 Nr. 2 AO). In der Satzung muß daher bestimmt sein, welcher steuerbegünstigten Person das übrige Liquidationsvermögen zufällt (§§ 61 Abs. 1, 55 Abs. 1 Nr. 4 AO). Sofern eine Bestimmung des Empfängers im Zeitpunkt der Feststellung der Satzung ausnahmsweise noch nicht möglich ist, genügt es, wenn über die Verwendung zu einem steuerbegünstigten Zweck später ein Gesellschafterbeschluß gefaßt wird und der Beschluß erst nach Einwilligung des Finanzamts ausgeführt werden darf (§ 61 Abs. 2 AO).

e) Organe der Gesellschaft

aa) Geschäftsführung

13 Die Geschäftsführer der Gesellschaft werden grundsätzlich von der **Gesellschafterversammlung** bestellt und abberufen (§ 46 Nr. 5 GmbHG). Die Befugnis kann jedoch auf andere Organe (nicht aber auf gesellschaftsfremde Dritte) übertragen, oder von der Zustimmung bestimmter Gesellschafter

Stiftungs-GmbH   Rz. 15 **G**

abhängig gemacht werden. Die Satzung kann auch für einzelne Gesellschafter (beispielsweise die Gründungsgesellschafter) ein Sonderrecht auf Bestellung zum Geschäftsführer vorsehen.

Die Geschäftsführung der Gesellschaft muß auf die tatsächliche und unmittelbare **Erfüllung der steuerbegünstigten Zwecke** gerichtet sein und den Satzungsbestimmungen über die Voraussetzungen der Steuerbegünstigung entsprechen (§ 63 Abs. 1 AO). Verletzungen dieser Pflicht führen zum Verlust der Steuerbegünstigung für den betreffenden Zeitraum (§§ 63 Abs. 2, 60 Abs. 2 AO).

▶ **Gestaltungshinweis**
Die Bindung der Geschäftsführer an die Verwirklichung steuerbegünstigter Zwecke sollte in dem jeweiligen Anstellungsvertrages ausdrücklich klargestellt werden.

bb) Weitere Organe

Die Einrichtung eines **Aufsichtsrats** ist bei der GmbH in der Regel nicht   14
vorgesehen (§ 52 Abs. 1 GmbHG).

Bei steuerbegünstigten Stiftungs-GmbH's ist die Schaffung weiterer Organe zur Beratung bzw. Überwachung der Geschäftsführung gleichwohl oftmals zweckmäßig. Insbesondere können auf diese Weise **externe Personen oder Einrichtungen** für eine Mitwirkung bei der Verwirklichung des Gesellschaftszwecks gewonnen werden.

f) Gesellschafterwechsel

aa) Geschäftsanteilsübertragung unter Lebenden

Die Geschäftsanteile einer GmbH sind grundsätzlich **frei übertragbar** (§ 15   15
Abs. 1 GmbHG). Die Satzung kann die Übertragung von Geschäftsanteilen jedoch ausschließen oder vom Vorliegen bestimmter Voraussetzungen abhängig machen (§ 15 Abs. 5 GmbHG).

Durch eine **Anteilsvinkulierung** kann verhindert werden, daß Geschäftsanteile auf Personen übertragen werden, die den ideellen Zweck der Stiftungs-GmbH nicht mit tragen. Die Übertragung von Geschäftsanteilen sollte daher von der vorherigen Zustimmung aller Gesellschafter, eines bestimmten Gesellschafters oder der Geschäftsführung der Gesellschaft abhängig gemacht werden. Die Zustimmung der Geschäftsführung sollte dabei im Innenverhältnis an einen entsprechenden Beschluß der Gesellschafterversammlung oder eines anderer Organs (zum Beispiel eines Aufsichtsrates) gebunden sein. Dabei ist in der Satzung festzulegen, ob der betroffene Gesellschafter stimmberechtigt ist und welche Mehrheitserfordernisse für den Zustimmungsbeschluß notwendig sind.

Ergänzend kann die Satzung vorsehen, daß die **Zustimmung zur Anteilsübertragung** zu erteilen ist, sofern der neue Gesellschafter bestimmte persönliche und/oder fachliche Voraussetzungen erfüllt.

bb) Geschäftsanteilsübertragung von Todes wegen

16 Die Anteile an einer Stiftungs-GmbH gehen im Falle des Tod eines Gesellschafters **zwingend auf dessen Erben** über (§ 15 Abs. 1 GmbHG). Um die Homogenität des Gesellschafterkreises sicherzustellen, sollte die Satzung vorsehen, daß ein Geschäftsanteil im Fall des Todes eines Gesellschafters eingezogen werden kann, oder die Erben verpflichtet sind, den Geschäftsanteil auf die Gesellschaft oder (einen von der Gesellschaft zu benennenden) Dritten zu übertragen.

g) Ausschluß von Gesellschaftern

aa) Ausschlußgrund

17 Die **Einziehung eines Geschäftsanteils** ist gegen den Willen des betroffenen Gesellschafters nur zulässig, wenn die Voraussetzungen in der Satzung hinreichend bestimmt festgelegt sind (§ 34 Abs. 2 GmbHG). Ein wichtiger Grund in der Person eines Gesellschafters (etwa entsprechend §§ 133, 140 HGB für Personenhandelsgesellschaften) kann Grund für die Einziehung eines Geschäftsanteils sein. In der Satzung kann das Kriterium des wichtigen Grundes durch die Nennung von Beispielen (etwa mangelnde Verbundenheit mit dem [ideellen] Gesellschaftszweck, Gefährdung der Steuerbegünstigung der Körperschaft) näher konkretisiert werden.

Die Einziehung hat zur **Folge**, daß der Geschäftsanteil untergeht, und ist daher nur möglich, sofern nach der Einziehung das Mindeststammkapital verbleibt. Alternativ zur Einziehung sollte der Gesellschaft das Recht eingeräumt werden, den Geschäftsanteil an sie selbst, an einen Gesellschafter oder einen Dritten abzutreten. Die Abtretung an die Gesellschaft ist nur bei voll eingezahlten Geschäftsanteilen möglich (§ 33 Abs. 1 GmbHG).

bb) Abfindungsanspruch

18 Der ausscheidende Gesellschafter hat grundsätzlich Anspruch auf eine Abfindung, deren Höhe sich nach dem **Verkehrswert des Geschäftsanteils** richtet. Der Geschäftsanteil an einer steuerbegünstigten Stiftungs-GmbH verkörpert jedoch keinen wirtschaftlichen Wert, so daß die Abfindung auf den Nennwert des Anteils beschränkt oder auch ganz ausgeschlossen werden kann.

Aus steuerlichen Gründen darf ein Gesellschafter bei seinem Ausscheiden auf keinen Fall mehr als die **eingezahlten Kapitalanteile oder gemeinen Wert etwaiger Sacheinlagen** erhalten (§ 55 Abs. 1 Nr. 2 AO).

h) Satzungsänderung

Dem Wunsch des Stifters nach einer dauerhaften Vermögensbindung kann mit einer Stiftungs-GmbH nur unvollkommen entsprochen werden. Die Möglichkeit einer Satzungsänderung (insbesondere einer Änderung des Gesellschaftszwecks) kann nicht generell ausgeschlossen werden. Durch einen **einstimmigen Beschluß aller Gesellschafter** kann die Satzung stets geändert werden. Dies ermöglicht es einer Stiftungs-GmbH aber auch, die Satzung flexibel an sich ändernde Rahmenbedingungen anzupassen. 19

Eine Änderung des Unternehmenszwecks bedarf schon kraft Gesetzes zwingend der **Zustimmung aller Gesellschafter** (§ 33 Abs. 1 Satz 2 BGB). Einer entsprechenden Satzungsbestimmung kommt daher lediglich klarstellende Bedeutung zu.

Für sonstige Satzungsänderungen kann die Satzung, abweichend von der gesetzlichen $^3/_4$-Mehrheit der Stimmen, gleichfalls **Einstimmigkeit** vorsehen (§ 53 Abs. 2 Satz 1 GmbHG). Darüber hinaus kann die Satzung zusätzliche Erfordernisse vorsehen (§ 53 Abs. 2 Satz 2 GmbHG), wie etwa die persönliche Anwesenheit aller Gesellschafter bei der Beschlußfassung oder die Notwendigkeit einer mehrfachen Abstimmung (ggf. nach Ablauf bestimmter Mindestfristen).

Sofern die Satzung keine einstimmige Beschlußfassung vorschreibt, kann die Perpetuierung des Stifterwillens auch dadurch gewährleistet werden, daß in der Satzung für einzelne Gesellschafter (etwa die Gründungsgesellschafter) **Sonderrechte oder Mehrfachstimmrechte** (vgl. § 12 Abs. 2 AktG) in der Satzung eingeräumt werden.

Im Hinblick auf den Grundsatz der **Satzungsautonomie** kann eine Satzungsänderung dagegen nicht von der Zustimmung von anderen Organen als der Gesellschafterversammlung (zum Beispiel einem Beirat), oder von gesellschaftsfremden Dritten abhängig gemacht werden.

j) Auflösung und Verschmelzung der Gesellschaft

Die Gesellschaft wird insbesondere durch **Beschluß der Gesellschafter** aufgelöst (§ 60 Abs. 1 Nr. 2 GmbHG). Der Auflösungsbeschluß bedarf einer Mehrheit von $^3/_4$ der abgegebenen Stimmen, sofern die Satzung keine abweichende Regelung enthält (§ 60 Abs. 1 Nr. 2 HS 2 GmbHG). Um die dauerhafte Zweckbindung des Vermögens der Stiftungs-GmbH zu gewährleisten, sollte die Satzung den Auflösungsbeschluß (ähnlich wie den Be- 20 schluß über eine Satzungsänderung) von einer höheren Stimmenmehrheit oder sonstigen Erfordernissen abhängig machen.

Die Verschmelzung der Gesellschaft führt zur Auflösung des übertragenden Rechtsträgers. Der Zustimmungsbeschluß zu einer Verschmelzung bedarf grundsätzlich einer Mehrheit von $^3/_4$ der abgegebenen Stimmen (§ 50 Abs. 1 Satz 1 UmwG). Die Satzung kann jedoch auch insoweit eine größere Mehrheit und weitere Erfordernisse bestimmen (§ 50 Abs. 1 Satz 2 UmwG).

3. Formulierungsvorschlag für die Satzung einer Stiftungs-GmbH

Hinweise auf andere Formulierungsvorschläge: *Wochner*, in: Deutsches Anwaltsinstitut/Fachinstitut für Notare (Hrsg.), Die Stiftung und stiftungsähnliche Körperschaften, Bochum 2000, S. 195 ff.

|08| **Satzung einer Stiftungs-GmbH**

I. Allgemeine Bestimmungen

§ 1 Firma, Sitz

(1) Die Firma der Gesellschaft lautet (...) gemeinnützige Stiftungs-GmbH.
(2) Der Sitz der Gesellschaft ist (...).

§ 2 Zweck und Gegenstand des Unternehmens

(1) Die Gesellschaft hat folgenden Zweck (...).
(2) Die Gesellschaft erfüllt ihren Zweck insbesondere durch folgende Maßnahmen, die den Gegenstand des Unternehmens der Gesellschaft bilden (...). Die Gesellschaft kann auch andere Maßnahmen durchführen, die zur Förderung des Gesellschaftszwecks geeignet sind.
(3) Die Gesellschaft kann sich an anderen Unternehmen (mit gleichem oder ähnlichem Unternehmensgegenstand) im In- und Ausland beteiligen, sie erwerben und die Geschäftsführung für solche Unternehmen übernehmen. Sie ist zur Errichtung von Zweigniederlassungen berechtigt.

§ 3 Steuerbegünstigung

(1) Die Gesellschaft verfolgt ausschließlich und unmittelbar gemeinnützige, mildtätige und kirchliche Zwecke im Sinne des Abschnitts „Steuerbegünstigte Zwecke" der Abgabenordnung.
(2) Die Gesellschaft ist selbstlos tätig und verfolgt nicht in erster Linie eigenwirtschaftliche Zwecke. Mittel der Gesellschaft dürfen nur für die satzungsmäßigen Zwecke verwendet werden.
(3) Die Gesellschafter erhalten keine Zuwendungen aus Mitteln der Gesellschaft. Keine Person darf durch Ausgaben, die dem Gesellschaftszweck fremd sind oder durch unverhältnismäßig hohe Vergütungen begünstigt werden.
(4) Ein Rechtsanspruch auf Leistungen der Gesellschaft besteht nicht und wird auch durch wiederholte Leistungen nicht begründet.

§ 4 Dauer der Gesellschaft, Geschäftsjahr

(1) Die Dauer der Gesellschaft ist unbestimmt.
(2) Das Geschäftsjahr ist das Kalenderjahr. Das erste Geschäftsjahr endet am 31. Dezember des Jahres, in dem die Gesellschaft im Handelsregister eingetragen wird.

§ 5 Bekanntmachungen

Die Bekanntmachungen der Gesellschaft erfolgen im Bundesanzeiger.

II. Stammkapital und Geschäftsanteile

§ 6 Stammkapital, Stammeinlagen

(1) Das Stammkapital der Gesellschaft beträgt (...) Euro (in Worten: ... Euro).
(2) Die Gesellschafter (...) übernehmen folgende Stammeinlage (...).
(3) Die Stammeinlagen sind sofort in voller Höhe in bar zu erbringen.
(4) Jeder Gesellschafter hat den ideellen Zweck der Gesellschaft außerhalb und innerhalb der Gesellschaft zu fördern. Die Gesellschafter haben folgende weitere Leistungen zu erbringen (...).
(5) Das der Erfüllung des Gesellschaftszweck dienende wesentliche Vermögen der Gesellschaft ist in seinem wertmäßigen Bestand unverändert zu erhalten.

§ 7 Verfügung über Geschäftsanteile

(1) Die Verfügung über Geschäftsanteile oder Teile von Geschäftsanteilen, insbesondere die Abtretung, Verpfändung, Nießbrauchsbestellung oder sonstige Belastung ist nur mit Zustimmung der Gesellschaft zulässig.
(2) Die Zustimmung soll nur erteilt werden, wenn der Erwerber oder sonstige Berechtigte Gewähr für die dauerhafte Erfüllung der Stiftungszwecke bietet.
(3) Die Zustimmung bedarf eines einstimmigen Beschlusses aller Gesellschafter, wobei der betroffene Gesellschafter nicht stimmberechtigt ist.

§ 8 Einziehung

(1) Die Einziehung von Geschäftsanteilen mit Zustimmung des betroffenen Gesellschafters ist zulässig.
(2) Die Zustimmung des Gesellschafters zur Einziehung seines Geschäftsanteils ist nicht erforderlich, wenn
   (a) ein Gesellschafter verstirbt,
   (b) über das Vermögen eines Gesellschafters das Insolvenzverfahren eröffnet ist und nicht binnen sechs Wochen wieder aufgehoben wird, oder die Eröffnung mangels Masse abgelehnt wird,
   (c) in den Geschäftsanteil Zwangsvollstreckungsmaßnahmen gleich welcher Art vorgenommen werden und diese nicht innerhalb von sechs Wochen nach Beginn wieder aufgehoben wird,
   (d) ein wichtiger Grund in der Person des Gesellschafters (entsprechend §§ 133, 140 HGB) vorliegt, der seine Ausschließung rechtfertigt,
   (e) (...).
(3) Steht ein Geschäftsanteil mehreren Berechtigten zu, ist die Einziehung auch dann zulässig, wenn die Voraussetzungen der Einziehung nur in der Person eines Berechtigten vorliegen.
(4) Statt der Einziehung kann die Gesellschaft verlangen, daß der betroffene Gesellschafter seinen Geschäftsanteil an die Gesellschaft, einen anderen Gesellschafter oder einen Dritten abtritt.

(5) Der Beschluß über die Einziehung oder die Abtretung an einen Gesellschafter oder einen Dritten bedarf der Mehrheit von 3/4 aller Gesellschafter. Der betroffene Gesellschafter bzw. dessen Erben sind von der Ausübung des Stimmrechts ausgeschlossen.
(6) Der Gesellschafter bzw. dessen Erben erhalten im Fall der Einziehung oder der Abtretung kein Entgelt.

§ 9 Erbfolge

(1) Stirbt ein Gesellschafter, geht sein Geschäftsanteil auf seine Erben über.
(2) Mehrere Erben haben ihre Rechte und Pflichten der Gesellschaft gegenüber durch einen gemeinschaftlichen Vertreter oder durch einen Testamentsvollstrecker erfüllen zu lassen. Solange der Bevollmächtigte nicht bestellt ist, ruhen die Gesellschafterrechte.

§ 10 Austritt

(1) Jeder Gesellschafter kann aus der Gesellschaft mit einer Frist von drei Monaten zum Ende eines Geschäftsjahres austreten. Der Austritt muß gegenüber allen übrigen Gesellschaftern durch eingeschriebenen Brief erfolgen.
(2) Der austretende Gesellschafter ist (nach Wahl der Gesellschaft) verpflichtet, seinen Geschäftsanteil auf die übrigen Gesellschafter im Verhältnis ihrer Beteiligung oder auf die Gesellschaft zu übertragen, oder die Einziehung des Geschäftsanteils zu dulden.
(3) Durch den Austritt wird die Gesellschaft nicht aufgelöst. Mit Wirksamwerden des Austritts ruhen alle Gesellschafterrechte des ausscheidenden Gesellschafters.
(4) Der Gesellschafter erhält im Fall der Einziehung und Abtretung kein Entgelt.

III. Organisation der Gesellschaft

§ 11 Geschäftsführung

(1) Die Gesellschaft hat einen oder mehrere Geschäftsführer.
(2) Die Rechte und Pflichten der Geschäftsführer ergeben sich aus dem Gesetz, der Satzung und dem Anstellungsvertrag.

§ 12 Vertretung

(1) Ist nur ein Geschäftsführer bestellt, vertritt dieser die Gesellschaft allein. Sind mehrere Geschäftsführer bestellt, wird die Gesellschaft durch zwei Geschäftsführer oder durch einen Geschäftsführer mit einem Prokuristen vertreten.
(2) Durch Beschluß der Gesellschafterversammlung kann allen oder einzelnen Geschäftsführern Einzelvertretungsbefugnis und Befreiung von den Beschränkungen des § 181 BGB erteilt werden.
(3) Dem Gründungsgesellschafter (...) steht das Amt des Geschäftsführers als persönliches und nicht entziehbares Sonderrecht zu. Er ist stets einzeln zur Vertretung der Gesellschaft befugt und von den Beschränkungen des § 181 BGB befreit.

(4) Für die Liquidatoren der Gesellschaft gelten die vorstehenden Bestimmungen entsprechend.

§ 13 Gesellschafterversammlung

(1) Die Gesellschafterversammlung wird durch die Geschäftsführung mindestens einmal im Geschäftsjahr einberufen. Darüber hinaus ist eine Gesellschafterversammlung einzuberufen, wenn es im Interesse der Gesellschaft erforderlich ist oder von einem Gesellschafter unter Angabe des Grundes schriftlich verlangt wird.
(2) Die Einberufung der Gesellschafterversammlung erfolgt durch die Geschäftsführung mittels eingeschriebenem Brief. Der Einladung ist die Tagesordnung und der letzte Jahresabschluß (ggf. auch der Lagebericht und der Prüfungsbericht) beizufügen. Die Ladungsfrist beträgt 15 Tage, wobei der Tag der Absendung und der Tag der Versammlung nicht mitgerechnet werden.
(3) Gesellschafterversammlungen finden am Sitz der Gesellschaft statt.
(4) Den Vorsitz führt der Gründungsgesellschafter (...). Nach seinem Ausscheiden wird der Versammlungsleiter von der Gesellschafterversammlung gewählt.
(5) Über jede Gesellschafterversammlung ist eine Niederschrift zu errichten, sofern keine notarielle Beurkundung erfolgt. Beschlüsse sind im Wortlaut festzuhalten. Die Niederschrift ist vom Versammlungsleiter und einem weiteren Gesellschafter zu unterzeichnen. Jeder Gesellschafter erhält mittels eingeschriebenem Brief eine Abschrift der Niederschrift.
(6) Jeder Gesellschafter kann sich in Gesellschafterversammlungen durch einen anderen Gesellschafter oder einen zur Berufsverschwiegenheit verpflichteten Angehörigen der rechts- und steuerberatenden Berufe vertreten oder beraten lassen. Die Vollmacht bedarf der Schriftform.

§ 14 Gesellschafterbeschlüsse

(1) Gesellschafterbeschlüsse werden in Versammlungen gefaßt. Sofern alle Gesellschafter einverstanden sind, können Gesellschafterbeschlüsse auch im Umlaufverfahren (schriftlich, per Telefax, per e-mail oder telefonisch) gefaßt werden.
(2) Die Gesellschafterversammlung ist beschlußfähig, wenn mindestens 3/4 der Gesellschafter anwesend sind oder aufgrund schriftlicher Vollmacht vertreten werden. Ist die Gesellschafterversammlung nicht beschlußfähig, ist innerhalb von vier Wochen eine neue Versammlung mit gleicher Tagesordnung unter Einhaltung einer Ladungsfrist von drei Tagen einzuberufen. Diese Gesellschafterversammlung ist unabhängig von der Zahl der vertretenen Gesellschafter beschlußfähig. Auf die erleichterte Beschlußfähigkeit ist in der Ladung hinzuweisen.
(3) Jeder Gesellschafter hat eine Stimme.
(4) Die Gesellschafterversammlung faßt ihre Beschlüsse mit einfacher Mehrheit, sofern nicht durch Gesetz oder Satzung eine abweichende Bestimmung getroffen wird.
(5) Gesellschafterbeschlüsse können nur binnen einer Frist von zwei Monaten nach Absendung der Niederschrift angefochten werden.

§ 15 Beirat

(1) Nach Ausscheiden des Gründungsgesellschafters (...) aus der Gesellschaft ist ein Beirat zu bilden.
(2) Zu den Aufgaben des Beirats gehört die Beratung, Unterstützung und Überwachung der Geschäftsführung. Jedes Mitglied des Beirats kann von der Geschäftsführung Auskunft über die Angelegenheiten der Gesellschaft und Einsicht in die Bücher und Schriften der Gesellschaft verlangen.
(3) Der Beirat besteht aus mindestens drei und höchstens fünf Mitgliedern. Die Mitglieder des Beirats werden von der Gesellschafterversammlung auf die Dauer von fünf Jahren gewählt, sofern nicht der Gründungsgesellschafter (...) zu seinen Lebzeiten oder durch Verfügung von Todes wegen Mitglieder bestellt hat.
(4) Die von der Gesellschafterversammlung gewählten Mitglieder des Beirats dürfen weder Gesellschafter noch Geschäftsführer der Gesellschaft, mit solchen auch nicht verwandt oder verschwägert sein, und sollen über besondere Kenntnisse und Erfahrungen auf dem Tätigkeitsgebiet der Gesellschaft verfügen.
(5) Eine Abberufung der Mitglieder des Beirats ist nur aus wichtigem Grund möglich.

IV. Jahresabschluß und Gewinnverwendung

§ 16 Jahresabschluß

(1) Die Geschäftsführer haben den Jahresabschluß, und soweit gesetzlich erforderlich auch den Lagebericht innerhalb der gesetzlichen Fristen aufzustellen und zu unterzeichnen.
(2) Die Gesellschafterversammlung beschließt, ob der Jahresabschluß zu prüfen ist, obwohl dies gesetzlich nicht erforderlich ist.

§ 17 Gewinnverwendung

(1) Die Gesellschafterversammlung stellt den Jahresabschluß fest und beschließt über die Verwendung des Jahresüberschuß.
(2) Der Beschluß über die Gewinnverwendung darf nur mit Zustimmung des Gründungsgesellschafters (...) gefaßt werden, solange dieser Gesellschafter der Gesellschaft ist.
(3) Die Mittel der Gesellschaft dürfen nur für satzungsgemäße Zwecke verwendet werden. Die Gesellschafter erhalten keine Gewinnanteile.

V. Schlußbestimmungen

§ 18 Satzungsänderung

(1) Über die Änderung der Satzung beschließt die Gesellschafterversammlung.
(2) Beschlüsse über die Änderung der Satzung dürfen nur nach Vorlage einer Bescheinigung des zuständigen Finanzamts gefaßt werden, daß die Steuerbegünstigung der Gesellschaft durch die Satzungsänderung nicht beeinträchtigt wird.

(3) Der Zweck der Gesellschaft soll nur geändert werden, wenn die Erfüllung des bisherigen Unternehmenszwecks unmöglich oder wirtschaftlich sinnlos geworden ist.

(4) Beschlüsse über die Änderung der Satzung bedürfen einer Mehrheit von 4/5 der Stimmen der Gesellschafter. Gegen die Stimme des Gründungsgesellschafters (. . .) kann eine Änderung der Satzung jedoch in keinem Fall beschlossen werden.

§ 19 Auflösung, Umwandlung

(1) Die Auflösung oder Umwandlung der Gesellschaft soll nur beschlossen werden, wenn die Erfüllung des bisherigen Unternehmenszwecks unmöglich oder wirtschaftlich sinnlos geworden ist.

(2) Die Auflösung oder Umwandlung der Gesellschaft ist nur durch einstimmigen Beschluß der Gesellschafterversammlung bei gleichzeitiger persönlicher Anwesenheit aller Gesellschafter möglich.

§ 20 Vermögensbindung

Bei Auflösung der Gesellschaft oder bei Wegfall der steuerbegünstigten Zwecke fällt das Vermögen an (. . .), der es unmittelbar und ausschließlich für gemeinnützige, mildtätige oder kirchliche Zwecke zu verwenden hat.

§ 21 Wettbewerbsverbot

(1) Gesellschafter und geschäftsführende Gesellschafter unterliegen in ihrer wirtschaftlichen Tätigkeit außerhalb des Unternehmensgegenstandes keinerlei Beschränkungen.

(2) Die Gesellschaft kann Gesellschaftern und geschäftsführenden Gesellschaftern durch Gesellschafterbeschluß wirtschaftliche Tätigkeiten auch darüber hinaus gestatten.

§ 22 Salvatorische Klausel

Sollten einzelne Bestimmungen dieser Satzung nichtig oder unwirksam sein oder werden, so wird die Gültigkeit der Satzung im übrigen hiervon nicht berührt. Anstelle der unwirksamen Bestimmungen oder zur Ausfüllung einer Lücke ist eine angemessene Regelung zu vereinbaren, die dem am nächsten kommt, was die Vertragsschließenden gewollt haben oder nach dem Sinn und Zweck der Satzung gewollt hätten, sofern sie den Punkt bedacht hätten.

§ 23 Gründungskosten

Die Gründungskosten der Gesellschaft, insbesondere Notarkosten, Kosten der Eintragung in das Handelsregister und die Kosten der Gründungsberatung trägt die Gesellschaft. Dieser Gründungsaufwand wird von der Gesellschaft bis zu einem Betrag von (. . .) Euro getragen.

III. Stiftungs-Aktiengesellschaft

1. Einführung

Im Bereich der Stiftungskörperschaften ist die Rechtsform der GmbH 22 (ebenso wie im Bereich der erwerbswirtschaftlich tätigen Gesellschaften) wesentlich stärker verbreitet als die Aktiengesellschaft. Die GmbH ermöglicht aufgrund der Gestaltungsfreiheit im Innenverhältnis (§ 45 GmbHG) eher eine auf den Stiftungszweck zugeschnittene Satzungsgestaltung als die durch den **Grundsatz der Satzungsstrenge** geprägte Aktiengesellschaft (§ 23 Abs. 5 AktG). Die starke Stellung der Gesellschafter einer GmbH macht darüber hinaus eine Einflußnahme auf die Geschäftsführung möglich, während der Vorstand einer Stiftungs-Aktiengesellschaft die Gesellschaft unter eigener Verantwortung leitet (§ 76 Abs. 1 AktG). Bekanntestes Beispiel für eine Stiftungs-Aktiengesellschaft ist derzeit die Margarethe-Ammon Stiftungs-Aktiengesellschaft in München. Im Hinblick auf die Satzungsgestaltung gelten die Überlegungen zur Stiftungs-GmbH entsprechend[5].

---

5 S. dazu Teil G Rz. 7 ff.

2. Formulierungsvorschlag für die Satzung einer Stiftungs-Aktiengesellschaft

23 |09| **Satzung einer Stiftungs-Aktiengesellschaft**

I. Allgemeine Bestimmungen

§ 1 Firma, Sitz und Geschäftsjahr

(1) Die Gesellschaft führt die Firma (...) „Stiftungs-Aktiengesellschaft".
(2) Sie hat ihren Sitz in (...).
(3) Die Gesellschaft ist eine steuerbegünstigte Körperschaft im Sinne der Abgabenordnung, welche in der Rechtsform einer Stiftungsaktiengesellschaft geführt wird.
(4) Geschäftsjahr ist das Kalenderjahr. Das erste Geschäftsjahr ist ein Rumpfgeschäftsjahr und endet mit dem 31. Dezember des Jahres, der auf die Eintragung im Handelsregister folgt.

§ 2 Gegenstand des Unternehmens

(1) Gegenstand des Unternehmens ist die Verwaltung des Vermögens, das der Gesellschaft von dem Stifter zu seinen Lebzeiten oder von Todes wegen oder von Dritten zugewendet wird und die Verwendung der Erträge aus dem Stiftungsvermögen für die nachfolgend bezeichneten Zwecke (...).
(2) Die Stiftungszwecke können auch dadurch erfüllt werden, daß Stiftungsmittel an andere steuerbegünstigte Körperschaften, welche auf den in den Stiftungszwecken genannten Gebieten tätig sind, vergeben werden.
(3) Bei der Verwendung der Stiftungsmittel ist darauf zu achten, daß innerhalb eines Zeitraums von jeweils drei Jahren die einzelnen Stiftungszwecke möglichst gleichmäßig bedacht werden.

§ 3 Steuerbegünstigung

(1) Die Gesellschaft dient ausschließlich und unmittelbar gemeinnützigen und mildtätigen Zwecken. Sie ist selbstlos tätig und verfolgt nicht in erster Linie eigenwirtschaftliche Zwecke.
(2) Die Mittel der Stiftung dürfen nur für die satzungsmäßigen Zwecke verwendet werden. Es darf keine natürliche oder juristische Person durch Ausgaben oder Vorteile, die dem Zwecke der Stiftung fremd sind oder durch unverhältnismäßig hohe Vergütungen begünstigt werden.
(3) Die Aktionäre dürfen keine Gewinnanteile und in ihrer Eigenschaft als Aktionäre auch keine sonstigen Zuwendungen aus Mitteln der Gesellschaft erhalten.
(4) Die Aktionäre erhalten bei ihrem Ausscheiden oder bei Auflösung der Gesellschaft nicht mehr als ihre eingezahlten Kapitalanteile und den gemeinen Wert ihrer geleisteten Sacheinlagen zurück.

§ 4 Dauer der Gesellschaft

(1) Die Dauer der Gesellschaft ist zeitlich nicht begrenzt.
(2) Im Falle einer Auflösung oder Aufhebung der Gesellschaft oder bei Wegfall ihres bisherigen Zweckes fällt das nach Berichtigung der Verbindlichkeiten der Gesellschaft verbleibende Vermögen zur ausschließlichen Verwendung der in dieser Satzung festgelegten steuerbegünstigten Zwecke an (. . .). Beschlüsse über die künftige Vermögensverwendung dürfen erst nach Einwilligung des zuständigen Finanzamts für Körperschaften ausgeführt werden.

§ 5 Bekanntmachungen

Die Gesellschaft veröffentlicht ihre Bekanntmachungen ausschließlich im Bundesanzeiger.

II. Grundkapital und Aktien

§ 6 Höhe und Einteilung des Grundkapitals, Aktienurkunden

(1) Das Grundkapital der Gesellschaft beträgt (. . .) Euro.
(2) Es ist eingeteilt in (. . .) Stückaktien.
(3) Die Form der Aktienurkunden bestimmt der Stiftungsvorstand mit Zustimmung des Stiftungsaufsichtsrats. Dasselbe gilt für Schuldverschreibungen und deren Zins- und Erneuerungsscheine. Die Gesellschaft kann die Aktien ganz oder teilweise in Aktienurkunden zusammenfassen, die jeweils mehrere Aktien verbriefen (Sammelurkunde). Der Anspruch des Aktionärs auf Verbriefung seines Anteils ist ausgeschlossen.

§ 7 Namensaktien, Übertragung der Aktien

(1) Die Aktien lauten auf den Namen der Aktionäre.
(2) Die Aktien können nur mit Zustimmung der Gesellschaft übertragen werden. Die Zustimmung erteilt der Stiftungsvorstand. Die Zustimmung kann ohne Angabe von Gründen verweigert werden.
(3) Trifft im Falle einer Kapitalerhöhung der Erhöhungsbeschluß keine Bestimmung darüber, ob die neuen Aktien auf den Namen oder deren Inhaber lauten sollen, so lauten sie ebenfalls auf den Namen der Aktionäre.

§ 8 Einziehung

(1) Die Einziehung von Aktien eines Aktionärs ist auf dessen Verlangen und nach Maßgabe des § 237 AktG zulässig.
(2) Eine zwangsweise Einziehung der Aktien ist der Gesellschaft gestattet, wenn
  (a) die Aktien eines Aktionärs von einem Gläubiger des Aktionärs gepfändet oder in anderer Weise in die Aktien vollstreckt wird und die Vollstreckungsmaßnahmen nicht innerhalb von einem Monat, spätestens vor Verwertung der Aktien, aufgehoben werden,
  (b) über das Vermögen eines Aktionärs das Insolvenzverfahren eröffnet oder die Eröffnung eines solchen Verfahrens mangels Masse abgelehnt wird oder dieser die Richtigkeit seines Vermögensverzeichnisses an Eides statt zu versichern hat, oder

(c) in der Person des Aktionärs ein seine Ausschließung rechtfertigender Grund vorliegt, insbesondere (. . .),
(d) die Aktien aufgrund Gesetz, Hoheitsakt, Rechtsgeschäft oder sonst (z. B. auch durch Erbfolge) ohne Zustimmung der Gesellschaft (§ 7 Abs. 2 der Satzung) auf eine oder mehrere Personen übergehen, bei denen es sich nicht um Aktionäre der Gesellschaft handelt.
(3) Stehen Aktien mehreren Mitberechtigten ungeteilt zu, so ist die Einziehung (gemäß § 8 Abs. 2) auch dann zulässig, wenn deren Voraussetzungen nur in der Person eines Mitberechtigten vorliegt.
(4) Die Einziehung wird von der Hauptversammlung beschlossen.
(5) Vom Zeitpunkt des Zugangs der Mitteilung über den Einziehungsbeschluß des Vorstandes bei einem betroffenen Aktionär ruht sein Stimmrecht.
(6) Die Einziehung von Aktien erfolgt ohne Vergütung.

III. Stiftungsvorstand

§ 9 Zusammensetzung des Stiftungsvorstands und Geschäftsführung

(1) Der Stiftungsvorstand der Gesellschaft besteht aus einer oder mehreren Personen. Die Zahl der Mitglieder des Stiftungsvorstands bestimmt der Stiftungsaufsichtsrat.
(2) Der Stiftungsaufsichtsrat kann einen Vorsitzenden des Stiftungsvorstands sowie einen stellvertretenden Vorsitzenden des Stiftungsvorstands ernennen. Es können auch stellvertretende Stiftungsvorstandsmitglieder bestellt werden.
(3) Die Mitglieder des Stiftungsvorstands werden vom Stiftungsaufsichtsrat für höchstens 5 Jahre bestellt.
(4) Der Stiftungsvorstand hat die Geschäfte der Gesellschaft nach Maßgabe der Gesetze, der Satzung und – soweit vorhanden – der Geschäftsordnung zu führen.
(5) Hauptaufgabe des Stiftungsvorstands ist es, das Stiftungsvermögen langfristig zu erhalten und zu vermehren, damit der Stiftungszweck bestmöglich verwirklicht werden kann.
(6) Der Stiftungsvorstand hat dem Stiftungsaufsichtsrat hinsichtlich der jährlichen Mittelverwendung geeignete Vorschläge mit genauen Kostenvoranschlägen zu unterbreiten, welche mit Zustimmung der Hauptversammlung der Gesellschaft verwirklicht werden sollen.
(7) Der Stiftungsvorstand ist verpflichtet, dem Stiftungsaufsichtsrat bis zum 31.08. eines jeden Jahres für das Folgejahr einen Wirtschaftsplan vorzulegen. Der Wirtschaftsplan soll auch Aussagen dazu enthalten, durch welche Maßnahmen das Vermögen der Stiftung bestmöglich erhalten bzw. vermehrt werden soll. Bei Überschreiten von Ansätzen des Wirtschaftsplans um mehr als 5% hat der Stiftungsvorstand den Stiftungsaufsichtsrat hiervon unverzüglich in Kenntnis zu setzen, ihm die Gründe für die Überschreitung darzulegen und seine Genehmigung einzuholen.
(8) Für den Fall, daß der Stiftungsvorstand aus mehr als zwei Personen besteht, werden Beschlüsse mit der einfachen Mehrheit der anwesenden Mitglieder des Stiftungsvorstands gefaßt, soweit nicht das Gesetz zwingend eine größere Stimmenmehrheit vorschreibt. Bei Stimmengleichheit gibt die Stimme des

Vorsitzenden den Ausschlag, wenn ein Vorsitzender ernannt ist. Der Stiftungsvorstand ist beschlußfähig, wenn zwei Drittel seiner Mitglieder anwesend sind. Beschlüsse können auch im Umlaufverfahren (schriftlich, per e-mail oder fernmündlich) gefaßt werden.

(9) Der Stiftungsvorstand kann sich durch einstimmigen Beschluß eine Geschäftsordnung geben, welche der Zustimmung des Stiftungsaufsichtsrats bedarf.

§ 10 Vertretung

(1) Besteht der Stiftungsvorstand aus einer Person, so ist dieses Stiftungsvorstandsmitglied zur alleinigen Vertretung der Gesellschaft berechtigt.

(2) Besteht der Stiftungsvorstand aus mehreren Personen, wird die Gesellschaft durch zwei Stiftungsvorstandsmitglieder oder durch ein Stiftungsvorstandsmitglied in Gemeinschaft mit einem Prokuristen gesetzlich vertreten.

(3) Der Stiftungsaufsichtsrat kann bestimmen, daß einzelne Stiftungsvorstandsmitglieder zur alleinigen Vertretung der Gesellschaft berechtigt sind und einzelne Stiftungsvorstandsmitglieder abweichend von § 181 BGB ermächtigen, im Namen der Gesellschaft mit sich als Vertreter eines Dritten Rechtsgeschäfte vorzunehmen. § 112 AktG bleibt unberührt.

(4) Sofern der Gründer (...) zum Stiftungsvorstandsmitglied bestellt ist, ist er stets zur alleinigen Vertretung der Gesellschaft berechtigt. Abweichend von § 181 BGB ist er ferner stets berechtigt, im Namen der Gesellschaft mit sich als Vertreter eines Dritten Rechtsgeschäfte vorzunehmen.

IV. Stiftungsaufsichtsrat

§ 11 Zusammensetzung, Amtsdauer

(1) Der Stiftungsaufsichtsrat besteht aus drei Mitgliedern.

(2) Solange der Gründer (...) Aktionär der Gesellschaft ist, hat er das persönliche Recht, ein Mitglied seiner Wahl in den Stiftungsaufsichtsrat zu entsenden. Er kann sich auch selbst in den Stiftungsaufsichtsrat entsenden, sofern er nicht dem Stiftungsvorstand der Gesellschaft angehört. Das Entsendungsrecht kann nur durch eine schriftliche Erklärung ausgeübt werden, in der das zu entsendende Mitglied des Stiftungsaufsichtsrats bestimmt ist. Die Hauptversammlung wählt sämtliche Mitglieder des Stiftungsaufsichtsrats, wenn der Aktionär (...) von seinem Entsendungsrecht nicht spätestens drei Monate vor der Hauptversammlung, in der die turnusmäßige Wahl des Stiftungsaufsichtsrats durchgeführt werden soll, Gebrauch macht.

(3) Soweit die Hauptversammlung nicht bei der Wahl für einzelne der von ihr zu wählenden Stiftungsaufsichtsratsmitglieder einen kürzeren Zeitraum beschließt, werden die Stiftungsaufsichtsratsmitglieder längstens für die Zeit bis zur Beendigung der Hauptversammlung gewählt, die über die Entlastung für das vierte Geschäftsjahr nach dem Beginn der Amtszeit beschließt. Dabei wird das Geschäftsjahr, in dem die Amtszeit beginnt, nicht mitgerechnet. Eine Wiederwahl ist möglich. Die Wahl des Nachfolgers eines vor Ablauf seiner Amtszeit ausgeschiedenen Mitglieds erfolgt nur für den Rest der Amtszeit des ausgeschiedenen Mitglieds.

(4) Gleichzeitig mit der Wahl der ordentlichen Stiftungsaufsichtsratsmitglieder können für ein oder mehrere bestimmte Stiftungsaufsichtsratsmitglieder Ersatzmitglieder gewählt werden. Sie werden nach der bei der Wahl festzulegenden Reihenfolge Mitglieder des Stiftungsaufsichtsrats, wenn Stiftungsaufsichtsratsmitglieder, als deren Ersatzmitglieder sie gewählt wurden, vor Ablauf ihrer Amtszeit aus dem Stiftungsaufsichtsrat ausscheiden. Sind Ersatzmitglieder gewählt, so tritt das Ersatzmitglied für die Dauer der restlichen Amtszeit des ausscheidenden ordentlichen Mitglieds an dessen Stelle.
(5) Die Mitglieder des Stiftungsaufsichtsrats können vor Ablauf ihrer Amtszeit durch einen mit einfacher Mehrheit des gesamten stimmberechtigten Grundkapitals zu fassenden Beschluß der Hauptversammlung ihres Amtes enthoben werden.
(6) Jedes Mitglied des Stiftungsaufsichtsrats kann sein Amt ohne Einhaltung einer Frist niederlegen, wenn ein wichtiger Grund besteht. Sofern für die Amtsniederlegung kein wichtiger Grund besteht, ist eine Frist von drei Monaten einzuhalten. Die Amtsniederlegung erfolgt durch schriftliche Erklärung gegenüber dem Stiftungsvorstand unter Benachrichtigung des Vorsitzenden des Stiftungsaufsichtsrats.
(7) Die zu wählenden Stiftungsaufsichtsratsmitglieder müssen im Bereich der Stiftungsaufgaben ausgewiesene Persönlichkeiten sein, und insbesondere folgende persönliche Voraussetzungen erfüllen (...).

§ 12 Vorsitzender und Stellvertreter

(1) Der Stiftungsaufsichtsrat wählt unmittelbar im Anschluß an jede Hauptversammlung, die über die Entlastung für das Geschäftsjahr beschließt, in einer ohne besondere Einberufung stattfindenden Sitzung aus seiner Mitte einen Vorsitzenden und einen stellvertretenden Vorsitzenden, und zwar jeweils für die Zeit bis zur Beendigung der nächsten Hauptversammlung, die über die Entlastung für das Geschäftsjahr beschließt.
(2) Scheiden der Vorsitzende oder sein Stellvertreter vorzeitig aus dem Amt aus, so hat der Stiftungsaufsichtsrat unverzüglich eine Neuwahl für die restliche Amtszeit des Ausgeschiedenen vorzunehmen.

§ 13 Einberufung und Beschlußfassung

(1) Der Stiftungsaufsichtsrat muß mindestens einmal im Kalenderhalbjahr einberufen werden.
(2) Die Sitzungen des Stiftungsaufsichtsrats werden durch den Vorsitzenden, im Falle seiner Verhinderung durch seinen Stellvertreter mündlich, fernmündlich, schriftlich oder per e-mail einberufen.
(3) Ist eine Tagesordnung nicht ordnungsgemäß angekündigt worden, darf hierüber nur beschlossen werden, wenn kein Stiftungsaufsichtsratsmitglied widerspricht. Abwesenden Stiftungsaufsichtsratsmitgliedern ist in diesem Fall Gelegenheit zu geben, binnen einer vom Vorsitzenden zu bestimmenden angemessenen Frist der Beschlußfassung zu widersprechen oder schriftlich ihre Stimme abzugeben. Der Beschluß wird erst wirksam, wenn die abwesenden Stiftungsaufsichtsratsmitglieder innerhalb der gesetzten Frist nicht widersprochen oder dem Beschluß zugestimmt haben.

(4) Der Stiftungsaufsichtsrat ist beschlußfähig, wenn alle Mitglieder an der Beschlußfassung teilnehmen. Ein Mitglied nimmt auch dann an der Beschlußfassung teil, wenn es sich bei der Abstimmung der Stimme enthält. Abwesende Mitglieder können dadurch an der Beschlußfassung teilnehmen, daß sie schriftliche Stimmabgaben durch ein anderes Mitglied übergeben lassen.
(5) Die Beschlüsse des Stiftungsaufsichtsrats bedürfen der Mehrheit der abgegebenen Stimmen. Dabei gilt die Stimmenthaltung nicht als Stimmabgabe. Bei Stimmengleichheit gibt die Stimme des Vorsitzenden oder, falls der Vorsitzende an der Beschlußfassung nicht teilnimmt, die Stimme des Stellvertreters den Ausschlag.
(6) Außerhalb von Sitzungen sind schriftliche, fernmündliche oder elektronische Beschlußfassungen zulässig, wenn kein Mitglied diesem Verfahren innerhalb einer vom Vorsitzenden zu bestimmenden angemessenen Frist widerspricht.
(7) Über die Sitzungen des Stiftungsaufsichtsrates ist eine Niederschrift anzufertigen, die von dem Vorsitzenden der Sitzung zu unterzeichnen ist. Bei Beschlußfassungen außerhalb von Sitzungen ist die Niederschrift vom Vorsitzenden des Stiftungsaufsichtsrats zu unterzeichnen und unverzüglich allen Mitgliedern zuzuleiten.
(8) Der Vorsitzende ist ermächtigt, im Namen des Stiftungsaufsichtsrats die zur Durchführung der Beschlüsse erforderlichen Willenserklärungen abzugeben und an den Stiftungsaufsichtsrat gerichtete Erklärungen in Empfang zu nehmen.

V. Hauptversammlung

§ 14 Ort und Einberufung

(1) Die ordentliche Hauptversammlung findet innerhalb der ersten acht Monate nach Ablauf eines jeden Geschäftsjahres statt. Zu den Gegenständen ihrer Tagesordnung gehören insbesondere:
  (a) die Vorlage und Erläuterung des Jahresabschlusses, des Lageberichts, des Berichts des Stiftungsaufsichtsrats und des Vorschlags des Stiftungsvorstands für die Gewinnverwendung,
  (b) gegebenenfalls die Beschlußfassung über die Feststellung des Jahresabschlusses,
  (c) die Beschlußfassung über die Gewinnverwendung,
  (d) die Beschlußfassung über die Entlastung von Stiftungsvorstand und Stiftungsaufsichtsrat,
  (e) gegebenenfalls die Wahl von Stiftungsaufsichtsratsmitgliedern,
  (f) gegebenenfalls die Wahl des Abschlußprüfers.
(2) Eine außerordentliche Hauptversammlung ist einzuberufen, wenn nach Gesetz oder Satzung eine Beschlußfassung der Hauptversammlung erforderlich ist oder das Wohl der Gesellschaft eine Einberufung notwendig macht. Ferner ist eine außerordentliche Hauptversammlung einzuberufen, wenn Aktionäre, deren Anteile allein oder zusammen mindestens dem zwanzigsten Teil des Grundkapitals entsprechen, dies schriftlich unter Angabe des Zwecks und der Gründe verlangen.
(3) Die Hauptversammlung wird durch den Stiftungsvorstand und in den gesetzlich vorgeschriebenen Fällen durch den Stiftungsaufsichtsrat einberufen.

(4) Die Hauptversammlung findet am Sitz der Gesellschaft oder an einem inländischen Börsenplatz statt.
(5) Die Einberufung der Hauptversammlung erfolgt durch einmalige Bekanntmachung im Bundesanzeiger. Sind die Aktionäre der Gesellschaft namentlich bekannt, kann die Hauptversammlung statt dessen auch durch eingeschriebene Briefe an die der Gesellschaft zuletzt bekannten Adressen der Aktionäre unter Einhaltung einer Frist von mindestens einem Monat einberufen werden. Der Tag der Absendung und der Tag der Hauptversammlung werden dabei nicht mitgerechnet. Mit der Einberufung sind alle Gegenstände der Tagesordnung mitzuteilen.
(6) Ohne Wahrung der gesetzlichen und satzungsmäßigen Einberufungsförmlichkeiten kann eine Hauptversammlung abgehalten werden, wenn alle Aktionäre erschienen oder vertreten sind und kein Aktionär der Beschlußfassung widerspricht.

§ 15 Teilnahmerecht und Stimmrecht

(1) Zur Teilnahme an der Hauptversammlung und zur Ausübung des Stimmrechts sind die Aktionäre berechtigt, die am Tag der Versammlung im Aktienregister eingetragen sind und sich nicht später als am dritten Tag vor der Versammlung bei der Gesellschaft angemeldet haben. Fällt der letzte Tag der Anmeldefrist auf einen Sonntag, einen Sonnabend oder einen staatlich anerkannten Feiertag, so kann die Anmeldung noch am folgenden Werktag vorgenommen werden.
(2) Jede Aktie gewährt eine Stimme. Das Stimmrecht beginnt mit der vollständigen Leistung der Einlage.
(3) Sofern nicht zwingende gesetzliche Vorschriften entgegenstehen, werden die Beschlüsse der Hauptversammlung mit der einfachen Mehrheit der abgegebenen Stimmen gefaßt. Sieht das Aktiengesetz neben der Stimmenmehrheit eine Kapitalmehrheit vor, erfolgt die Beschlußfassung mit der einfachen Mehrheit des vertretenen Grundkapitals.

§ 16 Vorsitz in der Hauptversammlung

(1) Den Vorsitz in der Hauptversammlung führt der Vorsitzende des Stiftungsaufsichtsrats, im Fall seiner Verhinderung sein Stellvertreter oder ein anderes durch den Stiftungsaufsichtsrat zu bestimmendes Stiftungsaufsichtsratsmitglied. Ist keiner von diesen erschienen oder zur Leitung der Versammlung bereit, so eröffnet der an Lebensjahren älteste anwesende Aktionär die Versammlung und läßt von ihr einen Vorsitzenden wählen.
(2) Der Vorsitzende leitet die Verhandlungen, bestimmt die Reihenfolge, in der die Gegenstände der Tagesordnung behandelt werden, und entscheidet über die Form der Abstimmung.

§ 17 Beschlüsse, Mehrheiten, Wahlen, Niederschrift

(1) Die Hauptversammlung ist beschlußfähig, wenn mehr als 50% des gesamten stimmberechtigten Grundkapitals vertreten sind.
(2) Erweist sich eine Hauptversammlung als nicht beschlußfähig, so ist eine neu einberufene Hauptversammlung, die innerhalb der nächsten sechs Wochen stattfindet, hinsichtlich der Gegenstände, die auf der Tagesordnung der be-

schlußunfähigen Hauptversammlung standen, ohne Rücksicht auf die Höhe des dann vertretenen Grundkapitals beschlußfähig, wenn in der Einberufung hierauf hingewiesen wurde.
(3) Beschlüsse der Hauptversammlung werden, soweit diese Satzung nicht im Einzelfall etwas anderes anordnet oder zwingende gesetzliche Vorschriften entgegenstehen, mit einfacher Mehrheit der abgegebenen Stimmen gefaßt.

VI. Rechnungslegung und Gewinnverwendung

§ 18 Jahresabschluß, Lagebericht

(1) Der Stiftungsvorstand hat innerhalb der gesetzlichen Fristen den Jahresabschluß (Bilanz nebst Gewinn- und Verlustrechnung und Anhang) und – soweit gesetzlich erforderlich – den Lagebericht für das vergangene Geschäftsjahr aufzustellen und diese Unterlagen nach ihrer Aufstellung unverzüglich dem Stiftungsaufsichtsrat vorzulegen. Ist der Jahresabschluß und ein etwaiger Lagebericht durch einen Abschlußprüfer zu prüfen, sind diese Unterlagen mit dem Prüfungsbericht des Abschlußprüfers unverzüglich nach Eingang des Prüfungsberichts dem Stiftungsaufsichtsrat vorzulegen.
(2) Der Stiftungsvorstand hat dem Stiftungsaufsichtsrat ferner den Vorschlag vorzulegen, den er der Hauptversammlung für die Verwendung der Mittel für die Verwirklichung der steuerbegünstigten Zwecke machen will.
(3) Der Stiftungsaufsichtsrat hat den Jahresabschluß, den Lagebericht des Stiftungsvorstands und den Vorschlag für die Verwendung der Mittel zu prüfen und über das Ergebnis der Prüfung schriftlich an die Hauptversammlung zu berichten. Er hat seinen Bericht innerhalb eines Monats nach Zugang der Vorlagen dem Stiftungsvorstand zuzuleiten. Billigt der Stiftungsaufsichtsrat nach Prüfung den Jahresabschluß, so ist dieser festgestellt, sofern nicht Stiftungsvorstand und Stiftungsaufsichtsrat beschließen, die Feststellung des Jahresabschlusses der Hauptversammlung zu überlassen.

§ 19 Rücklagen

Stellen Stiftungsvorstand und Stiftungsaufsichtsrat den Jahresabschluß fest, so können sie den Jahresüberschuß teilweise in freie Rücklagen einstellen, soweit dies nach den jeweils gültigen steuerrechtlichen Vorschriften über die Steuerbegünstigung von Körperschaften zulässig ist.

§ 20 Gewinnverwendung

Die Hauptversammlung beschließt über die Verwendung des Bilanzgewinns. Sie ist hierbei an den festgestellten Jahresabschluß und die satzungsmäßigen Zwecke gebunden.

VII. Schlußbestimmungen

§ 21 Gründungsaufwand

Die Gesellschaft trägt die mit ihrer Gründung verbundenen Gerichts- und Notarkosten sowie die Kosten der Veröffentlichung bis zu einem Höchstbetrag von (...) Euro.

IV. Stiftungs-Verein

1. Einführung

24 Derzeit gibt es ca. 150 Stiftungs-Vereine in Deutschland. Neben den verschiedenen parteinahen[6] und kirchennahen Stiftungen gehören der Stifterverband für die Deutsche Wissenschaft e.V., die Stiftung Menschen für Menschen e.V., die Stiftung Jugend forscht e.V. und die Studienstiftung des deutschen Volkes e.V. zu den bekanntesten Beispielen.

Das Vereinsrecht eröffnet der **Privatautonomie** weiten Spielraum bei der Satzungsgestaltung (§ 25 BGB). Durch eine entsprechende Ausgestaltung der Vereinssatzung gilt es auch hier die dauerhafte Verwirklichung des Stifterwillens zu sichern.

2. Satzungsgestaltung

a) Name

25 Die Satzung muß den Namen des Vereins enthalten (§ 57 Abs. 1 BGB). Bei der Wahl des Vereinsnamens sind die Gründer **weitgehend frei**. Der Name muß sich lediglich von denjenigen anderer Vereine am selben Ort deutlich unterscheiden (§ 57 Abs. 2 BGB). Der Name des Vereins darf den Begriff „Stiftung" enthalten, wenn durch einen Rechtsformzusatz eine Irreführung des Rechtsverkehrs ausgeschlossen ist (§ 65 BGB)[7].

b) Vereinszweck

26 Die Satzung muß den Zweck des Vereins enthalten (§ 57 Abs. 1 BGB). Um als **steuerbegünstigte Körperschaft anerkannt** zu werden, muß sich aus der Satzung ferner ergeben, welchen – steuerbegünstigten – Zweck die Körperschaft verfolgt, daß die Gesellschaft selbstlos tätig ist und ausschließlich und unmittelbar den Satzungszweck verfolgt (§ 59 HS 1 AO). Die Satzungszwecke und die Art ihrer Verwirklichung müssen dabei so genau

---

6 Eine Ausnahme stellt insoweit die F.D.P.-nahe Friedrich-Naumann-Stiftung dar, bei der es sich nicht um einen Stiftungs-Verein handelt.
7 Zum „Olympia Stiftung e.V." s. BayObLG, Beschl. v. 25. 10. 1972, BReg. 2 Z 56/72, NJW 1973, 249 = MittBayNot 1972, 281 = MittRhNotK 1973, 204 (Ein Verein, der einen gemeinnützigen Zweck allein mit Hilfe der laufenden Mitgliedsbeiträge und in Erwartung von Spenden verfolgt, darf sich in seinem Namen nicht als „Stiftung" bezeichnen); zur Irreführung des Rechtsverkehrs durch die Bezeichnung eines Vereins als Stiftung, der weder über eine kapitalartige Vermögensausstattung noch über eine gesicherte Anwartschaft auf eine solche Dotierung verfügt s. OLG Köln, Beschl. v. 2. 10. 1996, 2 Wx 31/96, MittRhNotK 1997, 233 = NJW-RR 1997, 1531.

bestimmt sein, daß aufgrund der Satzung geprüft werden kann, ob die satzungsgemäßen Voraussetzungen für die Steuerbegünstigung gegeben sind (§ 60 Abs. 1 AO). Die allgemeine Angabe, es werden gemeinnützige oder sonst steuerbegünstige Zwecke verfolgt, genügt nicht.

c) Vereinsvermögen

Die Gründung eines Vereins erfordert (anders als die Errichtung einer Kapitalgesellschaft) keine bestimmte Kapitalausstattung (vgl. §§ 21, 22 BGB). Vereine sind grundsätzlich auf die **Erhebung von Mitgliedsbeiträgen** angewiesen. 27

Stiftungs-Vereine müssen von der Gründern mit bestimmten **Vermögenswerten** ausgestattet werden, da andernfalls die dauerhafte Erfüllung des Vereinszwecks aus den Erträgen des Vereinsvermögens nicht gewährleistet ist. Allein mit Hilfe der laufenden Mitgliedsbeiträge oder in Erwartung von Spenden kann ein Verein eine stiftungsartige Struktur nicht erlangen[8].

d) Mitglieder des Vereins

aa) Rechte der Mitglieder

Die Rechte der Mitglieder können unterschiedlich ausgestaltet sein. Einzelnen Mitgliedern können **Sonderrechte** eingeräumt werde (§ 35 BGB), etwa das Recht auf Übernahme oder Besetzung bestimmter Vorstandsämter, Mehrfachstimmrechte, Vetorechte, etc. 28

bb) Mitgliederversammlung

Über die Angelegenheit des Vereins entscheidet die Mitgliederversammlung mit **einfacher Mehrheit**, wenn kein anderes Vereinsorgan zuständig ist (§ 32 Abs. 1 Satz 1 und 3 BGB). Die Befugnisse der Mitgliederversammlung können durch die Satzung weitgehend beschränkt werden, sofern den Mitgliedern nicht jeder Einfluß auf die vereinsinterne Willensbildung entzogen wird. Zwingend vorbehalten ist der Mitgliederversammlung lediglich der Beschluß über die Auflösung des Vereins (§ 41 BGB). 29

cc) Mitgliedschaft

Die **Zahl der Mitglieder** eines Stiftungs-Vereins sollte möglichst überschaubar gehalten werden, um die dauerhafte Verwirklichung des Willens 30

---

8 S. BayObLG, Beschl. v. 25. 10. 1972, BReg. 2 Z 56/72, NJW 1973, 249 = MittBayNot 1972, 281 = MittRhNotK 1973, 204 und OLG Köln, Beschl. v. 2. 10. 1996, 2 Wx 31/96, MittRhNotK 1997, 233 = NJW-RR 1997, 1531.

des Vereinsgründer zu gewährleisten. Zur Eintragung eines Vereins im Vereinsregister sind **mindestens sieben Mitglieder** erforderlich (§ 56 BGB). Sinkt die Mitgliederzahl unter drei, kann das Registergericht dem Verein von Amts wegen die Rechtsfähigkeit entziehen (§ 73 BGB).

Die dauerhafte Verpflichtung der Vereinsmitglieder, den von den Gründern bestimmten Vereinszweck zu verfolgen, erfordert eine **satzungsmäßige Beschränkung der Aufnahme neuer Mitglieder**. Ein Verein ist zur Aufnahme neuer Mitglieder grundsätzlich nicht verpflichtet. Die Aufnahme neuer Mitglieder kann in der Satzung beschränkt oder von bestimmten persönlichen und/oder fachlichen Voraussetzungen abhängig gemacht werden. Möglich ist auch die Anordnung eines Auswahlverfahrens, das sicherstellt, daß sich die neuen Mitglieder mit dem satzungsmäßigen Vereinszweck identifizieren. Einzelnen Vereinsmitgliedern kann auch ein Vetorecht gegen die Aufnahme neuer Mitglieder eingeräumt werden.

Die Voraussetzungen, unter denen ein Mitglied die Mitgliedschaft verliert, müssen der Satzung mit ausreichender Bestimmtheit zu entnehmen sein. Der **Ausschluß aus wichtigem Grund** ist zulässig. Die Vereinsmitglieder sind zum Austritt aus dem Verein berechtigt (§ 39 Abs. 1 BGB; zu Gestaltungsmöglichkeiten des Austrittsrecht in der Satzung siehe § 39 Abs. 2 BGB). Ein Abfindungsanspruch steht den ausscheidenden Vereinsmitgliedern nicht zu, da die Mitgliedschaft keinen Anteil am Vereinsvermögen verkörpert.

e) Organe des Vereins

aa) Vorstand

31   Der Verein muß einen Vorstand haben, der aus einer oder mehreren Personen besteht (§ 26 Abs. 1 BGB).

Anders als bei Kapitalgesellschaften können dem Vorstand nicht nur natürliche Personen, sondern **auch juristische Personen** angehören. Dadurch kann die dauerhafte Verbindung mit einer anderen Einrichtung und die Kontinuität der Verwirklichung des Vereinszwecks sichergestellt werden.

Der Verein vertritt den Verein nach außen (§ 26 Abs. 2 Satz 1 BGB). Die **Vertretungsmacht** des Vereins ist grundsätzlich unbeschränkt. Sie kann jedoch – anders als im Recht der Kapitalgesellschaften (§§ 37 Abs. 2 GmbHG, 82 Abs. 1 AktG) – auch mit Wirkung gegenüber Dritten beschränkt werden (§ 26 Abs. 2 Satz 2 BGB). Die Beschränkung wirkt Dritten gegenüber nur dann, wenn sie im Vereinsregister eingetragen oder dem Dritten bekannt ist (§§ 68, 70 BGB).

Besteht der Vereinsvorstand aus **mehreren Personen**, besteht nicht das Prinzip der Gesamtvertretung (§§ 35 Abs. 2 Satz 2 GmbHG, 78 Abs. 2

Satz 1 AktG), sondern das der **Mehrheitsvertretung** (vgl. §§ 28 Abs. 1, 32 Abs. 1 Satz 3 BGB). Eine abweichende Regelung in der Satzung ist möglich und zweckmäßig (§ 40 BGB).

Der Vorstand wird durch **Beschluß der Mitgliederversammlung** bestellt (§ 27 Abs. 1 BGB), sofern die Satzung nichts anderes bestimmt (§ 40 BGB). Mögliche **Bestimmungen in der Satzung** eines Stiftungs-Vereins sind etwa:

— Bestellung von bestimmten Personen zu geborenen Vorstandsmitgliedern,

— Sonderrechte für einzelne Mitglieder des Vereins auf Bestellung von Vorstandsmitgliedern,

— Recht des Vereinsvorstands zur Selbstergänzung aufgrund Mehrheitsbeschluß,

— Übertragung der Bestellung der Vorstandsmitglieder auf ein anderes Vereinsorgan, etwa ein Kuratorium,

— Bildung des Vereinsvorstands aus den Mitgliedern eines bestimmten anderen Vereins (etwa eines Dachverbands).

bb) Weitere Organe

Angesichts der großen Zahl von Vereinsmitgliedern kann die Mitgliederversammlung die Tätigkeit des Vereinsvorstands oftmals nicht mehr sachgerecht überwachen. In diesen Fällen erscheint die Errichtung eines **Aufsichtsorgans** (in Form eines Beirats, Kuratoriums, etc.) zweckmäßig. Die Aufgaben der Mitgliederversammlung können dann (mit Ausnahme der Auflösung, § 41 BGB) ganz oder teilweise auf das Aufsichtsorgan übertragen werden (§§ 32 Abs. 1 Satz 1, 40 BGB). 32

f) Mitgliederwechsel

Die Mitgliedschaft in einem Verein ist **nicht übertragbar und nicht vererblich** (§ 38 Satz 1 BGB). Eine abweichende Regelung in der Satzung ist zwar zulässig (§ 40 BGB), im Hinblick auf die Homogenität der Mitglieder aber (zumindest ohne Zustimmungsvorbehalt) in der Regel nicht zweckmäßig. 33

g) Ausschluß von Mitgliedern

Der Verein ist regelmäßig daran interessiert, Mitglieder auszuschließen, die sich nicht mehr für die Ziele des Vereins eintreten. Die Vereinssatzung kann die wichtigen Gründe in der Person oder im Verhalten eines Mitglieds näher konkretisieren. Ein Ausschluß von Mitgliedern ohne **sachlichen Grund** ist nicht möglich. 34

h) Satzungsänderung

35 Ziel der Gründer eines Stiftungs-Vereins ist es in der Regel, die Möglichkeit einer Änderung der Vereinssatzung weitest möglich **auszuschließen**.

Mit **einstimmigem Beschluß** der Vereinsmitglieder ist eine Änderung des Vereinszwecks jedoch stets möglich (§ 33 Abs. 1 Satz 2 BGB).

Sonstige Änderungen der Vereinssatzung können mit einer **Zustimmung** von 3/4 der in der Versammlung erschienenen Mitglieder beschlossen werden (§ 33 Abs. 1 Satz 1 BGB). Das Mehrheitserfordernis kann in der Vereinssatzung jedoch modifiziert werden. Bei Vereinen mit überschaubarer Mitgliederzahl kann die Satzungsänderung von einem einstimmigen Beschluß der Mitglieder abhängig gemacht werden. Für ein oder mehrere Mitglieder kann auch ein **Vetorecht** in Form eines Sonderrechts (§ 35 BGB) gegen eine Änderung der Satzung begründet werden.

Die Befugnis zur Änderung der Satzung kann auch von der Mitgliederversammlung (§§ 32 Abs. 1 Satz 1, 40 BGB) auf ein anderes Organ, zum Beispiel einen Beirat **übertragen** werden. Ferner kann der Beschluß nach überwiegender Meinung von der Zustimmung eines außenstehenden Dritten abhängig gemacht werden. Im Hinblick auf den Grundsatz der Vereinsautonomie kann die Beschlußfassung jedoch nicht insgesamt auf einen vereinsfremden Dritten übertragen werden.

j) Auflösung und Verschmelzung eines Vereins

aa) Auflösung des Vereins

36 Die Auflösung des Vereins kann **nicht ausgeschlossen**, sondern nur erschwert werden. Über die Auflösung des Vereins hat zwingend die **Mitgliederversammlung** zu beschließen (§ 41 BGB). Der Auflösungsbeschluß bedarf einer Mehrheit von 3/4 der erschienenen Mitglieder, sofern die Satzung keine abweichende Mehrheit vorsieht. Die Auflösung eines Stiftungs-Vereins ist in der Regel nur einstimmig möglich. Die Auflösung des Vereins kann zusätzlich von der Zustimmung eines weiteren Vereinsorgans abhängig gemacht werden.

Nach der Auflösung des Vereins erfolgt die **Liquidation des Vereinsvermögens** (§§ 47 ff. BGB). Die Mitglieder eines Stiftungs-Vereins haben keinen Anteil am Liquidationserlös. Bei der Auflösung des Stiftungsvereins muß sichergestellt sein, daß das gesamte Vereinsvermögen auch weiterhin steuerbegünstigten Zwecken dient (§ 55 Abs. 1 Nr. 4 AO). Die Rückgewähr der von den Vereinsmitgliedern geleisteten Beiträge führt zum Verlust der Steuerbegünstigung, da es bei Vereinen (anders als bei Kapitalgesellschaften und Stiftungen) keine Kapitalanteile gibt (§ 55 Abs. 1 Nr. 2 AO).

In der **Satzung** eines steuerbegünstigten Vereins muß daher bestimmt sein, welcher steuerbegünstigten Person das Liquidationsvermögen bei Auflösung des Vereins zufällt (§§ 61 Abs. 1, 55 Abs. 1 Nr. 4 AO). Sofern eine **Bestimmung des Empfängers** im Zeitpunkt der Feststellung der Satzung ausnahmsweise noch nicht möglich ist, genügt es, wenn über die Verwendung zu einem steuerbegünstigten Zweck später ein Gesellschafterbeschluß gefaßt wird und der Beschluß erst nach Einwilligung des Finanzamts ausgeführt werden darf (§ 61 Abs. 2 AO).

bb) Verschmelzung des Vereins

Die Verschmelzung von Vereinen ist nur zulässig, wenn die **Satzung der Verschmelzung nicht entgegensteht** (§ 99 Abs. 1 UmwG). Darüber hinaus können Vereine nur eingeschränkt an Verschmelzungen beteiligt sein (§ 99 Abs. 2 UmwG).

Der Verschmelzungsvertrag bedarf der **Zustimmung der Mitgliederversammlungen** der beteiligten Vereine mit einer Mehrheit von 3/4 der erschienenen Mitglieder (§ 103 Satz 1 UmwG). Die Vereinssatzungen können jedoch eine größere Mehrheit oder weitere Erfordernisse vorsehen (§ 103 Satz 2 UmwG). Bei der Verschmelzung zur Aufnahme (nicht auch bei der Verschmelzung zur Neugründung) kommt es beim aufnehmenden Verein zu einer Änderung des Vereinszwecks, so daß die Zustimmung zur Verschmelzung einstimmig erfolgen muß (§ 33 Abs. 1 Satz 2 BGB analog).

Eine **Barabfindung** kommt bei der Verschmelzung steuerbegünstigter Vereine nicht in Betracht (§ 104a UmwG).

3. Formulierungsvorschlag für die Satzung eines Stiftungs-Vereins

Hinweise auf andere Formulierungsvorschläge: *Wochner*, in: Deutsches Anwaltsinstitut/Fachinstitut für Notare (Hrsg.), Die Stiftung und stiftungsähnliche Körperschaften, Bochum 2000, S. 228 ff.

38 |10| **Satzung eines Stiftungs-Vereins**

§ 1 Name, Sitz und Vereinsregister

(1) Der Verein führt den Namen (...)-Stiftung e.V.
(2) Der Verein soll in das Vereinsregister eingetragen werden.
(3) Der Verein hat seinen Sitz in (...).

§ 2 Zweck des Vereins

(1) Der Verein hat folgenden Zweck (...).
(2) Der Verein erfüllt seine Zwecke insbesondere durch (...). Der Verein kann auch andere Maßnahmen durchführen, die zur Förderung des Vereinszwecks geeignet sind, insbesondere anderen Trägern Mittel, Arbeitskräfte und Räume für die Verwirklichung der Vereinszwecke zur Verfügung stellen.
(3) Das der Erfüllung des Vereinszwecks dienende wesentliche Vermögen des Vereins ist in seinem Bestand unverändert zu erhalten.
(4) Der Verein verfolgt ausschließlich und unmittelbar gemeinnützige, mildtätige und kirchliche Zwecke im Sinne des Abschnitts „Steuerbegünstigte Zwecke" der Abgabenordnung.
(5) Der Verein ist selbstlos tätig und verfolgt nicht in erster Linie eigenwirtschaftliche Zwecke. Mittel des Vereins dürfen nur für die satzungsmäßigen Zwecke verwendet werden. Die Mitglieder erhalten keine Zuwendungen aus Mitteln des Vereins. Keine Person darf durch Ausgaben, die dem Vereinszweck fremd sind, oder durch unverhältnismäßig hohe Vergütungen begünstigt werden.
(6) Auf Leistungen des Vereins besteht keinerlei Rechtsanspruch.

§ 3 Vereinsorgane

Organe des Vereins sind:
(1) der Vorstand,
(2) die Mitgliederversammlung, und
(3) der Beirat.

§ 4 Vorstand

(1) Der Vorstand besteht aus (...) Personen.
(2) Der Verein wird durch zwei Vorstandsmitglieder gemeinschaftlich vertreten.
(3) Die Mitgliederversammlung kann einzelne oder alle Vorstandsmitglieder allgemein oder für den Einzelfall vom Verbot des § 181 BGB befreien.
(4) Die Vertretungsmacht des Vorstands ist mit Wirkung gegen Dritte in der Weise beschränkt, daß für folgende Rechtsgeschäfte die Zustimmung des Beirats erforderlich ist:

(a) Erwerb, Veräußerung und Belastung von Grundstücken oder grundstücksgleichen Rechten,
(b) Abschluß oder Änderung von Miet- und Pachtverträgen mit einer Dauer von mehr als einem Jahr oder einem monatlichen Mietzins von mehr als (...) Euro, und
(c) Aufnahme von Krediten und Übernahme von Bürgschaften.
(5) Der Vorstand wird vom Beirat auf die Dauer von (...) Jahren bestellt. Er bleibt bis zur satzungsgemäßen Bestellung des nächsten Vorstands im Amt.
(6) Ein Vorstandsmitglied scheidet aus seinem Amt bei Ausscheiden aus dem Verein oder mit Vollendung des 70. Lebensjahres aus.
(7) Dem Gründungsmitglied (...) steht das nicht entziehbare Sonderrecht zu, selbst dem Vorstand anzugehören oder ein Mitglied des Vorstands zu benennen, solange er Mitglied des Vereins ist. Die Bestellung sämtlicher übriger Mitglieder des Vorstands bedarf seiner Zustimmung.

§ 5 Mitgliederversammlung

(1) Die Mitgliederversammlung ist vom Vorstand einzuberufen,
(a) wenn es im Interesse des Vereins erforderlich ist, mindestens jedoch einmal jährlich, möglichst in den ersten drei Monaten eines Kalenderjahres, und
(b) auf Verlangen eines Mitglieds des Beirats. Das Verlangen ist schriftlich unter Angabe des Grundes an den Vorstand zu richten.
(2) Die Mitgliederversammlung ist schriftlich unter Einhaltung einer Frist von zwei Wochen einzuberufen. Die Tagesordnung muß in der Einberufung bekanntgegeben werden. Die Frist beginnt mit dem Tag der Absendung der Einladung an die zuletzt mitgeteilte Mitgliederanschrift.
(3) Die Mitgliederversammlung ist beschlußfähig, wenn sie ordnungsgemäß einberufen wurde und mindestens 3/4 der Mitglieder anwesend oder aufgrund schriftlicher Vollmacht durch andere Mitglieder vertreten sind.
(4) Ist eine Versammlung nicht beschlußfähig, hat der Vorstand eine weitere Versammlung einzuberufen, die ohne Rücksicht auf die Zahl der Anwesenden beschlußfähig ist. Auf die erleichterte Beschlußfähigkeit ist in der Einladung hinzuweisen. Die weitere Versammlung darf frühestens zwei Wochen nach dem ersten Versammlungstag stattfinden.
(5) Die Mitgliederversammlung kann Beschlüsse auch im schriftlichen Verfahren oder per e-mail fassen.
(6) Die Mitgliederversammlung entscheidet mit einfacher Mehrheit der (anwesenden) Mitglieder, sofern nicht durch Gesetz oder Satzung eine abweichende Bestimmung getroffen wird. Stimmenthaltungen und ungültig abgegebene Stimmen zählen als Nein-Stimmen.
(7) Die Mitgliederversammlung hat die Aufgabe, die Verwaltung des Vereins zu überwachen. Sie hat dafür Sorge zu tragen, daß sämtliche Maßnahmen des Vereins der Erfüllung des Stiftungszwecks dienen. Die Mitgliederversammlung beschließt über alle Angelegenheiten, die nicht einem anderen Vereinsorgan übertragen sind.
(8) Über die Beschlüsse der Mitgliederversammlung ist eine Niederzuschrift zu fertigen, die vom Vorsitzenden und einem weiteren Mitglied zu unterzeichnen ist. Jedes Vereinsmitglied ist berechtigt, die Niederschrift einzusehen.

§ 6 Beirat

(1) Der Beirat besteht aus (. . .) Mitgliedern. Der Beirat wird von der Mitgliederversammlung bestellt.
(2) Die Amtszeit der Mitglieder des Beirats beträgt (. . .) Jahre. Mit Vollendung des 70. Lebensjahres scheidet ein Mitglied automatisch aus dem Beirat aus.
(3) Ein Mitglied des jeweiligen Vorstands des (. . .) hat das Recht, dem Beirat anzugehören oder ein Beiratsmitglied zu benennen.
(4) Der Beirat wählt aus seiner Mitte einen Vorsitzenden und einen Stellvertreter. Der Vorsitzende leitet die Sitzungen des Beirats. Der Beirat kann sich eine Geschäftsordnung geben.
(5) Die Beschlüsse des Beirats werden mit einfacher Mehrheit gefaßt, soweit nicht anderes bestimmt wird. Bei Stimmengleichheit gibt die Stimme des Vorsitzenden den Ausschlag. Der Beirat kann Beschlüsse auch im schriftlichen Verfahren oder per e-mail fassen.
(6) Der Beirat ist beschlußfähig, wenn die Hälfte seiner Mitglieder anwesend ist. Beiratsmitglieder können sich durch andere Mitglieder des Beirats aufgrund schriftlicher Vollmacht vertreten lassen. Ein Beiratsmitglieder darf nicht mehr als zwei Mitglieder vertreten.
(7) Die Beschlüsse des Beirats sind in einer Niederschrift festzuhalten, die vom Beiratsvorsitzenden unterschrieben wird. Jedes Beiratsmitglied kann eine Abschrift der Niederschrift verlangen.
(8) Die Mitglieder des Beirats erhalten für ihre Tätigkeit keine Vergütung. Nachgewiesene Auslagen sind in angemessenem Umfang zu erstatten.

§ 7 Rechte und Pflichten der Mitglieder

(1) Die Mitglieder sind nicht verpflichtet, einen Mitgliedsbeitrag oder eine Aufnahmegebühr zu leisten.
(2) Die Mitglieder sind verpflichtet, den Zweck des Vereins durch ihr Wirken innerhalb und außerhalb des Vereins zu fördern.
(3) An dem Vereinsvermögen stehen den Mitgliedern keinerlei Rechte zu.

§ 8 Eintritt der Mitglieder

(1) Mitglieder des Verein können voll geschäftsfähige, natürliche Personen und juristische Personen werden.
(2) Die Mitglieder des Vereins müssen folgende Qualifikationen aufweisen (. . .).
(3) Neue Vereinsmitglieder müssen von anderen Mitgliedern des Vereins oder von (. . .) vorgeschlagen werden.
(4) Die Mitgliedschaft entsteht durch Eintritt in den Verein.
(5) Über die Aufnahme entscheidet der Vorstand auf der Grundlage eines Beschlußfassung der Mitgliederversammlung. Der Beschluß bedarf einer Mehrheit von 3/4 der Mitglieder.
(6) Die Aufnahme neuer Mitglieder ist ferner nur mit Zustimmung des Gründungsmitglieds (. . .) möglich, solange dieser dem Verein als Mitglied angehört.
(7) Die Ablehnung der Mitgliedschaft durch den Vorstand ist nicht anfechtbar.

§ 9 Austritt der Mitglieder

(1) Die Mitglieder sind zum Austritt aus dem Verein berechtigt.
(2) Der Austritt ist dem Vorstand gegenüber schriftlich zu erklären.
(3) Der Austritt ist unter Einhaltung einer Frist von vier Wochen zum Schluß eines Kalenderjahres möglich. Maßgebend für die Einhaltung der Kündigungsfrist ist der rechtzeitige Zugang der Austrittserklärung an ein Mitglied des Vorstands.

§ 10 Ausschluß aus dem Verein

(1) Die Mitgliedschaft endet durch Ausschluß aus dem Verein.
(2) Ein Ausschluß aus dem Verein ist nur aus wichtigem Grund möglich. Ein wichtiger Grund liegt insbesondere vor, wenn ein Mitglied
    (a) die ihm obliegenden Pflichten nicht erfüllt,
    (b) gegen die Satzung des Vereins oder Anordnungen der Vereinsorgane verstößt, oder
    (c) die Interessen des Vereins oder dessen Ansehen schädigt.
(2) Über den Ausschluß entscheidet die Mitgliederversammlung mit einfacher Mehrheit auf Antrag des Vorstands.
(3) Der Vorstand hat seinen Antrag dem betroffenen Mitglied mindestens zwei Wochen vor der Versammlung schriftlich mitzuteilen.
(4) Der Ausschluß von Mitgliedern ist ferner nur mit Zustimmung des Gründungsmitglieds (. . .) möglich, solange dieser dem Verein als Mitglied angehört.
(5) Der Ausschluß wird sofort mit der Beschlußfassung wirksam. Dies gilt auch dann, wenn das betroffene Mitglied bei der Beschlußfassung nicht anwesend war. In diesem Fall hat der Vorstand dem ausgeschlossenen Mitglied den Beschluß unverzüglich durch Einschreiben bekanntzumachen.

§ 11 Satzungsänderung, Auflösung des Vereins

(1) Der Zweck des Vereins soll nur geändert und der Verein nur aufgelöst werden, wenn die Erfüllung der bisherigen Vereinszwecks unmöglich oder wirtschaftlich sinnlos geworden ist.
(2) Beschlüsse über die Änderung der Satzung bedürfen einer Mehrheit von 3/4 der Vereinsmitglieder und der Beiratsmitglieder.
(3) Zur Beschlußfassung über die Auflösung des Vereins und zur Zustimmung zu einer Verschmelzung des Vereins ist eine Mehrheit von 4/5 der Vereinsmitglieder und der Beiratsmitglieder erforderlich.
(4) Beschlüsse über die Änderung der Satzung, die Auflösung des Vereins oder die Zustimmung zur Verschmelzung sind nur mit Zustimmung des Gründungsmitglieds (. . .) zulässig, solange dieser dem Verein angehört.
(5) Die Liquidation des Vereins erfolgt durch den Vorstand.

§ 12 Vermögensbindung

Bei Auflösung des Vereins oder bei Wegfall der steuerbegünstigten Zwecke fällt das Vermögen an (. . .), der es unmittelbar und ausschließlich für gemeinnützige, mildtätige oder kirchliche Zwecke zu verwenden hat.

H. Stiftungen im Grundstücksverkehr

I. Grundbuchfähigkeit

Stiftungen erlangen mit der Genehmigung (§§ 80 ff. BGB) die **volle Rechtsfähigkeit** und sind damit grundbuchfähig[1].

Eine Stiftung wird als juristische Person **mit ihrem Namen und ihrem Sitz im Grundbuch bezeichnet** (§ 15 Abs. 1 Buchst. b GBV).

II. Vertretung

1. Vertretungsbefugnis

a) Vertretungsberechtigte Personen

Der **Stiftungsvorstand** hat die Stellung eines gesetzlichen Vertreters (§§ 86 Satz 1, 26 Abs. 2 Satz 1 BGB). Er vertritt die Stiftung gerichtlich und außergerichtlich. Daneben sind auch in der Satzung vorgesehene „besondere Vertreter" zur Vertretung der Stiftung berechtigt (§§ 86 Satz 1, 30 BGB)[2].

b) Umfang der Vertretungsmacht

In der Satzung kann die Vertretungsberechtigung des Vorstands als Einzelvertretungbefugnis oder als Gesamtvertretungsbefugnis ausgestaltet werden. Fehlt eine Regelung in der Satzung, ist von **Gesamtvertretungsbefugnis** auszugehen (§§ 86 Satz 1, 28 Abs. 1 BGB).

Jedes Mitglied eines mehrgliedrigen Vorstands hat unabhängig von der satzungsmäßigen Regelung zwingend **Passivvertretungsmacht** (§§ 86 Satz 1, 28 Abs. 2 BGB) (siehe aber § 86 Satz 2 BGB für Stiftungen in der Verwaltung öffentlicher Behörden).

Der Umfang der Vertretungsmacht des Vorstands kann in der Satzung – anders als bei Personen- und Kapitalgesellschaften – mit Wirkung gegen

---

1 Zur Rechtsfähigkeit einer im Grundbuch eingetragenen Stiftung s. OLG Frankfurt, Beschl. v. 4. 9. 1996, 20 W 299/96, MittRhNotK 1997, 235 = NJW-RR 1997, 401 (Die Vermutung des § 891 Abs. 1 BGB erstreckt sich nicht auf die Rechtsfähigkeit des Eingetragenen. Deshalb hat das Grundbuchamt im Eintragungsantragsverfahren dem Antragsteller durch Zwischenverfügung aufzugeben, die Rechtsfähigkeit einer [hier seit 1893] als Eigentümerin eingetragenen Stiftung nachzuweisen, wenn sich hieran begründete Zweifel ergeben.).
2 S. dazu im einzelnen Teil B Rz. 72 ff.

Dritte **beschränkt** (nicht aber völlig entzogen) werden (§§ 86 Satz 1, 26 Abs. 2 Satz 2 BGB). Für den Rechtsverkehr ist die Beschränkung der Vertretungsmacht in der Regel jedoch nicht erkennbar. Dritte müssen die Beschränkung der Vertretungsmacht daher nur dann gegen sich gelten lassen, wenn sie ihnen bekannt ist[3].

Trotz Ablehnung der ultra-vires-Lehre im deutschen Recht erstreckt sich die Vertretungsmacht nicht auf Geschäfte, die auch **für Dritte erkennbar ganz außerhalb des Stiftungszwecks** liegen.

c) Insichgeschäfte

4   In der Stiftungssatzung kann eine **Befreiung** von den Beschränkungen des § 181 BGB vorgesehen werden, die von der Genehmigung der Stiftungsaufsichtsbehörde mitumfaßt wird.

In Bayern und Rheinland-Pfalz ist eine solche **Gestattung des Selbstkontrahierens** (abweichend von § 181 BGB) jedoch nicht möglich (Art. 22 BayStG, § 18 RhPfStiftG). Die Stiftungsaufsichtsbehörde hat für solche Rechtsgeschäfte jeweils einen besonderen Vertreter zu bestellen. Das ohne einen besonderen Vertreter vorgenommene Rechtsgeschäft ist nichtig (§ 134 BGB) (sofern es nicht ausschließlich in der Erfüllung einer Verbindlichkeit besteht)[4].

d) Genehmigungs- und Anzeigevorbehalte

5   Rechtsgeschäfte, die für die Stiftung **grundsätzliche Bedeutung** haben und erhebliche Verpflichtungen rechtlicher, wirtschaftlicher oder finanzieller Art erwarten lassen, bedürfen in einigen Bundesländern der Zustimmung durch die Stiftungsaufsichtsbehörde[5].

Für die notarielle Praxis ist insbesondere von Bedeutung, daß die **Veräußerung oder Belastung von Grundstücken oder grundstücksgleichen Rechten** oftmals einer Genehmigung oder Anzeige bedarf[6].

---

3   S. dazu im einzelnen oben Teil B Rz. 72.
4   Ausführlich dazu Teil B Rz. 73.
5   § 13 BadWürttStiftG, Art. 27 BayStG, § 20 MeckVorPStiftG, § 21 NRWStiftG, § 9 SchlHolStiftG.
6   §§ 13 Abs. 1 Satz 1 Nr. 1, 8 Abs. 2 Satz 2 BadWürttStiftG, Art. 27 Abs. 1 Nr. 3 BayStG, § 21 Abs. 1 Nr. 3 NRWStiftG. – S. dazu im einzelnen oben Teil B Rz. 97 ff.

2. Nachweis der Vertretungsmacht

Ein (bundeseinheitliches) **Stiftungsregister** existiert (bislang) nicht. Die in einigen Bundesländern geführten Stiftungsverzeichnisse[7] sind keine Register im Rechtssinn, insbesondere genießen die Eintragungen keinen Vertrauensschutz[8]. Der Notar kann für Stiftungen demnach keine Vertretungsbescheinigung (§ 21 Abs. 1 Satz 1 Nr. 2 BNotO) erstellen.

Eine **Einsicht in die Stiftungsverzeichnisse** ist in der Regel jedem möglich, der ein berechtigtes Interesse[9] glaubhaft macht[10].

Die Vertretungsberechtigung läßt sich meist auch nicht durch die **Vorlage des Stiftungsgeschäfts bzw. der Stiftungssatzung** nachweisen. Die Vorstandsmitglieder sind dort in der Regel nicht namentlich benannt. Damit könnte damit auch lediglich die Vertretungsbefugnis der ersten Vorstandsmitglieder nachgewiesen werden. Schließlich ist das Stiftungsgeschäft nicht immer in einer öffentlichen Urkunde enthalten (§§ 81 Abs. 1 bzw. 2231 Nr. 2 BGB).

Der Nachweis der Vertretungsbefugnis des Stiftungsvorstands wird in der Praxis durch eine **Vertretungsbescheinigung** der zuständigen Aufsichtsbehörde erteilt. Solche Vertretungsbescheinigungen legitimieren die genannten Personen im Rechtsverkehr. Eine **gesetzliche Regelung** für die Ertei-

---

7 § 4 BadWürttStiftG, § 5 AVBayStG, § 11 Abs. 1 BerlStiftG, §§ 26, 30 BrbgStiftG, § 15 BremStiftG, § 4 MecklVorPStiftG, Ziff. 1. 5 Richtlinien zur Ausführung des Niedersächsischen Stiftungsgesetzes, §§ 26 und 33 NRWStiftG, § 18 SaarlStiftG, § 15 Abs. 2 und 3 SchlHolStiftG, § 20 SachStiftG, § 20 Sachs-AnhStiftG, § 20 ThürStiftG. – In Nordrhein-Westfalen wird daneben noch ein Verzeichnis der unselbständigen Stiftungen geführt (§ 33 NRWStiftG). In Brandenburg können auch unselbständige Stiftungen in das Stiftungsverzeichnis eingetragen werden (§ 26 Abs. 5 BrbgStiftG).
8 In den meisten Landesstiftungsgesetzen wird ausdrücklich klargestellt, daß Eintragungen im Stiftungsverzeichnis nicht die Vermutung ihrer Richtigkeit begründen (§ 4 Abs. 4 Satz 2 BadWürttStiftG, § 26 Abs. 3 BrbgStiftG, § 15 Abs. 3 BremStiftG, § 4 Abs. 4 Satz 1 MecklVorPStiftG, § 18 Abs. 2 Satz 2 SaarlStiftG, § 15 Abs. 3 Satz 1 SchlHolStiftG, § 20 Abs. 3 Satz 1 SachStiftG, § 20 Abs. 3 Satz 1 Sachs-AnhStiftG, § 20 Abs. 3 Satz 1 ThürStiftG).
9 In Brandenburg, Berlin und Niedersachsen ist eine Einsicht auch ohne Nachweis eines berechtigten Interesses möglich (§ 26 Abs. 6 BrbgStiftG, § 11 Abs. 1 BerlStiftG, Ziff. 1. 5 Abs. 2 Richtlinien zur Ausführung des Niedersächsischen Stiftungsgesetzes, RdErl. d. MI v. 16. 7. 1986 (Az. 52.1 – 120856-2), Nds. MBl. 1996, 800, geändert durch RdErl. d. MI v. 4. 10. 1989 (Az. 52.1 – 120856-2), Nds. MBl. 1989, 1201.
10 § 4 Abs. 4 Satz 1 BadWürttStiftG, § 15 Abs. 2 BremStiftG, § 4 Abs. 4 Satz 2 MecklVorPStiftG, § 26 Abs. 2 NRWStiftG, § 18 Abs. 2 Satz 1 SaarlStiftG, § 15 Abs. 3 Satz 2 SchlHolStiftG, § 20 Abs. 3 Satz 2 SachStiftG, § 20 Abs. 3 Satz 2 Sachs-AnhStiftG, § 20 Abs. 3 Satz 2 ThürStiftG.

lung von Vertretungsbescheinigungen besteht nur in Berlin[11], Bremen[12] und Hamburg[13]. Auch in den anderen Bundesländern ist aufgrund der im Rahmen der Stiftungsaufsicht bestehenden Schutz- und Fürsorgepflicht ein Anspruch der Stiftungen auf Erteilung einer Vertretungsbescheinigung gegeben[14]. Bei der Ausstellung solcher Vertretungsbescheinigungen sind manche Aufsichtsbehörden wegen der damit verbundenen Haftungsrisiken jedoch sehr zurückhaltend. Für die Erteilung der Vertretungsbescheinigung werden in den meisten Fällen Verwaltungsgebühren erhoben.

III. Erlöschen der Stiftung

7 Die rechtsfähige Stiftung erlischt nicht automatisch, sondern nur aufgrund eines **staatlichen Hoheitsakts** (zum Beispiel Aufhebung, Zusammenlegung, Zulegung oder die Eröffnung des Insolvenzverfahrens [§§ 86 Satz 1, 42 Abs. 1 BGB])[15]. Mit dem Erlöschen der Stiftung verliert die Stiftung ihre **Rechtsfähigkeit**[16]. Im Hinblick auf das Vermögen der Stiftung sind die Rechtsfolgen unterschiedlich, je nachdem, ob in der Stiftungssatzung ein Anfallberechtigter benannt ist oder nicht.

Aufgrund des gemeinnützigkeitsrechtlichen **Grundsatzes der Vermögensbindung** ist in den Stiftungssatzungen regelmäßig bestimmt, welcher steuerbegünstigten Person das Liquidationsvermögen zufällt (§§ 61 Abs. 1, 55 Abs. 1 Nr. 4 AO)[17]. Im Regelfall fällt das Vermögen der Stiftung mit dem Erlöschen somit an die in der Satzung bestimmten Personen (§ 88 Satz 1 BGB). Der Rechtsübergang erfolgt dabei nicht ipso iure, sondern es findet eine **Liquidation** statt (§ 88 Satz 2 in Verbindung mit §§ 47 bis 53 BGB). Die **Anfallberechtigten** haben lediglich einen schuldrechtlichen Anspruch auf Auskehrung des nach der Durchführung der Liquidation verbleibenden

---

11 § 11 Abs. 2 BerlStiftG.
12 Gesetz über die Ausstellung von Vertretungsbescheinigungen v. 9. 12. 1986, GBl. S. 283.
13 § 17 Ausführungsgesetz zum Bürgerlichen Gesetzbuch Hamburg in der Fassung v. 1. 7. 1958 (GVBl. S. 196).
14 Anders Ziff. 3.2. Satz 2 der Richtlinien zur Ausführung des Niedersächsischen Stiftungsgesetzes, RdErl. d. MI v. 16. 7. 1986 (Az. 52.1 – 120856-2), Nds. MBl. 1996, 800, geändert durch RdErl. d. MI v. 4. 10. 1989 (Az. 52.1 – 120856-2), Nds. MBl. 1989, 1201.
15 Zum Erlöschen der Stiftung finden sich nur vereinzelte Regelungen in den Landesstiftungsgesetzen (§ 16 BrbgStiftG, § 14 NRWStiftG).
16 Zur Löschung eines zugunsten einer katholischen Benefizium-Stiftung eingetragenen Wohnungsrechts wegen Gegenstandslosigkeit aufgrund Wegfalls des Berechtigten s. BayObLG, Urt. v. 2. 9. 1999, 2 Z BR 116/99, BayObLGZ 1999, 248 = NJW-RR 1999, 1691.
17 S. dazu Teil B Rz. 130 ff.

Überschusses. Für die Übertragung von Grundstücken sind Auflassung und Eintragung erforderlich.

Ist in der Stiftungssatzung kein Anfallberechtigter bestimmt, fällt das Vermögen an den **Fiskus**[18]. In diesem Fall findet – ausnahmsweise – eine Gesamtrechtsnachfolge statt (§§ 88 Satz 2, 46 BGB in Verbindung mit §§ 1936, 1942 Abs. 2, 1964, 1966, 2011 und 1994 Abs. 1 Satz 2 BGB[19]). Eine Liquidation ist dann nicht erforderlich. Die Berichtigung des Grundbuchs kann nur aufgrund eines Erbscheins oder eines inhaltlich vergleichbaren Zeugnisses erfolgen[20]. Zur Übertragung oder Aufhebung eines Rechts ist eine Voreintragung des Fiskus nicht erforderlich (§ 40 GBO)[21].

---

18 Art. 85 EGBGB und §§ 15, 26 Abs. 2, 31 Abs. 2 Nr. 2 BadWürttStiftG, Art. 11 Satz 2, 17 BayStG, § 6 BerlStiftG, § 17 BrbgStiftG, §§ 10, 16 Abs. 2 Nr. 6 BremStiftG, § 20 HambAGBG, § 23 HessStiftG, §§ 13, 25 Abs. 2 Nr. 2, 26 Abs. 2 Nr. 3 MecklVorPStiftG, § 9 NdsStiftG, § 15 NRWStiftG, § 25 RhPfStiftG, §§ 9, 19 Abs. 2 Nr. 5, 20 Abs. 3 SaarlStiftG, § 7 SchlHolStiftG, § 23 SachsStiftG, § 23 Sachs-AnhStiftG, § 23 ThürStiftG. – Besondere Regelungen bestehen für kommunale und kirchliche Stiftungen. Bei diesen fällt das Vermögen meist an eine entsprechende Gebietskörperschaft oder Kirchengemeinde.
19 S. auch Art. 17 Abs. 1 HS 2 BayStG, § 23 Abs. 1 Satz 2 HessStiftG, § 9 Abs. 1 Satz 2 NdsStiftG, § 7 Abs. 2 SchlHolStiftG.
20 Zur Notwendigkeit der Vorlage eines Erbscheins oder eines entsprechenden Zeugnisses, wenn die Diözese als Gesamtrechtsnachfolgerin einer erloschenen Stiftung der katholischen Kirche die Berichtigung des Grundbuchs beantragt BayObLG, Beschl. v. 24. 2. 1994, 2 Z BR 119/93, BayObLGZ 1994, 33 = MittBayNot 1994, 321 = Rpfleger 1994, 410 = NJW-RR 1994, 914.
21 *Demharter*, Grundbuchordnung, 23. Aufl., München 2000, § 40 GBO Rz. 9.

J. Umwandlungsmöglichkeiten einer Stiftung

Literaturhinweise: *Dehmer,* Umwandlungsgesetz/Umwandlungssteuergesetz, 2. Aufl., München 1996, Kommentierung zu §§ 161 ff. UmwG; *Karper,* Die Zusammenlegung privatrechtlicher Stiftungen, Diss. Göttingen 1993; *Karper,* Die staatliche Zusammenlegung von rechtsfähigen privatrechtlichen Stiftungen, BWVP 1994, 275; *Raupach/Böckstiegel,* „Umwandlungen" bei der Rechtsformwahl gemeinnütziger Organisationen, in: Festschrift Widmann, Bonn 2000, S. 459 ff.; *Rawert,* in: Lutter (Hrsg.), Umwandlungsgesetz, 2. Aufl., Köln 2000, Band 2, Kommentierung zu §§ 161 ff. UmwG; *Rieger,* in: Widmann/Mayer (Hrsg.), Umwandlungsgesetz, Loseblatt, Kommentierung zu §§ 161 ff. UmwG (Stand: Juli 1998); *Timm,* Einige Zweifelsfragen zum neuen Umwandlungsrecht, ZGR 1996, 247.

I. Überblick

Die Umwandlung einer Stiftung ist zum einen nach den Vorschriften des **Umwandlungsgesetzes** und zum anderen nach den Vorschriften des jeweiligen **Landesstiftungsgesetzes** möglich (§ 1 Abs. 1 und 2 UmwG). 1

Die Umwandlungsmöglichkeiten rechtsfähiger Stiftungen nach dem Umwandlungsgesetz sind beschränkt, da die rechtsfähige Stiftung **keine Anteilsinhaber oder Mitglieder** hat. Eine Stiftung kann demnach nur an Umwandlungsvorgängen beteiligt sein, bei denen die Gegenleistung für die Vermögensübertragung auf der Ebene des übertragenden Rechtsträgers und nicht der seiner Gesellschafter erfolgt. Dies ist nur bei der **Ausgliederung** der Fall, bei der es wirtschaftlich gesehen zu einem Aktivtausch kommt. Im übrigen ist eine Stiftung kein umwandlungsfähiger Rechtsträger, d.h. sie kann insbesondere nicht an einer Auf- oder Abspaltung, einer Verschmelzung oder einem Formwechsel beteiligt sein[1].

An einer Ausgliederung kann eine rechtsfähige Stiftung nur als **übertragender** (nicht auch als übernehmender) Rechtsträger beteiligt sein (§ 161 UmwG).

Der Kreis der **übernehmenden bzw. neuen Rechtsträger** ist gleichfalls beschränkt. Eine Ausgliederung zur Aufnahme kann nur auf eine Personenhandels- oder Kapitalgesellschaft, und eine Ausgliederung zur Neugründung nur auf eine Kapitalgesellschaft erfolgen.

Die Ausgliederung eines Unternehmens(teils) aus dem Vermögen der Stiftung führt dazu, daß die Stiftung nicht mehr selbst **Inhaberin des Unter-**

---
[1] Nach §§ 119a bis c UmwG-E soll eine rechtsfähige Stiftung auch an einer Verschmelzung beteiligt sein können, Gesetzentwurf der F.D.P.-Entwurf eines Gesetzes zur Reform des Stiftungsrechts, BT-Drks. 14/3043 v. 22. 3. 2000.

nehmens ist (Unternehmensträgerstiftungen), sondern nur noch an dem das Unternehmen betreibenden Rechtsträger (Beteiligungsträgerstiftung).

Noch nicht abschließend geklärt ist, inwieweit die durch das Umwandlungsrecht eröffneten Umwandlungsmöglichkeiten im Einzelfall durch **spezifische stiftungsrechtliche Grenzen** beschränkt werden[2]. Im Interesse der dauerhaften Erfüllung des Stiftungszwecks sollte die Stiftung über maßgeblichen Einfluß auf die Unternehmensführung des aufnehmenden Rechtsträgers verfügen.

Bei der Ausgliederung aus dem Vermögen einer steuerbegünstigten Stiftung sind darüber hinaus die Vorschriften des Gemeinnützigkeitsrechts zu beachten. Insbesondere muß die Stiftung ihre Satzungszwecke weiterhin unmittelbar (gegebenenfalls über den aufnehmenden Rechtsträger als Hilfsperson) verfolgen (§ 57 AO)[3].

Neben dem Umwandlungsrecht eröffnet das jeweilige **Landesrecht** noch verschiedene Umstrukturierungsmaßnahmen. Dazu gehört insbesondere die Zusammenlegung, die Zulegung, die Zweckänderung sowie die Umwandlung einer privatrechtlichen Stiftung in eine öffentlich-rechtliche Stiftung. Diese Maßnahmen können aufgrund eines Beschlusses der zuständigen Stiftungsorgane mit Zustimmung der Stiftungsaufsichtsbehörde[4] erfolgen oder aufgrund einer Anordnung der Aufsichtsbehörde[5].

II. „Umwandlungsmöglichkeiten" des Stiftungsrechts

1. Zusammenlegung

2   Unter einer Zusammenlegung versteht man die Zusammenfassung mehrerer Stiftungen mit gleichem oder ähnlichem Zweck zu einer neuen (bis dahin nicht bestehenden) Stiftung. Die stiftungsrechtliche Zusammenlegung ist mit der **Verschmelzung zur Neugründung im Umwandlungsrecht** vergleichbar.

---

2 S. dazu Teil C Rz. 3 ff.
3 S. dazu Teil B Rz. 121.
4 § 14 Abs. 2 BadWürttStiftG, § 5 BerlStiftG, § 14 BrbgStiftG, § 8 BremStiftG, §§ 10 und 19 HambAGBG, § 11 MecklVorPStiftG, § 7 NdsStiftG, § 12 NRWStiftG, §§ 21 und 22 RhPfStiftG, § 7 SaarlStiftG, § 5 SchlHolStiftG, § 21 SachStiftG, § 21 Sachs-AnhStiftG, § 21 ThürStiftG.
5 § 14 Abs. 3 und 1 BadWürttStiftG, Art. 16 BayStG, § 15 Abs. 2 BrbgStiftG, § 9 BremStiftG, § 9 Abs. 1 HessStiftG (auf Antrag der Stiftungsorgane), § 12 MecklVorPStiftG, § 8 NdsStiftG, § 13 NRWStiftG, § 23 Abs. 1 RhPfStiftG, § 8 SaarlStiftG, § 6 SchlHolStiftG.

Eine Zusammenlegung setzt in der Regel voraus, daß bei sämtlichen beteiligten Stiftungen die **Erreichung des Stiftungszwecks unmöglich** geworden ist oder sie das Gemeinwohl gefährden (§ 87 Abs. 1 BGB). Es ist daher beispielsweise nicht möglich, eine leistungsunfähige Stiftung und leistungsfähige Stiftung (bei der kein Aufhebungsgrund vorhanden ist) (etwa zu Sanierungszwecken) zusammenzulegen.

Die Zusammenlegung mehrerer Stiftungen kann durch einen **Beschluß** der zuständigen Stiftungsorgane mit Zustimmung der Stiftungsaufsichtsbehörde[6] oder im Wege einer behördlichen **Zwangsmaßnahme** erfolgen[7].

Das Vermögen der zusammengelegten Stiftungen geht im Wege der **Einzelrechtsnachfolge** auf die neue Stiftung über. Dazu kann die Zustimmung der Anfallberechtigten notwendig sein (vgl. § 88 BGB). Die Landesstiftungsgesetze sehen daher vielfach eine Gesamtrechtsnachfolge vor[8].

Die übertragende Stiftung muß aufgelöst und liquidiert werden. Mit der Zusammenlegung entsteht eine **neue Stiftung**, für die eine neue Satzung mit einem einheitlichen gemeinsamen Zweck festzustellen ist.

Die Entstehung der neuen Stiftung durch Zusammenlegung wird in den meisten Bundesländern in einem **Amtsblatt oder Staatsanzeiger** bekanntgemacht[9].

Von der Zusammenlegung ist die bloße Zusammenfassung von mehreren Stiftungen unter einer **gemeinsamen Stiftungsverwaltung** zu unterscheiden. Die Rechtsfähigkeit der einzelnen Stiftungen wird durch die gemeinsame Stiftungsverwaltung nicht berührt. Dementsprechend müssen die Vermögen der einzelnen Stiftungen auch weiterhin getrennt gehalten werden.

---

6 § 14 Abs. 2 BadWürttStiftG, § 5 BerlStiftG, § 14 Abs. 2 BrbgStiftG, § 8 BremStiftG, § 9 Abs. 1 und 2 HessStiftG, § 11 MecklVorPStiftG, § 7 NdsStiftG, § 12 Abs. 2 NRWStiftG, § 7 SaarlStiftG, § 5 Abs. 1 und 2 SchlHolStiftG, § 21 SachStiftG, § 21 Sachs-AnhStiftG, § 21 ThürStiftG.

7 § 14 Abs. 3 und 21 Abs. 4 BadWürttStiftG, Art. 16 BaySt G, § 15 Abs. 2 BrbgStiftG, § 9 BremStiftG, § 9 Abs. 1 und 2 HessStiftG, § 12 MecklVorPStiftG, § 8 NdsStiftG, § 13 Abs. 2 NRWStiftG, § 23 Abs. 1 Satz 2 RhPfStiftG, § 8 SaarlStiftG, § 6 Abs. 1 SchlHolStiftG.

8 §§ 14 Abs. 2 Satz 4, 21 Abs. 1, Abs. 3 Satz 3 und Abs. 4 Satz 3 BadWürttStiftG, § 5 Abs. 3 Satz 2 BerlStiftG, §§ 14 Abs. 2 Satz 5 und 15 Abs. 2 Satz 3 BrbgStiftG, § 12 Satz 4 MecklVorPStiftG, § 7 NdsStiftG, § 12 Abs. 1 NRWStiftG, §§ 21 und 22 RhPfStiftG, §§ 7 Abs. 4 Satz 2 und 8 Abs. 3 SaarlStiftG, § 6 Abs. 1 Satz 6 SchlHolStiftG.

9 § 16 BadWürttStiftG, Art. 7 BaySt G, § 2 Abs. 2 BerlStiftG, § 6 Abs. 5 BrbgStiftG, § 17 HessStiftG, § 21 MecklVorPStiftG, § 17 NdsStiftG, §§ 8 Abs. 2, 9 Abs. 1, 12, 20 Abs. 4, 21 Abs. 2, 24 Abs. 1 und 2 RhPfStiftG, § 17 SaarlStiftG, § 15 Abs. 1 SchlHolStiftG, § 20 Abs. 4 SachStiftG, § 20 Abs. 4 Sachs-AnhStiftG, § 20 Abs. 4 ThürStiftG.

2. Zulegung

3   Bei der Zulegung wird das Vermögen einer oder mehrerer Stiftungen auf eine **bereits bestehende andere Stiftung** übertragen. Die Zulegung ist mit der Verschmelzung zur Aufnahme im Umwandlungsrecht vergleichbar.

Voraussetzung einer Zulegung ist, daß sowohl bei der übertragenden als auch bei der übernehmenden Stiftung die **Erreichung des Stiftungszwecks unmöglich** geworden ist oder sie das Gemeinwohl gefährdet (§ 87 Abs. 1 BGB). Die Zulegung erfordert in der Regel

— eine Änderung der Anfallberechtigten bei der übertragenden Stiftung zu Gunsten der aufnehmenden Stiftung (bzw. die Zustimmung der Anfallberechtigten zur Übertragung des Stiftungsvermögens auf die aufnehmende Stiftung),

— eine Satzungs- bzw. Zweckänderung bei der aufnehmenden Stiftung, und

— die Aufhebung und Liquidation der übertragenden Stiftung durch die Übertragung des Vermögens auf die aufnehmende Stiftung.

Eine Zulegung kann wiederum durch einen **Beschluß** der zuständigen Stiftungsorgane mit Zustimmung der Stiftungsaufsichtsbehörde[10] oder im Wege einer behördlichen **Zwangsmaßnahme** erfolgen[11].

3. Rechtsformwechsel

4   Die Möglichkeit, eine privatrechtliche Stiftung durch einen **Verwaltungsakt** in eine öffentlich-rechtliche Stiftung umzuwandeln, besteht derzeit nur in Rheinland-Pfalz (§ 20 RhPfStiftG). Sie entspricht einem Formwechsel im Umwandlungsrecht.

4. Zweckänderung

5   Bei der Zweckänderung handelt es sich um eine **besonders qualifizierte Form der Satzungsänderung** und nicht um eine Umstrukturierung im eigentlichen Sinn. Die betroffene Stiftung bleibt unverändert bestehen. Mit

---

10 § 14 Abs. 2 BadWürttStiftG, § 5 BerlStiftG, § 14 Abs. 2 BrbgStiftG, § 9 Abs. 1 und 2 HessStiftG, § 11 MecklVorPStiftG, § 7 NdsStiftG, § 12 Abs. 2 NRWStiftG, § 7 SaarlStiftG, § 5 Abs. 1 und 2 SchlHolStiftG, § 21 SachStiftG, § 21 Sachs-AnhStiftG, § 21 ThürStiftG.

11 § 14 Abs. 3 BadWürttStiftG, Art. 16 BayStG, § 15 Abs. 2 BrbgStiftG, § 9 BremStiftG, § 9 Abs. 1 und 2 HessStiftG, § 12 MecklVorPStiftG, § 8 NdsStiftG, § 13 Abs. 2 NRWStiftG, §§ 23 Abs. 1 Satz RhPfStiftG, § 8 SaarlStiftG, § 6 Abs. 1 SchlHolStiftG.

Rücksicht auf die zentrale Bedeutung des Stiftungszwecks im Stiftungsrecht wird die Zweckänderung aber auch als Umwandlung bezeichnet (§ 87 BGB).

Die Zweckänderung läßt die **Existenz der betroffenen Stiftung** (anders als bei Zusammenlegung und Zulegung) **unberührt**.

Eine Änderung des Stiftungszwecks kann wiederum nur erfolgen, wenn die Erfüllung des Stiftungszwecks unmöglich ist oder das Gemeinwohl gefährdet (§ 87 Abs. 1 BGB). Bei einer Änderung des Stiftungszwecks ist der **Stifterwille** in weitest möglichem Umfang zu berücksichtigen (§ 87 Abs. 2 BGB).

Zweckänderungen können von den Stiftungsorganen mit **Zustimmung der Stiftungsaufsichtsbehörde** beschlossen[12] oder von den Aufsichtsbehörden unmittelbar angeordnet werden[13]. In manchen Bundesländern ist die Stiftungsaufsichtsbehörde auch dann zu einer Änderung des Stiftungszwecks befugt, wenn es aufgrund einer **wesentlichen Veränderung der Verhältnisse** geboten ist[14].

III. Ausgliederung nach dem Umwandlungsgesetz

1. Beteiligte Rechtsträger

a) Ausgangsrechtsträger: Rechtsfähige Stiftung

aa) Begriff der rechtsfähigen Stiftung

Als übertragender Rechtsträger kommt nur eine rechtsfähige Stiftung des Privatrechts in Betracht (§ 161 UmwG unter Hinweis auf § 80 BGB). Unerheblich ist, ob die Stiftung **steuerbegünstigte Zwecke** verfolgt.

Nicht ausgliederungsfähig sind demnach insbesondere **unselbständige Stiftungen**, Stiftungs-Vereine und Stiftungsgesellschaften sowie öffentlich-rechtliche Stiftungen[15].

6

---

12 § 14 Abs. 2 BadWürttStiftG, § 5 Abs. 1 und 2 BerlStiftG, § 14 Abs. 1 BrbgStiftG, § 8 BremStiftG, § 10 HambAGBGB, § 9 Abs. 1 und 2 HessStiftG, § 11 Meckl-VorPStiftG, § 7 NdsStiftG, § 12 Abs. 1 NRWStiftG, §§ 21 und 22 RhPfStiftG, § 7 SaarlStiftG, § 5 Abs. 1 und 2 SchlHolStiftG, § 21 SachStiftG, § 21 Sachs-AnhStiftG, § 21 ThürStiftG.
13 § 87 BGB in Verbindung mit den Bestimmungen des jeweiligen Landesstiftungsgesetzes, § 14 Abs. 1 BadWürttStiftG, Art. 15 BayStG, § 2 Abs. 1 Satz 2 HS 2 BerlStiftG, § 15 Abs. 1 BrbgStiftG, § 9 BremStiftG, § 11 HambAGBGB, § 9 Abs. 3 HessStiftG, § 12 MecklVorPStiftG, § 8 NdsStiftG, § 13 Abs. 1 NRWStiftG, § 23 Abs. 1 RhPfStiftG, § 8 Satz 1 SaarlStiftG, § 6 SchlHolStiftG.
14 S. § 6 Abs. 4 Satz 2 BadWürttStiftG, § 11 Abs. 1 HambAGBGB, § 9 Abs. 2 HessStiftG.
15 Dies gilt auch dann, wenn das Landesstiftungsrecht (wie beispielsweise Art. 4 Satz 1 BayStG, § 2 Abs. 3 HessStiftG, § 24 MecklVorPStiftG) die entsprechende Anwendung der §§ 80 ff. BGB auf öffentlich-rechtliche Stiftungen vorsieht.

Kirchliche Stiftungen können dagegen ein ausgliederungsfähiger Rechtsträger sein, wenn sie als rechtsfähige Stiftungen des Privatrechts ausgestaltet sind[16].

bb) Eintragung der Stiftung im Handelsregister

7   Eine Stiftung kann nur das **von ihr betriebene Unternehmen bzw. Teile eines solchen Unternehmens** ausgliedern (§ 161 HS 1 UmwG). Der Betrieb eines Unternehmens ist jedoch nicht Voraussetzung für eine Ausgliederung. Vielmehr wird damit lediglich der Gegenstand der Ausgliederung bestimmt.

Die Stiftung ist aber nur dann **ausgliederungsfähig**, wenn sie mit ihrem Unternehmen im Handelsregister eingetragen ist (§ 33 HGB; vgl. § 152 Satz 1 HS 1 UmwG zur Ausgliederung aus dem Vermögen eines Einzelunternehmens). Diese Voraussetzung ergibt sich zwar nicht unmittelbar aus dem Gesetzeswortlaut (§ 161 UmwG), folgt aber aus dem Gesamtzusammenhang der Regelungen zur Ausgliederung.

– Das „Gericht des Sitzes der Stiftung" soll die Eintragung der Ausgliederung ablehnen, wenn die Stiftung überschuldet ist (§ 164 Abs. 2 BGB). Da ein **Stiftungsregister** bislang nicht existiert, kann damit nur das Handelsregister, in dem die Stiftung eingetragen ist, gemeint sein.

– Die Ausgliederung wird mit der Eintragung in das **Register des übertragenden Rechtsträgers** wirksam (§ 131 Abs. 1 UmwG). Für die Fälle, in denen der übertragende Rechtsträger nicht in einem Register eingetragen ist, wurden Sonderregelungen geschaffen, wonach die Ausgliederung mit der Eintragung in das Register des übernehmenden Rechtsträgers wirksam wird (§ 171 UmwG im Hinblick auf § 36 a.F. HGB[17]). Da für die Ausgliederung aus dem Vermögen einer Stiftung eine entsprechende Regelung fehlt, ging der Gesetzgeber wohl davon aus, daß die Stiftung im Handelsregister eingetragen ist.

Soweit die Stiftung nicht im Handelsregister eingetragen ist (vgl. § 33 Abs. 1 HGB) und daher eine Ausgliederung (nach §§ 161 ff. UmwG) nicht in Betracht kommt, kann die Stiftung ihr Vermögen nur im Wege der **Einzelrechtsnachfolge** auf einen anderen Rechtsträger übertragen.

---

16 S. §§ 22 ff. BadWürttStiftG, Art. 30 ff. BayStG, § 4 Abs. 1 Satz 1 BrbgStiftG, § 16 BremStiftG, § 20 HessStiftG, § 26 MecklVorPStiftG, § 20 NdsStiftG, § 2 Abs. 4 NRWStiftG, §§ 41 ff. RhPfStiftG, § 19 SaarlStiftG, § 18 SchlHolStiftG, § 26 SachStiftG, § 26 Sachs-AnhStiftG, § 26 ThürStiftG.

17 Körperschaften des öffentlichen Rechts mußten bis zur Aufhebung von § 36 HGB durch das Handelsrechtsreformgesetz (BGBl. I 1998, 1474) auch bei Betrieb eines vollkaufmännischen Handelsunternehmens nicht im Handelsregister eingetragen werden.

b) Zielrechtsträger

Die Möglichkeiten der Ausgliederung aus dem Vermögen einer Stiftung 8
wird auch durch den Kreis der Zielrechtsträger **eingeschränkt**.

Eine **Ausgliederung zur Aufnahme** kann auf eine bestehende Personenhandelsgesellschaft (OHG, KG) oder eine bestehende Kapitalgesellschaft (AG, GmbH oder KGaA), eine **Ausgliederung zur Neugründung** dagegen nur auf eine Kapitalgesellschaft (AG, GmbH oder KGaA) erfolgen.

Eine Ausgliederung zur Neugründung auf eine **Personenhandelsgesellschaft** kommt demnach nicht in Betracht (§ 161 HS 2 UmwG). Andernfalls käme es zur Gründung einer Ein-Mann-Personenhandelsgesellschaft, was (nach heutiger Auffassung) begrifflich nicht möglich ist.

▶ **Gestaltungshinweis**

In der Praxis läßt sich diese Einschränkung dadurch überwinden, daß kurz vor der Ausgliederung eine Personenhandelsgesellschaft gegründet wird, die dann als übernehmender Rechtsträger zur Verfügung steht.

2. Gegenstand der Ausgliederung

Gegenstand der Ausgliederung ist das von der Stiftung betriebene **Unternehmen** 9
oder Teile eines solchen Unternehmens (§ 161 HS 1 UmwG, der § 123 Abs. 3 UmwG insoweit modifiziert; siehe auch § 152 Satz 1 HS 1 UmwG).

Die Ausgliederung von Teilen eines von der Stiftung betriebenen Unternehmens bedeutet keine Einschränkung auf Teilbetriebe im Sinne des Steuerrechts (siehe etwa §§ 20, 24 UmwStG). Gegenstand der Ausgliederung können vielmehr auch **einzelne Vermögensgegenstände und Verbindlichkeiten** sein.

Im Zusammenhang mit der Ausgliederung von unternehmensgebundenem Stiftungsvermögen kann auch das sonstige Vermögen der Stiftung („**Privatvermögen**") übertragen werden.

3. Verfahren der Ausgliederung

a) Ausgliederung zur Neugründung einer Kapitalgesellschaft

aa) Überblick über den Ablauf der Ausgliederung

Die Ausgliederung zur Neugründung einer Kapitalgesellschaft (AG, GmbH 10
oder KGaA) aus dem Vermögen einer rechtsfähigen Stiftung richtet sich nach folgenden Vorschriften:

- §§ 161 bis 167 UmwG betreffend die Ausgliederung aus dem Vermögen einer **rechtsfähigen Stiftung**,
- §§ 123 bis 125 UmwG als allgemeine Vorschriften über die **Spaltung** mit Verweis auf die allgemeinen Vorschriften über die Verschmelzung in § 125 Satz 1 UmwG,
- §§ 135 bis 137 UmwG als allgemeine Vorschriften über die **Spaltung zur Neugründung** mit Verweis auf die allgemeinen Vorschriften über die Spaltung zur Aufnahme in § 135 Abs. 1 Satz 1 UmwG,
- § 125 Satz 1 UmwG in Verbindung mit §§ 46 bis 59 und 138 UmwG bei der **Neugründung** einer GmbH bzw. §§ 60 bis 77 und 144 UmwG bei der Neugründung einer AG bzw. §§ 60 bis 78 und 144 UmwG bei der Neugründung einer KGaA.

Für den neuen Rechtsträger kommen grundsätzlich die **allgemeinen Gründungsvorschriften** zur Anwendung (§ 135 Abs. 2 Satz 1 UmwG, wobei bei der KGaA § 280 Abs. 1 Satz 1 AktG – Feststellung der Satzung durch mindestens fünf Gründer – durch § 135 Abs. 2 Satz 3 UmwG verdrängt wird).

Der Ablauf einer Ausgliederung zur Neugründung stellt sich im allgemeinen wie folgt dar:

- **Aufstellung** des Ausgliederungsplans durch den Stiftungsvorstand,
- **Bekanntmachung** des Ausgliederungsplans (bei AG und KGaA, § 61 UmwG),
- **Ausgliederungsbeschluß**,
- **Feststellung der Satzung** der neuen Kapitalgesellschaft,
- Bestellung eines **Abschlußprüfers** für das erste Geschäftsjahr (bei AG und KGaA),
- Erstellung des (Sach-)**Gründungsberichts** (bei AG und KGaA ist zusätzlich ein Gründungsprüfungsbericht zu erstellen),
- Bestellung der **vertretungsberechtigten Organe** der neuen Kapitalgesellschaft (bei AG und KGaA zuvor Bestellung des ersten Aufsichtsrats durch den Stiftungsvorstand),
- **Anmeldung der neuen Kapitalgesellschaft** zum Handelsregister durch den Stiftungsvorstand und das vertretungsberechtigte Organ der Kapitalgesellschaft,
- **Anmeldung der Ausgliederung** zum Handelsregisters des Sitzes des Unternehmens der Stiftung durch den Stiftungsvorstand,
- **Eintragung der neuen Kapitalgesellschaft** im Handelsregister,

– **Eintragung der Ausgliederung** im Handelsregister des Sitzes des Unternehmens der Stiftung.

Sofern bei dem Unternehmen der Stiftung ein **Betriebsrat** besteht, ist diesem der Ausgliederungsplan bzw. der Entwurf rechtzeitig zuzuleiten (§§ 135 Abs. 1 Satz 1, 126 Abs. 3 UmwG). Ein entsprechender Nachweis ist der Anmeldung der Ausgliederung zum Handelsregister beizufügen (§§ 135 Abs. 1 Satz 1, 125 Satz 1, 17 Abs. 1 UmwG).

▶ **Gestaltungshinweis**

In der Praxis wird der Ausgliederungsplan und der Ausgliederungsbeschluß meist in einer notariellen Urkunde zusammengefaßt. Die Satzung der neuen Kapitalgesellschaft muß dem Ausgliederungsplan als Anlage beigefügt werden. Es empfiehlt sich, die vertretungsberechtigten Organe der neuen Kapitalgesellschaft unmittelbar im Zusammenhang mit dem Ausgliederungsplan zu bestellen.

bb) Ausgliederungsplan

Der notariell zu beurkundende Ausgliederungsplan (§§ 136, 135 Abs. 1 Satz 1, 125 Satz 1, 6 UmwG) ist vom **Vertretungsorgan der übertragenden Stiftung** – in der Regel vom Stiftungsvorstand – zu erstellen. Gegenstand der Ausgliederung kann nur ein von der Stiftung betriebenes Unternehmen oder Teile eines solchen Unternehmens sein (§ 161 HS 1 UmwG). Der Ausgliederungsplan muß insbesondere die Gegenstände des Aktiv- und Passivvermögens, die auf den neuen Rechtsträger übertragen werden genau bezeichnen (§ 126 Abs. 1 Nr. 9 UmwG; zum übrigen Inhalt des Ausgliederungsplans siehe § 126 Abs. 1 UmwG, wobei die Nummern 3[18], 4 und 10 für Stiftungen unerheblich sind).

11

cc) Ausgliederungsbeschluß

Der **Vorstand** der übertragenden Stiftung muß in der Regel einen einstimmigen Ausgliederungsbeschluß fassen (§§ 163 Abs. 1 und 2 sowie 135 Abs. 1 Satz 1, 125 Satz 1, 13 UmwG). Aufgrund der Bestimmungen der Stiftungssatzung oder des jeweiligen Landesstiftungsgesetzes[19] kann im

12

---

18 Angaben zum Umtauschverhältnis erübrigen sich, da die Stiftung keine Gesellschafter hat. Die Stiftung muß den Bestand des Stiftungsvermögens aber erhalten, so daß die von der Stiftung zu erwerbende Beteiligung gleichwohl dem Wert des übertragenen Vermögens entsprechen muß.

19 §§ 6 Abs. 4 Satz 2 HS 2 BadWürttStiftG, § 8 Abs. 1 Satz 3 BremStiftG, § 11 Abs. 2 Satz 2 MecklVorPStiftG, § 7 Abs. 2 Satz 2 NdsStiftG, § 7 Abs. 2 Satz 2 SaarStiftG, § 5 Abs. 1 Satz 3 SchlHolStiftG, § 21 Abs. 2 Satz 1 SachsStiftG, § 21 Abs. 2 Satz 1 Sachs-AnhStiftG, § 21 Abs. 2 Satz 1 ThürStiftG.

Einzelfall noch die Zustimmung des Stifters oder anderer Stiftungsorgane erforderlich sein. Der Beschluß und Zustimmungen bedürfen der **notariellen Beurkundung** (§ 163 Abs. 3 UmwG; siehe auch §§ 125 Satz 1, 13 Abs. 3 UmwG).

Gegenstand des Ausgliederungsbeschlusses ist der **Ausgliederungsplan**. Da die Satzung der neuen Kapitalgesellschaft in der Anlage des Ausgliederungsplans enthalten sein muß (§§ 136 Satz 2, 135 Abs. 1 Satz 1, 125 Satz 1, 37 UmwG), umfaßt der Ausgliederungsbeschluß (mittelbar) auch die **Feststellung der Satzung**.

Die Ausgliederung bedarf nur dann einer besonderen **staatlichen Genehmigung**, wenn das Landesstiftungsrecht dies vorsieht (§ 164 Abs. 1 UmwG). Einen solchen Genehmigungsvorbehalt kennen die Landesstiftungsgesetze nicht. Die Genehmigungspflicht kann sich aber daraus ergeben, daß die Ausgliederung eine Satzungsänderung erforderlich macht[20], oder die Ausgliederung Rechtsgeschäfte mitumfaßt, für die eine Genehmigung erforderlich ist[21].

Die Ausgliederung kann nur dann erfolgen, wenn die Stiftung **nicht überschuldet** ist (§ 164 Abs. 2 UmwG; siehe auch § 152 Satz 2 UmwG). Dem Handelsregister am Sitz des von der Stiftung betriebenen Unternehmens steht insoweit stets ein entsprechendes Prüfungsrecht zu. Eine **Prüfungspflicht** besteht demgegenüber nur dann, wenn die Ausgliederung keiner staatlichen Genehmigung bedarf und in diesem Rahmen eine etwaige Überschuldung der Stiftung noch nicht geprüft werden konnte (§ 164 Abs. 2 UmwG). In der Praxis sollte der Stiftungsvorstand in der Handelsregisteranmeldung vorsorglich versichern, daß keine Überschuldung der Stiftung vorliegt. Eine **Vermögensaufstellung** muß – anders als bei der Ausgliederung eines Einzelunternehmens (§ 159 Abs. 3 UmwG) – nicht vorgelegt werden. Im Falle der Überschuldung der Stiftung ist der Vorstand verpflichtet, die Eröffnung des Insolvenzverfahrens zu beantragen (§§ 86 Satz 1 und 42 Abs. 2 BGB).

---

20 §§ 6 Abs. 4 Satz 1 und 14 Abs. 2 Satz 2 BadWürttStiftG, Art. 8 Abs. 3 BayStG, § 5 Abs. 1 Satz 3 BerlStiftG, § 14 Abs. 1 Satz 2 und Abs. 2 Satz 3 BrbgStiftG, § 8 Abs. 2 Satz 1 BremStiftG, §§ 10 Satz 2 und 19 HambAGBGB, § 9 Abs. 1 HessStiftG, § 11 Abs. 2 Satz 3 MecklVorPStiftG, § 7 Abs. 3 Satz 3 NdsStiftG, § 12 Abs. 1 Satz 2 NRWStiftG, § 21 Abs. 1 Satz 2 RhPfStiftG, § 7 Abs. 3 Satz 3 SaarlStiftG, § 5 Abs. 2 Satz 1 SchlHolStiftG, § 21 Abs. 3 Satz 2 SachStiftG, § 21 Abs. 3 Satz 2 Sachs-AnhStiftG, § 21 Abs. 3 Satz 2 ThürStiftG.

21 S. die Kataloge genehmigungs- bzw. anzeigepflichtiger Rechtsgeschäfte in § 13 BadWürttStiftG, Art. 27 BayStG, § 20 MeckVorPStiftG, § 21 NRWStiftG, § 9 SchlHolStiftG.

dd) Satzung der neu gegründeten Kapitalgesellschaft

Bei der Errichtung der neuen Kapitalgesellschaft handelt es sich um eine **Sachgründung** (§ 135 Abs. 2 Satz 1 UmwG in Verbindung mit § 5 Abs. 4 Satz 1 GmbHG bzw. § 27 AktG). Dabei muß der (Sach-)Gründungsbericht auch den Geschäftsverlauf und die Lage des von der Stiftung betriebenen Unternehmens darlegen (§ 165 UmwG, der insoweit § 5 Abs. 4 Satz 2 GmbHG bzw. § 32 AktG erweitert).

Im Falle der Errichtung einer Aktiengesellschaft oder einer Kommanditgesellschaft auf Aktien, hat die Stiftung als Gründerin (vertreten durch den Stiftungsvorstand) den **ersten Aufsichtsrat** zu bestellen (§ 135 Abs. 2 Satz 1 UmwG in Verbindung mit § 30 Abs. 2 Satz 1 AktG). Die Bestellung des ersten Aufsichtsrats bedarf der notariellen Beurkundung (§ 135 Abs. 2 Satz 1 UmwG in Verbindung mit § 30 Abs. 1 Satz 2 AktG). In der Praxis ist es daher zweckmäßig, wenn die Bestellung unmittelbar im Ausgliederungsplan enthalten ist. Der erste Aufsichtsrat bestellt sodann den ersten Vorstand der neuen Aktiengesellschaft oder Kapitalgesellschaft auf Aktien.

Ferner hat die Stiftung als Gründerin für das erste Geschäftsjahr einen **Abschlußprüfer** zu bestellen (§ 135 Abs. 2 Satz 1 UmwG in Verbindung mit § 30 Abs. 1 AktG). Die Bestellung bedarf gleichfalls der notariellen Beurkundung.

Die Mitglieder des Stiftungsvorstand können grundsätzlich zu **vertretungsberechtigten Organen der neuen Kapitalgesellschaft** (Geschäftsführer, Vorstand) bestellt werden.

Der **Anstellungsvertrag** des GmbH-Geschäftsführers ist dann zwischen dem Stiftungsvorstand als Vertreter der Stiftung (in ihrer Eigenschaft als Alleingesellschafterin) und dem Organmitglied (Geschäftsführer) abzuschließen.

▶ **Gestaltungshinweis**
Bei der Bestellung von Mitgliedern des Stiftungsvorstands zu GmbH-Geschäftsführern ist zu prüfen, ob der Stiftungsvorstand wirksam von dem Verbot der Mehrvertretung befreit ist (§ 181 BGB und Art. 22 BayStG[22], § 18 RhPfStiftG) oder die Bestellung eines besonderen Vertreters erforderlich ist. Bei dem Abschluß von Anstellungsverträgen mit Vorstandsmitgliedern einer Aktiengesellschaft besteht dagegen keine Gefahr einer Interessenkollision (§ 112 AktG).

---

22 Zu der geplanten Änderung von Art. 22 BayStG s. Teil B Rz. 73 und Teil K Rz. 12.

ee) Ausgliederungsbericht und Ausgliederungsprüfung

14 Der **Spaltungsbericht** (§ 127 UmwG) dient grundsätzlich der Unterrichtung der Anteilsinhaber, die über die Zustimmung zur Spaltung entscheiden haben. Da die Stiftung keine Anteilsinhaber hat, kann der Ausgliederungsbericht kein solches Informationsbedürfnis befriedigen (vgl. § 153 UmwG zur Ausgliederung aus dem Vermögen eines Einzelkaufmanns).

Die **Pflicht** zur Aufstellung eines Ausgliederungsberichts besteht daher nur dann, wenn die Ausgliederung aus dem Vermögen einer rechtsfähigen Stiftung der Zustimmung eines an der Ausgliederung nicht Beteiligten und demnach auch nicht ausreichend unterrichteten Dritten bedarf (§ 162 Abs.1 UmwG). Dies ist dann der Fall, wenn die Ausgliederung der **Genehmigung der Stiftungsaufsicht** (§§ 162 Abs. 1 Fall 1, 164 Abs. 1 UmwG) oder der **Zustimmung des Stifters** zu dessen Lebzeiten bedarf (§ 162 Abs. 1 Fall 2 UmwG). In allen anderen Fällen ist der Ausgliederungsbericht entbehrlich[23].

Der **Inhalt** eines im Einzelfall zu erstellenden Ausgliederungsberichts richtet sich nach den **allgemeinen Vorschriften** (§§ 127 Satz 2, 8 Abs. 1 und 2 UmwG). Angaben zum Umtauschverhältnis entfallen jedoch, da es **keinen Umtausch** von Anteilen gibt. Bei der Ausgliederung zur Aufnahme muß der Ausgliederungsbericht aber Angaben zum Wert des übertragenen Vermögens und zum Wert der gewährten Gesellschaftsanteile erhalten. Der Ausgliederungsbericht ist von allen Mitgliedern des Stiftungsvorstands (nach aA von den Mitgliedern des Stiftungsvorstands in vertretungsberechtigter Zahl) zu erstatten. Der Bericht muß vom Stiftungsvorstand (oder dem sonst für die Ausgliederung verantwortlichen Organ) der zuständigen Behörde und dem Stifter (vor oder nach der Beschlußfassung) übermittelt werden (§ 164 Abs. 2 UmwG).

Nach überwiegender Auffassung kann der Stifter (und auch die Stiftungsaufsicht) in einer notariell beurkundeten Erklärung auf die Erstellung eines Ausgliederungsberichts **verzichten** (§§ 127 Satz 2, 8 Abs. 3 UmwG greift nicht unmittelbar, da die Stiftung keine Anteilsinhaber hat).

Eine **Prüfung** der Ausgliederung findet nicht statt (§ 125 Satz 2 UmwG).

ff) Schlußbilanz und Ausgliederungsbilanz

15 Für das Unternehmen der Stiftung ist eine Schlußbilanz aufzustellen, deren Stichtag **höchstens acht Monate vor der Anmeldung** der Ausgliederung zum Handelsregister liegen darf (§§ 135 Abs. 1 Satz 1, 125 Satz 1, 17 Abs. 2

---

23 Unberührt bleibt die Befugnis der Stiftungsaufsichtsbehörden (aufgrund der Bestimmungen des jeweiligen Landesstiftungsrechts), Informationen über die Ausgliederung zu verlangen.

Ausgliederung nach dem Umwandlungsgesetz   Rz. 17 J

UmwG). Auch wenn nur Teile des Unternehmens ausgegliedert werden, empfiehlt sich in der Praxis die Erstellung einer vollständigen Schlußbilanz, die nicht auf die ausgegliederten Vermögensgegenstände beschränkt ist.

gg) Anmeldung und Eintragung der neuen Kapitalgesellschaft im Handelsregister

Die Anmeldung der neuen Kapitalgesellschaft erfolgt durch die Mitglieder des **Stiftungsvorstands** in vertretungsberechtigter Zahl (§ 137 Abs. 1 UmwG). 16

Die **Beteiligung** der vertretungsberechtigten Organmitglieder der neuen Kapitalgesellschaft an der Handelsregisteranmeldung ist dagegen nicht vorgesehen (anders etwa § 160 Abs. 1 UmwG). Ihre Mitwirkung ist jedoch wegen der Abgabe der erforderlichen Versicherungen notwendig (nach § 8 Abs. 2 Satz 1 HS 2 GmbHG bzw. § 37 Abs. 1 Satz 2 AktG). Mitglieder eines **Aufsichtsrats** müssen dagegen in keinem Fall an der Handelsregisteranmeldung mitwirken (§ 137 Abs. 1 UmwG ist gegenüber § 36 Abs. 1 AktG vorrangig).

Die Anmeldung der neuen Kapitalgesellschaft beinhaltet die folgenden Punkte:

– **Gründung** einer Kapitalgesellschaft im Wege der Ausgliederung zur Neugründung,
– **Firma und Sitz des Unternehmens** der ausgliedernden Stiftung,
– **Firma und Sitz der neuen Kapitalgesellschaft,**
– Erklärung, daß der **Wert der Sacheinlage** mindestens dem Wert der Anteile an der Kapitalgesellschaft entspricht,
– konkrete **Vertretungsbefugnis** der Organmitglieder der Kapitalgesellschaft,
– **Zeichnung** der Unterschriften,
– **Versicherung** der vertretungsberechtigten Organe der Kapitalgesellschaft betreffend der freien Verfügung über die Sacheinlage (§ 8 Abs. 2 Satz 1 HS 2 GmbHG bzw. § 37 Abs. 1 Satz 2 AktG) und allgemeine Versicherung (§§ 8 Abs. 3 GmbHG bzw. § 37 Abs. 2 AktG).

Der Anmeldung sind folgende **Unterlagen** beizufügen: 17

– **Ausgliederungsplan**, der auch die Satzung der neuen Kapitalgesellschaft und die Bestellung deren vertretungsberechtigter Organmitglieder enthält,

– (Sach-)**Gründungsbericht**,

– Nachweis über den **Wert der Sacheinlage** (in der Regel durch Vorlage der Schlußbilanz bzw. der Ausgliederungsbilanz des Unternehmens der übertragenden Stiftung und einer Bescheinigung eines Wirtschaftsprüfers oder Steuerberaters über die Richtigkeit der Wertansätze) und

– **staatliche Genehmigungen** (§ 135 Abs. 2 Satz 1 UmwG in Verbindung mit § 8 Abs. 1 Nr. 6 GmbHG bzw. § 37 Abs. 4 Nr. 5 AktG).

Bei der Errichtung einer **Aktiengesellschaft oder einer Kommanditgesellschaft auf Aktien** sind zusätzlich vorzulegen:

– Urkunden über die Bestellung des **ersten Aufsichtsrats**,

– **Prüfungsbericht** des Gründungsprüfers,

– **Berechnung** des Gründungsaufwands und

– Verträge über eventuelle **Sondervorteile**.

18 Die Eintragung der neuen Kapitalgesellschaft erfolgt zunächst mit dem Vermerk, daß die Gesellschaft erst mit der Eintragung der Ausgliederung im Handelsregister des Unternehmens der übertragenden Stiftung **wirksam** wird (§§ 135 Abs. 1 Satz 1, 130 Abs. 1 Satz 2 UmwG). Das Gericht am Sitz der neuen Kapitalgesellschaft hat den Tag der Eintragung dann dem Gericht am Sitz des Unternehmens der Stiftung **von Amts wegen mitzuteilen** (§ 137 Abs. 3 Satz 1 UmwG). Nach Eingang der Mitteilung hat schließlich das Gericht am Sitz des Unternehmens der Stiftung die Ausgliederung einzutragen (§§ 137 Abs. 3 Satz 2, 135 Abs. 1 Satz 1, 130 Abs. 1 Satz 1 UmwG). Diese Eintragung der Ausgliederung in das Handelsregister am Sitz des Unternehmens der Stiftung hat für die Wirksamkeit der Ausgliederung konstitutive Bedeutung.

hh) Anmeldung und Eintragung der Ausgliederung im Handelsregister des Unternehmens der Stiftung

19 Neben der Anmeldung der neuen Kapitalgesellschaft zum Handelsregister muß die Ausgliederung vom Stiftungsvorstand in vertretungsberechtigter Zahl zum Handelsregister am **Sitz des Unternehmens** der Stiftung angemeldet werden (§ 137 Abs. 2 UmwG).

Gegenstand der Anmeldung ist die Ausgliederung, d.h. die **beabsichtigte Übertragung** des von der Stiftung betriebenen Unternehmens bzw. Teilen dieses Unternehmens als Gesamtheit gegen Gewährung von Anteilen an dem übernehmenden Rechtsträger.

Die Anmeldung der Ausgliederung zum Handelsregister am Sitz des Unternehmens der Stiftung beinhaltet die folgenden Punkte:

— **Übertragung** des von der Stiftung betriebenen Unternehmens bzw. Teilen dieses Unternehmens auf eine neu errichtete Kapitalgesellschaft im Wege der partiellen Gesamtrechtsnachfolge,

— **Datum der Ausgliederungserklärung,**

— **Firma und Sitz des Unternehmens** der ausgliedernden Stiftung,

— **Firma und Sitz der neuen Kapitalgesellschaft,**

— Erklärung, daß **Klagen** gegen den Ausgliederungsbeschluß nicht (oder nicht rechtzeitig) erhoben worden sind (bei der Stiftung kommen Klagen von Anteilsinhabern nicht in Betracht, sondern allenfalls des Stifters, von Organmitgliedern oder von Destinatären)[24],

— Versicherung, daß die Stiftung nicht **überschuldet** ist.

Der Anmeldung sind folgende **Unterlagen** beizufügen: 20

— **Ausgliederungsplan,**

— **Ausgliederungsbeschluß,**

— Nachweis über die rechtzeitige Zuleitung des Ausgliederungsplans an den **Betriebsrat,**

— **Schlußbilanz bzw. Ausgliederungsbilanz** des Unternehmens der übertragenden Stiftung,

— **Ausgliederungsbericht** (soweit erforderlich und nicht darauf verzichtet worden ist),

— staatliche Genehmigung bzw. Negativattest.

Erst mit der Eintragung der Ausgliederung im Handelsregister des Unternehmens der Stiftung wird die Ausgliederung und damit auch die Neuerrichtung der Kapitalgesellschaft **wirksam**. Das Handelsregister am Sitz des Unternehmens der Stiftung teilt dem Handelsregister am Sitz der neu errichteten Kapitalgesellschaft von Amts wegen den Tag der Eintragung der Ausgliederung mit (§§ 135 Abs. 1, 130 Abs. 2 Satz 1 UmwG). 21

jj) Rechtsfolgen der Ausgliederung

Mit der Eintragung der Ausgliederung im Handelsregister des Unternehmens der übertragenden Stiftung gehen die Vermögensgegenstände im 22

---

24 Zur Klagebefugnis s. BGH, Urt. v. 14. 10. 1993, III ZR 157/91, NJW 1994, 184 mit Anm. *Neuhoff,* EWiR § 85 BGB, 1/94, 223; OLG Hamburg, Urt. v. 31. 8. 1994, 13 U 33/93, ZIP 1994, 1950 mit Anm. *Rawert* = FamRZ 1995, 895 (LS) mit Anm. *Mankowski,* S. 851.

Wege der **partiellen Gesamtrechtsnachfolge** auf die neue Kapitalgesellschaft über (§§ 135 Abs. 1, 131 Abs. 1 Nr. 1 UmwG).

Betrifft die Ausgliederung das ganze Unternehmen der Stiftung, **erlischt die Firma** der Stiftung (vgl. §§ 158, 155 Satz 1 UmwG).

Die Eintragung der Ausgliederung im Handelsregister am Sitz des Unternehmens der Stiftung heilt etwaige **Mängel** der Ausgliederung (§§ 135 Abs. 1, 131 Abs. 1 Nr. 4 UmwG).

Für Verbindlichkeiten, die im Rahmen der Ausgliederung auf die neu errichtete Kapitalgesellschaft übergehen, haftet die Stiftung neben dem neuen Rechtsträger **gesamtschuldnerisch** weiter (§ 166 UmwG, der weitgehend § 156 UmwG entspricht). Sicherheiten, die für die übertragenen Verbindlichkeiten bestellt worden sind (zum Beispiel Sicherungsgrundschulden), bleiben bestehen (§ 166 Satz 2 UmwG in Abweichung von § 418 BGB). Die Dauer der Mithaft wird auf Ansprüche beschränkt, die vor Ablauf von fünf Jahren nach der Ausgliederung fällig werden (§ 167 UmwG; zum Fristbeginn siehe § 157 Abs. 2 Satz 1 UmwG).

Die Haftung des neuen Rechtsträgers folgt aus dem Grundsatz der partiellen Gesamtrechtsnachfolge (§ 131 Abs. 1 Nr. 1 UmwG). Daneben kann im Einzelfall eine Haftung wegen **Firmenfortführung** (§ 25 HGB), wegen **betrieblicher Schulden** (§ 75 AO) oder nach den Grundsätzen über die **Insolvenz- und Gläubigeranfechtung** in Betracht kommen (§§ 129 ff. InsO, §§ 1 ff. AnfG).

b) Ausgliederung zur Aufnahme

aa) Überblick über den Ablauf der Ausgliederung

23 Die Ausgliederung zur Aufnahme des von einer rechtsfähigen Stiftung betriebenen Unternehmens oder von Teilen davon kann auf **Personenhandelsgesellschaften** (OHG, KG) und **Kapitalgesellschaften** (AG, GmbH oder KGaA) erfolgen.

Bei der Ausgliederung zur **Aufnahme durch eine Kapitalgesellschaft** handelt es sich um eine **Sachkapitalerhöhung**, bei der die Sacheinlage im Wege der partiellen Gesamtrechtsnachfolge erbracht wird.

Bei der Ausgliederung zur **Aufnahme durch eine Personenhandelsgesellschaft** tritt die Stiftung der Gesellschaft als **neuer Gesellschafter** bei. Die Gesellschaftereinlage erfolgt gleichfalls im Wege der partiellen Gesamtrechtsnachfolge.

Ausgliederung nach dem Umwandlungsgesetz   Rz. 28 J

bb) Ausgliederungsvertrag

Bei der Ausgliederung zur Aufnahme wird zwischen der übertragenden 24
Stiftung und der übernehmenden Gesellschaft ein Ausgliederungsvertrag
geschlossen[25].

cc) Ausgliederungsbeschluß

Der **Vorstand der übertragenden Stiftung** muß in der Regel einen einstim- 25
migen Ausgliederungsbeschluß fassen (§§ 163 Abs. 1 und 2 sowie 135
Abs. 1 Satz 1, 125 Satz 1, 13 UmwG). Der Beschluß bedarf der **notariellen
Beurkundung** (§ 163 Abs. 3 UmwG).

Die Ausgliederung bedarf ferner der **Zustimmung der Anteilsinhaber** der
übernehmenden Gesellschaft (für die Personenhandelsgesellschaft §§ 13
und 43 UmwG, für die GmbH §§ 13 und 50 UmwG und für die AG §§ 13,
65 und 78 UmwG).

dd) Ausgliederungsbericht und Ausgliederungsprüfung

Bei der Stiftung als **übertragendem Rechtsträger** ist ein Ausgliederungsbe- 26
richt nur dann erforderlich, wenn die Ausgliederung einer **staatlichen Genehmigung** oder der **Zustimmung des Stifters** bedarf (§ 162 Abs. 1 UmwG).

Bei der **übernehmenden Gesellschaft** ist grundsätzlich ein Ausgliederungsbericht erforderlich, sofern nicht alle Gesellschafter durch notarielle Erklärung darauf **verzichten**. Handelt es sich bei der übernehmenden Gesellschaft um eine Personenhandelsgesellschaft, ist ein Ausgliederungsbericht darüber hinaus dann entbehrlich, wenn alle Gesellschafter zur **Geschäftsführung** berechtigt sind.

Einer Ausgliederungsprüfung bedarf es nicht (§ 125 Satz 2 UmwG).

ee) Schlußbilanz und Ausgliederungsbilanz

Für das Unternehmen der Stiftung ist eine Schlußbilanz aufzustellen, de- 27
ren Stichtag **höchstens acht Monate vor der Anmeldung** der Ausgliederung
zum Handelsregister liegen darf (§§ 125 Satz 1, 17 Abs. 2 UmwG).

ff) Übernehmende Gesellschaft

Bei der Ausgliederung zur Aufnahme durch eine Kapitalgesellschaft han- 28
delt es sich um eine **Sachkapitalerhöhung**. Der tatsächliche Wert des über-

---

25 Sofern es sich bei der übernehmenden Gesellschaft um eine AG oder eine KGaA
   handelt, ist die Bekanntmachungsvorschrift des § 61 UmwG zu berücksichtigen.

gehenden Unternehmens(teils) muß mindestens dem **Nominalbetrag** des an die Stiftung zu gewährenden Geschäftsanteils entsprechen. Eine Kapitalerhöhung ist dabei auch dann zulässig, wenn die Stiftung bereits Gesellschafterin der übernehmenden Kapitalgesellschaft ist und ihre **Einlagen noch nicht voll erbracht** hat (§ 125 Satz 1 UmwG, wonach die Kapitalerhöhungsverbote der §§ 54 und 68 UmwG keine Anwendung finden; zur Kapitalerhöhung bei einer GmbH als übernehmendem Rechtsträger siehe im übrigen § 55 UmwG, und für eine AG oder KGaA als übernehmenden Rechtsträger siehe § 69 UmwG).

Es wird zunächst die Kapitalerhöhung bei der übernehmenden Kapitalgesellschaft im **Handelsregister** eingetragen, danach die Ausgliederung beim übernehmenden Rechtsträger und erst dann die (konstitutiv wirkende) Eintragung bei der übertragenden Stiftung.

Bei der Ausgliederung zur Aufnahme durch eine Kommanditgesellschaft muß im Ausgliederungsvertrag vereinbart werden, ob der Stiftung in der übernehmenden Gesellschaft die Stellung eines **persönlich haftenden Gesellschafters** oder eines **Kommanditisten** eingeräumt wird. Ferner ist der Betrag der **Gesellschaftereinlage** der Stiftung festzusetzen (§§ 135 Abs. 1 Satz 1, 125 Satz 1, 40 Abs. 1 UmwG).

gg) Anmeldung und Eintragung der Ausgliederung im Handelsregister

29 Die Ausgliederung zur Aufnahme ist vom **Stiftungsvorstand** und von den **Vertretungsorganen der übernehmenden Gesellschaft** beim jeweiligen Handelsregister anzumelden. Dabei kann anstelle des Stiftungsvorstands auch das Vertretungsorgan jedes der übernehmenden Rechtsträger handeln (§ 129 UmwG).

Bei der Ausgliederung zur Aufnahme durch eine Kapitalgesellschaft ist auch die Kapitalerhöhung gegen **Sacheinlagen** zum Handelsregister anzumelden.

Ergänzend zu der Handelsregisteranmeldung bei der Ausgliederung zur Neugründung[26] sind der Handelsregisteranmeldung folgende **Unterlagen** beizufügen:

– **Ausgliederungsvertrag**,

– **Ausgliederungsbeschluß** (auch) des übernehmenden Rechtsträgers

– Erklärung, daß **Klagen** gegen den Ausgliederungsbeschluß des übernehmenden Rechtsträgers nicht (oder nicht rechtzeitig) erhoben worden sind,

– **Ausgliederungsbericht**.

---
26 S. dazu Teil J Rz. 16 ff.

hh) Rechtsfolgen der Ausgliederung

Mit der Eintragung der Ausgliederung im Handelsregisters des Unternehmens der übertragenden Stiftung gehen die Vermögensgegenstände im Wege der partiellen Gesamtrechtsnachfolge auf die übernehmende Gesellschaft über (§ 131 Abs. 1 Nr. 1 UmwG).

K. Ausblick: Reform des Stiftungsrechts

Literaturhinweise: *Andrick/Suerbaum*, Zum Systemwechsel bei der Stiftungserrichtung, Deutsche Stiftungen – Mitteilungen des Bundesverbandes Deutscher Stiftungen, 2/1999, 50; *Berndt*, Neufassung der allgemein als besonders förderungswürdig anerkannten gemeinnützigen Zwecke, Stiftung & Sponsoring 4/2000; *Bertelsmann Stiftung/Maecenata Institut für Dritter-Sektor Forschung (Hrsg.)*, Expertenkommission zur Reform des Stiftungs- und Gemeinnützigkeitsrechts, 2. Aufl., Gütersloh 2000; *Bischoff*, Auf dem Weg zu einer Reform des Stiftungsrechts, ZRP 1998, 391; *Frhr. von Campenhausen*, Der Bundesverband zur Reformdebatte. Kritisches zur Weiterentwicklung des Stiftungs- und Stiftungssteuerrechts, Deutsche Stiftungen – Mitteilungen des Bundesverbandes Deutscher Stiftungen, 1/2000, 52; *Crezelius/Rawert*, Stiftungsrecht – quo vadis? – Anmerkungen zu den Reformvorschlägen von BÜNDNIS 90/Die Grünen und F.D.P., ZIP 1999, 337 = Bundesverband Deutscher Stiftungen (Hrsg.), Bessere Rahmenbedingungen für Stiftungen!, Bonn 1999, S. 44 ff.; *Crezelius/Rawert*, Das Gesetz zur weiteren steuerlichen Förderung von Stiftungen, ZEV 2000, 421; *Hertel*, Wettbewerbsföderalismus im Stiftungsrecht?, ZRP 2000, 387; *Heuer*, Der Gesetzentwurf von BÜNDNIS 90/DIE GRÜNEN zur Förderung des Stiftungswesens, Stiftung & Sponsoring 2/1998, 9; *Eversberg*, Gesetz zur weiteren steuerlichen Förderung von Stiftungen, Stiftung & Sponsoring 4/2000, 3; *Hüttemann*, Das Gesetz zur weiteren steuerlichen Förderung von Stiftungen, DB 2000, 1584; *Hüttemann*, Reform des Stiftungs- und Stiftungssteuerrechts – Bestandsaufnahme und Perspektiven, Deutsche Stiftungen – Mitteilungen des Bundesverbandes Deutscher Stiftungen 3/1999, 33; *Hüttemann*, Das Gesetz zur weiteren steuerlichen Förderung von Stiftungen, Deutsche Stiftungen – Mitteilungen des Bundesverbandes Deutscher Stiftungen 2/2000, 70; *Janitzki*, Bewirkt die notwendige Reform des Stiftungsrechts auch eine Neubelebung des Stiftungsgedankens?, ZRP 2000, 24; *Mohl*, Bemerkungen zur steuerlichen Förderung von Stiftungen, Kommunale Steuer-Zeitschrift 2000, 111; *Lex*, Der Standpunkt des Bundesverbandes Deutscher Stiftungen, in: Bundesverband Deutscher Stiftungen (Hrsg.), Bessere Rahmenbedingungen für Stiftungen!, Bonn 1999, S. 68 ff.; *Mecking*, Das Reformgesetz. Ein weiterer Schritt im Steuerrecht – mit Blick auf weitere Schritte im Privatrecht, Deutsche Stiftungen – Mitteilungen des Bundesverbandes Deutscher Stiftungen, 1/2000, 58; *Mecking*, Signale zum Stiften!, Der Steuerberater 2000, 340; *Muscheler*, Plädoyer für ein staatsfreies Stiftungsrecht, ZRP 2000, 390; *Muscheler/Schewe*, Die Reform des Stiftungsrechts und die Stiftungserrichtung von Todes wegen – Anmerkungen zu den von BÜNDNIS 90/Die Grünen und F.D.P. vorgelegten Gesetzentwürfen zur Änderung des Stiftungsrechts, WM 1999, 1693; *Peiker*, Gepickt! – oder neues Stiftungsrecht, Stiftung & Sponsoring 4/1999, 18; *Rawert*, Der Gesetzentwurf der F.D.P. zur Reform des Stiftungsrechts, Stiftung & Sponsoring 2/1999, 19; *Rawert*, Der Einsatz der Stiftung zu stiftungsfremden Zwecken, ZEV 1999, 294; *Rawert*, Reform des Stiftungsrechts, Stiftung & Sponsoring 1/2000, 17; *Saenger/Arndt*, Reform des Stiftungsrechts: Auswirkungen auf unternehmensverbundene und privatnützige Stiftungen, ZRP 2000, 13; *Schauhoff*, Neue Entwicklungen im Stiftungs- und Stiftungssteuerrecht, ZEV 1999, 121; *Schauhoff*, Anreize zum Stiften durch das Steuerrecht – zum Gesetzentwurf zur steuerlichen Förderung von Stiftungen, Stiftung & Sponsoring 1/2000, 19; *Schindler*, Auswirkungen des Gesetzes zur weiteren steuerlichen Förderung von Stiftungen, BB 2000, 2077; *Schindler*, Mehr Gestaltungsspielraum für Stifter, Wirtschaft & Wissenschaft

3/2000, 44; *Schindler/Steinsdörfer*, in: Stifterverband für die Deutsche Wissenschaft (Hrsg.), Neue Möglichkeiten für Stifter, Gesetz zur weiteren steuerlichen Förderung von Stiftungen, Essen 2000; *Schmidt, Karsten*, Konzessionssystem und Stiftungsrecht, Bemerkungen zum Entwurf eines Stiftungsförderungsgesetzes der Fraktion BÜNDNIS 90/Die Grünen, in: Frhr. von Campenhausen/Kronke/Werner (Hrsg.), Stiftungen in Deutschland und Europa, Düsseldorf 1998, S. 229 ff.; *Schwintek*, Stiftungsförderung durch Normativsystem? – Anmerkungen zu gegenwärtigen Reformbestrebungen im Stiftungsrecht, ZRP 1999, 25; *Wochner*, Rechtsfähige Stiftungen – Grundlagen und aktuelle Reformbestrebungen, BB 1999, 1441.

I. Stand der Reformdiskussion

1 Die Überlegungen zu einer Reform des Stiftungsrechts sind nicht neu. Schon der 44. Deutsche Juristentag im Jahre 1962 beschäftigte sich mit einer Reform des Stiftungsrechts[1]. Bei der auf breiter Ebene geführten Diskussion ging es vor allem um folgende Fragen:

– Schaffung eines **Bundesstiftungsgesetzes**, in dem das Recht der selbständigen Stiftung des Privatrechts einheitlich geregelt ist,

– Übergang vom Konzessionssystem zu einem **System der Normativbestimmungen**,

– Errichtung eines öffentlichen und mit Publizitätswirkung ausgestatteten **Stiftungsregisters** zur Erleichterung des Rechtsverkehrs,

– Zulässigkeit bzw. Genehmigungsfähigkeit von **unternehmensverbundenen Stiftungen und von Familienstiftungen**,

– Beschränkung der Stiftungsaufsicht auf eine reine **Rechtsaufsicht**,

– Übertragung der Stiftungsaufsicht auf die **freiwillige Gerichtsbarkeit**.

Die Vorschläge für eine Reform des Stiftungsrechts sind allgemein auf breite Zustimmung gestoßen. Gleichwohl kam eine von der Bundesregierung 1974 eingesetzte Interministerielle Arbeitsgruppe Stiftungsrecht zu dem Ergebnis, daß eine Reform des Stiftungsrechts nicht erforderlich sei[2].

2 Ein von Angeordneten aller Fraktionen im Bundestag eingebrachter **Gesetzesentwurf** für die Schaffung eines (dem Vereinsregisters vergleichbaren)

---

1 *Ballerstedt/Salzwedel*, Soll das Stiftungsrecht bundesgesetzlich vereinheitlicht und reformiert werden?, Gutachten zum 44. Deutschen Juristentag 1962, Tübingen 1962, und *Deutscher Juristentag/Ständige Deputation (Hrsg.)*, Verhandlungen des 44. Deutschen Juristentags, Hannover 1962, Protokolle, Tübingen 1962.

2 Der Bericht ist u.a. veröffentlicht in *Hauer/Pilgram/Frhr. von Pölnitz-Egloffstein (Hrsg.)*, Deutsches Stiftungswesen 1966–1976, Tübingen 1977, S. 361 ff.

Stand der Reformdiskussion   Rz. 3 **K**

Stiftungsregisters mit Publizitätswirkung (§ 88a BGB-E³), hat ebenfalls keine Gesetzeskraft erlangt⁴.

Die umfangreiche Reformdebatte der 60er und 70er Jahre ist somit ergebnislos geblieben. Die damals diskutierten Fragen sind indes bis heute nicht befriedigend beantwortet worden. *Härtl* hat in einer umfassenden Analyse zur Reformbedürftigkeit des Stiftungsrechts im Jahre 1990 u.a. festgestellt, daß das Stiftungsrecht **reines Praxisrecht** darstellt und eine erhebliche Ungleichbehandlung stiftungsrechtlicher Sachverhalte festzustellen ist⁵. Nach mehr als einem Viertel Jahrhundert hat die Vorlage eines Gesetzentwurfs zur Förderung des Stiftungswesens im Jahr 1997 durch BÜNDNIS 90/Die Grünen die rechtspolitische Diskussion wieder in Gang gebracht. Der Entwurf sieht u.a. vor, daß die Stiftung des privaten Rechts durch notariell beurkundetes Stiftungsgeschäft und Eintragung in ein bei den Amtsgerichten geführtes Stiftungsregister entsteht.

Über die Notwendigkeit einer Förderung des Stiftungswesens besteht auch heute zwischen allen politischen Parteien weitgehend Einigkeit. Dies zeigt sich schon daran, daß binnen zwei Jahren **insgesamt sieben Gesetzesentwürfe** zur Verbesserung der Reform des Stiftungsrechts vorgelegt worden sind, die auch inhaltlich in vielen Fragen übereinstimmen.

Am 8. 6. 2000 hat der Deutsche Bundestag nunmehr ein **Gesetz zur steuerlichen Förderungen von Stiftungen** beschlossen⁶. 3

Zu einer Reform des **Stiftungsprivatrechts** ist es dagegen bislang nicht gekommen. Insbesondere die Bundesländer haben in der Vergangenheit ein Bedürfnis für eine Reform des Stiftungsprivatrechts auf Bundesebene überwiegend verneint. Das Bundesministerium der Justiz hat am 6. 7. 2000 eine Bund-Länder-Arbeitsgruppe eingesetzt, die über die weiteren Reformvorhaben beraten wird⁷. Im Hinblick auf die künftige Diskussion bleiben die

---

3 Der Gesetzesentwurf sah die Einfügung folgender Vorschrift in das BGB vor: „§ 88 a. Stiftungen sind in ein Register bei der Behörde einzutragen, in deren Bereich die Stiftung ihren Sitz hat. Die §§ 59, 64, 66, 67, 69, 72 und 79 finden entsprechende Anwendung." – Das geplante Stiftungsregister sollte keinerlei öffentlichen Glauben genießen; insbesondere war die entsprechende Anwendung des für die negative Publizitätswirkung des Vereinsregisters maßgebenden Bestimmung des § 68 BGB nicht vorgesehen.
4 BT-Drks. 8/2612 v. 5. 3. 1979.
5 *Härtl*, Ist das Stiftungsrecht reformbedürftig? – Eine vergleichende Untersuchung der Landesstiftungsgesetze unter Berücksichtigung der Stiftungspraxis bei den staatlichen Stiftungsgenehmigungs- und aufsichtsbehörden, Baden-Baden 1990, S. 103 ff. und 163 ff.
6 S. dazu Teil B Rz. 157 ff. und Teil K Rz. 11.
7 Zur geplanten Reform des Bayerischen Stiftungsgesetzes s. Teil K Rz. 12.

vorgelegten Gesetzesentwürfe von Interesse[8]. Ihr Inhalt wird daher im folgenden (in chronologischer Reihenfolge) kurz zusammengefaßt dargestellt.

II. Kernpunkte der bislang vorgelegten Gesetzentwürfe

4   1. Gesetzentwurf von BÜNDNIS 90/Die Grünen[9]

a) Zivilrecht

- **Errichtung der Stiftung:** Die Stiftung des privaten Rechts entsteht durch notariell beurkundetes Stiftungsgeschäft und Eintragung in ein Stiftungsregister.
- **Stiftungsregister:** Bei den Amtsgerichten wird (nach dem Vorbild des Vereinsregisters) ein bundeseinheitliches Stiftungsregister mit Publizitätswirkung geführt.
- **Übergang vom Konzessionssystem zum System der Normativbestimmungen:** Die Eintragung der Stiftung erfolgt, wenn die gesetzlichen Voraussetzungen erfolgt sind.
- **Stiftungsaufsicht:** Die Stiftungsaufsicht ist eine reine Rechtsaufsicht.
- **Familienstiftungen:** Familienstiftungen sind zulässig. Sie werden jedoch nach Ablauf von 30 Jahren aufgelöst, sofern nicht alle Begünstigten einen einstimmigen Fortsetzungsbeschluß fassen.
- **Unternehmensverbundene Stiftungen:** Der Zweck der Stiftung darf (entsprechend dem Rechtsgedanken des § 22 BGB) nicht auf den Betrieb eines wirtschaftlichen Geschäftsbetrieb gerichtet sein.
- **Name der Stiftung:** Das Stiftungsgeschäft muß u.a. den Namen der Stiftung enthalten, der einen Rechtsformhinweis („eingetragene Stiftung" oder „e. St.") enthalten muß.
- **Zweckänderung:** Die Stiftungsorgane können in Satzung zu einer Zweckänderung ermächtigt werden. Entsprechende Beschlüsse bedürfen der notariellen Beurkundung.
- **Rechnungslegung:** Die Stiftung hat einen Jahresabschluß nach handelsrechtlichen Vorschriften zu erstellen.

---

[8] Dies gilt vor allem für die zivilrechtlichen Reformvorschläge. Eine (erneute) Änderung der steuerrechtlichen Rahmenbedingungen ist wohl nur im Zusammenhang mit einer grundsätzlichen Reform des Gemeinnützigkeitsrechts zu erwarten.

[9] Entwurf eines Gesetzes zur Förderung des Stiftungswesens (StiftFördG), BT-Drks. 13/9320 v. 1. 12. 1997.

b) Steuerrecht

- **Freie Rücklage:** Erhöhung der zulässigen Rücklagenbildung von 1/4 auf 1/3 des Überschusses der Vermögensverwaltung.
- **Ansparrücklage:** In den ersten drei Jahren seit Errichtung der Stiftung ist ein Verzicht auf Ausschüttungen zulässig, sofern es die Stiftungssatzung vorsicht.
- **Buchwertprivileg:** Ausdehnung des Buchwertpriviliegs auf alle Stiftungen mit steuerbegünstigten Zwecken.
- **Spendenabzug:** Neben der bereits bisher bestehenden Möglichkeit zum Spendenabzug (u.a. § 10b EStG) können bei Zuwendungen an Stiftungen mit steuerbegünstigten Zwecken bis zu 50 000 DM abgezogen werden.
- **Erbschaftsteuer:** Ausdehnung des besonderen Erlöschenstatbestandes (§ 29 Abs. 1 Nr. 4 ErbStG) auf Zuwendungen an alle steuerbegünstigten Stiftungen.

2. Gesetzentwurf der F.D.P.[10]

a) Zivilrecht

- **Errichtung der Stiftung:** Die Stiftung des privaten Rechts entsteht allein durch notariell beurkundetes Stiftungsgeschäft.
- **System der freien Körperschaftsbildung:** Die Eintragung in ein Stiftungsregister oder eine staatliche Genehmigung sind zum Entstehen einer selbständigen Stiftung des Privatrechts nicht erforderlich.
- **Stiftungsaufsicht:** Die Stiftungsaufsicht ist eine reine Rechtsaufsicht und beginnt erst nach Errichtung der Stiftung.
- **Stiftungsregister:** Bei den jeweiligen Stiftungsaufsichtsbehörden werden Stiftungsregister nach Maßgabe des jeweiligen Landesrechts (d.h. nicht bundeseinheitlich) geführt. Die Eintragungen haben nur deklaratorische Bedeutung. Der öffentliche Glaube an die Richtigkeit und Vollständigkeit der Eintragungen wird nicht geschützt.
- **Unternehmensverbundene Stiftungen:** Stiftungen können zu jedem erlaubten Zweck erreichtet werden, sofern sich die Tätigkeit nicht im Betrieb eines Handelsgewerbes erschöpft oder die Stiftung persönlich haftende Gesellschafterin einer Personenhandelsgesellschaft ist.

---

10 Entwurf eines Gesetzes zur Reform des Stiftungsrechts, BT-Drks. 14/336 v. 28. 1. 1999 und BT-Drks. 14/3043 v. 22. 3. 2000.

– **Zweckänderung:** Die Stiftungsorgane können in Satzung zu einer Zweckänderung ermächtigt werden. Entsprechende Beschlüsse bedürfen der notariellen Beurkundung.

– **Rechnungslegung:** Die Stiftung hat einen Jahresabschluß nach handelsrechtlichen Vorschriften zu erstellen.

b) Steuerrecht

– **Freie Rücklage:** Erhöhung der zulässigen Rücklagenbildung von 1/4 auf 1/3 des Überschusses der Vermögensverwaltung.

– **Ansparrücklage:** In den ersten drei Jahren seit Errichtung der Stiftung ist ein Verzicht auf Ausschüttungen zulässig, sofern es die Stiftungssatzung vorsieht.

– **Ausstattung anderer Stiftungen mit Kapital (endowments):** Stiftungen können ihre Mittel auch zur Kapitalausstattung anderer steuerbegünstigter Körperschaften oder Körperschaften des öffentlichen Rechts verwenden.

– **Buchwertprivileg:** Ausdehnung des Buchwertpriviliegs auf alle Stiftungen mit steuerbegünstigten Zwecken und Einführung einer entsprechenden Ausnahme von der Eigenverbrauchsbesteuerung bei der Umsatzsteuer.

– **Veräußerungs- und Aufgabegewinne:** Diese Gewinne werden von der Besteuerung befreit, sofern sie zur Gründung oder Förderung einer steuerbegünstigten Stiftung verwendet werden.

– **Spendenabzug:** Neben der bereits bisher bestehenden Möglichkeit zum Spendenabzug (u.a. § 10b EStG) können Zuwendungen an Stiftungen mit steuerbegünstigten Zwecken in Höhe von 20% abgezogen werden.

– **Erbschaftsteuer:** Ausdehnung des besonderen Erlöschenstatbestandes (§ 29 Abs. 1 Nr. 4 ErbStG) auf Zuwendungen an alle steuerbegünstigten Stiftungen.

6 **3. Antrag der CDU/CSU**[11]

a) Zivilrecht

– **Rechtsgrundlagen:** Die Vorschriften über die selbständigen Stiftungen des Privatrechts werden in einem neu zu schaffenden Bundesstiftungsgesetz einheitlich geregelt.

---

11 Ein modernes Stiftungsrecht für das 21. Jahrhundert, BT-Drks. 14/2029 v. 9. 11. 1999.

- **Begriff der Stiftung:** Stiftungen sollen künftig nur noch für gemeinwohlorientierte Zwecke zulässig sein, so daß insbesondere die Neuerrichtung von Familienstiftungen und unternehmensverbundenen Stiftungen nicht mehr möglich wäre. Bereits bestehende Stiftungen sollen jedoch einem Bestandsschutz unterliegen.

- **Stiftungen auf Zeit:** Die Dauer einer Stiftung soll zeitlich begrenzt werden können.

- **Errichtung der Stiftung:** Die Stiftung entsteht durch das Stiftungsgeschäft und die Eintragung in ein Stiftungsregister.

- **Stiftungsregister:** Nach dem Vorbild des Vereins- und Handelsregisters soll ein Stiftungsregister geschaffen werden.

- **Stiftungsaufsicht:** Stiftungen sollen der Aufsicht einer Selbstverwaltungskörperschaft (Kammer) unterstehen. Für den Fall der Einrichtung unabhängiger Kontrollorgane der Stiftung sind Vereinfachungen vorgesehen.

- **Rechnungslegung:** Ab einer bestimmten Größenordnung der Stiftung sind Rechenschaftsberichte zu veröffentlichen.

b) Steuerrecht

- **Freie Rücklage:** Erhöhung der zulässigen Rücklagenbildung von 1/4 auf 1/3 des Überschusses der Vermögensverwaltung.

- **Ansparrücklage:** In den ersten drei Jahren seit Errichtung der Stiftung ist ein Verzicht auf Ausschüttungen zulässig, sofern es die Stiftungssatzung vorsieht.

- **Ausstattung anderer Stiftungen mit Kapital (endowments):** Stiftungen können ihre Mittel bis zu höchstens 30% der jährlichen Erträge auch zur Kapitalausstattung anderer steuerbegünstigter Körperschaften oder Körperschaften des öffentlichen Rechts verwenden.

- **Buchwertprivileg:** Ausdehnung des Buchwertpriviliegs auf alle Stiftungen mit steuerbegünstigten Zwecken und Einführung einer entsprechenden Ausnahme von der Eigenverbrauchsbesteuerung bei der Umsatzsteuer.

- **Spendenabzug:** Neben der bereits bisher bestehenden Möglichkeit zum Spendenabzug (u.a. § 10b EStG) können Zuwendungen an Stiftungen mit steuerbegünstigten Zwecken in Höhe von 20% abgezogen werden.

- **Erbschaftsteuer:** Ausdehnung des besonderen Erlöschenstatbestandes (§ 29 Abs. 1 Nr. 4 ErbStG) auf Zuwendungen an alle steuerbegünstigten Stiftungen und zusätzliche „Bonusregelung" für Zuwendungen an steuerbegünstigte Stiftungen.

— **Grunderwerbsteuer:** Grundstücksübertragungen an steuerbegünstigte Stiftungen sind steuerfrei.

4. Gesetzesantrag des Landes Baden-Württemberg[12]

a) Zivilrecht

— **Errichtung der Stiftung:** Die Stiftung entsteht durch das Stiftungsgeschäft und die Genehmigung der Stiftungsbehörde des Landes.

— **Recht auf Stiftung:** Im Bürgerlichen Gesetzbuch soll das Recht auf die Errichtung einer Stiftung ausdrücklich verankert werden.

b) Steuerrecht

— **Freie Rücklage:** Erhöhung der zulässigen Rücklagenbildung von 1/4 auf 1/3 des Überschusses der Vermögensverwaltung.

— **Ansparrücklage:** Im Jahr der Errichtung der Stiftung und den drei folgenden Kalenderjahren ist ein Verzicht auf Ausschüttungen zulässig.

— **Ausstattung anderer Stiftungen mit Kapital (endowments):** Stiftungen können ihre Mittel auch zur Kapitalausstattung anderer steuerbegünstigter Körperschaften oder Körperschaften des öffentlichen Rechts verwenden.

— **Buchwertprivileg:** Ausdehnung des Buchwertpriviliegs auf alle Stiftungen mit steuerbegünstigten Zwecken.

— **Veräußerungs- und Aufgabegewinne:** Diese Gewinne werden von der Besteuerung befreit, sofern sie zur Förderung des steuerbegünstigten Bereichs einer Stiftung verwendet werden.

— **Spendenabzug:** Neben der bereits bisher bestehenden Möglichkeit zum Spendenabzug (u.a. § 10b EStG) können für Zuwendungen an Stiftungen mit steuerbegünstigten Zwecken im Jahr der Errichtung der Stiftung und in den folgenden vier Jahren bis zu 1 Mio. DM, und in den folgenden Jahren bis zu 50 000 DM jährlich abgezogen werden.

— **Erbschaftsteuer:** Ausdehnung des besonderen Erlöschenstatbestandes (§ 29 Abs. 1 Nr. 4 ErbStG) auf Zuwendungen an alle steuerbegünstigten Stiftungen. Dies gilt auch dann, wenn für die Zuwendung ein Spendenabzug in Anspruch genommen wird und/oder die Stiftung Leistungen an den Stifter oder seine nächsten Angehörigen erbringt.

---

12 Entwurf eines Gesetzes zur Verbesserung des Stiftungsrechts und Stiftungssteuerrechts, BR-Drks. 629/99 v. 12. 11. 1999.

Kernpunkte der Gesetzesentwürfe   Rz. 9 **K**

– **Wirtschaftlicher Geschäftsbetrieb:** Ausdehnung der Möglichkeit eines Ausgleichs von Verlusten aus einem steuerpflichtigen wirtschaftlichen Geschäftsbetrieb mit steuerbegünstigten Mitteln.

5. Gesetzentwurf der SPD und von BÜNDNIS 90/Die Grünen[13]   8

a) Zivilrecht

Im Bereich des Zivilrechts sind keinerlei Änderungen vorgesehen.

b) Steuerrecht

– **Freie Rücklage:** Erhöhung der zulässigen Rücklagenbildung von 1/4 auf 1/3 des Einnahmenüberschusses aus Vermögensverwaltung.

– **Buchwertprivileg:** Ausdehnung des Buchwertpriviliegs auf Stiftungen mit steuerbegünstigten Zwecken mit Ausnahme der gemeinnützigen Zwecke des § 52 Abs. 2 Nr. 4 AO („Freizeitaktivitäten").

– **Spendenabzug:** Neben der bereits bisher bestehenden Möglichkeit zum Spendenabzug (u.a. § 10 b EStG) können bei Zuwendungen an Stiftungen mit steuerbegünstigten Zwecken bis zu 40 000 DM abgezogen werden.

– **Erbschaftsteuer:** Ausdehnung des besonderen Erlöschenstatbestandes (§ 29 Abs. 1 Nr. 4 ErbStG) auf Zuwendungen an steuerbegünstigte Stiftungen mit Ausnahme der gemeinnützigen Zwecke des § 52 Abs. 2 Nr. 4 AO („Freizeitaktivitäten").

6. Gesetzesantrag des Landes Hessen[14]   9

a) Zivilrecht

– **Errichtung der Stiftung:** Die Stiftung entsteht durch das Stiftungsgeschäft und die Eintragung in ein Stiftungsregister[15].

– **Stiftungen auf Zeit:** Die Dauer einer Stiftung soll zeitlich begrenzt werden können.

---

13 Entwurf eines Gesetzes zur weiteren steuerlichen Förderung von Stiftungen, BT-Drks. 14/2340 v. 13. 12. 1999.
14 Entwurf eines Gesetzes zur Reform des Stiftungsrechts (StiftRReformG), BR-Drks. 752/99 v. 20. 12. 1999.
15 Eine notarielle Beurkundung des Stiftungsgeschäfts sieht der Entwurf nicht vor, obwohl es in der Begründung zu § 82 BGB-E heißt: „Der historische Gesetzgeber hatte ursprünglich die notarielle Beurkundung des Stiftungsgeschäfts geplant."

– **Stiftungsregister:** Bei den jeweiligen Stiftungsaufsichtsbehörden werden Stiftungsregister nach Maßgabe des jeweiligen Landesrechts (d.h. nicht bundeseinheitlich) geführt.

– **Stiftungsaufsicht:** Die Stiftungsaufsicht ist eine reine Rechtsaufsicht.

– **Unternehmensverbundene Stiftungen:** Die Stiftung darf Unternehmen betreiben und sich an solchen beteiligen, sofern sich Tätigkeit nicht im Betrieb eines Handelsgewerbes erschöpft oder die Stiftung persönlich haftende Gesellschafterin einer Personenhandelsgesellschaft ist.

– **Rechnungslegung:** Stiftungen haben einen bundeseinheitlichen Jahresabschlusses und (nach Maßgabe des Landesrechts) einen Bericht über die Erfüllung des Stiftungszwecks zu erstellen.

b) Steuerrecht

– **Freie Rücklage:** Erhöhung der zulässigen Rücklagenbildung von 1/4 auf 1/3 des Überschusses der Vermögensverwaltung.

– **Ausstattung anderer Stiftungen mit Kapital (endowments):** Stiftungen können ihre Mittel auch zur Kapitalausstattung anderer steuerbegünstigter Körperschaften oder Körperschaften des öffentlichen Rechts verwenden.

– **Buchwertprivileg:** Ausdehnung des Buchwertpriviliegs auf alle Stiftungen mit steuerbegünstigten Zwecken und Einführung einer entsprechenden Ausnahme von der Eigenverbrauchsbesteuerung bei der Umsatzsteuer.

– **Veräußerungs- und Aufgabegewinne:** Diese Gewinne werden von der Besteuerung befreit, sofern sie zur Förderung des steuerbegünstigten Bereichs einer Stiftung verwendet werden.

– **Spendenabzug:** Neben der bereits bisher bestehenden Möglichkeit zum Spendenabzug (u.a. § 10b EStG) können Zuwendungen an Stiftungen mit steuerbegünstigten Zwecken in Höhe von bis zu 20% des Einkommens (nicht des Gesamtbetrags der Einkünfte) des Spenders, höchstens jedoch 20% der Zuwendung abgezogen werden.

– **Erbschaftsteuer:** Ausdehnung des besonderen Erlöschenstatbestandes (§ 29 Abs. 1 Nr. 4 ErbStG) auf Zuwendungen an alle steuerbegünstigten Stiftungen.

Kernpunkte der Gesetzesentwürfe   Rz. 10 **K**

7. Gesetzesantrag der Länder Baden-Württemberg, Bayern, Saarland und Thüringen[16]   10

a) Zivilrecht

Im Bereich des Zivilrechts sind keinerlei Änderungen vorgesehen.

b) Steuerrecht

— **Freie Rücklage:** Erhöhung der zulässigen Rücklagenbildung von 1/4 auf 1/3 des Überschusses der Vermögensverwaltung. Darüber hinaus können bis zu 10% der zeitnah zu verwendenden Mittel (soweit es sich nicht um Überschüsse aus der Vermögensverwaltung handelt) einer freien Rücklage zugeführt werden.

— **Grundsatz der zeitnahen Mittelverwendung:** Eine zeitnahe Mittelverwendung ist gegeben, wenn die Mittel spätestens in dem auf den Zufluß folgenden Kalender- oder Wirtschaftsjahr für die steuerbegünstigten satzungsmäßigen Zwecke verwendet werden. Als Verwendung gilt dabei auch die Anschaffung oder Herstellung von Vermögensgegenständen, die satzungsmäßigen Zwecken dienen.

— **Ausstattung anderer Stiftungen mit Kapital (endowments):** Stiftungen können bis zu höchstens 10% der zeitnah zu verwendenden Mittel auch zur Kapitalausstattung anderer steuerbegünstigter Körperschaften oder Körperschaften des öffentlichen Rechts verwenden.

— **Buchwertprivileg:** Ausdehnung des Buchwertprivilegs auf alle steuerbegünstigten Körperschaften (nicht nur Stiftungen).

— **Veräußerungs- und Aufgabegewinne:** Diese Gewinne werden von der Besteuerung befreit, sofern sie zur Förderung des steuerbegünstigten Bereichs einer Körperschaft (nicht nur einer Stiftung) verwendet werden.

— **Spendenabzug:** Die bisherigen Höchstgrenzen im Rahmen des Spendenabzugs (u.a. § 10b EStG) sollen von 5% auf 10% des Gesamtbetrags der Einkünfte bzw. von 0,002% auf 0,004% der Summe der gesamte Umsätze und der aufgewendeten Löhne und Gehälter verdoppelt werden. Daneben können Zuwendungen in den Vermögensstock von neu gegründeten steuerbegünstigten Körperschaften (nicht nur Stiftungen) innerhalb von zehn Jahren in Höhe von bis zu 1 Mio. DM abgezogen werden.

— **Erbschaftsteuer:** Ausdehnung des besonderen Erlöschenstatbestandes (§ 29 Abs. 1 Nr. 4 ErbStG) auf Zuwendungen an alle steuerbegünstigten Stiftungen.

---
16 Entwurf eines Gesetzes zur Verbesserung des Gemeinnützigkeitsrechts und des Stiftungssteuerrechts, BR-Drks. 232/00 v. 19. 4. 2000.

III. Gesetz zur weiteren steuerlichen Förderung von Stiftungen

11 Am 26. 7. 2000 ist das Gesetz zur weiteren steuerlichen Förderung der Stiftungen in Kraft getreten[17].

Das Gesetz geht zurück auf den steuerlichen Teil des von BÜNDNIS 90/Die Grünen in der 13. Legislaturperiode vorgelegten Gesetzesentwurfs zur Reform des Stiftungsrechts[18]. Dabei wollte man vor allem Zuwendungen an steuerbegünstigte Stiftungen durch die Einführung eines **zusätzlichen Spendenabzugsbetrages** in Höhe von 50 000 DM begünstigen. Die steuerlichen Regelungen wurden dann mit geringfügigen Änderungen in den von den Fraktionen der SPD und von BÜNDNIS 90/Die Grünen eingebrachten Entwurf eines Gesetzes zur weiteren steuerlichen Förderung von Stiftungen[19] übernommen. Der Deutsche Bundestag hat dem Gesetzentwurf in seiner 96. Sitzung am 24. 3. 2000[20] aufgrund der Beschlußempfehlung des Ausschusses für Kultur und Medien[21] zugestimmt[22]. Verschiedene Änderungs- und Entschließungsanträge der Opposition wurden dabei abgelehnt[23].

Bei den Ländern ist das Gesetz überwiegend auf Widerstand gestoßen. Der Bundesrat hat daher in seiner Sitzung am 17. 5. 2000 den **Vermittlungsausschuß** angerufen[24]. Der im Vermittlungsverfahren erzielte Kompromiß geht insbesondere in folgenden Punkten über den ursprünglichen Gesetzesvorschlag hinaus:

— Für Zuwendungen an gemeinützige Stiftungen (mit Ausnahme der Körperschaften, die in § 52 Abs. 2 Nr. 4 AO [„Freizeitaktivitäten"] genannt sind) hat bereits der Gesetzentwurf die Einführung eines **zusätzlichen Abzugsbetrages von 40 000 DM** vorgesehen. Der Kreis der zuwendungsbegünstigten Stiftungen wurde über die Stiftungen des privaten Rechts nunmehr auch auf Stiftungen des öffentlichen Rechts, unselbständige Stiftungen und kirchliche Stiftungen ausgedehnt[25].

— Daneben wurde bei der **Einkommen- und Gewerbesteuer** für Zuwendungen in den Vermögensstock neu gegründeter steuerbegünstigter Stiftun-

---
17 Zu den Neuregelungen s. auch Teil B Rz. 157 ff.
18 S. dazu Teil K Rz. 4.
19 S. dazu Teil K Rz. 8.
20 BT-Protokoll 14/96, S. 8893–8920.
21 BT-Drks. 14/3010 v. 22. 3. 2000.
22 Gesetzesbeschluß des Deutschen Bundestages v. 28. 4. 2000, BT-Drks. 205/00 – Gesetz zur weiteren steuerlichen Förderung von Stiftungen.
23 BT-Drks. 14/3013, 14/3014, 14/3015, 14/3016, 14/3021, 14/3022 und 14/3043 je v. 22. 3. 2000.
24 BR-Drks. 205/00 (Beschluß) v. 19. 5. 2000 und BT-Drks. 14/3453 v. 25. 5. 2000.
25 S. dazu Teil B Rz. 158.

gen ein weiterer Abzugsbetrag von höchstens 600 000 DM innerhalb von 10 Jahren geschaffen.

— Zur Stärkung der Finanzkraft neu errichteter Stiftungen wurde eine **steuerunschädliche Ansparphase** für die ersten drei Jahre eingeführt.

— Das für alle steuerbegünstigten Körperschaften geltende **Gebot der zeitnahen Mittelverwendung** und die **Zulässigkeit der Zuführung von Mitteln** zum Vermögen einer steuerbegünstigten Körperschaft wurden erstmals gesetzlich geregelt (bisher gab es entsprechende Regelungen lediglich im AEAO).

— Die Rücklagemöglichkeiten für alle steuerbegünstigten Körperschaften wurden durch die Schaffung einer neuen **freien Rücklage** in Höhe von bis zu 10% der zeitnah zu verwendenden Mittel verbessert (neben der freien Rücklage in Höhe bis zu 1/3 des Überschusses der Einnahmen über die Unkosten aus Vermögensverwaltung).

Der Deutsche Bundestag hat dem aufgrund der Beschlußempfehlung des Vermittlungsausschusses geänderten Gesetzentwurf[26] in seiner 108. Sitzung am 8. 6. 2000 zugestimmt[27]. Das Gesetz wurde am 14. 7. 2000 im Bundesgesetzblatt verkündet[28]. Die Neuregelungen sind überwiegend bereits ab 1. 1. 2000 anzuwenden.

IV. Geplante Reform des Bayerischen Stiftungsgesetzes

Im Juli 2000 hat das Bayerische Staatsministerium für Wissenschaft, Forschung und Kunst einen ersten Entwurf für eine Reform des Bayerischen Stiftungsgesetzes vorgelegt. Ziel des Gesetzesvorhabens ist es, die zivilrechtlichen Rahmenbedingungen für die Errichtung und Betätigung von Stiftungen weiter zu verbessern. Den geplanten Änderungen könnte im Zusammenhang mit der Reform des Stiftungsprivatrechts auf Bundesebene eine **wichtige Signalfunktion** zukommen. Im wesentlichen sind folgende Änderungen beabsichtigt:

12

— **Recht auf Stiftung:** Das Recht auf die Errichtung einer Stiftung soll ausdrücklich gesetzlich verankert werden[29].

---

26 BT-Drks. 14/3528 v. 7. 6. 2000.
27 BR-Drks. 351/2000 v. 8. 6. 2000.
28 BGBl. I 2000, 1034 = BStBl. I 2000, 1192.
29 Der im Juli 2000 vorgelegte Entwurf sieht folgende Neufassung von Art. 5 BayStG-E vor: „Es besteht vorbehaltlich des Satzes 2 ein Rechtsanspruch auf Erteilung der Genehmigung. Die Genehmigung ist zu versagen, wenn 1. die Stiftung einen rechtswidrigen oder das Gemeinwohl gefährdenden Zweck verfolgen soll, 2. die nachhaltige Erfüllung des Stiftungszwecks aus den Erträgen des

- **Stiftungsverzeichnis:** Zur Verbesserung der Transparenz und der Gewährleistung des Datenschutzes im Stiftungsbereich sollen Stiftungen gesetzlich verpflichtet werden, sich in ein Stiftungsverzeichnis eintragen zu lassen. Der Umfang der einzutragenden Angaben[30] wird gleichfalls gesetzlich festgelegt.

- **Stiftungsaufsicht:** Im Interesse einer möglichst umfassenden Deregulierung werden bestehende Genehmigungsvorbehalte abgebaut bzw. Genehmigungspflichten zu Anzeigepflichten herabgestuft.

- **Insichgeschäfte:** Das bisherige Verbot von Insichgeschäften wird (in Anlehnung an § 181 BGB) dahin gelockert, daß die Stiftungssatzung eine vollständige oder teilweise Befreiung der Stiftungsorgane von den Vertretungsbeschränkungen vorsehen kann.

- **Vermögensumschichtung:** Im Hinblick auf die beabsichtigte Stärkung der Stiftungautonomie soll der Grundsatz, daß der Erlös aus der Veräußerung von Grundbesitz wieder in Immobilienvermögen anzulegen ist, nur noch als Sollvorschrift ausgestaltet werden.

- **Rechnungslegung:** Stiftungen sollen nicht mehr zwingend verpflichtet sein, der Aufsichtsbehörde jährlich einen Voranschlag (Wirtschaftsplan) vorzulegen. In der Stiftungssatzung kann künftig von einer Planung auch gänzlich absehen werden.

- **Buchführung:** Die Verpflichtung der Stiftungen zur Buchführung wird gesetzlich ausdrücklich vorgeschrieben. Die Art der Buchführung kann die Stiftung im Rahmen der gesetzlichen Vorschriften frei bestimmen.

Nach der derzeitigen Planungen ist damit zu rechnen, daß das Gesetz zur Änderung des Bayerischen Stiftungsgesetzes Mitte 2001 im Bayerischen Landtag verabschiedet wird.

Stiftungsvermögens nicht gesichert erscheint oder von den Erträgen unabhängig ist, oder 3. eine sonstige auf Rechtsvorschriften beruhende Voraussetzung für die Errichtung einer Stiftung nicht erfüllt ist."

30 Nach Art. 7 BayStG-E soll die Bekanntmachung folgende Angaben umfassen: Name der Stiftung, Rechtsstellung und Art, Sitz, Zweck, Stiftungsorgane, gesetzliche Vertretung, Name des Stifters, Zeitpunkt der Entstehung und Anschrift der Stiftungsverwaltung. Auf Antrag des Stifters soll auf die Angaben seines Namens verzichtet werden.

Anhang 1
Landesstiftungsgesetze

	Seite		Seite
Baden-Württemberg		**Nordrhein-Westfalen**	
Stiftungsgesetz für Baden-Württemberg	278	Stiftungsgesetz für das Land Nordrhein-Westfalen (StiftG NW)	336
Bayern		Verordnung zur Übertragung von Zuständigkeiten nach dem Stiftungsgesetz für das Land Nordrhein-Westfalen (ZustVOStiftG NW)	343
Bekanntmachung der Neufassung des Bayerischen Stiftungsgesetzes (BayStG)	287		
Verordnung zur Ausführung des Bayerischen Stiftungsgesetzes (AVBayStG)	296	**Rheinland-Pfalz**	
		Stiftungsgesetz Rheinland-Pfalz	344
Berlin		**Saarland**	
Berliner Stiftungsgesetz	299	Saarländisches Stiftungsgesetz	354
Brandenburg		**Sachsen**	
Stiftungsgesetz für das Land Brandenburg	302	Gesetz über die Bildung und Tätigkeit von Stiftungen (Stiftungsgesetz)	359
Bremen		Verordnung der Sächsischen Staatsregierung über die Zuständigkeit in Stiftungsangelegenheiten	364
Bremisches Stiftungsgesetz (BremStG)	310		
Hamburg		**Sachsen-Anhalt**	
Ausführungsgesetz zum Bürgerlichen Gesetzbuch Hamburg	315	Gesetz über die Bildung und Tätigkeit von Stiftungen (Stiftungsgesetz)	365
Anordnung zur Durchführung des Bürgerlichen Gesetzbuches und des Hamburgischen Ausführungsgesetzes zum Bürgerlichen Gesetzbuch	317	Beschluß der Landesregierung von Sachsen-Anhalt über die Zuständigkeiten nach dem Stiftungsgesetz	370
Hessen		**Schleswig-Holstein**	
Hessisches Stiftungsgesetz	318	Gesetz über rechtsfähige Stiftungen des bürgerlichen Rechts (Stiftungsgesetz)	371
Mecklenburg-Vorpommern		**Thüringen**	
Stiftungsgesetz für das Land Mecklenburg-Vorpommern	323	Gesetz über die Bildung und Tätigkeit von Stiftungen (Stiftungsgesetz)	378
Niedersachsen			
Niedersächsisches Stiftungsgesetz	329		

Anhang 1: Landesstiftungsgesetze

Baden-Württemberg

Literaturhinweise: *Frhr. von Rotberg/Broo/Frey*, Kommentar zum Stiftungsgesetz von Baden-Württemberg, 4. Aufl., Essen 2000; *Treml*, Beiträge zum Stiftungsrecht in Baden-Württemberg, Diss. Tübingen 1961.

Stiftungsgesetz für Baden-Württemberg

vom 4. 10. 1977 (GBl. S. 408), geändert durch Gesetz vom 30. 5. 1978 (GBl. S. 286), Gesetz vom 4. 7. 1983 (GBl. S. 265), Verordnung vom 19. 3. 1985 (GBl. S. 71) und Verordnung vom 23. 7. 1993 (GBl. S. 533).

Erster Teil. Allgemeine Bestimmungen

§ 1 Geltungsbereich. Dieses Gesetz gilt für die rechtsfähigen Stiftungen des bürgerlichen und öffentlichen Rechts mit dem Sitz in Baden-Württemberg.

§ 2 Auslegungsgrundsatz. Bei der Anwendung dieses Gesetzes ist der wirkliche oder mutmaßliche Wille des Stifters zu beachten.

§ 3 Stiftungsbehörde. (1) Stiftungsbehörde ist das Regierungspräsidium.

(2) Stiftungsbehörde für die in § 35 Abs. 2 unter Nummern 1 bis 5 genannten Stiftungen ist das Wissenschaftsministerium.

(3) Ist das Land Stifter oder Mitstifter oder wird die Stiftung durch das Regierungspräsidium verwaltet, nimmt das Ministerium die Aufgaben der Stiftungsbehörde wahr, in dessen Geschäftsbereich der Zweck der Stiftung überwiegend fällt; das Ministerium kann die Aufgaben der Stiftungsbehörde auf das Regierungspräsidium übertragen. Wird die Stiftung durch ein Ministerium verwaltet, nimmt dieses Ministerium die Aufgaben der Stiftungsbehörde wahr.

§ 4 Stiftungsverzeichnis. (1) Bei jedem Regierungspräsidium wird ein Verzeichnis der Stiftungen geführt, die ihren Sitz im Regierungsbezirk haben.

(2) In das Stiftungsverzeichnis sind einzutragen

1. Name,

2. Sitz,

3. Zweck,

4. Vertretungsberechtigung und Zusammensetzung der vertretungsberechtigten Organe der Stiftung und

5. Tag der Verleihung der Rechtsfähigkeit und verleihende Behörde.

(3) Die Stiftungsbehörden sind verpflichtet, dem für die Führung des Stiftungsverzeichnisses zuständigen Regierungspräsidium die nach Absatz 2 erforderlichen Mitteilungen zu machen.

(4) Die Einsicht in das Stiftungsverzeichnis ist jedem gestattet, der ein berechtigtes Interesse glaubhaft macht. Die Eintragung im Stiftungsverzeichnis begründet nicht die Vermutung ihrer Richtigkeit.

Zweiter Teil. Stiftungen des bürgerlichen Rechts

§ 5 Genehmigung. Die Genehmigung einer Stiftung wird durch die Stiftungsbehörde erteilt. Sie darf nur erteilt werden, wenn die dauernde und nachhaltige Erfüllung des Stiftungszwecks gesichert erscheint.

§ 6 Stiftungsgeschäft, Stiftungssatzung. (1) Das Stiftungsgeschäft muß Bestimmungen enthalten über
1. Name,
2. Sitz,
3. Zweck,
4. Vermögen und
5. Organe

der Stiftung.

(2) Jede Stiftung muß eine Satzung haben. Die Satzung muß die in Absatz 1 genannten Bestimmungen enthalten. Sie soll ferner Regelungen treffen über
1. Zahl, Berufung, Amtsdauer und Abberufung der Mitglieder der Stiftungsorgane,
2. Geschäftsbereich und Vertretungsberechtigung der Stiftungsorgane,
3. Einberufung, Beschlußfähigkeit und Beschlußfassung der Stiftungsorgane,
4. Satzungsänderungen,
5. etwaige Rechte der durch die Stiftung Begünstigten,
6. Aufhebung der Stiftung und
7. Vermögensanfall nach dem Erlöschen der Stiftung.

(3) Fehlen Satzungsbestimmungen, kann die Stiftungsbehörde die Satzung bei der Genehmigung der Stiftung ergänzen, wenn der Stifter hierzu nicht mehr in der Lage ist. Dies gilt nicht für Bestimmungen über Zweck und Vermögen der Stiftung.

(4) Satzungsänderungen durch Stiftungsorgane bedürfen der Genehmigung der Stiftungsbehörde. Die Stiftungsbehörde kann die Satzung einschließlich der Bestimmungen über den Zweck der Stiftung ändern, soweit dies wegen wesentlicher Änderung der Verhältnisse geboten ist und wenn die zur Satzungsänderung befugten Stiftungsorgane die erforderliche Änderung nicht vornehmen; die Änderung bedarf zu Lebzeiten des Stifters seiner Zustimmung.

§ 7 Stiftungsverwaltung, Stiftungsvermögen. (1) Die Stiftung ist nach den Gesetzen, dem Stiftungsgeschäft und der Stiftungssatzung sparsam und wirtschaftlich zu verwalten. Die Verwaltung dient der dauernden und nachhaltigen Erfüllung des Stiftungszwecks.

(2) Das Stiftungsvermögen ist in seinem Bestand zu erhalten, es sei denn, daß die Satzung eine Ausnahme zuläßt oder der Stifterwille nicht anders zu verwirklichen ist; der Bestand der Stiftung muß auch in diesen Fällen für angemessene Zeit gewährleistet sein. Das Stiftungsvermögen ist von anderen Vermögen getrennt zu halten.

(3) Die Stiftungen haben nach den Grundsätzen ordnungsgemäßer Buchführung Rechnung zu führen.

§ 8 Rechtsaufsicht. (1) Die Stiftungen stehen unter der Rechtsaufsicht des Landes. Sie beschränkt sich darauf, zu überwachen, daß die Verwaltung der Stiftungen die Gesetze, das Stiftungsgeschäft und die Stiftungssatzung beachtet.

(2) Maßnahmen der Rechtsaufsicht sind die in den §§ 9 bis 13 genannten Maßnahmen. Maßnahmen nach den §§ 10 bis 12 und Anzeigepflichten nach § 13 Abs. 1 Nrn. 1 bis 3 entfallen, wenn und solange eine ordnungsgemäße Überwachung der Verwaltung durch ein in der Stiftungssatzung vorgesehenes unabhängiges Kontrollorgan gewährleistet erscheint.

(3) Rechtsaufsichtsbehörde ist die Stiftungsbehörde. Oberste Rechtsaufsichtsbehörde ist in den Fällen des § 3 Abs. 1 das Ministerium, in dessen Geschäftsbereich der Zweck der Stiftung überwiegend fällt.

§ 9 Unterrichtung und Prüfung. (1) Die Stiftungsbehörde kann sich über einzelne Angelegenheiten der Stiftung unterrichten. Die Stiftungsorgane sind zur Auskunft und Vorlage von Unterlagen verpflichtet.

(2) Die Stiftung ist verpflichtet, der Stiftungsbehörde

1. die Zusammensetzung und jede Änderung der Zusammensetzung der vertretungsberechtigten Organe unverzüglich anzuzeigen,

2. innerhalb von sechs Monaten nach Ende eines jeden Geschäftsjahres eine Jahresrechnung mit einer Vermögensübersicht und einem Bericht über die Erfüllung des Stiftungszwecks vorzulegen. Die Stiftungsbehörde kann zulassen, daß Jahresrechnung und Bericht in größeren als jährlichen Zeitabständen vorgelegt werden.

(3) Die Stiftungsbehörde kann die Verwaltung der Stiftung auf Kosten der Stiftung prüfen oder prüfen lassen.

§ 10 Beanstandung. Die Stiftungsbehörde kann Maßnahmen der Stiftungsorgane, die den Gesetzen, dem Stiftungsgeschäft oder der Stiftungssatzung widersprechen, beanstanden und verlangen, daß sie innerhalb einer bestimmten Frist aufgehoben oder rückgängig gemacht werden. Beanstandete Maßnahmen dürfen nicht vollzogen werden.

§ 11 Anordnung und Ersatzvornahme. (1) Trifft ein Stiftungsorgan eine durch Gesetz oder Stiftungssatzung gebotene Maßnahme nicht, kann die Stiftungsbehörde anordnen, daß die Maßnahme innerhalb einer bestimmten Frist durchgeführt wird.

(2) Kommt das Stiftungsorgan einer Anordnung nach § 10 oder nach Absatz 1 innerhalb der Frist nicht nach, kann die Stiftungsbehörde die Maßnahme auf Kosten der Stiftung durchführen oder durchführen lassen.

(3) Ansprüche der Stiftung gegen Mitglieder von vertretungsberechtigten Organen werden von der Stiftungsbehörde im Namen und auf Kosten der Stiftung geltend gemacht.

§ 12 Abberufung und Bestellung von Organmitgliedern. (1) Die Stiftungsbehörde kann ein Mitglied eines Stiftungsorgans aus wichtigem Grund, insbesondere wegen grober Pflichtverletzung oder Unfähigkeit zu ordnungsgemäßer Geschäftsführung, abberufen. Sie kann ein neues Mitglied bestellen, sofern die Stiftung innerhalb einer ihr von der Stiftungsbehörde gesetzten angemessenen Frist kein neues Mitglied bestellt hat.

(2) Die Stiftungsbehörde kann einem Mitglied eines Stiftungsorgans unter den Voraussetzungen des Absatzes 1 Satz 1 die Ausübung seiner Tätigkeit einstweilen untersagen.

§ 13 Anzeigepflicht. (1) Der Stiftungsbehörde sind im voraus anzuzeigen

1. die Aufnahme von Darlehen, die Übernahme von Bürgschaften, die Veräußerung und Belastung von Grundstücken und die Begründung sonstiger Verpflichtungen,

wenn die Erfüllung der Verpflichtungen das Stiftungsvermögen besonders belasten kann,
2. unentgeltliche Zuwendungen der Stiftung, die nicht der Erfüllung des Stiftungszwecks dienen,
3. die Annahme unentgeltlicher Zuwendungen, wenn sie mit das Stiftungsvermögen besonders belastenden Bedingungen oder Auflagen verbunden sind und
4. Rechtsgeschäfte der Stiftung mit Mitgliedern von Stiftungsorganen.

Eine Maßnahme, die nach Satz 1 anzuzeigen ist, darf erst durchgeführt werden, wenn die Stiftungsbehörde ihre Rechtmäßigkeit bestätigt oder die Maßnahme nicht innerhalb von zwei Wochen beanstandet hat. Die Stiftungsbehörde kann einer Stiftung für bestimmte Arten von anzeigepflichtigen Maßnahmen allgemein Befreiung von der Anzeigepflicht erteilen.

(2) Absatz 1 gilt nicht für Stiftungen, die ausschließlich dem Wohl einer oder mehrerer bestimmter Familien dienen.

§ 14 Zweckänderung, Zusammenlegung, Aufhebung. (1) Zuständig für Maßnahmen nach § 87 des Bürgerlichen Gesetzbuches ist die Stiftungsbehörde.

(2) Die Stiftungsorgane können den Stiftungszweck ändern, die Stiftung mit einer anderen zusammenlegen oder sie aufheben, soweit dies in der Satzung vorgesehen ist. Die Maßnahmen bedürfen der Genehmigung der Stiftungsbehörde. Mit der Genehmigung der Zusammenlegung wird die neue Stiftung rechtsfähig. Das Vermögen der zusammengelegten Stiftungen geht auf die neue Stiftung über.

(3) Unter den Voraussetzungen des § 87 des Bürgerlichen Gesetzbuches kann die Stiftungsbehörde mehrere Stiftungen zusammenlegen. Die Stiftungsbehörde gibt der neuen Stiftung eine Satzung oder ändert die Satzung der aufnehmenden Stiftung. Absatz 2 Satz 4 gilt entsprechend.

§ 15 Vermögensanfall. Enthält das Stiftungsgeschäft keine Bestimmungen über den Vermögensanfall, fällt das Vermögen mit dem Erlöschen der Stiftung an das Land. Das Land hat bei der Verwendung des Vermögens den Stiftungszweck tunlichst zu berücksichtigen.

§ 16 Bekanntmachungen. Die Genehmigung und das Erlöschen der Stiftung sowie das Zusammenlegen von Stiftungen sind von der Stiftungsbehörde im Staatsanzeiger bekanntzumachen.

Dritter Teil. Stiftungen des öffentlichen Rechts

§ 17 Errichtung. (1) Eine Stiftung des öffentlichen Rechts wird durch Stiftungsakt errichtet.

(2) Eine Stiftung des öffentlichen Rechts kann nur für Zwecke errichtet werden, die der Erfüllung öffentlicher Aufgaben von besonderem Interesse dienen.

(3) Die dauernde und nachhaltige Erfüllung des Stiftungszwecks muß gesichert erscheinen.

§ 18 Entstehung. (1) Eine Stiftung des öffentlichen Rechts entsteht durch den Stiftungsakt und die Verleihung der öffentlich-rechtlichen Rechtsfähigkeit. Stiftungen des Landes entstehen durch den Stiftungsakt der Landesregierung.

(2) Die öffentlich-rechtliche Rechtsfähigkeit wird durch die Stiftungsbehörde verliehen. Ist das Land Mitstifter, wird die Rechtsfähigkeit durch die Landesregierung

verliehen. Einer Stiftung wird die Rechtsfähigkeit auch dann durch die Landesregierung verliehen, wenn ihre Satzung der Genehmigung nach § 3 des Landesbeamtengesetzes bedarf.

§ 19 Geltende Rechtsvorschriften. Auf Stiftungen des öffentlichen Rechts sind die Vorschriften des Zweiten Teils über das Stiftungsgeschäft und die Stiftungssatzung (§ 6), die Stiftungsverwaltung und das Stiftungsvermögen (§ 7 Abs. 1 und 2), den Vermögensanfall (§ 15) und die Bekanntmachungen (§ 16) entsprechend anzuwenden. Im übrigen gelten die nachstehenden Vorschriften und Teil VI der Landeshaushaltsordnung mit der Maßgabe, daß die Aufgaben des zuständigen Ministeriums und des Finanzministeriums nach § 108 und § 109 Abs. 2 und 3 der Landeshaushaltsordnung von der Stiftungsbehörde wahrgenommen werden.

§ 20 Rechtsaufsicht. (1) Die Stiftungen stehen unter der Rechtsaufsicht des Landes. Sie beschränkt sich darauf, zu überwachen, daß die Verwaltung der Stiftungen die Gesetze, den Stiftungsakt und die Stiftungssatzung beachtet.

(2) Die §§ 120 bis 124 der Gemeindeordnung gelten entsprechend.

(3) §§ 12 und 13 sind anzuwenden.

(4) Ansprüche der Stiftung gegen Mitglieder von vertretungsberechtigten Organen werden von der Stiftungsbehörde im Namen und auf Kosten der Stiftung geltend gemacht.

(5) Rechtsaufsichtsbehörde ist die Stiftungsbehörde. Oberste Rechtsaufsichtsbehörde ist in den Fällen des § 3 Abs. 1 das Ministerium, in dessen Geschäftsbereich der Zweck der Stiftung überwiegend fällt.

§ 21 Zweckänderung, Zusammenlegung, Aufhebung. (1) § 14 Abs. 2 ist anzuwenden.

(2) Ist die Erfüllung des Stiftungszwecks unmöglich geworden, kann die Stiftungsbehörde den Stiftungszweck ändern oder die Stiftung aufheben.

(3) Ist die Erfüllung des Zwecks einer oder mehrerer Stiftungen unmöglich geworden, können sie von der Stiftungsbehörde mit einer fortbestehenden Stiftung zusammengelegt werden. Die Stiftungsbehörde kann die Satzung der aufnehmenden Stiftung ändern. Das Vermögen der aufgenommenen Stiftungen geht auf die aufnehmende Stiftung über.

(4) Ist die Erfüllung des Zwecks mehrerer Stiftungen unmöglich geworden, kann die Stiftungsbehörde die Stiftungen zu einer neuen rechtsfähigen Stiftung zusammenlegen. Die Stiftungsbehörde gibt der neuen Stiftung eine Satzung. Das Vermögen der zusammengelegten Stiftungen geht auf die neue Stiftung über.

Vierter Teil. Besondere Arten von Stiftungen

1. Abschnitt. Kirchliche Stiftungen

§ 22 Begriffsbestimmung. Kirchliche Stiftungen sind rechtsfähige Stiftungen, die

1. überwiegend kirchlichen Aufgaben, insbesondere dem Gottesdienst, der Verkündigung, der Wohlfahrtspflege, der Erziehung oder der Bildung zu dienen bestimmt sind und nach der Satzung der Aufsicht einer Kirche oder anderen Religionsgemeinschaft mit der Rechtsstellung einer Körperschaft des öffentlichen Rechts (Religionsgemeinschaft) unterstehen sollen,

2. als kirchliche Stiftungen die Genehmigung oder die Verleihung der öffentlich-rechtlichen Rechtsfähigkeit erhalten haben, weil sich ihre Zwecke sinnvoll nur in organisatorischer Zuordnung zu einer Religionsgemeinschaft erfüllen lassen.

§ 23 Geltende Rechtsvorschriften. Auf die kirchlichen Stiftungen finden die Vorschriften dieses Gesetzes Anwendung, soweit nachstehend nichts anderes bestimmt ist.

§ 24 Entstehung. Der Antrag auf Genehmigung oder Verleihung der öffentlich-rechtlichen Rechtsfähigkeit kann für kirchliche Stiftungen nur von einer Religionsgemeinschaft gestellt werden. Kirchlichen Stiftungen wird die öffentlich-rechtliche Rechtsfähigkeit verliehen, wenn dies beantragt wird und wenn die Stiftungen öffentlichen Zwecken dienen.

§ 25 Stiftungsverwaltung, Stiftungsaufsicht. (1) Für die Verwaltung und Beaufsichtigung kirchlicher Stiftungen gelten die von der Religionsgemeinschaft erlassenen Vorschriften. Sind solche nicht erlassen, sind die Vorschriften dieses Gesetzes mit der Maßgabe anzuwenden, daß die Aufgaben der Stiftungsbehörde insoweit durch die zuständige Behörde der Religionsgemeinschaft wahrgenommen werden.

(2) Für kirchliche Stiftungen, die für Zwecke des Gottesdienstes und der Verkündigung bestimmt sind, kann die Religionsgemeinschaft die nach § 6 Abs. 2 und § 19 erforderlichen Satzungsbestimmungen ganz oder teilweise durch allgemeine Regelungen ersetzen.

(3) Die Stiftungsbehörde kann aus wichtigem Grund Auskünfte über die Vermögensverhältnisse sowie Nachweise über die ordnungsgemäße Verwaltung und Beaufsichtigung einer kirchlichen Stiftung verlangen, die nicht für Zwecke des Gottesdienstes und der Verkündigung bestimmt ist.

§ 26 Zweckänderung, Zusammenlegung, Aufhebung, Vermögensanfall. (1) Die §§ 14 und 21 finden auf kirchliche Stiftungen, die für Zwecke des Gottesdienstes und der Verkündigung bestimmt sind, mit der Maßgabe Anwendung, daß die Aufgaben der Stiftungsbehörde insoweit durch die zuständige Behörde der Religionsgemeinschaft wahrgenommen werden und die getroffenen Maßnahmen der Stiftungsbehörde mitzuteilen sind. Bei anderen kirchlichen Stiftungen können die nach §§ 14 und 21 vorgesehenen Maßnahmen der Stiftungsbehörde nur im Einvernehmen mit der Religionsgemeinschaft getroffen werden.

(2) In den Vorschriften über den Vermögensanfall (§§ 15 und 19) tritt an die Stelle des Landes die Religionsgemeinschaft oder die von ihr bestimmte juristische Person.

§ 27 Stiftungsverzeichnis. Das Stiftungsverzeichnis wird für kirchliche Stiftungen bei der obersten Behörde der Religionsgemeinschaft geführt. § 4 Abs. 3, §§ 40 und 41 sind auf kirchliche Stiftungen nicht anzuwenden.

§ 28 Stiftungsbehörde. Stiftungsbehörde ist für kirchliche Stiftungen das Kultusministerium.

§ 29 Rechtsstellung bestehender Stiftungen. (1) Stiftungen, die nach bisherigem Recht rechtsfähige kirchliche Stiftungen waren, und Anstalten, die nach bisherigem Recht als rechtsfähige kirchliche Stiftungen galten, sind kirchliche Stiftungen im Sinne dieses Gesetzes.

(2) Über die Eigenschaft einer bei Inkrafttreten dieses Gesetzes bestehenden Stiftung als kirchliche Stiftung entscheidet auf Antrag die Stiftungsbehörde im Einvernehmen mit dem Ministerium, in dessen Geschäftsbereich der Zweck der Stiftung überwiegend fällt. Antragsberechtigt sind die staatlichen und kirchlichen Behörden, die die Verwaltung der Stiftung oder die Aufsicht über die Stiftung beanspruchen, das vertretungsberechtigte Stiftungsorgan, der Stifter und seine Erben.

§ 30 **Stiftungen der Weltanschauungsgemeinschaften.** Die Vorschriften dieses Abschnitts gelten auch für Stiftungen der Weltanschauungsgemeinschaften, die die Rechtsstellung einer Körperschaft des öffentlichen Rechts besitzen.

2. Abschnitt. Kommunale Stiftungen

§ 31 (1) Auf die Verwaltung und Wirtschaftsführung der örtlichen Stiftungen im Sinne des § 101 der Gemeindeordnung finden die Vorschriften der Gemeindeordnung Anwendung. Auf die Verwaltung und Wirtschaftsführung der übrigen kommunalen Stiftungen finden die für die kommunalen Körperschaften und Anstalten des öffentlichen Rechts geltenden Vorschriften Anwendung, bei denen sie errichtet sind.

(2) Im übrigen finden die Vorschriften dieses Gesetzes mit folgender Maßgabe Anwendung:

1. An die Stelle von § 8 Abs. 2 und 3, §§ 9 bis 13 und § 20 Abs. 2 bis 5 treten die für die kommunalen Körperschaften und Anstalten des öffentlichen Rechts geltenden Bestimmungen über die Aufsicht.
2. In den Vorschriften über den Vermögensanfall (§§ 15 und 19) tritt an die Stelle des Landes die kommunale Körperschaft oder Anstalt des öffentlichen Rechts.
3. Bekanntmachungen nach §§ 16 und 19 werden, wenn das Landratsamt nach Nummer 4 Stiftungsbehörde ist, nach den für die öffentlichen Bekanntmachungen des Landkreises geltenden Bestimmungen durchgeführt.
4. Stiftungsbehörde im Sinne des § 3 Abs. 1 ist die Rechtsaufsichtsbehörde der Körperschaft oder Anstalt des öffentlichen Rechts, bei der die Stiftung errichtet ist.

3. Abschnitt. Fideikommißauflösungsstiftungen

§ 32 Die Vorschriften dieses Gesetzes gelten auch für Stiftungen, die aus Anlaß der Auflösung von Familienfideikommissen errichtet worden sind oder auf die sonst die aus Anlaß der Auflösung von Familienfideikommissen erlassenen Bestimmungen ganz oder teilweise Anwendung finden.

Fünfter Teil. Sonderregelung für den ehemals badischen Landesteil

§ 33 **Geltungsbereich.** Die Bestimmungen dieses Teils gelten nur für Stiftungen im Sinne des badischen Stiftungsgesetzes in der Fassung vom 19. Juli 1918 (GVBl. S. 254), ausgenommen die kirchlichen Stiftungen nach §§ 3 und 5 des badischen Stiftungsgesetzes. Die Rechtsstellung der übrigen Stiftungen bleibt unberührt.

§ 34 **Weltliche Ortsstiftungen.** (1) Weltliche Ortsstiftungen, die ausschließlich privaten Zwecken dienen, sind Stiftungen des bürgerlichen Rechts.

(2) Die übrigen weltlichen Ortsstiftungen, ausgenommen Stiftungen nach § 16 Abs. 1 des badischen Stiftungsgesetzes, sind rechtsfähige örtliche Stiftungen im Sinne des § 101 der Gemeindeordnung.

§ 35 Weltliche Distrikts- und Landesstiftungen. (1) Die weltlichen Distrikts- und Landesstiftungen nach § 32 des badischen Stiftungsgesetzes und die Stiftungen nach § 16 Abs. 1 des badischen Stiftungsgesetzes werden ein Jahr nach Inkrafttreten dieses Gesetzes Stiftungen des bürgerlichen Rechts. Sie können bis zum Ablauf von sechs Monaten nach Inkrafttreten dieses Gesetzes bei der Stiftungsbehörde beantragen, die Rechtsstellung einer Stiftung des öffentlichen Rechts zu behalten. Liegen die Voraussetzungen der Verleihung der öffentlich-rechtlichen Rechtsfähigkeit nach diesem Gesetz vor, kann die Stiftungsbehörde feststellen, daß die Stiftung die Rechtsstellung einer Stiftung des öffentlichen Rechts behält.

(2) Von der Umwandlung nach Absatz 1 Satz 1 ausgenommen bleiben die folgenden Stiftungen:

1. Vereinigte Studienstiftungenverwaltung der Universität Freiburg
2. Vereinigte Studienstiftungenverwaltung der Universität Heidelberg
3. Unterländer Studienfonds Heidelberg
4. Orthopädische Klinik und Poliklinik der Universität Heidelberg
5. Vereinigte Stiftungen der Universitätskinderklinik Heidelberg
6. Zähringer Stiftung Karlsruhe.

(3) Kreisstiftungen nach § 33 des badischen Stiftungsgesetzes, die ausschließlich privaten Zwecken dienen, sind Stiftungen des bürgerlichen Rechts. Die Verwaltung und Wirtschaftsführung der übrigen Kreisstiftungen nach § 33 des badischen Stiftungsgesetzes richtet sich nach § 31 Abs. 1 Satz 2.

§ 36 Sonstige Stiftungen. Sonstige Stiftungen sind Stiftungen des bürgerlichen Rechts.

§ 37 Verwaltung. Bis zur Genehmigung nach § 39 Abs. 2 Satz 4 werden die Stiftungen im Sinne des § 33 von den bestehenden Stiftungsorganen verwaltet.

§ 38 Freistellung von Abgaben und Kosten. Für Rechtshandlungen, die bei der Durchführung dieses Teils notwendig werden, werden Abgaben und Kosten des Landes und der seiner Aufsicht unterstehenden juristischen Personen des öffentlichen Rechts, insbesondere Kosten nach dem Gerichtskostengesetz und der Kostenordnung, einschließlich der Beurkundungs- und Beglaubigungsgebühren, nicht erhoben.

Sechster Teil. Schlußbestimmungen

§ 39 Bestehende Stiftungen. (1) Auf bestehende Stiftungen finden die Vorschriften dieses Gesetzes Anwendung.

(2) Stiftungen, die keine Satzung oder eine nicht den Vorschriften dieses Gesetzes entsprechende Satzung haben, sind verpflichtet, den Stiftungsbehörden innerhalb eines Jahres, kirchliche Stiftungen innerhalb von zwei Jahren, nach Inkrafttreten dieses Gesetzes eine Satzung vorzulegen, die mit den Vorschriften dieses Gesetzes übereinstimmt. Zuständig für den Beschluß über den Erlaß oder die Änderung der Satzung sind die in der Satzung oder dem Stiftungsgeschäft bestimmten Organe.

Fehlt eine solche Satzungsbestimmung, ist das oberste Beschlußorgan der Stiftung zuständig. Die Satzung bedarf der Genehmigung der Stiftungsbehörde. Die Genehmigung gilt als erteilt, wenn die Stiftungsbehörde die Satzung nicht innerhalb von sechs Monaten beanstandet.

(3) Rechte und Pflichten, die sich aus den bei Inkrafttreten dieses Gesetzes bestehenden Verträgen mit den Kirchen ergeben, bleiben von den Vorschriften dieses Gesetzes unberührt.

§ 40 Anzeige bestehender Stiftungen zum Stiftungsverzeichnis. Bestehende Stiftungen haben dem nach § 4 Abs. 1 zuständigen Regierungspräsidium bis zum Ablauf eines Jahres nach Inkrafttreten dieses Gesetzes anzuzeigen

1. Name,
2. Sitz,
3. Zweck,
4. Vertretungsberechtigung und Zusammensetzung der vertretungsberechtigten Organe der Stiftung und
5. soweit dies möglich ist, Tag der Verleihung der Rechtsfähigkeit und verleihende Stelle.

§ 41 Ordnungswidrigkeiten. (1) Ordnungswidrig handelt, wer vorsätzlich oder fahrlässig eine Anzeige nach § 9 Abs. 2 Nr. 1 nicht, nicht richtig, nicht vollständig oder nicht rechtzeitig erstattet.

(2) Die Ordnungswidrigkeit kann mit einer Geldbuße geahndet werden.

(3) Verwaltungsbehörde im Sinne des § 36 Abs. 1 Nr. 1 des Gesetzes über Ordnungswidrigkeiten ist das Regierungspräsidium.

§ 42 Änderung des württembergischen Gesetzes über die Kirchen.

§ 43 Änderung der Gemeindeordnung.

§ 44 Änderung des Baden-Württembergischen Ausführungsgesetzes zum Bürgerlichen Gesetzbuch.

§ 45 Aufhebung von Vorschriften. Vorschriften, die diesem Gesetz entsprechen oder widersprechen, werden aufgehoben. Insbesondere werden im jeweiligen Geltungsbereich aufgehoben:

1. a) Das bad. Gesetz, die Rechtsverhältnisse und die Verwaltung der Stiftungen betreffend, vom 5. Mai 1870 in der Fassung des badischen Stiftungsgesetzes vom 19. Juli 1918 (GVBl. S. 254),

   b) die bad. Verordnung, den Vollzug des Gesetzes über die Rechtsverhältnisse und die Verwaltung der Stiftungen betreffend, vom 19. Mai 1870 (GVBl. S. 464) in der Fassung der Verordnung vom 9. Dezember 1922 (GVBl. S. 880),

   c) die bad. Verordnung, die Verfügung über die Pfandrechte der Stiftungen betreffend, vom 7. März 1903 (GVBl. S. 95),

   d) die bad. Verordnung vom 14. März 1905 (GVBl. S. 197) mit der Anweisung für die Verwaltung und Rechnungsführung der weltlichen Ortsstiftungen (Stiftungsrechnungsanweisung), zuletzt geändert durch Verordnung vom 6. April 1961 (GBl. S. 143),

e) die bad. Verordnung über die Verwaltungs- und Rechnungsführung der weltlichen Distrikts- und Landesstiftungen vom 30. November 1921 (GVBl. 1922 S. 17) in der Fassung der Verordnung vom 22. November 1973 (GBl. S. 459),

f) die bad. Verordnung zum Vollzug des Stiftungsgesetzes in der Fassung der Bekanntmachung vom 12. Januar 1927 (GVBl. S. 4) in der Fassung der Verordnung vom 10. Februar 1958 (GBl. S. 78);

2. a) § 3 der württ. Verordnung über die neueren Religionsgesellschaften des öffentlichen Rechts vom 14. Juli 1928 (RegBl. S. 216),

b) die württ. Verordnung über die kirchlichen Stiftungen vom 10. September 1929 (RegBl. S. 300),

c) Artikel 26 und 27 des württ. Gesetzes über die Auflösung der Fideikommisse vom 14. Februar 1930 (RegBl. S. 21),

d) Artikel 133 des württ. Ausführungsgesetzes zum Bürgerlichen Gesetzbuch und zu anderen Reichsjustizgesetzen (AGBGB) vom 29. Dezember 1931 (RegBl. S. 545);

3. a) Artikel 1 bis 4 und Artikel 5 § 2 des preuß. Ausführungsgesetzes zum Bürgerlichen Gesetzbuch vom 20. September 1899 (GS S. 177),

b) Artikel 4 und 5 der preuß. Ausführungsverordnung zum Bürgerlichen Gesetzbuch vom 16. November 1899 (GS S. 562),

c) das preuß. Gesetz über die Änderungen von Stiftungen vom 10. Juli 1924 (GS S. 575);

4. a) §§ 7 und 18 des Gesetzes über das Erlöschen der Familienfideikommisse und sonstiger gebundener Vermögen vom 6. Juli 1938 (RGBl. I S. 825),

b) §§ 11 bis 13, § 14 Abs. 2 bis 4 und §§ 15 bis 26 der Verordnung zur Durchführung und Ergänzung des Gesetzes über das Erlöschen der Familienfideikommisse und sonstiger gebundener Vermögen vom 20. März 1939 (RGBl. I S. 509),

c) die Verordnung über Familienstiftungen vom 17. Mai 1940 (RGBl. I S. 806),

d) Nummer 1 der Anlage zu § 1 Abs. 2 des Landesjustizkostengesetzes.

§ 46 Inkrafttreten. Dieses Gesetz tritt am Tage nach seiner Verkündung in Kraft.

Bayern

Literaturhinweise: *Domcke,* Zweckänderungen bei Familienstiftungen für das Land Bayern, DNotZ 1965, 220; *Karg,* Das Gesetz zur Änderung des Stiftungsgesetzes, BayVBl. 1996, 449; *Pohley,* Kommentar zum Bayerischen Stiftungsgesetz (BayStG), 3. Aufl., Essen 1999; *Pohley,* Die Rechtsstellung der öffentlichen Stiftung des bürgerlichen Rechts nach dem Bayerischen Stiftungsgesetz (Erwiderung auf *Schwinge*), BayVBl. 1977, 592; *Schwinge,* Die öffentliche Stiftung des bürgerlichen Rechts, BayVBl. 1977, 396; *Turner,* Novellierung des Bayerischen Stiftungsgesetzes, ZEV 1996, 22; *Voll/Störle,* Bayerisches Stiftungsgesetz, 3. Aufl., Stuttgart 1998; *Wilhelm/Prandl,* Stiftungsrecht in Bayern, in: Praxis der Gemeindeverwaltung, 1973.

Anhang 1: Landesstiftungsgesetze

Bekanntmachung der Neufassung des Bayerischen Stiftungsgesetzes (BayStG)

vom 7. 3. 1996 (GVBl. S. 128), geändert durch das Gesetz vom 28. 3. 2000 (GVBl. S. 136)

Erster Abschnitt. Allgemeine Bestimmungen

Art. 1. (1) Stiftungen im Sinn dieses Gesetzes sind die rechtsfähigen Stiftungen des bürgerlichen Rechts und des öffentlichen Rechts.

(2) Stiftungen des öffentlichen Rechts im Sinn dieses Gesetzes sind Stiftungen, die ausschließlich öffentliche Zwecke verfolgen und mit dem Staat, einer Gemeinde, einem Gemeindeverband oder einer sonstigen Körperschaft oder Anstalt des öffentlichen Rechts in einem organischen Zusammenhang stehen, der die Stiftung selbst zu einer öffentlichen Einrichtung macht.

(3) Öffentliche Stiftungen im Sinn dieses Gesetzes sind die rechtsfähigen Stiftungen des bürgerlichen Rechts, die nicht ausschließlich private Zwecke verfolgen, und die rechtsfähigen Stiftungen des öffentlichen Rechts. Als öffentliche Zwecke gelten die der Religion, der Wissenschaft, der Forschung, der Bildung, dem Unterricht, der Erziehung, der Kunst, der Denkmalpflege, der Heimatpflege, dem Schutz der natürlichen Lebensgrundlagen, dem Sport, den sozialen Aufgaben oder sonst dem Gemeinwohl dienenden Zwecke.

Art. 2. (1) Die Achtung vor dem Stifterwillen ist oberste Richtschnur bei der Handhabung dieses Gesetzes.

(2) Die Stiftungen haben ein Recht auf ihren Bestand und ihren Namen.

1. Titel. Entstehung der Stiftungen

Art. 3. Eine Stiftung des bürgerlichen Rechts entsteht durch das Stiftungsgeschäft und die Genehmigung auf Grund der §§ 80 bis 84 des Bürgerlichen Gesetzbuchs und der Art. 5 und 6 dieses Gesetzes. Sie soll genehmigt werden, wenn sie überwiegend öffentliche Zwecke verfolgt.

Art. 4. Eine Stiftung des öffentlichen Rechts entsteht durch den Stiftungsakt und die Genehmigung in entsprechender Anwendung der §§ 80 bis 84 des Bürgerlichen Gesetzbuchs und auf Grund der Art. 5 und 6 dieses Gesetzes. Die Genehmigung entfällt, wenn eine Stiftung durch Gesetz errichtet wird oder der Freistaat Bayern Stifter oder Mitstifter ist.

Art. 5. Die Genehmigung darf nur erteilt werden, wenn die nachhaltige Verwirklichung des Stiftungszwecks aus dem Ertrag des Stiftungsvermögens gesichert erscheint.

Art. 6. Die zur Entstehung einer Stiftung erforderliche Genehmigung erteilt die Regierung, in deren Bezirk die Stiftung ihren Sitz haben soll.

Art. 7. Hat eine Stiftung die Rechtsfähigkeit erlangt, so ist ihre Entstehung im Amtsblatt des nach Art. 18 Abs. 2 zuständigen Staatsministeriums zu veröffentlichen.

2. Titel. Satzung der Stiftungen

Art. 8. (1) Jede Stiftung muß eine Satzung haben. Die Satzung wird, soweit sie nicht auf Gesetz beruht, durch den Stiftungsakt oder das Stiftungsgeschäft bestimmt.

(2) Die Satzung hat Bestimmungen über Name, Rechtsstellung und Art, Sitz, Zweck, Vermögen und Organe der Stiftung sowie über die Verwendung des Stiftungsertrags zu enthalten. Bei Stiftungen des öffentlichen Rechts mit Dienstherrnfähigkeit ist ferner die Zuständigkeit für die Ernennung und Entlassung von Beamten festzulegen. Die Satzung kann bei der Genehmigung der Stiftung von der Genehmigungsbehörde ergänzt werden; zu Lebzeiten des Stifters jedoch nur mit seiner Zustimmung.

(3) Die Änderung der Stiftungssatzung bedarf der Genehmigung durch die Regierung. Art. 4 Satz 2 gilt entsprechend.

Art. 9. (1) Für die Stiftungen des bürgerlichen Rechts gilt § 86 des Bürgerlichen Gesetzbuchs.

(2) Auf die Stiftungen des öffentlichen Rechts finden die Vorschriften der §§ 26, 27 Abs. 3, § 28 Abs. 1 und § 30 des Bürgerlichen Gesetzbuchs entsprechende Anwendung, die Vorschriften des § 27 Abs. 3 und des § 28 Abs. 1 jedoch nur insoweit, als sich nicht aus der Satzung ein anderes ergibt. Außerdem gilt für sie § 89 des Bürgerlichen Gesetzbuchs.

3. Titel. Verwaltung der Stiftungen

Art. 10. (1) Das Stiftungsvermögen ist in seinem Bestand ungeschmälert zu erhalten. Es ist von anderen Vermögen getrennt zu halten.

(2) Unbeschadet der Vorschrift des Art. 27 Abs. 1 Nr. 2 sind veräußerte Bestandteile des rentierenden Vermögens durch Erwerb anderer rentierender Vermögenswerte zu ersetzen, für veräußerte Grundstücke wieder Grundstücke zu beschaffen.

Art. 11. Stiftungsvermögen darf unter keinem Vorwand dem Vermögen des Staates, einer Gemeinde, eines Gemeindeverbands oder einer sonstigen Körperschaft oder Anstalt des öffentlichen Rechts einverleibt werden. Der Anfall des Vermögens aufgehobener Stiftungen an die in der Stiftungssatzung bezeichneten oder an andere Personen wird dadurch nicht berührt.

Art. 12. Der Ertrag des Stiftungsvermögens und etwaige zum Verbrauch bestimmte Zuwendungen (Zuschüsse) dürfen nur entsprechend dem Stiftungszweck verwendet werden.

Art. 13. Stiftungsgelder sind nach den Grundsätzen einer sicheren und wirtschaftlichen Vermögensverwaltung anzulegen.

Art. 14. Die Mitglieder der Stiftungsorgane sind zur gewissenhaften und sparsamen Verwaltung des Stiftungsvermögens verpflichtet. Organmitglieder, die ihre Obliegenheiten vorsätzlich oder grob fahrlässig verletzen, sind der Stiftung zum Ersatz des daraus entstehenden Schadens verpflichtet. Sind für den entstehenden Schaden mehrere Organmitglieder nebeneinander verantwortlich, so haften sie als Gesamtschuldner.

4. Titel. Umwandlung und Erlöschen von Stiftungen

Art. 15. (1) Für die Umwandlung und das Erlöschen der Stiftungen des bürgerlichen Rechts gelten die §§ 87 und 88 des Bürgerlichen Gesetzbuchs. Auf die Stiftungen des öffentlichen Rechts finden diese Bestimmungen entsprechende Anwendung.

(2) Zu Lebzeiten des Stifters ist dieser vor einer Aufhebung oder Umwandlung der Stiftung zu hören.

(3) Zuständige Behörde im Sinn des § 87 des Bürgerlichen Gesetzbuchs ist die Genehmigungsbehörde.

Art. 16. (1) Die Umwandlung von Stiftungen kann auch in der Weise erfolgen, daß mehrere Stiftungen gleicher Art, bei denen eine der in § 87 Abs. 1 des Bürgerlichen Gesetzbuchs genannten Voraussetzungen vorliegt, zusammengelegt werden. Die neue Stiftung erlangt mit der Zusammenlegung die Rechtsfähigkeit. Im Fall der Aufhebung der neuen Stiftung leben die zusammengelegten Stiftungen nicht wieder auf.

(2) Im Fall der Zusammenlegung und der Aufhebung von Stiftungen gilt Art. 7 entsprechend.

Art. 17. (1) Ist für den Fall des Erlöschens einer Stiftung kein Anfallsberechtigter bestimmt, so fällt das Vermögen einer allgemeinen Stiftung an den Fiskus, das einer kommunalen Stiftung (Art. 29) an die entsprechende Gebietskörperschaft und das einer kirchlichen Stiftung (Art. 30) an die entsprechende Kirche; hierbei finden die Vorschriften über eine dem Fiskus als gesetzlichem Erben anfallende Erbschaft entsprechende Anwendung.

(2) Bei Anfall an den Fiskus hat die Genehmigungsbehörde, bei Anfall an eine kommunale Gebietskörperschaft oder an eine Kirche das jeweils zuständige Organ das Vermögen tunlichst in einer dem Stiftungszweck entsprechenden Weise zu verwenden. Nach Möglichkeit ist es einer anderen Stiftung mit ähnlicher Zweckbestimmung zuzuführen. Dabei ist die soziale und bekenntnismäßige Bindung der erloschenen Stiftung zu berücksichtigen.

Zweiter Abschnitt. Stiftungsaufsicht

Art. 18. (1) Die öffentlichen Stiftungen (Art. 1 Abs. 3) unterstehen der Rechtsaufsicht des Staates (Stiftungsaufsicht); der Vierte Abschnitt dieses Gesetzes bleibt unberührt. Stiftungsaufsichtsbehörden sind die Regierungen.

(2) Für Stiftungen, die der Religion, der Wissenschaft, der Forschung, der Bildung, dem Unterricht, der Erziehung, der Kunst, der Denkmalpflege, der Heimatpflege oder dem Sport gewidmet sind, ist das Staatsministerium für Unterricht, Kultus, Wissenschaft und Kunst, für alle übrigen Stiftungen das Staatsministerium des Innern als oberste Stiftungsaufsichtsbehörde zuständig. Verfolgt eine Stiftung verschiedene Zwecke, so entscheidet der Hauptzweck der Stiftung; bei gemischten privat-öffentlichen Zwecken entscheiden die öffentlichen oder die überwiegenden öffentlichen Zwecke.

(3) Der von den obersten Stiftungsaufsichtsbehörden gebildete Landesausschuß für das Stiftungswesen hat die Aufgabe, diese und die Stiftungsaufsichtsbehörden zu beraten. Außerdem obliegt ihm die Förderung und Pflege des Stiftungswesens.

Art. 19. Die Stiftungsaufsichtsbehörden sollen die Stiftungen bei der Erfüllung ihrer Aufgaben verständnisvoll beraten, fördern und schützen sowie die Entschlußkraft und die Selbstverantwortung der Stiftungsorgane stärken.

Art. 20. (1) Die Stiftungsaufsichtsbehörde überwacht die ordnungsmäßige und rechtzeitige Ausstattung der Stiftung. Sie achtet darauf, daß die Angelegenheiten der Stiftung in Übereinstimmung mit dem Gesetz und der Stiftungssatzung besorgt werden. Dabei überprüft sie insbesondere die Verwaltung des Stiftungsvermögens sowie die stiftungsmäßige Verwendung seines Ertrags und etwaiger Zuschüsse.
(2) Der Stiftungsaufsichtsbehörde sind Änderungen der Anschrift, der Vertretungsberechtigung und der Zusammensetzung der Organe der Stiftung unverzüglich mitzuteilen.
(3) Die Stiftungsaufsichtsbehörde ist befugt, sich über alle Angelegenheiten der Stiftung zu unterrichten. Sie kann insbesondere Anstalten und Einrichtungen der Stiftung besichtigen, die Geschäfts- und Kassenführung prüfen oder bei größerem Umfang prüfen lassen sowie Berichte und Akten einfordern.
(4) Die Stiftungsaufsichtsbehörde kann rechtswidriges Verhalten der Stiftungsorgane beanstanden und die Vornahme oder das Unterlassen entsprechender Maßnahmen verlangen.
(5) Kommt die Stiftung binnen einer ihr gesetzten angemessenen Frist den Anordnungen der Stiftungsaufsichtsbehörde nicht nach, kann diese die notwendigen Maßnahmen anstelle der Stiftung verfügen und vollziehen.

Art. 21. (1) Hat ein Mitglied eines Stiftungsorgans sich einer groben Pflichtverletzung schuldig gemacht oder ist es zur ordnungsmäßigen Geschäftsführung unfähig, so kann die Stiftungsaufsichtsbehörde die Entfernung dieses Mitglieds und die Bestellung eines neuen verlangen. Sie kann gleichzeitig oder später dem Mitglied die Geschäftsführung einstweilen untersagen und einen vorläufigen Vertreter bestellen, sofern nicht § 29 des Bürgerlichen Gesetzbuchs anzuwenden ist.
(2) Kommt die Stiftung binnen einer ihr gesetzten angemessenen Frist der nach Absatz 1 Satz 1 getroffenen Anordnung der Stiftungsaufsichtsbehörde nicht nach, so kann diese die Entfernung des Mitglieds verfügen und ein anderes an seiner Stelle berufen.
(3) Diese Bestimmungen finden keine Anwendung auf Stiftungen, deren Verwaltung von einer öffentlichen Behörde geführt wird.

Art. 22. Das zur Vertretung der Stiftung allgemein zuständige Organ kann Rechtsgeschäfte im Namen der Stiftung mit sich im eigenen Namen oder als Vertreter eines Dritten nicht vornehmen, es sei denn, daß das Rechtsgeschäft ausschließlich in der Erfüllung einer Verbindlichkeit besteht. Die Stiftungsaufsichtsbehörde hat für solche Rechtsgeschäfte jeweils einen besonderen Vertreter zu bestellen.

Art. 23. Die Stiftungsaufsichtsbehörde ist befugt, im Namen der Stiftung den Anspruch auf Schadenersatz gegen Mitglieder der Stiftungsorgane gerichtlich geltend zu machen, sofern dies nicht binnen angemessener Frist durch das zuständige Organ der Stiftung selbst geschieht. Art. 21 Abs. 3 gilt entsprechend.

Art. 24. (1) Vor Beginn eines jeden Geschäftsjahres hat die Stiftung einen Voranschlag aufzustellen, der die Grundlage für die Verwaltung aller Einnahmen und Ausgaben bildet. Der Voranschlag muß in Einnahmen und Ausgaben abgeglichen sein.
(2) Der Voranschlag ist der Stiftungsaufsichtsbehörde spätestens einen Monat vor Beginn des Geschäftsjahres zur Einsicht vorzulegen.

(3) Die Stiftungsaufsichtsbehörde kann für Stiftungen, die jährlich im wesentlichen gleichbleibende Einnahmen und Ausgaben aufweisen, die Aufstellung des Voranschlags für mehrere Jahre gestatten. Sie kann auf die Aufstellung eines Voranschlags verzichten.

Art. 25. (1) Nach Ablauf des Geschäftsjahres ist innerhalb von sechs Monaten die Rechnung über die Führung der Verwaltung aufzustellen und mit einer Vermögensübersicht der Stiftungsaufsichtsbehörde vorzulegen. Diese hat die Rechnung zu prüfen und zu verbescheiden. Art. 24 Abs. 3 Satz 1 gilt entsprechend.

(2) Wird eine Stiftung durch verwaltungseigene Stellen der staatlichen Rechnungsprüfung, einen Prüfungsverband, Wirtschaftsprüfer oder eine andere zur Erteilung eines gleichwertigen Bestätigungsvermerks befugte Person oder Gesellschaft geprüft, so muß sich die Prüfung auch auf die Erhaltung des Stiftungsvermögens und die satzungsgemäße Verwendung seines Ertrags und etwaiger Zuschüsse (Stiftungsmittel) erstrecken. In diesem Fall sieht die Stiftungsaufsichtsbehörde von einer eigenen Prüfung ab und verbescheidet die Jahresrechnung unter Würdigung des Prüfungsberichts.

(3) Die Stiftungsaufsichtsbehörde kann verlangen, daß eine Stiftung durch Wirtschaftsprüfer oder andere zur Erteilung eines gleichwertigen Bestätigungsvermerks befugte Personen oder Gesellschaften geprüft wird. Der Prüfungsauftrag muß sich auch auf die Erhaltung des Stiftungsvermögens und die satzungsgemäße Verwendung der Stiftungsmittel erstrecken. Liegt ein entsprechender Bestätigungsvermerk vor, so gilt Absatz 2 Satz 2 entsprechend.

Art. 26. Ist das Vermögen einer Stiftung so erheblich geschwächt, daß die nachhaltige Erfüllung des Stiftungszwecks beeinträchtigt wird, so kann die Stiftungsaufsichtsbehörde anordnen, daß der Ertrag des Stiftungsvermögens ganz oder teilweise so lange anzusammeln ist, bis die Stiftung wieder leistungsfähig geworden ist.

Art. 27. (1) Der Genehmigung der Stiftungsaufsichtsbehörde bedürfen

1. die Annahme von Zustiftungen, die mit einer Last verknüpft sind, welche nachhaltig den Wert der Zustiftung übersteigt, oder die einem erweiterten oder anderen Zweck als die Hauptstiftung dienen;

2. die Abweichungen von den Vorschriften des Art. 10 Abs. 2;

3. die Veräußerung oder Belastung von Grundstücken oder grundstücksgleichen Rechten, sofern sie die Wertgrenze von zehn v.H. des gemäß Art. 25 zuletzt festgestellten Vermögens, mindestens aber dreißigtausend Deutsche Mark übersteigt;

4. die Veräußerung oder wesentliche Veränderung von Sachen, die einen besonderen wissenschaftlichen, geschichtlichen oder künstlerischen Wert haben, besonders Archive und Registraturen sowie Teile von solchen;

5. die Aufnahme eines Darlehens, sofern es nicht zur Schuldentilgung dient oder das Darlehen zur Bestreitung von im Voranschlag vorgesehenen Ausgaben erforderlich ist und innerhalb des gleichen Geschäftsjahres aus laufenden Einnahmen wieder getilgt wird, ferner der Abschluß von Bürgschaftsverträgen und verwandten Rechtsgeschäften, die ein Einstehen für fremde Schuld zum Gegenstand haben;

6. Rechtsgeschäfte, die mit einem Gesamtkostenaufwand von mehr als 20 v.H., mindestens aber einhundertfünfzigtausend Deutsche Mark, oder bei jährlich wiederkehrenden Leistungen von mehr als zehn v.H., mindestens aber hunderttausend Deutsche Mark, der ordentlichen Eigeneinnahmen der Stiftung verbunden

sind, die in der nach Art. 25 zuletzt verbeschiedenen oder überprüften Jahresrechnung ausgewiesen sind;

7. Rechtsgeschäfte, an denen ein Mitglied eines Stiftungsorgans oder eine im Dienst der Stiftung stehende Person beteiligt ist.

(2) Was in Absatz 1 für die Veräußerung oder sonstige Verfügung bestimmt ist, gilt auch für die Eingehung einer Verpflichtung zu einer solchen Verfügung.

(3) Für die in Absatz 1 Nrn. 3, 5, 6 und 7 aufgeführten Angelegenheiten soll eine allgemeine Genehmigung erteilt werden, wenn es die ordnungsmäßige Verwaltung einer Stiftung erfordert.

(4) Soweit eine wesentliche Veränderung im Sinn von Absatz 1 Nr. 4 ein Baudenkmal, ein Bodendenkmal oder ein eingetragenes bewegliches Denkmal betrifft, enthält eine hierfür nach dem Denkmalschutzgesetz erforderliche Erlaubnis oder eine an deren Stelle tretende Baugenehmigung oder baurechtliche Zustimmung zugleich die Genehmigung nach Absatz 1 Nr. 4.

Art. 28. Bei den staatlich verwalteten Stiftungen tritt in den Fällen der Art. 19 bis 27 an die Stelle der Stiftungsaufsicht das Weisungsrecht der vorgesetzten Behörden.

Dritter Abschnitt. Kommunale Stiftungen

Art. 29. (1) Örtliche, kreiskommunale und bezirkskommunale Stiftungen (kommunale Stiftungen) sind solche, deren Zweck im Rahmen der jeweiligen kommunalen Aufgaben liegt und nicht wesentlich über den räumlichen Umkreis der Gebietskörperschaft hinausreicht.

(2) Die Vertretung und Verwaltung der kommunalen Stiftungen obliegt, soweit nicht durch Satzung anderes bestimmt ist, den für die Vertretung und Verwaltung der Gemeinden, Landkreise und Bezirke zuständigen Organen.

(3) Für die von Gemeinden, Landkreisen und Bezirken verwalteten kommunalen Stiftungen gelten vom Ersten Abschnitt dieses Gesetzes nur die Art. 1 bis 12 und 15 bis 17. Vom Zweiten Abschnitt dieses Gesetzes gelten für diese Stiftungen nur die Art. 18 Abs. 1 und 2, Art. 19, 20, 22, 26 und 27 Abs. 1 Nrn. 1, 2, 3, 6 und 7, Abs. 2 und 3 mit der Maßgabe, daß an die Stelle der Stiftungsaufsichtsbehörde die Rechtsaufsichtsbehörde tritt. Für diese Stiftungen gelten im übrigen die Vorschriften über die Gemeindewirtschaft, die Landkreiswirtschaft und die Bezirkswirtschaft mit Ausnahme des Art. 62 Abs. 1 und der Art. 77 bis 85 der Gemeindeordnung, des Art. 56 Abs. 1 und der Art. 71 bis 73 der Landkreisordnung und des Art. 54 Abs. 1 und der Art. 69 bis 71 der Bezirksordnung entsprechend.

(4) Bei den Gemeinden, Landkreisen und Bezirken, die kommunale Stiftungen verwalten, soll ein eigener Stiftungsbeirat gebildet werden. Art. 18 Abs. 3 findet entsprechende Anwendung.

Vierter Abschnitt. Kirchliche Stiftungen

1. Titel. Allgemeines

Art. 30. (1) Kirchliche Stiftungen im Sinn dieses Gesetzes sind Stiftungen, die ausschließlich oder überwiegend kirchlichen Zwecken der katholischen, der evangelisch-lutherischen oder der evangelisch-reformierten Kirche gewidmet sind und

1. von einer Kirche errichtet sind oder
2. nach dem Willen des Stifters organisatorisch mit einer Kirche verbunden oder ihrer Aufsicht unterstellt sein sollen.

Kirchliche Stiftungen sind insbesondere die ortskirchlichen Stiftungen und die Pfründestiftungen.

(2) Eine Stiftung wird nicht schon dadurch zu einer kirchlichen, daß ein kirchlicher Amtsträger als Stiftungsorgan bestellt ist oder daß satzungsgemäß nur Angehörige einer bestimmten Konfession von der Stiftung begünstigt werden.

Art. 31. (1) Eine kirchliche Stiftung ist auf Antrag der betreffenden Kirche zu genehmigen, wenn die nachhaltige Verwirklichung des Stiftungszwecks aus dem Ertrag des Stiftungsvermögens gesichert erscheint oder von der betreffenden Kirche gewährleistet wird. Eine Stiftung darf nur mit Zustimmung der betreffenden Kirche als kirchliche Stiftung genehmigt werden.

(2) Kirchliche Stiftungen dürfen nur im Einvernehmen mit der betreffenden Kirche umgewandelt oder aufgehoben werden.

(3) Im übrigen finden auf die kirchlichen Stiftungen die Vorschriften des Ersten Abschnitts dieses Gesetzes mit Ausnahme des Art. 13 Anwendung; in Art. 6 tritt an die Stelle der Regierung das Staatsministerium für Unterricht, Kultus, Wissenschaft und Kunst, in Art. 8 Abs. 3 Satz 1 an die Stelle der Regierung die zuständige kirchliche Behörde. Die Ergänzung der Satzung einer kirchlichen Stiftung bei ihrer Genehmigung (Art. 8 Abs. 2 Satz 3) bedarf der Zustimmung der zuständigen kirchlichen Behörde.

Art. 32. (1) Die kirchlichen Stiftungen unterstehen der Aufsicht der betreffenden Kirche.

(2) Die bestehenden Vorschriften über die staatliche Betreuung kirchlicher Gebäude im Rahmen einer dem Staat obliegenden Baupflicht bleiben unberührt.

Art. 33. Der Erlaß allgemeiner Vorschriften über Namen, Sitz, Zweck, Vertretung, Verwaltung und Beaufsichtigung kirchlicher Stiftungen ist Aufgabe der Kirchen.

Art. 34. Die Vorschriften dieses Titels gelten in gleicher Weise für die entsprechenden Stiftungen der israelitischen Kultusgemeinden, der sonstigen Religionsgemeinschaften und der weltanschaulichen Gemeinschaften, sofern sie Körperschaften des öffentlichen Rechts in Bayern sind.

2. Titel. Reichnisse

Art. 35. Die bestehenden Verpflichtungen zur Leistung besonderer Reichnisse in Geld oder Naturalien an Geistliche oder weltliche Kirchendiener bleiben unberührt.

Art. 36. (1) Bei öffentlich-rechtlichen Reichnissen, die aus gewissen Anwesen zu entrichten sind, ist jeder Eigentümer des Anwesens leistungspflichtig, sofern er Bekenntnisangehöriger oder juristische Person ist oder der Ehegatte oder wirtschaftlich unselbständige Kinder von ihm Bekenntnisangehörige sind und in Hausgemeinschaft mit ihm leben. Vorbehaltlich der Bestimmung des Absatzes 2 tritt eine Leistungspflicht nicht ein für juristische Personen, an denen nachweisbar ausschließlich Angehörige der gleichen Kirche beteiligt sind, gegenüber einem fremden Bekenntnis.

(2) Angehörige eines fremden Bekenntnisses sind nur dann reichnispflichtig, wenn sich dies aus einem besonderen Rechtsverhältnis ergibt, oder wenn das Reichnis die Gegenleistung für eine Verrichtung ist, bezüglich deren ein gemeinschaftlicher Genuß besteht.

Art. 37. (1) Öffentlich-rechtliche Natural- und jährlich wechselnde Geldreichnisse können durch Vereinbarung des Reichnispflichtigen und des Reichnisberechtigten abgelöst oder in ein festes jährliches Geldreichnis umgewandelt werden.

(2) Öffentlich-rechtliche feste Geldreichnisse können durch den Reichnispflichtigen mit dem zur Zeit der Ablösung geltenden Kapitalisierungsfaktor des Bewertungsgesetzes abgelöst werden.

(3) Der Reichnisverpflichtete kann verlangen, daß Sachreichnisse in feste Geldreichnisse umgewandelt werden; der Wert des Geldreichnisses ist auf der Grundlage des durchschnittlichen Jahreswertes des Sachreichnisses in den letzten fünf Jahren zu ermitteln.

Art. 38. Wenn ein Anwesen, das die Grundlage einer öffentlich-rechtlichen Reichnispflicht bildet, zertrümmert oder unter Beseitigung der Hofstätte anderweitig aufgelöst wird, oder wenn durch Abtrümmerung die Leistungsfähigkeit des Eigentümers hinsichtlich der in Frage stehenden Lasten gefährdet wird, ist der Eigentümer ohne Rücksicht auf Bekenntniszugehörigkeit auf Verlangen des Reichnisberechtigten zur Ablösung verpflichtet.

Art. 39. (1) Die in einer Kirchengemeinde bestehenden Verpflichtungen zu öffentlich-rechtlichen Reichnissen können nach Einvernahme der Berechtigten von der Kirchengemeinde übernommen und in entsprechender Anwendung des Art. 37 umgewandelt oder abgelöst werden. Die beteiligten Reichnispflichtigen sind von der Beratung und Abstimmung nicht ausgeschlossen.

(2) Bei Übernahme der Verpflichtungen auf die Kirchenstiftung findet Art. 37 entsprechende Anwendung.

(3) Wenn der Fortbestand der Reichnisse eine in hohem Maß unbillige Belastung in sich schließt, hat die Kirchengemeinde auf Antrag der Mehrheit der Reichnispflichtigen die Verpflichtungen zu übernehmen. Diese sind dann umzuwandeln oder abzulösen (Art. 37).

Fünfter Abschnitt. Schluß- und Übergangsbestimmungen

Art. 40. (1) Stiftungen, die bisher rechtsfähig waren, behalten ihre Rechtsstellung bei.

(2) Ist die Rechtsstellung oder die Art einer Stiftung strittig, so entscheidet das nach Art. 18 Abs. 2 zuständige Staatsministerium, im Zweifel das Staatsministerium des Innern.

(3) Stiftungen, die nach *Art. 5 Abs. 4 der Kirchengemeindeordnung vom 24. September 1912 (GVBl. S. 911)* bisher durch kirchliche Organe verwaltet wurden, gelten weiterhin als kirchliche Stiftungen im Sinn dieses Gesetzes.

(4) Ausschließlich oder überwiegend kirchlichen oder religiösen Zwecken der katholischen, der evangelisch-lutherischen oder der evangelisch-reformierten Kirche gewidmete Stiftungen, welche bis zum 1. Januar 1996 satzungsgemäß von einer Behörde des Staates, einer Gemeinde oder eines Gemeindeverbands zu verwalten sind, gelten weiterhin nicht als kirchliche Stiftungen.

Art. 41. Bis zum Inkrafttreten der nach Art. 33 von den Kirchen zu erlassenden allgemeinen Vorschriften über die Vertretung, Verwaltung und Beaufsichtigung kirchlicher Stiftungen gelten die Vorschriften des Zweiten Abschnitts dieses Gesetzes mit Ausnahme des Art. 28 auch für die kirchlichen Stiftungen mit der Maßgabe, daß an die Stelle der staatlichen Stiftungsaufsichtsbehörden die zuständigen kirchlichen Behörden treten.

Art. 42. Die Vorschriften dieses Gesetzes können durch die Satzung einer Stiftung weder eingeschränkt noch ausgeschlossen werden, soweit dies nicht in diesem Gesetz ausdrücklich zugelassen ist.

Art. 43. Mit Ausnahme der Maßnahmen nach Art. 20 Abs. 3 und 5 sowie der Rechnungsprüfung nach Art. 25 Abs. 1 sind Amtshandlungen bei öffentlichen Stiftungen nach diesem Gesetz kostenfrei.

Art. 44. Die Staatsministerien des Innern und für Unterricht, Kultus, Wissenschaft und Kunst werden ermächtigt, durch Rechtsverordnung

1. das Verfahren bei der Genehmigung von Stiftungen, Satzungsänderungen und genehmigungspflichtigen Handlungen zu regeln,
2. die Mitwirkungspflichten der Stiftungen bei der Rechnungsprüfung nach Art. 25, insbesondere die vorzulegenden Nachweise und Belege festzulegen,
3. die Anlegung und Führung von Stiftungsverzeichnissen durch das Landesamt für Statistik und Datenverarbeitung und die Stiftungsaufsichtsbehörden zu regeln und die in die Stiftungsverzeichnisse aufzunehmenden Angaben festzulegen; dies gilt nicht für kirchliche Stiftungen,
4. die Berufung und Zusammensetzung des Landesausschusses für das Stiftungswesen zu bestimmen.

Art. 45. (1) Dieses Gesetz tritt am 1. Januar 1955 in Kraft.

(2) *(Satz 1 gegenstandslos).* Die übrigen bisher geltenden Vorschriften über die Auflösung und das Erlöschen der Fideikommisse und sonstiger gebundener Vermögen und über den Waldschutz bei der Fideikommißauflösung bleiben unberührt.

Verordnung zur Ausführung des Bayerischen Stiftungsgesetzes (AVBayStG)

vom 15. 7. 1999 (GVBl. S. 346)[1]

§ 1 Anträge auf Genehmigung einer Stiftung. (1) Der Antrag auf Genehmigung einer Stiftung ist bei der nach Art. 6 BayStG zuständigen Regierung zu stellen. Dem Antrag sind beizufügen:

1. die Urkunde über die Errichtung der Stiftung (Stiftungsgeschäft); das Stiftungsgeschäft muß erkennen lassen, daß der Stifter eine rechtsfähige Stiftung errichten will,
2. die Stiftungssatzung,
3. ausreichende Nachweise oder Sicherheiten über die Bereitstellung des Stiftungsvermögens.

---

1 Die Verordnung zur Ausführung des Stiftungsgesetzes – AVStG – v. 22. 8. 1958 ist zum 31. 7. 1999 außer Kraft getreten; § 7 Abs. 2 AVBayStG.

Die Regierung berät und unterstützt den Stifter im Antragsverfahren für eine öffentliche Stiftung nach Art. 1 Abs. 3 BayStG. Sie kann die Vorlage weiterer Unterlagen und Nachweise verlangen, die für die Beurteilung der Genehmigungsfähigkeit der Stiftung erforderlich sind.

(2) Die Regierung hat eine Äußerung des zuständigen Finanzamts einzuholen, wenn die Stiftung als steuerbegünstigt im Sinn der Abgabenordnung anerkannt werden soll, soweit die Äußerung dem Antrag nicht bereits beiliegt.

(3) Der Antrag auf Genehmigung einer kirchlichen Stiftung nach Art. 30 BayStG ist beim Staatsministerium für Unterricht und Kultus zu stellen; Absätze 1 und 2 gelten entsprechend. Wird der Antrag von der betreffenden Kirche gestellt, soll die Äußerung des zuständigen Finanzamts nach Absatz 2 dem Antrag beigefügt werden.

(4) Stiftungen von Todes wegen sind erst zu genehmigen, wenn die letztwillige Verfügung eröffnet ist.

§ 2 Anträge auf Genehmigung der Änderung oder Neufassung einer Stiftungssatzung. (1) Der Antrag auf Genehmigung der Änderung oder Neufassung einer Stiftungssatzung ist von der Stiftung bei der zuständigen Regierung zu stellen. Dem Antrag sind eine Begründung, der Beschluß des zuständigen Stiftungsorgans sowie gegebenenfalls eine Äußerung des zuständigen Finanzamts beizufügen; die Äußerung kann die Regierung im Genehmigungsverfahren auch selbst einholen. § 1 Abs. 1 Satz 4 gilt entsprechend.

(2) Der Antrag auf Genehmigung der Änderung oder Neufassung der Satzung einer kirchlichen Stiftung nach Art. 30 BayStG ist unmittelbar bei der zuständigen kirchlichen Behörde zu stellen.

§ 3 Anträge auf Genehmigung nach Art. 27 BayStG. (1) Anträge auf Genehmigungen nach Art. 27 BayStG sind von der Stiftung rechtzeitig vor Abschluß des zu genehmigenden Vorgangs bei der zuständigen Stiftungsaufsichtsbehörde zu stellen; der Vorgang ist in Umfang und Auswirkung ausreichend darzulegen. Der Beschluß des zuständigen Stiftungsorgans ist vorzulegen; § 1 Abs. 1 Satz 4 gilt entsprechend.

(2) Allgemeine Genehmigungen nach Art. 27 Abs. 3 BayStG sollen insbesondere bei Stiftungen mit erheblichem Stiftungsvermögen und bei wiederkehrenden Leistungen oder Rechtsgeschäften erteilt werden.

§ 4 Buchführung und Rechnungsprüfung. (1) Die Stiftungen sind zu einer ordnungsgemäßen Buchführung verpflichtet. Die Buchführungsart können sie selbst bestimmen.

(2) Im Fall des Art. 25 Abs. 1 BayStG hat die Stiftung vorzulegen:

1. die Jahresrechnung,

2. eine Vermögensübersicht,

3. einen Bericht über die Erfüllung des Stiftungszwecks,

4. die zur Überprüfung der Nummern 1 bis 3 erforderlichen Buchführungsunterlagen, Belege und Nachweise,

5. den Beschluß des zuständigen Stiftungsorgans über die Genehmigung der Jahresrechnung.

Die Unterlagen müssen eine umfassende Prüfung ermöglichen. Die Prüfung kann sich auf Stichproben beschränken, falls auf Grund vorausgegangener Prüfungen eine umfassende Prüfung nicht erforderlich erscheint.

(3) Der Prüfungsbericht gemäß Art. 25 Abs. 2 Satz 2 BayStG muß enthalten:
1. die Jahresrechnung,
2. eine Vermögensübersicht,
3. einen Bericht über die Erfüllung des Stiftungszwecks,
4. das Prüfungsergebnis und den Bestätigungsvermerk mit der Feststellung, ob die Grundsätze ordnungsgemäßer Buchführung eingehalten worden sind, das Stiftungsvermögen in seinem Bestand ungeschmälert geblieben ist und die Erträge und sonstigen Stiftungsmittel satzungsgemäß verwendet worden sind.

§ 5 Stiftungsverzeichnis. (1) Das Landesamt für Statistik und Datenverarbeitung führt ein allgemein zugängliches Verzeichnis der rechtsfähigen Stiftungen in Bayern mit Ausnahme der kirchlichen Stiftungen (Stiftungsverzeichnis).

(2) In das Stiftungsverzeichnis ist jede Stiftung mit folgenden Angaben aufzunehmen:
1. Name,
2. Rechtsstellung und Art,
3. Sitz,
4. Zweck,
5. Entstehungsjahr,
6. Stiftungsorgane,
7. Anschrift der Stiftungsverwaltung.

Bei nichtöffentlichen (privaten) Stiftungen sind nur Name, Rechtsstellung, Sitz und Entstehungsjahr anzugeben.

(3) Die Regierungen übermitteln dem Landesamt für Statistik und Datenverarbeitung alle Angaben, die für die Führung und Ergänzung des Stiftungsverzeichnisses notwendig sind.

§ 6 Landesausschuß für das Stiftungswesen. (1) Der Landesausschuß für das Stiftungswesen setzt sich aus zwölf Persönlichkeiten zusammen, die mit dem Stiftungswesen besonders vertraut sind.

(2) Die Mitglieder des Landesausschusses repräsentieren die Vielfalt des bayerischen Stiftungswesens nach Art, Größe und regionalem Wirkungskreis. Ihm gehören insbesondere Vertreter der Kirchen, der kommunalen Gebietskörperschaften, der die Interessen der Stiftungen vertretenden Organisationen und Verbände, der Wissenschaft und der beratenden Berufe an. Die Mehrzahl der Mitglieder des Landesausschusses soll in Stiftungsorganen tätig sein.

(3) Die Mitglieder des Landesausschusses werden vom Staatsministerium für Wissenschaft, Forschung und Kunst im Einvernehmen mit den Staatsministerien des Innern und für Unterricht und Kultus berufen. Dazu benennen
– je ein Mitglied die Katholische Kirche, die Evangelisch-Lutherische Landeskirche, der Bayerische Städtetag, der Bayerische Gemeindetag und der Bundesverband Deutscher Stiftungen,
– drei Mitglieder der Landesausschuß für das Stiftungswesen,
– vier Mitglieder die obersten Stiftungsaufsichtsbehörden.

(4) Die Berufung in den Landesausschuß erfolgt auf die Dauer von fünf Jahren. Erneute Berufung ist zulässig. Die Mitgliedschaft im Landesausschuß endet

- durch Niederlegung, die jederzeit möglich ist,
- durch Abberufung durch das Staatsministerium für Wissenschaft, Forschung und Kunst im Einvernehmen mit den Staatsministerien des Innern und für Unterricht und Kultus; der Landesausschuß ist vorher zu hören.

(5) Über beabsichtigte Änderungen stiftungsrechtlicher Vorschriften ist der Landesausschuß durch die obersten Stiftungsaufsichtsbehörden rechtzeitig und umfassend zu informieren.

(6) Die Mitglieder des Landesausschusses sind ehrenamtlich tätig. Sie erhalten nach Maßgabe des Haushalts Reisekostenvergütungen für die Wahrnehmung der Sitzungstermine des Landesausschusses.

(7) Der Landesausschuß für das Stiftungswesen gibt sich eine Geschäftsordnung.

§ 7 In-Kraft-Treten, Außer-Kraft-Treten. (1) Diese Verordnung tritt am 1. August 1999 in Kraft.

(2) Mit Ablauf des 31. Juli 1999 tritt die Verordnung zur Ausführung des Stiftungsgesetzes – AVStG – (BayRS 282-1-1-1-UK/WFK) außer Kraft.

Berlin

Berliner Stiftungsgesetz

in der Fassung vom 11. 12. 1997 (GVBl. S. 674).

§ 1. Stiftungen im Sinne dieses Gesetzes sind die rechtsfähigen Stiftungen des bürgerlichen Rechts, die ihren Sitz in Berlin haben.

§ 2. (1) Die zur Entstehung einer Stiftung nach § 80 des Bürgerlichen Gesetzbuches erforderliche Genehmigung erteilt die Senatsverwaltung für Justiz. Sie ist Aufsichtsbehörde im Sinne dieses Gesetzes und trifft auch die in § 87 des Bürgerlichen Gesetzbuches vorgesehenen Entscheidungen.

(2) Die Entstehung und die Aufhebung einer Stiftung sind von der Aufsichtsbehörde im Amtsblatt für Berlin zu veröffentlichen.

§ 3. (1) Jede Stiftung muß eine Satzung haben. Die Satzung hat mindestens Bestimmungen über Namen, Sitz, Zweck, Vermögen und Organe der Stiftung sowie über deren Bildung, Aufgaben und Befugnisse zu enthalten.

(2) Ist der Stifter vor der Genehmigung der Stiftung gestorben, so kann die Aufsichtsbehörde vor Erteilung der Genehmigung die Satzung ändern, soweit ein rechtlicher Grund, die dauernde und nachhaltige Erfüllung des Stiftungszwecks, eine zweckmäßige Verwaltung oder sonst ein wichtiger Grund dies erforderlich erscheinen läßt. Fehlt eine Satzung, so hat die Aufsichtsbehörde den hierfür wesentlichen Inhalt des Stiftungsgeschäfts in einer Satzung zusammenzufassen; sie kann hierbei Änderungen nach Maßgabe des Satzes 1 vornehmen. Der Wille des Stifters ist tunlichst zu berücksichtigen.

(3) Das Stiftungsvermögen ist in seinem Bestand ungeschmälert zu erhalten. Das Stiftungsgeschäft oder die Satzung kann Ausnahmen zulassen.

§ 4. (1) Fehlen einem Organ Mitglieder, die zur Erfüllung seiner gesetzlichen oder satzungsmäßigen Aufgaben erforderlich sind, so kann die Aufsichtsbehörde bis zur Behebung des Mangels Ersatzmitglieder bestellen; sie ist dabei nicht an die Zahl der satzungsgemäß vorgesehenen Mitglieder gebunden.

(2) Die Aufsichtsbehörde kann den Ersatzmitgliedern bei der Bestellung oder später eine angemessene Vergütung bewilligen, wenn das Vermögen der Stiftung sowie der Umfang und die Bedeutung der zu erledigenden Aufgaben dies rechtfertigen. Die Vergütung kann jederzeit für die Zukunft geändert oder entzogen werden.

§ 5. (1) Die nach der Satzung zuständigen Organe können die Änderung der Satzung, die Aufhebung der Stiftung oder ihre Zusammenlegung mit einer anderen Stiftung beschließen. Der vom Stifter im Stiftungsgeschäft oder in der Satzung zum Ausdruck gebrachte Wille ist tunlichst zu berücksichtigen. Der Beschluß bedarf der Genehmigung der Aufsichtsbehörde.

(2) Die Aufhebung, die Zusammenlegung mit einer anderen Stiftung oder die Änderung des Zwecks kann nur beschlossen werden, wenn es wegen wesentlicher Änderung der Verhältnisse angezeigt erscheint, sofern das Stiftungsgeschäft oder die Satzung keine andere Regelung enthält.

(3) Im Falle der Zusammenlegung verschmelzen die zusammengelegten Stiftungen zu einer neuen Stiftung; diese erlangt Rechtsfähigkeit mit Genehmigung des Zusammenlegungsbeschlusses. Das Vermögen einschließlich der Verbindlichkeiten der zusammengelegten Stiftungen geht mit der Genehmigung auf die neue Stiftung über.

§ 6. Mit dem Erlöschen einer Stiftung fällt das Vermögen, soweit das Stiftungsgeschäft, die Satzung oder der Beschluß über die Aufhebung nichts anderes bestimmt, an das Land Berlin.

§ 7. (1) Die Stiftungen unterliegen der Staatsaufsicht Berlins.

(2) Die Staatsaufsicht hat die Rechtmäßigkeit der Verwaltung zu überwachen. Sie wird von der Aufsichtsbehörde geführt.

§ 8. (1) Die Mitglieder des Vertretungsorgans einer Stiftung sind verpflichtet, der Aufsichtsbehörde

1. unverzüglich die jeweilige Zusammensetzung der Organe der Stiftung einschließlich der Verteilung der Ämter innerhalb der Organe anzuzeigen, zu belegen und die jeweiligen Anschriften der Stiftung und der Mitglieder des Vertretungsorgans mitzuteilen,

2. einen Jahresbericht, der aus einem Bericht über die Erfüllung des Stiftungszwecks und entweder einer Jahresabrechnung mit einer Vermögensübersicht oder einem Prüfungsbericht nach Absatz 2 besteht, einzureichen; dies soll innerhalb von vier Monaten nach Schluß des Geschäftsjahres geschehen, bei Einreichung eines Prüfungsberichts innerhalb von acht Monaten. Die Jahresberichte müssen den Anforderungen der Aufsichtsbehörde entsprechen.

(2) Werden Stiftungen durch eine Behörde der öffentlichen Verwaltung, einen Prüfungsverband, einen öffentlich bestellten Wirtschaftsprüfer oder eine anerkannte Wirtschaftsprüfungsgesellschaft geprüft, so ist anstelle der Jahresabrechnung und der Vermögensübersicht der Prüfungsbericht einzureichen. Die Aufsichtsbehörde kann verlangen, daß sich eine Stiftung nach Satz 1 prüfen läßt. Der Prüfungsauftrag ist auch auf die Erhaltung des Stiftungsvermögens und die satzungsgemäße Verwendung der Stiftungsmittel zu erstrecken. Das Ergebnis der Prüfung ist in einem

Abschlußvermerk des Prüfers festzustellen. In diesem Fall bedarf es keiner nochmaligen Prüfung durch die Aufsichtsbehörde.

(3) Erfolgt keine Prüfung nach Absatz 2, prüft die Aufsichtsbehörde die Erhaltung des Stiftungsvermögens und die satzungsgemäße Verwendung der Stiftungsmittel in dem von ihr für erforderlich gehaltenen Umfang. Sie kann davon absehen, die Jahresberichte jährlich zu prüfen.

§ 9. (1) Die Organmitglieder einer Stiftung sind verpflichtet, der Aufsichtsbehörde zur Erfüllung ihrer Aufgaben jederzeit auf Verlangen Auskünfte zu erteilen sowie Geschäfts- und Kassenbücher, Akten und sonstige Unterlagen zur Einsichtnahme vorzulegen.

(2) Die Aufsichtsbehörde kann die Ergänzung und Berichtigung von Jahresberichten verlangen sowie Angaben, Bücher und Unterlagen auf Kosten der Stiftung nach § 8 Abs. 2 Satz 1 oder durch andere Sachverständige in dem von ihr für erforderlich gehaltenen Umfang prüfen lassen.

(3) Die Aufsichtsbehörde kann Beschlüsse und andere Maßnahmen der Stiftungsorgane, die Rechtsvorschriften oder der Stiftungssatzung widersprechen, beanstanden und verlangen, daß sie innerhalb einer bestimmten Frist aufgehoben oder rückgängig gemacht werden. Beanstandete Maßnahmen dürfen nicht durchgeführt werden.

(4) Wird eine durch Rechtsvorschrift oder Satzung gebotene Maßnahme nicht oder nicht rechtzeitig durchgeführt, so kann die Aufsichtsbehörde anordnen, daß sie innerhalb einer bestimmten Frist durchzuführen ist.

(5) Die Aufsichtsbehörde kann Mitglieder von Organen einer Stiftung aus wichtigem Grund abberufen.

§ 10. (1) Familienstiftungen sind Stiftungen, die nach dem Stiftungsgeschäft oder der Satzung ausschließlich oder überwiegend dem Wohl der Mitglieder einer oder mehrerer bestimmter Familien dienen. Eine Stiftung, die von einem bestimmten Zeitpunkt an einen anderen Zweck verfolgen soll, wird für die Zeit, in der sie ausschließlich oder überwiegend dem Wohl der Mitglieder einer oder mehrerer bestimmter Familien dient, als Familienstiftung angesehen.

(2) Familienstiftungen werden nur genehmigt, wenn die Satzung ein Aufsichtsorgan vorsieht, dem die Überwachung der Verwaltung der Stiftung einschließlich der Prüfung der Erhaltung des Stiftungsvermögens und der satzungsgemäßen Verwendung der Stiftungsmittel obliegt und das gegenüber dem geschäftsführenden Organ Rechte hat, die den in § 9 genannten Befugnissen entsprechen.

(3) Für Beschlüsse, die eine Änderung der Satzung oder die Aufhebung oder die Zusammenlegung einer Familienstiftung mit einer anderen Stiftung betreffen, ist der Vorstand zuständiges Organ, sofern das Stiftungsgeschäft oder die Satzung nichts anderes bestimmt. Vor der Genehmigung eines solchen Beschlusses hat es die ihm bekannten Familienmitglieder anzuhören; Familienmitglieder im Sinne dieser Vorschrift sind, soweit sich aus dem Stiftungsgeschäft oder der Satzung nichts anderes ergibt, die mit dem Stifter in gerader Linie verwandten Personen. Eine Anhörung unterbleibt, soweit die Aufsichtsbehörde sie für entbehrlich hält oder der Beschluß von der nach der Satzung zuständigen Familienversammlung gefaßt wurde.

(4) Bei Familienstiftungen beschränkt sich die Staatsaufsicht nach § 7 auf die Überwachung der Zusammensetzung der Stiftungsorgane einschließlich der Verteilung der Ämter innerhalb der Organe.

§ 11. (1) Die Aufsichtsbehörde erteilt auf Antrag aus einem bei ihr geführten Verzeichnis der Stiftungen Auskunft über Namen, Zeitpunkt der Entstehung, Zweck und Anschrift einer Stiftung.

(2) Die Aufsichtsbehörde bescheinigt Stiftungen auf Antrag schriftlich unter Wiedergabe der einschlägigen Satzungsbestimmungen, welche Personen nach den gemäß § 8 Abs. 1 Nr. 1 gemachten Angaben dem Vertretungsorgan der Stiftung angehören (Vertretungsbescheinigung). Einem Dritten kann diese Bescheinigung erteilt werden, wenn er ein berechtigtes Interesse glaubhaft macht.

§ 12. Stiftungssatzungen, die den gesetzlichen Vorschriften nicht entsprechen, sind zu ändern. Ist eine Satzung nicht vorhanden, so ist sie von dem zuständigen Organ zu beschließen. Maßnahmen nach Satz 1 und 2 bedürfen der Genehmigung der Aufsichtsbehörde. Für die Übergangszeit gilt:

1. Solange die geltende Satzung nicht die Bildung der Organe regelt, bestellt die Aufsichtsbehörde die erforderliche Anzahl der Organmitglieder.
2. Solange die geltende Satzung einer Familienstiftung nicht ein den Erfordernissen des § 10 Abs. 2 entsprechendes Aufsichtsorgan vorsieht, kann die Aufsichtsbehörde über § 10 Abs. 4 hinaus auch Mitglieder von Organen aus wichtigem Grund abberufen.
3. Solange eine Familienstiftung nach ihrer geltenden Satzung der Aufsichtsbehörde Jahresberichte zur Prüfung einzureichen hat, gilt § 10 Abs. 4 nicht.

§ 13. Bestehen Zweifel über die Rechtsnatur oder die Art einer Stiftung, insbesondere darüber, ob sie eine rechtsfähige Stiftung des bürgerlichen Rechts ist, so entscheidet darüber die Aufsichtsbehörde.

§ 14. Dieses Gesetz tritt am 1. April 1960 in Kraft.

Brandenburg

Literaturhinweise: *Waldhausen*, Ein neues Stiftungsgesetz für Brandenburg, LKV 1996, 436.

Stiftungsgesetz für das Land Brandenburg

vom 27. 6. 1995 (GVBl. I S. 198), geändert durch Gesetz vom 1. 7. 1996 (GVBl. I S. 241).

1. Abschnitt. Allgemeine Bestimmungen

§ 1 **Geltungsbereich.** Dieses Gesetz gilt für die rechtsfähigen Stiftungen bürgerlichen Rechts, die ihren Sitz im Land Brandenburg haben.

§ 2 **Auslegungsgrundsatz.** Bei der Anwendung dieses Gesetzes ist der wirkliche oder mutmaßliche Wille des Stifters zu beachten.

§ 3 **Stiftungsbehörde.** Stiftungsbehörde ist das Ministerium des Innern.

§ 4 **Begriffsbestimmungen.** (1) Kirchliche Stiftungen im Sinne dieses Gesetzes sind selbständige Stiftungen, deren Zweck es ist, überwiegend kirchlichen Aufgaben zu dienen und die nach dem Willen des Stifters von einer Kirche verwaltet oder beaufsichtigt werden. Die Vorschriften über kirchliche Stiftungen gelten entsprechend für Stiftungen, deren Zwecke der Erfüllung von Aufgaben der jüdischen Kultusgemeinden oder sonstiger öffentlich-rechtlicher Religions- und Weltanschauungsgemeinschaften dienen.

(2) Örtliche Stiftungen (kommunale Stiftungen) im Sinne dieses Gesetzes sind selbständige Stiftungen, die nach dem Willen des Stifters von einer Gemeinde verwaltet werden und die überwiegend Zwecken dienen, welche von der verwaltenden Körperschaft in ihrem Betrieb als öffentliche Aufgaben erfüllt werden können. Den örtlichen Stiftungen sind gleichgestellt die diesen entsprechenden von Gemeindeverbänden verwalteten Stiftungen.

(3) Familienstiftungen im Sinne dieses Gesetzes sind selbständige Stiftungen, die ausschließlich oder überwiegend dem Wohl der Mitglieder einer oder mehrerer bestimmter Familien dienen.

(4) Privatnützige Stiftungen im Sinne dieses Gesetzes sind selbständige Stiftungen, die ausschließlich oder überwiegend dem privaten Wohl bestimmter oder bestimmbarer Personen dienen.

2. Abschnitt. Genehmigung

§ 5 **Stiftungsgeschäft, Satzung.** (1) Ein wirksames Stiftungsgeschäft muß die Erklärung des Stifters erhalten, eine rechtlich selbständige Stiftung für einen bestimmten Zweck zu errichten und diese mit einem bestimmten Stiftungsvermögen auszustatten. Das Stiftungsgeschäft soll ferner Angaben enthalten über

1. den Namen der Stiftung,
2. den Sitz der Stiftung und
3. das Vermögen der Stiftung.

(2) Der Stifter soll der Stiftung eine Satzung geben, die die Bestimmungen des Stiftungsgeschäfts zusammenfaßt und ergänzende Regelungen entsprechend Absatz 3 trifft. Der Stifter kann das Recht, eine Satzung zu erlassen, Dritten übertragen. Bei Stiftungen von Todes wegen steht dieses Recht, soweit die letztwillige Verfügung nichts Gegenteiliges enthält, dem Erben oder dem Testamentsvollstrecker zu.

(3) In der Satzung ist eine Regelung zu treffen über

1. die Organe der Stiftung, deren Bildung, Aufgaben und Befugnisse,
2. die Verwendung der Erträge des Stiftungsvermögens und, falls dieses Vermögen selbst für den Stiftungszweck verwendet werden darf, die Voraussetzungen hierfür,
3. die Auflösung der Stiftung und
4. den Anfall des Vermögens bei Auflösung der Stiftung.

Die Satzung soll eine Regelung treffen über

1. die Rechtsstellung der durch die Stiftung Begünstigten und
2. die Anpassung der Stiftung an veränderte Verhältnisse.

§ 6 Genehmigung. (1) Die Genehmigung der Errichtung einer Stiftung (Stiftungsgeschäft) ist zu erteilen, sofern keine gesetzlichen Versagungsgründe vorliegen. Die Stiftungsbehörde kann vor der Genehmigung des Stiftungsgeschäfts die Errichtung und Vorlage einer Stiftungssatzung verlangen.

(2) Die Genehmigung ist zu versagen, wenn

a) die Stiftung das Gemeinwohl gefährden würde oder

b) die dauernde und nachhaltige Erfüllung des Stiftungszwecks nicht gewährleistet ist oder

c) durch die Stiftung Vermögen des Stifters oder seine Verwendung gesetzlich vorgeschriebener Kontrolle oder Publizität entzogen würde oder

d) die Stiftung ausschließlich dem Wohl der Mitglieder einer oder mehrerer bestimmter Familien oder ausschließlich dem privaten Wohl bestimmter oder bestimmbarer Personen dienen soll.

(3) Die Genehmigung kann versagt werden, wenn

a) das Stiftungsgeschäft den Anforderungen des § 5 Abs. 1 nicht entspricht oder

b) der Hauptzweck der Stiftung in dem Betrieb oder der Verwaltung eines erwerbswirtschaftlichen Unternehmens besteht, das ausschließlich oder überwiegend den eigennützigen Interessen des Stifters oder seiner Erben dient oder

c) der Hauptzweck der Stiftung überwiegend eigennützigen Interessen der Mitglieder einer oder mehrerer bestimmter Familien oder dem privaten Wohl bestimmter oder bestimmbarer Personen dient.

(4) Die Genehmigung einer Stiftung als kirchliche Stiftung bedarf der Zustimmung der von der Kirche bestimmten kirchlichen Behörde. Entsprechendes gilt für die nach § 4 Abs. 1 Satz 2 den kirchlichen Stiftungen gleichgestellten Stiftungen.

(5) Die Errichtung einer Stiftung ist nach der Genehmigung von der Stiftungsbehörde unter Angabe von Name, Sitz und Zweck der Stiftung im Amtsblatt für Brandenburg bekanntzumachen. Bei kirchlichen Stiftungen ist auch der kirchliche Charakter sowie die kirchliche Aufsichtsbehörde anzugeben. Die Änderung des Stiftungszwecks sowie die Zusammenlegung von Stiftungen und das Erlöschen einer Stiftung sind ebenfalls bekanntzumachen. Die Sätze 1 und 3 gelten nicht für Familien- und privatnützige Stiftungen.

§ 7 Genehmigungsbehörde. Die zur Entstehung einer selbständigen Stiftung nach § 80 Satz 1 des Bürgerlichen Gesetzbuches erforderliche Genehmigung erteilt die Stiftungsbehörde.

3. Abschnitt. Verwaltung der Stiftung

§ 8 Allgemeiner Grundsatz. (1) Die Stiftungsorgane verwalten die Stiftungen insbesondere nach den Bestimmungen des Bürgerlichen Gesetzbuches, dieses Gesetzes und der Satzung. Sie haben dabei den Willen des Stifters so wirksam und nachhaltig wie möglich zu erfüllen. Die Haftung der Organe gegenüber der Stiftung kann auf Vorsatz und grobe Fahrlässigkeit beschränkt werden.

(2) Für die örtlichen Stiftungen bleiben die Bestimmungen der Gemeindeordnung unberührt.

§ 9 Erhaltung des Stiftungsvermögens. (1) Das Stiftungsvermögen ist, soweit die Satzung nichts Abweichendes bestimmt, ungeschmälert zu erhalten. Hiervon kann abgesehen werden, wenn anders der Stifterwille nicht zu verwirklichen ist und die Lebensfähigkeit der Stiftung dadurch nicht wesentlich beeinträchtigt wird. Die Zustimmung der Stiftungsbehörde ist erforderlich.

(2) Das Stiftungsvermögen ist von anderem Vermögen getrennt zu halten.

§ 10 Erträge des Stiftungsvermögens. (1) Die Erträge des Stiftungsvermögens und die nicht zu seiner Vermehrung bestimmten Zuwendungen an die Stiftung sind entsprechend dem Stiftungszweck zu verwenden.

(2) Erträge und Zuwendungen können dem Stiftungsvermögen zugeführt werden, soweit

a) sie zur Erfüllung des Stiftungszwecks keine Verwendung finden,

b) dies zur Erhaltung des Stiftungsvermögens in seinem Wert angezeigt ist oder

c) die Satzung es vorsieht.

In den Fällen a und b ist die Zustimmung der Stiftungsbehörde erforderlich.

(3) Reichen die Erträge des Stiftungsvermögens und Zuwendungen Dritter zur Erfüllung des Stiftungszwecks nicht mehr aus, so sollen sie dem Stiftungsvermögen zugeführt werden, sofern erwartet werden kann, daß aus den Erträgen des vergrößerten Stiftungsvermögens in absehbarer Zeit der Stiftungszweck nachhaltig erfüllt werden kann.

§ 11 Kosten der Stiftungsverwaltung. (1) Die Kosten der Verwaltung der Stiftung sind so gering wie möglich zu halten.

(2) Bei ehrenamtlicher Verwaltung des Stiftungsvermögens können den Mitgliedern der Organe angemessene Auslagen ersetzt werden. Bei entgeltlicher Tätigkeit von Organmitgliedern sind Art und Umfang der Dienstleistung und Vergütung vor Aufnahme der Tätigkeit schriftlich zu regeln. Angestellten der Stiftung dürfen keine unverhältnismäßig hohen Vergütungen gewährt werden.

(3) Ist eine Behörde mit der Verwaltung befaßt, so hat die Stiftung nur die notwendigen persönlichen und sächlichen Verwaltungskosten zu erstatten.

§ 12 Buchführung, Jahresabschluß. (1) Die Stiftung ist zur Führung von Büchern und zur Aufstellung des Jahresabschlusses verpflichtet. Betreibt die Stiftung ein erwerbswirtschaftliches Unternehmen, so hat sie den Jahresabschluß unter Einbeziehung der Buchführung durch einen Wirtschaftsprüfer oder eine Wirtschaftsprüfungsgesellschaft (Abschlußprüfer) prüfen zu lassen. Die Prüfung des Jahresabschlusses wird nach den allgemein für die Jahresabschlußprüfung geltenden Grundsätzen durchgeführt. Die Prüfung erstreckt sich insbesondere auf die Ordnungsmäßigkeit des Rechnungswesens.

(2) Stiftungen mit geringem Vermögen können von der Prüfung durch einen Abschlußprüfer absehen. Die Zustimmung der Aufsichtsbehörde ist erforderlich.

(3) Sofern die Satzung nichts anderes bestimmt, ist Rechnungsjahr das Kalenderjahr.

§ 13 Befreiung von Zustimmungserfordernissen. Die Vorschriften dieses Abschnittes über Zustimmungserfordernisse der Stiftungsbehörde gelten nicht für kirchliche Stiftungen und die diesen gleichgestellten Stiftungen sowie für Familienstiftungen und privatnützige Stiftungen.

4. Abschnitt. Satzungsänderung, Erlöschen

§ 14 Satzungsänderung, Auflösung, Zusammenschluß. (1) Das zuständige Stiftungsorgan kann

a) die Änderung der Satzung,

b) die Auflösung der Stiftung

beschließen, wenn dies dem erklärten oder mutmaßlichen Willen des Stifters entspricht. Der Beschluß bedarf der Genehmigung der Stiftungsbehörde. Die Genehmigung darf nur versagt werden, wenn der Beschluß dem erklärten oder mutmaßlichen Willen des Stifters widerspricht oder einer der Versagungsgründe des § 6 Abs. 2 und Abs. 3 Buchstabe b vorliegt. Bedarf der Beschluß auch der Genehmigung oder Zustimmung der Stiftungsbehörde eines anderen Bundeslandes, so entscheidet die Stiftungsbehörde des Landes Brandenburg gemeinsam oder im Einvernehmen mit dieser.

(2) Die zuständigen Organe mehrerer Stiftungen mit im wesentlichen gleichartigen Zwecken können den Zusammenschluß zu einer neuen Stiftung beschließen, wenn dies dem erklärten oder mutmaßlichen Willen der Stifter entspricht. Mit dem Beschluß über den Zusammenschluß ist der Beschluß über die Satzung der neuen Stiftung zu verbinden. Beide Beschlüsse bedürfen der Genehmigung der Stiftungsbehörde. Mit der Genehmigung der Beschlüsse erlangt die neue Stiftung Rechtsfähigkeit. Zu diesem Zeitpunkt geht das Vermögen der zusammengelegten Stiftungen einschließlich der Verbindlichkeiten auf die neue Stiftung über. Absatz 1 Satz 4 gilt entsprechend.

§ 15 Zweckänderung, Aufhebung, Zusammenlegung. (1) Die in § 87 des Bürgerlichen Gesetzbuches vorgesehenen Maßnahmen trifft die Stiftungsbehörde nach Anhörung der Stiftung.

(2) Ist mehreren Stiftungen mit im wesentlichen gleichartigen Zwecken die Erfüllung des Stiftungszwecks unmöglich geworden und kommt ein Zusammenschluß der Stiftungen nach § 14 Abs. 2 nicht zustande, so kann die Stiftungsbehörde die in § 87 des Bürgerlichen Gesetzbuches vorgesehenen Maßnahmen nach Anhörung der Stiftungen in der Weise treffen, daß sie die Stiftungen durch Bescheid zu einer neuen Stiftung zusammenlegt und gleichzeitig der Stiftung eine Satzung gibt. Die neue Stiftung erlangt mit der Unanfechtbarkeit des Bescheides Rechtsfähigkeit. Für den Vermögensübergang gilt § 14 Abs. 2 Satz 5. Im Falle der Aufhebung oder Auflösung der neuen Stiftung leben die ursprünglichen Stiftungen nicht wieder auf.

(3) Bei kirchlichen Stiftungen trifft die Stiftungsbehörde die Entscheidung im Einvernehmen mit der zuständigen kirchlichen Behörde. Entsprechendes gilt für die den kirchlichen Stiftungen gleichgestellten Stiftungen.

§ 16 Erlöschen. Die Stiftung erlischt in den Fällen

a) der Auflösung mit der Genehmigung des Auflösungsbeschlusses,

b) der Aufhebung mit dem Zeitpunkt, in dem der Aufhebungsbescheid unanfechtbar wird,

c) des Zusammenschlusses und der Zusammenlegung in dem Zeitpunkt, in dem die neue Stiftung Rechtsfähigkeit erlangt.

§ 17 Vermögensanfall. (1) Ist in der Satzung für den Fall des Erlöschens der Stiftung durch Auflösung oder Aufhebung weder ein Anfallsberechtigter bestimmt noch einem Stiftungsorgan die Bestimmung des Anfallberechtigten übertragen, so fällt das Vermögen

a) einer örtlichen Stiftung an die sie verwaltende kommunale Körperschaft,
b) einer kirchlichen Stiftung oder einer kirchlichen Stiftung gleichgestellte Stiftung der Kirche, Religions- oder Weltanschauungsgemeinschaft zu, die die Stiftung verwaltet oder beaufsichtigt,
c) alle übrigen Stiftungen an das Land.

Die Anfallsberechtigten haben das Vermögen in einer den Zwecken der Stiftung entsprechenden Weise zu verwenden.

(2) In den Fällen des Zusammenschlusses oder der Zusammenlegung geht das Vermögen der bisherigen Stiftung mit der Entstehung der neuen Stiftung auf diese über.

§ 18 Rechtsaufsicht. (1) Die Stiftungen unterliegen der Rechtsaufsicht des Landes. Aufsichtsbehörde ist die Stiftungsbehörde. Der Minister des Innern kann die Aufsicht über einzelne Stiftungen, deren Wirkungsbereich sich überwiegend auf das Gebiet eines Landkreises oder einer kreisfreien Stadt beschränkt, auf den für den Sitz der Stiftung zuständigen Landrat oder Oberbürgermeister als allgemeine untere Landesbehörde übertragen. Der Minister des Innern wird ermächtigt, durch Rechtsverordnung die Stiftungsaufsicht allgemein auf die Landräte oder Oberbürgermeister als allgemeine untere Landesbehörden zu übertragen.

(2) Kirchliche Stiftungen, den kirchlichen Stiftungen gleichgestellte Stiftungen sowie Familienstiftungen und privatnützige Stiftungen unterliegen nicht der Aufsicht des Landes. Bei Familienstiftungen und privatnützigen Stiftungen im Sinne von § 6 Abs. 3 Satz 1 Buchstabe c kann die Aufsichtsbehörde die Befugnisse nach diesem Abschnitt wahrnehmen, wenn ihr bekannt wird oder Anlaß zu der Annahme besteht, daß die Stiftung nicht ihrer Zweckbestimmung entsprechend verwaltet wird oder Tatsachen eingetreten sind, die der Genehmigung nach § 6 entgegengestanden hätten. Zur Klärung der Voraussetzungen nach Satz 2 stehen der Aufsichtsbehörde die Rechte nach § 21 zu.

§ 19 Vorlage des Jahresabschlusses. (1) Die Stiftung hat der Aufsichtsbehörde eine Jahresabrechnung mit einer Vermögensübersicht und einem Bericht über die Erfüllung des Stiftungszwecks vorzulegen. Dies soll innerhalb von vier Monaten nach Abschluß des Geschäftsjahres geschehen.

(2) Werden die Stiftungen durch eine Behörde der öffentlichen Verwaltung, einen Prüfungsverband, einen öffentlich bestellten Wirtschaftsprüfer oder eine anerkannte Wirtschaftsprüfungsgesellschaft geprüft, so ist an Stelle der Jahresabrechnung und der Vermögensübersicht der Prüfungsbericht vorzulegen. In diesem Fall bedarf es keiner nochmaligen Rechnungsprüfung durch die Aufsichtsbehörde.

(3) Betreibt die Stiftung ein erwerbswirtschaftliches Unternehmen, so hat sie die in Absatz 1 geforderten Angaben durch einen öffentlich bestellten Wirtschaftsprüfer oder eine anerkannte Wirtschaftsprüfungsgesellschaft prüfen zu lassen.

§ 20 Aufgaben der Stiftungsaufsichtsbehörde. (1) Die Stiftungsaufsichtsbehörde wacht darüber, daß
1. der Stiftung das ihr zustehende Vermögen zufließt,
2. das Stiftungsvermögen und seine Erträge in Übereinstimmung mit diesem Gesetz und dem Willen des Stifters, insbesondere der Stiftungssatzung verwaltet und verwendet werden.

(2) Ist der Stifter oder eine von ihm oder in der Stiftungssatzung benannte Person oder Stelle nach der Stiftungssatzung befugt und in der Lage, die Beachtung des

Stifterwillens durch den Stiftungsvorstand sicherzustellen und hält die Stiftungsbehörde eine befriedigende Wahrnehmung dieser Befugnis für gewährleistet, so kann die Überwachungsaufgabe nach Absatz 1 Nr. 2 für ruhend erklärt werden. Das Unterrichtungsrecht der Stiftungsaufsichtsbehörde nach § 21 bleibt unberührt. Ist die Voraussetzung für das Ruhen nicht mehr gegeben, so erklärt die Stiftungsbehörde es für beendet.

(3) Die Stiftungsaufsichtsbehörde prüft die nach § 19 Abs. 1 vorzulegende Jahresabrechnung und Vermögensübersicht. Bestehen begründete Zweifel an der Ordnungsmäßigkeit der Vorlagen, kann sie ergänzende Auskünfte und Einsicht in die Bücher und sonstige Unterlagen verlangen. Sie kann auf Kosten der Stiftung die Prüfung durch einen öffentlich bestellten Wirtschaftsprüfer, eine anerkannte Wirtschaftsprüfungsgesellschaft oder andere geeignete Sachverständige veranlassen.

§ 21 Unterrichtungsrecht. Die Stiftungsaufsichtsbehörde kann sich über alle Angelegenheiten der Stiftung jederzeit unterrichten, Auskünfte verlangen und Berichte anfordern.

§ 22 Anordnungsrecht. (1) Trifft ein Stiftungsorgan eine gesetzlich oder nach dem Willen des Stifters oder der Stiftungssatzung gebotene Maßnahme nicht, so kann die Stiftungsaufsichtsbehörde anordnen, daß das Stiftungsorgan das Erforderliche veranlaßt. Die Stiftungsaufsichtsbehörde hat die zu treffenden Maßnahmen zu bezeichnen.

(2) Kommt ein Stiftungsorgan einer Anordnung der Stiftungsaufsichtsbehörde nicht nach, so kann die Stiftungsaufsichtsbehörde nach Fristsetzung und Androhung die Anordnung auf Kosten der Stiftung selbst durchführen oder durch einen anderen durchführen lassen. Bei Gefahr im Verzuge bedarf es keiner Fristsetzung und Androhung.

(3) Hat sich das Mitglied eines Stiftungsorgans einer groben Pflichtverletzung schuldig gemacht oder ist es zur ordnungsgemäßen Erfüllung seiner Obliegenheiten nicht fähig, kann die Stiftungsaufsichtsbehörde die Abberufung dieses Mitgliedes und die Berufung eines anderen anordnen. Sie kann dem Mitglied die Wahrnehmung seiner Geschäfte einstweilen untersagen.

§ 23 Sachwalter. Reichen die Befugnisse der Stiftungsaufsichtsbehörde nach den §§ 20 bis 22 nicht aus, eine geordnete Stiftungsverwaltung zu gewährleisten oder wiederherzustellen, kann die Stiftungsaufsichtsbehörde einen Sachwalter bestellen, der alle oder bestimmte Aufgaben eines oder mehrerer Stiftungsorgane wahrzunehmen hat. Sein Aufgabenbereich, seine Vollmacht und seine Vergütung sind von der Stiftungsaufsichtsbehörde in einer Bestellungsurkunde festzulegen. Die mit der Tätigkeit des Sachwalters verbundenen Kosten hat die Stiftung zu tragen.

§ 24 Notbestellung. Soweit einem anderen Stiftungsorgan als dem Vorstand die erforderlichen Mitglieder fehlen oder diese nicht handlungsfähig sind, kann die Stiftungsaufsichtsbehörde in dringenden Fällen die notwendigen Mitglieder bis zur Behebung des Mangels bestellen. Vorstandsmitglieder können unter den Voraussetzungen des Satzes 1 nur für die Zeit bestellt werden, bis gemäß § 86 in Verbindung mit § 29 des Bürgerlichen Gesetzbuches das zuständige Amtsgericht die notwendige Bestellung vorgenommen hat.

§ 25 Ersatzansprüche gegen Stiftungsorgane. Erlangt die Stiftungsaufsichtsbehörde von einem Sachverhalt Kenntnis, der Schadensersatzansprüche der Stiftung gegen Mitglieder der Stiftungsorgane begründen könnte, so kann sie für die Stiftung einen besonderen Vertreter zur Klärung und Durchsetzung solcher Ansprüche bestellen. § 23 Satz 2 und 3 gilt entsprechend.

§ 26 Stiftungsverzeichnis, Auskunftserteilung. (1) Die Stiftungsbehörde führt ein Verzeichnis über die Stiftungen im Sinne des § 1.

(2) In das Stiftungsverzeichnis sind einzutragen

1. Name,
2. Sitz,
3. Zweck,
4. Vertretungsberechtigung und Zusammensetzung der vertretungsberechtigten Organe der Stiftung einschließlich deren Anschrift und
5. bei kirchlichen Stiftungen die kirchliche Aufsichtsbehörde,
6. Zeitpunkt der Genehmigung und Genehmigungsbehörde,
7. bei älteren Stiftungen – soweit möglich – Jahr der Entstehung.

(3) Die Eintragung in das Stiftungsverzeichnis begründet keine Vermutung ihrer Richtigkeit.

(4) Die Mitglieder des vertretungsberechtigten Organs haben der Stiftungsbehörde jede Änderung über dessen Zusammensetzung mitzuteilen. Änderungen der Vertretungsberechtigung sind dann mitzuteilen, wenn sie sich nicht bereits aus genehmigungspflichtigen Satzungsänderungen ergeben.

(5) Die Verwalter unselbständiger Stiftungen ohne eigene Rechtspersönlichkeit (Treuhandvermögen) können die Stiftung bei der Stiftungsbehörde zur Aufnahme in das Stiftungsverzeichnis anmelden. In diesem Falle sind außer dem Hinweis auf die rechtliche Unselbständigkeit die Angaben nach Absatz 2 Nr. 1 bis 4 einzutragen, soweit dies möglich ist.

(6) Die Einsicht in das Stiftungsverzeichnis ist jedem gestattet.

§ 27 Entscheidung über die Rechtsnatur einer Stiftung. (1) Bei Ungewißheit über die Rechtsnatur einer Stiftung entscheidet auf Antrag die Stiftungsbehörde. Durch die Entscheidung wird festgestellt, ob es sich um eine selbständige oder unselbständige Stiftung, eine Stiftung privaten oder öffentlichen Rechts, um eine kirchliche, Familien- oder privatnützige Stiftung handelt. Kommt eine kirchliche oder den kirchlichen Stiftungen gleichgestellte Stiftung in Betracht, so ist vor der Entscheidung die betroffene Kirche, Religions- oder Weltanschauungsgemeinschaft zu hören.

(2) Den Antrag auf Entscheidung nach Absatz 1 kann jeder stellen, der ein berechtigtes Interesse an der Entscheidung nachweist.

6. Abschnitt. Übergangs- und Schlußvorschriften

§ 28 Beendigung der Stiftungsaufsicht. Soweit Stiftungen nach diesem Gesetz nicht mehr der Stiftungsaufsicht unterliegen, endet die Stiftungsaufsicht mit dem Inkrafttreten dieses Gesetzes.

§ 29. Anpassung von Stiftungssatzungen. Die Satzungen der bei Inkrafttreten dieses Gesetzes bestehenden Stiftungen sind, soweit erforderlich, den Anforderungen des § 5 anzupassen. Die Neufassung der Stiftungssatzung bedarf der Genehmigung der Stiftungsbehörde.

§ 30 Anzeige bestehender Stiftungen zum Stiftungsverzeichnis. Bestehende Stiftungen, die nicht nach den Bestimmungen des Stiftungsgesetzes vom 13. September

1990 (GBl. I Nr. 61 S. 1483) vom Ministerium des Innern genehmigt worden sind, haben der Stiftungsbehörde bis zum Ablauf eines Jahres nach Inkrafttreten dieses Gesetzes die zu § 26 Abs. 2 Nr. 1 bis 4 notwendigen Angaben, die Angaben zu Nr. 6 und 7 nur, soweit dies möglich ist, zu machen.

§ 31 Fortführung stiftungsrechtlicher Verfahren. Schwebende stiftungsrechtliche Verfahren werden, soweit sie nicht nach § 28 enden, nach den Vorschriften dieses Gesetzes fortgeführt.

§ 32 Stiftungen öffentlichen Rechts. Die rechtliche Bestandkraft von Stiftungen öffentlichen Rechts, die auf der Grundlage des Stiftungsgesetzes vom 13. September 1990 (GBl. I Nr. 61 S. 1483) entstanden sind, wird durch dieses Gesetz nicht berührt. Soweit die Stiftungen durch Rechtsverordnung errichtet wurden, wird die Landesregierung ermächtigt, diese durch Rechtsverordnung nach Anhörung des dafür jeweils zuständigen Landtagsausschusses zu ändern.

§ 33 Inkrafttreten, Außerkrafttreten. (1) Dieses Gesetz tritt am Tage nach der Verkündung in Kraft.

(2) Mit Inkrafttreten dieses Gesetzes tritt das Stiftungsgesetz vom 13. September 1990 (GVBl. I Nr. 61 S. 1483) außer Kraft.

Bremen

Bremisches Stiftungsgesetz (BremStG)

vom 7. 3. 1989 (GVBl. S. 163, ber. S. 92, 612).

1. Abschnitt. Allgemeine Vorschriften

§ 1 Geltungsbereich. Dieses Gesetz gilt für rechtsfähige Stiftungen des bürgerlichen Rechts, die ihren Sitz in der Freien Hansestadt Bremen haben.

§ 2 Stiftungsbehörde. Stiftungsbehörde im Sinne dieses Gesetzes ist der Senator für Inneres.

§ 3 Auslegungsgrundsatz. Bei der Anwendung dieses Gesetzes ist der Stifterwille in erster Linie zu beachten.

§ 4 Genehmigung. (1) Die Stiftungsbehörde erteilt die zur Entstehung einer Stiftung nach § 80 des Bürgerlichen Gesetzbuches erforderliche Genehmigung.

(2) Eine Stiftung darf nicht genehmigt werden, wenn die dauerhafte und nachhaltige Verwirklichung des Stiftungszwecks nicht gewährleistet ist, sie das Gemeinwohl gefährden würde oder die Voraussetzungen des § 5 Abs. 2 Satz 1 und 2 nicht erfüllt sind. Die Genehmigung kann versagt werden, insbesondere, wenn das Stiftungsgeschäft den Anforderungen des § 5 Abs. 1 oder die Satzung den Anforderungen des § 5 Abs. 2 Satz 3 nicht entspricht.

§ 5 Stiftungsgeschäft, Stiftungssatzung. (1) Das Stiftungsgeschäft soll Bestimmungen enthalten über den Namen, Sitz, Zweck, das Vermögen und die Organe der Stiftung.

(2) Jede Stiftung muß eine Satzung haben. Die Satzung muß die in Absatz 1 genannten Bestimmungen enthalten. Sie soll ferner Regelungen enthalten über

1. Zahl, Berufung, Amtsdauer und Abberufung der Mitglieder der Stiftungsorgane,
2. Einberufung, Beschlußfähigkeit und Beschlußfassung der Stiftungsorgane,
3. Aufgaben und Befugnisse der Stiftungsorgane,
4. etwaige Rechte der durch die Stiftung Begünstigten,
5. Satzungsänderungen,
6. Aufhebung der Stiftung und
7. Vermögensanfall nach dem Erlöschen der Stiftung.

(3) Die Stiftungsbehörde kann die Satzung, soweit sie nach den Absätzen 1 und 2 unvollständig ist, bei der Genehmigung der Stiftung ergänzen, wenn der Stifter hierzu nicht mehr in der Lage ist. Dies gilt für die Bestimmungen über Zweck und Vermögen der Stiftung.

§ 6 Verwaltung der Stiftung. (1) Die Stiftungsorgane haben für die dauernde und nachhaltige Erfüllung des Stiftungszwecks zu sorgen. Sie sind insbesondere zur ordnungsmäßigen Verwaltung des Stiftungsvermögens verpflichtet. Die Haftung der Mitglieder der Stiftungsorgane gegenüber der Stiftung kann auf Vorsatz und grobe Fahrlässigkeit beschränkt werden.

(2) Die Verwaltungskosten sind so gering wie möglich zu halten. Die Mitglieder der Stiftungsorgane haben Anspruch auf Ersatz angemessener Auslagen. Bei entgeltlicher Tätigkeit von Organmitgliedern sind Art und Umfang der Dienstleistungen und der Vergütung vor Aufnahme der Tätigkeit schriftlich zu regeln.

§ 7 Stiftungsvermögen und Erträge. (1) Das Stiftungsvermögen ist in seinem Bestand ungeschmälert zu erhalten. Die Stiftungsbehörde kann Ausnahmen zulassen, wenn der Stifterwille anders nicht zu verwirklichen ist und der Bestand der Stiftung für angemessene Zeit gewährleistet ist.

(2) Das Stiftungsvermögen ist von anderem Vermögen getrennt zu halten.

(3) Die Erträge des Stiftungsvermögens und Zuwendungen an die Stiftung sind ausschließlich für den Stiftungszweck und zur Deckung der notwendigen Verwaltungskosten der Stiftung zu verwenden; die Verwendung für den Stiftungszweck schließt die Bildung angemessener Rücklagen ein. Sie können dem Stiftungsvermögen zugeführt werden, soweit es die Satzung vorsieht oder zur Erhaltung des Stiftungsvermögens in seinem Wert angezeigt ist. Zuwendungen sind dem Stiftungsvermögen zuzuführen, wenn der Zuwendende es bestimmt.

(4) Reichen Stiftungserträge und Zuwendungen zur Erfüllung des Stiftungszwecks nicht aus, so sollen sie dem Stiftungsvermögen zugeführt werden, sofern erwartet werden kann, daß aus den Erträgen des vergrößerten Stiftungsvermögens in absehbarer Zeit der Stiftungszweck nachhaltig erfüllt werden kann.

§ 8 Satzungsänderung, Zusammenschluß, Sitzverlegung und Auflösung durch Stiftungsorgane. (1) Satzungsänderungen, der Zusammenschluß mit anderen Stiftungen oder die Auflösung der Stiftung sind zulässig, wenn die Satzung dies vorsieht oder eine wesentliche Änderung der Verhältnisse dies erfordert. Satzungsänderungen, die den Stiftungszweck nicht berühren, sind außerdem zulässig, wenn sie die ursprüngliche Gestaltung der Stiftung nicht wesentlich ändern. Zu Lebzeiten des Stifters ist dessen Zustimmung erforderlich.

(2) Maßnahmen nach Absatz 1 bedürfen der Genehmigung der Stiftungsbehörde. Einer Genehmigung bedarf auch die Sitzverlegung einer bereits rechtsfähigen Stiftung in den Geltungsbereich dieses Gesetzes.

(3) Mit der Genehmigung des Zusammenschlusses wird die neue Stiftung rechtsfähig.

§ 9 Zweckänderung, Zusammenlegung und Aufhebung durch die Stiftungsbehörde.
(1) Die in § 87 des Bürgerlichen Gesetzbuchs vorgesehenen Maßnahmen trifft die Stiftungsbehörde. Liegen die Voraussetzungen des § 87 Abs. 1 des Bürgerlichen Gesetzbuchs bei mehreren Stiftungen mit im wesentlichen gleichartigen Zwecken vor, so kann die Stiftungsbehörde diese auch zu einer neuen Stiftung zusammenlegen und dieser Stiftung eine Satzung geben; § 8 Abs. 3 gilt entsprechend.

(2) Vor Maßnahmen nach Absatz 1 ist zu Lebzeiten des Stifters auch dieser zu hören.

§ 10 Vermögensanfall. Enthält das Stiftungsgeschäft oder die Satzung für den Fall des Erlöschens einer Stiftung keine Bestimmung über die Verwendung des Vermögens, so fällt das Vermögen an die Freie Hansestadt Bremen. Diese hat das Vermögen möglichst in einer dem Stiftungszweck entsprechenden Weise zu verwenden.

2. Abschnitt. Stiftungsaufsicht

§ 11 Grundsatz. Die Stiftungsbehörde übt die Aufsicht darüber aus, daß die Stiftung in Übereinstimmung mit den Gesetzen und der Satzung verwaltet wird. Die Aufsicht soll so gehandhabt werden, daß Entschlußkraft und Verantwortungsfreudigkeit der Stiftungsorgane nicht beeinträchtigt werden.

§ 12 Unterrichtung und Prüfung. (1) Die Stiftungsbehörde kann sich jederzeit über die Angelegenheiten der Stiftung unterrichten. Sie kann insbesondere Akten und sonstige Unterlagen einsehen sowie mündlichen und schriftlichen Bericht anfordern. Bei Vorliegen eines wichtigen Grundes kann die Stiftungsbehörde die Verwaltung der Stiftung auf deren Kosten prüfen oder prüfen lassen.

(2) Der Vorstand hat der Stiftungsbehörde

1. unbeschadet seiner Verpflichtung nach § 1 Abs. 2 des Gesetzes über die Ausstellung von Vertretungsbescheinigungen vom 9. Dezember 1986 (Brem.GBl. S. 283-101-b-1) die Zusammensetzung der Stiftungsorgane und deren Änderungen unverzüglich schriftlich anzuzeigen und

2. auf deren Verlangen einen Bericht über die Erfüllung des Stiftungszwecks sowie eine Jahresabrechnung mit einer Vermögensübersicht einzureichen.

Die Angaben nach Satz 1 Nr. 1 enthalten die Namen, Vornamen und Anschriften der jeweiligen Organmitglieder sowie die Bezeichnung ihrer Stellung innerhalb des Organs, wenn die Satzung dies vorsieht.

§ 13 Beanstandungen und Anordnungen. (1) Die Stiftungsbehörde kann Beschlüsse und Maßnahmen der Stiftungsorgane, die das Recht verletzen oder gegen die Satzung verstoßen, beanstanden. Beanstandete Beschlüsse und Maßnahmen dürfen nicht vollzogen werden. Die Stiftungsbehörde kann verlangen, daß bereits getroffene Maßnahmen rückgängig gemacht werden. Beanstandete Beschlüsse sind aufzuheben.

(2) Trifft ein Stiftungsorgan eine durch Gesetz oder Stiftungssatzung gebotene Maßnahme nicht, so kann die Stiftungsbehörde anordnen, daß es innerhalb einer angemessenen Frist das Erforderliche veranlaßt. Die Stiftungsbehörde hat die zu treffenden Maßnahmen zu bezeichnen.

(3) Die Stiftungsbehörde kann Mitgliedern der Stiftungsorgane wegen grober Pflichtverletzung oder Unfähigkeit zur ordnungsmäßigen Geschäftsführung die Geschäftsführung einstweilen untersagen. Sie kann deren Abberufung sowie die Berufung neuer Mitglieder verlangen.

(4) Kommt die Stiftung innerhalb einer ihr gesetzten angemessenen Frist einem Verlangen oder einer Anordnung der Stiftungsbehörde nach den Absätzen 1 bis 3 nicht nach, kann die Stiftungsbehörde die verlangte Handlung oder die Anordnung auf Kosten der Stiftung selbst durchführen oder durch andere durchführen lassen, wenn dies der Stiftung vorher angedroht worden ist.

§ 14 Bestellung von Organmitgliedern. Soweit einem Stiftungsorgan die erforderlichen Mitglieder fehlen und nicht nach § 29 des Bürgerlichen Gesetzbuches zu verfahren ist, kann die Stiftungsbehörde sie in dringenden Fällen für die Zeit bis zur Behebung des Mangels bestellen.

§ 15 Stiftungsverzeichnis, Auskunftserteilung. (1) Die Stiftungsbehörde führt ein Verzeichnis der rechtsfähigen Stiftungen. Es enthält Angaben über Name, Zeitpunkt der Genehmigung oder Errichtungsjahr, Sitz, Zweck und Anschrift der Stiftung oder Name und Anschrift, unter denen das vertretungsberechtigte Organ zu erreichen ist.

(2) Jedem, der ein berechtigtes Interesse glaubhaft macht, kann aus dem Stiftungsverzeichnis Auskunft erteilt werden.

(3) Die Eintragung im Stiftungsverzeichnis begründet nicht die Vermutung ihrer Richtigkeit.

3. Abschnitt. Besondere Vorschriften

§ 16 Kirchliche Stiftungen. (1) Kirchliche Stiftungen sind Stiftungen, deren Zweck es ist, überwiegend kirchlichen Aufgaben zu dienen und die
1. von einer Kirche im Sinne von Artikel 61 der Landesverfassung der Freien Hansestadt Bremen, ihren Verbänden oder Einrichtungen errichtet oder
2. organisatorisch mit ihnen verbunden oder
3. in der Stiftungssatzung der kirchlichen Aufsicht unterstellt sind oder
4. ihren Zweck nur sinnvoll in Verbindung mit einer Kirche im Sinne von Nummer 1, ihren Verbänden oder Einrichtungen erfüllen können.

(2) Die Vorschriften dieses Gesetzes finden auf kirchliche Stiftungen mit folgender Maßgabe Anwendung:
1. die Genehmigung der Stiftung kann nur erfolgen, wenn die zuständige Kirchenbehörde anerkannt hat, daß die Voraussetzungen nach Absatz 1 vorliegen,
2. die Zulassung von Ausnahmen nach § 7 Abs. 1 Satz 2 erteilt die zuständige Kirchenbehörde,
3. für die Verwaltung der kirchlichen Stiftungen gelten die §§ 6 und 7 nur, soweit keine entsprechenden kirchlichen Vorschriften bestehen,

4. die Genehmigung von Satzungsänderungen nach § 8 Abs. 1 Satz 2 erteilt die zuständige Kirchenbehörde; diese teilt der Stiftungsbehörde die von ihr genehmigten Satzungsänderungen mit. Im übrigen ergehen die Entscheidungen der Stiftungsbehörde nach den §§ 8 und 9 im Einvernehmen mit der zuständigen Kirchenbehörde,

5. an die Stelle der Stiftungsaufsicht nach den §§ 11, 12 Abs. 2 Satz 1 Nr. 2, §§ 13 bis 15 tritt die Aufsicht nach kirchlichem Recht durch die zuständige Kirchenbehörde,

6. beim Erlöschen der Stiftung findet § 10 entsprechend Anwendung. An die Stelle des Landes tritt die Kirche. Die Vorschriften über eine dem Fiskus als gesetzlichem Erben anfallende Erbschaft gelten entsprechend.

(3) Die Absätze 1 und 2 gelten entsprechend für die Stiftungen der Religions- und Weltanschauungsgemeinschaften, sofern sie Körperschaften des öffentlichen Rechts sind.

§ 17 Familienstiftungen. Familienstiftungen sind Stiftungen, die nach dem Stiftungszweck überwiegend dem Wohle der Mitglieder einer bestimmter Familie oder mehrerer bestimmter Familien dienen. Für sie beschränkt sich die Aufsicht auf Maßnahmen nach § 87 des Bürgerlichen Gesetzbuches und auf die Feststellung der Handlungsfähigkeit der Stiftungsorgane nach Maßgabe des § 12 Abs. 2 Satz 1 Nr. 1 und Satz 2, § 13 Abs. 2, 3 und 4 und des § 14.

4. Abschnitt. Übergangs- und Schlußvorschriften

§ 18 Bestehende Stiftungen. (1) Auf die Zeit des Inkrafttretens des Gesetzes bestehenden Stiftungen sind die Vorschriften dieses Gesetzes mit Ausnahme des § 4 und § 5 Abs. 3 anzuwenden. Die Stiftungen sind verpflichtet, die in § 15 Abs. 1 Satz 2 genannten Angaben innerhalb eines Jahres nach Inkrafttreten dieses Gesetzes der Stiftungsbehörde mitzuteilen.

(2) Stiftungssatzungen, die den Vorschriften dieses Gesetzes nicht entsprechen, sind zu ändern oder zu ergänzen. Ist eine Satzung nicht vorhanden, so ist sie zu erlassen. Maßnahmen nach Satz 1 und 2 sind innerhalb von zwei Jahren nach Inkrafttreten dieses Gesetzes durchzuführen. Sie bedürfen der Genehmigung der Stiftungsbehörde.

(3) Über die Eigenschaft einer bei Inkrafttreten dieses Gesetzes bestehenden Stiftung als kirchliche Stiftung entscheidet die Stiftungsbehörde im Einvernehmen mit der zuständigen Behörde der Kirche oder der dieser gleichgestellten Religions- oder Weltanschauungsgemeinschaft (§ 16 Abs. 3).

§ 19 Übergang von Zuständigkeiten. Sind nach einem Stiftungsgeschäft oder einer Stiftungssatzung für Aufgaben nach diesem Gesetz andere Behörden oder Gerichte zuständig, geht deren Zuständigkeit auf die nach diesem Gesetz zuständigen Behörden über.

§ 20 Gebührenfreiheit. Die Genehmigungsverfahren nach § 18 Abs. 2 Satz 4 und die Auskunftserteilung nach § 15 Abs. 2 sind gebührenfrei.

§ 21 Außerkrafttreten von Vorschriften. Mit Inkrafttreten dieses Gesetzes werden alle entgegenstehenden oder inhaltsgleichen Vorschriften, soweit dieses Gesetz ihre Anwendbarkeit nicht ausdrücklich vorsieht, aufgehoben. Insbesondere treten außer Kraft:

1. §§ 4 und 5 des Bremischen Ausführungsgesetzes zum Bürgerlichen Gesetzbuch vom 18. Juli 1899 (SaBremR 400-a-1),
2. das Gesetz über die Änderung von Stiftungen vom 21. November 1940 (SaBremR 401-c-1).

§ 22 Inkrafttreten. Dieses Gesetz tritt am 1. April 1989 in Kraft.

Hamburg

Ausführungsgesetz zum Bürgerlichen Gesetzbuch Hamburg

in der Fassung vom 1. 7. 1958 (GVBl. S. 196),

Erstes Buch. Allgemeiner Teil

Vereine

§§ 1–4 (weggefallen)

§ 5. Die vor dem Inkrafttreten des Bürgerlichen Gesetzbuches entstandenen Vereine gelten als rechtsfähig, wenn sie

a) bis zum 31. Dezember 1899 vom Senat die Ermächtigung erhalten haben, sich Grundstücke oder Hypotheken in den öffentlichen Büchern zuschreiben zu lassen,

oder

b) vor dem 1. Mai 1899 in Hamburg bestanden, bis zum 31. Dezember 1899 die Erteilung eines Zeugnisses über ihre Rechtsfähigkeit beantragt und das Zeugnis vor oder nach diesem Zeitpunkt erhalten haben.

Stiftungen

§ 6. Die Verfassung einer Stiftung (Satzung) hat Bestimmungen über Namen, Sitz, Zweck, Vermögen und Organe zu enthalten.

§ 7. Die Organe der Stiftung müssen dafür sorgen, daß das Stiftungsvermögen in seinem Bestand ungeschmälert erhalten wird. Es ist von anderen Vermögen getrennt zu verwalten. Überschüsse sind sicher und ertragbringend anzulegen. Stiftungsgeschäft oder Satzung können Abweichendes bestimmen.

§ 8. (1) Die Stiftungen unterstehen staatlicher Aufsicht. Ihr Umfang unterliegt dem Ermessen der Behörde.

(2) Bei milden Stiftungen hat die Aufsichtsbehörde darauf zu achten, daß die für den Zweck der Stiftung bestimmten Mittel dem Willen des Stifters gemäß verwendet werden.

§ 9. (1) Ist der Stifter vor der Genehmigung gestorben, so kann die Aufsichtsbehörde mit der Genehmigung die Satzung nach ihrem Ermessen ändern oder ergänzen, wenn es der Stiftungszweck erfordert oder sonst ein wichtiger Grund vorliegt. Der Stiftungszweck kann nur geändert werden, wenn seine Erfüllung unmöglich geworden ist oder das Gemeinwohl gefährdet.

(2) Falls der Stifter nichts anderes bestimmt hat, sollen seine Erben vorher gehört werden.

§ 10. Die Satzung kann durch Beschluß der Stiftungsorgane geändert werden, soweit Stiftungsgeschäft oder Satzung nichts Abweichendes bestimmen. Der Beschluß bedarf der Genehmigung der Aufsichtsbehörde. Ist der Stifter am Leben, so soll er vorher gehört werden.

§ 11. (1) Die Aufsichtsbehörde kann, soweit nicht § 87 des Bürgerlichen Gesetzbuches Anwendung findet, die Satzung wegen einer wesentlichen Veränderung der Verhältnisse ändern, insbesondere wenn die Satzungsbestimmungen unausführbar werden.

(2) Ist der Stifter am Leben, so ist seine Zustimmung erforderlich. Die Stiftungsorgane sollen vorher gehört werden.

§ 12. Die Aufsichtsbehörde kann sich über alle Angelegenheiten der Stiftung unterrichten. Sie kann Anstalten und Einrichtungen der Stiftung besichtigen.

§ 13. (1) Die Stiftungsorgane sind verpflichtet, der Aufsichtsbehörde

a) jede Änderung ihrer Zusammensetzung unverzüglich anzuzeigen,

b) Geschäfts- und Kassenbücher, Akten und sonstige Unterlagen auf Anforderung vorzulegen und

c) innerhalb dreier Monate nach Schluß des Geschäftsjahres eine Jahresabrechnung mit einer Vermögensübersicht und einem Bericht über die Erfüllung des Stiftungszwecks einzureichen.

(2) Dient eine Stiftung der Unterstützung von Personen, so haben die Stiftungsorgane der Jahresabrechnung eine Aufstellung beizufügen, aus der sich die gewährten Beträge und die Namen der Empfänger ergeben.

§ 14. (1) Ist der Stifter eine natürliche Person, so gilt § 13 Absatz 1 Buchstaben b und c und Absatz 2 zu dessen Lebzeiten nur dann, wenn er es ausdrücklich wünscht.

(2) Für Stiftungen, die nach dem Stiftungsgeschäft oder der Satzung ausschließlich oder überwiegend dem Wohle einer oder mehrerer bestimmter Familien dienen (Familienstiftungen), gelten die §§ 12 und 13 Absatz 1 Buchstaben b und c und Absatz 2 nur dann, wenn das Vermögen nach der Satzung mit dem Erlöschen der Stiftung ganz oder teilweise an den Fiskus, eine juristische Person des öffentlichen Rechts oder eine Stiftung fällt, die keine Familienstiftung ist. Abweichende Bestimmungen des Stifters bleiben unberührt.

§ 15. Wenn die Aufsichtsbehörde von Mängeln oder Mißbräuchen in der Verwaltung der Stiftung Kenntnis erlangt, so kann sie die Organe anweisen, bestimmte Maßnahmen zu treffen, die notwendig sind, um eine ordnungsmäßige Stiftungsverwaltung sicherzustellen.

§ 16. (1) Der Vorstand einer Stiftung wird durch die Aufsichtsbehörde ernannt, wenn im Stiftungsgeschäft oder in der Satzung nichts anderes bestimmt ist.

(2) Enthält die Satzung keine abweichende Bestimmung, so sollen in der Regel drei, mindestens jedoch zwei Vorstandsmitglieder bestellt werden.

§ 17. (1) Die Aufsichtsbehörde erteilt den im Amt befindlichen Organen einer Stiftung auf Antrag ein Zeugnis über ihre Zusammensetzung.

(2) Ist die Vertretungsmacht der Organe oder seiner Mitglieder durch die Satzung gegenüber den gesetzlichen Vorschriften erweitert oder beschränkt worden, so ist dies in dem Zeugnis zu vermerken.

§ 18. (1) Die Aufsichtsbehörde kann Mitglieder von Stiftungsorganen aus wichtigem Grunde abberufen und andere an ihrer Stelle ernennen. Ein wichtiger Grund liegt insbesondere vor, wenn ein Mitglied sich einer groben Pflichtverletzung schuldig gemacht hat oder zu einer ordnungsmäßigen Geschäftsführung unfähig ist.

(2) Die Aufsichtsbehörde kann die Tätigkeit als Mitglied der Stiftungsorgane einstweilen untersagen, wenn es nach ihrem Ermessen das Wohl der Stiftung erfordert.

(3) Die übrigen Mitglieder der Stiftungsorgane sollen vorher gehört werden.

§ 19. Sehen das Stiftungsgeschäft oder die Satzung eine Aufhebung der Stiftung durch Beschluß der Organe vor, so ist hierzu die Genehmigung der Aufsichtsbehörde erforderlich. Die Genehmigung soll nur erteilt werden, wenn dies dem Willen des Stifters entspricht oder wenn der Stiftungszweck erreicht ist oder nicht mehr erfüllt werden kann.

§ 20. Enthalten das Stiftungsgeschäft oder die Satzung keine Bestimmungen über den Vermögensanfall nach dem Erlöschen der Stiftung, so fällt das noch vorhandene Vermögen an den Fiskus. Dieser hat das Vermögen tunlichst in einer dem Zweck der Stiftung entsprechenden Weise zu verwenden.

§ 21. (1) Die §§ 6 bis 8 und 10 bis 20 sind auch auf die Stiftungen anzuwenden, die bei Inkrafttreten des Bürgerlichen Gesetzbuches bestanden haben. Wenn eine solche Stiftung keine Satzung hat, so kann die Aufsichtsbehörde eine Satzung erlassen, falls dies nach ihrem Ermessen erforderlich ist, um eine ordnungsmäßige Stiftungsverwaltung sicherzustellen.

(2) Die Aufsichtsbehörde übt die Befugnisse aus, die nach dem Stiftungsgeschäft oder der Satzung vor dem Inkrafttreten des Bürgerlichen Gesetzbuches dem Obergericht oder der Vormundschaftsbehörde zugestanden haben.

Anordnung zur Durchführung des Bürgerlichen Gesetzbuches und des Hamburgischen Ausführungsgesetzes zum Bürgerlichen Gesetzbuch

vom 23. 6. 1970 (Amtl. Anz. S. 1073).

I. Zuständige Behörde im Sinne des § 1807 Absatz 1 Nummer 5 des Bürgerlichen Gesetzbuches ist der Senat.

II. Zuständig für die Aufgaben nach § 22, § 33 Absatz 2, § 43, § 80 und § 87 des Bürgerlichen Gesetzbuches ist der Senat – Senatskanzlei –.

III. (1) Aufsichtsbehörde im Sinne der §§ 8 bis 19 und 21 des Hamburgischen Ausführungsgesetzes zum Bürgerlichen Gesetzbuch in der Fassung vom 1. Juli 1958 (Sammlung des bereinigten hamburgischen Landesrechts I 40-e) ist der Senat – Senatskanzlei –.

(2) Die Senatskanzlei hat die Aufsicht darüber, daß die für den Zweck der Stiftung bestimmten Mittel dem Willen des Stifters gemäß verwendet werden, den jeweils zuständigen Behörden zu übertragen. Für diese Aufgabe stehen den Behörden die

Befugnisse nach § 8 Absatz 2, § 12, § 13 und § 15 des Hamburgischen Ausführungsgesetzes zum Bürgerlichen Gesetzbuch zu.

IV. Verwaltungsbehörde im Sinne des § 61 des Bürgerlichen Gesetzbuches ist die Behörde für Inneres.

Hessen

Literaturhinweise: *Rösner*, Hessisches Stiftungsgesetz, 1967; *Stengel*, Kommentar zum Hessischen Stiftungsgesetz, 2. Aufl., Essen 2000; *Zimmermann*, Stiftungsrecht in Hessen, in: Praxis der Gemeindeverwaltung, 1967.

Hessisches Stiftungsgesetz

vom 4. 4. 1966 (GVBl. I S. 77), geändert durch Gesetz vom 23. 5. 1973 (GVBl. I S. 161), Gesetz vom 31. 1. 1978 (GVBl. I S. 109), Gesetz vom 18. 12. 1984 (GVBl. I S. 344) und Gesetz vom 17. 12. 1988 (GVBl. I S. 562).

§ 1 Geltungsbereich. Dieses Gesetz gilt für rechtsfähige Stiftungen des bürgerlichen Rechts und des öffentlichen Rechts, die ihren Sitz in Hessen haben.

§ 2 Stiftungen des öffentlichen Rechts. (1) Stiftungen des öffentlichen Rechts sind Stiftungen, die ausschließlich oder überwiegend öffentliche Zwecke verfolgen und mit dem Land, einer Gemeinde, einem Gemeindeverband oder einer sonstigen Körperschaft oder Anstalt des öffentlichen Rechts in einem organischen Zusammenhang stehen.

(2) Stiftungen des öffentlichen Rechts sollen im Stiftungsakt und in der Genehmigung ausdrücklich als solche bezeichnet werden.

(3) Für Stiftungen des öffentlichen Rechts gelten die §§ 80 bis 88 des Bürgerlichen Gesetzbuchs entsprechend, ausgenommen § 80 Satz 2 und § 82 Satz 2.

§ 3 Genehmigung. (1) Für Stiftungen des bürgerlichen Rechts erteilt die Genehmigung die Aufsichtsbehörde, für Stiftungen des öffentlichen Rechts die Landesregierung.

(2) Eine Stiftung darf nur genehmigt werden, wenn die Verwirklichung des Stiftungszwecks nachhaltig gesichert erscheint.

§ 4 Inhalt der Verfassung. (1) Jede Stiftung muß eine Verfassung haben.

(2) Die Verfassung muß Bestimmungen enthalten über

1. den Namen,
2. den Sitz,
3. den Zweck,
4. das Vermögen,
5. die Organe

der Stiftung.

(3) Die Verfassung soll Bestimmungen enthalten über

1. Anzahl, Berufung, Amtsdauer und Abberufung der Mitglieder der Stiftungsorgane,
2. Geschäftsbereich und Vertretungsmacht der Stiftungsorgane,
3. etwaige Rechte durch die Stiftung Bedachter,
4. Voraussetzungen der Umwandlung und Aufhebung der Stiftung und die für diese Maßnahmen zuständigen Organe,
5. den Vermögensanfall nach dem Erlöschen der Stiftung.

(4) Die Aufsichtsbehörde kann die Verfassung der Stiftung, soweit sie nach Abs. 2 unvollständig ist, ergänzen, zu Lebzeiten des Stifters jedoch nur mit dessen Zustimmung.

§ 5 **Verwaltung der Stiftung.** Die Stiftungsorgane haben die Stiftung so zu verwalten, daß eine Verwirklichung des Stiftungszwecks unter Berücksichtigung des erkennbaren oder mutmaßlichen Willens des Stifters auf die Dauer nachhaltig gewährleistet erscheint.

§ 6 **Stiftungsvermögen.** (1) Das Stiftungsvermögen ist in seinem Bestand ungeschmälert zu erhalten. Die Aufsichtsbehörde kann Ausnahmen zulassen, wenn der Stifterwille anders nicht zu verwirklichen und der Bestand der Stiftung für angemessene Zeit gewährleistet ist.

(2) Das Stiftungsvermögen ist von anderem Vermögen getrennt zu halten.

(3) Der Ertrag des Stiftungsvermögens und Zuwendungen dürfen nur entsprechend dem Stiftungszweck verwendet werden. Das gleiche gilt im Falle des Abs. 1 Satz 2 für das Stiftungsvermögen.

§ 7 **Unterrichtung der Aufsichtsbehörde.** Das zur Vertretung der Stiftung berufene Organ ist verpflichtet, der Aufsichtsbehörde

1. jede Änderung der Zusammensetzung eines Organs unverzüglich anzuzeigen,
2. innerhalb von fünf Monaten nach Schluß des Geschäftsjahres eine ordnungsmäßige Jahresabrechnung mit einer Vermögensübersicht und einem Bericht über die Erfüllung des Stiftungszwecks einzureichen.

§ 8 **Haftung der Stiftungsorgane.** Die Mitglieder der Stiftungsorgane sind zur ordnungsmäßigen Verwaltung des Stiftungsvermögens verpflichtet. Bei einer vorsätzlichen oder grob fahrlässigen Verletzung ihrer Obliegenheiten sind sie unbeschadet von Haftungsvorschriften in anderen Gesetzen der Stiftung gegenüber zum Schadenersatz verpflichtet.

§ 9 **Änderung der Verfassung nach Erteilung der Genehmigung, Aufhebung und Zusammenlegung von Stiftungen.** (1) Der Vorstand oder die sonstigen hierzu berufenen Organe können beantragen, die Verfassung zu ändern, die Stiftung aufzuheben oder sie mit einer anderen Stiftung zusammenzulegen. Der Wille des Stifters ist tunlichst zu berücksichtigen. Die Entscheidung trifft die Aufsichtsbehörde.

(2) Die Aufhebung, die Zusammenlegung mit einer anderen Stiftung oder die Änderung des Zwecks kann nur erfolgen, wenn es wegen wesentlicher Änderung der Verhältnisse angezeigt erscheint. Das Stiftungsgeschäft oder der Stiftungsakt kann bestimmen, daß solche Entscheidungen auch ohne wesentliche Änderung der Verhältnisse zulässig sind.

(3) Die Aufsichtsbehörde entscheidet auch über die Zweckänderung oder die Aufhebung der Stiftung im Falle des § 87 des Bürgerlichen Gesetzbuches.

§ 10 **Stiftungsaufsicht.** (1) Die Stiftungen unterstehen der Aufsicht des Landes. Sie soll sicherstellen, daß die Stiftungen im Einklang mit den Gesetzen und mit der Verfassung der Stiftung verwaltet werden. Die Aufsicht soll so gehandhabt werden, daß sie die Entschluß- und Verantwortungsfreudigkeit der Mitglieder der Stiftungsorgane nicht beeinträchtigt.

(2) Soweit Stiftungen von Landesbehörden verwaltet werden, üben die übergeordneten Behörden die allgemeine Stiftungsaufsicht aus. Die §§ 12 bis 16 dieses Gesetzes finden keine Anwendung.

§ 11 **Aufsichtsbehörden.** (1) Aufsichtsbehörde ist der Regierungspräsident, in dessen Bezirk die Stiftung ihren Sitz hat.

(2) Obere Aufsichtsbehörde ist für Stiftungen des bürgerlichen Rechts der Minister des Innern, für die Stiftungen des öffentlichen Rechts der sachlich zuständige Minister.

§ 12 **Unterrichtung und Prüfung.** (1) Die Aufsichtsbehörde kann sich über die Angelegenheiten der Stiftung unterrichten, soweit es zur ordnungsgemäßen Aufsicht erforderlich ist. Sie kann insbesondere Einrichtungen der Stiftung besichtigen, Berichte, Akten und sonstige Unterlagen anfordern sowie die Geschäfts- und Kassenführung prüfen oder sie auf Kosten der Stiftung prüfen lassen.

(2) Die Aufsichtsbehörde kann verlangen, daß eine Stiftung durch Wirtschaftsprüfer oder andere zur Erteilung eines gleichwertigen Bestätigungsvermerks befugte Personen oder Gesellschaften geprüft wird. Der Prüfungsauftrag muß sich auf die Erhaltung des Stiftungsvermögens und die satzungsgemäße Verwendung der Stiftungsmittel erstrecken. Liegt ein entsprechender Bestätigungsvermerk vor, so kann die Aufsichtsbehörde von einer eigenen Prüfung absehen.

§ 13 **Beanstandungen und Weisungen.** (1) Die Aufsichtsbehörde kann Beschlüsse der Stiftungsorgane, die das Recht verletzen oder gegen die Verfassung verstoßen, aufheben. Sie kann verlangen, daß Maßnahmen, die auf Grund derartiger Beschlüsse getroffen worden sind, rückgängig gemacht werden.

(2) Erfüllt die Stiftung Pflichten oder Aufgaben nicht, die ihr nach Gesetz oder Verfassung obliegen, so kann die Aufsichtsbehörde die Stiftung anweisen, innerhalb einer angemessenen Frist das Erforderliche zu veranlassen.

§ 14 **Ersatzvornahme.** (1) Kommt die Stiftung innerhalb der ihr gesetzten Frist einer Weisung der Aufsichtsbehörde (§ 13 Abs. 2) nicht nach, so kann diese die notwendigen Maßnahmen an Stelle der Stiftung verfügen und vollziehen.

(2) Die Kosten hat die Stiftung zu tragen.

§ 15 **Abberufung von Mitgliedern der Stiftungsorgane.** (1) Die Aufsichtsbehörde kann Mitglieder eines Stiftungsorgans aus wichtigem Grund, insbesondere wegen grober Pflichtverletzung oder Unfähigkeit zur ordnungsmäßigen Geschäftsführung, abberufen und andere an ihrer Stelle ernennen. Bei schuldhaftem Verhalten bedarf es einer vorherigen Abmahnung.

(2) Die Aufsichtsbehörde kann dem Mitglied eines Stiftungsorgans einstweilen die Geschäftsführung untersagen, wenn es das Wohl der Stiftung erfordert.

(3) Vor einer Maßnahme nach Abs. 1 oder 2 sollen die übrigen Mitglieder der Stiftungsorgane gehört werden.

§ 16 **Bestellung eines Beauftragten.** Wenn und solange der ordnungsmäßige Gang der Verwaltung der Stiftung es erfordert und die Befugnisse der Aufsichtsbehörde nach den §§ 12 bis 15 nicht ausreichen, kann die Aufsichtsbehörde Beauftragte bestellen, die alle oder einzelne Aufgaben der Stiftung oder eines Stiftungsorgans auf Kosten der Stiftung wahrnehmen.

§ 17 Bekanntmachungen. Die Genehmigung und die Aufhebung einer Stiftung, die Änderung des Zwecks einer Stiftung, die Zusammenlegung von Stiftungen und die Entscheidung über die Rechtsnatur einer Stiftung (§ 22) sind im Staats-Anzeiger für das Land Hessen bekanntzumachen.

§ 18 Örtliche Stiftungen. (1) Örtliche Stiftungen sind solche, die Zwecke erfüllen, welche die Gemeinden, Landkreise oder Zweckverbände in ihrem Bereich als öffentliche Aufgaben wahrnehmen oder wahrnehmen können.

(2) Die Verwaltung der örtlichen Stiftungen bestimmt sich nach § 120 der Hessischen Gemeindeordnung.

(3) Unbeschadet des § 120 (2) der Hessischen Gemeindeordnung dürfen örtliche Stiftungen nur im Einvernehmen mit der Gemeinde, dem Landkreis oder dem Zweckverband genehmigt, umgewandelt, zusammengelegt oder aufgehoben werden. Das gleiche gilt für Änderungen der Verfassung oder des Stiftungszwecks.

(4) Wenn örtliche Stiftungen von Gemeinden, Landkreisen, Zweckverbänden oder deren Organen verwaltet werden, nehmen die Aufgaben der Stiftungsaufsicht die zuständigen Kommunalaufsichtsbehörden nach den Vorschriften der Hessischen Gemeindeordnung und der Hessischen Landkreisordnung wahr. Die anderen örtlichen Stiftungen unterliegen der Aufsicht nach § 11.

§ 19 Stiftungen unter der Verwaltung des Landeswohlfahrtsverbandes Hessen. Unbeschadet des § 87 des Bürgerlichen Gesetzbuchs dürfen Stiftungen, die vom Landeswohlfahrtsverband Hessen verwaltet werden, nur mit dessen Einvernehmen genehmigt, umgewandelt, zusammengelegt oder aufgehoben werden. Das gleiche gilt für Änderungen der Verfassung oder des Stiftungszwecks.

§ 20 Kirchliche und weltanschauliche Stiftungen. (1) Kirchliche Stiftungen im Sinne dieses Gesetzes sind die überwiegend kirchlichen oder religiösen Zwecken einer Kirche gewidmeten Stiftungen, die entweder organisatorisch in ihre Verwaltung eingegliedert sind oder deren Zweck nur sinnvoll in Verbindung mit der Kirche erfüllt werden kann.

(2) Unbeschadet des § 87 des Bürgerlichen Gesetzbuchs dürfen kirchliche Stiftungen nur im Einvernehmen mit der betreffenden Kirche genehmigt, umgewandelt, zusammengelegt oder aufgehoben werden. Das gleiche gilt für Änderungen des Stiftungszwecks.

(3) Ortskirchliche Stiftungen und Pfründestiftungen erlangen die Rechtsfähigkeit durch Bekanntmachung der Stiftungsurkunde im Staats-Anzeiger für das Land Hessen. Die Bekanntmachung wird auf Antrag der zuständigen Kirchenbehörde durch den sachlich zuständigen Minister veranlaßt. Entsprechendes gilt für die Umwandlung, Zusammenlegung, Aufhebung und die Änderung des Stiftungszwecks solcher Stiftungen.

(4) Den Kirchen bleibt es überlassen, die Wahrnehmung der übrigen Aufgaben der Stiftungsaufsicht zu regeln.

(5) Kirchenverträge bleiben unberührt.

(6) Abs. 1 bis 5 sind auch auf entsprechende Stiftungen einer als Körperschaft des öffentlichen Rechts anerkannten Religionsgemeinschaft oder Weltanschauungsgemeinschaft anzuwenden.

§ 21 Familienstiftungen. (1) Familienstiftungen im Sinne dieses Gesetzes sind Stiftungen, die nach dem Stiftungsgeschäft ausschließlich oder überwiegend dem Wohle der Mitglieder einer oder mehrerer bestimmter Familien dienen.

(2) Familienstiftungen unterliegen nur insoweit der Aufsicht des Landes, als sicherzustellen ist, daß ihr Bestand und ihre Betätigung nicht dem öffentlichen Interesse zuwiderlaufen.

§ 22 Zweifel über die Rechtsnatur einer Stiftung. Bestehen Zweifel über die Rechtsnatur einer Stiftung, vor allem darüber, ob sie eine Stiftung des bürgerlichen oder des öffentlichen Rechts, eine Familienstiftung, eine örtliche, kirchliche oder weltanschauliche Stiftung ist, so entscheidet darüber die Aufsichtsbehörde.

§ 23 Vermögensanfall. (1) Ist in der Verfassung für den Fall des Erlöschens einer Stiftung kein Anfallberechtigter bestimmt, so fällt das Vermögen

1. einer örtlichen Stiftung an die Gemeinde, den Landkreis oder den Zweckverband,
2. einer vom Landeswohlfahrtsverband Hessen verwalteten Stiftung an den Landeswohlfahrtsverband Hessen,
3. einer kirchlichen oder weltanschaulichen Stiftung an die Kirche, Religionsgemeinschaft oder Weltanschauungsgemeinschaft,
4. aller anderen Stiftungen an das Land.

Auch im Falle von Nr. 1 bis 3 finden die Vorschriften über eine dem Fiskus als gesetzlichem Erben anfallende Erbschaft Anwendung.

(2) Die Anfallberechtigten haben das Vermögen tunlichst in einer den Zwecken der Stiftung entsprechenden Weise zu verwenden.

§ 24 Rechtsstellung bestehender Stiftungen. Auf die zur Zeit des Inkrafttretens des Gesetzes bestehenden Stiftungen sind mit Ausnahme des § 3 die Vorschriften dieses Gesetzes anzuwenden.

§ 25 (aufgehoben)

§ 26 Änderung des Hessischen Verwaltungsgebührengesetzes. In Nr. 41 Buchst. b des Gebührenverzeichnisses zum Hessischen Verwaltungsgebührengesetz vom 14. Oktober 1954 (GVBl. S. 163) werden die Worte „mit Ausnahme von Familienstiftungen, die in ehem. preuß. Gebietsteilen des Landes gelegen, und von Stiftungen, die von Fideikommißgerichten errichtet worden sind", gestrichen.

§ 27 Aufhebung bisherigen Rechts. Aufgehoben werden:

1. § 29 des Ausführungsgesetzes zum Deutschen Gerichtsverfassungsgesetz vom 24. April 1878 (Preuß. Gesetzsamml. S. 230),
2. Art. 7 bis 9 des Gesetzes, die Ausführung des Bürgerlichen Gesetzbuchs betreffend, vom 17. Juli 1899 (Hess. Reg. Bl. S. 133),
3. Art. 1 bis 4 und Art. 5 § 2 des Ausführungsgesetzes zum Bürgerlichen Gesetzbuche vom 20. September 1899 (Preuß. Gesetzsamml. S. 177),
4. Art. 4 und 5 der Verordnung zur Ausführung des Bürgerlichen Gesetzbuchs vom 16. November 1899 (Preuß. Gesetzsamml. S. 562),
5. § 18 des Gesetzes über das Erlöschen der Familienfideikommisse und sonstiger gebundener Vermögen vom 6. Juli 1938 (Reichsgesetzbl. I S. 825),
6. §§ 15 bis 26 der Verordnung zur Durchführung und Ergänzung des Gesetzes über das Erlöschen der Familienfideikommisse und sonstiger gebundener Vermögen vom 20. März 1939 (Reichsgesetzbl. I S. 509),

7. die Verordnung über Familienstiftungen vom 17. Mai 1940 (Reichsgesetzbl. I S. 806),
8. das Gesetz über Familienstiftungen vom 28. Februar 1952 (GVBl. S. 5),
9. das Hessische Gesetz über Änderungen von Stiftungen vom 23. April 1956 (GVBl. S. 99),
10. Nr. 1 des Gebührenverzeichnisses zum Hessischen Justizkostengesetz vom 15. Mai 1958 (GVBl. S. 60),
11. das Gesetz zur Vereinheitlichung des Stiftungsrechts im Lande Hessen vom 23. April 1956 (GVBl. S. 99) in der Fassung vom 6. Februar 1962 (GVBl. S. 21).

§ 28 Ermächtigung zur Übertragung von Aufsichtsbefugnissen. Der Regierungspräsident in Darmstadt wird ermächtigt, die Befugnisse des § 12 für Stiftungen, die ihren Sitz in Frankfurt am Main haben, auf den Magistrat der Stadt Frankfurt am Main zu übertragen.

§ 29 Erlaß von Rechtsverordnungen. Der Minister des Innern erläßt im Einvernehmen mit dem Minister der Justiz die zur Ausführung dieses Gesetzes erforderlichen Rechtsverordnungen.

§ 30 Inkrafttreten. Dieses Gesetz tritt am 1. Mai 1966 in Kraft.

Mecklenburg-Vorpommern

Stiftungsgesetz für das Land Mecklenburg-Vorpommern

vom 24. 2. 1993 (GVOBl. S. 104).

Teil I. Allgemeine Bestimmungen

§ 1 Geltungsbereich. Dieses Gesetz gilt für die rechtsfähigen Stiftungen des bürgerlichen und öffentlichen Rechts mit dem Sitz in Mecklenburg-Vorpommern.

§ 2 Auslegungsgrundsatz. Bei der Anwendung dieses Gesetzes ist der wirkliche oder mutmaßliche Stifterwille in erster Linie maßgebend.

§ 3 Stiftungsbehörde. Stiftungsbehörde im Sinne dieses Gesetzes ist, soweit nichts anderes bestimmt ist, der Innenminister des Landes Mecklenburg-Vorpommern.

§ 4 Stiftungsverzeichnis. (1) Beim Innenminister wird ein Verzeichnis aller Stiftungen geführt.

(2) In das Stiftungsverzeichnis sind einzutragen:
1. Name,
2. Sitz,
3. Zweck,
4. Vertretungsberechtigung und Zusammensetzung der vertretungsberechtigten Organe der Stiftung und
5. der Tag der Erteilung der Genehmigung bzw. Verleihung der Rechtsfähigkeit.

(3) Die jeweiligen Stiftungsbehörden sind verpflichtet, dem Innenminister die erforderlichen Mitteilungen zu machen.

(4) Eintragungen in das Stiftungsverzeichnis begründen nicht die Vermutung der Richtigkeit. Die Einsicht in das Stiftungsverzeichnis ist jedem gestattet, der ein berechtigtes Interesse glaubhaft macht.

Teil II. Stiftungen des bürgerlichen Rechts

§ 5 Allgemeines. Für Stiftungen des bürgerlichen Rechts bleiben die §§ 80–88 BGB unberührt.

§ 6 Stiftungsgeschäft und -satzung. (1) Das Stiftungsgeschäft muß Bestimmungen enthalten über

- den Namen,
- den Sitz,
- den Zweck,
- das Vermögen,
- die Organe
- der Stiftung.

(2) Jede Stiftung muß eine Satzung haben. Die Satzung muß die in Absatz 1 genannten Bestimmungen enthalten. Sie soll ferner Regelungen treffen über

- Anzahl, Berufung, Amtsdauer und Abberufung der Mitglieder der Stiftungsorgane,
- Einberufung, Beschlußfähigkeit und Beschlußfassung der Stiftungsorgane,
- Geschäftsbereich und Vertretungsmacht der Stiftungsorgane,
- Satzungsänderungen sowie Umwandlung, Auflösung und Aufhebung der Stiftung,
- etwaige Rechte der durch die Stiftung Begünstigten,
- Vermögensanfall nach dem Erlöschen der Stiftung.

(3) Soweit Bestimmungen nach Absatz 2 fehlen oder unvollständig sind, kann die Stiftungsbehörde die Satzung bei der Genehmigung der Stiftung ergänzen. § 24 ist entsprechend anzuwenden.

§ 7 Genehmigung. (1) Die für die Entstehung erforderliche Genehmigung wird durch die Stiftungsbehörde erteilt. Die Genehmigung darf nicht unter Auflagen oder Bedingungen erfolgen.

(2) Die Genehmigung ist zu versagen, wenn

a) die Stiftung das Gemeinwohl gefährden würde,
b) die dauernde und nachhaltige Erfüllung des Stiftungszwecks nicht gewährleistet ist,
c) durch die Stiftung Vermögen des Stifters oder seine Verwendung gesetzlich vorgeschriebener Kontrolle oder Publizität entzogen würde.

(3) Die Genehmigung kann versagt werden, wenn

a) der Hauptzweck der Stiftung in dem Betrieb oder der Verwaltung eines erwerbswirtschaftlichen Unternehmens besteht, das ausschließlich oder überwiegend eigennützigen Interessen des Stifters oder seiner Erben dient,
b) das Stiftungsgeschäft den Anforderungen nach § 6 Abs. 1 nicht entspricht.

§ 8 Verwaltung der Stiftung, Haftung, Kosten. (1) Die zur Verwaltung der Stiftung berufenen Organe haben für die dauernde und nachhaltige Erfüllung des Stiftungszwecks zu sorgen.

(2) Organmitglieder, die ihre Pflichten schuldhaft verletzen, sind der Stiftung zum Ersatz des daraus entstehenden Schadens verpflichtet. Mitglieder, die ohne Entgelt tätig sind, haften nur bei Vorsatz oder grober Fahrlässigkeit.

(3) Die Stiftung ist sparsam und wirtschaftlich zu verwalten. Die Organmitglieder haben Anspruch auf Ersatz angemessener Auslagen, sofern die Satzung dies vorsieht. Ist eine Behörde Stiftungsorgan, so hat die Stiftung nur die notwendigen persönlichen und sächlichen Verwaltungskosten zu erstatten.

§ 9 Stiftungsvermögen. (1) Das Stiftungsvermögen ist in seinem Bestand ungeschmälert zu erhalten. Die Stiftungsbehörde kann Ausnahmen zulassen, wenn der Stifterwille anders nicht zu verwirklichen und der Bestand der Stiftung für eine angemessene Zeit gewährleistet ist.

(2) Das Stiftungsvermögen ist von anderem Vermögen getrennt zu halten.

(3) Die Stiftungen haben nach den Grundsätzen ordnungsgemäßer Buchführung Rechnung zu legen.

§ 10 Erträge. (1) Die Erträge des Stiftungsvermögens und Zuwendungen an die Stiftungen sind ausschließlich für den Stiftungszweck zu verwenden. Das gleiche gilt im Falle des § 9 Abs. 1 Satz 2 für das Stiftungsvermögen.

(2) Erträge und Zuwendungen dürfen der Vermögensmasse zugeführt werden, wenn

a) es die Satzung vorsieht,

b) sie zur Erfüllung des Stiftungszwecks keine Verwendung finden,

c) dies zur Erhaltung des Stiftungsvermögens in seinem Wert geboten ist.

In den Fällen b) und c) ist die Genehmigung der Stiftungsbehörde erforderlich.

(3) Reichen Erträge und Zuwendungen zur Erfüllung des Stiftungszwecks nicht mehr aus, so sollen sie dem Stiftungsvermögen zugeführt werden, sofern erwartet werden kann, daß aus den Erträgen des vergrößerten Stiftungsvermögens in absehbarer Zeit der Stiftungszweck nachhaltig erfüllt werden kann.

§ 11 Satzungsänderung, Zusammenlegung und Auflösung. (1) Die nach der Satzung zuständigen Organe können die Satzung ändern, wenn

a) die Satzung dies vorsieht

oder

b) sich die Verhältnisse seit der Errichtung der Stiftung wesentlich geändert haben.

Unter den gleichen Voraussetzungen können sie die Stiftung auflösen oder mit einer anderen Stiftung, die im wesentlichen die gleichen Zwecke verfolgt, zusammenschließen.

(2) Bei Maßnahmen nach Absatz 1 ist § 2 entsprechend anzuwenden. Zu Lebzeiten des Stifters ist dessen Einwilligung erforderlich. Beschlüsse nach Absatz 1 bedürfen der Genehmigung der Stiftungsbehörde. In Rechte derer, die durch die Stiftung bedacht sind, darf nicht eingegriffen werden.

§ 12 Zweckänderung und Aufhebung. Maßnahmen nach § 87 BGB trifft die Stiftungsbehörde. Sie kann bei Vorliegen der Voraussetzungen auch mehrere Stiftungen mit im wesentlichen gleichartigen Zwecken zu einer neuen Stiftung zusammenlegen und ihr eine Satzung geben. Mit der Zusammenlegung erlangt die neue Stiftung Rechtsfähigkeit; die zusammengelegten Stiftungen erlöschen. Mit dem Erlöschen geht das Vermögen einschließlich der Verbindlichkeiten der zusammengelegten Stiftungen auf die neue Stiftung über. § 87 Abs. 2 und 3 BGB sind entsprechend anzuwenden.

§ 13 Vermögensanfall. Enthält das Stiftungsgeschäft oder die Satzung für den Fall des Erlöschens keine Bestimmung über die Verwendung des Vermögens, so fällt dieses an das Land. Das Land hat bei der Verwendung des Vermögens den Stiftungszweck möglichst zu berücksichtigen.

§ 14 Stiftungsaufsicht. (1) Die Stiftungen stehen unter der Rechtsaufsicht des Landes. Sie soll sicherstellen, daß die Stiftungen im Einklang mit den Gesetzen und mit der Satzung der Stiftung verwaltet werden.

(2) Bei Stiftungen, die unmittelbar nur private Zwecke verfolgen und nicht von einer Behörde verwaltet werden, beschränkt sich die Aufsicht auf Maßnahmen nach § 87 BGB und die Sicherstellung der Handlungsfähigkeit der Stiftungsorgane.

(3) Aufsichtsbehörde ist die Stiftungsbehörde.

§ 15 Unterrichtung und Prüfung. (1) Die Stiftungsbehörde kann sich über einzelne Angelegenheiten der Stiftung unterrichten. Die Stiftungsorgane sind zur Auskunft und Vorlage von Unterlagen verpflichtet. Die Stiftungsbehörde kann die Verwaltung der Stiftung prüfen und auf Kosten der Stiftung prüfen lassen.

(2) Die Stiftung ist verpflichtet, der Stiftungsbehörde

1. die Zusammensetzung und jede Änderung der Zusammensetzung der vertretungsberechtigten Organe unverzüglich anzuzeigen,

2. innerhalb von sechs Monaten nach Schluß des Geschäftsjahres eine Jahresabrechnung mit einer Vermögensübersicht und einem Bericht über die Erfüllung des Stiftungszwecks vorzulegen. Sofern die Satzung nichts anderes bestimmt, ist Rechnungsjahr das Kalenderjahr.

§ 16 Beanstandungen. Die Stiftungsbehörde kann Beschlüsse und andere Maßnahmen der Stiftungsorgane beanstanden, wenn sie das Gesetz oder die Stiftungssatzung verletzen, und verlangen, daß sie innerhalb einer bestimmten Frist aufgehoben oder rückgängig gemacht werden. Beanstandete Maßnahmen dürfen nicht vollzogen werden.

§ 17 Anordnung und Ersatzvornahmen. (1) Trifft ein Stiftungsorgan eine durch Gesetz oder die Satzung gebotene Maßnahme nicht, kann die Stiftungsbehörde anordnen, daß die Maßnahme innerhalb einer bestimmten Frist durchgeführt wird.

(2) Kommt das Stiftungsorgan einer Anordnung nach § 16 oder Absatz 1 nicht innerhalb der Frist nach, kann die Stiftungsbehörde die Maßnahme auf Kosten der Stiftung durchführen oder durchführen lassen.

§ 18 Abberufung und Bestellung von Organmitgliedern. (1) Die Stiftungsbehörde kann ein Mitglied eines Stiftungsorgans aus wichtigem Grund, insbesondere wegen grober Pflichtverletzung oder Unfähigkeit zu ordnungsgemäßer Geschäftsführung, abberufen. Sie kann ein neues Mitglied bestellen, sofern die Stiftung innerhalb einer ihr von der Stiftungsbehörde gesetzten angemessenen Frist kein neues Mitglied bestellt hat.

(2) Sie kann unter den Voraussetzungen des Absatzes 1 Satz 1 dem Mitglied die Wahrnehmung seiner Geschäfte einstweilig untersagen.

(3) Vor einer Maßnahme nach den Absätzen 1 und 2 ist dem Betroffenen und den übrigen Mitgliedern des Stiftungsorgans Gelegenheit zu geben, sich zu äußern.

§ 19 Bestellung von Beauftragten. Wenn und soweit die Befugnisse der Stiftungsbehörde nach den §§ 15–18 nicht ausreichen, einen geordneten Gang der Verwaltung zu gewährleisten, kann sie einen Beauftragten bestellen, der die Aufgaben der Stiftung oder eines Stiftungsorgans auf Kosten der Stiftung wahrnimmt.

§ 20 Anzeigepflicht. Der Stiftungsbehörde sind im voraus anzuzeigen

1. Vermögensumschichtungen, die für den Bestand oder den Zweck der Stiftung bedeutsam sind,
2. unentgeltliche Zuwendungen aus dem Vermögen der Stiftung, die nicht der Erfüllung des Stiftungszwecks dienen,
3. die Annahme unentgeltlicher Zuwendungen, wenn sie mit das Stiftungsvermögen besonders belastenden Bedingungen oder Auflagen verbunden sind und
4. Rechtsgeschäfte der Stiftung mit Mitgliedern von Stiftungsorganen.

Eine Maßnahme, die nach Satz 1 anzuzeigen ist, darf erst durchgeführt werden, wenn die Stiftungsbehörde ihre Rechtmäßigkeit bestätigt oder die Maßnahme nicht innerhalb von vier Wochen beanstandet hat. Die Stiftungsbehörde kann einer Stiftung für bestimmte Arten von anzeigepflichtigen Maßnahmen allgemein Befreiung von der Anzeigepflicht erteilen.

§ 21 Bekanntmachung. Die Genehmigung, das Zusammenlegen, die Auflösung, das Aufheben und die Zweckänderung von Stiftungen sind von der Stiftungsbehörde im Amtsblatt des Landes Mecklenburg-Vorpommern bekanntzumachen.

Teil III. Stiftungen des öffentlichen Rechts

§ 22 Errichtung. (1) Eine Stiftung des öffentlichen Rechts wird durch Stiftungsakt (Genehmigung oder Gesetz) errichtet.

(2) Eine Stiftung des öffentlichen Rechts kann nur für Zwecke errichtet werden, die der Erfüllung öffentlicher Aufgaben dienen.

(3) Die dauernd und nachhaltige Erfüllung des Stiftungszwecks muß gesichert erscheinen.

§ 23 Entstehung. Zur Entstehung ist neben dem Stiftungsakt die Verleihung der öffentlich-rechtlichen Rechtsfähigkeit erforderlich. Dies geschieht durch einen staatlichen Hoheitsakt der Stiftungsbehörde. Ist das Land Mitstifter, wird die Rechtsfähigkeit durch die Landesregierung verliehen.

§ 24 Rechtsvorschriften. Auf Stiftungen des öffentlichen Rechts sind die Vorschriften des zweiten Teils entsprechend anzuwenden, es sei denn, sie beziehen sich ausschließlich auf den privatrechtlichen Charakter der Stiftung.

Teil IV. Besondere Arten von Stiftungen

§ 25 Kommunale Stiftungen. (1) Kommunale Stiftungen sind Stiftungen, deren Zweck im Aufgabenbereich einer Gemeinde, eines Amtes, eines Landkreises oder einer kreisfreien Stadt liegt und die von diesen Körperschaften verwaltet werden.

(2) Die Vorschriften dieses Gesetzes gelten mit folgender Maßgabe:

1. Stiftungsbehörde ist abweichend von § 3 die Rechtsaufsichtsbehörde der jeweiligen Körperschaft.
2. In der Vorschrift über den Vermögensanfall (§ 13) tritt an die Stelle des Landes die jeweilige kommunale Körperschaft.
3. Bekanntmachungen nach § 21 haben in der für die Stiftungsbehörde üblichen Form stattzufinden.

§ 26 Kirchliche Stiftungen. (1) Kirchliche Stiftungen sind Stiftungen, die ausschließlich oder überwiegend kirchlichen Aufgaben gewidmet sind und
1. in der Stiftungssatzung der kirchlichen Aufsicht unterstellt sind,
2. organisatorisch mit einer Kirche verbunden sind oder
3. ihre Zwecke nur sinnvoll in Verbindung mit einer Kirche erfüllen können.

Kirchliche Stiftungen bedürfen der Anerkennung durch die zuständige Kirchenbehörde.

(2) Die Vorschriften dieses Gesetzes gelten mit folgender Maßgabe:
1. Der Kirche bleibt es überlassen, für die Verwaltung (§§ 8–10) eigene Vorschriften zu erlassen. An die Stelle der Stiftungsaufsicht nach den §§ 14–20 tritt die Aufsicht nach kirchlichem Recht durch die zuständige Kirchenbehörde.
2. Maßnahmen nach § 12 dürfen nur im Einvernehmen mit der betreffenden Kirche durchgeführt werden. Zur Satzungsänderung nach § 11 Abs. 1 ist nicht die Zustimmung der Stiftungsbehörde erforderlich, wenn dadurch nicht der Aufgabenbereich einer kirchlichen Stiftung verlassen wird.
3. In der Vorschrift über den Vermögensanfall (§ 13) tritt an die Stelle des Landes die jeweilige Kirche.

§ 27 Familienstiftungen. (1) Familienstiftungen im Sinne dieses Gesetzes sind Stiftungen, die nach dem Stiftungsgeschäft ausschließlich oder überwiegend dem Wohle der Mitglieder einer oder mehrerer bestimmter Familien dienen.

(2) Abweichend vom § 14 Abs. 2 unterliegen Familienstiftungen der Aufsicht nur soweit, als sicherzustellen ist, daß ihr Bestand und ihre Betätigung nicht dem öffentlichen Interesse zuwiderlaufen.

Teil V. Übergangs- und Schlußbestimmungen

§ 28 Zweifel über die Rechtsnatur. Bestehen Zweifel über die Rechtsnatur einer Stiftung, so entscheidet darüber die Stiftungsbehörde. Kommt eine kirchliche Stiftung in Betracht, so geschieht dies nach Anhörung der betreffenden Kirche.

§ 29 Bestehende Stiftungen. (1) Auf die zum Zeitpunkt des Inkrafttretens dieses Gesetzes bestehenden Stiftungen sind außer § 7 die Vorschriften dieses Gesetzes anzuwenden.

(2) Die Stiftungen haben die nach § 4 Abs. 2 für das Stiftungsverzeichnis erforderlichen Angaben innerhalb von sechs Monaten nach Inkrafttreten dieses Gesetzes zu machen.

(3) Stiftungssatzungen, die den Vorschriften dieses Gesetzes nicht entsprechen, sind zu ändern oder zu ergänzen.

§ 30 Ordnungswidrigkeiten. (1) Ordnungswidrig handelt, wer vorsätzlich oder fahrlässig seinen Verpflichtungen nach den § 15 Abs. 2, § 20 sowie § 29 Abs. 2 und 3 dieses Gesetzes nicht, nicht richtig, nicht vollständig oder nicht rechtzeitig nachkommt.

(2) Die Ordnungswidrigkeit kann mit einer Geldbuße bis zu DM 5000 geahndet werden.

(3) Verwaltungsbehörde im Sinne des § 36 Abs. 1 Nr. 1 des Gesetzes über Ordnungswidrigkeiten ist der Innenminister.

§ 31 Aufhebung bisher geltenden Rechts. Mit Inkrafttreten dieses Gesetzes treten außer Kraft:

1. das Gesetz über die Bildung und Tätigkeit von Stiftungen (Stiftungsgesetz) vom 13. September 1990 (GBl. DDR I S. 1483 ff.), bisher weitergeltend durch Einigungsvertrag Anlage II Kapitel III Sachgebiet B Abschnitt III Nr. 2,
2. die Landesverordnung zur Bestimmung der zuständigen Behörden nach dem Stiftungsgesetz vom 29. April 1991 (GVOBl. M–V S. 150).

§ 32 Inkrafttreten. Dieses Gesetz tritt am Tage nach seiner Verkündung in Kraft.

Niedersachsen

Literaturhinweise: *Seifart*, Kommentar zum Niedersächsischen Stiftungsgesetz, Essen 1980; *Siegmund-Schultze*, Kommentar zum Niedersächsischen Stiftungsgesetz, 6. Aufl., Essen 1997.

Niedersächsisches Stiftungsgesetz

vom 24. 7. 1968 (GVBl. S. 119), geändert durch Gesetz vom 20. 12. 1985 (GVBl. S. 609).

§ 1
Geltungsbereich

Dieses Gesetz gilt für die rechtsfähigen Stiftungen des bürgerlichen Rechts, die ihren Sitz im Lande Niedersachsen haben.

§ 2
Auslegungsgrundsatz

Bei der Anwendung dieses Gesetzes ist der Stifterwille in erster Linie maßgebend.

§ 3
Stiftungsbehörde

Stiftungsbehörde im Sinne dieses Gesetzes ist die Bezirksregierung.

§ 4
Genehmigung

(1) Die Stiftungsbehörde erteilt die zur Entstehung einer Stiftung nach § 80 BGB erforderliche Genehmigung.

(2) Eine Stiftung darf nur genehmigt werden, wenn die Verwirklichung des Stiftungszwecks nachhaltig gesichert erscheint.

§ 5
Stiftungssatzung

(1) Jede Stiftung muß eine Satzung haben.

(2) Die Satzung muß Bestimmungen enthalten über

1. den Namen,
2. den Sitz,
3. den Zweck,
4. das Vermögen,
5. die Organe

der Stiftung.

(3) Die Satzung soll Bestimmungen enthalten über

1. Anzahl, Berufung, Amtsdauer und Abberufung der Mitglieder der Stiftungsorgane,
2. Geschäftsbereich und Vertretungsmacht der Stiftungsorgane,
3. Einberufung, Beschlußfähigkeit und Beschlußfassung der Stiftungsorgane,
4. Beurkundung von Beschlüssen der Stiftungsorgane,
5. etwaige Rechte derer, die durch die Stiftung bedacht sind.

(4) Die Stiftungsbehörde kann die Satzung, soweit sie nach den Absätzen 2 oder 3 unvollständig ist, bei der Genehmigung der Stiftung ergänzen, zu Lebzeiten des Stifters nur mit dessen Zustimmung.

§ 6
Verwaltung der Stiftung

(1) Das Stiftungsvermögen ist in seinem Bestand ungeschmälert zu erhalten. Die Stiftungsbehörde kann Ausnahmen zulassen, wenn der Stifterwille anders nicht zu verwirklichen und der Bestand der Stiftung für angemessene Zeit gewährleistet ist. Das Stiftungsvermögen ist von anderem Vermögen getrennt zu halten.

(2) Die Erträge des Stiftungsvermögens und Zuwendungen an die Stiftung sind ausschließlich für den Stiftungszweck zu verwenden. Sie dürfen der Vermögensmasse zugeführt werden, wenn es die Satzung vorsieht oder wenn es zum Ausgleich von Vermögensverlusten erforderlich ist.

(3) Die Mitglieder der Stiftungsorgane sind zur ordnungsmäßigen Verwaltung des Stiftungsvermögens verpflichtet. Organmitglieder, die ihre Pflichten schuldhaft verletzen, sind der Stiftung zum Ersatz des daraus entstehenden Schadens verpflichtet. Die Haftung wegen grober Fahrlässigkeit kann nicht ausgeschlossen werden.

(4) Die Verwaltungskosten sind auf ein Mindestmaß zu beschränken. Die Mitglieder der Stiftungsorgane haben Anspruch auf Ersatz angemessener Auslagen. Bei entgeltlicher Tätigkeit von Organmitgliedern sind Art und Umfang der Dienstleistungen und der Vergütung vor Aufnahme der Tätigkeit schriftlich zu regeln. Ist eine Behörde Stiftungsorgan, so hat die Stiftung im Zweifel nur die Auslagen zu ersetzen.

§ 7
Satzungsänderung, Zusammenlegung und Aufhebung durch Stiftungsorgane oder Dritte

(1) Wenn die Satzung dies vorsieht oder wenn sich die Verhältnisse seit der Errichtung der Stiftung wesentlich geändert haben, kann die Satzung geändert oder die Stiftung mit einer anderen Stiftung zusammengelegt oder aufgehoben werden. Satzungsänderungen, die den Stiftungszweck nicht berühren, sind außerdem zulässig, wenn sie die ursprüngliche Gestaltung der Stiftung nicht wesentlich verändern oder die Erfüllung des Stiftungszwecks erleichtern.

(2) Bei Maßnahmen nach Absatz 1 ist der erkennbare oder mutmaßliche Wille des Stifters zu berücksichtigen. Zu Lebzeiten des Stifters ist dessen Zustimmung erforderlich. In Rechte derer, die durch die Stiftung bedacht sind, darf nicht eingegriffen werden.

(3) Maßnahmen nach Absatz 1 werden von den zur Verwaltung der Stiftung berufenen Organen getroffen. Die Satzung kann andere Stiftungsorgane oder Dritte hierzu ermächtigen. Die Maßnahmen bedürfen der Genehmigung der Stiftungsbehörde. Mit der Genehmigung der Zusammenlegung wird die neue Stiftung rechtsfähig.

(4) Eine Sitzverlegung in das Land Niedersachsen bedarf der Genehmigung durch die Stiftungsbehörde.

§ 8
Zweckänderung, Zusammenlegung und Aufhebung durch die Stiftungsbehörde

(1) Die Stiftungsbehörde trifft die in § 87 BGB vorgesehenen Maßnahmen. Liegen die Voraussetzungen des § 87 Abs. 1 BGB vor, so kann die Stiftungsbehörde die Umwandlung auch in der Weise vornehmen, daß sie mehrere Stiftungen mit im wesentlichen gleichartigen Zwecken zu einer neuen Stiftung zusammenlegt und dieser Stiftung eine Satzung gibt. Mit der Zusammenlegung wird die neue Stiftung rechtsfähig.

(2) Vor Maßnahmen nach Absatz 1 ist zu Lebzeiten des Stifters auch dieser zu hören.

§ 9
Vermögensanfall

(1) Ist für den Fall des Erlöschens einer Stiftung in der Satzung weder ein Anfallberechtigter bestimmt noch einem Stiftungsorgan die Bestimmung des Anfallberechtigten übertragen, so fällt das Vermögen

1. einer kommunalen Stiftung (§ 19 Abs. 1) an die kommunale Körperschaft,
2. einer kirchlichen Stiftung (§ 20 Abs. 1) an die aufsichtführende Kirche,
3. aller anderen Stiftungen an das Land.

Auch in den Fällen der Nummern 1 und 2 gelten die Vorschriften über eine dem Fiskus als gesetzlichem Erben anfallende Erbschaft entsprechend.

(2) Alle Anfallberechtigten haben das Vermögen tunlichst in einer den Zwecken der Stiftung entsprechenden Weise zu verwenden.

§ 10
Stiftungsaufsicht

(1) Die Stiftungsaufsicht des Landes stellt sicher, daß die Stiftung im Einklang mit den Gesetzen und der Stiftungssatzung verwaltet werden. Die Aufsicht soll so gehandhabt werden, daß Entschlußkraft und Verantwortungsfreudigkeit der Mitglieder der Stiftungsorgane nicht beeinträchtigt werden.

(2) Bei Stiftungen, die unmittelbar nur private Zwecke verfolgen und nicht von einer Behörde verwaltet werden, beschränkt sich die Aufsicht auf Maßnahmen nach § 87 BGB und die Sicherstellung der Handlungsfähigkeit der Stiftungsorgane.

(3) Die Stiftungsaufsicht wird von der Stiftungsbehörde geführt. Bei einer Stiftung mit örtlich begrenztem Wirkungsbereich kann die Stiftungsbehörde ihre Befugnisse nach § 6 Abs. 1 Satz 2 und den §§ 10 bis 16 auf den Landkreis, die kreisfreie oder die große selbständige Stadt oder die selbständige Gemeinde übertragen, in deren Bezirk die Stiftung ihren Sitz hat.

§ 11
Unterrichtung und Prüfung

(1) Die Stiftungsbehörde kann sich jederzeit über die Angelegenheiten der Stiftung unterrichten. Sie kann durch Beauftragte die Geschäftsräume und alle Einrichtungen der Stiftung besichtigen und prüfen, mündliche und schriftliche Berichte, Sitzungsniederschriften der Stiftungsorgane, Akten und sonstige Unterlagen einfordern oder einsehen. Sie kann auch die Wirtschaftsführung durch einen Wirtschaftsprüfer auf Kosten der Stiftung prüfen lassen.

(2) Der Vorstand der Stiftung ist verpflichtet, der Stiftungsbehörde

1. jede Änderung der Zusammensetzung eines Organs unverzüglich anzuzeigen,
2. innerhalb von fünf Monaten nach Schluß des Geschäftsjahres eine Jahresabrechnung mit einer Vermögensübersicht und einen Bericht über die Erfüllung des Stiftungszwecks einzureichen.

§ 12
Beanstandung

Die Stiftungsbehörde kann Beschlüsse und andere Maßnahmen der Stiftungsorgane beanstanden, wenn sie das Gesetz oder die Stiftungssatzung verletzen. Beanstandete Maßnahmen dürfen nicht vollzogen werden. Die Stiftungsbehörde kann verlangen, daß bereits getroffene Maßnahmen rückgängig gemacht werden.

§ 13
Anordnung und Ersatzvornahme

(1) Trifft ein Stiftungsorgan eine durch Gesetz oder Stiftungssatzung gebotene Maßnahme nicht, so kann die Stiftungsbehörde anordnen, daß es innerhalb einer bestimmten Frist das Erforderliche veranlaßt.

(2) Kommt das Stiftungsorgan einer Anordnung der Stiftungsbehörde nicht innerhalb der Frist nach, so kann die Stiftungsbehörde die Anordnung auf Kosten der Stiftung selbst durchführen oder durch andere durchführen lassen.

§ 14
Abberufung von Mitgliedern der Stiftungsorgane

(1) Hat ein Mitglied eines Stiftungsorgans sich einer groben Pflichtverletzung schuldig gemacht oder ist es zur ordnungsmäßigen Geschäftsführung unfähig, so kann die Stiftungsbehörde die Abberufung dieses Mitglieds und die Berufung eines anderen verlangen. Sie kann dem Mitglied die Geschäftsführung einstweilen untersagen.

(2) Ist die Stiftung zur Abberufung des Mitglieds nicht in der Lage oder kommt sie innerhalb einer bestimmten Frist dem Verlangen der Stiftungsbehörde nach Absatz 1 Satz 1 nicht nach, so kann die Stiftungsbehörde das Mitglied abberufen und ein anderes an seiner Stelle berufen.

§ 15
Bestellung von Mitgliedern der Stiftungsorgane

Soweit einem Stiftungsorgan die erforderlichen Mitglieder fehlen und nicht nach § 29 BGB zu verfahren ist, kann die Stiftungsbehörde sie in dringenden Fällen für die Zeit bis zur Behebung des Mangels bestellen.

§ 16
Schadenersatz

Die Stiftungsbehörde ist befugt, im Namen der Stiftung Ansprüche auf Schadenersatz gegen Mitglieder der Stiftungsorgane gerichtlich geltend zu machen, sofern dies nicht innerhalb einer bestimmten Frist durch das zuständige Stiftungsorgan geschieht oder die Stiftung dazu nicht in der Lage ist.

§ 17
Bekanntmachungen

Die Errichtung, das Erlöschen, die Änderung des Zwecks und die Verlegung des Sitzes einer Stiftung sowie die Zusammenlegung von Stiftungen sind im Amtsblatt der Stiftungsbehörde bekanntzumachen.

§ 18
Vom Land errichtete oder verwaltete Stiftungen

(1) Wird eine Stiftung durch das Land errichtet oder ist das Land an der Errichtung beteiligt, so nimmt das Landesministerium die Aufgaben der Stiftungsbehörde und des Fachministers nach § 4, § 7 Abs. 3 Satz 3 und 4 und Abs. 4, § 8 und § 21 Abs. 2 Satz 3 wahr. Es kann diese Befugnisse auf eine andere Landesbehörde übertragen.

(2) Wird eine Stiftung von einer Landesbehörde verwaltet, so übt die übergeordnete Behörde die Stiftungsaufsicht aus. Sie nimmt, wenn die Voraussetzungen des Absatzes 1 nicht vorliegen, die dort genannten Aufgaben wahr. In die Satzung einer Stiftung, die von einer Landesbehörde verwaltet wird, sollen Vorschriften über das Haushalts-, Kassen-, Rechnungs- und Prüfungswesen aufgenommen werden.

§ 19
Kommunale Stiftungen

(1) Kommunale Stiftungen sind Stiftungen, deren Zweck im Aufgabenbereich einer kommunalen Körperschaft liegt und die von dieser Körperschaft verwaltet werden.

(2) Für die Verwaltung der kommunalen Stiftungen gelten neben § 6 dieses Gesetzes die Vorschriften über die Vermögensverwaltung bei kommunalen Körperschaften. Maßnahmen nach den §§ 7 und 8 dieses Gesetzes treffen die kommunalen Körperschaften mit Genehmigung der Kommunalaufsichtsbehörde. An die Stelle der Stiftungsaufsicht nach den §§ 10 bis 16 tritt die Kommunalaufsicht.

§ 20
Kirchliche Stiftungen

(1) Kirchliche Stiftungen sind Stiftungen, die ausschließlich oder überwiegend dazu bestimmt sind, kirchliche Aufgaben zu erfüllen, und

1. von einer Kirche gegründet oder
2. organisatorisch mit einer Kirche verbunden oder
3. in der Stiftungssatzung der kirchlichen Aufsicht unterstellt oder
4. deren Zwecke nur sinnvoll in Verbindung mit einer Kirche zu erfüllen

sind. Kirchliche Stiftungen bedürfen der Anerkennung durch die zuständige Kirchenbehörde.

(2) Entscheidungen der Stiftungsbehörde werden im Einvernehmen mit der zuständigen Kirchenbehörde getroffen. Für die Verwaltung der kirchlichen Stiftungen gilt § 6 nur insoweit, als keine entsprechenden kirchlichen Vorschriften bestehen. Im übrigen gilt § 6 Abs. 1 Satz 2 mit der Maßgabe, daß die zuständige Kirchenbehörde Ausnahmen zulassen kann. An Stelle der Stiftungsbehörde erteilt die zuständige Kirchenbehörde gemäß § 7 die Genehmigung von Satzungsänderungen, durch die nicht der Zweck einer kirchlichen Stiftung geändert oder deren Sitz in das Land Niedersachsen verlegt wird. An die Stelle der Stiftungsaufsicht nach den §§ 10 bis 16 tritt die Aufsicht nach kirchlichem Recht durch die zuständige Kirchenbehörde.

(3) Die Absätze 1 und 2 sowie § 9 Abs. 1 gelten entsprechend für die Stiftungen der jüdischen Kultusgemeinden, der sonstigen Religionsgemeinschaften und der weltanschaulichen Gemeinschaften, sofern sie Körperschaften des öffentlichen Rechts sind und die für die Aufsicht über die Stiftungen erforderlichen Vorschriften erlassen haben.

§ 21
Bestehende Stiftungen

(1) Auf die zur Zeit des Inkrafttretens des Gesetzes bestehenden Stiftungen sind die Vorschriften dieses Gesetzes mit Ausnahme von § 4 und § 5 Abs. 4 anzuwenden.

(2) Stiftungssatzungen, die den Vorschriften dieses Gesetzes nicht entsprechen, sind zu ändern oder zu ergänzen. Ist eine Satzung nicht vorhanden, so ist sie zu erlassen. Maßnahmen nach den Sätzen 1 und 2 bedürfen der Genehmigung der Stiftungsbehörde.

§ 22
Übergang von Zuständigkeiten

Die Zuständigkeit in Stiftungsangelegenheiten gehen auf die in diesem Gesetz bestimmten Behörden über, auch wenn sich aus einer Stiftungssatzung bisher Zuständigkeiten anderer Behörden ergeben haben.

§ 23
Aufhebung bisher geltenden Rechts

(1) Alle landesrechtlichen Vorschriften, die diesem Gesetz entgegenstehen oder den gleichen Inhalt haben, werden aufgehoben. Insbesondere treten außer Kraft:

1. §§ 10 bis 14 und § 110 des braunschweigischen Ausführungsgesetzes zum Bürgerlichen Gesetzbuche vom 12. Juni 1899 (Nieders. GVBl. Sb. III S. 230);
2. §§ 5 und 6 der oldenburgischen Verordnung zur Ausführung des Bürgerlichen Gesetzbuchs vom 1. Dezember 1899 (Nieders. GVBl. Sb. III S. 238);
3. § 29 des preußischen Ausführungsgesetzes zum deutschen Gerichtsverfassungsgesetz vom 24. April 1878 (Nieders. GVBl. Sb. III S. 149);
4. Art. 1 bis 4 und Art. 5 § 2 des preußischen Ausführungsgesetzes zum Bürgerlichen Gesetzbuche vom 20. September 1899 (Nieders. GVBl. Sb. III S. 221);
5. Art. 4 und 5 der preußischen Verordnung zur Ausführung des Bürgerlichen Gesetzbuchs vom 16. November 1899 (Nieders. GVBl. Sb. III S. 229);
6. das preußische Gesetz über Änderungen von Stiftungen vom 10. Juli 1924 (Nieders. GVBl. Sb. II S. 469);
7. § 2 Buchst. a Nr. 13 der preußischen Verordnung über die Einführung landesrechtlicher Vorschriften in den nach dem Groß-Hamburg-Gesetz auf Preußen übergegangenen Gebietsteilen (Rechtseinführungsverordnung) vom 18. März 1938 (Nieders. GVBl. Sb. II S. 16).

(2) Es werden gestrichen:

1. in der Anlage zum Gesetz über Kosten im Bereich der Justizverwaltung vom 18. November 1957 (Nieders. GVBl. Sb. I S. 490) die Nummer 1;
2. in § 103 Abs. 1 des braunschweigischen Ausführungsgesetzes zum Bürgerlichen Gesetzbuche vom 12. Juni 1899 (Nieders. GVBl. Sb. III S. 230) hinter dem Wort „Gemeindeschulen" das Komma und die Worte „milden Stiftungen".

(3) Auf Grund des § 4 des Gesetzes zur Änderung von Vorschriften des Fideikommiß- und Stiftungsrechts vom 28. Dezember 1950 (Bundesgesetzbl. S. 820) werden aufgehoben:

1. § 18 des Gesetzes über das Erlöschen der Familienfideikommisse und sonstiger gebundener Vermögen vom 6. Juli 1938 (Reichsgesetzbl. I S. 825);
2. §§ 11, 13 und 15 bis 26 der Verordnung zur Durchführung und Ergänzung des Gesetzes über das Erlöschen der Familienfideikommisse und sonstiger gebundener Vermögen vom 20. März 1939 (Reichsgesetzbl. I S. 509);
3. die Verordnung über Familienstiftungen vom 17. Mai 1940 (Reichsgesetzbl. I S. 806).

§ 24
Inkrafttreten

Dieses Gesetz tritt am 1. Januar 1969 in Kraft.

Anhang 1: Landesstiftungsgesetze

Nordrhein-Westfalen

Literaturhinweise: *Andrick,* Stiftungsrecht und Staatsaufsicht unter besonderer Berücksichtigung der nordrhein-westfälischen Verhältnisse, 1988; *Andrick,* Zur Problematik staatlicher Aufsicht im nordrhein-westfälischen Stiftungswesen, NWVBl. 1987, 103; *Henle,* Der Entwurf eines Stiftungsgesetzes für das Land Nordrhein-Westfalen und die Familien- und Unternehmensstiftungen, AG 1975, 85; *Wenzel,* Örtliche Stiftungen in Nordrhein-Westfalen, 1993.

Stiftungsgesetz für das Land Nordrhein-Westfalen (StiftG NW)

vom 21. 6. 1977 (GV. NW. 1977, S. 274).

1. Abschnitt. Allgemeines

§ 1 Geltungsbereich. Dieses Gesetz gilt für selbständige Stiftungen, die in Nordrhein-Westfalen ihren Sitz haben, und für unselbständige Stiftungen, die in Nordrhein-Westfalen treuhänderisch verwaltet werden.

§ 2 Begriffsbestimmungen. (1) Selbständige Stiftungen im Sinne dieses Gesetzes sind die rechtsfähigen Stiftungen des privaten Rechts.

(2) Unselbständige Stiftungen im Sinne dieses Gesetzes sind Vermögenswerte, deren sich der Stifter zugunsten eines uneigennützigen auf die Dauer angelegten Zwecks entäußert, der nach seinem Willen durch einen anderen treuhänderisch zu erfüllen ist.

(3) Örtliche Stiftungen im Sinne dieses Gesetzes sind selbständige und unselbständige Stiftungen, die nach dem Willen des Stifters von einer Gemeinde verwaltet werden und die überwiegend Zwecken dienen, welche von der verwaltenden Körperschaft in ihrem Bereich als öffentliche Aufgaben erfüllt werden können. Den örtlichen Stiftungen sind gleichgestellt die diesen entsprechenden, von Gemeindeverbänden verwaltete Stiftungen.

(4) Kirchliche Stiftungen im Sinne dieses Gesetzes sind selbständige Stiftungen, deren Zweck es ist, überwiegend kirchlichen Aufgaben zu dienen und die nach dem Willen des Stifters von einer Kirche verwaltet oder beaufsichtigt werden. Den kirchlichen Stiftungen sind gleichgestellt die entsprechenden Stiftungen zum Zwecke der Erfüllung von Aufgaben einer öffentlich-rechtlichen Religions- oder einer öffentlich-rechtlichen Weltanschauungsgemeinschaft.

(5) Familienstiftungen im Sinne dieses Gesetzes sind selbständige Stiftungen, die ausschließlich dem Interesse der Mitglieder einer bestimmten Familie oder mehrerer bestimmter Familien dienen.

2. Abschnitt. Selbständige Stiftungen

1. Titel. Genehmigung

§ 3 Genehmigungsbehörde. Die zur Entstehung einer selbständigen Stiftung auf Grund des § 80 Satz 1 BGB erforderliche Genehmigung erteilt der Innenminister; er kann diese Befugnis allgemein oder im Einzelfall auf den Regierungspräsidenten übertragen.

§ 4 **Genehmigung.** (1) Die Genehmigung ist zu versagen, wenn
a) die Stiftung das Gemeinwohl gefährden würde,
b) die dauernde und nachhaltige Erfüllung des Stiftungszwecks nicht gewährleistet ist,
c) durch die Stiftung Vermögen des Stifters oder seine Verwendung gesetzlich vorgeschriebener Kontrolle oder Publizität entzogen würde.
(2) Die Genehmigung kann versagt werden, insbesondere, wenn
a) das Stiftungsgeschäft den Anforderungen des § 5 Abs. 1 nicht entspricht,
b) der Hauptzweck der Stiftung in dem Betrieb oder der Verwaltung eines erwerbswirtschaftlichen Unternehmens besteht, das ausschließlich oder überwiegend eigennützigen Interessen des Stifters oder seiner Erben dient.
(3) Die Genehmigung einer Stiftung als kirchliche Stiftung bedarf der Zustimmung der von der Kirche bestimmten kirchlichen Behörde. Entsprechendes gilt für die den kirchlichen Stiftungen gleichgestellten Stiftungen.

§ 5 **Stiftungsgeschäft.** (1) Das Stiftungsgeschäft soll mindestens deutlich machen
1. den Namen der Stiftung,
2. den Sitz und den Zweck der Stiftung,
3. die Organe der Stiftung sowie deren Bildung, Aufgaben und Befugnisse,
4. das Vermögen der Stiftung,
5. die Verwendung der Erträge des Stiftungsvermögens und, falls dieses Vermögen selbst für den Stiftungszweck verwendet werden darf, die Voraussetzungen hierfür.
(2) Das Stiftungsgeschäft soll ferner Bestimmungen enthalten über
1. die Rechtsstellung der durch die Stiftung Begünstigten,
2. die Anpassung der Stiftung an veränderte Verhältnisse,
3. die Auflösung der Stiftung,
4. den Anfall des Vermögens bei Erlöschen der Stiftung.
(3) Die Bestimmungen des Stiftungsgeschäftes sollen in einer Satzung zusammengefaßt werden. Die Satzung kann weitere Vorschriften enthalten.

2. Titel. Verwaltung der selbständigen Stiftung

§ 6 **Grundsatz.** Die Verwaltung der selbständigen Stiftung durch die dazu berufenen Organe dient dem Ziel, im Rahmen dieses Gesetzes und der Satzung den Willen des Stifters so wirksam und nachhaltig wie möglich zu erfüllen.

§ 7 **Erhaltung des Vermögens.** (1) Das Stiftungsvermögen ist, soweit die Satzung nichts Abweichendes bestimmt, ungeschmälert zu erhalten. Hiervon kann abgesehen werden, wenn anders der Stifterwille nicht zu verwirklichen ist und die Lebensfähigkeit der Stiftung dadurch nicht wesentlich beeinträchtigt wird; die Zustimmung der Stiftungsaufsichtsbehörde ist erforderlich.
(2) Das Stiftungsvermögen ist von anderem Vermögen getrennt zu halten.

§ 8 **Erträge.** (1) Die Erträge des Stiftungsvermögens und die nicht zu seiner Vermehrung bestimmten Zuwendungen an die Stiftung sind entsprechend dem Stiftungszweck zu verwenden.

(2) Erträge und Zuwendungen können dem Stiftungsvermögen zugeführt werden, soweit

a) sie zur Erfüllung des Stiftungszwecks keine Verwendung finden,

b) dies zur Erhaltung des Stiftungsvermögens in seinem Werte angezeigt ist,

c) es die Satzung vorsieht.

In den Fällen a und b ist die Zustimmung der Stiftungsaufsichtsbehörde erforderlich.

(3) Reichen Stiftungserträge und Zuwendungen zur Erfüllung des Stiftungszwecks nicht mehr aus, so sollen sie dem Stiftungsvermögen zugeführt werden, sofern erwartet werden kann, daß aus den Erträgen des vergrößerten Stiftungsvermögens in absehbarer Zeit der Stiftungszweck nachhaltig erfüllt werden kann.

§ 9 Kosten. (1) Die Kosten der Verwaltung der Stiftung sind so gering wie möglich zu halten.

(2) Ist eine Behörde mit der Verwaltung befaßt, so hat die Stiftung nur die notwendigen persönlichen und sächlichen Verwaltungskosten zu erstatten.

§ 10 Buchführung, Jahresabschluß. (1) Die Stiftung ist zur Führung von Büchern und zur Aufstellung des Jahresabschlusses verpflichtet. Betreibt die Stiftung ein erwerbswirtschaftliches Unternehmen, so hat sie den Jahresabschluß unter Einbeziehung der Buchführung durch einen Wirtschaftsprüfer oder eine Wirtschaftsprüfungsgesellschaft (Abschlußprüfer) prüfen zu lassen. Die Prüfung des Jahresabschlusses wird nach den allgemein für die Jahresabschlußprüfung geltenden Grundsätzen durchgeführt. Die Prüfung erstreckt sich insbesondere auf die Ordnungsmäßigkeit des Rechnungswesens.

(2) Stiftungen mit geringem Vermögen können von der Prüfung durch einen Abschlußprüfer absehen. Die Zustimmung der Stiftungsaufsichtsbehörde ist erforderlich.

(3) Sofern die Satzung nichts anderes bestimmt, ist Rechnungsjahr das Kalenderjahr.

§ 11 Befreiung kirchlicher Stiftungen. Die Befugnisse der Stiftungsaufsichtsbehörden nach diesem Titel bestehen nicht gegenüber kirchlichen Stiftungen. Entsprechendes gilt für die den kirchlichen Stiftungen gleichgestellten Stiftungen.

3. Titel. Satzungsänderung, Erlöschen

§ 12 Satzungsänderung, Auflösung, Zusammenschluß. (1) Das zuständige Stiftungsorgan kann

1. die Änderung der Satzung,

2. die Auflösung der Stiftung

beschließen, wenn dies dem erklärten oder mutmaßlichen Willen des Stifters entspricht. Der Beschluß bedarf der Genehmigung durch den Innenminister. Der Innenminister darf die Genehmigung nur verweigern, soweit der Beschluß dem erklärten oder mutmaßlichen Willen des Stifters widerspricht.

(2) Die zuständigen Stiftungsorgane mehrerer selbständiger Stiftungen mit im wesentlichen gleichartigen Zwecken können den Zusammenschluß zu einer neuen Stiftung beschließen, wenn dies dem erklärten oder mutmaßlichen Willen der

Stifter entspricht. Mit dem Beschluß über den Zusammenschluß ist der Beschluß über die Satzung der neuen Stiftung zu verbinden. Beide Beschlüsse bedürfen der Genehmigung durch den Innenminister. Mit der Genehmigung der Beschlüsse erlangt die neue Stiftung Rechtsfähigkeit (§ 80 BGB).

§ 13 Zweckänderung, Aufhebung, Zusammenlegung. (1) Die in § 87 BGB vorgesehenen Maßnahmen trifft nach Anhörung der Stiftung der Innenminister.

(2) Ist mehreren selbständigen Stiftungen mit im wesentlichen gleichartigen Zwecken die Erfüllung des Stiftungszwecks unmöglich geworden, so kann der Innenminister die in § 87 BGB vorgesehenen Maßnahmen nach Anhörung der Stiftungen in der Weise treffen, daß er durch schriftlichen Bescheid die Stiftungen zu einer neuen selbständigen Stiftung zusammenlegt und gleichzeitig der neuen Stiftung eine Satzung gibt. Die neue Stiftung erlangt mit der Unanfechtbarkeit vorgenannter Bescheide Rechtsfähigkeit. Im Falle der Aufhebung oder Auflösung der neuen Stiftung leben die ursprünglichen Stiftungen nicht wieder auf.

(3) Stiftungen werden wegen Unmöglichkeit der Erfüllung des Stiftungszwecks dann nicht aufgehoben oder zusammengelegt, wenn sie derart zusammenarbeiten, daß eine ausreichende Erfüllung ihrer Zwecke gewährleistet ist. Die Stiftungsaufsichtsbehörden haben in geeigneten Fällen bei Stiftungen, deren Wirksamkeit unbefriedigend ist, auf derartige Zusammenarbeit hinzuwirken.

(4) Bei kirchlichen Stiftungen ergehen die Maßnahmen nach den Absätzen 1 bis 3 im Einvernehmen mit der von der Kirche bestimmten kirchlichen Behörde. Entsprechendes gilt für die den kirchlichen Stiftungen gleichgestellten Stiftungen.

§ 14 Erlöschen. Die Stiftung erlischt in den Fällen

a) der Auflösung mit der Genehmigung des Auflösungsbeschlusses,

b) der Aufhebung in dem Zeitpunkt, in dem die Aufhebungsverfügung unanfechtbar wird,

c) des Zusammenschlusses und der Zusammenlegung in dem Zeitpunkt, in dem die neue Stiftung Rechtsfähigkeit erlangt.

§ 15 Vermögensanfall. (1) Ist in der Satzung für den Fall des Erlöschens der Stiftung durch Auflösung oder Aufhebung weder ein Anfallberechtigter bestimmt noch einem Stiftungsorgan die Bestimmung des Anfallberechtigten übertragen, so fällt das Vermögen

a) einer selbständigen örtlichen Stiftung an die sie verwaltende kommunale Körperschaft,

b) einer selbständigen Stiftung, die von einer Kirche oder einer Religions- oder Weltanschauungsgemeinschaft verwaltet oder beaufsichtigt wird, an diese,

c) aller übrigen selbständigen Stiftungen an das Land.

(2) In den Fällen des Zusammenschlusses und der Zusammenlegung setzt die neue Stiftung die bisherigen Stiftungen mit deren Vermögen fort.

§ 16 Übertragung von Befugnissen. Der Innenminister kann seine ihm nach diesem Titel zustehenden Befugnisse allgemein oder im Einzelfall auf den Regierungspräsidenten übertragen.

4. Titel. Stiftungsaufsicht

§ 17 Grundsatz. (1) Die selbständigen Stiftungen unterliegen mit Ausnahme der kirchlichen und der diesen gleichgestellten Stiftungen der Rechtsaufsicht des Staates.

(2) Die kirchlichen Stiftungen unterliegen kirchlicher Stiftungsaufsicht. Die in § 21 aufgeführten Vorhaben bedürfen bei kirchlichen Stiftungen kirchenaufsichtlicher Genehmigung durch die von der Kirche bestimmte kirchliche Behörde. Entsprechendes gilt für die den kirchlichen Stiftungen gleichgestellten Stiftungen.

§ 18 Stiftungsaufsichtsbehörden. (1) Oberste Stiftungsaufsichtsbehörde ist der Innenminister.

(2) Stiftungsaufsichtsbehörde ist der Regierungspräsident, in dessen Gebiet sich der Sitz der Stiftung befindet.

§ 19 Aufgaben der Stiftungsaufsichtsbehörde. (1) Die Stiftungsaufsichtsbehörde wacht darüber, daß

1. der Stiftung das ihr zustehende Vermögen zufließt,
2. das Stiftungsvermögen und seine Erträge in Übereinstimmung mit diesem Gesetz und dem Willen des Stifters, insbesondere der Stiftungssatzung verwaltet und verwendet werden.

(2) Ist der Stifter oder eine von ihm oder in der Stiftungssatzung benannte Person oder Stelle nach der Stiftungssatzung befugt und in der Lage, die Beachtung des Stifterwillens durch den Stiftungsvorstand sicherzustellen und hält die Stiftungsaufsichtsbehörde eine befriedigende Wahrnehmung dieser Befugnis für gewährleistet, so kann sie die Überwachungsaufgabe nach Absatz 1 Nr. 2 für ruhend erklären. Ist die Voraussetzung für das Ruhen nicht mehr gegeben, so erklärt die Stiftungsaufsichtsbehörde es für beendet.

(3) Bei örtlichen Stiftungen ruht die Stiftungsaufsicht, sofern die Stiftungsaufsichtsbehörde nicht eine gegenteilige Entscheidung getroffen hat. Die Vorschriften der Gemeindeordnung bleiben unberührt.

(4) Von dem Ruhen der Überwachung bleiben die §§ 20, 21, 26, 27 unberührt.

§ 20 Unterrichtung. Die Stiftungsaufsichtsbehörde kann sich über alle Angelegenheiten der Stiftung jederzeit unterrichten; sie kann Bericht anfordern.

§ 21 Genehmigung. (1) Der Genehmigung durch die Stiftungsaufsichtsbehörde bedürfen

1. Vermögensumschichtungen, die die Stiftung in ihrer Leistungsfähigkeit beeinträchtigen können,
2. die Annahme von Zuwendungen, die unter die Stiftung nicht nur unerheblich belastenden Bedingungen oder Auflagen gemacht werden,
3. die Veräußerung oder Belastung von Grundstücken oder grundstücksgleichen Rechten,
4. die Veräußerung oder wesentliche Veränderung von Sachen, die einen besonderen wissenschaftlichen, geschichtlichen oder künstlerischen Wert haben,
5. Rechtsgeschäfte, die der zur Vertretung der Stiftung Befugte im Namen der Stiftung mit sich im eigenen Namen oder als Vertreter eines Dritten vornimmt.

(2) Genehmigungspflichtige Vorhaben sind der Stiftungsaufsichtsbehörde rechtzeitig vorher anzuzeigen.

(3) Die Stiftungsaufsichtsbehörde kann das Vorhaben innerhalb eines Monats nach Eingang der Anzeige beanstanden. Das beanstandete Vorhaben kann von der Stiftungsaufsichtsbehörde innerhalb einer weiteren Frist von einem Monat untersagt werden, wenn es den Willen des Stifters verletzen würde. Angezeigte Vorhaben, die nicht fristgemäß beanstandet oder untersagt werden, gelten als genehmigt. Die Stiftungsaufsichtsbehörde kann verlangen, daß untersagte, aber bereits getroffene Maßnahmen rückgängig gemacht werden.

§ 22 Anordnungsrecht. (1) Trifft ein Stiftungsorgan eine durch dieses Gesetz oder den Willen des Stifters insbesondere die Stiftungssatzung gebotene Maßnahme nicht, so kann die Stiftungsaufsichtsbehörde anordnen, daß es das Erforderliche veranlaßt. Die Stiftungsaufsichtsbehörde hat die zu treffenden Maßnahmen zu bezeichnen.

(2) Kommt ein Stiftungsorgan einer Anordnung der Stiftungsaufsichtsbehörde nicht nach, so kann die Stiftungsaufsichtsbehörde nach Fristsetzung und Androhung die Anordnung auf Kosten der Stiftung selbst durchführen oder durch einen anderen durchführen lassen.

(3) Hat sich das Mitglied eines Stiftungsorgans einer groben Pflichtverletzung schuldig gemacht oder ist es zur ordnungsmäßigen Erfüllung seiner Obliegenheiten nicht fähig, so kann die Stiftungsaufsichtsbehörde die Abberufung dieses Mitgliedes und die Berufung eines anderen anordnen. Sie kann dem Mitglied die Wahrnehmung seiner Geschäfte einstweilen untersagen.

§ 23 Sachwalter. Reichen die Befugnisse der Stiftungsaufsichtsbehörde nach den §§ 19 bis 22 nicht aus, einen geordneten Gang der Verwaltung zu gewährleisten oder wieder herzustellen, so kann die Stiftungsaufsichtsbehörde die Durchführung der Beschlüsse und Anordnungen einem von ihr zu bestellenden Sachwalter der Stiftung übertragen. Sein Aufgabenbereich und seine Vollmacht sind in einer Bestellungsurkunde festzulegen.

§ 24 Notbestellung. Soweit einem anderen Stiftungsorgan als dem Vorstand die erforderlichen Mitglieder fehlen, kann die Stiftungsaufsichtsbehörde sie in dringenden Fällen für die Zeit bis zur Behebung des Mangels bestellen.

§ 25 Geltendmachung von Ansprüchen. Erlangt die Stiftungsaufsichtsbehörde von einem Sachverhalt Kenntnis, der Schadensersatzansprüche der Stiftung gegen Mitglieder der Stiftungsorgane begründen könnte, so kann sie der Stiftung einen besonderen Vertreter zur Klärung und Durchsetzung solcher Ansprüche bestellen.

§ 26 Stiftungsverzeichnis, Auskunftserteilung. (1) Der Regierungspräsident führt ein Verzeichnis der selbständigen Stiftungen seines Bezirks.

(2) Demjenigen, der ein berechtigtes Interesse geltend macht, ist aus dem Stiftungsverzeichnis Auskunft über Name, Sitz, Zweck und vertretungsberechtigte Organe der Stiftung zu erteilen.

§ 27 Entscheidung in Zweifelsfällen. (1) Ist die Rechtsnatur einer Stiftung ungewiß, so entscheidet auf Antrag der Innenminister; kommt eine kirchliche Stiftung in Betracht, so geschieht dies nach Anhörung der Kirche oder der Religions- oder Weltanschauungsgemeinschaft. Antragsberechtigt ist jeder, der ein berechtigtes Interesse an der Entscheidung nachweist.

(2) Absatz 1 gilt auch für die Frage, ob es sich um eine Stiftung des privaten oder des öffentlichen Rechts, um eine selbständige oder unselbständige Stiftung handelt.

5. Titel. Übergangsvorschriften

§ 28 Familienstiftungen. (1) Ein bei Inkrafttreten dieses Gesetzes anhängiges Verfahren, das die Genehmigung, Aufhebung oder Änderung der Satzung einer Familienstiftung oder eine einzelne Maßnahme der Stiftungsaufsicht zum Gegenstand hat, wird nach bisherigem Recht zu Ende geführt.

(2) Die Vorschriften dieses Gesetzes gelten auch für Stiftungen, auf die das Gesetz über das Erlöschen der Familienfideikommisse und sonstiger gebundener Vermögen vom 6. Juli 1938 (RGBl. I S. 825) mit seinen Durchführungsbestimmungen und die Verordnung über Familienstiftungen vom 17. Mai 1940 (RGBl. I S. 806) Anwendung finden. Die dort begründeten Zuständigkeiten werden von der nach diesem Gesetz vorgesehenen Behörde wahrgenommen, soweit nicht die Fideikommißgerichte zuständig sind.

§ 29 Alte kirchliche Stiftungen. Vor Inkrafttreten des Bürgerlichen Gesetzbuches errichtete Stiftungen gelten als kirchliche Stiftung im Sinne dieses Gesetzes, wenn sie überwiegend kirchlichen Aufgaben dienen.

§ 30 Bestehende Stiftungen. Die Satzungen der bei Inkrafttreten dieses Gesetzes bestehenden Stiftungen sind, soweit erforderlich, mit Genehmigung des Regierungspräsidenten an § 5 anzupassen. Ist eine Satzung nicht vorhanden, so ist sie unter Berücksichtigung des wirklichen oder mutmaßlichen Willens des Stifters von dem Regierungspräsidenten zu erlassen; bei kirchlichen Stiftungen geschieht dies im Einvernehmen mit der von der Kirche bestimmten kirchlichen Behörde. Entsprechendes gilt für die den kirchlichen Stiftungen gleichgestellten Stiftungen.

§ 31 Übergang von Zuständigkeiten. Die Zuständigkeiten in Stiftungsangelegenheiten gehen auf die in diesem Gesetz bestimmten Behörden über, auch wenn sich aus einer Stiftungssatzung Zuständigkeiten anderer Behörden oder der Gerichte ergeben.

3. Abschnitt. Unselbständige Stiftungen

§ 32 Überwachung. Wird eine unselbständige Stiftung von einer unter Aufsicht des Landes stehenden juristischen Person des öffentlichen Rechts verwaltet, so ist die Erfüllung des Stifterwillens von der die Rechtsaufsicht über die juristische Person führenden Behörde zu überwachen.

§ 33 Stiftungsverzeichnis. (1) Der Regierungspräsident führt ein Verzeichnis unselbständiger Stiftungen seines Bezirks.

(2) In das Verzeichnis werden die Stiftungen im Sinne des § 32 sowie diejenigen Stiftungen aufgenommen, deren Eintragung vom Stifter oder vom Stiftungstreuhänder beantragt wird.

4. Abschnitt. Schlußvorschriften

§ 34 Außerkrafttreten von Vorschriften. Die landesrechtlichen Vorschriften, die diesem Gesetz entgegenstehen oder gleichen Inhalt haben, werden aufgehoben. Insbesondere treten außer Kraft:

1. Artikel 1 bis 4 und Artikel 5 § 2 des Preußischen Ausführungsgesetzes zum Bürgerlichen Gesetzbuch vom 20. September 1899 (PrGS. NW. S. 105), zuletzt geändert durch Gesetz vom 3. Dezember 1974 (GV. NW. S. 1504);
2. Artikel 4 und 5 der Preußischen Verordnung zur Ausführung des Bürgerlichen Gesetzbuches vom 16. November 1899 (PrGS. NW. S. 113);
3. das Preußische Gesetz über die Änderungen von Stiftungen vom 10. Juli 1924 (PrGS. NW. S. 114);
4. die §§ 6 bis 12 des I. Abschnittes des Lippischen Ausführungsgesetzes zum Bürgerlichen Gesetzbuch vom 17. November 1899 (GS. für das Fürstentum Lippe S. 489);
5. § 29 des Preußischen Ausführungsgesetzes zum Gerichtsverfassungsgesetz vom 24. April 1878 (PrGS. NW. S. 78);
6. § 87 Abs. 2 der Gemeindeordnung für das Land Nordrhein-Westfalen in der Fassung der Bekanntmachung vom 19. Dezember 1974 (GV. NW. 1975 S. 91), geändert durch Gesetz vom 8. April 1975 (GV. NW. S. 304).

§ 35 Besondere Vorschriften für örtliche Stiftungen. Unbeschadet § 34 Nr. 6 bleiben die Vorschriften der Gemeindeordnung für die örtlichen Stiftungen unberührt.

§ 36 Verwaltungsvorschriften. Die Verwaltungsvorschriften zu diesem Gesetz erläßt der Innenminister.

§ 37 Inkrafttreten. Dieses Gesetz tritt am 1. Januar 1978 in Kraft.

Verordnung zur Übertragung von Zuständigkeiten nach dem Stiftungsgesetz für das Land Nordrhein-Westfalen (ZustVOStiftG NW)

vom 2. 12. 1995 (GV. NW. 1995, S. 1198).

§ 1. (1) Die Zuständigkeit für die nachstehend aufgeführten Entscheidungen nach dem StiftG NW wird auf die Bezirksregierungen übertragen.

1. Die Genehmigung einer Stiftung gem. § 3 StiftG NW mit Ausnahme der Stiftungen, die von rechtsfähigen Körperschaften, Anstalten oder Stiftungen des öffentlichen Rechts als Stifter oder Mitstifter errichtet werden, die nicht der Rechtsaufsicht (allgemeine Körperschafts-, Anstalts- und Stiftungsaufsicht) der Bezirksregierungen unmittelbar oder als oberen Aufsichtsbehörden unterliegen;
2. die Genehmigung des Beschlusses über die Änderung der Satzung einer Stiftung gem. § 12 Abs. 1 Satz 1 Nr. 1 StiftG NW;
3. die Genehmigung des Beschlusses über die Auflösung einer Stiftung gem. § 12 Abs. 1 Satz 1 Nr. 2 StiftG NW;
4. die Genehmigung der Beschlüsse über den Zusammenschluß mehrerer Stiftungen zu einer neuen Stiftung und die Satzung der neuen Stiftung gem. § 12 Abs. 2 StiftG NW;

5. die Umwandlung des Zwecks und die damit verbundene Änderung der Verfassung einer Stiftung gem. § 13 Abs. 1 StiftG NW i.V.m. § 87 BGB;
6. die Aufhebung einer Stiftung gem. § 13 Abs. 1 StiftG NW i.V.m. § 87 BGB;
7. die Zusammenlegung mehrerer Stiftungen zu einer neuen Stiftung und der Erlaß der Satzung für die neue Stiftung gem. § 13 Abs. 2 StiftG NW.

(2) Örtlich zuständig ist die Bezirksregierung, in deren Bezirk die Stiftung ihren Sitz hat bzw. haben soll. Bei einem Zusammenschluß oder einer Zusammenlegung mehrerer Stiftungen ist für die Entscheidungen nach Absatz 1 Nrn. 4 und 7 die Bezirksregierung örtlich zuständig, in deren Bezirk die durch den Zusammenschluß oder die Zusammenlegung entstehende neue Stiftung ihren Sitz haben soll.

§ 2. Diese Verordnung tritt am 1. Januar 1996 in Kraft.

Gleichzeitig tritt die Verordnung zur Übertragung von Befugnissen nach dem Stiftungsgesetz für das Land Nordrhein-Westfalen vom 19. November 1991 (GV. NW. S. 449) außer Kraft.

Rheinland-Pfalz

Literaturhinweise: *Kneis/Kaja*, Stiftungsrecht in Rheinland-Pfalz, in: Praxis der Gemeindeverwaltung, 1973.

Stiftungsgesetz Rheinland-Pfalz

vom 22. 4. 1966 (GVBl. S. 95), zuletzt geändert durch Gesetz vom 6. 7. 1998 (GVBl. S. 171).

I. Abschnitt. Allgemeine Vorschriften

§ 1 Geltungsbereich. (1) Das Gesetz gilt für rechtsfähige Stiftungen im Lande Rheinland-Pfalz, soweit seine Geltung nicht ausdrücklich eingeschränkt ist.

(2) Stiftungen, die außerhalb des Landes rechtmäßig entstanden sind und ihren Sitz oder ihre Verwaltung in das Land Rheinland-Pfalz verlegen, unterliegen den Vorschriften dieses Gesetzes mit Ausnahme des Zweiten Abschnitts.

(3) Die Vorschriften dieses Gesetzes finden auch dann Anwendung, wenn Stiftungen durch besonderes Gesetz errichtet werden, soweit das besondere Gesetz nichts anderes bestimmt.

§ 2 Begriffsbestimmungen. (1) Stiftungen im Sinne dieses Gesetzes sind die rechtsfähigen Stiftungen des bürgerlichen und des öffentlichen Rechts.

(2) Private Stiftungen sind Stiftungen des bürgerlichen Rechts, die überwiegend private Zwecke verfolgen, insbesondere Familienstiftungen.

(3) Öffentliche Stiftungen sind Stiftungen des bürgerlichen Rechts, die überwiegend öffentliche Zwecke verfolgen, und die Stiftungen des öffentlichen Rechts.

(4) Stiftungen des öffentlichen Rechts im Sinne des Absatzes 3 sind Stiftungen, die ausschließlich öffentliche Zwecke verfolgen und zum Staat, einer Gemeinde, einem

Gemeindeverband oder einer sonstigen Körperschaft des öffentlichen Rechts in einer solchen Beziehung stehen, daß die Stiftung als eine öffentliche Einrichtung erscheint.

(5) Öffentliche Zwecke sind solche, die der Religion, der Wissenschaft und Forschung, der Bildung, dem Unterricht und der Erziehung, der Kunst und der Denkmalpflege, dem Naturschutz und der Pflege heimatlichen Brauchtums, der Gesundheitspflege, dem Sport und der Jugendpflege sowie der Wohltätigkeit oder sonst dem Gemeinwohl dienen.

§ 3 **Auslegungsgrundsatz.** Bei der Anwendung dieses Gesetzes ist der Stifterwille in erster Linie maßgebend.

II. Abschnitt. Entstehung der Stiftung

1. Titel. Stiftungen des bürgerlichen Rechts

§ 4 **Genehmigungsbehörde.** Die zur Entstehung einer rechtsfähigen Stiftung des bürgerlichen Rechts erforderliche staatliche Genehmigung (§ 80 BGB) erteilt die Bezirksregierung, in deren Zuständigkeitsbereich die Stiftung ihren Sitz haben soll.

§ 5 **Vorbereitung der Entscheidung, Inhalt der Satzung.** (1) Die Bezirksregierung kann dem Stifter die Auflage erteilen, das Stiftungsgeschäft zu ergänzen oder zu ändern; sie kann ihm insbesondere aufgeben, den Inhalt des Stiftungsgeschäfts in Form einer Satzung festzulegen.

(2) Die Satzung soll Bestimmungen enthalten über:

a) den Namen und den Sitz der Stiftung,

b) den Zweck der Stiftung,

c) das Vermögen der Stiftung,

d) die Organe, insbesondere den Vorstand der Stiftung, und zwar

    1. die Anzahl der Mitglieder,

    2. ihre Bildung und Bestellung,

    3. die Vertretungsmacht und den Geschäftsbereich,

    4. die Amtsdauer und Abberufung,

e) die Verwendung des Stiftungsvermögens und seines Ertrages,

f) die Rechtsstellung der durch die Stiftung Begünstigten,

g) die Dauer, die Veränderung und das Erlöschen der Stiftung,

h) die Verwendung des Stiftungsvermögens nach deren Erlöschen.

(3) Hat der Stifter es unterlassen, der Stiftung eine Satzung zu geben, so soll die Bezirksregierung unter tunlicher Anlehnung an den Wortlaut des Stiftungsgeschäfts dessen Inhalt zu einer Satzung zusammenfassen. Soweit das Stiftungsgeschäft oder die vom Stifter aufgestellte Satzung über die in Absatz 2 angegebenen Gegenstände keine Anordnungen enthält, soll die Bezirksregierung in die Satzung ergänzende Bestimmungen aufnehmen, die dem erklärten oder mutmaßlichen Willen des Stifters entsprechen. Als Sitz der Stiftung ist gemäß § 80 Satz 3 BGB der Ort zu bestimmen, an dem die Verwaltung geführt werden soll.

§ 6 **Genehmigung.** (1) Die Genehmigung darf nicht unter Auflagen oder Bedingungen erteilt werden. Sie soll die Stiftung als solche des bürgerlichen Rechts bezeichnen.

(2) Eine Ausfertigung der Stiftungsurkunde, der Satzung und der Genehmigung ist beim Staatsarchiv zu hinterlegen.

§ 7 Versagung der Genehmigung. (1) Die Genehmigung ist zu versagen,

a) wenn die Stiftung das Gemeinwohl gefährden würde oder

b) wenn die dauernde und nachhaltige Erfüllung des Stiftungszwecks, insbesondere wegen unzureichender Ausstattung der Stiftung mit Mitteln, nicht gewährleistet ist und auch keine weiteren ausreichenden Zuwendungen mit Sicherheit zu erwarten sind.

(2) Die Genehmigung kann versagt werden, wenn das Stiftungsgeschäft keine eindeutigen Bestimmungen über den Zweck, das Vermögen und die Organe der Stiftung enthält.

(3) Wenn eine Stiftung nur nach Änderung des Stiftungsgeschäfts genehmigt werden könnte, sind dem Stifter die Bedenken gegen das Stiftungsgeschäft mitzuteilen. Eine Entscheidung darf erst ergehen, wenn der Antragsteller sich geäußert hat oder seit der Mitteilung ein Jahr verflossen ist.

§ 8 Bekanntgabe. (1) Die Entscheidung ist dem Antragsteller zuzustellen. Ergeht sie nach dem Ableben des Stifters, so ist sie seinen Erben oder dem etwaigen Testamentsvollstrecker zuzustellen; sie ist auch dem Nachlaßgericht mitzuteilen.

(2) Die Genehmigung, die Satzung der Stiftung und der Zeitpunkt ihrer Entstehung sind im Staatsanzeiger zu veröffentlichen.

§ 9 Nichtigkeit, Anfechtbarkeit. (1) Ist das Stiftungsgeschäft unwirksam oder wird es mit Erfolg angefochten, so ist die Genehmigung zu widerrufen. Der Widerruf ist im Staatsanzeiger bekanntzumachen.

(2) Für die sonstigen Fälle des Widerrufs oder die Zurücknahme der Genehmigung gilt Absatz 1 Satz 2 entsprechend.

2. Titel. Stiftungen des öffentlichen Rechts

§ 10 Errichtung. (1) Soweit Stiftungen des öffentlichen Rechts nicht durch Gesetz, auf Grund eines Gesetzes oder durch die Landesregierung geschaffen werden, bedarf ihre Errichtung der Genehmigung der Bezirksregierung.

(2) Die Urkunde über die Errichtung hat Bestimmungen über die im § 5 Abs. 2 bezeichneten Gegenstände in Form einer Satzung zu enthalten.

(3) Das Recht, Beamte zu haben, sowie Art und Ausmaß sonstiger hoheitlicher Befugnisse sind in der Satzung festzulegen.

§ 11 Genehmigung. (1) Die Stiftung soll in der Genehmigung oder in der Errichtungsurkunde als Stiftung des öffentlichen Rechts bezeichnet werden.

(2) Auf das Genehmigungsverfahren finden die Vorschriften des § 4, des § 5 Abs. 1, des § 6 Abs. 1 Satz 1 und Abs. 2 und des § 7 sinngemäß Anwendung.

§ 12 Bekanntgabe. (1) Die Genehmigung, die Satzung der Stiftung und der Zeitpunkt ihrer Entstehung sind im Staatsanzeiger zu veröffentlichen. Das gleiche gilt für die Aufhebung des Errichtungsaktes oder den Widerruf der Genehmigung.

(2) (aufgehoben)

III. Abschnitt. Verwaltung der Stiftung

§ 13 Grundsatz. (1) Die Stiftungsorgane haben die Stiftung so zu verwalten, wie es die dauernde und nachhaltige Verwirklichung des Stiftungszwecks mit Rücksicht auf den erkennbaren oder mutmaßlichen Willen des Stifters erfordert.

(2) Die Vorstandsmitglieder haben bei ihrer Geschäftsführung die Sorgfalt ordentlicher und gewissenhafter Geschäftsführer zu beobachten. Über vertrauliche Angaben haben sie Stillschweigen zu bewahren.

(3) Absatz 2 gilt sinngemäß auch für die Mitglieder anderer Organe der Stiftung.

§ 14 Vermögen. (1) Das Stiftungsvermögen ist tunlichst in seinem Bestand und in seiner Zusammensetzung ungeschmälert zu erhalten.

(2) Das Stiftungsvermögen ist stets von anderen Vermögensmassen so zu trennen, daß es als selbständiges Vermögen erkennbar ist und nachgewiesen werden kann.

(3) Vermögensumschichtungen sind nach den Regeln ordentlicher Wirtschaftsführung zulässig, wenn sie der dauernden und nachhaltigen Verwirklichung des Stiftungszwecks oder der Steigerung der Stiftungsleistung dienlich sind.

(4) Der Bestand des Vermögens ist in einem Verzeichnis aufzunehmen. Die Zu- und Abgänge sind laufend ersichtlich zu machen.

§ 15 Erträge. (1) Die Erträge des Stiftungsvermögens sind ausschließlich für den Stiftungszweck zu verwenden.

(2) Zum Ausgleich von Vermögensverlusten können die Erträge auch der Vermögensmasse zugeführt werden.

(3) Wenn die Stiftungserträge zur nachhaltigen Verwirklichung des Stiftungszwecks nicht mehr ausreichen, sollen sie dem Vermögen zugeführt werden, sofern in absehbarer Zeit das vergrößerte Stiftungsvermögen zu dauernden und nachhaltigen Leistungen für den Stiftungszweck imstande ist.

§ 16 Kosten. (1) Die Verwaltungskosten sind auf ein Mindestmaß zu beschränken.

(2) Mitglieder der Stiftungsorgane haben Anspruch auf Ersatz ihrer Auslagen. Ein Anspruch auf Vergütung für Dienstleistungen besteht nur, wenn eine unentgeltliche Geschäftsführung wegen des Umfangs der Tätigkeit nicht zumutbar ist.

(3) Bei entgeltlicher Tätigkeit der Stiftungsorgane sind Art und Umfang der Dienstleistungen und der Vergütung vor Aufnahme der Tätigkeit schriftlich zu regeln.

(4) Ist eine Behörde einer anderen juristischen Person des öffentlichen Rechts Stiftungsorgan, so hat die Stiftung im Zweifel nur die Auslagen der Verwaltung zu ersetzen.

§ 17 Haushaltsplan, Buchführung. (1) Das zuständige Stiftungsorgan hat rechtzeitig vor Beginn eines jeden Rechnungsjahres einen Haushaltsplan festzustellen. Dieser muß alle Einnahmen und Ausgaben, die für das Rechnungsjahr zu erwarten sind, nach Zweckbestimmung und Ansatz getrennt ausweisen und zum Ausgleich bringen. Es dürfen nur solche Ausgaben angesetzt werden, die nach gewissenhafter Prüfung zur Erfüllung der Aufgaben der Stiftung erforderlich sind.

(2) Alle Einnahmen und Ausgaben sind laufend aufzuzeichnen und am Schluß eines jeden Rechnungsjahres in einer Übersicht zusammenzufassen.

(3) Sofern das Stiftungsgeschäft nichts anderes bestimmt, ist Rechnungsjahr das Kalenderjahr.

(4) Haushaltsplan und Jahresrechnung sind der Aufsichtsbehörde unverzüglich nach Feststellung vorzulegen.

§ 18 Interessenkollision. (1) Bei Rechtsgeschäften der Stiftung mit einem Mitglied eines Stiftungsorgans ist dieses von der Vertretung der Stiftung ausgeschlossen, es sei denn, daß das Rechtsgeschäft ausschließlich in der Erfüllung einer Verbindlichkeit besteht.

(2) Ein Mitglied eines Stiftungsorgans kann an der Beratung und Abstimmung von Angelegenheiten nicht teilnehmen, wenn die Entscheidung ihm selbst, seinem Ehegatten, seinen Verwandten bis zum dritten oder Verschwägerten bis zum zweiten Grade oder einer von ihm kraft Gesetz oder Vollmacht vertretenen Person einen unmittelbaren Vorteil oder Nachteil bringen kann. Dies gilt nicht für Wahlen.

(3) Die Satzung von Privatstiftungen kann die Vertretung und Geschäftsführung abweichend von Absatz 1 und 2 regeln. Bei Familienstiftungen gilt vorbehaltlich anderer Satzungsbestimmungen das Verbot des Absatzes 2 nur für die Beratung und Abstimmung von Angelegenheiten, die das Mitglied des Organs selbst oder seinen Ehegatten betreffen.

§ 19 Schadenersatzpflicht. (1) Verletzen Mitglieder des Vorstandes oder eines anderen Organs der Stiftung schuldhaft ihre Obliegenheiten, so sind sie der Stiftung zum Ersatz des daraus entstehenden Schadens als Gesamtschuldner verpflichtet.

(2) Mitglieder von Organen der Stiftung, die ohne Entgelt tätig sind, haften nur bei vorsätzlicher oder grob fahrlässiger Verletzung ihrer Pflichten.

(3) Sind in den Organen einer Stiftung öffentliche Bedienstete in ihrer amtlichen Eigenschaft tätig oder wird die Stiftung von einer Behörde verwaltet, so gelten für die Haftung der Bediensteten oder der juristischen Person des öffentlichen Rechts die allgemeinen Vorschriften.

IV. Abschnitt. Umwandlung und Aufhebung der Stiftung

§ 20 Verleihung des öffentlich-rechtlichen Charakters. (1) Erlangt eine Stiftung des bürgerlichen Rechts infolge ihrer Aufgabe und Wirksamkeit eine überragende Bedeutung in der Öffentlichkeit, kann sie auf ihren Antrag durch die Bezirksregierung in eine Stiftung des öffentlichen Rechts umgewandelt werden.

(2) Die Umwandlung soll bei besonders vermögenden und ertragreichen Stiftungen vorgenommen werden, wenn es der Umfang der Stiftungsverwaltung angezeigt erscheinen läßt, daß die Stiftung durch öffentliche Bedienstete verwaltet oder ihre Verwaltung einer anderen Behörde angeschlossen wird.

(3) Das Recht, Beamte zu haben, sowie Art und Ausmaß sonstiger hoheitlicher Befugnisse der Stiftung sind in der Verleihungsurkunde festzulegen.

(4) Eine Ausfertigung der Verleihungsurkunde ist im Staatsarchiv zu hinterlegen. Die Umwandlung ist im Staatsanzeiger bekanntzumachen.

(5) (aufgehoben)

§ 21 Änderung der Satzung. (1) Satzungsänderungen sind zulässig, wenn sie den Stiftungszweck nicht berühren und die ursprüngliche Gestaltung der Stiftung nicht wesentlich verändern oder die Erfüllung des Stiftungszwecks erleichtern. Sie müssen vom Vorstand der Stiftung oder von einem anderen in der Satzung bestimmten Stiftungsorgan beschlossen und von der Stiftungsaufsichtsbehörde genehmigt werden.

(2) Die Stiftungsaufsichtsbehörde veröffentlicht die Satzungsänderung im Staatsanzeiger.

§ 22 Zweckerweiterung. (1) Wird das Vermögen oder der Ertrag einer Stiftung nur teilweise für die Verwirklichung des Stiftungszwecks benötigt, so kann der Vorstand oder das satzungsgemäß berufene Stiftungsorgan der Stiftung einen weiteren Zweck geben, der dem ursprünglichen Zweck verwandt ist und dessen dauernde und nachhaltige Verwirklichung ohne Gefährdung des ursprünglichen Zwecks gewährleistet erscheint.

(2) Der Beschluß bedarf der Genehmigung der Bezirksregierung.

§ 23 Zweckänderung, Aufhebung. (1) Liegen die Voraussetzungen des § 87 Abs. 1 BGB vor, so kann die Bezirksregierung einer Stiftung gemäß § 87 Abs. 2 und 3 BGB eine andere Zweckbestimmung geben. Mehrere derartige Stiftungen können hierbei zu einer Stiftung zusammengelegt werden. Kann hierdurch jedoch eine lebensfähige Stiftung nicht gebildet werden, so ist die Stiftung aufzuheben.

(2) Für Stiftungen des öffentlichen Rechts gilt Absatz 1 entsprechend.

§ 24 Bekanntgabe und Hinterlegung. (1) Die Entscheidung über die Zweckerweiterung, Zweckänderung, Zusammenlegung oder Aufhebung ist der Stiftung zuzustellen. Sie ist im Staatsanzeiger zu veröffentlichen. Eine Ausfertigung ist im Staatsarchiv zu hinterlegen.

(2) Sofern die Stiftung eine neue Zweckbestimmung erhält, ist die künftig geltende Satzung gleichfalls zu veröffentlichen und zu hinterlegen.

(3) Die Aufhebung ist dem Stifter oder dem Nachlaßgericht und den bekannten Anfallberechtigten mitzuteilen.

§ 25 Vermögensanfall. (1) Ist in der Satzung der Stiftung ein Anfallberechtigter nicht bestimmt, so fällt das Vermögen der Stiftung bei ihrem Erlöschen an den Stifter.

(2) Nach dem Ableben des Stifters fällt das Vermögen

a) einer kirchlichen Stiftung (§ 41) an die Kirche,

b) einer sonstigen Stiftung

   1. wenn ihr Wirkungsbereich örtlich begrenzt ist, an die Gebietskörperschaft des Wirkungsbereichs,

   2. in allen anderen Fällen an das Land.

Ist der Stifter keine natürliche Person, so gilt nach seinem Wegfall Satz 1 entsprechend.

(3) Die Vorschrift des § 46 Satz 2 BGB gilt sinngemäß für alle Anfallberechtigten.

(4) Die oberste Stiftungsaufsichtsbehörde entscheidet über die Verwendung des dem Fiskus anfallenden Vermögens.

V. Abschnitt. Stiftungsaufsicht

1. Titel. Umfang der Staatsaufsicht

§ 26 Staatsaufsicht über öffentliche Stiftungen. Der Staat beaufsichtigt die öffentlichen Stiftungen, um sicherzustellen, daß ihre Verwaltung im Einklang mit den Gesetzen, dem im Stiftungsgeschäft oder Gründungsakt zum Ausdruck gekommenen Stifterwillen und der Satzung geführt wird.

§ 27 Beschränkte Aufsicht über Privatstiftungen. Privatstiftungen, insbesondere Familienstiftungen, unterliegen nur insoweit der Staatsaufsicht, als sicherzustellen ist, daß ihr Bestand und ihre Betätigung nicht dem öffentlichen Interesse zuwiderlaufen.

§ 28 Grenze der Staatsaufsicht. Das Recht der Kirchen und sonstigen Religionsgemeinschaften, die kirchliche oder weltanschauliche Betätigung einer Stiftung in eigener Verantwortung zu beaufsichtigen, wird durch die Staatsaufsicht nicht berührt.

2. Titel. Zuständigkeit

§ 29 Stiftungsaufsichtsbehörden. (1) Stiftungsaufsichtsbehörde ist die Kreisverwaltung oder die Stadtverwaltung der kreisfreien Stadt, in deren Zuständigkeitsbereich die Stiftung ihren Sitz oder ihre Verwaltung hat. Innerhalb des Landes hat der Ort der Verwaltung den Vorrang. Die Landkreise und die kreisfreien Städte nehmen die Aufgaben der Stiftungsaufsichtsbehörde als Auftragsangelegenheit wahr.

(2) Obere Stiftungsaufsichtsbehörde ist die Bezirksregierung.

(3) Oberste Stiftungsaufsichtsbehörde ist vorbehaltlich des Absatzes 4 das Ministerium des Innern.

(4) Für Stiftungen, die vorwiegend der Religion, der Wissenschaft und Forschung, dem Unterricht und der Erziehung, der Kunst oder der Denkmalpflege gewidmet sind, ist das Kultusministerium oberste Stiftungsaufsichtsbehörde. Bei Stiftungen mit gemischten Zwecken entscheidet der überwiegende Zweck. Im Zweifelsfall entscheidet die Landesregierung.

§ 30 (aufgehoben)

§ 31 Besondere Zuständigkeit. Wird die Stiftung von einer Behörde oder einem ihrer Bediensteten verwaltet, bestimmt die oberste Stiftungsaufsichtsbehörde, wer die Aufsicht führt. Behält sich die oberste Stiftungsaufsichtsbehörde selbst die Aufsicht vor, tritt sie in den Fällen, in denen dieses Gesetz die Bezirksregierung für zuständig erklärt, an deren Stelle.

3. Titel. Mittel der Staatsaufsicht

§ 32 Unterrichtungsrecht. Die Aufsichtsbehörde kann sich jederzeit über alle Angelegenheiten der Stiftung unterrichten; sie kann an Ort und Stelle prüfen und besichtigen, mündliche und schriftliche Berichte einfordern sowie Akten und sonstige Unterlagen einsehen.

§ 33 Anordnungen. (1) Die Aufsichtsbehörde kann den Stiftungsorganen Bedenken gegen Maßnahmen der Stiftungsverwaltung mitteilen und sie zur Berücksichtigung auffordern.

(2) Die Aufsichtsbehörde kann anordnen, daß die Stiftungsverwaltung einen Wirtschaftsprüfer zur Beurteilung der Geschäftsführung und der finanziellen Lage heranzieht.

§ 34 (aufgehoben)

§ 35 Aufhebungsrecht. Die Aufsichtsbehörde kann Beschlüsse der Stiftungsorgane, die Gesetz oder Satzung verletzen oder dem Stifterwillen widersprechen, aufheben und verlangen, daß Maßnahmen auf Grund derartiger Beschlüsse rückgängig gemacht werden.

§ 36 Anordnungsrecht. (1) Unterläßt es ein Stiftungsorgan, Beschlüsse zu fassen oder Anordnungen zu treffen, die wegen der im Stiftungsgeschäft begründeten Rechte und Pflichten der Stiftung oder zur ordnungsgemäßen Verwaltung erforderlich sind, so kann die Aufsichtsbehörde anordnen, daß die Stiftungsverwaltung innerhalb einer bestimmten Frist das Erforderliche veranlaßt.

(2) Die Aufsichtsbehörde hat dabei den Inhalt der Beschlüsse oder Anordnungen zu bezeichnen.

§ 37 Bestellter Sachwalter. Wenn die Befugnisse der Aufsichtsbehörde nach den §§ 32 bis 36 nicht ausreichen, einen geordneten Gang der Verwaltung zu gewährleisten oder wiederherzustellen, kann die Aufsichtsbehörde die Durchführung der Beschlüsse und Anordnungen einem von ihr zu bestellenden Vertreter der Stiftung übertragen. Sein Aufgabenbereich und seine Vollmachten sind in einer Bestallungsurkunde festzulegen.

§ 38 Regreßansprüche. Erlangt die Stiftungsaufsichtsbehörde von einem Sachverhalt Kenntnis, der Schadensersatzansprüche gegen Mitglieder der Stiftungsorgane begründen könnte, so hat sie einen besonderen Vertreter der Stiftung zur Klärung und Durchsetzung solcher Ansprüche zu bestellen, sofern die Erfüllung dieser Aufgabe in der Satzung nicht sichergestellt ist.

VI. Abschnitt. Besondere Arten von Stiftungen

1. Titel. Kommunale Stiftungen

§ 39 Begriffsbestimmung. Örtliche, kreiskommunale oder bezirkskommunale Stiftungen sind solche, deren Zweck im Rahmen der jeweiligen kommunalen Aufgaben liegt und nicht wesentlich über den räumlichen Bereich der Gebietskörperschaft hinauswirkt, sofern die Verwaltung von Behörden einer kommunalen Gebietskörperschaft oder eines Zweckverbandes geführt wird.

§ 40 Sondervorschrift. (1) Für die Verwaltung der kommunalen Stiftungen gelten anstelle der §§ 16 bis 19 die Bestimmungen über die Haushaltswirtschaft der kommunalen Gebietskörperschaften.

(2) Die Stiftungsaufsicht führt die Kommunalaufsichtsbehörde nach den Bestimmungen über die Staatsaufsicht.

(3) Die Befugnisse nach den §§ 21 bis 23 werden von den kommunalen Gebietskörperschaften mit Genehmigung der Kommunalaufsichtsbehörde wahrgenommen.

2. Titel. Kirchliche Stiftungen

§ 41 Begriffsbestimmung. (1) Kirchliche Stiftungen sind:
a) die ortskirchlichen Stiftungen und Pfründestiftungen,
b) sonstige von den Kirchen durch ihre Organe errichtete Stiftungen,
c) von anderen Personen errichtete Stiftungen,
   1. die entweder organisatorisch in die Kirchenverwaltung eingegliedert sind oder
   2. deren Zweck so bestimmt ist, daß er sinnvoll nur in Verbindung mit der Kirche erfüllt werden kann.

(2) Eine Stiftung wird nicht schon dadurch zu einer kirchlichen, daß ein kirchlicher Amtsträger als Stiftungsorgan bestellt ist oder daß nur Angehörige einer bestimmten Konfession Leistungen aus der Stiftung erhalten oder daß eine Stiftung als einer Konfession zugehörig bezeichnet ist.

§ 42 Genehmigung. (1) Eine kirchliche Stiftung ist auf Antrag der zuständigen Kirchenbehörde zu genehmigen, wenn dieser die dauernde und nachhaltige Verwirklichung des Stiftungszwecks gewährleistet erscheint.

(2) Eine Stiftung darf nicht ohne Zustimmung der zuständigen Kirchenbehörde als kirchliche Stiftung genehmigt werden.

(3) Der Erlaß oder die Ergänzung der Satzung einer kirchlichen Stiftung nach § 5 Abs. 3 bedarf der Zustimmung der zuständigen Kirchenbehörde.

(4) Für das Genehmigungsverfahren kirchlicher Stiftungen sollen mit den Kirchen Richtlinien vereinbart werden.

§ 43 Satzungsänderung, Zweckerweiterung, Umwandlung, Aufhebung. (1) Kirchliche Stiftungen dürfen nur auf Antrag der zuständigen Kirchenbehörde umgewandelt oder aufgehoben werden.

(2) Satzungsänderungen dürfen nur im Einvernehmen mit der zuständigen Kirchenbehörde genehmigt werden. Das gleiche gilt für die Genehmigung einer Erweiterung des Stiftungszwecks (§ 22).

(3) Die Zuständigkeit für die Genehmigung der Satzungsänderung oder der Zweckerweiterung sowie für die Umwandlung oder die Aufhebung bestimmt sich nach §§ 21, 22 und 23 in Verbindung mit § 29.

§ 44 Verwaltung. Die Vorschriften der §§ 13 bis 19 finden auf kirchliche Stiftungen nur insoweit Anwendung, als keine entsprechenden kirchlichen Vorschriften bestehen.

§ 45 Aufsichtsfreiheit. (1) Kirchliche Stiftungen unterliegen nicht der Staatsaufsicht, wenn sie kirchlicher Vorschrift entsprechend von der zuständigen Kirchenbehörde beaufsichtigt werden.

(2) Die Veräußerung und Veränderung von Sachen, die einen besonderen wissenschaftlichen, geschichtlichen oder künstlerischen Wert haben, insbesondere von Archiven oder Teilen solcher, bedarf der Genehmigung der staatlichen Stiftungsaufsichtsbehörde.

§ 46 Andere Religionsgemeinschaften. Die Vorschriften dieses Titels gelten in gleicher Weise für die entsprechenden Stiftungen der israelitischen Kultusgemeinden, der sonstigen Religionsgemeinschaften und der weltanschaulichen Gemeinschaften, sofern sie Körperschaften des öffentlichen Rechts sind.

VII. Abschnitt. Bestehende Stiftungen

§ 47 Rechtsstellung. (1) Bestehende Stiftungen behalten ihre seitherige Rechtsstellung. Sie unterliegen künftig den Vorschriften dieses Gesetzes.

(2) Entspricht die Satzung einer bestehenden Stiftung nicht den Vorschriften dieses Gesetzes, so ist sie zu ändern oder zu ergänzen.

(3) Besteht Unklarheit oder Ungewißheit über die geltende Satzung einer Stiftung, so ist diese unter Beachtung des § 5 Abs. 2 neu aufzustellen.

(4) Die Änderung, Ergänzung oder Feststellung der Stiftungssatzung ist vom Vorstand vorzunehmen und von der Stiftungsaufsichtsbehörde zu genehmigen. Bestehen Zweifel darüber, wer Vorstand ist oder wie Beschlüsse des Vorstandes zustande kommen, so entscheidet hierüber die oberste Stiftungsaufsichtsbehörde.

§ 48 Feststellung der Rechtsfähigkeit. (1) Bestehen Zweifel darüber, ob eine mit Vermögen ausgestattete Einrichtung eine rechtsfähige Stiftung ist, so entscheidet die Genehmigungsbehörde, wenn ein rechtliches Interesse an der Entscheidung besteht.

(2) Wird die Anerkennung versagt, so gilt die Stiftung mit dem Zeitpunkt der Unanfechtbarkeit der Entscheidung als erloschen, wenn sie vorher bestanden hat. Für die Vergangenheit wird vermutet, daß keine rechtsfähige Stiftung bestanden hat.

(3) Die §§ 5 bis 8 finden sinngemäß Anwendung.

§ 49 Klärung der Rechtsverhältnisse. Bestehen Zweifel über die Rechtsnatur einer Stiftung, insbesondere darüber, ob eine Stiftung öffentlich-rechtlichen oder bürgerlich-rechtlichen Charakter hat, ob sie öffentlich oder privat ist, ob sie eine konfessionelle oder konfessionell nicht gebundene, eine weltliche oder kirchliche Stiftung ist, so entscheidet die Stiftungsaufsichtsbehörde.

§ 50 Umwandlung und Auflösung. (1) Bestehende Stiftungen, deren Rechtsverhältnisse ungeklärt sind, können nach den Vorschriften des vierten Abschnittes umgewandelt oder aufgelöst werden.

(2) Ist ein Anfallberechtigter nach § 25 nicht mit Sicherheit zu ermitteln, so wird er von der Behörde bestimmt, die die Stiftung auflöst.

VIII. Abschnitt. Schlußvorschriften

§ 51 Ausführungsbestimmungen. Die zur Ausführung dieses Gesetzes erforderlichen Rechtsverordnungen erläßt die Landesregierung.

§ 52 Familienstiftung. Auf Grund des § 4 des Gesetzes zur Änderung von Vorschriften des Fideikommiß- und Stiftungsrechts vom 28. Dezember 1950 (BGBl. S. 820) wird bestimmt:

Die Vorschriften dieses Gesetzes gelten auch für Familienstiftungen, auf die das Gesetz über das Erlöschen der Familienfideikommisse und sonstiger gebundener Vermögen vom 6. Juli 1938 (RGBl. I S. 825) mit seinen Durchführungsbestimmungen und die Verordnung über Familienstiftungen vom 17. Mai 1940 (RGBl. I S. 806) Anwendung findet. Die dort begründeten Zuständigkeiten werden von der Stiftungsaufsichtsbehörde wahrgenommen, soweit nicht die Fideikommißgerichte zuständig sind.

§ 53 Außerkrafttreten früherer Bestimmungen. (1) (Aufhebungsbestimmung)

(2) (gegenstandslos)

§ 54 Inkrafttreten. Dieses Gesetz tritt am 1. Januar 1967 in Kraft.

Anhang 1: Landesstiftungsgesetze

Saarland

Saarländisches Stiftungsgesetz

vom 11. 7. 1984 (ABl. S. 889), geändert durch Gesetz vom 26. 1. 1994 (ABl. S. 509).

§ 1
Geltungsbereich

Dieses Gesetz gilt für rechtsfähige Stiftungen des bürgerlichen Rechts, die ihren Sitz im Saarland haben.

§ 2
Stiftungsbehörde

Stiftungsbehörde im Sinne dieses Gesetzes ist der Minister des Innern.

§ 3
Genehmigung

(1) Die zur Entstehung einer Stiftung nach § 80 Satz 1 Bürgerliches Gesetzbuch erforderliche Genehmigung erteilt die Stiftungsbehörde im Einvernehmen mit dem Minister, in dessen Geschäftsbereich der Zweck der Stiftung überwiegend fällt. Einer Genehmigung bedarf auch die Sitzverlegung einer bereits rechtsfähigen Stiftung in den Geltungsbereich dieses Gesetzes.

(2) Eine Stiftung darf nur genehmigt werden, wenn die Verwirklichung des Stiftungszweckes, insbesondere durch eine ausreichende Vermögensausstattung gesichert ist.

§ 4
Stiftungsgeschäft, Stiftungssatzung

(1) Die Stiftung muß eine Satzung haben, deren Inhalt durch das Stiftungsgeschäft bestimmt wird.

(2) Die Satzung hat Bestimmungen über Name, Sitz, Zweck, Vermögen und Organe der Stiftung zu enthalten.

(3) Die Satzung soll Bestimmungen über

1. Anzahl, Berufung, Amtsdauer und Abberufung der Mitglieder der Stiftungsorgane,

2. Einberufung, Beschlußfähigkeit und Beschlußfassung der Stiftungsorgane,

3. Aufgaben und Befugnisse der Stiftungsorgane,

4. etwaige Rechte der durch die Stiftung Begünstigten,

5. Satzungsänderungen und

6. den Vermögensanfall

enthalten.

(4) Die Stiftungsbehörde kann die Satzung, soweit sie nach den Absätzen 2 und 3 unvollständig ist, bei der Genehmigung der Stiftung ergänzen, wenn der Stifter hierzu nicht in der Lage ist. Dies gilt nicht für Bestimmungen über Zweck und Vermögen der Stiftung.

§ 5
Stiftungsverwaltung

(1) Die Stiftungsorgane haben gemäß dem Stifterwillen für die Erfüllung des Stiftungszweckes zu sorgen. Sie sind zur ordnungsgemäßen und wirtschaftlichen Verwaltung der Stiftung verpflichtet. Für jedes Jahr ist nach den Grundsätzen einer ordnungsgemäßen Buchführung eine Jahresrechnung aufzustellen.

(2) Den Mitgliedern der Stiftungsorgane kann Anspruch auf Ersatz angemessener Auslagen gewährt werden. Bei entgeltlicher Tätigkeit von Organmitgliedern sind Art und Umfang der Leistungen und Vergütungen vor Aufnahme der Tätigkeit schriftlich zu regeln. Die Haftung der Mitglieder der Stiftungsorgane gegenüber der Stiftung kann auf Vorsatz und grobe Fahrlässigkeit beschränkt werden.

§ 6
Stiftungsvermögen

(1) Das Stiftungsvermögen ist in seinem Bestand ungeschmälert zu erhalten. Die Stiftungsbehörde kann Ausnahmen zulassen, wenn der Stifterwille anders nicht zu verwirklichen und der Bestand der Stiftung für angemessene Zeit gewährleistet ist. Das Stiftungsvermögen ist von anderem Vermögen getrennt zu halten.

(2) Die Erträge des Stiftungsvermögens und Zuwendungen an die Stiftung sind ausschließlich für den Stiftungszweck und zur Deckung der Verwaltungskosten der Stiftung sowie zur Bildung notwendiger Rücklagen zu verwenden. Sie können dem Stiftungsvermögen zugeführt werden, wenn es in der Satzung vorgesehen oder im Einzelfalle notwendig ist, um die Ertragskraft des Vermögens auch in Zukunft sicherzustellen. Zuwendungen müssen dem Stiftungsvermögen zugeführt werden, wenn der Zuwendende es bestimmt (Zustiftung).

§ 7
Satzungsänderung, Zusammenschluß und Auflösung durch Stiftungsorgane oder Dritte

(1) Satzungsänderungen, der Zusammenschluß mit anderen Stiftungen oder die Auflösung der Stiftung sind zulässig, wenn die Satzung dies vorsieht oder eine wesentliche Änderung der Verhältnisse dies erfordert. Satzungsänderungen, die den Stiftungszweck nicht berühren, sind außerdem zulässig, wenn sie die ursprüngliche Gestaltung der Stiftung nicht wesentlich ändern.

(2) Bei Maßnahmen nach Absatz 1 ist der Wille des Stifters zu berücksichtigen. Zu Lebzeiten des Stifters ist dessen Zustimmung erforderlich. In Rechte derer, die durch die Stiftung bedacht sind, darf nicht eingegriffen werden.

(3) Maßnahmen nach Absatz 1 werden durch das zuständige Stiftungsorgan getroffen. Die Satzung kann auch Dritte hierzu ermächtigen. Die Maßnahmen bedürfen der Genehmigung der Stiftungsbehörde.

(4) Mit der Genehmigung des Zusammenschlusses wird die neue Stiftung rechtsfähig. In diesem Zeitpunkt geht das Vermögen der zusammengeschlossenen Stiftungen auf die neue Stiftung über.

§ 8
Zweckänderung, Zusammenlegung und Aufhebung durch die Stiftungsbehörde

Sofern die Stiftung innerhalb einer von ihr von der Stiftungsbehörde gesetzten angemessenen Frist eine Maßnahme nach § 7 nicht vornimmt, ergreift die Stiftungsbehörde die im § 87 des Bürgerlichen Gesetzbuches vorgesehenen Maßnahmen. Unter den Voraussetzungen des § 87 Abs. 1 Bürgerliches Gesetzbuch kann die Stiftungsbehörde mehrere Stiftungen zusammenlegen. Sie gibt dieser neuen Stiftung eine Satzung. § 7 Abs. 2 und 4 gelten entsprechend.

§ 9
Vermögensanfall

(1) Ist für den Fall des Erlöschens einer Stiftung in der Satzung weder ein Anfallberechtigter bestimmt noch einem Stiftungsorgan die Bestimmung des Anfallberechtigten übertragen, so fällt das Vermögen an das Land, sofern durch Gesetz keine andere Regelung getroffen wird.

(2) Das Land hat das Vermögen möglichst in einer den Zwecken der Stiftung entsprechenden Weise zu verwenden.

§ 10
Stiftungsaufsicht

(1) Die Stiftungsbehörde übt die Aufsicht darüber aus, daß die Stiftung in Übereinstimmung mit Gesetz und Stiftungssatzung verwaltet wird. Dabei stehen ihr die in den §§ 11 bis 16 genannten Maßnahmen zur Verfügung.

(2) Die Aufsicht soll so gehandhabt werden, daß Entschlußkraft und Verantwortungsfreudigkeit der Stiftungsorgane nicht beeinträchtigt werden.

§ 11
Unterrichtung und Prüfung

(1) Die Stiftungsbehörde kann sich über einzelne Angelegenheiten der Stiftung unterrichten. Die Stiftungsorgane sind zur Auskunft und Vorlage von Unterlagen verpflichtet.

(2) Die Stiftung hat der Stiftungsbehörde
1. die Zusammensetzung und jede Änderung der vertretungsberechtigten Organe unverzüglich anzuzeigen und
2. innerhalb von sechs Monaten nach Ende eines jeden Geschäftsjahres eine Jahresrechnung mit einer Vermögensübersicht und einem Bericht über die Erfüllung des Stiftungszweckes vorzulegen. Die Stiftungsbehörde kann zulassen, daß Jahresrechnung und Bericht in größeren als jährlichen Zeitabständen vorgelegt werden.

(3) Beim Vorliegen eines wichtigen Grundes kann die Stiftungsbehörde die Verwaltung der Stiftung auf Kosten der Stiftung prüfen oder prüfen lassen.

§ 12
Beanstandung und Aufhebung

Die Stiftungsbehörde hat Maßnahmen der Stiftungsorgane zu beanstanden, wenn sie gegen Gesetz oder Stiftungssatzung verstoßen. Sie kann verlangen, daß diese Maßnahmen innerhalb einer bestimmten Frist aufgehoben oder rückgängig gemacht werden.

§ 13
Anordnung und Ersatzvornahme

(1) Trifft ein Stiftungsorgan eine durch Gesetz oder Stiftungssatzung gebotene Maßnahme nicht, so kann die Stiftungsbehörde anordnen, daß die Maßnahme innerhalb einer bestimmten Frist durchgeführt wird.

(2) Kommt das Stiftungsorgan einer Anordnung der Stiftungsbehörde innerhalb der gesetzten Frist nicht nach, so kann die Stiftungsbehörde die Anordnung auf Kosten der Stiftung selbst durchführen oder durch andere durchführen lassen.

§ 14
Abberufung und Bestellung von Mitgliedern der Stiftungsorgane

(1) Die Stiftungsbehörde kann einem Mitglied eines Stiftungsorganes aus wichtigem Grund, insbesondere wegen grober Pflichtverletzung oder Unfähigkeit zu ordnungsgemäßer Geschäftsführung, die Ausübung seiner Tätigkeit einstweilen untersagen oder es abberufen.

(2) Die Stiftungsbehörde kann im Falle der Abberufung ein neues Mitglied bestellen, sofern die Stiftung innerhalb einer ihr von der Stiftungsbehörde gesetzten angemessenen Frist kein neues Mitglied bestellt hat.

§ 15
Bestellung von Mitgliedern der Stiftungsorgane

Soweit einem Stiftungsorgan die erforderlichen Mitglieder fehlen und nicht nach § 29 Bürgerliches Gesetzbuch zu verfahren ist, kann die Stiftungsbehörde sie in dringenden Fällen für die Zeit bis zur Behebung des Mangels bestellen.

§ 16
Bestellung von Beauftragten

Wenn und solange es zur ordnungsgemäßen Verwaltung der Stiftung erforderlich ist und die Befugnisse der Stiftungsbehörde nach den §§ 11 bis 15 nicht ausreichen, kann die Stiftungsbehörde Beauftragte bestellen, die alle oder einzelne Aufgaben von Stiftungsorganen auf Kosten der Stiftung wahrnehmen. Soweit die Aufgaben und Befugnisse des Beauftragten reichen, ruhen die Befugnisse der Stiftungsorgane.

§ 17
Bekanntmachungen

Die Stiftungen haben ihre Errichtung, ihr Erlöschen, die Änderung ihres Namens und Zweckes, die Verlegung ihres Sitzes sowie ihre Zusammenlegung im Amtsblatt des Saarlandes bekanntzumachen.

§ 18
Stiftungsverzeichnis, Auskunftserteilung

(1) Die Stiftungsbehörde führt ein Verzeichnis der Stiftungen. Es enthält Angaben über Name, Entstehungsjahr, Sitz, Zweck und Vertretungsberechtigte.

(2) Die Einsicht in das Stiftungsverzeichnis ist jedem gestattet, der ein berechtigtes Interesse glaubhaft macht. Die Eintragungen im Stiftungsverzeichnis begründen nicht die Vermutung der Richtigkeit.

§ 19
Kirchliche Stiftungen

(1) Kirchliche Stiftungen sind Stiftungen, die überwiegend kirchlichen Aufgaben zu dienen bestimmt sind und

1. von einer Kirche, ihren Verbänden oder Einrichtungen errichtet oder
2. organisatorisch mit ihnen verbunden oder
3. in der Stiftungssatzung der kirchlichen Aufsicht unterstellt sind oder
4. ihre Zwecke nur sinnvoll in Verbindung mit einer Kirche, ihren Verbänden oder Einrichtungen erfüllen können.

(2) Die Vorschriften dieses Gesetzes finden auf kirchliche Stiftungen mit folgender Maßgabe Anwendung:

1. die Genehmigung der Stiftung kann nur erfolgen, wenn die zuständige Kirchenbehörde anerkannt hat, daß die Voraussetzungen nach Absatz 1 vorliegen,
2. die Zulassung von Ausnahmen nach § 6 Abs. 1 Satz 2 erteilt die zuständige Kirchenbehörde,
3. die Entscheidungen der Stiftungsbehörde nach den §§ 7 und 8 können nur erfolgen, wenn die zuständige Kirchenbehörde anerkannt hat, daß die Voraussetzungen dieser Vorschriften vorliegen,
4. die zuständige Kirchenbehörde führt nach kirchlichem Recht die Stiftungsaufsicht,
5. beim Erlöschen der Stiftung findet § 9 entsprechend Anwendung. An die Stelle des Landes tritt die Kirche. Die Vorschriften über eine dem Fiskus als gesetzlichem Erben anfallende Erbschaft sind entsprechend anzuwenden.

(3) Die Absätze 1 und 2 gelten entsprechend für Stiftungen von Religionsgesellschaften oder Weltanschauungsgemeinschaften, sofern sie Körperschaften des öffentlichen Rechts sind.

§ 20
Kommunale Stiftungen

(1) Kommunale Stiftungen sind Stiftungen, deren Zwecke im Aufgabenbereich kommunaler Körperschaften liegen und die von diesen Körperschaften verwaltet werden.

(2) Die nach § 3 erforderliche Genehmigung erteilt die Stiftungsbehörde nach Anhörung der kommunalen Körperschaft. Für die Verwaltung der kommunalen Stiftung gelten anstelle der §§ 5 und 6 die Vorschriften über die Vermögensverwaltung nach dem Kommunalselbstverwaltungsgesetz. Maßnahmen nach den §§ 7 und 8 treffen die kommunalen Körperschaften. An die Stelle der Stiftungsaufsicht nach den §§ 10 bis 16 tritt die Kommunalaufsicht.

(3) Beim Erlöschen einer kommunalen Stiftung findet § 9 entsprechend Anwendung. An die Stelle des Landes tritt die kommunale Körperschaft. Die Vorschriften über eine dem Fiskus als gesetzlichem Erben anfallenden Erbschaft sind entsprechend anzuwenden.

§ 21
Bestehende Stiftungen

(1) Auf bestehende Stiftungen sind die Vorschriften dieses Gesetzes mit Ausnahme des § 3 anzuwenden. Diese Stiftungen sind verpflichtet, die in § 18 Abs. 1 geforderten Angaben innerhalb eines Jahres nach Inkrafttreten dieses Gesetzes der Stiftungsbehörde mitzuteilen.

(2) Stiftungssatzungen, die den Vorschriften dieses Gesetzes nicht entsprechen, sind zu ändern oder zu ergänzen. Ist eine Satzung nicht vorhanden, so ist sie zu erlassen. Maßnahmen nach Satz 1 und 2 sind innerhalb von zwei Jahren nach Inkrafttreten dieses Gesetzes vorzunehmen. Sie bedürfen der Genehmigung.

§ 22
Übergang von Zuständigkeiten

Die in diesem Gesetz geregelten Zuständigkeiten gehen sonstigen Zuständigkeitsregelungen vor.

§ 23
(aufgehoben)

§ 24
Inkrafttreten

Dieses Gesetz tritt am 1. Januar 1985 in Kraft.

Sachsen

Literaturhinweise: *Neuhoff*, Das Stiftungsgesetz für die neuen Bundesländer, DtZ 1991, 435; *Rawert*, Das Stiftungsrecht der neuen Bundesländer, BB, Beilage 6 zu Heft 6, 1991, S. 13 ff.

Gesetz über die Bildung und Tätigkeit von Stiftungen (Stiftungsgesetz)

vom 13. 9. 1990 (GBl. I Nr. 61 S. 1483) in der Fassung des Rechtsbereinigungsgesetzes des Freistaats Sachsen vom 17. 4. 1998 (GVBl. S. 151).

I. Allgemeine Bestimmungen

§ 1 Geltungsbereich. (1) Dieses Gesetz gilt für die rechtsfähigen Stiftungen des Privatrechts und des öffentlichen Rechts, einschließlich kirchlicher Stiftungen, die in der Deutschen Demokratischen Republik bzw. in den Ländern Brandenburg, Mecklenburg-Vorpommern, Sachsen, Sachsen/Anhalt, Thüringen und der ihnen gleichgestellten Stadt Berlin ihren Sitz haben.

(2) Dieses Gesetz gilt in den in Absatz 1 aufgeführten Ländern sowie der ihnen gleichgestellten Stadt Berlin solange, bis dort ein anderes Stiftungsgesetz zur Geltung gelangt.

§ 2 Auslegungsgrundsatz. Bei der Anwendung dieses Gesetzes ist in erster Linie der Wille des Stifters zu berücksichtigen.

§ 3 Stiftungsbehörde. (1) Die Landesregierung legt die nach diesem Gesetz zuständigen Stiftungsbehörden fest.

(2) Örtlich zuständig ist die Stiftungsbehörde, in deren Bereich die Stiftung ihren Sitz hat oder haben wird. Als Sitz der Stiftung gilt, wenn nichts anderes bestimmt ist, der Ort, an dem die Verwaltung geführt wird.

II. Stiftungen des Privatrechts

§§ 4–9 (aufgehoben)

§ 10 Inhalt der Satzung. (1) Die Satzung einer Stiftung muß Bestimmungen enthalten über den Namen, den Sitz, den Zweck, das Vermögen und die Organe der Stiftung.

(2) Die Satzung soll ferner Regelungen enthalten über die Anzahl der Mitglieder der Stiftungsorgane, ihre Bestellung, Amtsdauer und Abberufung, ihren Geschäftsbereich und ihre Vertretungsvollmacht sowie die Einberufung, Beschlußfähigkeit und Beschlußfassung der Stiftungsorgane, die Rechtsstellung der durch die Stiftung Begünstigten, die Änderung der Stiftungssatzung oder die Aufhebung der Stiftung und den Vermögensanfall nach dem Erlöschen der Stiftung.

(3) Fehlen Satzungsbestimmungen, kann die Stiftungsbehörde den Stifter oder Antragsteller zu einer entsprechenden Ergänzung der Satzung auffordern. Ist der Stifter dazu nicht mehr in der Lage, kann die Stiftungsbehörde die Satzung bei der Genehmigung der Stiftung ergänzen; das gilt nicht für Bestimmungen über Zweck und Vermögen der Stiftung.

§§ 11–12 (aufgehoben)

§ 13 Stiftungsvermögen. (1) In eine Stiftung können alle Arten von Vermögenswerten und Gegenstände eingebracht werden. Insbesondere können finanzielle Mittel, Rechte an beweglichen und unbeweglichen Sachen, Forderungen, Kunstwerke und Beteiligungen an Wirtschaftsunternehmen Stiftungseigentum darstellen.

(2) Die Erträgnisse der Stiftungen können sich aus den Anlagen des Stiftungsvermögens, daneben aus Spenden, Zuwendungen sowie aus Leistungsentgelten ergeben.

§ 14 Vermögensverwaltung. (1) Die Stiftung ist nach den Gesetzen, dem Stiftungsgeschäft und der Stiftungssatzung sparsam und wirtschaftlich zu verwalten. Die Verwaltung dient der dauernden und nachhaltigen Erfüllung des Stiftungszwecks.

(2) Das Stiftungsvermögen ist in seinem Bestand zu erhalten; es sei denn, daß die Satzung eine Ausnahme zuläßt und der Stiftungszweck nicht anders zu verwirklichen ist. Das Stiftungsvermögen ist von anderem Vermögen getrennt zu halten.

(3) Bei der Verwaltung von Stiftungen sind die Regeln ordentlicher Wirtschaftsführung einzuhalten.

III. Genehmigung und Stiftungsaufsicht

§ 15 Genehmigung. (1) Die Genehmigung einer Stiftung wird durch die Stiftungsbehörde erteilt.

(2) Die Genehmigung darf nicht unter Auflagen oder Bedingungen erteilt werden.

(3) Eine Ausfertigung der Stiftungsurkunde, der Satzung und Genehmigung sind bei der Stiftungsbehörde zu hinterlegen.

§ 16 Versagung der Genehmigung. (1) Die Genehmigung ist zu versagen:

a) wenn die Stiftung das Gemeinwohl gefährden würde;

b) wenn die dauernde und nachhaltige Erfüllung des Stiftungszweckes insbesondere wegen unzureichender Mittel nicht gewährleistet ist und auch weitere ausreichende Zuwendungen nicht mit Sicherheit zu erwarten sind.

(2) Die Genehmigung kann versagt werden, wenn das Stiftungsgeschäft oder die Satzung keine ausreichenden Bestimmungen über Zweck und Vermögen der Stiftung enthält.

§ 17 Bekanntgabe der Entscheidung und Widerruf. (1) Die Entscheidung ist dem Antragsteller schriftlich mitzuteilen. Die Versagung der Genehmigung ist zu begründen. Die Genehmigung, der Zeitpunkt der Entstehung der Stiftung und der Stiftungszweck sind in das Stiftungsverzeichnis einzutragen.

(2) Die Genehmigung ist zu widerrufen, wenn das Stiftungsgeschäft unwirksam ist oder mit Erfolg angefochten wird. Der Widerruf ist dem Antragsteller schriftlich mitzuteilen und öffentlich bekanntzumachen.

§ 18 Rechtsaufsicht. Die Stiftungen stehen unter der Rechtsaufsicht des Landes, in dem sie ihren Sitz haben. Sie beschränkt sich darauf, zu überwachen, daß die Organe der Stiftung die Gesetze, das Stiftungsgeschäft und die Stiftungssatzung beachten.

§ 19 Tätigkeit der Stiftungsbehörde. (1) Die Stiftungsbehörde ist befugt, sich über alle Angelegenheiten der Stiftung zu unterrichten. Sie kann insbesondere Anstalten und Einrichtungen der Stiftung besichtigen, die Geschäfts- und Kassenführung prüfen oder auf Kosten der Stiftung prüfen lassen und Berichte und Akten anfordern.

(2) Die Stiftungsbehörde kann Maßnahmen der Stiftungsorgane, die den Gesetzen, dem Stiftungsgeschäft oder der Stiftungssatzung widersprechen, beanstanden und verlangen, daß sie innerhalb einer bestimmten Frist aufgehoben oder rückgängig gemacht werden. Unterlassen die Stiftungsorgane vorgesehene Maßnahmen, so kann die Stiftungsbehörde für die Durchsetzung der Maßnahmen eine Frist setzen und nach deren erfolglosem Ablauf selbst die erforderlichen Maßnahmen durchführen oder durchführen lassen.

(3) Hat ein Mitglied des Stiftungsorgans sich einer groben Pflichtverletzung schuldig gemacht oder ist es zu einer ordnungsgemäßen Geschäftsführung unfähig, so kann die Stiftungsbehörde die Abberufung eines Mitglieds und die Berufung eines anderen verlangen. Sie kann dem Mitglied die Geschäftsführung einstweilen untersagen.

(4) Ist die Stiftung zur Abberufung des Mitglieds nicht in der Lage oder kommt sie innerhalb einer bestimmten Frist dem Verlangen der Stiftungsbehörde nach Absatz 3 Satz 1 nicht nach, so kann die Stiftungsbehörde das Mitglied abberufen und ein anderes an seiner Stelle berufen.

§ 20 Stiftungsverzeichnis. (1) Bei der Stiftungsbehörde ist ein Verzeichnis der in ihrem Zuständigkeitsbereich bestehenden und neu entstehenden Stiftungen (Stiftungsverzeichnis) zu führen. In das Stiftungsverzeichnis sind Name, Sitz, Zweck,

Vertretungsberechtigung und Zusammensetzung der Organe der Stiftung und der Tag der Erteilung der Genehmigung einzutragen; die Satzung ist zur Eintragung beizufügen. Änderungen der Satzung sowie die Auflösung der Stiftung sind einzutragen.

(2) Sämtliche Stiftungen sind verpflichtet, dem Stiftungsverzeichnis gegenüber die erforderlichen Angaben und Änderungen von erheblichen Tatsachen innerhalb einer Frist von 1 Monat nach Eintritt der Wirksamkeit der Änderung mitzuteilen.

(3) Eintragungen im Stiftungsverzeichnis begründen nicht die Vermutung ihrer Richtigkeit. Die Einsicht in das Stiftungsverzeichnis ist jedem gestattet, der ein berechtigtes Interesse geltend macht.

(4) Entstehung und Aufhebung einer Stiftung sowie der Stifter und der Stiftungszweck sind öffentlich bekannt zu machen.

IV. Satzungsänderung und Beendigung der Stiftungen

§ 21 Satzungsänderung. (1) Wenn die Satzung dies vorsieht oder wenn sich die Verhältnisse seit der Errichtung der Stiftung wesentlich geändert haben, kann die Satzung geändert oder die Stiftung mit einer anderen Stiftung zusammengelegt werden.

(2) Zu Lebzeiten des Stifters ist dessen Zustimmung erforderlich. In Rechte derer, die durch die Stiftung begünstigt sind, darf nicht eingegriffen werden.

(3) Maßnahmen nach Absatz 1 werden von den zur Verwaltung der Stiftung berufenen Organen getroffen. Die Maßnahmen bedürfen der Genehmigung der Stiftungsbehörde.

(4) Eine Sitzverlegung in das oder aus dem Land bedarf auch dann der Genehmigung durch die Stiftungsbehörde, wenn die Sitzverlegung nach dem Recht des bisherigen oder des zukünftigen Sitzes von der dort zuständigen Behörde zu genehmigen ist.

(5) Mit der Genehmigung der Zusammenlegung wird die neue Stiftung rechtsfähig.

§ 22 Zweckänderung und Aufhebung.

(1)–(3) (aufgehoben)

(4) Die Aufhebung der Stiftung durch den Vorstand bedarf der Genehmigung der Stiftungsbehörde.

§ 23 Vermögensanfall. (1) Ist für den Fall des Erlöschens einer Stiftung in der Satzung weder ein Anfallberechtigter bestimmt noch einem Stiftungsorgan die Bestimmung des Anfallberechtigten übertragen, so fällt das Vermögen

1. einer kommunalen Stiftung an die kommunale Körperschaft,

2. einer kirchlichen Stiftung an die aufsichtsführende Kirche,

3. aller anderen Stiftungen an das Land.

(2) und (3) (aufgehoben)

V. Stiftungen öffentlichen Rechts

§ 24. (1) Stiftungen des öffentlichen Rechts sind Stiftungen, die ausschließlich öffentliche Zwecke verfolgen und mit dem Land ihres Sitzes oder einer anderen öffentlich-rechtlichen Gebiets-Körperschaft oder einer sonstigen Körperschaft oder Anstalt des öffentlichen Rechts in einem organischen Zusammenhang stehen.

(2) Eine Stiftung des öffentlichen Rechts entsteht durch den Stiftungsakt eines Trägers hoheitlicher Gewalt oder durch Rechtsvorschrift. Ihre Bildung ist der Stiftungsbehörde zur Eintragung in das Stiftungsverzeichnis mitzuteilen.

VI. Kommunale Stiftungen

§ 25. (1) Kommunale Stiftungen sind solche, deren Zweck im Rahmen der jeweiligen kommunalen Aufgaben liegt und nicht wesentlich über den räumlichen Bereich der Gebietskörperschaft hinauswirkt.

(2) Die Vertretung und Verwaltung der kommunalen Stiftungen obliegt, soweit nicht durch Satzung anderes bestimmt ist, den für die Vertretung und Verwaltung der Kommunen zuständigen Organen.

(3) Die Stiftungsaufsicht wird durch die kommunale Aufsichtsbehörde wahrgenommen, soweit durch die Landesregierung nichts anderes bestimmt wird.

VII. Kirchliche Stiftungen

§ 26 [Definition]. (1) Kirchliche Stiftungen im Sinne dieses Gesetzes sind Stiftungen, die ausschließlich oder überwiegend dazu bestimmt sind, kirchliche Aufgaben zu erfüllen und von einer Kirche errichtet oder organisatorisch mit einer Kirche verbunden oder in der Stiftungssatzung der kirchlichen Aufsicht unterstellt oder deren Zwecke nur sinnvoll in Verbindung mit einer Kirche zu erfüllen sind.

(2) Die Bestimmungen über kirchliche Stiftungen gelten entsprechend für Stiftungen der jüdischen Religionsgemeinschaft und anderer Religionsgemeinschaften, die Körperschaften des öffentlichen Rechts sind.

§ 27 [Genehmigung]. (1) Eine kirchliche Stiftung ist auf Antrag der zuständigen Kirchenbehörde zu genehmigen, wenn die Verwirklichung des Stiftungszwecks aus dem Ertrag des Stiftungsvermögens gesichert erscheint oder von der Kirche gewährleistet wird.

(2) Eine Stiftung darf nicht ohne Zustimmung der zuständigen Kirchenbehörde als kirchliche Stiftung genehmigt werden. Das gleiche gilt für die Aufhebung oder Umwandlung einer kirchlichen Stiftung.

(3) Kirchliche Stiftungen unterliegen nicht der Staatsaufsicht, wenn sie kirchlichen Vorschriften entsprechend von der zuständigen Kirchenbehörde beaufsichtigt werden. Der Erlaß allgemeiner Vorschriften über Namen, Sitz, Zweck, Vertretung, Verwaltung und Beaufsichtigung kirchlicher Stiftungen ist Aufgabe der Kirche.

VIII. Nichtrechtsfähige Stiftungen

§ 28. Eine nichtrechtsfähige Stiftung ist eine Vermögensmasse, die einem bestimmten Zweck gewidmet ist, aber keine Rechtsperson darstellt, sondern nach dem Willen des Stifters auf eine juristische Person des Privatrechts oder öffentlichen Rechts zur treuhänderischen Verwaltung übertragen worden ist. Ihre gesetzliche Vertretung erfolgt durch die juristische Person, der die Stiftung zugeordnet ist. Diese hat Stifter und Stiftungszweck der Stiftungsbehörde mitzuteilen.

IX. Übergangs- und Schlußbestimmungen

§ 29 [Fortbestehen von Stiftungen]. Die bei Inkrafttreten dieses Gesetzes bestehenden Stiftungen bestehen fort. Für ihre künftigen Rechtsverhältnisse sind die Vorschriften dieses Gesetzes anzuwenden.

§ 30 [Pflichten bestehender Stiftungen]. (1) Bestehende Stiftungen haben der zuständigen Stiftungsbehörde innerhalb eines Jahres nach Inkrafttreten dieses Gesetzes Name, Sitz, Zweck, Vertretungsberechtigung und Zusammensetzung der Organe und, soweit möglich, den Tag der Erteilung der Genehmigung und die erteilende Stelle mitzuteilen sowie ihre Satzung vorzulegen.

(2) Stiftungen, die keine Satzung oder eine den zwingenden Vorschriften dieses Gesetzes nicht entsprechende Satzung haben, sind verpflichtet, der zuständigen Stiftungsbehörde innerhalb der in Absatz 1 genannten Frist eine Satzung vorzulegen, die mit den zwingenden Vorschriften dieses Gesetzes übereinstimmt. Zuständig sind hierfür die in der Satzung oder dem Stiftungsgeschäft für den Erlaß oder die Änderung der Satzung bestimmten Organe. Fehlt eine solche Bestimmung, ist das oberste Beschlußorgan der Stiftung zuständig. Die Satzung bedarf der Genehmigung der Stiftungsbehörde. Die Genehmigung gilt als erteilt, wenn die Stiftungsbehörde die Satzung nicht innerhalb von sechs Monaten, nachdem ihr die Satzung vorgelegt wurde, beanstandet.

§ 31 [Zweifel über Rechtsnatur]. Bestehen Zweifel über die Rechtsnatur einer Stiftung, die für sie geltende Satzung oder die Stiftungsverwaltung, so entscheidet darüber die Stiftungsbehörde. Sie kann der Stiftung eine andere Zweckbestimmung geben oder die Stiftung auflösen. Bei der Umwandlung des Stiftungszwecks ist die Absicht des Stifters tunlichst zu berücksichtigen; die Stiftungsbehörde kann in diesem Fall, soweit erforderlich, die Satzung der Stiftung ändern. Der Vorstand der Stiftung soll gehört werden.

§ 32 [Inkrafttreten]. (1) Dieses Gesetz tritt am 24. September 1990 in Kraft.

(2) § 9 des Einführungsgesetzes zum Zivilgesetzbuch vom 19. Juni 1975 (GBl. I Nr. 27 S. 517) wird aufgehoben.

Verordnung der Sächsischen Staatsregierung über die Zuständigkeit in Stiftungsangelegenheiten

vom 12. 12. 1997 (GVBl. S. 4).

§ 1. (1) Stiftungsbehörden im Sinne von § 3 Abs. 1 des Stiftungsgesetzes sind die Regierungspräsidien.

(2) Durch Beschluß der Staatsregierung kann im Einzelfall eine andere Stiftungsbehörde bestimmt werden.

§ 2. Soweit die Regierungspräsidien bisher die Stiftungsaufsicht wahrgenommen haben, gelten sie als zuständige Behörden im Sinne von § 1 Abs. 1.

§ 3. Diese Verordnung tritt am Tage nach ihrer Verkündung in Kraft.

Sachsen-Anhalt

Literaturhinweise: *Neuhoff*, Das Stiftungsgesetz für die neuen Bundesländer, DtZ 1991, 435; *Rawert*, Das Stiftungsrecht der neuen Bundesländer, BB, Beilage 6 zu Heft 6, 1991, S. 13 ff.

Gesetz über die Bildung und Tätigkeit von Stiftungen (Stiftungsgesetz)

vom 13. 9. 1990 (GBl. I Nr. 61 S. 1483) in der Fassung des Rechtsbereinigungsgesetzes vom 26. 6. 1996 (GVBl. S. 144).

I. Allgemeine Bestimmungen

§ 1 Geltungsbereich. (1) Dieses Gesetz gilt für die rechtsfähigen Stiftungen des Privatrechts und des öffentlichen Rechts, einschließlich kirchlicher Stiftungen, die in der Deutschen Demokratischen Republik bzw. in den Ländern Brandenburg, Mecklenburg-Vorpommern, Sachsen, Sachsen/Anhalt, Thüringen und der ihnen gleichgestellten Stadt Berlin ihren Sitz haben.

(2) Dieses Gesetz gilt in den in Absatz 1 aufgeführten Ländern sowie der ihnen gleichgestellten Stadt Berlin solange, bis dort ein anderes Stiftungsgesetz zur Geltung gelangt.

§ 2 Auslegungsgrundsatz. Bei der Anwendung dieses Gesetzes ist in erster Linie der Wille des Stifters zu berücksichtigen.

§ 3 Stiftungsbehörde. (1) Die Landesregierung legt die nach diesem Gesetz zuständigen Stiftungsbehörden fest.

(2) Örtlich zuständig ist die Stiftungsbehörde, in deren Bereich die Stiftung ihren Sitz hat oder haben wird. Als Sitz der Stiftung gilt, wenn nichts anderes bestimmt ist, der Ort, an dem die Verwaltung geführt wird.

II. Stiftungen des Privatrechts

§§ 4–9 (aufgehoben)

§ 10 Inhalt der Satzung. (1) Die Satzung einer Stiftung muß Bestimmungen enthalten über den Namen, den Sitz, den Zweck, das Vermögen und die Organe der Stiftung.

(2) Die Satzung soll ferner Regelungen enthalten über die Anzahl der Mitglieder der Stiftungsorgane, ihre Bestellung, Amtsdauer und Abberufung, ihren Geschäftsbereich und ihre Vertretungsvollmacht sowie die Einberufung, Beschlußfähigkeit und Beschlußfassung der Stiftungsorgane, die Rechtsstellung der durch die Stiftung Begünstigten, die Änderung der Stiftungssatzung oder die Aufhebung der Stiftung und den Vermögensanfall nach dem Erlöschen der Stiftung.

(3) Fehlen Satzungsbestimmungen, kann die Stiftungsbehörde den Stifter oder Antragsteller zu einer entsprechenden Ergänzung der Satzung auffordern. Ist der Stifter dazu nicht mehr in der Lage, kann die Stiftungsbehörde die Satzung bei der Genehmigung der Stiftung ergänzen; das gilt nicht für Bestimmungen über Zweck und Vermögen der Stiftung.

§ 11 (aufgehoben)

§ 12 Haftung. (1) Verletzen Mitglieder des Vorstands oder eines anderen Organs der Stiftung schuldhaft ihre Obliegenheiten, so sind sie der Stiftung zum Ersatz des daraus entstehenden Schadens als Gesamtschuldner verpflichtet.

(2) Mitglieder von Organen der Stiftung, die ohne Entgelt tätig sind, haften nur bei vorsätzlicher oder grob fahrlässiger Verletzung ihrer Pflichten.

§ 13 Stiftungsvermögen. (1) In eine Stiftung können alle Arten von Vermögenswerten und Gegenstände eingebracht werden. Insbesondere können finanzielle Mittel, Rechte an beweglichen und unbeweglichen Sachen, Forderungen, Kunstwerke und Beteiligungen an Wirtschaftsunternehmen Stiftungseigentum darstellen.

(2) Die Erträgnisse der Stiftungen können sich aus den Anlagen des Stiftungsvermögens, daneben aus Spenden, Zuwendungen sowie aus Leistungsentgelten ergeben.

§ 14 Vermögensverwaltung. (1) Die Stiftung ist nach den Gesetzen, dem Stiftungsgeschäft und der Stiftungssatzung sparsam und wirtschaftlich zu verwalten. Die Verwaltung dient der dauernden und nachhaltigen Erfüllung des Stiftungszwecks.

(2) Das Stiftungsvermögen ist in seinem Bestand zu erhalten, es sei denn, daß die Satzung eine Ausnahme zuläßt und der Stiftungszweck nicht anders zu verwirklichen ist. Das Stiftungsvermögen ist von anderem Vermögen getrennt zu halten.

(3) Bei der Verwaltung von Stiftungen sind die Regeln ordentlicher Wirtschaftsführung einzuhalten.

III. Genehmigung und Stiftungsaufsicht

§ 15 Genehmigung. (1) Die Genehmigung einer Stiftung wird durch die Stiftungsbehörde erteilt.

(2) Die Genehmigung darf nicht unter Auflagen oder Bedingungen erteilt werden.

(3) Eine Ausfertigung der Stiftungsurkunde, der Satzung und Genehmigung sind bei der Stiftungsbehörde zu hinterlegen.

§ 16 Versagung der Genehmigung. (1) Die Genehmigung ist zu versagen:

a) wenn die Stiftung das Gemeinwohl gefährden würde;

b) wenn die dauernde und nachhaltige Erfüllung des Stiftungszweckes insbesondere wegen unzureichender Mittel nicht gewährleistet ist und auch weitere ausreichende Zuwendungen nicht mit Sicherheit zu erwarten sind.

(2) Die Genehmigung kann versagt werden, wenn das Stiftungsgeschäft oder die Satzung keine ausreichenden Bestimmungen über Zweck und Vermögen der Stiftung enthält.

§ 17 Bekanntgabe der Entscheidung und Widerruf. (1) Die Entscheidung ist dem Antragsteller schriftlich mitzuteilen. Die Versagung der Genehmigung ist zu begründen. Die Genehmigung, der Zeitpunkt der Entstehung der Stiftung und der Stiftungszweck sind in das Stiftungsverzeichnis einzutragen.

(2) Die Genehmigung ist zu widerrufen, wenn das Stiftungsgeschäft unwirksam ist oder mit Erfolg angefochten wird. Der Widerruf ist dem Antragsteller schriftlich mitzuteilen und öffentlich bekanntzumachen.

§ 18 Rechtsaufsicht. Die Stiftungen stehen unter der Rechtsaufsicht des Landes, in dem sie ihren Sitz haben. Sie beschränkt sich darauf, zu überwachen, daß die Organe der Stiftung die Gesetze, das Stiftungsgeschäft und die Stiftungssatzung beachten.

§ 19 Tätigkeit der Stiftungsbehörde. (1) Die Stiftungsbehörde ist befugt, sich über alle Angelegenheiten der Stiftung zu unterrichten. Sie kann insbesondere Anstalten und Einrichtungen der Stiftung besichtigen, die Geschäfts- und Kassenführung prüfen oder auf Kosten der Stiftung prüfen lassen und Berichte und Akten anfordern.

(2) Die Stiftungsbehörde kann Maßnahmen der Stiftungsorgane, die den Gesetzen, dem Stiftungsgeschäft oder der Stiftungssatzung widersprechen, beanstanden und verlangen, daß sie innerhalb einer bestimmten Frist aufgehoben oder rückgängig gemacht werden. Unterlassen die Stiftungsorgane vorgesehene Maßnahmen, so kann die Stiftungsbehörde für die Durchsetzung der Maßnahmen eine Frist setzen und nach deren erfolglosem Ablauf selbst die erforderlichen Maßnahmen durchführen oder durchführen lassen.

(3) Hat ein Mitglied des Stiftungsorgans sich einer groben Pflichtverletzung schuldig gemacht oder ist es zu einer ordnungsgemäßen Geschäftsführung unfähig, so kann die Stiftungsbehörde die Abberufung eines Mitglieds und die Berufung eines anderen verlangen. Sie kann dem Mitglied die Geschäftsführung einstweilen untersagen.

(4) Ist die Stiftung zur Abberufung des Mitglieds nicht in der Lage oder kommt sie innerhalb einer bestimmten Frist dem Verlangen der Stiftungsbehörde nach Absatz 3 Satz 1 nicht nach, so kann die Stiftungsbehörde das Mitglied abberufen und ein anderes an seiner Stelle berufen.

§ 20 Stiftungsverzeichnis. (1) Bei der Stiftungsbehörde ist ein Verzeichnis der in ihrem Zuständigkeitsbereich bestehenden und neu entstehenden Stiftungen (Stiftungsverzeichnis) zu führen. In das Stiftungsverzeichnis sind Name, Sitz, Zweck, Vertretungsberechtigung und Zusammensetzung der Organe der Stiftung und der Tag der Erteilung der Genehmigung einzutragen; die Satzung ist zur Eintragung beizufügen. Änderungen der Satzung sowie die Auflösung der Stiftung sind einzutragen.

(2) Sämtliche Stiftungen sind verpflichtet, dem Stiftungsverzeichnis gegenüber die erforderlichen Angaben und Änderungen von erheblichen Tatsachen innerhalb einer Frist von 1 Monat nach Eintritt der Wirksamkeit der Änderung mitzuteilen.

(3) Eintragungen im Stiftungsverzeichnis begründen nicht die Vermutung ihrer Richtigkeit. Die Einsicht in das Stiftungsverzeichnis ist jedem gestattet, der ein berechtigtes Interesse geltend macht.

(4) Entstehung und Aufhebung einer Stiftung sowie der Stifter und der Stiftungszweck sind öffentlich bekannt zu machen.

IV. Satzungsänderung und Beendigung der Stiftungen

§ 21 Satzungsänderung. (1) Wenn die Satzung dies vorsieht oder wenn sich die Verhältnisse seit der Errichtung der Stiftung wesentlich geändert haben, kann die Satzung geändert oder die Stiftung mit einer anderen Stiftung zusammengelegt werden.

(2) Zu Lebzeiten des Stifters ist dessen Zustimmung erforderlich. In Rechte derer, die durch die Stiftung begünstigt sind, darf nicht eingegriffen werden.

(3) Maßnahmen nach Absatz 1 werden von den zur Verwaltung der Stiftung berufenen Organen getroffen. Die Maßnahmen bedürfen der Genehmigung der Stiftungsbehörde.

(4) Eine Sitzverlegung in das oder aus dem Land bedarf auch dann der Genehmigung durch die Stiftungsbehörde, wenn die Sitzverlegung nach dem Recht des bisherigen oder des zukünftigen Sitzes von der dort zuständigen Behörde zu genehmigen ist.

(5) Mit der Genehmigung der Zusammenlegung wird die neue Stiftung rechtsfähig.

§ 22 Zweckänderung und Aufhebung. (1) Ist die Erfüllung des Stiftungszweckes unmöglich geworden oder gefährdet sie das Gemeinwohl, so kann die Stiftungsbehörde der Stiftung eine andere Zweckbestimmung geben oder sie aufheben.

(2) Bei der Umwandlung des Zweckes ist die Absicht des Stifters zu berücksichtigen, insbesondere dafür Sorge zu tragen, daß die Erträge des Stiftungsvermögens dem Personenkreis, dem sie zustatten kommen sollten, im Sinne des Stifters tunlichst erhalten bleiben. Die Behörde kann die Satzung der Stiftung ändern, soweit die Umwandlung des Zweckes es erfordert.

(3) Vor der Umwandlung des Zweckes und der Änderung der Satzung soll der Vorstand der Stiftung gehört werden.

(4) Die Aufhebung der Stiftung durch den Vorstand bedarf der Genehmigung der Stiftungsbehörde.

§ 23 Vermögensanfall. (1) Ist für den Fall des Erlöschens einer Stiftung in der Satzung weder ein Anfallberechtigter bestimmt noch einem Stiftungsorgan die Bestimmung des Anfallberechtigten übertragen, so fällt das Vermögen

1. einer kommunalen Stiftung an die kommunale Körperschaft,
2. einer kirchlichen Stiftung an die aufsichtsführende Kirche,
3. aller anderen Stiftungen an das Land.

(2) Die Anfallberechtigten haben das Vermögen tunlichst in einer den Zwecken der Stiftung entsprechenden Weise zu verwenden.

(3) Fällt das Vermögen nicht an ein staatliches Organ, findet eine Liquidation in entsprechender Anwendung der Bestimmungen über das Vereinsrecht statt.

V. Stiftungen öffentlichen Rechts

§ 24. (1) Stiftungen des öffentlichen Rechts sind Stiftungen, die ausschließlich öffentliche Zwecke verfolgen und mit dem Land ihres Sitzes oder einer anderen öffentlich-rechtlichen Gebiets-Körperschaft oder einer sonstigen Körperschaft oder Anstalt des öffentlichen Rechts in einem organischen Zusammenhang stehen.

(2) Eine Stiftung des öffentlichen Rechts entsteht durch den Stiftungsakt eines Trägers hoheitlicher Gewalt oder durch Rechtsvorschrift. Ihre Bildung ist der Stiftungsbehörde zur Eintragung in das Stiftungsverzeichnis mitzuteilen.

VI. Kommunale Stiftungen

§ 25. (1) Kommunale Stiftungen sind solche, deren Zweck im Rahmen der jeweiligen kommunalen Aufgaben liegt und nicht wesentlich über den räumlichen Bereich der Gebietskörperschaften hinauswirkt.

(2) Die Vertretung und Verwaltung der kommunalen Stiftungen obliegt, soweit nicht durch Satzung anderes bestimmt ist, den für die Vertretung und Verwaltung der Kommunen zuständigen Organen.

(3) Die Stiftungsaufsicht wird durch die kommunale Aufsichtsbehörde wahrgenommen, soweit durch die Landesregierung nichts anderes bestimmt wird.

VII. Kirchliche Stiftungen

§ 26 [Definition]. (1) Kirchliche Stiftungen im Sinne dieses Gesetzes sind Stiftungen, die ausschließlich oder überwiegend dazu bestimmt sind, kirchliche Aufgaben zu erfüllen und von einer Kirche errichtet oder organisatorisch mit einer Kirche verbunden oder in der Stiftungssatzung der kirchlichen Aufsicht unterstellt oder deren Zwecke nur sinnvoll in Verbindung mit einer Kirche zu erfüllen sind.

(2) Die Bestimmungen über kirchliche Stiftungen gelten entsprechend für Stiftungen der jüdischen Religionsgemeinschaft und anderer Religionsgemeinschaften, die Körperschaften des öffentlichen Rechts sind.

§ 27 [Genehmigung]. (1) Eine kirchliche Stiftung ist auf Antrag der zuständigen Kirchenbehörde zu genehmigen, wenn die Verwirklichung des Stiftungszwecks aus dem Ertrag des Stiftungsvermögens gesichert erscheint oder von der Kirche gewährleistet wird.

(2) Eine Stiftung darf nicht ohne Zustimmung der zuständigen Kirchenbehörde als kirchliche Stiftung genehmigt werden. Das gleiche gilt für die Aufhebung oder Umwandlung einer kirchlichen Stiftung.

(3) Kirchliche Stiftungen unterliegen nicht der Staatsaufsicht, wenn sie kirchlichen Vorschriften entsprechend von der zuständigen Kirchenbehörde beaufsichtigt werden. Der Erlaß allgemeiner Vorschriften über Namen, Sitz, Zweck, Vertretung, Verwaltung und Beaufsichtigung kirchlicher Stiftungen ist Aufgabe der Kirche.

VIII. Nichtrechtsfähige Stiftungen

§ 28. (1) Eine nichtrechtsfähige Stiftung ist eine Vermögensmasse, die einem bestimmten Zweck gewidmet ist, aber keine Rechtsperson darstellt, sondern nach dem Willen des Stifters auf eine juristische Person des Privatrechts oder öffentlichen Rechts zur treuhänderischen Verwaltung übertragen worden ist. Ihre gesetzliche Vertretung erfolgt durch die juristische Person, der die Stiftung zugeordnet ist. Diese hat Stifter und Stiftungszweck der Stiftungsbehörde mitzuteilen.

(2) Im übrigen gelten die Bestimmungen über die privatrechtliche Stiftung entsprechend.

IX. Übergangs- und Schlußbestimmungen

§ 29 [Fortbestehen von Stiftungen]. Die bei Inkrafttreten dieses Gesetzes bestehenden Stiftungen bestehen fort. Für ihre künftigen Rechtsverhältnisse sind die Vorschriften dieses Gesetzes anzuwenden.

§ 30 [Pflichten bestehender Stiftungen]. (1) Bestehende Stiftungen haben der zuständigen Stiftungsbehörde innerhalb eines Jahres nach Inkrafttreten dieses Gesetzes Name, Sitz, Zweck, Vertretungsberechtigung und Zusammensetzung der Organe und, soweit möglich, den Tag der Erteilung der Genehmigung und die erteilende Stelle mitzuteilen sowie ihre Satzung vorzulegen.

(2) Stiftungen, die keine Satzung oder eine den zwingenden Vorschriften dieses Gesetzes nicht entsprechende Satzung haben, sind verpflichtet, der zuständigen Stiftungsbehörde innerhalb der in Absatz 1 genannten Frist eine Satzung vorzulegen, die mit den zwingenden Vorschriften dieses Gesetzes übereinstimmt. Zuständig sind hierfür die in der Satzung oder dem Stiftungsgeschäft für den Erlaß oder die Änderung der Satzung bestimmten Organe. Fehlt eine solche Bestimmung, ist das oberste Beschlußorgan der Stiftung zuständig. Die Satzung bedarf der Genehmigung der Stiftungsbehörde. Die Genehmigung gilt als erteilt, wenn die Stiftungsbehörde die Satzung nicht innerhalb von sechs Monaten, nachdem ihr die Satzung vorgelegt wurde, beanstandet.

§ 31 [Zweifel über Rechtsnatur]. Bestehen Zweifel über die Rechtsnatur einer Stiftung, die für sie geltende Satzung oder die Stiftungsverwaltung, so entscheidet darüber die Stiftungsbehörde. Sie kann der Stiftung eine andere Zweckbestimmung geben oder die Stiftung auflösen. Bei der Umwandlung des Stiftungszwecks ist die Absicht des Stifters tunlichst zu berücksichtigen; die Stiftungsbehörde kann in diesem Fall, soweit erforderlich, die Satzung der Stiftung ändern. Der Vorstand der Stiftung soll gehört werden.

§ 32 [Inkrafttreten]. Dieses Gesetz tritt am 24. September 1990 in Kraft.

Beschluß der Landesregierung von Sachsen-Anhalt über die Zuständigkeiten nach dem Stiftungsgesetz

vom 13. 8. 1991 (MBl. LSA S. 410).

Auf Grund des § 3 Abs. 1 des Stiftungsgesetzes vom 13. 9 1990 (GBl. I S. 1483) beschließt die Landesregierung:

Stiftungsbehörde für Stiftungen des Privatrechts ist die Bezirksregierung. Sie untersteht insoweit der Fachaufsicht des Ministeriums des Inneren.

Stiftungsbehörde für die Stiftungen des öffentlichen Rechts ist das jeweils zuständige Fachministerium.

Bestehen bei bestehenden Stiftungen Zweifel über deren Rechtsnatur als privatrechtliche oder öffentlich-rechtliche Stiftung, so entscheidet hierüber das Ministerium des Inneren im Einvernehmen mit dem zuständigen Fachministerium.

Schleswig-Holstein

Literaturhinweise: *Gebel*, Rechtsprobleme zwischen Stiftungen und Stiftungsaufsicht, Schleswig-Holsteinische Anzeigen, 1993, 181; *Gebel/Hinrichsen*, Kommentar zum Schleswig-Holsteinischen Stiftungsgesetz, Essen 1994; *Harbeck*, Stiftungsrecht in Schleswig-Holstein, in: Praxis der Gemeindeverwaltung, 1974.

Gesetz über rechtsfähige Stiftungen des bürgerlichen Rechts (Stiftungsgesetz)

vom 13. 7. 1972 (GVOBl. S. 123) in der Fassung vom 2. 3. 2000 (GVBl. S. 208).

Abschnitt I. Allgemeine Vorschriften

§ 1 Begriffsbestimmung. Stiftungen im Sinne dieses Gesetzes sind rechtsfähige Stiftungen des bürgerlichen Rechts (§§ 80 bis 88 des Bürgerlichen Gesetzbuches – BGB), die ihren Sitz im Lande Schleswig-Holstein haben.

§ 2 Genehmigung. (1) Die zur Entstehung einer rechtsfähigen Stiftung außer dem Stiftungsgeschäft erforderliche staatliche Genehmigung (§ 80 BGB) erteilt das Innenministerium im Einvernehmen mit dem fachlich zuständigen Ministerium. Sie darf nur erteilt werden, wenn die Erfüllung des Stiftungszweckes nachhaltig gesichert erscheint.

(2) Ist das Land Schleswig-Holstein Stifter oder Mitstifter oder erhält die Stiftung Zuwendungen des Landes Schleswig-Holstein, ist vor Erteilung der staatlichen Genehmigung auch das Einvernehmen des Ministeriums für Finanzen und Energie einzuholen.

§ 3 Stiftungsgeschäft und Stiftungssatzung. (1) Das zur Entstehung einer Stiftung erforderliche Stiftungsgeschäft (§ 80 BGB) muß Bestimmungen über das Vermögen und den Zweck der Stiftung enthalten. Jede Stiftung muß eine Satzung haben.

(2) Die Satzung muß Bestimmungen enthalten über

1. den Namen,
2. den Sitz,
3. den Zweck,
4. das Vermögen der Stiftung,
5. den Vorstand (§§ 86 und 26 BGB) und etwaige weitere Organe der Stiftung,
6. die Anzahl, Berufung, Abberufung und Berufungszeit der Mitglieder der Stiftungsorgane,
7. die Einberufung, Beschlußfähigkeit und Beschlußfassung der Stiftungsorgane,
8. die Aufgaben und Befugnisse der Stiftungsorgane,
9. die ehrenamtliche oder entgeltliche Tätigkeit der Organmitglieder,
10. die Änderung der Satzung sowie die Zusammenlegung und Auflösung der Stiftung,
11. das Geschäftsjahr der Stiftung und
12. den Vermögensanfall bei Auflösung oder Aufhebung der Stiftung.

(3) Soweit Bestimmungen nach Absatz 2 fehlen oder unvollständig sind, kann das Innenministerium die Satzung ergänzen, zu Lebzeiten der Stifterin oder des Stifters jedoch nur nach deren oder dessen Anhörung.

§ 4 Verwaltung der Stiftung. (1) Die zur Verwaltung der Stiftung berufenen Organe haben für die dauernde und nachhaltige Erfüllung des Stiftungszwecks zu sorgen.

(2) Das der Stiftung zur dauernden und nachhaltigen Erfüllung des Stiftungszwecks zugewandte Vermögen (Stiftungsvermögen) ist in seinem Bestand zu erhalten, es sei denn, daß die Satzung eine Ausnahme zuläßt oder der Stifterwille anders nicht zu verwirklichen ist. Das Stiftungsvermögen ist von anderem Vermögen getrennt zu halten.

(3) Die Erträge des Stiftungsvermögens sowie die Zuwendungen von Dritten sind für den Stiftungszweck und die notwendigen Verwaltungskosten der Stiftung zu verwenden. Dies gilt jedoch nicht für Zuwendungen von Dritten, die nach dem Willen der oder des Zuwendenden dazu bestimmt sind, dem Stiftungsvermögen zugeführt zu werden (Zustiftungen). Diese werden Bestandteil des Stiftungsvermögens nach Absatz 2 Satz 1.

(4) Die Stiftungsorgane können Erträge dem Stiftungsvermögen zuführen, sofern dies notwendig ist, um die Ertragskraft des Stiftungsvermögens auch in Zukunft sicherzustellen, oder soweit sie im Einzelfall zur Erfüllung des Stiftungszwecks keine Verwendung finden. Dies gilt auch für Zuwendungen von Dritten, sofern dies nicht deren erklärtem Willen widerspricht.

(5) Ist das Stiftungsvermögen einer Stiftung derart geschwächt, daß die nachhaltige Erfüllung des Stiftungszwecks nicht mehr gewährleistet erscheint, so kann die zuständige Behörde anordnen, daß die Erträge des Stiftungsvermögens ganz oder teilweise so lange anzusammeln und dem Stiftungsvermögen zuzuführen sind, bis die Stiftung wieder leistungsfähig ist.

(6) Sind die Mitglieder der Stiftungsorgane nicht hauptamtlich zur Verwaltung der Stiftung berufen, so kann die Satzung den Ersatz ihrer notwendigen Auslagen und ihres entgangenen Arbeitsverdienstes oder die Gewährung einer angemessenen Aufwandsentschädigung vorsehen.

(7) Über den Bestand und die Veränderungen des Stiftungsvermögens sowie alle Einnahmen und Ausgaben der Stiftung ist ordnungsgemäß Buch zu führen.

§ 5 Satzungsänderung, Zulegung, Zusammenlegung und Auflösung durch Stiftungsorgane. (1) Die nach der Satzung zuständigen Organe können die Satzung ändern, wenn

1. der Stiftungszweck und die Gestaltung der Stiftung nicht oder nur unwesentlich verändert werden oder
2. dies wegen einer wesentlichen Veränderung gegenüber den im Zeitpunkt der Entstehung der Stiftung bestehenden Verhältnisse angebracht ist.

Sie können die Stiftung

1. einer anderen Stiftung mit deren Zustimmung zulegen,
2. mit einer anderen zu einer neuen Stiftung zusammenlegen oder
3. auflösen,

wenn die in Satz 1 Nr. 2 genannte Voraussetzung gegeben ist. Zu Lebzeiten der Stifterin oder des Stifters ist deren oder dessen Zustimmung erforderlich.

(2) Beschlüsse nach Absatz 1 bedürfen der Genehmigung der zuständigen Behörde. Im Falle des Absatzes 1 Satz 2 Nr. 1 erlischt die zugelegte Stiftung mit der Genehmigung, im Falle des Absatzes 1 Satz 2 Nr. 2 erlöschen die zusammengelegten Stiftungen und die neue Stiftung erlangt Rechtsfähigkeit. Mit dem Erlöschen geht das Vermögen einschließlich der Verbindlichkeiten der zugelegten Stiftung auf die andere Stiftung, das der zusammengelegten Stiftung auf die neue Stiftung über.

(3) Eine Verlegung des Sitzes der Stiftung in das oder aus dem Land Schleswig-Holstein bedarf auch dann der Genehmigung der zuständigen Behörde, wenn die Sitzverlegung nach dem Recht des bisherigen oder des künftigen Sitzes auch von der dort zuständigen Behörde zu genehmigen ist.

§ 6 Zweckänderung, Zulegung, Zusammenlegung und Aufhebung von Amts wegen. (1) Die in § 87 BGB vorgesehenen Maßnahmen trifft das Innenministerium. Liegen die Voraussetzungen des § 87 Abs. 1 BGB vor, so ist das Innenministerium auch berechtigt, Stiftungen mit im Wesentlichen gleichartigen Zwecken

1. durch Zulegung zu verbinden oder

2. zu einer neuen Stiftung zusammenzulegen und dieser neuen Stiftung eine Satzung zu geben.

Im Falle des Satzes 2 Nr. 1 erlöschen die zugelegten Stiftungen mit der Zulegung. Im Falle des Satzes 2 Nr. 2 erlöschen die zusammengelegten Stiftungen mit der Zusammenlegung, die neue Stiftung erlangt Rechtsfähigkeit. Mit dem Erlöschen geht das Vermögen einschließlich der Verbindlichkeiten der zugelegten Stiftungen auf die andere Stiftung, das der zusammengelegten Stiftungen auf die neue Stiftung über.

(2) Maßnahmen nach Absatz 1 ergehen im Einvernehmen mit dem fachlich zuständigen Ministerium. Die Vorstände der beteiligten Stiftungen sollen gehört werden; zu Lebzeiten der Stifterin oder des Stifters soll auch diese oder dieser gehört werden.

§ 7 Vermögensanfall. (1) Enthält das Stiftungsgeschäft oder die Satzung für den Fall der Auflösung oder Aufhebung einer Stiftung keine Bestimmung über die Verwendung des Vermögens, so fällt das Vermögen einschließlich Verbindlichkeiten

1. einer kommunalen Stiftung (§ 17) an die kommunale Körperschaft,

2. einer kirchlichen Stiftung (§ 18) an die Aufsicht führende Kirche,

3. einer anderen Stiftung an das Land (Fiskus).

Ist eine Anfallberechtigte nach Satz 1 Nr. 2 nicht vorhanden, so fällt das Vermögen an den Fiskus.

(2) In den Fällen des Absatzes 1 Satz 1 Nr. 1 und 2 gelten die Vorschriften über eine dem Fiskus als gesetzlichem Erben anfallende Erbschaft und § 46 Satz 2 BGB entsprechend.

§ 8 Aufsicht und Unterrichtung. (1) Die zuständige Behörde übt die Aufsicht darüber aus, daß Rechtsvorschriften, das Stiftungsgeschäft und die Satzung beachtet werden.

(2) Die zuständige Behörde kann sich jederzeit über alle Angelegenheiten der Stiftung unterrichten; sie kann insbesondere Einrichtungen der Stiftung besichtigen sowie Berichte, Akten, Beschlüsse, Sitzungsniederschriften und sonstige Unterlagen einsehen oder auf Kosten der Stiftung anfordern, ferner die Geschäfts- und Kassenführung prüfen oder auf Kosten der Stiftung durch Sachverständige prüfen lassen. Der Vorstand hat die Bediensteten der zuständigen Behörde und die von ihr beauftragten Sachverständigen bei der Prüfung auf Verlangen zu unterstützen.

(3) Der Vorstand hat der zuständigen Behörde jede Änderung der Zusammensetzung eines Stiftungsorgans unverzüglich anzuzeigen.

§ 9 Anzeigepflichtige Handlungen. (1) Die Stiftung hat bei der zuständigen Behörde folgende Maßnahmen anzuzeigen:

1. Umschichtungen des Stiftungsvermögens, die für den Bestand der Stiftung bedeutsam sind,
2. die Gewährung unentgeltlicher Zuwendungen, die nicht zur Erfüllung des Stiftungszweckes vorgenommen werden sollen,
3. die Eingehung von Verbindlichkeiten, die nicht im Rahmen des laufenden Geschäftsbetriebes erfolgt,
4. die Veräußerung oder wesentliche Veränderung von Sachen, die einen besonderen wissenschaftlichen, geschichtlichen oder künstlerischen Wert haben.

Widerspricht die zuständige Behörde nicht innerhalb von vier Wochen seit Zugang der Anzeige, gilt die Maßnahme als genehmigt.

(2) Die zuständige Behörde kann Ausnahmen von der Anzeigepflicht zulassen.

§ 10 Prüfung. (1) Innerhalb von acht Monaten nach Schluß eines jeden Geschäftsjahres hat der Vorstand der zuständigen Behörde einen Bericht über die Erfüllung des Stiftungszweckes mit

1. einer ordnungsgemäßen Jahresabrechnung und einer Vermögensübersicht oder
2. einem Prüfbericht einer Behörde, einer Einrichtung im Sinne des § 340k Abs. 2 und 3 des Handelsgesetzbuches, eines Prüfungsverbandes, einer öffentlich bestellten Wirtschaftsprüferin oder eines öffentlich bestellten Wirtschaftsprüfers, einer vereidigten Buchprüferin oder eines vereidigten Buchprüfers oder einer anerkannten Wirtschafts- oder Buchprüfungsgesellschaft

einzureichen. Auf Verlangen der zuständigen Behörde hat der Vorstand auf Kosten der Stiftung einen Prüfbericht nach Satz 1 Nr. 2 vorzulegen.

(2) Der Prüfbericht nach Absatz 1 Satz 1 Nr. 2 hat sich insbesondere auch auf die Erhaltung des Stiftungsvermögens und die satzungsgemäße Verwendung der Erträge des Stiftungsvermögens sowie der Zuwendungen von Dritten zu erstrecken; das Ergebnis ist in einem Abschlußvermerk festzustellen.

(3) Die zuständige Behörde prüft die Erhaltung des Stiftungsvermögens und die satzungsgemäße Verwendung der Stiftungsmittel in dem von ihr für erforderlich gehaltenen Umfang. Liegt ein Prüfbericht nach Absatz 1 Satz 1 Nr. 2 vor, kann die zuständige Behörde von einer eigenen Prüfung absehen.

(4) Die zuständige Behörde kann auf Antrag die Vorlagefrist nach Absatz 1 Satz 1 verlängern; Stiftungen mit jährlich im Wesentlichen gleichbleibenden Einnahmen und Ausgaben kann die zuständige Behörde gestatten, die Unterlagen nach Absatz 1 über mehrere Geschäftsjahre zusammengefaßt einzureichen.

§ 11 Beanstandung. Die zuständige Behörde kann Beschlüsse und Maßnahmen der Stiftungsorgane, die das Recht verletzen oder gegen die Satzung oder das Stiftungsgeschäft verstoßen, beanstanden; sie kann verlangen, daß derartige Beschlüsse nicht vollzogen oder, soweit rechtlich möglich, bereits ausgeführte Maßnahmen rückgängig gemacht werden.

§ 12 Anordnung. Erfüllt die Stiftung nicht die Pflichten oder Aufgaben, die ihr nach Rechtsvorschrift, Satzung oder Stiftungsgeschäft obliegen, so kann die zuständige

Behörde anordnen, daß die Stiftung innerhalb einer angemessenen Frist das Erforderliche veranlaßt.

§ 13 Abberufung von Mitgliedern der Stiftungsorgane. Die zuständige Behörde kann Mitgliedern der Stiftungsorgane aus wichtigem Grund, insbesondere wegen grober Pflichtverletzung oder Unfähigkeit zur ordnungsmäßigen Geschäftsführung, die Geschäftsführung einstweilen untersagen oder ihre Abberufung sowie die Ernennung neuer Mitglieder verlangen.

§ 14 Bestellung von Beauftragten. Wenn und solange es zur ordnungsmäßigen Verwaltung der Stiftung erforderlich ist und die Befugnisse der zuständigen Behörde nach § 8 Abs. 2 und den §§ 10 bis 12 nicht ausreichen, kann die zuständige Behörde Beauftragte bestellen, die alle oder einzelne Aufgaben von Stiftungsorganen auf Kosten der Stiftung wahrnehmen. Der Aufgabenbereich der oder des Beauftragten und ihre oder seine Befugnisse sind in einer Bestallungsurkunde festzulegen; soweit die Aufgaben und Befugnisse der oder des Beauftragten reichen, ruht die Befugnis der Stiftungsorgane.

§ 15 Bekanntmachungen, Stiftungsverzeichnis. (1) Im Amtsblatt für Schleswig-Holstein sind bekannt zu machen

1. Genehmigungen unter Angabe des Stiftungszwecks nach § 80 und Maßnahmen nach § 87 BGB,
2. Genehmigungen nach § 5 Abs. 2 Satz 1 in Verbindung mit
   a) § 5 Abs. 1 Satz 1 Nr. 2, soweit sie sich auf eine wesentliche Änderung des Stiftungszwecks beziehen
   b) § 5 Abs. 1 Satz 2,
3. Genehmigungen nach § 5 Abs. 3,
4. Maßnahmen nach § 6 Abs. 1 Satz 2.

Zuständig ist die Behörde, die die Genehmigung erteilt oder die Maßnahme getroffen hat. Die Stiftung hat die Kosten für die Bekanntmachung zu erstatten.

(2) Beim Innenministerium wird ein Verzeichnis aller Stiftungen geführt. In dieses werden eingetragen:

1. der Name,
2. der Sitz,
3. der Zweck,
4. das im Stiftungsgeschäft angegebene Stiftungsvermögen,
5. die Anschrift der Stiftung,
6. die Vertretungsberechtigung und die Zusammensetzung der vertretungsberechtigten Organe,
7. der Tag der Erteilung der Genehmigung,
8. der Tag des Erlöschens der Stiftung.

Die zuständige Behörde ist verpflichtet, dem Innenministerium die erforderlichen Angaben zu machen sowie Veränderungen mitzuteilen.

(3) Eintragungen in das Stiftungsverzeichnis begründen nicht die Vermutung der Richtigkeit. Die Einsicht in das Stiftungsverzeichnis ist jeder Person gestattet, die ein berechtigtes Interesse glaubhaft macht.

§ 16 Zuständigkeit. (1) Träger der öffentlichen Verwaltung für Aufgaben nach diesem Gesetz sind das Land sowie die Gemeinden, Kreise und Ämter. Die Gemeinden, Kreise und Ämter nehmen diese Aufgaben als Landesaufgaben zur Erfüllung nach Weisung wahr; dies gilt nicht, soweit sie Aufgaben von Stiftungsorganen wahrnehmen.

(2) Zuständige Behörden im Sinne dieses Gesetzes sind die Landrätinnen oder Landräte und die Bürgermeisterinnen oder Bürgermeister der kreisfreien Städte, soweit in diesem Gesetz nichts Abweichendes bestimmt ist. Das Innenministerium kann im Einzelfall alle oder einzelne Befugnisse des § 5 Abs. 2, der §§ 8 bis 14 und des § 20 Abs. 1 Satz 2 und Abs. 2 an sich ziehen. In den Fällen, in denen das Land Schleswig-Holstein Stifter oder Mitstifter war oder in denen es der Stiftung institutionelle Förderung gewährt, ist zuständige Behörde das Innenministerium.

(3) Die Landesregierung kann durch Rechtsverordnung die Zuständigkeit abweichend von Absatz 2 sowie von § 2 Abs. 1, § 3 Abs. 3, § 6 Abs. 1 Satz 1 und 2 und Abs. 2 Satz 1, § 15 Abs. 1 Satz 2, § 17 Abs. 3 und 4, § 18 Abs. 2 Satz 2, §§ 21 und 22 Abs. 3 Satz 2 regeln.

Abschnitt II. Besondere Vorschriften

§ 17 Kommunale Stiftungen. (1) Kommunale Stiftungen sind Stiftungen, deren Zweck im Aufgabenbereich einer Gemeinde, eines Kreises oder eines Amtes liegt und die von diesen Körperschaften verwaltet werden.

(2) Für die Verwaltung der kommunalen Stiftungen gelten neben § 4 die Vorschriften über die Haushaltswirtschaft der Gemeinden, Kreise und Ämter. § 9 Abs. 1 Satz 1 Nr. 3 findet keine Anwendung.

(3) Maßnahmen nach den §§ 5 und 6 sowie nach § 87 BGB treffen bei kommunalen Stiftungen die Gemeinden, Kreise und Ämter mit Genehmigung der Kommunalaufsichtsbehörde.

(4) Für Maßnahmen nach den §§ 8 bis 14 ist bei kommunalen Stiftungen die Kommunalaufsichtsbehörde zuständig.

(5) Die Befugnisse der Kommunalaufsichtsbehörde nach den Absätzen 3 und 4 nimmt das Innenministerium wahr, wenn der Kreis in einer von der Kommunalaufsichtsbehörde zu entscheidenden Angelegenheit unmittelbar beteiligt ist oder die Landrätin oder der Landrat einem Stiftungsorgan angehört.

§ 18 Kirchliche Stiftungen. (1) Kirchliche Stiftungen sind Stiftungen, die ausschließlich oder überwiegend kirchlichen Zwecken gewidmet sind und die

1. organisatorisch mit einer Kirche verbunden oder
2. in der Stiftungssatzung der kirchlichen Aufsicht unterstellt sind oder
3. ihre Zwecke nur sinnvoll in Verbindung mit einer Kirche erfüllen können.

Kirchliche Stiftungen bedürfen vor der Genehmigung der Anerkennung durch die zuständige Kirchenbehörde.

(2) Bei Maßnahmen, die kirchliche Stiftungen betreffen, führt die nach diesem Gesetz zuständige Behörde das Einvernehmen mit der zuständigen Kirchenbehörde herbei. Bei Satzungsänderungen, durch die der Stiftungszweck geändert wird, sowie bei Zusammenlegungen, Auflösungen und Aufhebungen von kirchlichen Stiftungen bedarf es außerdem des Einvernehmens des Ministeriums für Bildung, Wissenschaft, Forschung und Kultur.

(3) Die Absätze 1 und 2 sowie § 7 Abs. 1 Satz 1 Nr. 2 und Satz 2 und Abs. 2 gelten entsprechend für die Stiftungen der Religionsgesellschaften und Weltanschauungsvereinigungen, die Körperschaften des öffentlichen Rechts sind.

§ 19 Familienstiftungen. Familienstiftungen sind Stiftungen, die nach dem Stiftungszweck ausschließlich oder überwiegend dem Wohle der Mitglieder einer oder mehrerer bestimmter Familien dienen. Für sie gelten die §§ 8 bis 14 nur insoweit, als sicherzustellen ist, daß ihr Bestand gewahrt bleibt und sie sich im Einklang mit den Rechtsvorschriften betätigen.

Abschnitt III. Übergangs- und Schlußvorschriften

§ 20 Bestehende Stiftungen. (1) Der Vorstand oder das nach dem Stiftungsgeschäft zuständige Organ hat eine Stiftungssatzung, die diesem Gesetz nicht entspricht, zu ändern oder zu ergänzen; ist eine Satzung nicht vorhanden, so ist sie zu erlassen. Beschlüsse nach Satz 1 bedürfen der Genehmigung der zuständigen Behörde.

(2) Die zuständige Behörde kann

1. die Satzung ergänzen, sofern sie unvollständig ist (§ 3 Abs. 2) und nicht nach Absatz 1 Satz 1 Halbsatz 1 ergänzt wird,

2. eine Satzung geben, sofern sie nicht vorhanden ist und nicht nach Absatz 1 Satz 1 Halbsatz 2 erlassen wird,

zu Lebzeiten der Stifterin oder des Stifters jedoch nur nach deren oder dessen Anhörung.

(3) Oberste Landesbehörde im Sinne des § 2a des Gesetzes zur Änderung von Vorschriften des Fideikommiß- und Stiftungsrechts vom 28. Dezember 1950 (BGBl. S. 820), geändert durch das Gesetz vom 3. August 1967 (BGBl. I S. 839), ist das Innenministerium.

§ 21 Übergang von Zuständigkeiten. Sind nach einem Stiftungsgeschäft oder einer Stiftungssatzung für Aufgaben nach diesem Gesetz öffentlich-rechtliche Stellen zuständig, geht deren Zuständigkeit auf die nach diesem Gesetz zuständigen Behörden über.

§ 22 Aufhebung bisher geltenden Rechts. (1) Aufhebung anderer Vorschriften

(2) Aufhebung anderer Vorschriften

(3) Unberührt bleiben die §§ 35 bis 37 und 46 bis 48 des Sparkassengesetzes für das Land Schleswig-Holstein in der Fassung der Bekanntmachung vom 3. Mai 1994 (GVOBl. Schl.-H. S. 231), geändert durch Gesetz vom 23. Januar 1998 (GVOBl. Schl.-H. S. 68); sie gehen den Bestimmungen dieses Gesetzes vor. Zuständige Behörde im Sinne dieses Gesetzes ist bei Stiftungen, die eine Sparkasse betreiben, das Innenministerium.

§ 23 Inkrafttreten.

Thüringen

Literaturhinweise: *Neuhoff*, Das Stiftungsgesetz für die neuen Bundesländer, DtZ 1991, 435; *Rawert*, Das Stiftungsrecht der neuen Bundesländer, BB, Beilage 6 zu Heft 6, 1991, S. 13 ff.

Gesetz über die Bildung und Tätigkeit von Stiftungen (Stiftungsgesetz)

vom 13. 9. 1990 (GBl. I Nr. 61 S. 1483) in der Fassung des Rechtsbereinigungsgesetzes vom 25. 9. 1996 (GVBl. S. 150).

Der Gesetzestext entspricht der in Sachsen geltenden Fassung (s.o. S. 365 ff.); lediglich § 32 Abs. 2 ist nicht anwendbar.

Anhang 2
Genehmigungs- und Aufsichtsbehörden

Baden-Württemberg

Regierungspräsidium Freiburg
Kaiser-Joseph-Straße 167
79098 Freiburg i. Br.
Telefon (07 61) 2 08-0 bzw. -10 57
Telefax (07 61) 2 08-10 80
e-mail: poststelle@rpf.bwl.de
Internet: www.rp.baden-wuerttemberg.de

Regierungspräsidium Karlsruhe
Schloßplatz 1–3
76131 Karlsruhe
Telefon (07 21) 9 26-0 bzw. -21 38
Telefax (07 21) 9 26-62 11
e-mail: poststelle@rpk.bwl.de
Internet: www.rp.baden-wuerttemberg.de

Regierungspräsidium Stuttgart
Ruppmannstraße 21
70565 Stuttgart
Telefon (07 11) 9 04-0 bzw. -24 89
Telefax (07 11) 7 84-68 48 bzw. -24 08 bzw. -25 83
e-mail: poststelle@rps.bwl.de
Internet: www.rp.baden-wuerttemberg.de

Regierungspräsidium Tübingen
Konrad-Adenauer-Straße 20
72072 Tübingen
Telefon (0 70 71) 7 57-0 bzw. -31 38 bzw. -31 34
Telefax (0 70 71) 7 57-31 90
e-mail: poststelle@rpt.bwl.de
Internet: www.rp.baden-wuerttemberg.de

Anhang 2: Genehmigungs- und Aufsichtsbehörden

Bayern

Bayerisches Staatsministerium des Inneren

Odeonsplatz 3
80539 München
Telefon (0 89) 21 92-01 bzw. -25 82 bzw. -27 90 bzw. -28 33
Telefax (0 89) 21 92-1 22 25 bzw. -1 22 66
e-mail: poststelle@stmi.bayern.de
Internet: www.stmi.bayern.de

Bayerisches Staatsministerium für Wissenschaft, Forschung und Kunst

Salvatorstraße 2
80333 München
Telefon (0 89) 21 86-0 bzw. -25 55 bzw. -28 16
Telefax (0 89) 21 86-28 00
e-mail: poststelle@stmukwk.bayern.de
Internet: www.stmukwk.bayern.de

Bayerisches Staatsministerium für Unterricht und Kultus

Salvatorstraße 2
80333 München
Telefon (0 89) 21 86-0 bzw. -25 55 bzw. -28 16
Telefax (0 89) 21 86-28 00
e-mail: poststelle@stmukwk.bayern.de
Internet: www.stmukwk.bayern.de

Regierung von Oberbayern

Maximilianstraße 39
80538 München
Telefon (0 89) 21 76-0 bzw. -23 24 bzw. -22 55 bzw. -26 57 bzw. -27 07
Telefax (0 89) 21 76-28 52 bzw. -29 14
e-mail: poststelle@reg-ob.bayern.de
Internet: www.regierung.oberbayern.bayern.de

Regierung von Niederbayern

Regierungsplatz 540
84028 Landshut
Telefon (08 71) 8 08-10 78 bzw. -12 41 bzw. -12 49
Telefax (08 71) 8 08-10 02
e-mail: poststelle@reg-nb.bayern.de
Internet: www.regierung.niederbayern.bayern.de

Anhang 2: Genehmigungs- und Aufsichtsbehörden

Regierung von Schwaben

Fronhof 10
86152 Augsburg
Telefon (08 21) 3 27-01 bzw. -25 46 bzw. -25 42 bzw. -22 28
Telefax (08 21) 3 27-23 86 bzw. -22 89
e-mail: poststelle@reg-schw.bayern.de
Internet: www.regierung.schwaben.bayern.de

Regierung der Oberpfalz

Emmeransplatz 8/9
93047 Regensburg
Telefon (09 41) 56 80-5 85 bzw. -5 90 bzw. -5 86
Telefax (09 41) 56 80-1 99
e-mail: poststelle@reg-opf.bayern.de
Internet: www.regierung.oberpfalz.bayern.de

Regierung von Unterfranken

Peterplatz 9
97070 Würzburg
Telefon (09 31) 3 80-18 63 bzw. -18 61 bzw. -18 65 bzw. -18 66
Telefax (09 31) 3 80-28 42 bzw. -22 22
e-mail: poststelle@reg-ufr.bayern.de
Internet: www.regierung.unterfranken.bayern.de

Regierung von Mittelfranken

Promenade 27
91522 Ansbach
Telefon (09 81) 53-6 18 bzw. -3 16 bzw. -7 22
Telefax (09 81) 53-2 06 bzw. -4 56
e-mail: poststelle@reg-mfr.bayern.de
Internet: www.regierung.mittelfranken.bayern.de

Regierung von Oberfranken

Ludwigstraße 20
95444 Bayreuth
Telefon (09 21) 6 04-12 39 bzw. -17 28
Telefax (09 21) 6 04-12 58 bzw. -16 62 bzw. -47 28
e-mail: poststelle@reg-ofr.bayern.de
Internet: www.regierung.oberfranken.bayern.de

Anhang 2: Genehmigungs- und Aufsichtsbehörden

Berlin

Senatsverwaltung für Justiz
Salzburger Straße 21–25
10825 Berlin-Schöneberg
Telefon (0 30) 90 13-0 bzw. -33 82 bzw. -34 23
Telefax (0 30) 90 13-20 08
e-mail: poststelle@senjust.verwalt-berlin.de
Internet: www.berlin.de

Brandenburg

Ministerium des Inneren
Land Brandenburg
Henning-von-Tresckow-Straße 9–13
14467 Potsdam
Telefon (03 31) 8 66-0 bzw. -23 76 bzw. -23 78 bzw. -23 79
Telefax (03 31) 2 93-7 88
e-mail: poststelle@mi.brandenburg.de
Internet: www.brandenburg.de

Bremen

Senator für Inneres, Kultur und Sport
Freie Hansestadt Bremen
Contrecarpe 22/24
28203 Bremen
Telefon (04 21) 3 62-0 bzw. -90 47
Telefax (04 21) 3 62-90 09

Hamburg

Senat der Freien und Hansestadt Hamburg
Stiftungsangelegenheiten
Poststraße 11
20354 Hamburg
Telefon (0 40) 4 28 31-21 21 bzw. -21 24
Telefax (0 40) 4 28 31-24 68

Regierung von Schwaben

Fronhof 10
86152 Augsburg
Telefon (08 21) 3 27-01 bzw. -25 46 bzw. -25 42 bzw. -22 28
Telefax (08 21) 3 27-23 86 bzw. -22 89
e-mail: poststelle@reg-schw.bayern.de
Internet: www.regierung.schwaben.bayern.de

Regierung der Oberpfalz

Emmeransplatz 8/9
93047 Regensburg
Telefon (09 41) 56 80-5 85 bzw. -5 90 bzw. -5 86
Telefax (09 41) 56 80-1 99
e-mail: poststelle@reg-opf.bayern.de
Internet: www.regierung.oberpfalz.bayern.de

Regierung von Unterfranken

Peterplatz 9
97070 Würzburg
Telefon (09 31) 3 80-18 63 bzw. -18 61 bzw. -18 65 bzw. -18 66
Telefax (09 31) 3 80-28 42 bzw. -22 22
e-mail: poststelle@reg-ufr.bayern.de
Internet: www.regierung.unterfranken.bayern.de

Regierung von Mittelfranken

Promenade 27
91522 Ansbach
Telefon (09 81) 53-6 18 bzw. -3 16 bzw. -7 22
Telefax (09 81) 53-2 06 bzw. -4 56
e-mail: poststelle@reg-mfr.bayern.de
Internet: www.regierung.mittelfranken.bayern.de

Regierung von Oberfranken

Ludwigstraße 20
95444 Bayreuth
Telefon (09 21) 6 04-12 39 bzw. -17 28
Telefax (09 21) 6 04-12 58 bzw. -16 62 bzw. -47 28
e-mail: poststelle@reg-ofr.bayern.de
Internet: www.regierung.oberfranken.bayern.de

Berlin

Senatsverwaltung für Justiz
Salzburger Straße 21–25
10825 Berlin-Schöneberg
Telefon (0 30) 90 13-0 bzw. -33 82 bzw. -34 23
Telefax (0 30) 90 13-20 08
e-mail: poststelle@senjust.verwalt-berlin.de
Internet: www.berlin.de

Brandenburg

Ministerium des Inneren
Land Brandenburg
Henning-von-Tresckow-Straße 9–13
14467 Potsdam
Telefon (03 31) 8 66-0 bzw. -23 76 bzw. -23 78 bzw. -23 79
Telefax (03 31) 2 93-7 88
e-mail: poststelle@mi.brandenburg.de
Internet: www.brandenburg.de

Bremen

Senator für Inneres, Kultur und Sport
Freie Hansestadt Bremen
Contrecarpe 22/24
28203 Bremen
Telefon (04 21) 3 62-0 bzw. -90 47
Telefax (04 21) 3 62-90 09

Hamburg

Senat der Freien und Hansestadt Hamburg
Stiftungsangelegenheiten
Poststraße 11
20354 Hamburg
Telefon (0 40) 4 28 31-21 21 bzw. -21 24
Telefax (0 40) 4 28 31-24 68

Hessen

Regierungspräsidium Darmstadt

Wilhelminenstraße 1–3
64278 Darmstadt
Telefon (0 61 51) 12-0 bzw. -53 06
Telefax (0 61 51) 12-63 47 bzw. -60 05 bzw. -59 26
Internet: www.rp-darmstadt.de

Stadt Frankfurt am Main

Rechtsamt (Stiftungsabteilung)
Sandgasse 6
60311 Frankfurt am Main
Telefon (0 69) 2 12-3 81 18
Telefax (0 69) 2 12-97 3 81 18
e-mail: presse.info@stadt-frankfurt.de
Internet: www.frankfurt.de

Regierungspräsidium Gießen

Landgraf-Philipp-Platz 3–7
35390 Gießen
Telefon (06 41) 3 03-0 bzw. -21 23
Telefax (06 41) 3 03-21 97 bzw. -21 45
e-mail: pressestelle@rpgi.hessen.de
Internet: www.rp-giessen.de

Regierungspräsidium Kassel

Stiftungsaufsicht
Scheidemannplatz 1
34117 Kassel
Telefon (05 61) 1 06-0 bzw. -21 27
Telefax (05 61) 1 06-16 31
e-mail: dezernat21@rpks.hessen.de
Internet: www.rp-Kassel.de

Anhang 2: Genehmigungs- und Aufsichtsbehörden

Mecklenburg-Vorpommern

Innenministerium
Land Mecklenburg-Vorpommern
Karl-Marx-Str. 1
19048 Schwerin
Telefon (03 85) 5 88-22 23 bzw. -22 25
Telefax (03 85) 5 88-29 78 bzw. -29 72
e-mail: innenministerium@mvnet.de
Internet: www.mvnet.de

Niedersachsen

Bezirksregierung Braunschweig

Bohlweg 38
38100 Braunschweig
Telefon (05 31) 4 84-0 bzw. -32 22
Telefax (05 31) 4 84-33 14

Bezirksregierung Hannover

Am Waterlooplatz 11
30169 Hannover
Telefon (05 11) 1 06-0 bzw. -72 86
Telefax (05 11) 1 06-26 29

Bezirksregierung Lüneburg

Auf der Hude 2
21339 Lüneburg
Telefon (0 41 31) 15-0 bzw. -23 80
Telefax (0 41 31) 15-29 02 bzw. -27 29
e-mail: bezirksregierung.lueneburg@luenecom.de

Bezirksregierung Weser-Ems

Theodor-Tantzen-Platz 8
26122 Oldenburg
Telefon (04 41) 7 99-0 bzw. -26 81
Telefax (04 41) 7 99-6 26 81

Nordrhein-Westfalen

Bezirksregierung Arnsberg

Stiftungsaufsicht
Seibertzstraße 1
59821 Arnsberg
Telefon (0 29 31) 82-0 bzw. -26 98
Telefax (0 29 31) 82-25 20 bzw. -49 50
e-mail: poststelle@bezreg-arnsberg.nrw.de
Internet: www.bezreg-arnsberg.nrw.de und www.stiftungen.nrw.de

Bezirksregierung Detmold

Stiftungsaufsicht
Leopoldstraße 15
32756 Detmold
Telefon (0 52 31) 71-0 bzw. -15 06
Telefax (0 52 31) 71-12 95
e-mail: poststelle@bezreg-detmold.nrw.de
Internet: www.bezreg-detmold.de und www.stiftungen.nrw.de

Bezirksregierung Düsseldorf

Stiftungsaufsicht
Am Bonneshof 6
40474 Düsseldorf
Telefon (02 11) 4 75-0 bzw. -30 13 bzw. -30 16 bzw. -30 11
Telefax (02 11) 4 75-26 71 bzw. -39 96
e-mail: poststelle@bezreg-duesseldorf.nrw.de
Internet: www.bezreg-duesseldorf.de und www.stiftungen.nrw.de

Bezirksregierung Köln

Zeughausstraße 2–10
50667 Köln
Telefon (02 21) 1 47-0 bzw. -32 84
Telefax (02 21) 1 47-31 85
e-mail: poststelle@bezreg-koeln.nrw.de
Internet: www.bezreg-koeln.de und www.stiftungen.nrw.de

Bezirksregierung Münster

Stiftungsaufsicht
Domplatz 1–3
48143 Münster
Telefon (02 51) 4 11-0 bzw. -11 49
Telefax (02 51) 4 11-25 25
e-mail: poststelle@bezreg-muenster.nrw.de
Internet: www.bezreg-muenster.de und www.stiftungen.nrw.de

Anhang 2: Genehmigungs- und Aufsichtsbehörden

Rheinland-Pfalz

Aufsichts- und Dienstleistungsdirektion
Kurfürstliches Palais
Willy-Brandt-Platz 3
54290 Trier
Telefon (06 51) 94 94-0 bzw. -8 17 bzw. -8 01
Telefax (06 51) 94 94-1 70 bzw. -8 53
e-mail: poststelle@add.rlp.de

Saarland

Ministerium für Inneres und Sport
Mainzer Straße 136
66121 Saarbrücken
Telefon (06 81) 9 62-0 bzw. -16 31
Telefax (06 81) 9 62-16 05
e-mail: poststelle@innen.saarland.de
Internet: www.saarland.de

Sachsen

Regierungspräsidium Chemnitz

Altchemnitzer Straße 41
09120 Chemnitz
Telefon (03 71) 5 32-0 bzw. -11 41
Telefax (03 71) 5 32-19 29
e-mail: poststelle@rpc.sachsen.de
Internet: www.rp-chemnitz.de

Regierungspräsidium Dresden

Stauffenbergallee 2
01099 Dresden
Telefon (03 51) 8 25-0 bzw. -21 25 bzw. -21 15
Telefax (03 51) 8 25-99 99 bzw. -92 18
e-mail: info@rpdd.sachsen.de
Internet: www.rp-dresden.de

Regierungspräsidium Leipzig

Braustraße 2
04107 Lepizig
Telefon (03 41) 9 77-0 bzw. -14 00
Telefax (03 41) 9 77-11 99
e-mail: poststelle@rpl.sachsen.de
Internet: www.rp-leipzig.de

Sachsen-Anhalt

Regierungspräsidium Dessau

Kühnauerstraße 161
06839 Dessau
Telefon (03 40) 65 06-0 bzw. -3 45 bzw. -3 49
Telefax (03 40) 65 06-4 50 bzw. -3 27

Regierungspräsidium Halle

Dessauer Str. 70
06118 Halle (Saale)
Telefon (03 45) 5 14-0
Telefax (03 45) 5 14-21 18 bzw. -21 97

Regierungspräsidium Magdeburg

Olvenstedter Straße 1–2
39108 Magdeburg
Telefon (03 91) 5 67-02 bzw. -27 15
Telefax (03 91) 5 67-26 95

Schleswig-Holstein

Innenministerium
Düsternbrooker Weg 92
24105 Kiel
Telefon (04 31) 9 88-0 bzw. -30 89 bzw. -27 26
Telefax (04 31) 9 88-28 33 bzw. -30 49
e-mail: poststelle@im.landsh.de
Internet: www.schleswig-holstein.de

Anhang 2: Genehmigungs- und Aufsichtsbehörden

Thüringen

Thüringer Innenministerium
Steigerstraße 24
99096 Erfurt
Telefon (03 61) 37-9 00 bzw. -9 34 12 bzw. -9 34 13
Telefax (03 61) 37-91 94 13 bzw. -91 94 21 und (03 61) 37 73 73 46

Landesverwaltungsamt
Carl-August-Alle 2a
99423 Weimar
Telefon (0 36 43) 58-71 20 bzw. -72 86
Telefax (0 36 43) 58-73 46

Stichwortverzeichnis

Die Angaben verweisen auf Teile und Randziffern.

Abtretung B 60
Abzugsbetrag B 155 ff.
Admassierung B 62
Aktiengesellschaft G 22
Alleinerbe B 31
Amtsdauer B 70
Amtshaftung B 93
Anfallberechtigter B 132
Anfechtung B 6, B 23, B 54
Angehörige B 128, D 32 ff.
Anrechnungsverfahren B 166, D 20
Ansparrücklage B 127
Antrag B 87 ff., B 95
Anwartschaftsrecht B 60
Anzeigepflichten B 96, B 97 ff., H 5
Aufhebung B 132, H 7
Auflage B 31, B 37 f.
Auflassung B 13, B 60
Auflösung B 132, H 7
Aufsicht B 92 ff.
Aufsichtsrat B 75, G 14
Ausgliederung J 6 ff.
Auslagen B 77
Ausschließlichkeit B 121
Außensteuergesetz D 11

Bedingung B 7
Bedürftigkeit B 114
Beglaubigung B 12
Begünstigte B 81 f., B 171 ff., D 21
Beirat B 75 f.
Bekanntmachung B 90
Besonderer Vertreter B 73
Beteiligungsrücklage B 126
Beteiligungsträgerstiftung C 2
Betriebsaufspaltung B 138

Betriebsvermögen D 14 ff.
Beurkundung B 10 ff., B 47
Buchführung B 179
Buchwertprivileg B 150, B 158, B 161
Bürgerstiftung E 1 ff.

Destinatäre B 81 f., B 171 ff., D 21
Deutscher Juristentag K 1
Doppelstiftung D 35
Durchlaufspenden B 152

Einbringungsgeborene Anteile B 143, B 167
Einsichtsrecht B 81, D 7
Einzelrechtsnachfolge B 60
Erbersatzsteuer D 23 ff.
Erbeinsetzung B 31
Erbschaftsteuer B 146 ff., B 175, D 12 ff.
Erbschein B 90
Erbvertrag B 24, B 30
Ermessen B 86
Ersatzerbe B 35
Erträge B 62

Fachaufsicht B 92
Familienfideikommiß D 3
Familie B 128, D 2
Familienstiftung B 142, D 1 ff.
Finanzamt B 86, B 89
Form B 9 ff.
Freie Rücklage B 125
Freistellungsbescheid B 131
Freiwillig B 150
Freiwillige Gerichtsbarkeit B 11
Freizeitaktivitäten B 113, B 158

389

Gattungsvermächtnis B 36
Gebühren B 14 ff., B 91
Gebundene Rücklage B 124
Gemeinnützigkeit B 113
Gemeinwohl B 50
Gemeinwohlgefährdung B 50
Genehmigung B 85 ff.
Genehmigungsbedürftige Rechtsgeschäfte B 97 ff., H 5
Genehmigungsbehörde B 88
Genehmigungsverfahren B 87 ff.
Geschäftsanteile B 12 ff., B 56
Geschäftsfähigkeit B 8
Geschäftsführung B 130
Geschäftswert B 15
Gewerbliche Schutzrechte B 56, B 60
Gewerbesteuer B 168
GmbH B 12 ff., B 56, B 152
Grundbesitz B 12 ff., B 89, B 98, B 152, H 1 ff.
Grundbuch H 1, H 7
Grunderwerbsteuer B 164
Grundrechte B 97
Grundschuld B 98
Grundsteuer B 169
Grundstockvermögen B 61 ff.
Grundstücksgeschäfte B 12 ff., B 56

Haftung B 78
Handelsregister C 16, J 7
Haushaltsplan B 75
Hilfsbedürftigkeit B 114
Hilfspersonen B 121

Institut der Wirtschaftsprüfer B 184
Immobilien B 12 ff., B 89, B 98, B 152, H 1 ff.
Informationsrecht B 81, D 7
In-Sich-Geschäfte B 73, B 104, H 4
Insolvenz B 23, B 54

Jahresabrechnung B 171 ff.

Kapitalausstattung B 54 ff.
Kapitalerhaltung B 61
Kapitalerhöhung B 62, B 126
Kapitalertragsteuer B 131, B 135, B 173
Kapitalgesellschaft B 136 ff., B 163
Kapitalgesellschaften & Co. Richtlinie Gesetz C 17 ff.
Kein-Mann-GmbH G 2
Kirchlich B 115
Kirchliche Stiftung H 7
Kommunale Stiftung F 3, E 1
Kommanditgesellschaft C 7 ff.
Kommanditgesellschaft auf Aktien C 11
Komplementär C 11 ff.
Kontrolle B 76
Konzessionssystem K 1 ff.
Kooptation B 70
Körperschaften G 1 ff.
Körperschaftsteuer B 166 f., D 20
Kosten B 14 ff., B 91
Kostenordnung B 14 ff.
Kunstgegenstände B 56
Kuratorium B 75 f.

Landesrecht B 43, B 83, B 88, B 178 ff.
Liechtenstein B 146, D 7
Liquidation B 132, H 7
Listenverfahren B 152

Mehrzweckstiftung B 51, C 15
Mildtätig B 114
Mindestkapitalausstattung B 55
Minderjährige B 8
Mitbestimmung C 12
Miterbe B 32
Mittelverwendung B 58, B 66, B 117 f.
Mitunternehmeranteil B 162, D 19
Mitwirkungsverbote B 80
Mündelsicher B 63

Stichwortverzeichnis

Nacherbe B 34
Nachlaßpflegschaft B 41, B 85
Name B 48
Nebenzweckprivileg C 4
Neugründung B 157
Nießbrauch D 32 ff.
Normativsystem B 85 ff., K 1 ff.
Notar B 10 ff., B 79 f., B 89, B 90
Notarielle Beurkundung B 10 ff.
Notbedarf B 54
Notbestellung B 71

Öffentliche Stiftung B 52
Österreich B 11, D 7
Organe B 2, B 68 ff.
Organmitglieder B 2, B 68 ff.

Personalunion B 76
Personengesellschaft B 142 f.
Pfändung B 82
Pflichtteilsanspruch B 108 ff.
Pflichtteilsergänzung B 54,
  B 110 ff.
Private Stiftung B 52
Privatstiftungsgesetz B 11
Prüfung B 181
Publizität B 176 ff., C 12, C 17 ff.,
  D 7
Publizitätsgesetz B 182

Rechnungslegung B 176 ff., C 20
Rechtsaufsicht B 92
Reform B 157, B 184, C 7 ff.,
  D 7 ff., K 1 ff.
Rückforderung B 54, F 10
Rücklagen B 66, B 123 ff.

Sachzuwendungen B 150
Satzung B 42 ff.
Satzungsänderung B 51, B 94, J 4
Schenkung unter Auflage F 8
Schenkungsteuer B 146 ff., B 175,
  D 12 ff.
Schenkungsversprechen B 24

Schriftform B 9
Schweiz B 11, D 7, D 28
Selbstergänzung B 70
Selbstkontrahieren B 73, B 104,
  H 4
Selbstlosigkeit B 116
Sitz B 49, D 5
Solidaritätszuschlag B 166
Sonderausgaben B 149 ff.
Spenden B 57
Spendenabzug B 149 ff.
Spendensammelstiftung B 158
Staatshaftung B 93
Städel-Paragraph B 39
Statistik A 1
Stellvertretung B 7, B 20, B 24
Steuerbegünstigung B 112 ff.
Steuerklasse D 13
Steuerrecht B 112 ff.
Steuersenkungsgesetz B 134 ff.,
  B 139 ff., B 171 ff., D 20
Stifter B 6
Stifterwille B 3, B 69
Stiftung & Co. KG C 11 ff.
Stiftungs-AG G 22
Stiftungsaufsicht B 86, B 92 ff.,
  D 6
Stiftungsgeschäft unter Lebenden
  B 6, F 6 ff.
Stiftungsgeschäft von Todes
  wegen B 24 ff., F 12
Stiftungs-GmbH G 6 ff.
Stiftungsorgane B 2, B 68 ff.
Stiftungsreform B 157, B 184,
  C 7 ff., D 7 ff., K 1 ff.
Stiftungsreife B 59
Stiftungsregister J 7, H 6, K 2
Stiftungssatzung B 42 ff.
Stiftungsträger F 3
Stiftungsurkunde B 9
Stiftungs-Verein G 24
Stiftungsvermögen B 2, B 54 ff.
Stiftungsverzeichnis A 1, H 6
Stiftungsvorstand B 40, B 69 ff.

Stiftungszweck B 2, B 50 ff.
Stufengründung B 26, D 17
Sukzessivstiftung B 51

Teilbetrieb B 162, D 19
Testament B 24, B 29
Testamentsvollstreckung B 27, B 40
Treuhand F 7
Trust D 7

Umsatzsteuer B 165, B 170
Umwandlung J 1 ff.
Unmittelbarkeit B 121
Unselbständige Stiftung F 1 ff.
Unterhalt B 128, D 32 ff.
Unternehmensnachfolge C 1
Unternehmensträgerstiftung C 2
Unternehmenssteuerreform
  B 134 ff., B 139 ff., B 171 ff., D 20
Unternehmensverbundene Stiftungen C 1 ff.
Urheberrechte B 56, B 60
Urkunde B 9 ff.
Umwandlung J 1 ff.

Verarmung B 54, F 10
Vergütung B 77, B 120
Verluste B 144
Vermächtnis B 28, B 36
Vermögensausstattung B 60
Vermögensbindung B 61 ff.,
  B 119, B 130, G 4
Vermögensverwaltung B 61 ff.,
  B 136

Verrentung D 24
Versorgung B 128, D 32 ff.
Vertretung B 72, H 2 ff.
Vertretungsnachweis B 90, H 6
Vetorecht B 71
Völkerverständigung B 151
Vollmacht B 89
Vorerbe B 33
Vorstand B 40, B 69 ff.
Vorstiftung B 39, B 84

Wahlvermächtnis B 36
Wertpapiere B 55 ff.
Wesentliche Beteiligung B 163
Widerruf des Stiftungsgeschäfts
  B 20 ff.
Wirtschaftsgut B 160 f., D 19
Wirtschaftlicher Geschäftsbetrieb
  B 118, B 133 ff., B 143 f., B 147
Wirtschaftprüfer B 184

Zeitnahe Mittelverwendung B 58,
  B 66, B 117 f.
Zugewinn B 111
Zulegung J 3
Zusammenlegung J 2
Zusicherung D 15
Zustiftung B 58, B 117
Zuwendung B 100 f., D 15
Zuwendungsbestätigung B 153
Zweck B 2, B 50 ff.
Zweckänderung B 51, B 94, J 4
Zweckauflage F 12
Zweckbetrieb B 145, B 147

Wachter, Stiftungen

- Hinweise und Anregungen: _____
_____
_____
_____
_____

- Auf Seite _____ Rz. _____ Zeile _____ von oben/unten
muß es statt _____
_____
_____

richtig heißen: _____
_____
_____

Wachter, Stiftungen

- Hinweise und Anregungen: _____
_____
_____
_____
_____

- Auf Seite _____ Rz. _____ Zeile _____ von oben/unten
muß es statt _____
_____
_____

richtig heißen: _____
_____
_____

Absender:

_____

_____

_____

_____

Antwortkarte

Verlag Dr. Otto Schmidt KG
– Lektorat –
Unter den Ulmen 96-98

50968 Köln

Absender:

_____

_____

_____

_____

Antwortkarte

Verlag Dr. Otto Schmidt KG
– Lektorat –
Unter den Ulmen 96-98

50968 Köln